D1243097

1000

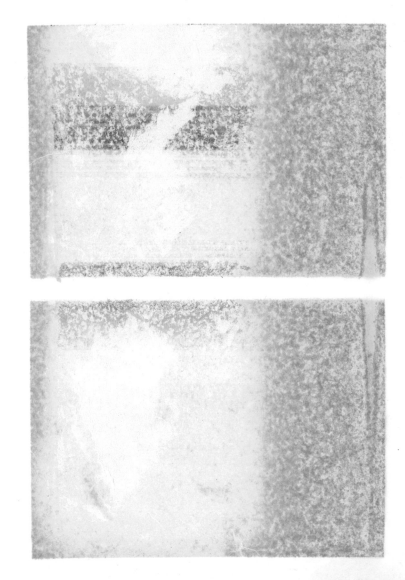

*A Concordance to*

# BEOWULF

# THE CORNELL CONCORDANCES

*Supervisory Committee*
M. H. Abrams
Ephim G. Fogel
S. M. Parrish, *General Editor*

## POEMS OF MATTHEW ARNOLD
*Edited by S. M. Parrish*

## POEMS OF W. B. YEATS
*Edited by S. M. Parrish*

## POEMS OF EMILY DICKINSON
*Edited by S. P. Rosenbaum*

## WRITINGS OF WILLIAM BLAKE
*Edited by David V. Erdman*

## BYRON'S *DON JUAN*
*Edited by Charles W. Hagelman, Jr.,*
*and Robert J. Barnes*

## THÉÂTRE ET POÉSIES DE JEAN RACINE
*Edited by Bryant C. Freeman*

## *BEOWULF*
*Edited by J. B. Bessinger, Jr.*

*A Concordance to*

# BEOWULF

*Edited by*

J. B. BESSINGER, JR.

*Programmed by*

PHILIP H. SMITH, JR.

*Cornell University Press*

ITHACA, NEW YORK

**1496931**

# Contents

# Editor's Preface

In the course of a larger project now approaching completion—the production by computer of an exhaustive concordance to the corpus of Old English verse—the makers of the present book recalled with increasing sympathy the Preface to Albert S. Cook's *A Concordance to Beowulf* (Halle, 1911):

This concordance to *Beowulf* was prepared some years ago, as the first instalment of a projected concordance to the complete extant remains of Old English poetry. As that larger compilation has not in the mean time been made, there seems no sufficient reason for longer withholding from publication a book which ought to prove useful to those who seriously occupy themselves with this remarkable poem.

For what the news may be worth, our full concordance is farther along than was Cook's in 1911. Keypunching, magnetic taping, and automatic concording in a trial printed format have been completed for all six volumes of the *Anglo-Saxon Poetic Records*, edited by George Philip Krapp and Elliott Van Kirk Dobbie (New York, 1931-1953). The makers of this raw concordance (which exists now in four elephantine folios totaling 3,500 pages) are the better prepared to undertake its final processing, and to avoid meanwhile the repetition of certain memorable dangers, follies, and expenses, because the General Editor and Supervisory Committee of the Cornell Concordances kindly agreed to the interim production of a fragment of the whole, a trial concordance to *Beowulf* alone. It seemed technologically prudent and philologically useful to publish this data separately, even though it will be subsumed, with changes, in the larger concordance to come. New machines and techniques were being tested and modified as we worked; thanks to the unnerving productivity of electronic data-processing machines, we frequently had to contemplate larger masses of data than we could control; and at one important juncture, we needed to decide in advance of final publication the value of a totally new kind of Old English poetic index. (This new material is discussed further below, and a selected portion or version of it forms Appendix I of the present volume.) Like our predecessors in this field, we needed, in fact, to make a concordance in order to discover what a much larger concordance of the same type could and should be;[1] but the process of discovery is open-ended, and we shall not feel justified in the shape of this *Beowulf* concordance until our colleagues have used and criticized it, both for itself and as a preamble.

Dobbie's 3,182-line text of *Beowulf* contains 17,306 separate words yielding 5,512 headwords or index words. By concording every word and all forms of each word, and by hyphenating and cross-listing Dobbie's compound words, we moved the word-total to 38,128 and the number of headwords to 7,072 in a book of 373 pages. Having thus roughly doubled the information in the concordance, we then halved its size by means of a double-column format. Its bulk could have been doubled yet again by the cross-referencing of variant spellings and of alphabetically atomized members of word families, but after some false starts we resolved not to attempt this service.

Cook's concordance, based on Wyatt's text of 1898, revised editorial punctuation and removed editorial hyphens present in the copy-text; it thus sacrificed much useful information about that copy-text and its vocabulary. Cook's line citations were individually adjusted, by means of abbreviation and ellipsis, to provide a semantic entity for each headword; our concordance automatically cites a verse-pair context (sometimes an entity, sometimes not) for each headword in the main index, and a context of about five verses in Appendix I. Like all concordance makers until now, Cook omitted a large number of the "commoner words" and their inflected forms—it is hard to estimate just how many from the remarks in his Preface—but one may judge that the total would come to about 500 headwords. He had the concordance printed in a spacious and readable single-column format of about 436 pages. We have imitated Cook's decision not to parse his entries into word families (his *ārīs* follows *ārās* after an interval of three unrelated words).[2] He did, however, offer an occasional ortho-

---

[1] Barnet Kottler and Alan M. Markman, *A Concordance to Five Middle English Poems* (Pittsburgh, 1966), pp. xi-xv. See also Professor Markman's report in *Studies in Bibliography*, XVII (1964), 55-75. We have taken heart from the pioneering work of these medievalists, and are especially grateful for Professor Markman's discussion of homography and cross-referencing, and the sometimes insoluble problems they raise.

[2] The problems posed to a machine concordancer by word-families and cross-referencing will be all too evident to the users of this book. We were encouraged by the example of manual indexers (Henry Sweet is a glorious instance) who refused to do too much of a student's work for him. It was easy not to cross-reference Þ- and Ð-forms, because wisely tended machines did this work. Homographs like AN (verb and pronoun) and SCOP (noun and verb) are starred in the main concordance and listed in a special table. Many related forms are alphabetically contiguous, and so need no cross-referencing. The temperature of one's conscience rises, however, with the separated appearance of, for example, the allomorphs

graphical cross-reference (as from *āstāg* to *āstāh*); we have been even more occasional in doing this.

It will be seen, then, that the techniques of book-manufacturing half a century apart, combined with different editorial aims, have produced two quite different concordances, each with special virtues and defects. As a sample of the factors involved, we may perhaps call attention to a typically inconspicuous economic consideration. A computer process saves many typesetting and proofing costs, but requires of its programmer one very costly skill among many others: removed from its final pages by months or years of experiment and printout, he, and not an artist-editor employed by his publisher, must act as the book's *designer*. The handsomer the final result, the more prodigious his accomplishment. On the other hand, a major economy of the computer process, and one which touches the user of the concordance, is the machines' ability to concord and print cheaply all lexical items instead of the usual selection. There are very many "common words" in the Old English verse records, but there is no such thing as an unimportant or nonsignificant word, either in a textual (i.e., grammatical) sense or in a stylistic sense.[3]

Some of the differences between Cook's concordance and ours were imposed by the different machines used by him and by us (we all used our hands and eyes a good deal); some have resulted from the use of different copy-texts and differing decisions about the treatment of copy-

---

SIE, SIG, SY. There are separations more painful than these; but we have resolved to count heavily on the specialized linguistic knowledge most users of this work will possess, to exploit what the machines do well, and to refrain from forcing them to do what they do badly at this stage of technology. What they do well is illustrated by automatic cross-listings that link, for example, FREMMAN and GE-FREMMAN (but not FRIGNAN and FRICGAN); or by sequential citations in which straight alphabetic runs incidentally parse (though not in the order of a latinate paradigm) and connect, as in the string FLOD, FLODA, FLODE, FLODES, FLOD-YÞUM. When this concordance was being made we were not able economically to construct such a combinatory headword as C(W)OM, as the luxurious manually compiled *Concordance to the Divine Comedy*, Ernest H. Wilkins and Thomas G. Bergin, eds. (Cambridge, Mass., 1965), constructs *c(u)ore*.

[3] For the stylistic sense, it may be enough to note the current vogue of formular studies; whether "oral" or "literary," formulas must be made available for minute comparative analysis, and it is with common words and high-frequency function words that formulaic systems are made. See for example the headings under ÞÆS and ÞE in the main index and in Appendix I below. For the textual sense, we may cite a letter from Professor Dobbie which was critical for our plans: "It is important that the number of words omitted from the concordance (the so-called "unimportant" words, such as *and*, *ac*, *oððe*, etc.) be as small as possible. In the work I have done in textual criticism, I have found that such words are quite as important as the others. I once had to assemble all the occurrences of *and* and *ge* (conjunction) in *Beowulf*, to prove to myself that a certain construction was unparalleled in the poem, and except for Alfred Holder's old edition of *Beowulf*, which lists every occurrence of every word, I would have been hard put to it, since Cook does not include such words in his concordance. Perhaps it will be possible, with the IBM computer, to list all words, without omission of the commonest ones." See also S. P. Rosenbaum, "Emily Dickinson and the Machine," *Studies in Bibliography*, XVIII (1965), 222, note 33, and the article cited there.

text; some, at least possibly in Cook's case and certainly in ours, are the products of unplanned developments, or accidents. Only a few can be attributed to our use of computers to replace filing slips and typesetting establishments, but these few differences are radical. We shall attempt a fuller acknowledgment below, and will stress here simply that our book was made (and its nature shaped) with the help of several computers and their ancillary equipment, several secretaries, many selfless friends, a number of generous grants from foundations and university departments, and the Maecenas-like indulgence of the computer scientists and managers of the International Business Machines Corporation's Research Center at Yorktown Heights, New York.

## A Short History of the Project

*Beowulf* is a poem that incites to glory but warns against *oferhygd*, a term that we may translate ad hoc and ad hominem as the special arrogance of specialists, whether hero-kings or lexicographers aspiring to combine electronics with philology. The present book was made in a short time and painlessly, everything considered, but the larger Poetic Records project is much older, with a more troubled history. It was first suggested to me, with practical recommendations both bureaucratic and technical, by Professor Magoun in 1950. I did nothing about his proposals until 1957, when Dr. Robin C. Alston, now of Leeds University, and Professor C. C. Gotlieb, Director of the Computation Centre at the University of Toronto, insisted that the time was ripe for a start, and gave me a sketch of an editorial program involving a somewhat elementary use of a "small" computer for the printing-out of a standard text of *Beowulf*. The first stage of planning and operations was to last for about three more years, during which period my aim was philologically irrational (a completely computerized concordance of heterogeneous texts) and unrealistic also in my failure to recognize the extent to which a concordance of this type must be a very expensive kind of industrial product. All projected techno- logical shortcuts were both prohibitive in cost and daunting in the amount of prior human labor required before the machines could begin to operate on the data. For texts of the early English period, no computerized indices easily useful to ordinary students, or even to hardened experts, can be made without prior and total normalization of the texts' orthography. The reason is that a machine cannot at present be instructed to recognize a semantic relation in scribal, dialectical, or grammatical variants like the *Beowulf* manuscript's *eaweð*, *eoweð*, and *ywde*, and if instructed to alpha- betize them must scatter them widely; nor can the machine recognize the need for, and still less supply, a unifying headword in the shape of a hypothetical infinitive *ywan* or, better, *iewan*. The full range of *iewan* forms in this concordance is EAWEÐ/EOWEÐ/YWDE/GE-EAWED/ GE-YWAN, which may however cause less trouble to a searcher than simpler relations like EORRES/YRRE, FÆDDE (= FÆTTE), -HYDA (= -HYGDA), etc. We have assumed that the searcher can recall, when necessary, the standard scribal and dialectal equivalents of Old English manuscripts, and have not duplicated in this concordance a table of equivalents like that given before his glossary by Henry Sweet, *An Anglo-Saxon Reader*, 7th ed. (Oxford, 1894), who placed it there after refusing in his Preface to "double the bulk of the glossary by giving such regular variations as *heran, hieran, hyran, anda, onda* separate headings and cross-references." But we are nevertheless aware that a puzzling form, even if it is not "irregular," might as well be, as long as it baffles the searcher; and that a lexicographer who murmurs "Caveat lector" is really shouting "Sauve qui peut!" The searcher's remedy in this case is to seek help from dictionaries, grammars, and editions which explicate the puzzles without concording them. We have conceived of concordance-making as a task to precede and supplement the labors of grammarians and the lexicographers, but trust that beginners and literary students also will wish to use this book for reference and exploration.

Techniques are in sight with which synthesizing activities can be performed by machines after a considerable, and perhaps not unreasonable, amount of editorial preparation, but no machine is imaginable which will proceed the further needed step to label the normalized, fully parsed *iewan* headword entry with the Modern English equivalent "to show." It follows that a computerized concordance cannot, at present, and without laborious manual intervention, add the features of a defining dictionary and an analytic grammar to the features of a concordance. For a text in old spelling, a concordance becomes simultaneously and exponentially more costly and less useful as orthographic and morphemic irregularities in the original text multiply, with an additional and inevitable thickening of the barrier of editorial printing conventions between the early manuscript and its modern readers. The first stage of our project was instructive but not very productive.

The second stage, during 1964-1965, was a dysfunctional period in which, nevertheless, good auspices multiplied in the form of foundation support and the friendly interest of the Cornell Concordances committee. The chief need at this time was a gifted programmer with access to appropriate hardware. He was found in Dr. Smith, who is both a computer scientist and a linguist with medieval interests, and he was shortly to lead us to the right machines for our temporary purposes, but this equipment at first eluded us, surrounded as we were by a dazzling technological obsolescence. Old English characters were designed and manufactured for two distinct mechanical processes (a print-wheel technique and a chain-printer technique), then quickly made useless by changes in the availability of the machines with which they were to function. Computer projects are not for those who are easily discouraged by progress. Dr. Smith began now to create a system of computer programs adaptable both to our special requirements and to an unusual sequence of machines. We designed and bought a third typographical device.

And so the final stage of the project began in 1965. A report of its technical features is to be found in the Programmer's Preface just following, which deals only, of course, with this last stage, and mostly ignores those features of the larger project that do not directly affect the *Beowulf* concordance. But it will be clear that our aim finally was a compromise: to find a technically feasible presentation of old-spelling indices that offered a maximum of convenience to readers with a minimum of editorial interference. The issue is perhaps larger than the utility of a single concordance to an Old English poem: it is how to use the special skills, needs, and limitations of scholars and computers with appropriate humanity.

## Text and Format

Our copy-text, as noted above, was the edition of the poem by Elliott Van Kirk Dobbie in *Beowulf and Judith* (New York, 1953), the fourth volume of the *Anglo-Saxon Poetic Records,* made available to us by the kind permission of Professor Dobbie and the Columbia University Press. We endeavored to reproduce every significant detail of the text but were forced (not by computer techniques alone) to a few simplifications. We listed for concording every word in Dobbie's text except the fragmentary *le* at line 240 (Klaeber's [*hwī*]*le*), but suppressed Dobbie's square brackets for conjectural forms, along with his italics, which represent letters adopted from one of the Thorkelin transcripts (see Dobbie's Preface, p. vi, and his "Note on the Texts," facing p. 3 of his edition). We omitted the italics because our typographical process could not furnish an italic font, and because we wished to reserve our underlining feature for runic expressions, rare in the text of *Beowulf* (runic shorthand appears only in the logogram *eðel*) but important in the forthcoming full concordance of the Poetic Records. Dobbie's square brackets were deleted very reluctantly, in part because of a mechanical limitation, and in part because, while all bracketed material in Dobbie's edition is conjectural, not all conjectural material is bracketed (e.g., *eorlas* 6, MS. *eorl*, Klaeber *eorl*[*as*]; cf. *sohte* 139, "Not in MS." and [*micel*] 2001). We had to face also the complicating factor that the volumes of the Poetic Records differ, as is natural in a collective edition produced over many years, in a few of their editorial conventions. Our efforts to meet our responsibilities to the copy-text have left us somewhat dissatisfied, and the prospective full concordance may differ in details from the present one. If the requisite hardware had been available to us in 1965, we could have transcribed *bearme* 21 as Dobbie transcribed it, namely "[bea]*rme*," which is the editorial product of information in the manuscript plus Thorkelin's transcripts *A* and *B*, plus editorial observations by Conybeare (1826) and Dobbie (1953); which is to say that the amount and kind of conjecture in this lexical item varies from letter to letter. In *beaduwe* 2299 Dobbie very elegantly reports, restores, and emends the manuscript in one word, "bea[du]we" (cf. a review in note 5, below, and Dobbie's note, p. 237). But textual discriminants, if adopted here, would require to be normalized in the full Krapp-Dobbie collective edition. It seemed better in the long run to obliterate some distinctions in Dobbie's text, therefore, than to introduce others. This book is thus as exactly as circumstances would allow an analytical record, both laconic and lavish, of Dobbie's admirable text, but it does not pretend to be a record of the poem in British Museum MS. Cotton Vitellius A. xv. It is a mechanical guide to the study of Dobbie's version of *Beowulf*, unparsed, ungrammatized, and alphabetical (Þ and Ð, coded together, follow T).[4] With Professor Dobbie's permission we revised the punctuation of line 543 to match his note on this line and to follow a suggestion by Professor Else von Schaubert;[5] otherwise the grammatical and stylistic punctuation of the concordance follows the copy-text even where, in a given line citation, one member of a set of parentheses, for example, may be missing. We have replaced Dobbie's textual roman numbers, as in lines 147, 207, with expanded forms: *twelf*, *fif-tyna*. Since we wished to distinguish and cross-reference the members of compounds automatically, we inserted hyphens into Dobbie's text at one stage, not just in compounded nouns and adjectives, but also in words of other form classes, e.g., *un-forht*, *Æg-hwæþres* 287, wherever the compounded members seemed of any possible interest. It will be seen that the programmer was able to prevent the appearance of

---

[4] A few headwords exhibiting severe morphemic distortion were annotated by a manual process, e.g., GUÐ-GEATAWUM, UN-IG-METES. A few were hyphenated and so automatically cross-indexed even though assimilation disguises morphemic identities, e.g., ATE-LIC = ATOL-LIC, HROÞ-ULF = HROÞ-WULF. Readers will note that line citations are fully listed under each member of a compound.

[5] *Speculum*, XXIII (1958), 535, 537.

hyphens in the cited lines, which therefore do not betray the electronic surgery that multiplied their entities.[6]

Since Dobbie's text (as distinct from his Notes) contains no marks of vowel quantity, we have printed our text without them also. They will probably be missed mostly as the signals of homographs. We could have avoided the appearance of some homographs in the concordance by adding long marks to the headwords, and will probably attempt this procedure in the full Poetic Records concordance. But we saw in the Checklist of Homographs, below, a way to imply quantitative information, and to display nonquantitative homographs as well, in this relatively short concordance. In technique there is little to choose between the alternatives we created for ourselves; it would have been as easy, after the final printing runs, to paste on long marks as to paste on discriminatory asterisks.

## A Sample Key-Word-in-Context (KWIC) Concordance (Appendix I)

This concordance with expanded contexts and centered headwords is discussed more fully in the Programmer's Preface. Dr. Smith made the compilation at a late stage of our work, as one of the many incidental aids for editorial search operations that he was constantly providing. It clearly has virtues that exceed merely editorial ones, for a concordance of this kind dramatically displays together many formulaic sequences in a text, where a sequence is a string of characters of any desired length; our sample shows a central context of 12 common characters (including spaces, and

---

[6] If the mechanics of hyphenation seemed complicated, so did its rationale. Once begun, hyphenation is an intoxicating exercise. We wished to provide extra information without too much presuming upon the typical user's probable needs. We thus found reasons, some rather subjective, to justify FOR-ÞAN vs. SYÞÞAN and EO-MER (< *eoh* + *mære*) vs. EORED (< *eoh* + *rad*). The (GE-)TAWUM group drove us, in desperation, to make a special case and break a cardinal rule. Resisting the urge to hyphenate NALES or ONETTON came easily, but not the urge to point out their relations to NE/EALLES/NEALLES/ NALLES/NALLAS/NALAS/NALÆS and the HATAN word families. We did, nonetheless, refrain from such over-fastidious operations. We have inconsistently but we trust sensibly hyphenated and cross-listed one group of suffix compounds (-DOM, -FÆST, -FULL, -LANG, -LEAS, -LIC, and -SCIPE) on the grounds that these affixes also form separate words; but we have left unhyphenated and thus lost to users of this concordance the interesting suffixes -END, -ERE, -IG, -ING, -NESS (except for homographic -NÆS in ON-LIC-NÆS), -OST, and -UNG. The data unwillingly suppressed here are not, however, permanently lost to scholarship, for the master tapes of the Cornell Concordances are preserved for future processing. In the case just mentioned, the lost affixes could be recovered, if wanted, by the programming of a reversed-spelling index. For reasons wholly mechanical, we were unable completely to regularize the isolated headword citations of some internally compounded elements, so that, for example, -BE-, -GE-, -HEAFOD-, and a number of similar forms, appear suitably isolated, but not the forms -LIC-, -MURN-, -SCEAFT-, and -WAC-.

with the digraph *æ* counted as two characters), plus a much wider surrounding context. It juxtaposes strings of identical characters (and, in our version, spaces and punctuation) which may be separated in a standard concordance format. For example, the main concordance may be used to locate a scattered nominal verse formula (s.v. HYRDE, the noun homographic with a verb), in which Grendel, Hrothgar, God, and a dragon are designated respectively as the guardians of crimes, people, glory, and treasure. The KWIC concordance tends to isolate and group such expressions in broader contexts that display, as a verse-pair context cannot, characteristic linear enjambments, alliterative collocations, formulaic matter separated by brief intervening material, and so on. It gives visual emphasis to occurrences of formulas and formulaic systems often separated in the main index, for example *oðð*æ*t an ongan* 100, 2210 (which a modern reader may take to establish a relation between Grendel and the dragon), *syðð*a*n* *æ*rest wear*ð* 6, 1947 (two notable reversals of fortune), *he him* ð*æ*s lean forgeald* 114, 1584 (God and Beowulf as avengers), ð*æ*t* þ*æ*t swurd purhwod*/ þ*æ*t* ð*æ*t sweord gedeaf* 890, 2700 (the stabbing techniques of two renowned dragon killers), and so on. When the formulas are not widely separated in the main index, as in *syðð*a*n mergen c(w)om* 2103, 2124, both concordances lead one to ask whether the phenomenon is a formula, an echo, or both. The appearance of such expressions in pairs or, much less frequently, triplets (if one ignores high-frequency patronymic formulas of the type *Beowulf ma*ð*elode, bearn Ecg*ð*eowes*) is an enigma. A curious kind of thrift would appear to be involved, one equally hard to assimilate to received notions of oral songs or book epics.[7]

It may be noted in this Appendix that, just as all thorns appear as eths, so all semicolons appear as colons; and that in the secondary alphabetization (i.e., in words to the right of words in the centered column) capitalized forms appear at the end of the alphabet (e.g., *to Gardenum* follows *to* ð*on*). These adjustments were made for purely mechanical reasons.

One should note also the mechanical citation of a few strings of characters and spaces that are not in any sense formulas or formular systems, but mere accidents of spelling, like *secgan hyrde* with *fyrena hyrde* or *ne m*æ*g byrnan hring* with *Byrnan hringdon*. Similarly, accidents of spelling or other secondary factors cause the omission of a few true formulas or formular systems from the list. For example, *siðð*a*n morgen bi*ð is not cited with *syðð*a*n mergen com*, where it certainly belongs.

---

[7] "Verse created not so much of single words as of more massive stereotypes," the "transference of formulas," and a possibly related concept of thrift or economy in epic composition are discussed by William Whallon, "Formulas for Heroes in the *Iliad* and in *Beowulf*," *Modern Philology*, LXIII (1965), 95-104, who did not have access to our concordance materials when he wrote his study.

# Headwords in Order of Frequency (Appendix II)

A table of word frequencies in a work of this kind may serve several purposes. We included it in the first place because it is a cheap by-product of a now familiar concordance-generating routine. Such a listing may, however, prove somewhat more directly useful to students of *Beowulf* than to students of modern texts.

First, as a guide to the learning of vocabulary in a lexically difficult poem, it may recommend itself both to students and instructors. They will note, however, that frequencies are not grouped under a canonical heading or a normalized spelling; if different forms of a word occur, they appear separately.

Further, a glance at Appendixes I and II together with the main concordance will suggest lines of inquiry into formulaic frequencies. The interchangeable variables of formular poetry hold their numerical rankings presumably not through the operation of chance alone. Tradition and poetic deliberation must have played their parts also. It would be as risky as it is tempting to muse upon the thematic significance of word frequencies in so relatively short a poem; yet it is with words that a poet must impress his themes upon us, and the densities of thematic words in *Beowulf* are worth notice. In this poem more GRENDEL's than GOD's appear (GOD [31] is homographic with an adjective), although God in *Beowulf* is hardly compromised by the heavier noun count when WYRD and WYRM together do not equal His tally.

The heaviest frequencies in any language are thematically neutral, though not for that reason insignificant. In our list the critical imagination is first struck by the big nominals: GEATA (39); -WULF (35), BEARN (33), SUNU (32), -GAR (31); BEOWULF, HELM (28); -SELE (26); HROÐGAR, HYRDE (25); LEODE (24), SCYLDINGA (23). These totals, but not their hierachical preponderance, are changed by spelling variants and grammatical inflections. We see laid out schematically a brief index to the theme-determining Germanic vocabulary and heroic tenor of the poem: tribes, warriors, and their sons; their fiercely martial attributes; the common hall as a main setting and symbol in the poem; the heroic pair Beowulf and Hrothgar as defenders of their people. It is instructive, further down the list, to compare the frequencies of different categories like joy and terror, birth and death, peace and war. But one should be wary of using frequencies alone. The distribution of words, in linear order of incidence, makes an equally valuable guide to thematic analysis. Frequency and distribution together are easily seen in the main concordance, where forms are listed with a reminder of frequency attached to each headword.

# A Checklist of Homographs in the Concordance

This list collects the headwords marked by asterisks in the main index, where nine high-frequency homographs are further divided. "BÆR (17) I verb II noun 3105" means that the homograph occurs 17 times in the text and that it is everywhere verbal except at line 3105, where it is nominal. Arbitrary short definitions sometimes replace less informative grammatical labels. The nine homographs physically divided in the main index are those with more than 50 members and with minority members totaling more than 20, except for BE, with a minority member of 22; very few minority members total more than ten. We watched for such phenomena with bated breaths, because the physical separation of such words is extremely complicated mechanically, and often far from simple philologically. Prepositional ON, not strictly homographic, was divided because of its high frequency and because dative and accusative usage vexes the categories of this word. We followed the Glossary of Friedrich Klaeber's third edition of *Beowulf* (Boston, 1950) for the groupings of inflections within homographs, signaled here, as in Klaeber, by semicolons. In the case of ON, Klaeber's samples give an impression of approximate equality between the opposed, similar, and overlapping accusative and dative usages that is not borne out by our attempted complete division.

It will be seen that some notorious Old English homographs (e.g., AR, OFER, SECG) are only partially listed here because their members are not fully represented in *Beowulf* (they may, like SECGE, become homographic through inflection, or, like AR, be saved from homography when one member appears in a differentiating inflected form). Not listed as homographs are some words with distinguishable meanings which might strictly have been included (e.g., ABEODAN 'to announce; to wish someone success'). Some headwords are homographic only because they are capitalized for better visibility in the main concordance (e.g., BRECAN, verbal infinitive and inflected name). BEARN (noun and verb [*be-arn*]) is homographic in Dobbie's text but not in the concordance, thanks to hyphenation. Hyphens serve as homograph discriminants in other ways as well: ÞANC 'thanks; thought' might require division except that the latter meaning appears only in compounds, the former never so. On the other hand, prefixed GE- sometimes allows one to ignore a homograph (FEOHTAN/GEFEOHTAN, noun and verb); that is, we considered a hyphen, and what it is attached to, as equivalent to a homograph discriminant. Thus HYRDE (noun and verb) is homographic, but not [GE-]HYRDE and [GRUND-]HYRDE (verb and noun), since the hyphenated forms prevent doubt about the part of speech. One should note how alphabetizing conflates Þ and Ð in the headwords (and thus in their frequency totals). So for example in the spelling of the Checklist the form HWÆÞER (4) is not strictly homographic, but this entry contains a true homograph pair with the Ð-spelling. See also the Programmer's Preface below, pp. xxiv, xxvii.

Readers are invited to correct and supplement this list. Homographs are slippery specimens, especially when defined as broadly as here, and our discovery of a few by entirely unsystematic means makes us wonder how many have been overlooked—late finds were SEC (adjective, via Anglian "smoothing," and verbal imperative) and YÐE (adjective [=EAÐE] and noun plural ["waves"]).

## Acknowledgments

This work owes most to the scholar to whom it is dedicated; to Professor Dobbie, whose generosity and thoughtful interest did not end with making the Columbia texts available to us; and to Professor Kemp Malone, who encouraged our beginning and, by asking whether we would concord the manuscripts as well as the editions, stimulated high thinking and soul-searching within the project—we hope to its ultimate benefit, though we are not yet able to concord the manuscripts. We have had advice and encouragement from many friends and colleagues, but must mention especially Robin C. Alston, Morton W. Bloomfield, Frederic G. Cassidy, Robert P. Creed, Norman E. Eliason, C. C. Gotlieb, John F. Leyerle, John C. Pope, Fred C. Robinson, and S. P. Rosenbaum, who at different times offered questions, answers, or physical help. Mrs. Valerie Krishna gave expert typing assistance at a vital time. We shall have other debts to acknowledge when the Poetic Records concordance appears. To the corporate good will of the Graduate Schools of Art and Science at the University of Toronto and at New York University, and to the IBM Corporation, we owe the time, the subsidies, and the equipment for this project. The early planning for it was made possible by a grant from the Canada Council, the later planning by a grant from the John Simon Guggenheim Memorial Foundation. During the past two years we have been most directly and constantly grateful to the General Editor of the Cornell Concordances, who has cheerfully helped at every turn, and in more than one crisis took for himself work that was properly ours. This book, like the others in the series, owes much to his wise and persevering example.

J. B. BESSINGER, JR.

*New York University*
*1 May 1967*

# Programmer's Preface

This volume contains two types of concordances. That is to say, excerpts from our text (the poem *Beowulf*) are here arranged according to two different principles. We may, in fact, define a concordance as any arrangement of the words in a text in which the occurrences of the words are alphabetized (or ordered according to some principle) and in which some of the environment of the word is presented along with each occurrence. A traditional environment has been the "thought," which is an amount of surrounding text which a human editor selects according to some intuitive system and which may or may not coincide with a poetic line, or a sentence of text, or a verse of the Bible. The environments presented in the concordances in this volume were selected mechanically: in the main concordance the environment is precisely the verse-pair of poetry, and in the small supplementary concordance (Appendix I) it is a certain number of characters to left and right of the headword. We have limited the citations in the small concordance to those only in which 12 or more characters in adjacent entries are identical.

The general principles of concordance-making by computer have been expounded clearly and congenially by James Painter in his Programmer's Preface to the Yeats volume in this series. Here I shall merely explain the steps which we went through to produce the present book.

The first step in concordance-making, and indeed in any mechanical processing of literary material, is to prepare the data for the machine—to keypunch it. However sophisticated and fast the computer one uses, and however clever and advanced the programs one writes, the lion's share of the work turns out to be just here, in getting an accurate version of the text in a form which a computer can accept. It makes, in the long run, little difference whether one uses a keypunch to punch cards or a tape punch which yields a perforated strip of paper tape; someone has to sit at a typewriterlike keyboard and type out each letter of the desired text, including punctuation and capitalization and any other information that will be needed later.[1] And that is not the hardest part. One can expect something in the neighborhood of 800 to 1,000 lines of Old English poetry per workday from a conscientious keypunch operator who is not trying to establish a world's record. But once the poetic text has been "punched up," one still has to proofread it, and even the most careful operators do make typographical errors. The *Beowulf* text has had to be proofed at least six times, by four different people; and with each reading we become less, rather than more, confident that all the errors are out. It has been suggested that a list of words in a text which occur only once in that text will contain most of the typographical errors; that is, that most errors will produce nonsense words which will not be repeated elsewhere in the text. With this assumption in mind we made a special list of words occurring only once in our keypunched *Beowulf* text as an aid in error-correcting. It turned out that about two-thirds of all different words, or headwords, in the poem appeared with a frequency of one. (The reader can consult the frequency listing beginning on page 339.) There are at least two reasons for this which come instantly to mind. One is that since Old English is an inflected language, after the fashion of all the more archaic Indo-European languages, there will be more distinct paradigmatic forms of any one lexical item than in, say, Modern English. Another cause is the nonstandard spelling system of Old English, such that any given lexical item may appear in a variety of forms. One would also like to say that the *Beowulf* poet used a richer-than-ordinary vocabulary; but I venture out of my proper territory.

As one reads the following description of the stages in preparing this concordance it should be kept in mind that we did not proceed in a straight line through these steps. Text correction, for example, was going on all the time, and we were constantly making changes in the format of the final pages. The procedure outlined here was really more of a circle, in which we went round and round until at one point the music stopped, and we delivered up a concordance.

The heart of all our work was the concordance-generator program. This program was written by Kenneth F. Scharfenberg, then at the Thomas J. Watson Research Center of the International Business Machines Corporation in Yorktown Heights, New York.[2] The concordance generator runs

---

[1] So far there is no economically viable automatic "optical scanner" which will accept a volume of poetry, "read" it, and turn out a file of punched cards or a magnetic tape containing the text in machine-readable form; nor does there seem to be one lurking over the horizon.

[2] This program was described technically in K. F. Scharfenberg, P. H. Smith, Jr., and R. D. Villani, "A Concordance Generator," *IBM Systems Journal*, III, No. 1 (1964), 105-111. It was discussed from the user's standpoint by P. H. Smith, Jr., in "A Computer Program to Generate a Text Concordance," *Literary Data Processing Conference Proceedings*, ed. J. B. Bessinger, Jr., S. M. Parrish, and H. F. Arader (Armonk, N.Y.: IBM Corporation, 1964), pp. 113-127.

on the IBM 7090/94 and has three principal modes of operation: it can produce either a full concordance (such as the one presented in this volume), or a text-index (which is like a concordance except that, instead of the full line in which the word appears, one is given only the *number* of the line), or a word-and-frequency list (which is like an index except that one is given only the words and their frequencies).

From the punched text we made a text-index. The editor then went through this index and marked where the hyphens should go which would preserve all members of compounds for indexing. The list, thus marked, could be thought of as a dictionary, in which each word with a hyphen marked on the index listing was to be replaced throughout the text by the same word with the hyphen inserted. We considered writing a computer program to "translate" the text, word by word, into the hyphenated form. For a long text it would be much more efficient to introduce the hyphens in this automatic fashion, but for a text as short as the *Beowulf* we felt it would be faster to insert the hyphens manually, and we therefore did this through the 3,182 lines of the text. Then a card was punched for each line into which one or more hyphens were to be inserted. The hyphen-cards were punched in column 80 in such a way as to distinguish them from the poetry-cards, and then each hyphen-card was inserted, in a deck of 3,182 poetry-line cards, in front of the poetry-card to which it referred. A program was written for the 1401 computer[3] to accept this interleaved card deck, introduce the hyphens into the poetry lines, and punch out a new card for each now-hyphenated line. The advantage of using a computer at this stage was that it avoided the need to repunch all the poetry, a step which would have introduced a new set of typographical errors. Approximately one working day sufficed to punch the hyphen-cards, with a rather low rate of error. The proper insertion of hyphens could then be checked by comparing a new text-index against the original one which had been marked for hyphens.

Since we wanted to present the hyphenated noninitial portions of text words as headwords in our concordance (the -WUDU of SÆWUDU as well as the full word WUDU—and, of course, the unhyphenated SÆWUDU), we had to consider hyphenated and unhyphenated forms separately. The logic of the concordance-generator program is such that we could see no easy way to achieve what we wanted by concording only once. It was straightforward, however, to concord twice: once using as input a text from which the hyphens (so laboriously inserted earlier) had

[3] Since all the machine work in this project was done at the Thomas J. Watson Research Center of the International Business Machines Corporation, in Yorktown Heights, New York, with the machine time made available through the kindness and generosity of IBM, all the machines used were made by IBM. It is therefore unnecessary to speak of an "IBM 1401 computer."

been removed by machine, and once using the hyphenated text with special instructions in the program to concord only those segments beginning with a hyphen. This required two separate 7094 machine runs, lasting about 8 and 5 minutes respectively.[4] Now the two concordances had to be merged into a single one, with the hyphenated headwords (-WUDU) and their citations coming after the unhyphenated headwords (WUDU). This was a simple program to write, the only difficulties being those connected with the extra characters we had used. We had consistently keypunched Æ as two characters—AE—with the intention of reuniting them into one Æ later in the processing. This was fortuitous, since the automatic result was that Æ appeared in the alphabet between AD and AF. But Þ and Ð had to be fitted into the alphabetic sequence after T, and this required rewriting the text to expand the alphabet to conform to the 1401 collating (alphabetic) sequence. It was in this program that the headwords were respelled so that the use of Ð and Þ conformed to the use of these characters in the citations.

Let me explain. We found, to our delight, that the concordance-generator program would, upon request, consider Þ and Ð as identical characters, combining both ÞA and ÐA, say, under a single headword (which we can think of as ÞA), while leaving the actual text spelling unchanged in the citations. This principle was followed by Cook in his *Beowulf* concordance, but he carried the principle out so logically (using Ð for the character appearing in the headword listing) that his headword *ðehton*, for instance, appears with a single citation: *þehton*. In order to avoid this we settled for a simple mechanical solution: the headwords would always be respelled to look just like the first actual citation. This, too, has its logical absurdities: if a text word is spelled with Ð only once, and with Þ fifty times, we have spelled the headword here with Ð if that was the *first* spelling found in the text, i.e., if the first occurrence in the text of the word was spelled with Ð. This variation in the use of Ð and Þ in headwords can be seen clearly on page 248. And this principle also explains another apparent oddity: page 232 has the headword ÞÆR which is an adverb, while page 233 contains ÐÆR which is a relative. We have no intention here to differentiate (falsely) between Þ and Ð; we have merely allowed the machinery to do our earlier bidding in its inexorable and thorough way. The adverb ÞÆR in line 32 is the first occurrence of ÞÆR (ÐÆR) as an adverb, and accordingly its spelling was taken as that of the headword; while the relative ÐÆR in line 286 is the first appearance of that form, and thus contributed its spelling to the appearance of our headword.

---

[4] In all discussion here of machine runs, the times quoted are approximate. The same work in two different machine runs may appear to take slightly different amounts of time because of variations in the way different computer operators work.

Once the two concordances, one with and one without hyphens, had been merged into a single concordance on the 1401, it was time to arrange the output in two-column pages. In this process, cited lines longer than the chosen column width had to be folded back to make a second line, and the hyphens had to be removed from the hyphenated portions of the text. We might have used the 1401 for this work, since individual characters are easily handled in that machine, but the 1401 conveniently available to us had only 4,000 positions of core storage. Since we had to be able to spread out an entire page at once in the internal storage of the computer (or do a good deal of tape-juggling) this stage of the work was programmed for the 7044.

The individual lines of dummied pages were written out on tape, which was to be used subsequently to print the final concordance. The 7044 program was written so that the dimensions of the finished page—line width and number of lines per page, as well as indention of citations— could be changed easily. We were thus able to experiment with various page formats.

It was assumed from the beginning that we would print the final concordance by machine, as has been done in the earlier volumes in the Cornell series. We were motivated not only by the purist's desire to do the whole job by computer, but also by the economic need to produce the final book at minimum cost. The 1403 printer, equipped with a 120-character print chain, has a rated speed of slightly more than 250 lines per minute. The dummied, two-column output from the 7044 was used, as soon as that program was working, to give a concordance for our own use which we printed on the 1403, using the available 120-character print chain with its upper- and lower-case characters. The chain possesses some special symbols and several Greek letters, and we were able to synthesize a sort of Old-English-like printout which was satisfactory for our own use. The lower-case þ was made by overstriking a b over a p, and the upper-case character Þ by running a "greater" sign (>) into a square bracket ([ ). The upper- and lower-case ð's were made similarly.

Our first choice for printing the final concordance might have been this 1403 printer. The necessary Old English characters (Æ æ Þ þ Ð ð) cost about $200 apiece to have made, or $1200 for the necessary supplements to the available print chain. Further inquiry revealed a company which was willing to manufacture for us a typing element, or "golf-ball," for the Selectric typewriter, containing, in addition to the familiar Latin characters, all our needed Old English ones, and at a cost of around $250. The intention was to use the 1050 console typewriter, which is meant to be used for communicating with a computer, as an output printer. It was a fairly straightforward matter to program the 1401 to punch cards, using the tape output of the 7044 column-dummying program as its input. The cards were punched in such a way that they could drive the 1050 to type the final concordance in the two-column format used in this volume. A different-colored card marked the boundaries between pages to be printed; thus it was quite easy to reprint a single page when necessary.

When operated from card input, the 1050 printed out a page in about 10 minutes, provided there were no difficulties. This represents about 45 hours to print the two-column portion of the present volume—as against 90 minutes in which we might have printed the same amount of text on the 1403 printer. Indeed, the difficulties of using the 1050 as an output printer are such that it could scarcely be used for the intermediate-stage printouts that were badly needed, especially by the literary editor, for proofing, homograph identification, etc. In future work of this sort we will probably not consider using a typewriterlike machine for the Old English output.

The KWIC concordance presented in Appendix I was originally made as an experiment. The idea was to arrange the cited lines in such a way that like-character sequences, of whatever length, would appear together. The two-column concordance cites only the single modern editorial line in which the headword appears, so that if a phrase, or a formula, appears once at the beginning of the line and again at the end of a line, or once in two lines, the occurrences of the identical phrase will not be easily seen. A 1401 program was written to produce "snapshots" of the poem at one-word intervals, such that one snapshot (or tape record) would be produced for each word of the poem, with the word in question starting in a fixed position within the tape record, and having on either side of the cited word, for a total of 120 characters, the preceding and following words. One may think of the poem as having been strung out in the computer from start to finish, with no notice taken of the line endings. In fact, of course, the internal storage of the computer is not great enough to allow the poem to be stretched out all at once, and it was necessary to bring the poetry into the machine in groups of six or seven lines. When a tape had been written containing 17,306 records, or one record for each poetry-word in *Beowulf*, the resulting tape was sorted on the 7044, using the standard library-sort programs. We asked to have the entire right-hand half of the tape record sorted, i.e., all the characters beginning with the first character of the cited word, for a total of 60 characters. In fact, this was unnecessary; 20 characters would have sufficed.

A 1401 program was then written which would print not *all* the sorted output lines, since this would have been too much to read through, but only those sorted snapshots which had $n$ or more characters in common with the adjacent sorted line. In the print program $n$ was an easily changeable parameter, so that we could experiment with identical character strings of different lengths. It turned out that when $n = 20$ we got only about two pages of printed output, while with $n = 5$ we had nearly 50 pages of printout. In order to bring together as many poetic stretches as possible we rewrote, in the computer, all thorns as eths; hence the absence of Þ in the KWIC concordance below. Clearly, a normalized text would yield still more identical strings. But without waiting for a normalized text we can imagine trying other computerized orthographic changes in the available text, such as leaving out punctuation and capitalization and the extra space between half lines, which might bring together still other poetic collocations. One can think further of experimenting with still other spelling changes, such as substituting $i$ for $y$ throughout, which, though it would surely bring together falsely "identical" passages, might make interesting suggestions to the sophisticated user.

There is always a question whether the amount of effort spent in making a computer-generated and computer-printed concordance is worthwhile. I am not asking here the question whether concordances should be produced at all—it is too late to dispute that point in these pages. The amount of time spent in programming, and in keypunching and proofreading the text, may approach or exceed that spent by the original manual producers of concordances. An examination of the time required to produce this volume may be interesting.

The actual keypunching of the text, as mentioned above, consumed about 30 hours of time, and the first proofreadings took at least that much again. This is time which the manually operating scholar did not have to spend when making his concordances, since he presumably cut up printed copies of the text he was concording and stuck them on 3 × 5 cards. But it is probably fair to note that the final proof of a type-set, manually produced concordance must be read carefully, while our final pages had only to be scanned for errors. Since the final concordance is in the neighborhood of six times as large as the original text used, there is probably considerably more proofreading to be done on a manually produced concordance.

The actual concording, which was the main labor of the manual scholar, was done by computer in our case, and took less than 15 minutes on a 7094 (about 8 minutes for the hyphen-free text and perhaps 5 minutes for the text with hyphens). Had we had to write a concordance-generator program for the *Beowulf* poem alone it would hardly have paid us; but the program was originally written more than five years ago for use in general machine-supported linguistic research, so that the tremendous cost of writing this program, with all of its wealth of options, should not be charged to *Beowulf*.

It is difficult to assess precisely the amount of time spent in programming, correction, and experimenting with format, but it is probably several man-months. A great deal of the time spent in the machine room on this concordance project went into rather trivial problems connected with the programs mentioned above, and into experimenting with formats for the final presentation. Were we to plan a series of concordances in the same format we could presumably use the same programs over and over, and the only cost of the *next* concordance would be keypunching and proofing, plus actual machine running time. In fact, the particular constellation of machines used in the *Beowulf* project will probably never again be available in any one place, and the specific programs which we developed for this work will become useless. One of the problems of computer work, and particularly of using programs written in "assembly language," is that the rate of technical development in computers is so great, and therefore the turnover of machines so fast, that programs written for one machine will seldom be usable on next year's installation. This situation is improving as programs are being written in "higher languages," which are less specifically tied to one machine, and as larger numbers of mutually compatible machines are being manufactured.

Merging the two concordances—the one with and the one without hyphens—took about 20 minutes on the 1401, and the 7044 program which edited the merged concordances into two-column format took another 20 minutes. A last-minute program which went through the edited output and moved the page numbers to the bottom of the page took about 15 minutes to run. A 1401 program then punched cards from the edited output, and punched them at a rate of about one page of the present volume per minute. This program thus took about 5 hours to run, counting occasional interruptions. And the final step, of course, was to print the concordance on the 1050, using the "golf-ball." We have estimated about 45 hours' typing time. But in fact, there were stops and false starts which cost us time. On the other hand, before the final printing began we ordered a second golf-ball, which meant that most of the time (when two 1050's were available) we could run two machines simultaneously and cut the time in half.

One virtue of machine production of a concordance such as this is that the purely mechanical stages are almost entirely error-free. The 1050 printer, using the golf-ball, did make mistakes, which were found in proofreading: at one stage we made a golf-ball printout of the *Beowulf* poem as we had it on tape, for another round of proofing (in the hope that, having a printout which looked more familiar than the standard computer printout, we could more reliably spot errors). Of the disheartening number of errors that were found in this checking, three were introduced by the 1050 printer. We convinced ourselves that it was the printer which made the errors when we put the punched cards representing the three offending lines through the 1050 again and none of the errors reappeared. This is to say that one line in one thousand was in error, or one character in perhaps 30,000. It is to be assumed that something like the same proportion of errors may remain in the pages of the present concordance.

PHILIP H. SMITH, JR.

*Institut für Phonetik*
*Bonn, Germany*
*1 May 1967*

# A Checklist of Homographs
## in the Concordance

ÆFTER (71)      I *prep*   II *adv* 315, 341, 2154; 1389; 12, 2731

ÆHT (4)      I 'property'   II 'pursuit' 2957

ÆR (64)      I *adv*   II *conj* 264, 676, 2818; 2019; 1496; 252; 1371; 731   III *prep* 1388, 2320, 2798   IV *pref* (14 occurrences)

ALDOR (5)      I 'lord'   II 'life' 1371

ALDRE (12)      I 'life'   II 'lord' 346

AN (13)      I *num adj & subst*   II *pref* (17 occurrences)   III *prep* 677, 1247, 1935   IV *verb* 1225

BÆR (17)      I *verb*   II *noun* 3105

BAT (3)      I *verb*   II *noun* 211

BE (22)      I *prep*   II *pref* (95 occurrences)

BEAH (4)      I *noun*   II *verb* 2956

BEARN (33)      I *noun*   II *verb* 67

BEFORAN (3)      I *adv*   II *prep* 1024

BEORHTE (5)      I *adj*   II *adv* 1517

BEORN (5)      I *noun*   II *verb* 1880

BEOWULF (28)      I son of Ecgþeow   II son of Scyld 18, 53

BRECAN (4)      I *name*   II *verb* 2546, 2980

BUTON (6)      I *conj*   II *prep* 73, 705

CYNNA (2)      I 'peoples'   II 'courtesies' 613

DEOP (3)      I *adj*   II *noun* 2549

EAL (21)      I *adj & subst*   II *adv* 3164

EALL (17)      I *adj & subst*   II *adv* 680, 1129, 1708

EAÐE (4)      I *adv*   II *adj* 228

EFNE (8)      I *adv*   II *verb* 2535

FÆGERE (4)      I *adj*   II *adv* 1014, 1788

FÆGNE (2)      I 'fated'   II 'glad' 1633

FÆR (3)      I 'danger'   II 'ship' 33

FÆSTE (8)      I *adv*   II *adj* 1096, 2718; 1864(?)

FAG (4)      I 'hostile'; 'guilty'   II 'blood-stained' 1631

FAH (12)      I 'variegated'; 'blood-stained'   II 'hostile'; 'guilty' 420(?), 544, 2671(?); 978

FEA (3)      I *adj*   II *noun* 156

FELA (40)      I *indecl num*   II *noun* 1032   III *adv* 586, 1385, 2102, 3025, 3029

FENG (4)          I *noun*   II *verb* 1542, 2989
FEORRAN (14)    I *adv*   II *verb* 156
FOR (44)        I *pref* (85 occurrences)   II *prep with dat; with acc* 947, 1175; 2348
                    III *verb* 1404, 1908, 2308
FORE (4)         I *prep*   II *adv* 136   III *pref* (4 occurrences)
FRAM (11)       I *prep*   II *adv* 754
FRECNE (9)     I *adj*  II *adv* 959, 1032
FROM (6)       I *adv* 2556  II *prep*   III *adj* 2527
FUL (8)         I *noun*   II *adv* 480, 951, 1252
FYLLE (4)      I *noun* 'fill'  II *noun* 'fall' 1544
FYR (5)        I *noun*   II *adv* 143, 252

GÆST (4)      I 'ghost' 102, 2073(?), 2312(?)  II 'guest' 1800, 2073(?), 2312(?)
GANG (5)      I *verb*   II *noun* 1404; 1391
GE (19)         I *pron*   II *conj* 1340; 2258; 1864; 1248   III *pref* (829 occurrences)
GEARA (2)     I *adv* 'long since'  II *adj* 1914
GEARO (6)     I *adj*   II *adv* 'well' 2748
GEARWE (9)   I *adv*   II *adj* 1006; 211, 1247, 1813
GEBRÆC (2)   I *verb*   II *noun* 2259
GEFRÆGE (7)  I *noun*   II *adj* 2480; 55
GEMET (4)     I *adj*   II *noun* 2533; 2879
GEONG (12)    I *adj*   II *verb* 2743; 925, 1785, 2019, 2756, 3125
GEWITAN (2)   I 'know'  II 'go' 42
GIONG (4)     I *verb*   II *adj* 2446
GIT (10)       I *adv*   II *pron* 508, 512, 513, 516
GOD (31)       I *noun* 'God'  II *adj* 'good' 195, 269, 279, 1870, 2263, 2543, 2563;
                    11, 863, 2390; 1562
GODA (9)      I *adj* 'good'  II *noun* 'goodness' 681
GODE (12)     I *noun* 'God'  II *noun* 'good' 20, 956, 1184, 1952   III *adj* 'good'
                    2249, 2641
GODUM (4)    I *adj* 'good'  II *noun* 'goods' 1861

HADOR (2)    I *adj*   II *noun* 414
HÆLE (5)     I 'man'  II 'prosperity' 1217; 719
HAT (9)       I *adj*   II *noun* 2605   III *verb* 386
HATE (2)      I *adj*   II *verb* 293
HEAN (10)    I 'high'  II 'abject' 1274, 2099, 2183, 2408
HEARDE (6)   I *adj*   II *adv* 1438, 3153
HEOROT (5)   I *name*   II *noun* 'hart' 1369
HEORU (2)    I *adj*   II *noun* 1285
HERGE (4)    I *noun*   II *verb* 3175
HWÆT (15)   I *pron*   II *interj* 1, 530, 942, 1652, 1774, 2248
HWÆÞER (4)  I *conj*   II *pron* 2530
HWÆÞERE (4) I *adv*   II *pron* 686
HYRDE (25)   I *noun*   II *verb* 38, 62, 582, 875, 1197, 1346, 1842, 2023, 2163, 2172
HYT (9)       I *pron*   II *noun* 2649(?)

IN (57)        I *prep*   II *noun* 1300   III *adv* 386, 1037, 1371, 1502, 1644, 2152,
                    2190, 2552   IV *pref* (6 occurrences)
IREN (8)       I *noun*   II *adj* 1459, 2778

LÆT (2)       I *adj*   II *verb* 1488
LANGE (14)   I *adv*   II *adj* 16, 114, 1257, 1915, 2159
LUNGRE (5)   I *adv*   II *adj* 2164
LYT (7)       I *noun*   II *adv* 2897, 3129

| | |
|---|---|
| MÆG (37) | I *verb*   II *noun* 408, 468, 737, 758, 813, 914, 1530, 1944, 1961, 1978, 2166, 2604; 1339, 2439, 2484, 2982 |
| MÆGÞA (5) | I 'women'   II 'tribes' 25, 1771 |
| MÆST (9) | I *adj*   II *noun* 'mast' 1898   III *subst* 'most' 2645 |
| MÆSTE (5) | I *adj*   II *noun* 36, 1905 |
| MAGA (11) | I 'son'; 'man'   II 'kinsmen' 247, 1079, 1853, 2006, 2742 |
| MAGAN (2) | I 'kinswoman'   II 'man' 943 |
| MEDO (2) | I 'mead'   II 'rewards' 1178 |
| MID (72) | I *prep*   II *adv* 1642, 1649 |
| MIHT (2) | I *noun*   II *verb* 1378 |
| MIN (25) | I *poss pron*   II *pers pron* 2084, 2533 |
| | |
| NÆS (28) | I *verb*   II *adv* 562, 2262   III *noun* 1439, 1600, 2898   IV *suff* 1351 |
| NAMAN (2) | I *noun*   II *verb* 2116 |
| NE (180) | I *adv*   II *conj*   See Concordance |
| NEAH (12) | I *prep*   II *adj* 1743, 2420, 2728   III *adv* 1221, 2870 |
| NEARWE (2) | I *adj*   II *adv* 976 |
| NEMNE (3) | I *conj*   II *prep* 1081 |
| NU (46) | I *adv*   II *conj* 430, 2799, 3020; 1475, 2247ᵇ, 2745 |
| NYTTE (3) | I *noun*   II *adj* 794 |
| | |
| ON (369) | I *prep*   II *pref* (106 occurrences)   III *adv* 1650, 1903   See Concordance |
| | |
| RESTE (2) | I *noun*   II *verb* 1799 |
| RICE (13) | I *noun*   II *adj* 172, 1209, 1237, 1298 |
| RIHTE (5) | I *noun*   II *adv* 1695 |
| RUM (2) | I *noun*   II *adj* 2461 |
| | |
| SÆL (7) | I 'time'   II 'hall' 307, 2075, 2264 |
| SAMOD (6) | I *adv*   II *prep* 1311 |
| SANG (5) | I *noun*   II *verb* 496 |
| SAR (3) | I *noun*   II *adj* 2468 |
| SCOP (3) | I *noun*   II *verb* 78 |
| SCYLD (5) | I *noun* 'shield'   II *name* 4, 26 |
| SEC (2) | I *verb*   II *adj* 2863 |
| SECGE (5) | I *verb*   II 'man' 2019   III 'sword' 684 |
| SEL (5) | I *adv*   II *noun* 167 |
| SELE (12) | I 'hall'   II 'season' 1135 |
| SEOÞÐAN (3) | I *adv*   II *conj* 1775 |
| SIE (4) | I *verb*   II *dem adj & def art* 2219 |
| SIÞÐAN (17) | I *conj*   II *adv* 470, 685, 718 |
| SOMOD (6) | I *adv*   II *prep* 2942 |
| SOÐ (7) | I *noun*   II *adj* 1611; 2109 |
| SOÐE (5) | I *noun*   II *adv* 524, 871 |
| SPRÆCE (2) | I *verb*   II *noun* 1104 |
| STEFN (2) | I 'stem'   II 'voice' 2552 |
| SWA (126) | I *adv*   II *conj*   See Concordance |
| SWEFEÐ (5) | I 'sleeps'   II 'kills' 600 |
| SWEGLE (3) | I *noun*   II *adj* 2749 |
| -SWEORD (4) | I '-sword'   II '-swearing' 2064 |
| SWYLCE (24) | I *adv*   II *conj* 757, 1156(?), 2459, 2869   III *pron* 1347; 1797; 1156(?); 1249ᵃᵇ, 3164ᵃᵇ |
| SYMBLE (3) | I *noun*   II *adv* 2450 |
| SYMLE (5) | I *noun*   II *adv* 2497, 2880 |

| | |
|---|---|
| SYÐÐAN (57) | I *conj*  II *adv* 142, 283, 567, 1453, 1901, 1951, 2064, 2071, 2175, 2207, 2217, 2395, 2501, 2702, 2806, 2920 |
| | |
| TO (180) | I *prep*  II *adv*  III *pref* (17 occurrences)  *See* Concordance |
| TOGEANES (5) | I *prep*  II *adv* 1501 |
| | |
| ÐA (323) | I *adv*  II *conj*  III *pron*  *See* Concordance |
| ÐÆR (123) | I *dem adv*  II *rel*  *See* Concordance |
| ÞÆT (341) | I *conj*  II *dem pron*  *See* Concordance |
| ÞE (201) | I *pers pron*  II *dem pron*  III *rel*  *See* Concordance |
| ÞEAH (30) | I *conj*  II *adv* 972, 1929, 2878, 2967; 2442 |
| ÞEARF (9) | I *noun*  II *verb* 595, 2006, 2741 |
| ÞENDEN (14) | I *conj*  II *adv* 1019, 2418, 2985 |
| -ÞEON (3) | I *verb*  II *noun* 629 |
| ÞON (8) | I *dem pron*  II *conj* 44 |
| ÞONNE (73) | I *adv*  II *conj*  *See* Concordance |
| | |
| UNDER (60) | I *prep*  II *adv* 1416, 2213 |
| URE (2) | I *pers pron*  II *poss pron* 2647 |
| | |
| WÆRE (18) | I *verb*  II *noun* 1100; 3109; 27 |
| WALU (2) | I 'bodies'  II 'helmet ridge' 1031 |
| WAN (3) | I *verb*  II *adj* 651 |
| WEG (7) | I 'way'  II 'wave' 3132 |
| WIDE (19) | I *adv*  II *adj* 877, 1965 |
| WINE (13) | I 'friend'  II 'wine' 1467 |
| WISA (4) | I *adj*  II *noun* 259 |
| WISAN (2) | I *noun*  II *adj* 1318 |
| WISTE (6) | I *verb*  II *noun* 128, 1735 |
| WITAN (4) | I 'know'  II 'reproach with' 2741  III *noun* 'councilors' 778 |
| WON (2) | I *verb* 1132  II *adj* |
| WRÆC (7) | I *verb*  II *noun* 170, 3078 |
| WUND (3) | I *noun*  II *adj* 2746 |
| WUNDE (5) | I *noun*  II *adj* 565, 1075 |
| WUNDUM (4) | I *noun*  II *adj* 2753 |
| | |
| YLDO (4) | I 'age'  II 'men' 70 |
| YRRE (7) | I *adj*  II *noun* 2092; 711 |
| YÐE (5) | I *noun*  II *adj* 1002, 2415 |

*A Concordance to*

# BEOWULF

A (7)
oððe a syþðan  earfoðþrage,                   283
Welandes geweorc.  Gǣð a wyrd swa             455
  hio scel."
þæt hit a mid gemete manna ænig,              779
eam his nefan,  swa hie a wǣron               881
grynna æt Grendle;  a mæg god                 930
  wyrcan
aldre linnan,  þæt ðu me a wǣre              1478
ealdor dugoðe.  Us wæs a syððan              2920

ABEAD (4)
* * *  word inne abead:                       390
Hroðgar Beowulf,  ond him hæl                 653
  abead,
ymb aldor Dena,  eotonweard abead.            668
þenden hǣlo abead  heorðgeneatum,            2418

ABEAG (1)
searoþoncum besmiþod.  Þær fram               775
  sylle abeag

ABEALCH (1)
eacencræftig,  oððæt hyne an                 2280
  abealch

ABEL (1)
ece drihten,  þæs þe he Abel slog;            108

ABIDAN (1)
balwon bendum.  Ðær abidan sceal              977

ABRÆC (1)
Nealles mid gewealdum  wyrmhord              2221
  abræc

ABRÆD (1)
hreð æt hilde.  Hond up abræd                2575

ABREAT (1)
rice randwiga,  þone ðe heo on               1298
  ræste abreat,

ABREDWADE (1)
þeah ðe he his broðor bearn                  2619
  abredwade.

ABREOT (1)
abreot brimwisan,  bryd ahredde,             2930

ABROCENE (1)
þonne bioð abrocene  on ba healfe            2063

ABROTEN (2)
þæt hine seo brimwylf  abroten               1599
  hæfde.
ond hi hyne þa begen  abroten                2707
  hæfdon,

AC (60)
ne gefeah he þǣre fǣhðe,  ac he               109
  hine feor forwræc,
ac ymb ane niht  eft gefremede                135
ac se ǣglǣca  ehtende wæs,                    159
ac for higeþrymmum  Hroðgar                   339
  sohton."
geolorand to guþe,  ac ic mid                 438
  grape sceal
hafalan hydan,  ac he me habban               446
  wile
ac on mergenne  mecum wunde                   565
Ac he hafað onfunden  þæt he þa               595
  fǣhðe ne þearf,
leode Deniga,  ac he lust wigeð,              599
to Gardenum.  Ac ic him Geata                 601
  sceal
niþgeweorca;  ac wit on niht                  683
  sculon

ac hie hæfdon gefrunen  þæt hie ær            694
  to fela micles
Denigea leode.  Ac him dryhten                696
  forgeaf
ac he wæccende  wraþum on andan               708
ac he gefeng hraðe  forman siðe               740
fǣger foldbold;  ac he þæs fæste              773
  wæs
ac he sigewǣpnum  forsworen hæfde,            804
ac hine se modega  mæg Hygelaces              813
glædne Hroðgar,  ac þæt wæs god               863
  cyning.
synnum geswenced,  ac hyne sar                975
  hafað
ac gesecan sceal  sawlberendra,              1004
þeodnes ðegna;  ac hig him geþingo           1085
  budon,
ac wæs oþer in  ǣr geteohhod                 1300
ac se hwita helm  hafelan werede,            1448
wǣpna gewealdan,  ac hine wundra             1509
  þæs fela
aldre sceþðan,  ac seo ecg geswac            1524
hilderince,  ac he hraþe wolde               1576
ac me geuðe  ylda waldend                    1661
ne geweox he him to willan,  ac to           1711
  wælfealle
ecghete eowoð,  ac him eal worold            1738
ac him on hreþre  hygebendum fæst            1878
gǣstas grette,  ac him togeanes              1893
  rad,
ac him wælbende  weotode tealde              1936
hilde to Hiorote?  Ac ðu Hroðgare            1990
ac he mægnes rof  min costode,               2084
ac me eorla hleo  eft gesealde               2142
mægnes mede,  ac he me maðmas                2146
  geaf,
ac he mancynnes  mǣste cræfte                2181
ac for þreanedlan  þeow nathwylces           2223
bidan wolde,  ac mid bæle for,               2308
ofer heafo healdan,  ac ymb                   2477
  Hreosnabeorh
ac in compe gecrong  cumbles                 2505
  hyrde,
ac him hildegrap  heortan wylmas,            2507
Ac ic ðær heaðufyres  hates wene,            2522
forfleon fotes trem,  ac unc                  2525
  furður sceal
hildecystum,  ac hy on holt bugon,           2598
ac se maga geonga  under his mǣges           2675
  scyld
Ne hedde he þæs heafolan,  ac sio            2697
  hand gebarn
onsyn ǣnig,  ac hyne ecg fornam.             2772
ac hine irenna  ecga fornamon,               2828
ansyn ywde,  ac he eorðan gefeoll            2834
ac hy scamiende  scyldas bǣran,              2850
ac he soðlice  sægde ofer ealle:             2899
wihte ne wene,  ac wæs wide cuð              2923
gomela Scilfing,  ac forgeald                2968
  hraðe
ac he him on heafde  helm ær                 2973
  gescer,
ac he hyne gewyrpte,  þeah ðe him            2976
  wund hrine.
meltan mid þam modigan,  ac þǣr is           3011
  maðma hord,
ac sceal geomormod,  golde                   3018
  bereafod,
wigend weccean,  ac se wonna hrefn           3024

ACENNED (1)
hwæþer him ǣnig wæs  ǣr acenned              1356

ACIGDE (1)
acigde of corðre  cyninges þegnas            3121

ACWÆÐ (1)
winǣrnes geweald,  ond þæt word               654
  acwæð:

1

ACWEALDE (3)
syþðan wiges heard  wyrm acwealde,          886
mane acwealde,  swa he hyra ma            1055
  wolde,
hyre bearn gewræc,  beorn acwealde       2121

ACWYÐ (1)
wigbealu weccean,  ond þæt word           2046
  acwyð:

AD (2)
Ad wæs geæfned  ond icge gold             1107
ad on eorðan  unwaclicne,                 3138

ADE (2)
Æt þæm ade wæs  eþgesyne                   1110
Het ða Hildeburh  æt Hnæfes ade           1114

ADFÆRE (1)
on adfære.  Ne scel anes hwæt             3010

ADL (3)
adl ne yldo,  ne him inwitsorh            1736
þæt þec adl oððe ecg  eafoþes             1763
  getwæfeð,
adl oþðe iren  ealdor ðinne,              1848

ADREOGAN (1)
wræc adreogan,  swa us geworden           3078
  is.

ÆDRE (3)
ædre mid yldum,  þæt hit wearð              77
  ealgearo,
ond þe þa ondsware  ædre gecyðan           354
ædre geæfned,  þonne we ut cymen,         3106

ÆDRUM (1)
þæt him for swenge  swat ædrum            2966
  sprong

ÆFEN (2)
eorla manegum,  syþðan æfen cwom          1235
earfoðlice  oððæt æfen cwom;              2303

ÆFENGROM (1)
eatol, æfengrom,  user neosan,            2074

ÆFENLEOHT (1)
idel ond unnyt,  siððan æfenleoht          413

ÆFENRÆSTE (2)
æfenræste;  wiste þæm ahlæcan              646
æfenræste,  swa him ful oft               1252
  gelamp,

ÆFENSPRÆCE (1)
æfenspræce,  uplang astod                  759

ÆFNAN (1)
þæt hit ellenweorc  æfnan scolde.         1464

ÆFNDE (1)
unriht æfnde,  oþþæt ende becwom,         1254

-ÆFNDON (1)
aldrum neðdon,  ond þæt geæfndon           538
  swa.

-ÆFNED (2)
Ad wæs geæfned  ond icge gold             1107
ædre geæfned,  þonne we ut cymen,         3106

ÆFRE (7)
þonne yldo bearn  æfre gefrunon,           70
gyf him edwendan  æfre scolde             280
æfre mærða þon ma  middangeardes          504
eft eardlufan  æfre gesecean,             692
ne þurh inwitsearo  æfre gemænden         1101

hwæþer him alwalda  æfre wille            1314
sefa wið sorgum;  sibb æfre ne mæg        2600

ÆFTER (71) *
Ðæm eafera wæs  æfter cenned,              12
æfter wælniðe  wæcnan scolde.             85
æfter beorþege  gebun hæfdon.            117
swefan æfter symble;  sorge ne           119
  cuðon,
þa wæs æfter wiste  wop up ahafen,        128
bed æfter burum,  ða him gebeacnod        140
  wæs,
æfter deaðdæge  drihten secean           187
wicg gewende,  word æfter cwæð:           315
oretmecgas  æfter æþelum frægn:           332
wlanc Wedera leod,  word æfter            341
  spræc,
flod æfter faroðe  on Finna land,        580
recedes muþan.  Raþe æfter þon            724
æfter þam wælræse  willa gelumpen.       824
æfter deaðdæge  dom unlytel,             885
wunder æfter wundre,  wuldres            931
  hyrde.
æfter gumcynnum,  gyf heo gyt            944
  lyfað,
web æfter wagum,  wundorsiona fela       995
swefeþ æfter symle.  þa wæs sæl         1008
  ond mæl
se þe secgan wile  soð æfter            1049
  rihte.
æfter medobence  mænan scolde           1067
æfter sæsiðe,  sorge, mændon,           1149
æfter guðsceare,  Geata leode,          1213
swylt æfter synnum.  þæt gesyne         1255
  wearþ,
lifde æfter laþum,  lange þrage,        1257
æfter guðceare.  Grendles modor,        1258
æfter maþðumgife  mærum Geate.          1301
æfter weaspelle  wyrpe gefremman.       1315
Gang ða æfter flore  fyrdwyrðe man      1316
æfter neodlaðum  niht getæse.           1320
"Ne frin þu æfter sælum!  Sorh is       1322
  geniwod
se þe æfter sincgyfan  on sefan         1342
  greoteþ),
unlifgendum  æfter selest.              1389
æfter waldswaþum  wide gesyne,          1403
Gesawon ða æfter wætere                 1425
  wyrmcynnes fela,
Æfter þæm wordum  Wedergeata leod       1492
rodores candel.  He æfter recede        1572
  wlat;
syþðan he æfter deaðe  drepe            1589
  þrowade,
æfter heaþoswate  hildegicelum,         1606
æfter deofla hryre  Denigea frean,      1680
Denum æfter dome;  dreamleas gebad       1720
gyrn æfter gomene,  seoþðan             1775
  Grendel wearð,
æfter deorum men  dyrne langað          1879
æfter mundgripe  mece geþinged,         1938
æfter ligetorne  leofne mannan.         1943
sylf æfter sande  sæwong tredan,        1964
æfter leodhryre  lytle hwile            2030
æfter hæleþa hryre,  hwate             2052
  Scyldungas?
æfter billes bite  blodfag swefeð,      2060
æfter cearwælmum  colran weorðað.       2066
rehte æfter rihte  rumheort            2110
  cyning.
guðsweord geatolic,  gyd æfter         2154
  wræc:
æfter beahðege  breost geweorðod.       2176
dreah æfter dome,  nealles druncne      2179
  slog
brosnað æfter beorne.  Ne mæg          2260
  byrnan hring
æfter wigfruman  wide feran,           2261
an æfter eallum,  unbliðe hwearf        2268

stonc ða æfter stane, stearcheort 2288
  onfand
georne æfter grunde, wolde guman 2294
  findan,
an æfter anum; þuhte him eall to 2461
  rum,
æfter Herebealde heortan sorge 2463
æfter wælræse wunde gedygan 2531
æfter heaðuswenge on hreoum mode, 2581
Æfter ðam wordum wyrm yrre cwom, 2669
ænig yrfeweard æfter wurde 2731
æfter maððumwelan min alætan 2750
æfter wordcwydum wundum dryhtne 2753
beorhtne æfter bæle æt brimes 2803
  nosan,
eorlas on elne; ic him æfter 2816
  sceal."
Nalles æfter lyfte lacende hwearf 2832
æfter hæleða hryre, hwate 3005
  Scildingas,
bæd þæt ge geworhton æfter wines 3096
  dædum

ÆFÞUNCA (1)
modges merefaran, micel æfþunca, 502

ÆGHWÆM (1)
"Ne sorga, snotor guma; selre bið 1384
  æghwæm

ÆGHWÆR (1)
Forþan bið andgit æghwær selest, 1059

ÆGHWÆS (4)
æghwæs untæle ealde wisan." 1865
æghwæs orleahtre, oþþæt hine yldo 1886
  benam
æghwæs unrim, þa he of ealdre 2624
  gewat,
æghwæs unrim, æþeling boren, 3135

ÆGHWÆÐER (1)
hæfde æghwæðer ende gefered 2844

ÆGHWÆÞRES (1)
ombeht unforht: "Æghwæþres sceal 287

ÆGHWÆÞRUM (2)
earfoðlice heora æghwæþrum, 1636
ecgum unslaw; æghwæðrum wæs 2564

ÆGHWYLC (8)
oðþæt him æghwylc þara 9
  ymbsittendra
feondes fingras. Foran æghwylc 984
  wæs,
egl, unheoru. Æghwylc gecwæð 987
æghwylc oðrum trywe. Swylce þær 1165
  Unferþ þyle
Her is æghwylc eorl oþrum 1228
  getrywe,
Ure æghwylc sceal ende gebidan 1386
elles hwergen, swa sceal æghwylc 2590
  mon
þære mægburge monna æghwylc 2887

ÆGHWYLCNE (1)
duguþe ond geogoþe dæl æghwylcne, 621

ÆGHWYLCUM (1)
Ða gyt æghwylcum eorla drihten 1050

ÆGLÆCA (4)
ac se æglæca ehtende wæs, 159
Hæbbe ic eac geahsod þæt se 433
  æglæca
atol æglæca, ealdre þinum, 592
atol æglæca; him on eaxle wearð 816

ÆGWEARDE (1)
endesæta, ægwearde heold, 241

ÆHT (4)*
on flodes æht feor gewitan. 42
wintrys wylmum. Git on wæteres 516
  æht
enta ærgeweorc; hit on æht 1679
  gehwearf
eald under eorðweall. Þa wæs æht 2957
  boden

-ÆHT (1)
goldæht ongite, gearo sceawige 2748

-ÆHTA (2)
maðmæhta ma, þeh he þær monige 1613
  geseah,
middelnihtum, maðmæhta wlonc 2833

ÆHTE (1)
eorla æhte! Hwæt, hyt ær on ðe 2248

-ÆHTED (1)
oft geæhted; þæt wæs an cyning, 1885

-ÆHTLAN (1)
eorla geæhtlan; huru se aldor 369
  deah,

ÆLED (1)
æled þeccean, nalles eorl wegan 3015

ÆLEDLEOMAN (1)
æledleoman, se ðe on orde geong. 3125

ÆLFHERES (1)
mæg Ælfheres; geseah his 2604
  mondryhten

ÆLFYLCUM (1)
þæt he wið ælfylcum eþelstolas 2371

ÆLMIHTIGA (1)
cwæð þæt se ælmihtiga eorðan 92
  worhte,

ÆLWIHTA (1)
ælwihta eard ufan cunnode. 1500

ÆNE (1)
oft nalles æne elland tredan, 3019

ÆNEGUM (2)
"Næfre ic ænegum men ær alyfde, 655
sarlic þuhte secga ænegum 842

ÆNGUM (2)
gumena ængum hwæt me Grendel 474
  hafað
manna ængum þara þe hit mid 1461
  mundum bewand,

ÆNIG (17)
forþon þe he ne uþe þæt ænig oðer 503
  man
aldrum neþdon? Ne inc ænig mon, 510
earfeþo on yþum, ðonne ænig oþer 534
  man.
þæt hit a mid gemete manna ænig, 779
ænig ofer eorþan irenna cyst, 802
arum heolde, þæt ðær ænig mon 1099
næfne he wæs mara þonne ænig man 1353
  oðer;
hwæþer him ænig wæs ær acenned 1356
buton hit wæs mare ðonne ænig mon 1560
  oðer
ænig ofer eorðan uhthlem þone, 2007

3

ÆNIG (continued)

ealne utanweardne,  ne ðær ænig        2297
    mon
eard,  eðelwyn.  Næs him ænig          2493
    þearf
ænig yrfeweard  æfter wurde            2731
ymbesittendra  ænig ðara,              2734
onsyn ænig,  ac hyne ecg fornam.       2772
gumena ænig,  nefne god sylfa,         3054
læne licgan;  lyt ænig mearn           3129

ÆNIGE (6)
Nolde eorla hleo  ænige þinga           791
earm ond eaxle.  No þær ænige swa       972
    þeah
æt ðam æðelinge  ænige ðinga,          2374
eald ond infrod,  ænige gefremman.     2449
unbyrnende  ænige hwile                2548
on ðam aglæcean  ænige þinga           2905

ÆNIGNE (5)
þæt heo on ænigne  eorl gelyfde         627
æscum ond ecgum,  þæt ic me ænigne     1772
to geceosenne  cyning ænigne,          1851
rices hyrde,  ræd ænigne,              3080
syððan orwearde  ænigne dæl            3127

ÆNIGRA (1)
Dæt wæs ungeara  þæt ic ænigra me       932

ÆNIGUM (2)
ne his lifdagas  leoda ænigum           793
to gegangenne  gumena ænigum!          2416

ÆNLIC (1)
ænlic ansyn.  Nu ic eower sceal         251

ÆNLICU (1)
idese to efnanne,  þeah ðe hio         1941
    ænlicu sy,

ÆNNE (3)
ænne ofer yðe  umborwesende.             46
yrfelafe,  ond þone ænne heht          1053
oftor micle  ðonne on ænne sið,        1579

ÆPPELFEALUWE (1)
æppelfealuwe;  he him est geteah       2165

ÆR (64) *
þe hie ær drugon  aldorlease             15
frumcyn witan,  ær ge fyr heonan,       252
Gebad wintra worn,  ær he on weg        264
    hwurfe,
þa wæs eft swa ær  inne on healle       642
"Næfre ic ænegum men  ær alyfde,        655
Beowulf Geata,  ær he on bed            676
    stige:
ac hie hæfdon gefrunen  þæt hie ær      694
    to fela micles
næfre he on aldordagum  ær ne          718
    siþðan
forht on ferhðe;  no þy ær fram         754
    meahte.
swylce he on ealderdagum  ær           757
    gemette.
þæs ne wendon ær  witan Scyldinga       778
Hæfde þa gefælsod  se þe ær            825
    feorran com,
inwidsorge,  þe hie ær drugon           831
ellendædum  (he þæs ær onðah),          900
ðe we ealle  ær ne meahton              941
golde forgyldan,  þone ðe Grendel      1054
    ær
morþorbealo maga,  þær heo ær          1079
    mæste heold
arum healdan,  gyf þu ær þonne he,     1182
umborwesendum ær  arna                 1187
    gefremedon."

unrim eorla,  swa hie oft ær           1238
    dydon.
ac wæs oþer in  ær geteohhod           1300
hwæþer him ænig wæs  ær acenned        1356
feorran geflymed,  ær he feorh         1370
    seleð,
aldor on ofre,  ær he in wille         1371
ealdgestreonum,  swa ic ær dyde,       1381
domes ær deaþe;  þæt bið               1388
    drihtguman
eafoþes cræftig,  þæt he ær            1466
    gespræc
ær he þone grundwong  ongytan          1496
    mehte.
atolan clommum.  No þy ær in           1502
    gescod
ðeodne æt þearfe;  ðolode ær fela      1525
aldorleasne,  swa him ær gescod        1587
since fage.  Sweord ær gemealt,        1615
Sona wæs on sunde  se þe ær æt         1618
    sæcce gebad
aldorbealu eorlum,  swa þu ær          1676
    dydest."
forgyteð ond forgymeð,  þæs þe him     1751
    ær god sealde,
þa wæs eft swa ær  ellenrofum          1787
inwitniþas,  þe hie ær drugon,         1858
eftsið eorla,  swa he ær dyde;         1891
se þe ær lange tid  leofra manna       1915
secge sealde,  ær hie to setle         2019
    geong.
No ðy ær ut ða gen  idelhende          2081
no ðy ær suna sinum  syllan wolde,     2160
eorla æhte!  Hwæt, hyt ær on ðe        2248
dryhtsele dyrnne,  ær dæges hwile.     2320
eafoð ond ellen,  forðon he ær         2349
    fela
No ðy ær feasceafte  findan            2373
    meahton
no ðy ær he þone heaðorinc  hatian     2466
    ne meahte
þæt mec ær ond sið  oft gelæste.       2500
sæcce to seceanne.  Sweord ær          2562
    gebræd
fyre befongen,  se ðe ær folce         2595
    weold.
Gemunde ða ða are  þe he him ær        2606
    forgeaf,
þe him se eorðdraca  ær geworhte,      2712
beacna beorhtost.  Bill ær gescod      2777
ellensiocne,  þær he hine ær           2787
    forlet.
ær swyltdæge  swylc gestrynan.         2798
breostgehygdum,  ær he bæl cure,       2818
Da ne dorston ær  dareðum lacan        2848
eðbegete  þam ðe ær his elne           2861
    forleas.
ac he him on heafde  helm ær           2973
    gescer,
ealdorleasne,  þone ðe ær geheold      3003
Ær hi þær gesegan  syllicran wiht,     3038
wræte under wealle.  Weard ær          3060
    ofsloh
agendes est  ær gesceawod.             3075
eall swylce hyrsta,  swylce on         3164
    horde ær

ÆRDÆGE (3)
Da wæs on uhtan  mid ærdæge             126
sigoreadig secg.  Samod ærdæge         1311
sarigmodum  somod ærdæge,              2942

ÆRENDE (2)
Habbað we to þæm mæran  micel           270
    ærende,
mærum þeodne,  min ærende,             345

ÆREST (7)
egsode eorlas.  Syððan ærest wearð       6

4

5

nacod æt niðe, swa hyt no 2585
   sceolde,
suna Ohteres. Þam æt sæcce wearð, 2612
gewac æt wige; þæt se wyrm 2629
   onfand,
gesigan æt sæcce; urum sceal 2659
   sweord ond helm,
geswac æt sæcce sweord Biowulfes, 2681
helpan æt hilde; wæs sio hond to 2684
   strong,
Ða ic æt þearfe gefrægn 2694
   þeodcyninges
þegn æt ðearfe! Þæt ðam þeodne 2709
   wæs
ealdres æt ende; he hine eft 2790
   ongon
beorhtne æfter bæle æt brimes 2803
   nosan;
þone leofestan lifes æt ende 2823
Þa wæs æt ðam geongan grim 2860
   ondswaru
ætgifan æt guðe, ond ongan swa 2878
   þeah
ond nu æt siðestan sylfes feore 3013
earne secgan hu him æt æte speow, 3026

ÆTBÆR (5)
on Heaþoræmas holm up ætbær; 519
mode geþungen, medoful ætbær; 624
leofne mannan; hio þæt lic ætbær 2127
meces ecgum, ond his magum ætbær 2614
hordgestreona, hider ut ætbær 3092

ÆTBÆRON (1)
Hi hyne þa ætbæron to brimes 28
   faroðe,

ÆTBERAN (1)
to beadulace ætberan meahte, 1561

ÆTE (1)
earne secgan hu him æt æte speow, 3026

ÆTFEALH (1)
ganges getwæman, no ic him þæs 968
   georne ætfealh,

ÆTFEREDE (1)
feondum ætferede, fyrendæda wræc, 1669

ÆTGÆDERE (7)
gumum ætgædere. Guðbyrne scan 321
sæmanna searo, samod ætgædere, 329
seon sibbegedriht samod ætgædere; 387
swefan sibbegedriht samod 729
   ætgædere,
þær wæs sang ond sweg samod 1063
   ætgædere
sæton suhtergefæderan; þa gyt wæs 1164
   hiera sib ætgædere,
giogoð ætgædere; þær se goda sæt, 1190

ÆTGIFAN (1)
ætgifan æt guðe, ond ongan swa 2878
   þeah

ÆTGRÆPE (1)
þær him aglæca ætgræpe wearð; 1269

ÆTHRAN (1)
fyrbendum fæst, syþðan he hire 722
   folmum æthran;

ÆTHWEARF (1)
beaduwe weorces, hwilum on beorh 2299
   æthwearf,

ÆTRIHTE (1)
earfoðlice; ætrihte wæs 1657

ÆTSOMNE (5)
sigon ætsomne, oþþæt hy sæl 307
   timbred,
Snyredon ætsomne, þa secg wisode, 402
þa wæs Geatmæcgum geador ætsomne 491
Ða wit ætsomne on sæ wæron 544
tydre treowlogan tyne ætsomne. 2847

ÆTSPRANC (1)
bengeato burston, ðonne blod 1121
   ætspranc,

ÆTSTOD (1)
wrætlicne wyrm, þæt hit on wealle 891
   ætstod,

ÆTSTOP (1)
fet ond folma. Forð near ætstop, 745

ÆTTREN (1)
ættren ellorgæst se þær inne 1617
   swealt.

ÆTWÆG (1)
hordmaððum hæleþa, syþðan Hama 1198
   ætwæg

ÆTWAND (1)
fyr ond fæstor se þæm feonde 143
   ætwand.

ÆTWITON (1)
ætwiton weana dæl; ne meahte 1150
   wæfre mod

ÆÞELAN (1)
eormenlafe æþelan cynnes, 2234

ÆÞELE (3)
æþele ond eacen. Het him yðlidan 198
æþele ordfruma, Ecgþeow haten. 263
eode eorla sum, æþele cempa 1312

ÆÞELING (12)
æþeling ærgod, unbliðe sæt, 130
eofer irenheard, æþeling manig 1112
æþeling, eadig. Ic þe an tela 1225
æþeling ærgod, swylc Æschere wæs! 1329
æþeling to yppan, þær se oþer 1815
   wæs,
æðeling unfrom. Edwenden cwom 2188
æþeling ærgod ende gebidan, 2342
æðeling unwrecen ealdres linnan. 2443
æþeling on elne; ne wæs ecg bona, 2506
æðeling anhydig, ealle mægene 2667
attor on innan. Ða se æðeling 2715
   giong
æghwæs unrim, æþeling boren, 3135

ÆÞELINGA (6)
Fand þa ðær inne æþelinga gedriht 118
Hraðe heo æþelinga anne hæfde 1294
Ofereode þa æþelinga bearn 1408
Het þa up beran æþelinga 1920
   gestreon,
æðelinga bearn, ymbe gestodon 2597
æþelinga bearn, ealra twelfe, 3170

ÆÞELINGAS (4)
hu ða æþelingas ellen fremedon. 3
siþðan æþelingas eorles cræfte 982
wæron æþelingas eft to leodum 1804
idel hweorfan, syððan æðelingas 2888

-ÆÐELINGAS (1)
sibæðelingas. Swylc sceolde secg 2708
   wesan,

ÆÞELINGE (2)

6

ALÆTAN (continued)

alætan lændagas. Næs ða long to ðon     2591
æfter maððumwelan min alætan     2750

ALÆTE (1)
þæt ðu ne alæte be ðe lifigendum     2665

ALAMP (1)
sincfato sealde, oþþæt sæl alamp     622

ALDOR (5)*
aldor of earde), oþþæt him eft onwoc     56
eorla geæhtlan; huru se aldor deah,     369
aldor Eastdena, þæt he eower æþelu can,     392
ymb aldor Dena, eotonweard abead.     668
aldor on ofre, ær he in wille     1371

ALDORBEALU (1)
aldorbealu eorlum, swa þu ær dydest."     1676

ALDORCEARE (1)
eallum æþellingum to aldorceare;     906

ALDORDAGUM (1)
næfre he on aldordagum ær ne siþðan     718

ALDORGEDAL (1)
ecga gehwylcre. Scolde his aldorgedal     805

ALDORLEASE (1)
þe hie ær drugon aldorlease     15

ALDORLEASNE (1)
aldorleasne, swa him ær gescod     1587

ALDORÞEGN (1)
syðþan he aldorþegn unlyfigendne,     1308

ALDRE (12)*
aldre þinum, gif he us geunnan wile     346
gif þu þæt ellenweorc aldre gedigest."     661
aldre beneotan, þeah ic eal mæge.     680
awa to aldre. Alwalda þec     955
yðgewinnes, þæt him on aldre stod     1434
eorres inwitfeng, aldre gesceþðan;     1447
under yða gewin aldre geneþan,     1469
aldre linnan, þæt ðu me a wære     1478
aldre sceþðan, ac seo ecg geswac     1524
ecean dryhtne, þæs ðe ic on aldre gebad     1779
yrmðe to aldre. Ic ðæt eall gewræc,     2005
ana on orde, ond swa to aldre sceall     2498

ALDRES (3)
þæt his aldres wæs ende gegongen,     822
aldres orwena. No þæt yðe byð     1002
aldres orwena, yrringa sloh,     1565

ALDRUM (2)
aldrum neþdon? Ne inc ænig mon,     510
aldrum neðdon, ond þæt geæfndon swa.     538

ALEDON (1)
Aledon þa leofne þeoden,     34

ALEGDE (4)
syþðan hildedeor hond alegde,     834
in fenfreoðo feorh alegde,     851
þæt he on Biowulfes bearm alegde     2194
nu se herewisa hleahtor alegde,     3020

ALEGDON (1)
alegdon ða tomiddes mærne þeoden     3141

ALEH (1)
He beot ne aleh, beagas dælde,     80

ALICGEAN (1)
lufen alicgean; londrihtes mot     2886

ALUMPEN (1)
lif wið lice, þa him alumpen wæs     733

ALWALDA (3)
"Mæl is me to feran; fæder alwalda     316
awa to aldre. Alwalda þec     955
hwæþer him alwalda æfre wille     1314

ALWEALDAN (1)
"Disse ansyne alwealdan þanc     928

ALYFDE (1)
"Næfre ic ænegum men ær alyfde,     655

ALYFED (1)
nealles swæslice sið alyfed     3089

ALYSED (1)
lungre alysed. Lagu drusade,     1630

AN (13)*
eadiglice, oððæt an ongan     100
"No ic me an herewæsmun hnagran talige,     677
æþeling, eadig. Ic þe an tela     1225
þæt hie oft wæron an wig gearwe,     1247
þæt wæs an foran ealdgestreona;     1458
oft geæhted; þæt wæs an cyning,     1885
þæt hire an dæges eagum starede,     1935
eald eþelweard), oððæt an ongan     2210
ærran mælum, ond se an ða gen     2237
an æfter eallum, unbliðe hwearf     2268
eacencræftig, oððæt hyne an abealch     2280
yrfeweardas, þonne se an hafað     2453
an æfter anum; þuhte him eall to rum,     2461

ANA (11)
ana wið eallum, oðþæt idel stod     145
wið þam aglæcan, ana gehegan     425
þæt ic mote ana ond minra eorla gedryht,     431
æþelinges bearn, ana geneðde     888
heorras tohlidene. Hrof ana genæs,     999
eaxlgesteallan, oþþæt he ana hwearf,     1714
hæfde him on earme ana þritig     2361
ana on orde, ond swa to aldre sceall     2498
þis ellenweorc ana aðohte     2643
þæt næron ealdgewyrht, þæt he ana scyle     2657
ana mid ecge, þa him wæs elnes þearf.     2876

ANCRE (2)
on ancre fæst. Eoforlic scionon     303
agendfrean, se þe on ancre rad.     1883

ANDAN (2)
ac he wæccende wraþum on andan     708
eldum on andan. No ðær aht cwices     2314

ANDGIT (I)
  Forþan bið andgit æghwær selest,    1059

ANDLEAN (I)
  Heo him eft hraþe andlean    1541
    forgeald

ANDLONGNE (I)
  andlongne eorl ellen cyðan,    2695

ANDRYSNUM (I)
  se for andrysnum ealle beweotede    1796

ANDSWARODE (I)
  Him þa ellenrof andswarode,    340

ANDWEARD (I)
  ecgum dyhttig andweard scireð.    1287

ANDWLITAN (I)
  eorles andwlitan, ond hine ymb    689
    monig

ANE (2)
  ac ymb ane niht eft gefremede    135
  ane hwile. Eft sona bið    1762

ANES (5)
  ðurh anes cræft ealle ofercomon,    699
  ne gemet mannes, nefne min anes,    2533
  anes mannes. Ne bið swylc earges    2541
    sið!
  on adfære. Ne scel anes hwæt    3010
  "Oft sceall eorl monig anes    3077
    willan

ANFEALDNE (I)
  anfealdne geþoht: Ofost is selest    256

ANGAN (4)
  angan dohtor; is his eafora nu    375
  to ecgbanan angan breþer,    1262
  angan eaferan. Him on eaxle læg    1547
  ond ða lofore forgeaf angan    2997
    dohtor,

ANGEALD (I)
  Sigon þa to slæpe. Sum sare    1251
    angeald

ANGEAT (I)
  byrnan side, þa hine se broga    1291
    angeat.

ANGENGA (I)
  eteð angenga unmurnlice,    449

ANGENGEA (I)
  atol angengea, oft gefremede,    165

ANHAGA (I)
  earm anhaga, eft to leodum;    2368

ANHAR (I)
  eald ond anhar mid his eorla    357
    gedriht;

ANHYDIG (I)
  æðeling anhydig, ealle mægene    2667

ANNE (5)
  Hraðe heo æþelinga anne hæfde    1294
  ellenweorca, oð ðone anne dæg    2399
  to ðæs ðe he eorðsele anne wisse,    2410
  eald enta geweorc, anne mannan,    2774
  Eafores anne dom. Hyne yrringa    2964

ANPAÐAS (I)
  enge anpaðas, uncuð gelad,    1410

ANRA (2)
  atol aglæca, anra gehwylces    732
  atelic egesa, anra gehwylcum    784

ANRÆD (2)
  Eft wæs anræd, nalas elnes læt,    1529
  yrre ond anræd. Næs seo ecg    1575
    fracod

ANRE (I)
  eodor Scyldinga, anre bene,    428

ANSUND (I)
  ealles ansund, þe se aglæca,    1000

ANSYN (2)
  ænlic ansyn. Nu ic eower sceal    251
  ansyn ywde, ac he eorðan gefeoll    2834

ANSYNE (I)
  "Ðisse ansyne alwealdan þanc    928

ANTID (I)
  oðþæt ymb antid oþres dogores    219

ANUM (6)
  ealle buton anum. Þæt wæs yldum    705
    cuþ
  in under eoderas. Þara anum stod    1037
  Finnes þegnas nemne feaum anum,    1081
  eft æt þe anum. Eard git ne    1377
    const,
  an æfter anum; þuhte him eall to    2461
    rum,
  ealdre burgan. Hiora in anum    2599
    weoll

ANUNGA (I)
  þæt ic anunga eowra leoda    634

ANWALDAN (I)
  ond him to anwaldan are gelyfde,    1272

AR (2)
  ar ond ombiht. Ne seah ic    336
    elþeodige
  Ar wæs on ofoste, eftsiðes georn,    2783

ARÆRDON (I)
  ricone arærdon, ða him gerymed    2983
    wearð

ARÆRED (I)
  geboren betera! Blæd is aræred    1703

ARAS (6)
  Aras þa se rica, ymb hine rinc    399
    manig,
  wan under wolcnum. Werod eall    651
    aras.
  deorc ofer dryhtgumum. Duguð eal    1790
    aras.
  Hæfde þa gefrunen hwanan sio fæhð    2403
    aras,
  Aras ða bi ronde rof oretta,    2538
  wyrda ne worda. Weorod eall aras;    3030

ARAÐ (I)
  nymeð nydbade, nænegum ara&eth;    598

ARE (3)
  ond him to anwaldan are gelyfde,    1272
  estum mid are, oðða&eth;t he yldra    2378
    wearð,
  Gemunde ða ða are þe he him ær    2606
    forgeaf,

-ARE (I)

9

wuldres wealdend, woroldare
   forgeaf;                                17

ARFÆST (1)
arfæst æt ecga gelacum.  Spræc ða      1168
   ides Scyldinga:

ARIS (1)
Aris, rices weard,  uton raþe          1390
   feran

-ARN (2)
magodriht micel.  Him on mod bearn       67
dreamum bedæled.  Duru sona onarn,      721

ARNA (1)
umborwesendum ær  arna                 1187
   gefremedon."

ARSCYLDINGA (1)
ofer yða gewealc,  Arscyldinga.         464

ARSCYLDINGUM (1)
eaforum Ecgwelan,  Arscyldingum;       1710

ARSTAFUM (3)
mid arstafum  eowic gehealde            317
for arstafum  us onsende,               382
ond for arstafum  usic sohtest.         458

ARUM (3)
arum healdan,  oþðæt eft byreð          296
arum heolde,  þæt ðær ænig mon         1099
arum healdan,  gyf þu ær þonne he,     1182

ASECGAN (1)
Wille ic asecgan  sunu Healfdenes,      344

ASETED (1)
seleweard aseted;  sundornytte          667
   beheold

ASETTON (1)
þa gyt hie him asetton  segen            47
   geldenne

ASTAG (1)
swulge on swaþule.  Sweg up astag       782

ASTAH (3)
geomrode giddum.  Guðrinc astah.       1118
gleomannes gyd.  Gamen eft astah,      1160
wigend weccan;  wudurec astah,         3144

ASTIGEÐ (1)
þonon yðgeblond  up astigeð            1373

ASTOD (3)
æfenspræce,  uplang astod               759
yðelice,  syþðan he eft astod.         1556
syððan ic on yrre  uppriht astod.      2092

ASUNGEN (1)
læddon to leodum.  Leoð wæs            1159
   asungen,

ASWEFEDE (1)
sweordum aswefede,  þæt syðþan na       567

ATEAH (1)
þæt se hearmscaþa  to Heorute           766
   ateah.

ATELIC (1)
atelic egesa,  anra gehwylcum           784

ATERTANUM (1)
ecg wæs iren,  atertanum fah,          1459

ATOL (8)
atol angengea,  oft gefremede,          165
atol æglæca,  ealdre þinum,             592
atol æglæca,  anra gehwylces            732
atol æglæca;  him on eaxle wearð        816
atol yða geswing  eal gemenged          848
atol æse wlanc  eftsiðas teah,         1332
oððe atol yldo;  oððe eagena           1766
   bearhtm
atol inwitgæst,  oðre siðe             2670

ATOLAN (1)
atolan clommum.  No þy ær in           1502
   gescod

ATOLE (1)
atole ecgþræce  eower leode             596

ATTOR (1)
attor on innan.  Ða se æðeling         2715
   giong

ATTORSCEAÐAN (1)
þæt he wið attorsceaðan  oreðe         2839
   geræsde,

ATTRES (1)
oreðes ond attres;  forðon ic me       2523
   on hafu

AÐA (1)
aða on unriht.  Ic ðæs ealles mæg      2739

AÞAS (1)
ealde madmas;  he me aþas swor.         472

AÐOHTE (1)
þis ellenweorc  ana aðohte             2643

AÐSWEORD (1)
aðsweord eorla;  syððan Ingelde        2064

AÐUM (1)
elne, unflitme  aðum benemde           1097

AÞUMSWEORUM (1)
þæt se ecghete  aþumsweorum              84

AWA (1)
awa to aldre.  Alwalda þec              955

AWRÆC (2)
awræc wintrum frod.  Wundor is to      1724
   secganne
gomenwudu grette,  hwilum gyd          2108
   awræc

AWYRDED (1)
wundum awyrded;  sume on wæle          1113
   crungon.

BA (2)
þæt hie on ba healfa  bicgan           1305
   scoldon
þonne bioð abrocene  on ba healfe      2063

BAD (9)
heah ond horngeap,  heaðowylma          82
   bad,
þrage geþolode,  se þe in þystrum       87
   bad,
Gewiton him þa feran.  Flota           301
   stille bad,
receda under roderum,  on þæm se       310
   rica bad;
bad bolgenmod  beadwa geþinges          709
self mid gesiðum  þær se snotera       1313
   bad,
since hremig;  sægenga bad             1882

snude tosomne; he on searwum bad. 2568
egesan ðeon. Ic on earde bad 2736

-BAD (10)
feasceaft funden, he þæs frofre 7
    gebad,
Gebad wintra worn, ær he on weg 264
    hwurfe,
lifigende lað. Licsar gebad 815
lungre gelimpe! Fela ic laþes 929
    gebad,
Sona wæs on sunde se þe ær æt 1618
    sæcce gebad
Denum æfter dome; dreamleas gebad 1720
ecean dryhtne, þæs ðe ic on aldre 1779
    gebad
ge swylce seo herepad, sio æt 2258
    hilde gebad
heahgestreona. Hordweard onbad 2302
þone ðe oft gebad isernscure, 3116

-BADE (1)
nymeð nydbade, nænegum arað 598

BÆD (5)
swæse gesiþas, swa he selfa bæd, 29
bæd hine bliðne æt þære beorþege, 617
leofes mannes; ic ðe lange bæd 1994
fæted wæge, frioðowære bæd 2282
bæd þæt ge geworhton æfter wines 3096
    dædum

BÆDDE (1)
bædde byre geonge; oft hio 2018
    beahwriðan

-BÆDED (3)
bysigum gebæded. Þa wæs beorges 2580
    weard
bealwe gebæded. Beahhordum leng 2826
þonne stræla storm strengum 3117
    gebæded

BÆDON (1)
wigweorþunga, wordum bædon 176

BÆL (4)
betst beadorinca wæs on bæl 1109
    gearu.
banfatu bærnan ond on bæl don 1116
bronde forbærnan, ne on bæl 2126
    hladan
breostgehygdum, ær he bæl cure, 2818

BÆLE (3)
bidan wolde, ac mid bæle for, 2308
bæle ond bronde, beorges 2322
    getruwode,
beorhtne æfter bæle æt brimes 2803
    nosan;

BÆLFYRA (1)
Ongunnon þa on beorge bælfyra 3143
    mæst

BÆLSTEDE (1)
in bælstede beorh þone hean, 3097

BÆLWUDU (1)
boldagendra, þæt hie bælwudu 3112

BÆR (17) *
se þe on handa bær hroden 495
    ealowæge,
Grendel gongan, godes yrre bær; 711
fæge ond geflymed feorhlastas 846
    bær.
bær on bearm scipes beorhte 896
    frætwa,

ofer myrcan mor, magoþegna bær 1405
Bær þa seo brimwylf, þa heo to 1506
    botme com,
lufode ða leode, liðwæge bær 1982
eorlum on ende ealuwæge bær; 2021
þone þin fæder to gefeohte bær 2048
þær on innan bær eorlgestreona 2244
mon on mode; mandryhtne bær 2281
heard under helme, hiorosercean 2539
    bær
Wod þa þurh þone wælrec, 2661
    wigheafolan bær
swenge ofersohte, þonne he to 2686
    sæcce bær
hares hyrste Higelace bær. 2988
beagas ond brad gold. Sie sio bær 3105
    gearo,
hilderinca; sum on handa bær 3124

-BÆR (6)
on Heaþoræmas holm up ætbær; 519
siþes werig. Ða mec sæ oþbær, 579
mode geþungen, medoful ætbær; 624
leofne mannan; hio þæt lic ætbær 2127
meces ecgum, ond his magum ætbær 2614
hordgestreona, hider ut ætbær 3092

BÆRAN (1)
ac hy scamiende scyldas bæran, 2850

-BÆRAN (2)
ymb hyra sincgyfan sel gebæran. 1012
bleate gebæran. Bona swylce læg, 2824

BÆRNAN (2)
banfatu bærnan ond on bæl don 1116
beorht hofu bærnan; bryneleoma 2313
    stod

-BÆRNAN (1)
bronde forbærnan, ne on bæl 2126
    hladan

BÆRON (4)
sund wið sande; secgas bæron 213
from þæm holmclife hafelan bæron 1635
hægstealdra heap, hringnet bæron, 1889
linde bæron; lyt eft becwom 2365

-BÆRON (1)
Hi hyne þa ætbæron to brimes 28
    faroðe,

-BÆRST (1)
niþe genyded; Nægling forbærst, 2680

-BÆTED (1)
Þa wæs Hroðgare hors gebæted, 1399

BÆÐ (1)
godum gegretan ofer ganotes bæð; 1861

-BALDE (1)
cuþe stræte. Cyningbalde men 1634

BALDOR (1)
Ic wæs syfanwintre, þa mec sinca 2428
    baldor,

BALWON (1)
balwon bendum. Ðær abidan sceal 977

BAM (2)
bold ond bregostol. Him wæs bam 2196
    samod
byrne ond beaduscrud, bam 2660
    gemæne."

BANA (1)

BANA (continued)

wræccan wineleasum, Weohstan bana   2613

BANAN (3)
beorhtre bote to banan folmum,   158
þeah ðu þinum broðrum to banan   587
  wurde,
ðeah hie hira beaggyfan banan   1102
  folgedon

-BANAN (2)
to ecgbanan angan breþer,   1262
Wearð him on Heorote to handbanan   1330

BANCOFAN (1)
seo ðe bancofan beorgan cuþe,   1445

-BAND (2)
fah from feondum; þær ic fife   420
  geband,
onband beadurune (wæs him   501
  Beowulfes sið,

BANE (1)
brun on bane, bat unswiðor   2578

BANENA (1)
Nu her þara banena byre   2053
  nathwylces

BANFAG (1)
betlic ond banfag, tobrecan   780
  meahte,

BANFATU (1)
banfatu bærnan ond on bæl don   1116

BANHRINGAS (1)
banhringas bræc. Bil eal ðurhwod   1567

BANHUS (2)
banhus gebræc. Nu sceall billes   2508
  ecg,
oðþæt he ða banhus gebrocen   3147
  hæfde,

BANLOCAN (2)
bat banlocan, blod edrum dranc,   742
burston banlocan. Beowulfe wearð   818

-BANNAN (1)
Ða ic wide gefrægn weorc gebannan   74

BANUM (1)
biteran banum; he geblodegod   2692
  wearð

-BARN (3)
forbarn brodenmæl; wæs þæt blod   1616
  to þæs hat,
forbarn brogdenmæl, swa þæt blod   1667
  gesprang,
Ne hedde he þæs heafolan, ac sio   2697
  hand gebarn

BAT (3) *
bat under beorge. Beornas gearwe   211
bat banlocan, blod edrum dranc,   742
brun on bane, bat unswiðor   2578

-BAT (2)
sæbat gesæt mid minra secga   633
  gedriht,
selfes dome; sæbat gehleod,   895

BATWEARDE (1)
He þæm batwearde bunden golde   1900

BE (22) *

mærne be mæste. Þær wæs madma   36
  fela
be yðlafe uppe lægon,   566
hæfde be honda; wæs gehwæþer   814
  oðrum
þætte suð ne norð be sæm tweonum   858
be Finnes eaferum, ða hie se fær   1068
  begeat,
Beowulf Geata, be þæm gebroðrum   1191
  twæm.
wiggryre wifes, be wæpnedmen,   1284
on gesiðes had be sæm tweonum,   1297
Gefeng þa be eaxle (nalas for   1537
  fæhðe mearn)
hwearf þa be wealle, wæpen   1573
  hafenade
heard be hiltum Higelaces ðegn,   1574
þa wæs be feaxe on flet boren   1647
ðæm selestan be sæm tweonum   1685
leodbealo longsum. Ðu þe lær be   1722
  þon,
gumcyste ongit; ic þis gid be þe   1723
ond be healse genam; hruron him   1872
  tearas,
þa wæs be mæste merehrægla sum,   1905
ofer fealone flod be fæder lare   1950
niwe be næsse, nearocræftum fæst.   2243
hæleðum be healfe. Næs hearpan   2262
  wyn,
Geseah ða be wealle se ðe worna   2542
  fela,
þæt ðu ne alæte be ðe lifigendum   2665

-BE- (2)
wom wundorbebodum wergan gastes;   1747
eðbegete þam ðe ær his elne   2861
  forleas.

BEACEN (1)
beorht beacen godes; brimu   570
  swaþredon,

BEACNA (1)
beacna beorhtost. Bill ær gescod   2777

-BEACNOD (1)
bed æfter burum, ða him gebeacnod   140
  wæs,

-BEAD (7)
* * * word inne abead:   390
heaðoreaf heoldon, swa him se   401
  hearda bebead.
Hroðgar Beowulf, ond him hæl   653
  abead,
ymb aldor Dena, eotonweard abead.   668
Hraðe wæs gerymed, swa se rica   1975
  bebead,
þær him Hygd gebead hord ond   2369
  rice,
þenden hælo abead heorðgeneatum,   2418

BEADOGRIMAN (1)
þa ðe beadogriman bywan sceoldon,   2257

BEADOHRÆGL (1)
beadohrægl broden on breostum læg   552

BEADOLEOMA (1)
þæt se beadoleoma bitan nolde,   1523

BEADOMECAS (1)
brond ne beadomecas bitan ne   1454
  meahton.

BEADORINCA (1)
betst beadorinca wæs on bæl   1109
  gearu.

BEADOFOLME (1)
blodge beadufolme onberan wolde. 990

BEADULACE (1)
to beadulace ætberan meahte, 1561

BEADUROFES (1)
beadurofes becn, bronda lafe 3160

BEADURUNE (1)
onband beadurune (wæs him 501
Beowulfes sið,

BEADUSCEARP (1)
biter ond beaduscearp, þæt he on 2704
byrnan wæg;

BEADUSCRUD (1)
byrne ond beaduscrud, bam 2660
gemæne."

BEADUSCRUDA (1)
beaduscruda betst, þæt mine 453
breost wereð,

BEADUSERCEAN (1)
brogdne beadusercean under 2755
beorges hrof.

BEADUWE (1)
beaduwe weorces, hwilum on beorh 2299
æthwearf,

BEADWA (1)
bad bolgenmod beadwa geþinges. 709

BEADWE (1)
brægd þa beadwe heard, þa he 1539
gebolgen wæs,

BEAG (1)
hildegeatwa, þa he to holme beag. 2362

-BEAG (2)
searoþoncum besmiþod. þær fram 775
sylle abeag
fus ond fæge fletræste gebeag. 1241

BEAGA (5)
beaga bryttan, on bearm scipes, 35
beaga bryttan, swa þu bena eart, 352
beaga bryttan, breac þonne moste. 1487
onboren beaga hord, bene getiðad 2284
landes ond locenra beaga (ne 2995
ðorfte him ða lean oðwitan

-BEAGA (2)
hrægl ond hringas, healsbeaga 1195
mæst
eald ond omig, earmbeaga fela 2763

BEAGAS (9)
He beot ne aleh, beagas dælde, 80
burh ond beagas. Beot eal wið þe 523
breosthord blodreow. Nallas 1719
beagas geaf
fædde beagas, ond he þa 1750
forðgesceaft
beagas ond bregostol, bearne ne 2370
truwode
in biorsele, ðe us ðas beagas 2635
geaf,
ond þone gebringan, þe us beagas 3009
geaf,
beagas gebohte. þa sceall brond 3014
fretan,
beagas ond brad gold. Sie sio bær 3105
gearo,

BEAGE (1)

gan under gyldnum beage, þær þa 1163
godan twegen

BEAGES (1)
"Bruc ðisses beages, Beowulf 1216
leofa,

BEAGGYFAN (1)
ðeah hie hira beaggyfan banan 1102
folgedon

BEAGHRODEN (1)
þæt hio Beowulfe, beaghroden cwen 623

BEAH (4) *
breostgewædu ond se beah somod; 1211
þonne cwið æt beore se ðe beah 2041
gesyhð,
beah ond byrnan, het hyne brucan 2812
well:
bearn ond bryde; beah eft þonan 2956

-BEAH (5)
snellic særinc selereste gebeah. 690
feorhgeniðlan, þæt heo on flet 1540
gebeah.
Hyrde ic þæt he ðone healsbeah 2172
Hygde gesealde,
winia bealdor, ða se wyrm gebeah 2567
brecan ofer bordweal; ða gebeah 2980
cyning,

BEAHHORDA (1)
of brydbure, beahhorda weard, 921

BEAHHORDES (1)
þæt he beahhordes brucan moste 894

BEAHHORDUM (1)
bealwe gebæded. Beahhordum leng 2826

BEAHSELE (1)
beahsele beorhta; bruc þenden þu 1177
mote

BEAHÐEGE (1)
æfter beahðege breost geweorðod. 2176

BEAHWRIÐAN (1)
bædde byre geonge; oft hio 2018
beahwriðan

-BEALA (1)
morðbeala mare ond no mearn fore, 136

-BEALCH (1)
eacencræftig, oððæt hyne an 2280
abealch

-BEALD (1)
Herebeald ond Hæðcyn oððe Hygelac 2434
min.

-BEALDE (1)
æfter Herebealde heortan sorge 2463

BEALDODE (1)
Swa bealdode bearn Ecgðeowes, 2177

BEALDOR (1)
winia bealdor, ða se wyrm gebeah 2567

BEALEWA (1)
bona blodigtoð, bealewa gemyndig, 2082

-BEALEWA (1)
þæt hio leodbealewa læs 1946
gefremede,

13

-BEALO (7)

feorhbealo feorran,  fea þingian,  156
morþorbealo maga,  þær heo ær  1079
  mæste heold
sweordbealo sliðen  æt his selfes  1147
  ham,
hreþerbealo hearde;  nu seo hand  1343
  ligeð,
leodbealo longsum.  Ðu þe lær be  1722
  þon,
feorhbealo frecne,  fyra gehwylcne  2250
morðorbealo maga,  þonne min  2742
  sceaceð

BEALOCWEALM (1)

burhstede beateð.  Bealocwealm  2265
  hafað

BEALOHYCGENDRA (1)

bealohycgendra  broga fram oðrum.  2565

BEALOHYDIG (1)

onbræd þa bealohydig,  ða he  723
  gebolgen wæs,

BEALONIÐ (2)

Bebeorh þe ðone bealoniÐ,  Beowulf  1758
  leofa,
bealoniÐ biorna;  him to bearme  2404
  cwom

BEALONIÐE (1)

þæt him on breostum  bealoniðe  2714
  weoll

-BEALU (5)

aldorbealu eorlum,  swa þu ær  1676
  dydest."
cwealmbealu cyðan.  Ne bið swylc  1940
  cwenlic þeaw
wigbealu weccean,  ond þæt word  2046
  acwyð.
feorhbealu fægum;  he fyrmest læg,  2077
feorhbealu frecne,  frean  2537
  eowerne!"

BEALUWA (1)

bealuwa bisigu,  bot eft cuman,  281

BEALWA (1)

se þe him bealwa to  bote gelyfde,  909

-BEALWA (1)

nydwracu niþgrim,  nihtbealwa  193
  mæst.

BEALWE (1)

bealwe gebæded.  Beahhordum leng  2826

-BEAMAS (1)

oþþæt he færinga  fyrgenbeamas  1414

-BEAMES (1)

gomen gleobeames,  ne god hafoc  2263

BEANSTANES (1)

sunu Beanstanes  soðe gelæste.  524

-BEARDNA (3)

Mæg þæs þonne ofþyncan  ðeodne  2032
  Heaðobeardna
heard ond hringmæl  Heaðabeardna  2037
  gestreon
þy ic Heaðobeardna  hyldo ne  2067
  telge,

-BEARG (1)

to gescipe scyndan.  Scyld wel  2570
  gebearg

-BEARH (2)

halan lice;  hring utan ymbbearh,  1503
breostnet broden;  þæt gebearh  1548
  feore,

BEARHTM (2)

bitere ond gebolgne,  bearhtm  1431
  ongeaton,
oððe atol yldo;  oððe eagena  1766
  bearhtm

BEARM (7)

beaga bryttan,  on bearm scipes,  35
on bearm nacan  beorhte frætwe,  214
bær on bearm scipes  beorhte  896
  frætwa,
fæger foldan bearm.  Fundode  1137
  wrecca,
billa selest,  on bearm dyde,  1144
þæt he on Biowulfes  bearm alegde  2194
him on bearm hladon  bunan ond  2775
  discas

BEARME (3)

fromum feohgiftum  on fæder  21
  bearme,
billum ond byrnum;  him on bearme  40
  læg
bealoniÐ biorna;  him to bearme  2404
  cwom

BEARN (33)*

Ðæm feower bearn  forð gerimed  59
magodriht micel.  Him on mod bearn  67
þonne yldo bearn  æfre gefrunon,  70
bearn Healfdenes;  se wæs betera  469
  ðonne ic.
Unferð maþelode,  Ecglafes bearn,  499
Beowulf maþelode,  bearn  529
  Ecgþeowes:
ofer ylda bearn  oþres dogores,  605
Beowulf maþelode,  bearn  631
  Ecgþeowes:
þara þe gumena bearn  gearwe ne  878
  wiston,
æþelinges bearn,  ana geneðde  888
þæt þæt ðeodnes bearn  geþeon  910
  scolde,
Beowulf maþelode,  bearn  957
  Ecgþeowes:
Forgeaf þa Beowulfe  bearn  1020
  Healfdenes
wið Eotena bearn  agan moston,  1088
þæt he Eotena bearn  inne gemunde.  1141
Hreðric ond Hroðmund,  ond hæleþa  1189
  bearn,
Beowulf maþelode,  bearn  1383
  Ecgþeowes:
Ofereode þa  æþelinga bearn  1408
Beowulf maðelode,  bearn  1473
  Ecgþeowes:
brad ond brunecg,  wolde hire  1546
  bearn wrecan,
Beowulf maþelode,  bearn  1651
  Ecgþeowes:
Beowulf maþelode,  bearn  1817
  Ecgþeowes:
geþingeð,  þeodnes bearn,  he mæg  1837
  þær fela
Biowulf maðelode,  bearn Ecgðioes:  1999
hyre bearn gewræc,  beorn acwealde  2121
Swa bealdode  bearn Ecgðeowes,  2177
swa hyne Geata bearn  godne ne  2184
  tealdon,
ond him eft gewat  Ongenðioes  2387
  bearn
Biowulf maþelade,  bearn  2425
  Ecgðeowes:
æðelinga bearn,  ymbe gestodon  2597

þeah ðe he his broðor bearn 2619
   abredwade.
bearn ond bryde; beah eft þonan 2956
æþelinga bearn, ealra twelfe, 3170

-BEARN (1)
dryhtbearn Dena, duguða biwenede; 2035

BEARNA (4)
nyde genydde, niþða bearna, 1005
gumena bearna, þæt þone grund 1367
   wite;
hæleða bearna heteswengeas fleah, 2224
beorn in burgum, þonne his bearna 2433
   hwylc,

BEARNE (1)
beagas ond bregostol, bearne ne 2370
   truwode

BEARNGEBYRDO (1)
bearngebyrdo. Nu ic, Beowulf, 946
   þec,

BEARNUM (2)
ylda bearnum, undyrne cuð, 150
bearnum ond broðrum; hie on 1074
   gebyrd hruron,

BEARWAS (1)
ofer þæm hongiað hrinde bearwas, 1363

-BEATEN (1)
bille gebeaten. Þonan Biowulf com 2359

BEATED (1)
burhstede beateð. Bealocwealm 2265
   hafað

BEBEAD (2)
heaðoreaf heoldon, swa him se 401
   hearda bebead.
Hraðe wæs gerymed, swa se rica 1975
   bebead,

BEBEORGAN (1)
biteran stræle (him bebeorgan ne 1746
   con),

BEBEORH (1)
Bebeorh þe ðone bealonið, Beowulf 1758
   leofa,

BEBOHTE (1)
Nu ic on maðma hord mine bebohte 2799

BEBUGED (2)
wlitebeorhtne wang, swa wæter 93
   bebugeð,
efne swa side swa sæ bebugeð, 1223

BECEARF (2)
heorosweng heardne, ond hine þa 1590
   heafde becearf.
holm heolfre weoll, ond ic heafde 2138
   becearf

BECN (1)
beadurofes becn, bronda lafe 3160

BECOM (4)
Gewat ða neosian, syþðan niht 115
   becom,
laþ ond longsum, þe on ða leode 192
   becom,
stearcheort styrmde; stefn in 2552
   becom
Hreðles eafora, þa he to ham 2992
   becom,

BECWOM (4)
unriht æfnde, oþþæt ende becwom, 1254
niode naman, oððæt niht becwom 2116
linde bæron; lyt eft becwom 2365
þrong ymbe þeoden, þa hyne sio 2883
   þrag becwom.

BED (2)
bed æfter burum, ða him gebeacnod 140
   wæs,
Beowulf Geata, ær he on bed 676
   stige:

-BED (2)
mæges dædum morþorbed stred, 2436
hlimbed healdan þone þe him 3034
   hringas geaf

BEDÆLED (2)
dreamum bedæled. Duru sona onarn, 721
dreame bedæled, deaþwic seon, 1275

-BEDDA (1)
Heaðoscilfingas healsgebedda. 63

-BEDDAN (1)
cwen to gebeddan. Hæfde 665
   kyningwuldor

-BEDDE (3)
on wælbedde wriþan þohte, 964
þær his lichoma legerbedde fæst 1007
dryhten Geata, deaðbedde fæst, 2901

BEDDES (1)
Wolde blondenfeax beddes neosan, 1791

BEDDUM (1)
beddum ond bolstrum. Beorscealca 1240
   sum

BEFÆSTAN (1)
hire selfre sunu sweoloðe 1115
   befæstan,

BEFANGEN (3)
fæste befangen, þa heo to fenne 1295
   gang.
fyre befangen; hyne foldbuend 2274
Hæfde landwara lige befangen, 2321

BEFEALLEN (2)
freondum befeallen, Frysland 1126
   geseon,
fætum befeallen; feormynd swefað, 2256

BEFLEONNE (1)
to befleonne, fremme se þe wille, 1003

BEFONGEN (3)
mid nydgripe nearwe befongen, 976
befongen freawrasnum, swa hine 1451
   fyrndagum
fyre befongen, se ðe ær folce 2595
   weold.

BEFORAN (3) *
beforan beorn beran. Beowulf 1024
   geþah
He feara sum beforan gengde 1412
Symle ic him on feðan beforan 2497
   wolde,

BEG (1)
Hi on beorg dydon beg ond siglu, 3163

BEGA (4)
Ond ða Beowulfe bega gehwæþres 1043

15

BEGA (continued)

bega folces; wæs hira blæd 1124
  scacen.
blondenfeaxum. Him wæs bega wen, 1873
bordhæbbende, bega on wenum, 2895

BEGANG (2)
ofer geofenes begang Geata leode; 362
Gif ic þæt gefricge ofer floda 1826
  begang,

BEGEAT (3)
be Finnes eaferum, ða hie se fær 1068
  begeat,
Swylce ferhðfrecan Fin eft begeat 1146
* * * , þa hyne se fær begeat. 2230

BEGEATE (1)
þara þe leodfruman lange begeate. 2130

BEGEATON (1)
gode begeaton. Guðdeað fornam, 2249

BEGEN (3)
ond gebeotedon (wæron begen þa 536
  git
eorlum ealuscerwen. Yrre wæron 769
  begen,
ond hi hyne þa begen abroten 2707
  hæfdon,

BEGET (1)
wraðe forwurpe, ða hyne wig 2872
  beget.

BEGNORNODON (1)
Swa begnornodon Geata leode 3178

BEGONG (3)
under swegles begong selra nære 860
Sona þæt onfunde se ðe floda 1497
  begong
under swegles begong gesacan ne 1773
  tealde.

BEGYLPAN (1)
swa begylpan ne þearf Grendeles 2006
  maga

BEHEOLD (4)
þryðum dealle. Þegn nytte 494
  beheold,
seleweard aseted; sundornytte 667
  beheold
ðicgean ofer þa niht. Þryðswyð 736
  beheold
heorogifre beheold hund missera, 1498

BEHOFAÐ (1)
þæt ure mandryhten mægenes 2647
  behofað,

BEHOLEN (1)
under heofenes hador beholen 414
  weorþeð.

BEHONGEN (1)
helmum behongen, hildebordum, 3139

BEHRORENE (1)
hyrstum behrorene; þær wæs helm 2762
  monig

BELAMP (1)
He ða mid þære sorhge, þe him swa 2468
  sar belamp,

BELEAC (2)
won wið winde, winter yþe beleac 1132

weold under wolcnum ond hig wigge 1770
  beleac

BELEAN (1)
ne leof ne lað, belean mihte 511

BELOREN (1)
beloren leofum æt þam lindplegan, 1073

BEMEARN (2)
swylce oft bemearn ærran mælum 907
meotodsceaft bemearn, syþðan 1077
  morgen com,

BENA (2)
beaga bryttan, swa þu bena eart, 352
beorhtum byrnum, swa he bena wæs; 3140

BENAM (1)
æghwæs orleahtre, oþþæt hine yldo 1886
  benam

BENAN (1)
Beowulf nemnað. Hy benan synt 364

BENC (1)
on beorsele benc gerymed; 492

-BENC (1)
medubenc monig, mine gefræge, 776

BENCE (4)
bugon þa to bence. Byrnan 327
  hringdon,
Bugon þa to bence blædagande, 1013
Hwearf þa bi bence þær hyre byre 1188
  wæron,
bordwudu beorhtan; þær on bence 1243
  wæs

-BENCE (6)
in ealobence oðrum gesellan. 1029
on þære medubence maþðum 1052
  gesealde,
æfter medobence mænan scolde 1067
on meodubence maþme þy weorþra, 1902
ne hyne on medobence micles 2185
  wyrðne
þonne he on ealubence oft 2867
  gesealde

BENCSWEG (1)
beorhtode bencsweg; byrelas 1161
  sealdon

BENCÞELU (2)
eal bencþelu blode bestymed, 486
Bencþelu beredon; hit geondbræded 1239
  wearð

BEND (1)
ðonne forstes bend fæder onlæteð, 1609

-BENDE (1)
ac him wælbende weotode tealde 1936

BENDUM (1)
balwon bendum. Ðær abidan sceal 977

-BENDUM (7)
fyrbendum fæst, syþðan he hire 722
  folmum æthran;
innan ond utan irenbendum 774
eal inneweard irenbendum fæst, 998
ac him on hreþre hygebendum fæst 1878
oncerbendum fæst, þy læs hym yþa 1918
  ðrym
sid ond syllic, searobendum fæst; 2086

16

BENE (2)
eodor Scyldinga, anre bene, 428
onboren beaga hord, bene getiðad 2284

BENEMDE (1)
elne, unflitme aðum benemde 1097

BENEMDON (1)
Swa hit oð domes dæg diope 3069
benemdon

BENEOTAN (1)
aldre beneotan, þeah ic eal mæge. 680

BENGEATO (1)
bengeato burston, ðonne blod 1121
ætspranc,

BENNE (1)
Biowulf maþelode (he ofer benne 2724
spræc,

-BENNUM (2)
feorhbennum seoc gefean habban; 2740
sexbennum seoc; sweorde ne meahte 2904

BEO (4)
Beo ðu on ofeste, hat in gan 386
Beo wið Geatas glæd, geofena 1173
gemyndig,
sincgestreona. Beo þu suna minum 1226
guðgeweorca, ic beo gearo sona. 1825

BEODAN (1)
for his modþræce madmas beodan. 385

-BEODAN (2)
guþe gebeodan. Gæþ eft se þe mot 603
Het ða gebeodan byre Wihstanes, 3110

BEODGENEATAS (2)
beodgeneatas; Beowulf is min 343
nama.
breat bolgenmod beodgeneatas, 1713

BEORE (3)
Ful oft gebeotedon beore druncne 480
beore druncen ymb Brecan spræce, 531
þonne cwið æt beore se ðe beah 2041
gesyhð,

BEORG (1)
Hi on beorg dydon beg ond siglu, 3163

BEORGAN (2)
feore beorgan, þa heo onfunden 1293
wæs.
seo ðe bancofan beorgan cuþe, 1445

-BEORGAN (1)
biteran stræle (him bebeorgan ne 1746
con),

BEORGAS (1)
brimclifu blican, beorgas steape, 222

BEORGE (6)
bat under beorge. Beornas gearwe 211
Gebide ge on beorge byrnum 2529
werede,
brecan of beorge. Wæs þære burnan 2546
wælm
Biorn under beorge bordrand 2559
onswaf
buon on beorge. Biowulfe wearð 2842

Ongunnon þa on beorge bælfyra 3143
mæst

-BEORGE (1)
Ymb þæs helmes hrof heafodbeorge 1030

BEORGES (5)
wæs ða gebolgen beorges hyrde, 2304
bæle ond bronde, beorges 2322
getruwode,
bord ond byrnan. Nelle ic beorges 2524
weard
bysigum gebæded. þa wæs beorges 2580
weard
brogdne beadusercean under 2755
beorges hrof.

BEORH (3)
brucan moste. Beorh eallgearo 2241
beaduwe weorces, hwilum on beorh 2299
æthwearf,
in bælstede beorh þone hean, 3097

-BEORH (3)
Bebeorh þe ðone bealonið, Beowulf 1758
leofa,
stanbeorh steapne; stig under 2213
læg,
ofer heafo healdan, ac ymb 2477
Hreosnabeorh

BEORHT (3)
beorht beacen godes; brimu 570
swaþredon,
bliðheort bodode. Da com beorht 1802
scacan
beorht hofu bærnan; bryneleoma 2313
stod

-BEORHT (1)
swancor ond sadolbeorht; hyre 2175
syððan wæs

BEORHTA (1)
beahsele beorhta; bruc þenden þu 1177
mote

BEORHTAN (1)
bordwudu beorhtan; þær on bence 1243
wæs

BEORHTDENA (2)
brego Beorhtdena, biddan wille, 427
brego Beorhtdena, gehyrde on 609
Beowulfe

BEORHTE (5) *
on bearm nacan beorhte frætwe, 214
beran ofer bolcan beorhte randas, 231
bær on bearm scipes beorhte 896
frætwa,
Wæs þæt beorhte bold tobrocen 997
swiðe,
blacne leoman, beorhte scinan. 1517

BEORHTNE (1)
beorhtne æfter bæle æt brimes 2803
nosan;

-BEORHTNE (1)
wlitebeorhtne wang, swa wæter 93
bebugeð,

BEORHTODE (1)
beorhtode bencsweg; byrelas 1161
sealdon

BEORHTOST (1)
beacna beorhtost. Bill ær gescod 2777

17

hyran heaðosiocum,  hringnet    2754
  beran,

**-BERAN (4)**
ofer hleorberan  gehroden golde,    304
blodge beadufolme  onberan wolde.   990
to beadulace  ætberan meahte,    1561
þæt he þone breostwylm  forberan   1877
  ne mehte,

**BERE (2)**
þæt ic sweord bere  oþðe sidne    437
  scyld,
ond þe to geoce  garholt bere,    1834

**BEREAFOD (3)**
swefeð sare wund,  since bereafod.   2746
egeslic eorðdraca  ealdre    2825
  bereafod,
ac sceal geomormod,  golde    3018
  bereafod,

**BEREDON (1)**
Bencþelu beredon;  hit geondbræded   1239
  wearð

**BEREN (1)**
Ne þynceð me gerysne  þæt we   2653
  rondas beren

**-BEREND (2)**
hwate helmberend,  hindeman siðe,   2517
hwate helmberend,  þeah ðe hlaford   2642
  us

**-BERENDRA (1)**
ac gesecan sceal  sawlberendra,   1004

**BEROFENE (2)**
reote berofene.  Ridend swefað,   2457
gomela iomeowlan  golde berofene,   2931

**BESÆT (1)**
Besæt ða sinherge  sweorda lafe,   2936

**BESCUFAN (1)**
þurh sliðne nið  sawle bescufan    184

**BESETTE (1)**
besette swinlicum,  þæt hine    1453
  syðþan no

**BESMIÞOD (1)**
searoþoncum besmiþod.  þær fram   775
  sylle abeag

**BESNYÐEDE (1)**
þætte Ongenðio  ealdre besnyðede   2924

**BESTYMED (1)**
eal bencþelu  blode bestymed,    486

**BESWÆLED (1)**
grimlic, gryrefah,  gledum    3041
  beswæled.

**BESYRED (1)**
þeah ðe he slæpende  besyred wurde   2218

**BESYRWAN (2)**
sumne besyrwan  in sele þam hean.   713
snyttrum besyrwan.  Hwæt, þæt    942
  secgan mæg

**-BETAN (1)**
on ðam feorhbonan  fæghðe gebetan;   2465

**BETERA (2)**

bearn Healfdenes;  se wæs betera    469
  ðonne ic.
geboren betera!  Blæd is aræred    1703

**BETIMBREDON (1)**
ond betimbredon  on tyn dagum    3159

**BETLIC (2)**
betlic ond banfag,  tobrecan    780
  meahte,
Bold wæs betlic,  bregorof cyning,   1925

**BETOST (1)**
eorlscipe efnde.  Nu is ofost    3007
  betost

**BETST (2)**
beaduscruda betst,  þæt mine    453
  breost wereð,
betst beadorinca  wæs on bæl    1109
  gearu.

**BETSTA (2)**
secg betsta,  me for sunu wylle    947
secg betsta,  ond þe þæt selre    1759
  geceos,

**BETSTAN (1)**
þeoden Scyldinga,  ðegn betstan    1871

**-BETTE (1)**
swylce oncyþðe  ealle gebette,    830

**-BETTEST (1)**
widcuðne wean  wihte gebettest,   1991

**BEWÆGNED (1)**
wordum bewægned,  ond wunden gold   1193

**BEWAND (1)**
manna ængum þara þe hit mid    1461
  mundum bewand,

**BEWENEDE (1)**
willum bewenede;  þu us wel    1821
  dohtest.

**BEWEOTEDE (1)**
se for andrysnum  ealle beweotede   1796

**BEWEOTODE (1)**
se ðe on heaum hofe  hord    2212
  beweotode,

**BEWEREDON (1)**
leoda landgeweorc  laþum beweredon   938

**BEWITIAÐ (1)**
þa ðe syngales  sele bewitiað,    1135

**BEWITIGAÐ (1)**
ða on undernmæl  oft bewitigað    1428

**BEWORHTON (1)**
wealle beworhton,  swa hyt    3161
  weorðlicost

**BEWUNDEN (5)**
wirum bewunden  walu utan heold,   1031
feorh æþelinges  flæsce bewunden.   2424
monig, morgenceald,  mundum    3022
  bewunden,
iumonna gold  galdre bewunden,   3052
wope bewunden  (windblond gelæg),   3146

**BI (5)**
Hwearf þa bi bence  þær hyre byre   1188
  wæron,
þone selestan  bi sæm tweonum,    1956

19

BI (continued)

Aras ða bi ronde  rof oretta,                      2538
þæt he bi wealle  wishycgende                      2716
Geseah ða sigehreðig,  þa he bi                    2756
  sesse geong,

BICGAN (1)
þæt hie on ba healfa  bicgan                       1305
  scoldon

BID (1)
blondenfexa,  on bid wrecen,                       2962

BIDAN (5)
þæt hie in beorsele  bidan woldon                   482
nihtlongne fyrst  nean bidan."                      528
wæccendne wer  wiges bidan.                        1268
bidan wolde;  brimwylm onfeng                      1494
bidan wolde,  ac mid bæle for,                     2308

-BIDAN (7)
lætað hildebord  her onbidan,                       397
on þisse meoduhealle  minne                         638
  gebidan."
bote gebidan,  þonne blode fah                      934
balwon bendum.  Ðær abidan sceal                    977
ferhðes foreþanc.  Fela sceal                      1060
  gebidan
Ure æghwylc sceal  ende gebidan                    1386
æþeling ærgod  ende gebidan,                       2342

-BIDANNE (2)
to gebidanne,  þæt his byre ride                   2445
to gebidanne  burgum in innan                      2452

BIDDAN (1)
brego Beorhtdena,  biddan wille,                    427

BIDDE (1)
druncne dryhtguman  doð swa ic                     1231
  bidde."

-BIDE (1)
Gebide ge on beorge  byrnum                        2529
  werede,

-BIDEN (1)
under burhlocan  gebiden hæbbe,                    1928

BIDON (1)
þryðlic þegna heap;  sume þær                       400
  bidon,

BIFONGEN (1)
facne bifongen.  Ic ðær furðum                     2009
  cwom

BIG (1)
Him big stodan  bunan ond orcas,                   3047

BIGONG (1)
Oferswam ða sioleða bigong  sunu                   2367
  Ecgðeowes,

BIL (2)
Geseah ða on searwum  sigeeadig                    1557
  bil,
banhringas bræc.  Bil eal ðurhwod                  1567

-BIL (2)
wigbil wanian.  Þæt wæs wundra                     1607
  sum,
huses hyrdas.  Þa þæt hildebil                     1666

BILL (2)
bill ond byrnan,  oððæt his byre                   2621
  mihte
beacna beorhtost.  Bill ær gescod                  2777

-BILL (1)

goldwine Geata;  guðbill geswac,                   2584

BILLA (2)
billa brogan.  Breca næfre git                      583
billa selest,  on bearm dyde,                      1144

-BILLA (1)
guðbilla nan,  gretan nolde,                        803

BILLE (1)
bille gebeaten.  Þonan Biowulf com                 2359

-BILLE (3)
hildebille;  heaþoræs fornam                        557
hildebille,  hond sweng ne ofteah,                1520
hildebille,  þæt hyt on heafolan                   2679
  stod

BILLES (3)
æfter billes bite  blodfag swefeð,                 2060
billes ecgum  on bonan stælan,                     2485
banhus gebræc.  Nu sceall billes                   2508
  ecg,

BILLUM (1)
billum ond byrnum;  him on bearme                    40
  læg

-BINDE (1)
isgebinde,  oþðæt oþer com                         1133

BINEAT (1)
cealdum cearsiðum,  cyning ealdre                  2396
  bineat.

BIO (1)
Bio nu on ofoste,  þæt ic ærwelan,                 2747

BIODAN (1)
Heht ða þæt heaðoweorc  to hagan                   2892
  biodan

BIORGAS (1)
se ðe byrnende  biorgas seceð,                     2272

BIORGES (1)
Swa wæs Biowulfe,  þa he biorges                   3066
  weard

BIORH (1)
Biowulfes biorh,  ða ðe brentingas                 2807

BIORN (1)
Biorn under beorge  bordrand                       2559
  onswaf

BIORNA (1)
bealonið biorna;  him to bearme                    2404
  cwom

BIORSELE (1)
in biorsele,  ðe us ðas beagas                     2635
  geaf,

BIOÐ (1)
þonne bioð abrocene  on ba healfe                  2063

BIOWULF (7)
"Hu lomp eow on lade,  leofa                       1987
  Biowulf,
Biowulf maðelode,  bearn Ecgðioes:                 1999
bille gebeaten.  Þonan Biowulf com                 2359
let ðone bregostol  Biowulf                        2389
  healdan,
Biowulf maþelade,  bearn                           2425
  Ecgðeowes:
"Leofa Biowulf,  læst eall tela,                   2663
Biowulf maþelode  (he ofer benne                   2724
  spræc,

20

BIOWULFE (4)
þa wæs Biowulfe  broga gecyðed          2324
buon on beorge.  Biowulfe wearð          2842
ofer Biowulfe,  byre Wihstanes,          2907
Swa wæs Biowulfe,  þa he biorges         3066
    weard

BIOWULFES (3)
þæt he on Biowulfes  bearm alegde        2194
geswac æt sæcce  sweord Biowulfes,       2681
Biowulfes biorh,  ða ðe brentingas       2807

BISGUM (1)
bisgum gebunden,  bona swiðe neah,       1743

BISIGU (1)
bealuwa bisigu,  bot eft cuman,           281

BITAN (2)
brond ne beadomecas  bitan ne            1454
    meahton.
þæt se beadoleoma  bitan nolde,          1523

BITE (2)
æfter billes bite  blodfag swefeð,       2060
ofer borda gebræc  bite irena,           2259

-BITE (1)
laðbite lices.  Lig ealle                1122
    forswealg,

BITER (1)
biter ond beaduscearp,  þæt he on        2704
    byrnan wæg;

BITERAN (2)
biteran stræle  (him bebeorgan ne        1746
    con),
biteran banum;  he geblodegod            2692
    wearð

BITERE (1)
bitere ond gebolgne,  bearhtm            1431
    ongeaton,

BITRE (1)
bitre gebulge.  Breost innan weoll       2331

BIÐ (22)
wuldres waldend.  Wa bið þæm ðe           183
    sceal
wihte gewendan;  wel bið þæm þe           186
    not
godfremmendra  swylcum gifeþe bið         299
waca wið wraþum.  Ne bið þe wilna         660
    gad,
niwe sibbe.  Ne bið þe nænigra gad        949
Forþan bið andgit  æghwær selest,        1059
efne swa micle  swa bið mægþa            1283
    cræft,
"Ne sorga, snotor guma;  selre bið       1384
    æghwæm
domes ær deaþe;  þæt bið                  1388
    drihtguman
sawele hyrde;  bið se slæp to            1742
    fæst,
þonne bið on hreþre  under helm          1745
    drepen
ane hwile.  Eft sona bið                 1762
forsiteð ond forsworceð;  semninga       1767
    bið
maþma gemænra,  siþðan morgen            1784
    bið."
mægenes fultum,  þær ðe bið manna        1835
    þearf.
çwealmbealu cyðan.  Ne bið swylc         1940
    cwenlic þeaw
garcwealm gumena  (him bið grim          2043
    sefa),

Swa bið geomorlic  gomelum ceorle        2444
Symble bið gemyndgad  morna              2450
    gehwylce
anes mannes.  Ne bið swylc earges        2541
    sið!
domleasan dæd.  Deað bið sella           2890
duguðum demdon,  swa hit gedefe          3174
    bið

BIWENEDE (1)
dryhtbearn Dena,  duguða biwenede;       2035

-BLAC (1)
hreas hildeblac;  hond gemunde           2488

BLACA (1)
oþþæt hrefn blaca  heofones wynne        1801

BLACNE (1)
blacne leoman,  beorhte scinan.          1517

BLÆD (4)
Beowulf wæs breme  (blæd wide              18
    sprang),
bega folces;  wæs hira blæd             1124
    scacen.
geboren betera!  Blæd is aræred         1703
mære cempa.  Nu is þines mægnes         1761
    blæd

BLÆDAGANDE (1)
Bugon þa to bence  blædagande,          1013

BLÆDFÆSTNE (1)
blædfæstne beorn.  Næs Beowulf          1299
    ðær,

BLANCUM (1)
beornas on blancum.  Ðær wæs             856
    Beowulfes

-BLAND (2)
secan sundgebland  since                1450
    geweorðad,
Wæron yðgebland  eal gefælsod,          1620

BLEATE (1)
bleate gebæran.  Bona swylce læg,       2824

-BLEATE (1)
wunde wælbleate;  wisse he gearwe       2725

BLICAN (1)
brimclifu blican,  beorgas steape,       222

BLIÐE (1)
min mondrihten,  modes bliðe),           436

-BLIÐE (3)
æþeling ærgod,  unbliðe sæt,             130
an æfter eallum,  unbliðe hwearf        2268
eodon unbliðe  under Earnanæs,          3031

BLIÐHEORT (1)
bliðheort bodode.  Ða com beorht        1802
    scacan

BLIÐNE (1)
bæd hine bliðne  æt þære beorþege,       617

BLOD (4)
bat banlocan,  blod edrum dranc,         742
bengeato burston,  ðonne blod           1121
    ætspranc,
forbarn brodenmæl;  wæs þæt blod        1616
    to þæs hat,
forbarn brogdenmæl,  swa þæt blod       1667
    gesprang,

21

BLODE (7)
eal bencþelu  blode bestymed,                                486
Ðær wæs on blode  brim weallende,                            847
bote gebidan,  þonne blode fah                               934
Flod blode weol  (folc to sægon),                           1422
brim blode fah.  Blondenfeaxe,                               1594
beorn wið blode.  Him Beowulf                               1880
    þanan,
þæt he blode fah  bugan sceolde,                            2974

-BLODEGOD (1)
biteran banum;  he geblodegod                               2692
    wearð

BLODFAG (1)
æfter billes bite  blodfag swefeð,                          2060

BLODGE (1)
blodge beadufolme  onberan wolde.                            990

BLODIG (1)
Byreð blodig wæl,  byrgean þenceð,                           448

BLODIGAN (1)
broðor oðerne  blodigan gare.                               2440

BLODIGTOÐ (1)
bona blodigtoð,  bealewa gemyndig,                          2082

BLODREOW (1)
breosthord blodreow.  Nallas                                1719
    beagas geaf

-BLOND (3)
þonon yðgeblond  up astigeð                                 1373
þæt wæs yðgeblond  eal gemenged,                            1593
wope bewunden  (windblond gelæg),                           3146

BLONDENFEAX (1)
Wolde blondenfeax  beddes neosan,                           1791

BLONDENFEAXE (1)
brim blode fah.  Blondenfeaxe,                              1594

BLONDENFEAXUM (1)
blondenfeaxum.  Him wæs bega wen,                           1873

BLONDENFEXA (1)
blondenfexa,  on bid wrecen,                                2962

BODEN (1)
eald under eorðweall.  Þa wæs æht                           2957
    boden

BODODE (1)
bliðheort bodode.  Ða com beorht                            1802
    scacan

-BODUM (1)
wom wundorbebodum  wergan gastes;                           1747

-BOGAN (6)
of flanbogan  feores getwæfde,                              1433
se þe of flanbogan  fyrenum                                 1744
    sceoteð.
syððan hyne Hæðcyn  of hornbogan,                           2437
stondan stanbogan,  stream ut                               2545
    þonan
ða wæs hringbogan  heorte gefysed                           2561
hu ða stanbogan  stapulum fæste                             2718

-BOGEN (2)
Gewat ða byrnende  gebogen                                  2569
    scriðan,
wyrm wohbogen  wealdan ne moste,                            2827

-BOHTE (4)
feasceaft guma  frofre gebohte;                             973
þeah ðe oðer his  ealdre gebohte,                          2481

Nu ic on maðma hord  mine bebohte                          2799
beagas gebohte.  þa sceall brond                           3014
    fretan,

BOLCAN (1)
beran ofer bolcan  beorhte randas,                          231

BOLD (3)
Wæs þæt beorhte bold  tobrocen                               997
    swiðe,
Bold wæs betlic,  bregorof cyning,                         1925
bold ond bregostol.  Him wæs bam                           2196
    samod

-BOLD (1)
fæger foldbold;  ac he þæs fæste                            773
    wæs

BOLDA (1)
bolda selest,  brynewylmum mealt,                          2326

BOLDAGENDRA (1)
boldagendra,  þæt hie bælwudu                              3112

-BOLGEN (6)
onbræd þa bealohydig,  ða he                                723
    gebolgen wæs,
brægd þa beadwe heard,  þa he                              1539
    gebolgen wæs,
bufolc beorna,  þæt he gebolgen                            2220
    wæs.
wæs ða gebolgen  beorges hyrde,                            2304
Gewat þa twelfa sum  torne                                 2401
    gebolgen
Let ða of breostum,  ða he                                 2550
    gebolgen wæs,

BOLGENMOD (2)
bad bolgenmod  beadwa geþinges.                             709
breat bolgenmod  beodgeneatas,                             1713

-BOLGNE (1)
bitere ond gebolgne,  bearhtm                              1431
    ongeaton,

-BOLSTER (1)
Hylde hine þa heaþodeor,                                    688
    hleorbolster onfeng

BOLSTRUM (1)
beddum ond bolstrum.  Beorscealca                          1240
    sum

BONA (4)
bisgum gebunden,  bona swiðe neah,                         1743
bona blodigtoð,  bealewa gemyndig,                         2082
æþeling on elne;  ne wæs ecg bona,                         2506
bleate gebæran.  Bona swylce læg,                          2824

-BONA (1)
þæt him gastbona  geoce gefremede                           177

BONAN (3)
bonan Ongenþeoes  burgum in innan,                         1968
under bordhreoðan  to bonan                                2203
    wurdon,
billes ecgum  on bonan stælan,                             2485

-BONAN (4)
wearþ he Heaþolafe  to handbonan                            460
mærum maguþegne  to muðbonan,                              2079
on ðam feorhbonan  fæghðe gebetan;                         2465
to handbonan,  Huga cempan;                                2502

BONGAR (1)
bongar bugeð,  þeah seo bryd duge!                         2031

-BORA (4)
min runwita  ond min rædbora,                              1325

| | |
|---|---|
| wundorlic wægbora; weras sceawedon | 1440 |
| Wes þu mundbora minum magoþegnum, | 1480 |
| þam ðara maðma mundbora wæs | 2779 |

BORD (2)
| | |
|---|---|
| bord ond byrnan. Nelle ic beorges weard | 2524 |
| Born bord wið rond, byrne ne meahte | 2673 |

-BORD (2)
| | |
|---|---|
| lætað hildebord her onbidan, | 397 |
| wigbord wrætlic; wisse he gearwe | 2339 |

BORDA (1)
| | |
|---|---|
| ofer borda gebræc bite irena, | 2259 |

BORDHÆBBENDE (1)
| | |
|---|---|
| bordhæbbende, bega on wenum, | 2895 |

BORDHREOÐAN (1)
| | |
|---|---|
| under bordhreoðan to bonan wurdon, | 2203 |

BORDRAND (1)
| | |
|---|---|
| Biorn under beorge bordrand onswaf | 2559 |

-BORDUM (1)
| | |
|---|---|
| helmum behongen, hildebordum, | 3139 |

BORDWEAL (1)
| | |
|---|---|
| brecan ofer bordweal; ða gebeah cyning, | 2980 |

BORDWUDU (1)
| | |
|---|---|
| bordwudu beorhtan; þær on bence wæs | 1243 |

BOREN (3)
| | |
|---|---|
| Him wæs ful boren ond freondlaþu | 1192 |
| þa wæs be feaxe on flet boren | 1647 |
| æghwæs unrim, æþeling boren, | 3135 |

-BOREN (2)
| | |
|---|---|
| geboren betera! Blæd is aræred | 1703 |
| onboren beaga hord, bene getiðad | 2284 |

BORN (1)
| | |
|---|---|
| Born bord wið rond, byrne ne meahte | 2673 |

BOT (1)
| | |
|---|---|
| bealuwa bisigu, bot eft cuman, | 281 |

BOTE (3)
| | |
|---|---|
| beorhtre bote to banan folmum, | 158 |
| se þe him bealwa to bote gelyfde, | 909 |
| bote gebidan, þonne blode fah | 934 |

BOTME (1)
| | |
|---|---|
| Bær þa seo brimwylf, þa heo to botme com, | 1506 |

BRAD (3)
| | |
|---|---|
| brad ond brunecg, wolde hire bearn wrecan, | 1546 |
| beagas ond brad gold. Sie sio bær gearo, | 3105 |
| hleo on hoe, se wæs heah ond brad, | 3157 |

BRADE (1)
| | |
|---|---|
| syððan Beowulfe brade rice | 2207 |

BRADNE (1)
| | |
|---|---|
| bradne mece, þa his broðor læg, | 2978 |

BRÆC (5)
| | |
|---|---|
| fyrdsearu fuslicu; hine fyrwyt bræc | 232 |
| hildetuxum heresyrcan bræc, | 1511 |
| banhringas bræc. Bil eal ðurhwod | 1567 |
| fægre fricgcean (hyne fyrwet bræc, | 1985 |
| frætwum gefyrðred; hyne fyrwet bræc, | 2784 |

-BRÆC (4)
| | |
|---|---|
| Nealles mid gewealdum wyrmhord abræc | 2221 |
| ofer borda gebræc bite irena, | 2259 |
| banhus gebræc. Nu sceall billes ecg, | 2508 |
| breosthord þurhbræc. * * * | 2792 |

BRÆCE (1)
| | |
|---|---|
| wordum ne worcum wære ne bræce, | 1100 |

-BRÆD (5)
| | |
|---|---|
| onbræd þa bealohydig, ða he gebolgen wæs, | 723 |
| winigea leasum), þæt ic ðy wæpne gebræd. | 1664 |
| sæcce to seceanne. Sweord ær gebræd | 2562 |
| hreð æt hilde. Hond up abræd | 2575 |
| geweold his gewitte, wællseaxe gebræd, | 2703 |

-BRÆDED (1)
| | |
|---|---|
| Bencþelu beredon; hit geondbræded wearð | 1239 |

BRÆGD (2)
| | |
|---|---|
| nytte tealde. Þær genehost brægd | 794 |
| brægd þa beadwe heard, þa he gebolgen wæs, | 1539 |

-BRÆGD (1)
| | |
|---|---|
| hreoh ond heorogrim hringmæl gebrægd, | 1564 |

BREAC (3)
| | |
|---|---|
| beaga bryttan, breac þonne moste. | 1487 |
| lifgesceafta lifigende breac, | 1953 |
| lytle hwile lifwynna breac; | 2097 |

BREAT (1)
| | |
|---|---|
| breat bolgenmod beodgeneatas, | 1713 |

-BREAT (1)
| | |
|---|---|
| rice randwiga, þone ðe heo on ræste abreat, | 1298 |

BRECA (1)
| | |
|---|---|
| billa brogan. Breca næfre git | 583 |

BRECAN (4)*
| | |
|---|---|
| "Eart þu se Beowulf, se þe wið Brecan wunne, | 506 |
| beore druncen ymb Brecan spræce, | 531 |
| brecan of beorge. Wæs þære burnan wælm | 2546 |
| brecan ofer bordweal; ða gebeah cyning, | 2980 |

-BRECAN (1)
| | |
|---|---|
| betlic ond banfag, tobrecan meahte, | 780 |

BRECÐA (1)
| | |
|---|---|
| modes brecða. Monig oft gesæt | 171 |

-BREDWADE (1)
| | |
|---|---|
| þeah ðe he his broðor bearn abredwade. | 2619 |

23

BREGDAN (1)
se scynscaþa under sceadu     707
  bregdan;

BREGDON (1)
nealles inwitnet oðrum bregdon    2167

BREGO (3)
brego Beorhtdena, biddan wille,    427
brego Beorhtdena, gehyrde on    609
  Beowulfe
hiold heahlufan wið hæleþa brego,  1954

BREGOROF (1)
Bold wæs betlic, bregorof cyning,  1925

BREGOSTOL (3)
bold ond bregostol. Him wæs bam  2196
  samod
beagas ond bregostol, bearne ne  2370
  truwode
let ðone bregostol Biowulf    2389
  healdan,

BREME (1)
Beowulf wæs breme (blæd wide    18
  sprang),

BRENTINGAS (1)
Biowulfes biorh, ða ðe brentingas  2807

BREOST (3)
beaduscruda betst, þæt mine    453
  breost wereð,
æfter beahðege breost geweorðod.  2176
bitre gebulge. Breost innan weoll  2331

BREOSTGEHYGDUM (1)
breostgehygdum, ær he bæl cure,  2818

BREOSTGEWÆDU (2)
breostgewædu ond se beah somod;  1211
breostgewædu. Bruc ealles well!"  2162

BREOSTHORD (2)
breosthord blodreow. Nallas    1719
  beagas geaf
breosthord þurhbræc. * * *    2792

BREOSTNET (1)
breostnet broden; þæt gebearh    1548
  feore,

BREOSTUM (3)
beadohrægl broden on breostum læg  552
Let ða of breostum, ða he    2550
  gebolgen wæs,
þæt him on breostum bealoniðe  2714
  weoll

BREOSTWEORÐUNGE (1)
breostweorðunge, bringan moste,  2504

BREOSTWYLM (1)
þæt he þone breostwylm forberan  1877
  ne mehte,

-BREOT (1)
abreot brimwisan, bryd ahredde,  2930

BREÞER (1)
to ecgbanan angan breþer,    1262

BRIM (2)
Ðær wæs on blode brim weallende,  847
brim blode fah. Blondenfeaxe,  1594

BRIMCLIFU (1)
brimclifu blican, beorgas steape,  222

BRIMES (2)
Hi hyne þa ætbæron to brimes    28
  faroðe,
beorhtne æfter bæle æt brimes  2803
  nosan;

BRIMLADE (1)
þara þe mid Beowulfe brimlade  1051
  teah

BRIMLIÐENDE (1)
ymb brontne ford brimliðende    568

BRIMSTREAMAS (1)
bundenstefna ofer brimstreamas,  1910

BRIMU (1)
beorht beacen godes; brimu    570
  swaþredon,

BRIMWISAN (1)
abreot brimwisan, bryd ahredde,  2930

BRIMWYLF (2)
Bær þa seo brimwylf, þa heo to  1506
  botme com,
þæt hine seo brimwylf abroten  1599
  hæfde,

BRIMWYLM (1)
bidan wolde; brimwylm onfeng    1494

BRINGAN (3)
sceal hringnaca ofer heafu    1862
  bringan
ða ic ðe, beorncyning, bringan  2148
  wylle,
breostweorðunge, bringan moste,  2504

-BRINGAN (1)
ond þone gebringan, þe us beagas  3009
  geaf,

BRINGE (1)
ic ðe þusenda þegna bringe,    1829

-BROCEN (2)
Wæs þæt beorhte bold tobrocen    997
  swiðe,
oðþæt he ða banhus gebrocen    3147
  hæfde,

-BROCENE (1)
þonne bioð abrocene on ba healfe  2063

BRODEN (2)
beadohrægl broden on breostum læg  552
breostnet broden; þæt gebearh    1548
  feore,

-BRODEN (1)
Scolde herebyrne hondum gebroden,  1443

BRODENMÆL (1)
forbarn brodenmæl; wæs þæt blod  1616
  to þæs hat,

BROGA (3)
byrnan side, þa hine se broga    1291
  angeat,
þa wæs Biowulfe broga gecyðed  2324
bealohycgendra broga fram oðrum.  2565

-BROGA (1)
þæt þær ðam gyste gryrebroga    2227
  stod;

BROGAN (1)
billa brogan. Breca næfre git    583

-BROGAN (1)
   for herebrogan   habban ne mihte.     462

BROGDENMÆL (1)
   forbarn brogdenmæl,   swa þæt blod   1667
     gesprang,

BROGDNE (1)
   brogdne beadusercean   under     2755
     beorges hrof.

BROHTON (1)
   leod Scyldinga,   lustum brohton   1653

BROND (2)
   brond ne beadomecas   bitan ne   1454
     meahton.
   beagas gebohte.   þa sceall brond   3014
     fretan,

BRONDA (1)
   beadurofes becn,   bronda lafe   3160

BRONDE (2)
   bronde forbærnan,   ne on bæl   2126
     hladan
   bæle ond bronde,   beorges   2322
     getruwode,

BRONDINGA (1)
   leof his leodum,   lond Brondinga,   521

BRONTNE (2)
   byrnum werede,   þe þus brontne   238
     ceol
   ymb brontne ford   brimliðende   568

BROSINGA (1)
   to þære byrhtan byrig   Brosinga   1199
     mene,

BROSNAÐ (1)
   brosnað æfter beorne.   No mæg   2260
     byrnan hring

-BROTEN (2)
   þæt hine seo brimwylf   abroten   1599
     hæfde.
   ond hi hyne þa begen   abroten   2707
     hæfdon,

BROÞOR (4)
   Yrmenlafes   yldra broþor,   1324
   broðor oðerne   blodigan gare.   2440
   þeah ðe he his broðor bearn   2619
     abredwade.
   bradne mece,   þa his broðor læg,   2978

BROÐRUM (2)
   þeah ðu þinum broðrum   to banan   587
     wurde,
   bearnum ond broðrum;   hie on   1074
     gebyrd hruron,

-BROÐRUM (1)
   Beowulf Geata,   be þæm gebroðrum   1191
     twæm.

BRUC (3)
   beahsele beorhta;   bruc þenden þu   1177
     mote
   "Bruc ðisses beages,   Beowulf   1216
     leofa,
   breostgewædu.   Bruc ealles well!"   2162

BRUCAN (5)
   þæt he beahhordes   brucan moste   894
   wicga ond wæpna,   het hine wel   1045
     brucan.

brucan moste.   Beorh eallgearo   2241
beah ond byrnan,   het hyne brucan   2812
   well:
þenden he burhwelan   brucan moste.   3100

BRUCEÐ (1)
   on ðyssum windagum   worolde   1062
     bruceð.

BRUGDON (1)
   mæton merestræta,   mundum brugdon,   514

BRUN (1)
   brun on bane,   bat unswiðor   2578

BRUNECG (1)
   brad ond brunecg,   wolde hire   1546
     bearn wrecan,

BRUNFAGNE (1)
   brunfagne helm,   hringde byrnan,   2615

BRYD (2)
   bongar bugeð,   þeah seo bryd duge!   2031
   abreot brimwisan,   bryd ahredde,   2930

BRYDBURE (1)
   of brydbure,   beahhorda weard,   921

BRYDE (1)
   bearn ond bryde;   beah eft þonan   2956

BRYNELEOMA (1)
   beorht hofu bærnan;   bryneleoma   2313
     stod

BRYNEWYLMUM (1)
   bolda selest,   brynewylmum mealt,   2326

BRYTNADE (1)
   þara ðe in Swiorice   sinc   2383
     brytnade,

BRYTTA (3)
   þa wæs on salum   sinces brytta,   607
   sinces brytta!   þu on sælum wes,   1170
   sinces brytta,   to hwan syððan   2071
     wearð

BRYTTAN (4)
   beaga bryttan,   on bearm scipes,   35
   beaga bryttan,   swa þu bena eart,   352
   beaga bryttan,   breac þonne moste.   1487
   to gesecanne   sinces bryttan,   1922

BRYTTAÐ (1)
   þurh sidne sefan   snyttru bryttað,   1726

BUAN (1)
   mon mid his magum   meduseld buan.   3065

BUDON (1)
   þeodnes ðegna;   ac hig him geþingo   1085
     budon,

-BUEND (3)
   furþur feran.   Nu ge feorbuend,   254
   Ic þæt londbuend,   leode mine,   1345
   fyre befangen;   hyne foldbuend   2274

-BUENDE (1)
   foldbuende.   No hie fæder cunnon,   1355

-BUENDRA (1)
   grundbuendra   gearwe stowe,   1006

-BUENDUM (3)
   leoman to leohte   landbuendum   95
   þæt wæs foremærost   foldbuendum   309

-BUENDUM (continued)

ceasterbuendum, cenra gehwylcum,   768

BUFOLC (1)
bufolc beorna, þæt he gebolgen   2220
  wæs.

BUGAN (2)
þæt se byrnwiga bugan sceolde,   2918
þæt he blode fah bugan sceolde,   2974

BUGEÐ (1)
bongar bugeð, þeah seo bryd duge!   2031

-BUGEÐ (2)
wlitebeorhtne wang, swa wæter   93
  bebugeð,
efne swa side swa sæ bebugeð,   1223

BUGON (3)
bugon þa to bence. Byrnan   327
  hringdon,
Bugon þa to bence blædagande,   1013
hildecystum, ac hy on holt bugon,   2598

-BULGE (1)
bitre gebulge. Breost innan weoll   2331

-BUN (1)
æfter beorþege gebun hæfdon.   117

BUNAN (2)
him on bearm hladon bunan ond   2775
  discas
Him big stodan bunan ond orcas,   3047

BUNDEN (2)
þonne heoru bunden, hamere   1285
  geþuren,
He þæm batwearde bunden golde   1900

-BUNDEN (4)
soðe gebunden; secg eft ongan   871
Wearp ða wundenmæl wrættum   1531
  gebunden
bisgum gebunden, bona swiðe neah,   1743
Hwilum eft ongan, eldo gebunden,   2111

BUNDENHEORDE (1)
* * *    bundenheorde   3151

BUNDENNE (1)
weras on wilsið, wudu bundenne.   216

BUNDENSTEFNA (1)
bundenstefna ofer brimstreamas,   1910

BUON (1)
buon on beorge. Biowulfe wearð   2842

BURE (2)
Hraþe wæs to bure Beowulf fetod,   1310
Gesyhð sorhcearig on his suna   2455
  bure

-BURE (1)
of brydbure, beahhorda weard,   921

BURGAN (1)
ealdre burgan. Hiora in anum   2599
  weoll

-BURGE (1)
þære mægburge monna æghwylc   2887

BURGUM (4)
Ða wæs on burgum Beowulf   53
  Scyldinga,
bonan Ongenþeoes burgum in innan,   1968

beorn in burgum, þonne his bearna   2433
  hwylc
to gebidanne burgum in innan   2452

BURH (1)
burh ond beagas. Beot eal wið þe   523

-BURH (8)
hordburh hæleþa; ða wæs Heregar   467
  dead,
freoðoburh fægere, þær he folc   522
  ahte,
folc oþðe freoburh, þær he afeded   693
  wæs,
hord ond hleoburh, hæleþa rice,   912
Ne huru Hildeburh herian þorfte   1071
Het ða Hildeburh æt Hnæfes ade   1114
hamas ond heaburh. Hengest ða gyt   1127
to healdanne, hleoburh wera,   1731

BURHLOCAN (1)
under burhlocan gebiden hæbbe,   1928

BURHSTEDE (1)
burhstede beateð. Bealocwealm   2265
  hafað

BURHWELAN (1)
þenden he burhwelan brucan moste.   3100

BURNAN (1)
brecan of beorge. Wæs þære burnan   2546
  wælm

BURSTON (3)
ond him fæste wiðfeng; fingras   760
  burston.
burston banlocan. Beowulfe wearð   818
bengeato burston, ðonne blod   1121
  ætspranc,

BURUM (1)
bed æfter burum, ða him gebeacnod   140
  wæs,

BUTAN (1)
licgean lifbysig, butan his lic   966
  swice.

BUTON (6) *
buton folcscare ond feorum   73
  gumena.
ðryþærn Dena buton þe nu ða.   657
ealle buton anum. Þæt wæs yldum   705
  cuþ
fæhðe ond fyrena, buton Fitela   879
  mid hine,
buton hit wæs mare ðonne ænig mon   1560
  oðer
buton þone hafelan ond þa hilt   1614
  somod

BYLDAN (1)
on beorsele byldan wolde.   1094

BYMAN (1)
syððan hie Hygelaces horn ond   2943
  byman,

-BYRD (1)
bearnum ond broðrum; hie on   1074
  gebyrd hruron,

-BYRDO (1)
bearngebyrdo. Nu ic, Beowulf,   946
  þec,

BYRE (7)

Hwearf þa bi bence    þær hyre byre    1188
    wæron,
bædde byre geonge;  oft hio    2018
    beahwriðan
Nu her þara banena  byre    2053
    naþwylces
to gebidanne,  þæt his byre ride    2445
bill ond byrnan,  oððæt his byre    2621
    mihte
ofer Biowulfe,  byre Wihstanes,    2907
Het ða gebeodan  byre Wihstanes,    3110

BYRELAS (1)
    beorhtode bencsweg;  byrelas    1161
    sealdon

BYREÐ (3)
    arum healdan,  oþðæt eft byreð    296
    Byreð blodig wæl,  byrgean þenceð,    448
    morðres gylpeð,  ond þone maþðum    2055
    byreð,

BYRGEAN (1)
    Byreð blodig wæl,  byrgean þenceð,    448

-BYRGEAN (1)
    leodgebyrgean;  wes þu us larena    269
    god.

BYRHTAN (1)
    to þære byrhtan byrig  Brosinga    1199
    mene,

BYRIG (1)
    to þære byrhtan byrig  Brosinga    1199
    mene,

-BYRIG (1)
    lond ond leodbyrig,  þa he of life    2471
    gewat.

BYRNAN (11)
    bugon þa to bence.  Byrnan    327
    hringdon,
    hroden hildecumbor,  helm ond    1022
    byrnan,
    byrnan side,  þa hine se broga    1291
    angeat.
    heaðosteapne helm,  hare byrnan,    2153
    brosnað æfter beorne.  Ne mæg    2260
    byrnan hring
    bord ond byrnan.  Nelle ic beorges    2524
    weard
    brunfagne helm,  hringde byrnan,    2615
    bill ond byrnan,  oððæt his byre    2621
    mihte
    biter ond beaduscearp,  þæt he on    2704
    byrnan wæg;
    beah ond byrnan,  het hyne brucan    2812
    well:
    healsittendum  helm ond byrnan,    2868

-BYRNAN (2)
    Ða he him of dyde  isernbyrnan,    671
    nam on Ongenðio  irenbyrnan,    2986

BYRNE (5)
    Beowulf maðelode  (on him byrne    405
    scan,
    heaþosteapa helm,  hringed byrne,    1245
    Ða wæs of þæm hroran  helm ond    1629
    byrne
    byrne ond beaduscrud,  bam    2660
    gemæne."
    Born bord wið rond,  byrne ne    2673
    meahte

-BYRNE (3)
    gumum ætgædere.  Guðbyrne scan    321

Scolde herebyrne  hondum gebroden,    1443
nemne him heaðobyrne  helpe    1552
    gefremede,

BYRNENDE (2)
    se ðe byrnende  biorgas seceð,    2272
    Gewat ða byrnende  gebogen    2569
    scriðan,

-BYRNENDE (1)
    unbyrnende  ænige hwile    2548

BYRNUM (4)
    billum ond byrnum;  him on bearme    40
    læg
    byrnum werede,  þe þus brontne    238
    ceol
    Gebide ge on beorge  byrnum    2529
    werede,
    beorhtum byrnum,  swa he bena wæs;    3140

BYRNWIGA (1)
    þæt se byrnwiga  bugan sceolde,    2918

-BYRÞENNE (2)
    mægenbyrþenne  þara þe he him mid    1625
    hæfde.
    micle mid mundum  mægenbyrðenne    3091

-BYSIG (2)
    licgean lifbysig,  butan his lic    966
    swice.
    secg synbysig,  sona onfunde    2226

BYSIGUM (1)
    bysigum gebæded.  Þa wæs beorges    2580
    weard

BYÐ (2)
    aldres orwena.  No þæt yðe byð    1002
    warað wintrum frod,  ne byð him    2277
    wihte ðy sel.

BYWAN (1)
    þa ðe beadogriman  bywan sceoldon,    2257

CAIN (1)
    cealde streamas,  siþðan Cain    1261
    wearð

CAINES (1)
    in Caines cynne.  þone cwealm    107
    gewræc

CAN (2)
    aldor Eastdena,  þæt he eower    392
    æþelu can,
    metodsceaft seon.  Ic minne can    1180

CANDEL (1)
    rodores candel.  He æfter recede    1572
    wlat;

-CANDEL (1)
    wide waroðas.  Woruldcandel scan,    1965

-CEALD (1)
    monig, morgenceald,  mundum    3022
    bewunden,

CEALDE (1)
    cealde streamas,  siþðan Cain    1261
    wearð

CEALDOST (1)
    wado weallende,  wedera cealdost,    546

CEALDUM (1)

**27**

CEALDUM (continued)

cealdum cearsiðum, cyning ealdre 2396
bineat.

CEAP (1)
eald under eorðan. Næs þæt yðe 2415
ceap

CEAPE (1)
heardan ceape; Hæðcynne wearð, 2482

-CEAPOD (1)
gold unrime grimme geceapod, 3012

CEARAÐ (1)
longsumne lof, na ymb his lif 1536
cearað.

CEARE (1)
woldon ceare cwiðan ond kyning 3171
mænan,

-CEARE (6)
Swa ða mælceare maga Healfdenes 189
eallum æþellingum to aldorceare; 906
æfter guðceare. Grendles modor, 1258
modceare micle. þæs sig metode 1778
þanc,
mærum ðeodne? Ic ðæs modceare 1992
modceare mændon, mondryhtnes 3149
cwealm;

-CEARF (2)
heorosweng heardne, ond hine þa 1590
heafde becearf.
holm heolfre weoll, ond ic heafde 2138
becearf

-CEARIG (2)
Gesyhð sorhcearig on his suna 2455
bure
song sorgcearig swiðe geneahhe 3152

CEARSIÐUM (1)
cealdum cearsiðum, cyning ealdre 2396
bineat.

CEARU (1)
cuþe folme; cearu wæs geniwod, 1303

CEARWÆLMUM (1)
æfter cearwælmum colran weorðað. 2066

CEARWYLMAS (1)
ond þa cearwylmas colran wurðaþ; 282

-CEAS (3)
Eormenrices, geceas ecne ræd. 1201
gumdream ofgeaf, godes leoht 2469
geceas,
helmas ond heard sweord. Ðe he 2638
usic on herge geceas

CEASTERBUENDUM (1)
ceasterbuendum, cenra gehwylcum, 768

CEMPA (5)
eode eorla sum, æþele cempa 1312
under gynne grund, Geata cempa, 1551
reþe cempa, to ðæs þe he on ræste 1585
geseah
mære cempa. Nu is þines mægnes 1761
blæd
gyrded cempa; him Grendel wearð, 2078

-CEMPA (2)
feþecempa, þæt he on fylle wearð. 1544
feðecempa, frean eaxlum neah, 2853

CEMPAN (5)

cempan gecorone þara þe he 206
cenoste
gyfen goldhroden geongum cempan, 1948
onginneð geomormod geongum cempan 2044
to handbonan, Huga cempan; 2502
geongan cempan, þæt he guðe ræs 2626

CEN (1)
cen þec mid cræfte ond þyssum 1219
cnyhtum wes

-CEN (1)
Hæðcen Hreþling wið Hrefnawudu, 2925

CENDE (1)
efne swa hwylc mægþa swa ðone 943
magan cende

-CENE (2)
dædcene mon dome gewurþad, 1645
geofum ond guðum, garcene man, 1958

CENNED (1)
Ðæm eafera wæs æfter cenned, 12

-CENNED (1)
hwæþer him ænig wæs ær acenned 1356

CENOSTE (1)
cempan gecorone þara þe he 206
cenoste

CENRA (1)
ceasterbuendum, cenra gehwylcum, 768

CENÐU (1)
cræft ond cenðu, swa him gecynde 2696
wæs.

CEOL (3)
ne hyrde ic cymlicor ceol 38
gegyrwan
byrnum werede, þe þus brontne 238
ceol
cuþe næssas. Ceol up geþrang 1912

CEOLES (1)
cuma collenferhð ceoles neosan. 1806

CEORL (1)
swiðferhþes sið snotor ceorl 908
monig,

CEORLAS (3)
Ðone siðfæt him snotere ceorlas 202
þa selestan, snotere ceorlas, 416
Sona þæt gesawon snottre ceorlas, 1591

CEORLE (2)
Swa bið geomorlic gomelum ceorle 2444
ealdum ceorle ondslyht giofan, 2972

-CEOS (1)
secg betsta, ond þe þæt selre 1759
geceos,

-CEOSENNE (1)
to geceosenne cyning ænigne, 1851

-CIGDE (1)
acigde of corðre cyninges þegnas 3121

CIOSAN (1)
oððe þone cynedom ciosan wolde; 2376

-CIRDE (2)
eorl Ongenþio, ufor oncirde; 2951
syððan ðeodcyning þyder oncirde. 2970

-CIRRAN (I)
ne ðæs wealdendes wiht oncirran; 2857

CLAMMUM (2)
Ic hine hrædlice heardan clammum 963
þurh hæstne had heardum clammum, 1335

-CLEOFU (I)
under stancleofu, strengo 2540
getruwode

-CLIF (2)
up ofer ecgclif, þær þæt 2893
eorlweorod
wyrm ofer weallclif, leton weg 3132
niman,

-CLIFE (2)
on þam holmclife hafelan metton. 1421
from þæm holmclife hafelan bæron 1635

CLIFU (I)
þæt hie Geata clifu ongitan 1911
meahton,

-CLIFU (2)
brimclifu blican, beorgas steape, 222
se þe holmclifu healdan scolde, 230

CLOMMUM (I)
atolan clommum. No þy ær in 1502
gescod

-CNAWAN (I)
"Meaht ðu, min wine, mece 2047
gecnawan

CNIHTWESENDE (2)
"Ic hine cuðe cnihtwesende. 372
Wit þæt gecwædon cnihtwesende 535

-CNIOW (I)
Hete wæs onhrered, hordweard 2554
oncniow

CNYHTUM (I)
cen þec mid cræfte ond þyssum 1219
cnyhtum wes

CNYSEDAN (I)
eoferas cnysedan. Swylc scolde 1328
eorl wesan,

-COFAN (I)
seo ðe bancofan beorgan cuþe, 1445

COLLENFERHÐ (I)
cuma collenferhð ceoles neosan. 1806

COLLENFERÐ (I)
hwæðer collenferð cwicne gemette 2785

COLRAN (I)
ond þa cearwylmas colran wurðað; 282
æfter cearwælmum colran weorðað. 2066

COM (17)
freowine folca, nu ic þus feorran 430
com,
lade ne letton. Leoht eastan com, 569
weold wideferhð. Com on wanre 702
niht
Ða com of more under misthleoþum 710
Com þa to recede rinc siðian, 720
Hæfde þa gefælsod se þe ær 825
feorran com,
meotodsceaft bemearn, syþðan 1077
morgen com,
isgebinde, oþðæt oþer com 1133
Com þa to Heorote, ðær Hringdene 1279

Bær þa seo brimwylf, þa heo to 1506
botme com,
Ða com non dæges. Næs ofgeafon 1600
Com þa to lande lidmanna helm 1623
Ða com in gan ealdor þegna, 1644
bliðheort bodode. Ða com beorht 1802
scacan
manegum maðmum, syððan mergen com 2103
bille gebeaten. Þonan Biowulf com 2359
gealdor ongeaton, þa se goda com 2944

-COM (4)
Gewat ða neosian, syþðan niht 115
becom,
Iaþ ond longsum, þe on ða leode 192
becom,
stearcheort styrmde; stefn in 2552
becom
Hreðles eafora, þa he to ham 2992
becom,

COME (I)
þæt he sigehreðig secean come 1597

COMON (I)
oþðæt semninga to sele comon 1640

-COMON (I)
ðurh anes cræft ealle ofercomon, 699

COMPE (I)
ac in compe gecrong cumbles 2505
hyrde,

CON (3)
wendeð on willan (he þæt wyrse ne 1739
con),
biteran stræle (him bebeorgan ne 1746
con),
Iosað lifigende, con him land 2062
geare.

CONST (I)
eft æt þe anum. Eard git ne 1377
const,

-CORONE (I)
cempan gecorone þara þe he 206
cenoste

CORÞRE (2)
cyning on corþre, ond seo cwen 1153
numen.
acigde of corðre cyninges þegnas 3121

COSTODE (I)
ac he mægnes rof min costode, 2084

CRÆFT (4)
forþan hie mægenes cræft minne 418
cuþon,
ðurh anes cræft ealle ofercomon, 699
efne swa micle swa bið mægþa 1283
cræft,
cræft ond cenðu, swa him gecynde 2696
wæs.

-CRÆFT (3)
Grendles guðcræft gumum undyrne; 127
manna mægencræft on his mundgripe 380
wlonces wigcræft, wiðres ne 2953
truwode,

CRÆFTE (7)
siþðan æþelingas eorles cræfte 982
cen þec mid cræfte ond þyssum 1219
cnyhtum wes
dyrnum cræfte, deað renian 2168
ac he mancynnes mæste cræfte 2181

CRÆFTE (continued)

þeofes cræfte;  þæt sie ðiod  2219
  onfand,
dyrnan cræfte  dracan heafde neah.  2290
sylfes cræfte,  sundnytte dreah;  2360

CRÆFTIG (2)
eafoþes cræftig,  þæt he ær  1466
  gespræc
nefa Garmundes,  niða cræftig.  1962

-CRÆFTIG (3)
lagucræftig mon,  landgemyrcu.  209
eacencræftig,  oððæt hyne an  2280
  abealch
þonne wæs þæt yrfe,  eacencræftig,  3051

-CRÆFTIGNE (1)
wigcræftigne,  nales wordum log  1811

CRÆFTUM (1)
deofles cræftum  ond dracan  2088
  fellum.

-CRÆFTUM (2)
niwe be næsse,  nearocræftum fæst.  2243
gelocen leoðocræftum;  of ðam  2769
  leoma stod,

-CRANC (1)
rice þeoden;  he under rande  1209
  gecranc.

-CRANG (1)
wanode ond wyrde.  He æt wige  1337
  gecrang

-CRONG (2)
fægne flæschoman;  heo on flet  1568
  gecrong.
ac in compe gecrong  cumbles  2505
  hyrde,

CRUNGE (1)
willan geworhte  oþðe on wæl  635
  crunge,

CRUNGON (1)
wundum awyrded;  sume on wæle  1113
  crungon.

CUMA (1)
cuma collenferhð  ceoles neosan.  1806

CUMAN (3)
No her cuðlicor  cuman ongunnon  244
bealuwa bisigu,  bot eft cuman,  281
secean on gesyntum,  snude eft  1869
  cuman.

-CUMAN (4)
gesaga him eac wordum  þæt hie  388
  sint wilcuman
heardhicgende  hider wilcuman.  394
þone cwealmcuman  cwicne forlætan,  792
cwæð þæt wilcuman  Wedera leodum  1894

CUMBLES (1)
ac in compe gecrong  cumbles  2505
  hyrde,

-CUMBOR (1)
hroden hildecumbor,  helm ond  1022
  byrnan,

CUME (1)
wilgesiþas,  þonne wig cume,  23

CUMEN (2)

heard her cumen,  sohte holdne  376
  wine.
dæda dollicra.  Nu is se dæg cumen  2646

-CUMEN (1)
niða ofercumen,  on nicera mere  845

CUMENE (2)
"Her syndon geferede,  feorran  361
  cumene
feorran cumene,  þæt we fundiaþ  1819

-CUNDUM (1)
feorrancundum,  forð wisade,  1795

CUNNE (1)
gen ymbe Grendel,  þæt ðu geare  2070
  cunne,

CUNNEDON (1)
ðær git for wlence  wada cunnedon  508

CUNNIAN (3)
sellice sædracan,  sund cunnian,  1426
sid ond searofah,  sund cunnian,  1444
þurh hreðra gehygd  higes cunnian,  2045

CUNNODE (1)
ælwihta eard  ufan cunnode.  1500

CUNNON (3)
murnende mod.  Men ne cunnon  50
mistige moras;  men ne cunnon  162
foldbuende.  No hie fæder cunnon,  1355

CURE (1)
breostgehygdum,  ær he bæl cure,  2818

CUÐ (6)
ylda bearnum,  undyrne cuð,  150
on minro cþeltyrf  undyrne cuð;  410
ealle buton anum.  Þæt wæs yldum  705
  cuþ
Ic ða ðæs wælmes,  þe is wide cuð,  2135
guma guðum cuð,  godum dædum,  2178
wihte ne wene,  ac wæs wide cuð  2923

-CUÞ (3)
widcuþ werum,  þætte wrecend þa  1256
  gyt
enge anpaðas,  uncuð gelad,  1410
eldum uncuð.  Þær on innan giong  2214

CUÞE (12)
swutol sang scopes.  Sægde se þe  90
  cuþe
Deniga frean;  cuþe he duguðe  359
  þeaw.
"Ic hine cuðe  cnihtwesende.  372
cystum cuðe.  Hwilum cyninges  867
  þegn,
þæs wæron mid Eotenum  ecge cuðe.  1145
cuþe folme;  cearu wæs geniwod,  1303
seo ðe bancofan  beorgan cuþe,  1445
cuþe stræte.  Cyningbalde men  1634
cuþe næssas.  Ceol up geþrang  1912
syððan he modsefan  minne cuðe,  2012
healdan cuðe,  ða wæs Hygelac  2372
  dead.
sohte, searoniðas;  seolfa ne cuðe  3067

-CUÞES (3)
ellendædum,  uncuþes fela,  876
eafoð uncuþes.  Uþe swiþor  960
widcuþes wig,  ðonne walu feollon.  1042

CUÐLICOR (1)
No her cuðlicor  cuman ongunnon  244

30

-CUÐNE (3)

eaweð þurh egsan uncuðne nið 276
wrætlic wægsweord, widcuðne man 1489
widcuðne wean wihte gebettest, 1991

CUÐON (5)

swefan æfter symble; sorge ne 119
cuðon,
in modsefan, metod hie ne cuþon, 180
ne hie huru heofena helm herian 182
ne cuþon,
forþan hie mægenes cræft minne 418
cuþon,
druncon win weras. Wyrd ne cuþon, 1233

-CWÆDE (1)

swa ðu on geoguðfeore geara 2664
gecwæde

CWÆDON (1)

cwædon þæt he wære wyruldcyninga 3180

-CWÆDON (1)

Wit þæt gecwædon cnihtwesende 535

CWÆÐ (9)

cwæð þæt se ælmihtiga eorðan 92
worhte,
godne gegyrwan, cwæð, he 199
guðcyning
wicg gewende, word æfter cwæð: 315
cwæð, he þone guðwine godne 1810
tealde,
cwæð þæt wilcuman Wedera leodum 1894
cwæð þæt hyt hæfde Hiorogar 2158
cyning,
fættan goldes, fea worda cwæð: 2246
frean on fultum, fea worda cwæð: 2662
cwæð, he on mergenne meces ecgum 2939

-CWÆÐ (4)

winærnes geweald, ond þæt word 654
acwæð:
mærðo mæned; monig oft gecwæð 857
wordum wrixlan. Welhwylc gecwæð 874
egl, unheoru. Æghwylc gecwæð 987

-CWALUM (1)

ond to deaðcwalum Deniga leodum; 1712

-CWEALDE (3)

syþðan wiges heard wyrm acwealde, 886
mane acwealde, swa he hyra ma 1055
wolde,
hyre bearn gewræc, beorn acwealde 2121

CWEALDEST (1)

þe þu gystran niht Grendel 1334
cwealdest

CWEALM (2)

in Caines cynne. Þone cwealm 107
gewræc
modceare mændon, mondryhtnes 3149
cwealm;

-CWEALM (3)

deaðcwealm Denigea, swa hit 1670
gedefe wæs.
garcwealm gumena (him bið grim 2043
sefa),
burhstede beateð. Bealocwealm 2265
hafað

CWEALMBEALU (1)

cwealmbealu cyðan. Ne bið swylc 1940
cwenlic þeaw

CWEALMCUMAN (1)

þone cwealmcuman cwicne forlætan, 792

CWEHTE (1)

þegn Hroðgares, þrymmum cwehte 235

CWEN (8)

hyrde ic þæt * * * wæs Onelan 62
cwen,
cwen Hroðgares, cynna gemyndig, 613
þæt hio Beowulfe, beaghroden cwen 623
cwen to gebeddan. Hæfde 665
kyningwuldor
cystum gecyþed, ond his cwen mid 923
him
cyning on corþre, ond seo cwen 1153
numen.
fremu folces cwen, firen 1932
ondrysne.
medudream maran. Hwilum mæru 2016
cwen,

-CWEN (1)

freolicu folccwen to hire frean 641
sittan.

CWENLIC (1)

cwealmbealu cyðan. Ne bið swylc 1940
cwenlic þeaw

CWICE (1)

cynna gehwylcum þara ðe cwice 98
hwyrfaþ.

CWICES (1)

eldum on andan. No ðær aht cwices 2314

CWICNE (2)

þone cwealmcuman cwicne forlætan, 792
hwæðer collenferð cwicne gemette 2785

CWICO (1)

cyninge minum. Cwico wæs þa gena, 3093

-CWIDA (2)

ðinra gegncwida, glædman Hroðgar. 367
wis wordcwida. Wen ic talige, 1845

-CWIDE (1)

gilpcwide Geates; eode goldhroden 640

CWIÐ (1)

þonne cwið æt beore se ðe beah 2041
gesyhð,

CWIÐAN (2)

gomel guðwiga gioguðe cwiðan, 2112
woldon ceare cwiðan ond kyning 3171
mænan,

CWOM (16)

selfe ofersawon, ða ic of searwum 419
cwom,
win of wunderfatum. Þa cwom 1162
Wealhþeo forð
eorla manegum, syþðan æfen cwom 1235
ealdres scyldig, ond nu oþer cwom 1338
Hwæt, me þæs on eþle edwenden 1774
cwom,
Cwom þa to flode felamodigra, 1888
lindgestealla, lifigende cwom, 1973
facne bifongen. Ic ðær furðum 2009
cwom
glad ofer grundas, gæst yrre 2073
cwom,
Noðer hy hine ne moston, syððan 2124
mergen cwom,
æðeling unfrom. Edwenden cwom 2188
earfoðlice oððæt æfen cwom; 2303
bealonið biorna; him to bearme 2404
cwom

CWOM (continued)

freode to friclan. From ærest  2556
cwom
Æfter ðam wordum wyrm yrre cwom,  2669
heard wið Hugas, syððan Higelac  2914
cwom

-CWOM (5)
unriht æfnde, oþþæt ende becwom,  1254
frofre ond fultum; ðy he þone  1273
feond ofercwom,
niode naman, oððæt niht becwom  2116
linde bæron; lyt eft becwom  2365
þrong ymbe þeoden, þa hyne sio  2883
þrag becwom.

CWOMAN (1)
scaduhelma gesceapu scriðan  650
cwoman,

CWOME (1)
mynte þæt he gedælde, ærþon dæg  731
cwome,

CWOMON (3)
ofer lagustræte lædan cwomon,  239
sunu Healfdenes, secean cwomon,  268
in hyra gryregeatwum gangan  324
cwomon.

-CWYDAS (1)
"þe þa wordcwydas wigtig drihten  1841

-CWYDE (1)
þurh hleoðorcwyde holdne  1979
gegrette,

-CWYDUM (1)
æfter wordcwydum wundum dryhtne  2753

-CWYÐ (1)
wigbealu weccean, ond þæt word  2046
acwyð:

CYME (1)
to gecyðanne hwanan eowre cyme  257
syndon."

CYMEN (1)
ædre geæfned, þonne we ut cymen,  3106

-CYMES (1)
endedogores ond eftcymes  2896

CYMEST (1)
wundnum golde, gyf þu on weg  1382
cymest."

CYMEÐ (1)
sarum wordum, oððæt sæl cymeð  2058

CYMLICOR (1)
ne hyrde ic cymlicor ceol  38
gegyrwan

CYN (4)
yðde eotena cyn ond on yðum slog  421
mid Wilfingum; ða hine Wedera cyn  461
fættan goldes, swa he Fresena cyn  1093
gifen geotende, giganta cyn  1690

-CYN (3)
frumcyn witan, ær ge fyr heonan,  252
Herebeald ond Hæðcyn oððe Hygelac  2434
min.
syððan hyne Hæðcyn of hornbogan,  2437

-CYNDE (2)
on ðam leodscipe lond gecynde,  2197

craft ond cenðu, swa him gecynde  2696
wæs.

CYNEDOM (1)
oððe þone cynedom ciosan wolde;  2376

CYNING (21)
gomban gyldan. þæt wæs god  11
cyning!
glædne Hroðgar, ac þæt wæs god  863
cyning.
searowundor seon; swylce self  920
cyning
wolde self cyning symbel þicgan.  1010
cyning on corþre, ond seo cwen  1153
numen.
freonda feorum. þa wæs frod  1306
cyning,
to geceosenne cyning ænigne,  1851
Gecyste þa cyning æþelum god,  1870
oft geæhted; þæt wæs an cyning,  1885
Bold wæs betlic, bregorof cyning,  1925
rehte æfter rihte rumheort  2110
cyning.
cwæð þæt hyt hæfde Hiorogar  2158
cyning,
heaðorof cyning, Hreðles lafe  2191
fiftig wintra (wæs ða frod  2209
cyning,
syððan Geata cyning guðe ræsum,  2356
Geatum wealdan. þæt wæs god  2390
cyning!
cealdum cearsiðum, cyning ealdre  2396
bineat.
Gesæt ða on næsse niðheard  2417
cyning,
heold mec ond hæfde Hreðel  2430
cyning,
sweðrian syððan. þa gen sylf  2702
cyning
brecan ofer bordweal; ða gebeah  2980
cyning,

-CYNING (15)
leof leodcyning, longe þrage  54
godne gegyrwan, cwæð, he  199
guðcyning
geongne guðcyning godne gefrunon  1969
ða ic ðe, beorncyning, bringan  2148
wylle,
god guðcyning, gomele lafe,  2563
þonne his ðiodcyning þearfe  2579
hæfde,
gledum forgrunden. þa gen  2677
guðcyning
fiftig wintra; næs se folccyning,  2733
Nealles folccyning fyrdgesteallum  2873
þæt se þeodcyning ðafian sceolde  2963
syððan ðeodcyning þyder oncirde.  2970
þæt we þeodcyning þær sceawian  3008
godum gegongen, þæt se guðcyning,  3036
sigora soðcyning, sealde þam ðe  3055
he wolde
þe ðone þeodcyning þyder ontyhte.  3086

-CYNINGA (4)
þeodcyninga, þrym gefrunon,  2
on geweald gehwearf woroldcyninga  1684
þone selestan sæcyninga  2382
cwædon þæt he wære wyruldcyninga  3180

CYNINGBALDE (1)
cuþe stræte. Cyningbalde men  1634

CYNINGE (1)
cyninge minum. Cwico wæs þa gena,  3093

-CYNINGE (2)
nalles he ða frætwe Frescyninge,  2503

32

wuldurcyninge,   wordum secge,          2795

CYNINGES (4)
  cystum cuðe.  Hwilum cyninges            867
     þegn,
  Gehwearf þa in Francna fæþm  feorh     1210
     cyninges,
  Froncum ond Frysum  fyll cyninges      2912
  acigde of corðre  cyninges þegnas      3121

-CYNINGES (3)
  þæt wæs hildesetl  heahcyninges,       1039
  eal ingesteald  eorðcyninges,          1155
  Ða ic æt þearfe gefrægn                2694
     þeodcyninges

CYNNA (2)*
  cynna gehwylcum  þara ðe cwice           98
     hwyrfaþ.
  cwen Hroðgares,  cynna gemyndig,        613

-CYNNA (1)
  fela feorhcynna  forð onsended!"       2266

CYNNE (5)
  in Caines cynne.  Þone cwealm           107
     gewræc
  modes myrðe  manna cynne,               810
  mæg Higelaces,  manna cynne,            914
  hu mihtig god  manna cynne             1725
  eall eðelwyn  eowrum cynne,            2885

-CYNNE (2)
  metod for þy mane,  mancynne fram.      110
  heardan ceape;  Hæðcynne wearð,        2482

CYNNES (10)
  þæt mihtig god  manna cynnes            701
  mynte se manscaða  manna cynnes        712
  þæt he ma moste  manna cynnes          735
  hæfdon ealfela  eotena cynnes          883
  gumena cynnes,  swa he nu git deð.    1058
  monnes modgeþonc  mæran cynnes,       1729
  se ðe lengest  leofað  laðan          2008
     cynnes,
  eormenlafe  æþelan cynnes,            2234
  laðan cynnes.  No þæt læsest wæs      2354
  "Þu eart endelaf  usses cynnes,       2813

-CYNNES (10)
  fen ond fæsten;  fifelcynnes eard      104
  Swa fela fyrena  feond mancynnes,      164
  se wæs moncynnes  mægenes              196
     strengest
  "We synt gumcynnes  Geata leode        260
  mancynnes feond,  ond his modor þa    1276
     gyt,
  Gesawon ða æfter wætere               1425
     wyrmcynnes fela,
  ealles moncynnes  mine gefræge        1955
  eormencynnes.  Forðam Offa wæs        1957
  ac he mancynnes  mæste cræfte         2181
  gold on grunde,  gumcynnes gehwone    2765

-CYNNUM (1)
  æfter gumcynnum,  gyf heo gyt           944
     lyfað,

-CYPAN (1)
  wyrsan wigfrecan,  weorðe gecypan.    2496

CYST (5)
  irena cyst,  ombihtþegne,               673
  ænig ofer eorþan  irenna cyst,          802
  Eode þa to setle.  Þær wæs symbla      1232
     cyst;
  wigena weorðmynd;  þæt wæs wæpna       1559
     cyst,
  irena cyst,  ærest wære,              1697

-CYSTE (2)
  gumcyste ongit;  ic þis gid be þe      1723
  Gecyste þa  cyning æþelum god,        1870

CYSTUM (2)
  cystum cuðe.  Hwilum cyninges           867
     þegn,
  cystum gecyþed,  ond his cwen mid       923
     him

-CYSTUM (3)
  þæt ic gumcystum  godne funde         1486
  gumcystum god,  guða gedigde,         2543
  hildecystum,  ac hy on holt bugon,    2598

CYÐ (1)
  gemyne mærþo,  mægenellen cyð,         659

-CYÐ (1)
  oncyð eorla gehwæm,  syðþan           1420
     Æscheres

CYÐAN (2)
  cwealmbealu cyðan.  Ne bið swylc      1940
     cwenlic þeaw
  andlongne eorl  ellen cyðan,          2695

-CYÐAN (1)
  ond þe þa ondsware  ædre gecyðan       354

-CYÐANNE (1)
  to gecyðanne  hwanan eowre cyme        257
     syndon."

-CYÞED (6)
  Wæs min fæder  folcum gecyþed,        262
  wæs his modsefa  manegum gecyðed,     349
  selfes mihtum.  Soð is gecyþed        700
  cystum gecyþed,  ond his cwen mid      923
     him
  sið Beowulfes  snude gecyðed,        1971
  þa wæs Biowulfe  broga gecyðed       2324

-CYÞDE (2)
  swylce oncyþðe  ealle gebette,        830
  freonda findan;  feorcyþðe beoð      1838

DÆD (3)
  swa deorlice  dæd gefremede           585
  þurh drihtnes miht  dæd gefremede     940
  domleasan dæd.  Deað bið sella       2890

DÆDA (6)
  dæda demend,  ne wiston hie           181
     drihten god,
  god mid Geatum,  Grendles dæda;       195
  þone dolsceaðan  dæda getwæfan.       479
  þurh deaðes nyd  dæda gefondad.      2454
  dæda dollicra.  Nu is se dæg cumen   2646
  þeah ðe he dæda gehwæs  dyrstig      2838
     wære,

-DÆDA (1)
  feondum ætferede,  fyrendæda wræc,   1669

DÆDCENE (1)
  dædcene mon  dome gewurþad,          1645

DÆDE (1)
  frecne dæde,  ne wæs him Fitela       889
     mid.

DÆDFRUMA (1)
  dior dædfruma,  gedon wolde          2090

DÆDHATA (1)
  deogol dædhata,  deorcum nihtum       275

-DÆDLAN (1)

33

-DÆDLAN (continued)

manfordædlan, þæt hie me þegon,  563

DÆDUM (11)
dædum gefremed  þæt þin dom lyfað  954
dædum gedefe,  dreamhealdende.  1227
þæt se fæmnan þegn  fore fæder  2059
    dædum
guma guðum cuð,  godum dædum,  2178
mæges dædum  morþorbed stred,  2436
laðum dædum,  þeah him leof ne  2467
    wæs.
dom gedreosan.  Scealt nu dædum  2666
    rof,
siðast sigehwila  sylfes dædum,  2710
wolde dom godes  dædum rædan  2858
wunað wælreste  wyrmes dædum.  2902
bæd þæt ge geworhton  æfter wines  3096
    dædum

-DÆDUM (4)
leode gelæsten;  lofdædum sceal  24
ellendædum,  uncuþes fela,  876
ellendædum  (he þæs ær onðah),  900
fyrendædum fag,  on fleam gewand  1001

DÆG (8)
drihtsele dreorfah,  þonne dæg  485
    lixte,
mynte þæt he gedælde,  ærþon dæg  731
    cwome,
Swa we þær inne  ondlangne dæg  2115
drincfæt dyre.  Þa wæs dæg sceacen  2306
ellenweorca,  oð ðone anne dæg  2399
dæda dollicra.  Nu is se dæg cumen  2646
morgenlongne dæg  modgiomor sæt,  2894
Swa hit oð domes dæg  diope  3069
    benemdon

-DÆG (2)
eorlic ellen,  oþðe endedæg  637
ærran mælum;  þa wæs endedæg  3035

DÆGE (3)
on þæm dæge  þysses lifes,  197
on þæm dæge  þysses lifes.  790
on ðæm dæge  þysses lifes  806

-DÆGE (6)
ða wæs on uhtan  mid ærdæge  126
æfter deaðdæge  drihten secean  187
æfter deaðdæge  dom unlytel,  885
sigoreadig secg.  Samod ærdæge  1311
ær swyltdæge  swylc gestrynan.  2798
sarigmodum  somod ærdæge,  2942

DÆGES (5)
hilderince.  Ða wæs hwil dæges  1495
Ða com non dæges.  Næs ofgeafon  1600
þæt hire an dæges  eagum starede,  1935
dæges ond nihtes,  oðððæt deaðes  2269
    wylm
dryhtsele dyrnne,  ær dæges hwile.  2320

DÆGHREFNE (1)
Syððan ic for dugeðum  Dæghrefne  2501
    wearð

DÆGHWILA (1)
þæt he dæghwila  gedrogen hæfde,  2726

DÆGRIM (1)
dogera dægrim.  Denum eallum wearð  823

DÆL (9)
duguþe ond geogoþe  dæl æghwylcne,  621
ætwiton weana dæl;  ne meahte  1150
    wæfre mod
oðþæt him on innan  oferhygda dæl  1740
wuldres waldend,  weorðmynda dæl.  1752

þæt he mid ðy wife  wælfæhða dæl,  2028
dryhtsibbe dæl  Denum unfæcne,  2068
hringa hyrde  hordwyrðne dæl,  2245
dryhtmaðma dæl  deaðe forgolden;  2843
syððan orwearde  ænigne dæl  3127

DÆLAN (1)
hringas dælan.  Higelace wæs  1970

-DÆLAN (2)
ond þær on innan  eall gedælan  71
secean sawle hord,  sundur gedælan  2422

DÆLAS (1)
gedeð him swa gewealdene  worolde  1732
    dælas,

DÆLDE (2)
He beot ne aleh,  beagas dælde,  80
ðara þe on Scedenigge  sceattas  1686
    dælde.

-DÆLDE (1)
mynte þæt he gedælde,  ærþon dæg  731
    cwome,

DÆLE (1)
þæt he wið aglæcean  eofoðo dæle,  2534

-DÆLED (2)
dreamum bedæled.  Duru sona onarn,  721
dreame bedæled,  deaþwic seon,  1275

DÆLEÞ (1)
se þe unmurnlice  madmas dæleþ,  1756

-DAGA (1)
lind wið lige.  Sceolde lændaga  2341

-DAGAS (4)
ne his lifdagas  leoda ænigum  793
oflet lifdagas  ond þas lænan  1622
    gesceaft.
alætan lændagas.  Næs ða long to  2591
    ðon
þæt hio hyre heofungdagas  hearde  3153
    ondrede,

DAGUM (1)
ond betimbredon  on tyn dagum  3159

-DAGUM (7)
Hwæt! We Gardena  in geardagum,  1
næfre he on aldordagum  ær ne  718
    siþðan
swylce he on ealderdagum  ær  757
    gemette.
on ðyssum windagum  worolde  1062
    bruceð.
þone on geardagum  Grendel nemdon  1354
befongen freawrasnum,  swa hine  1451
    fyrndagum
swa hy on geardagum  gumena  2233
    nathwylc,

-DAL (3)
ecga gehwylcre.  Scolde his  805
    aldorgedal
laþes lastas.  No his lifgedal  841
þurh hwæt his worulde gedal  3068
    weorðan sceolde.

DAREÐUM (1)
ða ne dorston ær  dareðum lacan  2848

DEAD (3)
hordburh hæleþa;  ða wæs Heregar  467
    dead,
Denigea leodum.  Dead is Æschere,  1323

34

healdan cuðe,  ða wæs Hygelac  2372
   dead.

DEADNE (I)
  þone deorestan  deadne wisse.  I309

-DEAF (2)
  wighryre wraðra,  wæter up  I6I9
   þurhdeaf.
  secg on searwum,  þæt ðæt sweord  2700
   gedeaf,

DEAH (3)
  eorla geæhtlan;  huru se aldor  369
   deah,
  unfægne eorl,  þonne his ellen  573
   deah.
  selran gesohte  þæm þe him selfa  I839
   deah."

DEALLE (I)
  þryðum dealle.  þegn nytte  494
   beheold,

DEAR (I)
  secge ofersittan,  gif he gesecean  684
   dear

DEARST (I)
  grimre guðe,  gif þu Grendles  527
   dearst

DEAÐ (II)
  dryhtnes dome  se þe hine deað  44I
   nimeð.
  dreore fahne,  gif mec deað nimeð.  447
  deorre duguðe,  þe þa deað fornam.  488
  sorhfulne sið,  sunu deað wrecan.  I278
  dom gewyrce,  oþðe mec deað  I49I
   nimeð."
  þæt ðec, dryhtguma,  deað  I768
   oferswyðeð.
  siðode sorhfull;  sunu deað  2II9
   fornam,
  dyrnum cræfte,  deað renian  2I68
  deore maðmas.  Ealle hie deað  2236
   fornam
  dogorgerimes,  deað ungemete  2728
   neah):
  domleasan dæd.  Deað bið sella  2890

-DEAÐ (2)
  in þæm winsele  wældeað fornam,  695
  gode begeaton.  Guðdeað fornam,  2249

DEAÐBEDDE (I)
  dryhten Geata,  deaðbedde fæst,  290I

DEAÐCWALUM (I)
  ond to deaðcwalum  Deniga leodum;  I7I2

DEAÐCWEALM (I)
  deaðcwealm Denigea,  swa hit  I670
   gedefe wæs.

DEAÐDÆGE (2)
  æfter deaðdæge  drihten secean  I87
  æfter deaðdæge  dom unlytel,  885

DEAÞE (4)
  domes ær deaþe;  þæt bið  I388
   drihtguman
  syþðan he æfter deaðe  drepe  I589
   þrowade,
  dryhtmaðma dæl  deaðe forgolden;  2843
  dennes niosian;  wæs ða deaðe  3045
   fæst,

-DEAÐE (I)

Wedra þeoden,  wundordeaðe swealt.  3037

DEAÐES (2)
  dæges ond nihtes,  oððæt deaðes  2269
   wylm
  þurh deaðes nyd  dæda gefondad.  2454

DEADFÆGE (I)
  Deaðfæge deog,  siððan dreama leas  850

DEAÞSCUA (I)
  deorc deaþscua,  duguþe ond  I60
   geogoþe,

DEADWERIGNE (I)
  deaðwerigne,  Denia leode,  2I25

DEAÞWIC (I)
  dreame bedæled,  deaþwic seon,  I275

-DEFE(-) (5)
  deoran sweorde,  swa hit gedefe  56I
   wæs.
  dædum gedefe,  dreamhealdende.  I227
  deaðcwealm Denigea,  swa hit  I670
   gedefe wæs.
  Wæs þam yldestan  ungedefelice  2435
  duguðum demdon,  swa hit gedefe  3I74
   bið

DEMDON (I)
  duguðum demdon,  swa hit gedefe  3I74
   bið

DEME (I)
  mærðo deme,  swa him gemet þince."  687

DEMEND (I)
  dæda demend,  ne wiston hie  I8I
   drihten god,

DENA (7)
  þe on land Dena  laðra nænig  242
  leassceaweras,  on land Dena  253
  duguð unlytel  Dena ond Wedera.  498
  ðryþærn Dena  buton þe nu ða.  657
  ymb aldor Dena,  eotonweard abead.  668
  drefan deop wæter,  Dena land  I904
   ofgeaf.
  dryhtbearn Dena,  duguða biwenede;  2035

-DENA (8)
  Hwæt! We Gardena  in geardagum,  I
  aldor Eastdena,  þæt he eower  392
   æþelu can,
  brego Beorhtdena,  biddan wille,  427
  þanon he gesohte  Suðdena folc  463
  brego Beorhtdena,  gehyrde on  609
   Beowulfe
  ærest Eastdena  eþelwearde,  6I6
  hæleð Healfdena,  Hnæf Scyldinga,  I069
  Swa ic Hringdena  hund missera  I769

DENE (2)
  dogra gehwylce  Dene weorþode,  I090
  dyre iren,  þær hyne Dene slogon,  2050

-DENE (4)
  heah Healfdene;  heold þenden  57
   lifde,
  hean huses,  hu hit Hringdene  II6
  Com þa to Heorote,  ðær Hringdene  I279
  lete Suðdene  sylfe geweorðan  I996

-DENES (I6)
  Swa ða mælceare  maga Healfdenes  I89
  sunu Healfdenes,  secean cwomon,  268
  Wille ic asecgan  sunu Healfdenes,  344

**35**

bearn Healfdenes; se wæs betera    469
   ðonne ic.
sunu Healfdenes secean wolde    645
þæt to healle gang Healfdenes    1009
   sunu;
Forgeaf þa Beowulfe bearn    1020
   Healfdenes
ðonne sweorda gelac sunu    1040
   Healfdenes
fore Healfdenes hildewisan,    1064
"Geþenc nu, se mæra maga    1474
   Healfdenes,
"Hwæt! we þe þas sælac, sunu    1652
   Healfdenes,
sunu Healfdenes (swigedon ealle):    1699
mago Healfdenes, maþmas twelfe;    1867
sona me se mæra mago Healfdenes,    2011
maðma menigeo, maga Healfdenes.    2143
sunu Healfdenes, on minne sylfes    2147
   dom;

DENIA (1)
deaðwerigne, Denia leode,    2125

DENIGA (8)
wið manna hwone mægenes Deniga,    155
Deniga frean, ne sceal þær dyrne    271
   sum
wig ond wisdom): "Ic þæs wine    350
   Deniga,
Deniga frean; cuþe he duguðe    359
   þeaw.
Deniga leodum."   * * *    389
Ða ic furþum weold folce Deniga    465
leode Deniga, ac he lust wigeð,    599
ond to deaðcwalum Deniga leodum;    1712

DENIGEA (5)
Denigea leode. Ac him dryhten    696
   forgeaf
Denigea leodum. Dead is Æschere,    1323
folces Denigea fyftyne men    1582
deaðcwealm Denigea, swa hit    1670
   gedefe wæs.
æfter deofla hryre Denigea frean,    1680

DENN (1)
wundur on wealle, ond þæs wyrmes    2759
   denn,

DENNES (1)
dennes niosian; wæs ða deaðe    3045
   fæst,

DENUM (7)
Dryhtsele dynede; Denum eallum    767
   wearð,
dogera dægrim. Denum eallum wearð    823
drihtlice wif to Denum feredon,    1158
dreorig ond gedrefed. Denum    1417
   eallum wæs,
Denum æfter dome; dreamleas gebad    1720
wigend wæron; eode weorð Denum    1814
dryhtsibbe dæl Denum unfæcne,    2068

-DENUM (7)
to Westdenum, þæs ic wen hæbbe,    383
to Gardenum. Ac ic him Geata    601
   sceal
niwe geneahhe; Norðdenum stod    783
ellenmærþum. Hæfde Eastdenum    828
ðara þe he geworhte to Westdenum    1578
Geata leodum ond Gardenum,    1856
þæt he to Gifðum oððe to Gardenum    2494

DEOFLA (2)
secan deofla gedræg; ne wæs his    756
   drohtoð þær
æfter deofla hryre Denigea frean,    1680

DEOFLES (1)
deofles cræftum ond dracan    2088
   fellum.

DEOG (1)
Deaðfæge deog, siððan dreama leas    850

DEOGOL (1)
deogol dædhata, deorcum nihtum    275

DEOP (3) *
ond for dolgilpe on deop wæter    509
drefan deop wæter, Dena land    1904
   ofgeaf.
deop gedygan for dracan lege.    2549

DEOR (1)
Nænig þæt dorste deor geneþan    1933

-DEOR (10)
Him þa hildedeor hof modigra    312
mihtig meredeor þurh mine hand.    558
Hylde hine þa heaþodeor,    688
   hleorbolster onfeng
syþðan hildedeor hond alegde,    834
wyrmas ond wildeor; hie on weg    1430
   hruron,
swencte on sunde, sædeor monig    1510
hæle hildedeor, Hroðgar gretan.    1646
hæle hildedeor Hroðgar grette.    1816
hwilum hildedeor hearpan wynne,    2107
heold hildedeor. Hean wæs lange,    2183

DEORAN (1)
deoran sweorde, swa hit gedefe    561
   wæs.

DEORC (2)
deorc deaþscua, duguþe ond    160
   geogoþe,
deorc ofer dryhtgumum. Duguð eal    1790
   aras.

DEORCUM (2)
deogol dædhata, deorcum nihtum    275
deorcum nihtum draca ricsian,    2211

DEORE (2)
deore maðmas. Ealle hie deað    2236
   fornam
dryncfæt deore; duguð ellor    2254
   sceoc.

DEORESTAN (1)
þone deorestan deadne wisse.    1309

DEORLICE (1)
swa deorlice dæd gefremede    585

DEORRE (1)
deorre duguðe, þe þa deað fornam.    488

DEORUM (2)
deorum madme, þæt his dom alæg.    1528
æfter deorum men dyrne langað    1879

-DEORUM (1)
wiðhæfde heaþodeorum, þæt he on    772
   hrusan ne feol,

-DERNE (1)
orleghwile, syððan underne    2911

DEÐ (4)
gumena cynnes, swa he nu git deð.    1058
gear in geardas, swa nu gyt deð,    1134
eaferum læfde, swa deð eadig mon,    2470
gumena gehwylcum, swa he nu gen    2859
   deð.

-DEÐ (1)
gedeð him swa gewealdene worolde    1732
    dælas,

-DIGAN (1)
Swa mæg unfæge   eaðe gedigan    2291

-DIGDE (4)
hwaþere ic fara feng  feore     578
    gedigde,
Ic þæt unsofte   ealdre gedigde   1655
nearo neðende  niða gedigde,    2350
gumcystum god,  guða gedigde,    2543

-DIGEST (1)
gif þu þæt ellenweorc  aldre     661
    gedigest."

-DIGEÐ (1)
þæt þone hilderæs  hal gedigeð."    300

DIOPE (1)
Swa hit oð domes dæg  diope    3069
    benemdon

DIOR (1)
dior dædfruma,  gedon wolde    2090

-DIOR (1)
hæle hildedior,  hæleða monegum,   3111

DIORE (1)
æðelum diore,  syððan hio Offan   1949
    flet

-DIORE (1)
þa ymbe hlæw riodan  hildediore,   3169

DISCAS (2)
him on bearm hladon  bunan ond    2775
    discas
discas lagon  ond dyre swyrd,    3048

DOGERA (1)
dogera dægrim.  Denum eallum wearð   823

DOGOR (1)
Ðys dogor þu  geþyld hafa    1395

DOGORA (1)
þæt he dogora gehwam  dream     88
    gehyrde

DOGORE (2)
þegnes þearfe,  swylce þy dogore   1797
ðær he þy fyrste,  forman dogore   2573

DOGORES (2)
oðþæt ymb antid  oþres dogores    219
ofer ylda bearn  oþres dogores,    605

-DOGORES (1)
endedogores  ond eftcymes    2896

DOGORGERIMES (1)
dogorgerimes,  deað ungemete    2728
    neah):

DOGRA (1)
dogra gehwylce  Dene weorþode,    1090

DOGRUM (2)
Eft þæt geiode  ufaran dogrum    2200
ufaran dogrum,  Eadgilse wearð    2392

DOHTE (2)
ðeah þu heaðoræsa  gehwær dohte,   526
se þe eow welhwylcra  wilna dohte.  1344

DOHTEST (1)
willum bewenede;  þu us wel    1821
    dohtest.

DOHTOR (7)
angan dohtor;  is his eafora nu    375
Nalles holinga  Hoces dohtor    1076
Hæreþes dohtor;  næs hio hnah swa   1929
    þeah,
geond þæt healreced  Hæreðes    1981
    dohtor,
Hwilum for duguðe  dohtor    2020
    Hroðgares
ðeodnes dohtor,  þrio wicg somod   2174
ond ða lofore forgeaf  angan    2997
    dohtor,

DOLGILPE (1)
ond for dolgilpe  on deop wæter    509

-DOLH (1)
syndolh sweotol,  seonowe    817
    onsprungon,

DOLLICRA (1)
dæda dollicra.  Nu is se dæg cumen  2646

DOLSCEAÐAN (1)
þone dolsceaðan  dæda getwæfan.    479

DOM (9)
æfter deaðdæge  dom unlytel,    885
dædum gefremed  þæt þin dom lyfað   954
dom gewyrce,  oþðe mec deað    1491
    nimeð."
deorum madme,  þæt his dom alæg.   1528
sunu Healfdenes,  on minne sylfes   2147
    dom;
dom gedreosan.  Scealt nu dædum   2666
    rof,
sawol secean  soðfæstra dom.    2820
wolde dom godes  dædum rædan    2858
Eafores anne dom.  Hyne yrringa    2964

-DOM (2)
wig ond wisdom):  "Ic þæs wine    350
    Deniga,
oððe þone cynedom  ciosan wolde;   2376

DOME (8)
dryhtnes dome  se þe hine deað    441
    nimeð.
selfes dome;  sæbat gehleod,    895
þæt he þa wealafe  weotena dome   1098
drihtscype dreogan;  þær he dome   1470
    forleas,
dædcene mon  dome gewurþad,    1645
Denum æfter dome;  dreamleas gebad  1720
dreah æfter dome,  nealles druncne  2179
    slog
sylfes dome;  segn eac genom,    2776

-DOME (1)
wide geweorðod,  wisdome heold    1959

DOMES (3)
maga mane fah  miclan domes,    978
domes ær deaþe;  þæt bið    1388
    drihtguman
Swa hit oð domes dæg  diope    3069
    benemdon

DOMLEASAN (1)
domleasan dæd.  Deað bið sella    2890

DON (4)
banfatu bærnan  ond on bæl don    1116
mildum wordum,  swa sceal man don.  1172

DON (continued)

mundgripe mægenes.  Swa sceal man    1534
    don,
meara ond maðma.  Swa sceal mæg      2166
    don,

-DON (2)
dior dædfruma,  gedon wolde          2090
drihten Wedera  gedon wolde;         2186

DORSTE (4)
se ðe gryresiðas  gegan dorste,      1462
selran sweordfrecan.  Selfa ne       1468
    dorste
Nænig þæt dorste  deor geneþan       1933
þe mec guðwinum  gretan dorste,      2735

DORSTON (1)
Ða ne dorston ær  dareðum lacan      2848

DOÐ (1)
druncne dryhtguman  doð swa ic       1231
    bidde."

DRACA (2)
dryhtlic iren;  draca morðre          892
    swealt.
deorcum nihtum  draca ricsian,       2211

-DRACA (6)
nacod niðdraca,  nihtes fleogeð      2273
Hæfde ligdraca  leoda fæsten,        2333
frecne fyrdraca,  fæhða gemyndig,    2689
þe him se eorðdraca  ær geworhte,    2712
egeslic eorðdraca  ealdre            2825
    bereafod,
laðne licgean;  wæs se legdraca      3040

DRACAN (5)
deofles cræftum  ond dracan          2088
    fellum.
dyrnan cræfte  dracan heafde neah.   2290
dryhten Geata  dracan sceawian.      2402
deop gedygan  for dracan lege.       2549
dyre maðmas.  Dracan ec scufun,      3131

-DRACAN (1)
sellice sædracan,  sund cunnian,     1426

-DRÆDAN (1)
duguðe ond iogoþe,  þæt þu him       1674
    ondrædan ne þearft,

-DRÆDAÐ (1)
swiðe ondrædað.  He gesecean         2275
    sceall

-DRÆG (1)
secan deofla gedræg;  ne wæs his      756
    drohtoð þær

-DRAF (1)
fif nihta fyrst,  oþþæt unc flod      545
    todraf,

DRANC (1)
bat banlocan,  blod edrum dranc,      742

DREAH (4)
þolode ðryðswyð,  þegnsorge dreah,    131
niceras nihtes,  nearoþearfe          422
    dreah,
dreah æfter dome,  nealles druncne   2179
    slog
sylfes cræfte,  sundnytte dreah;     2360

DREAM (2)
þæt he dogora gehwam  dream           88
    gehyrde

hador on Heorote.  Þær wæs hæleða    497
    dream,

-DREAM (5)
morþre gemearcod,  mandream fleon,   1264
medudream maran.  Hwilum mæru        2016
    cwen,
gesawon seledream.  Ic nah hwa       2252
    sweord wege
gumdream ofgeaf,  godes leoht        2469
    geceas,
gamen ond gleodream.  Forðon         3021
    sceall gar wesan

DREAMA (1)
Deaðfæge deog,  siððan dreama leas    850

DREAME (1)
dreame bedæled,  deaþwic seon,       1275

DREAMHEALDENDE (1)
dædum gedefe,  dreamhealdende.       1227

DREAMLEAS (1)
Denum æfter dome;  dreamleas gebad   1720

DREAMUM (2)
Swa ða drihtguman  dreamum lifdon     99
dreamum bedæled.  Duru sona onarn,   721

-DREAMUM (1)
mære þeoden,  mondreamum from.       1715

-DRED (1)
sidan herge;  no he him þa sæcce     2347
    ondred,

-DREDE (1)
þæt hio hyre heofungdagas  hearde    3153
    ondrede,

DREFAN (1)
drefan deop wæter,  Dena land        1904
    ofgeaf.

-DREFED (1)
dreorig ond gedrefed.  Denum         1417
    eallum wæs,

DREOGAN (2)
werhðo dreogan,  þeah þin wit         589
    duge.
drihtscype dreogan;  þær he dome     1470
    forleas,

-DREOGAN (1)
wræc adreogan,  swa us geworden      3078
    is.

DREOH (1)
Ga nu to setle,  symbelwynne dreoh   1782

DREORE (1)
dreore fahne,  gif mec deað nimeð.    447

-DREORE (3)
heall heorudreore;  ahte ic holdra    487
    þy læs,
haton heolfre,  heorodreore weol.     849
wæter under wolcnum,  wældreore      1631
    fag.

DREORFAH (1)
drihtsele dreorfah,  þonne dæg        485
    lixte,

DREORIG (1)
dreorig ond gedrefed.  Denum         1417
    eallum wæs,

38

-DREORIG (1)
husa selest   heorodreorig stod,        935

-DREORIGNE (2)
þæt ic on þone hafelan                   1780
  heorodreorigne
Hyne þa mid handa   heorodreorigne,      2720

-DREOSAN (1)
dom gedreosan.   Scealt nu dædum         2666
  rof,

-DREOSEÐ (1)
þæt se lichoma   læne gedreoseð,         1754

DREP (1)
symle wæs þy sæmra,   þonne ic           2880
  sweorde drep

DREPE (1)
syþðan he æfter deaðe   drepe            1589
  þrowade,

DREPEN (1)
þonne bið on hreþre   under helm         1745
  drepen

DRIFAN (1)
þeah þe he ne meahte   on mere           1130
  drifan

DRIFAÐ (1)
ofer floda genipu   feorran              2808
  drifað."

-DRIHT (6)
magodriht micel.   Him on mod bearn      67
Fand þa ðær inne   æþelinga gedriht      118
eald ond anhar   mid his eorla           357
  gedriht;
seon sibbegedriht   samod ætgædere;      387
sæbat gesæt   mid minra secga            633
  gedriht,
swefan sibbegedriht   samod              729
  ætgædere,

DRIHTEN (7)
ece drihten,   þæs þe he Abel slog;      108
dæda demend,   ne wiston hie             181
  drihten god,
æfter deaðdæge   drihten secean          187
Ða gyt æghwylcum   eorla drihten         1050
geweold wigsigor;   witig drihten,       1554
"þe þa wordcwydas   wigtig drihten       1841
drihten Wedera   gedon wolde;            2186

-DRIHTEN (5)
"Eow het secgan   sigedrihten min,       391
min mondrihten,   modes bliðe),          436
Ne hie huru winedrihten   wiht ne        862
  logon,
"Onfoh þissum fulle,   freodrihten       1169
  min,
wiston ond ne wendon   þæt hie           1604
  heora winedrihten

DRIHTGUMAN (2)
Swa ða drihtguman   dreamum lifdon       99
domes ær deaþe;   þæt bið                1388
  drihtguman

DRIHTLICE (1)
drihtlice wif   to Denum feredon,        1158

DRIHTNE (1)
mihtigan drihtne,   þæs se man           1398
  gespræc.

-DRIHTNE (2)

Wulfgar maðelode   to his                360
  winedrihtne:
modes milde,   mandrihtne hold;          1229

DRIHTNES (1)
þurh drihtnes miht   dæd gefremede       940

-DRIHTNES (1)
wolde freadrihtnes   feorh ealgian,      796

DRIHTSCYPE (1)
drihtscype dreogan;   þær he dome        1470
  forleas,

DRIHTSELE (1)
drihtsele dreorfah,   þonne dæg          485
  lixte,

-DRINCENDE (1)
ealodrincende   oðer sædan,              1945

DRINCFÆT (1)
drincfæt dyre.   þa wæs dæg sceacen      2306

-DRIORE (1)
sawuldriore,   swat yðum weoll.          2693

DRIORIGNE (1)
dryhten sinne,   driorigne fand          2789

-DROGEN (1)
þæt he dæghwila   gedrogen hæfde,        2726

DROHTOÐ (1)
secan deofla gedræg;   ne wæs his        756
  drohtoð þær

DROPEN (1)
folces hyrde,   wæs in feorh             2981
  dropen.

DRUGON (5)
þe hie ær drugon   aldorlease            15
Hie þæt ne wiston,   þa hie gewin        798
  drugon,
inwidsorge,   þe hie ær drugon           831
inwitniþas,   þe hie ær drugon,          1858
sigel suðan fus.   Hi sið drugon,        1966

DRUNCEN (2)
beore druncen   ymb Brecan spræce,       531
wine druncen,   þa he þæs wæpnes         1467
  onlah

DRUNCNE (3)
Ful oft gebeotedon   beore druncne       480
druncne dryhtguman   doð swa ic          1231
  bidde."
dreah æfter dome,   nealles druncne      2179
  slog

DRUNCON (2)
druncon win weras.   Wyrd ne cuþon,      1233
Grendles heafod,   þær guman             1648
  druncon,

DRUSADE (1)
lungre alysed.   Lagu drusade,           1630

-DRYHT (3)
þæt ic mote ana   ond minra eorla        431
  gedryht,
Ða him Hroþgar gewat   mid his           662
  hæleþa gedryht,
sorhleas swefan   mid þinra secga        1672
  gedryht

DRYHTBEARN (1)
dryhtbearn Dena,   duguða biwenede;      2035

DRYHTEN (13)
on swa hwæþere hond,   halig          686
    dryhten,
Denigea leode.  Ac him dryhten        696
    forgeaf
Mæg þonne on þæm golde ongitan        1484
    Geata dryhten,
gumena dryhten,   ðonne ic gyt        1824
    dyde,
Geata dryhten,   þeah ðe he geong     1831
    sy,
"þæt is undyrne,  dryhten Higelac,    2000
    eallirenne,  eorla dryhten,       2338
dryhten Geata  dracan sceawian.       2402
wið ðam gryregieste,   Geata          2560
    dryhten;
Geata dryhten,  gryrefahne sloh       2576
dryhten sinne,  driorigne fand        2789
dryhten Geata,  deaðbedde fæst,       2901
geald þone guðræs Geata dryhten,      2991

-DRYHTEN (7)
Geata gongan;  gumdryhten mid         1642
mæg wið mæge,  syððan mandryhten      1978
mæg Ælfheres;  geseah his             2604
    mondryhten
þæt ure mandryhten  mægenes           2647
    behofað,
winedryhten his  wætere gelafede,     2722
þæt se mondryhten  se eow ða          2865
    maðmas geaf,
þæt mon his winedryhten  wordum       3175
    herge,

DRYHTGUMA (1)
þæt ðec, dryhtguma,   deað            1768
    oferswyðeð.

DRYHTGUMAN (1)
druncne dryhtguman  doð swa ic        1231
    bidde."

DRYHTGUMUM (1)
deorc ofer dryhtgumum.  Duguð eal     1790
    aras.

DRYHTLIC (1)
dryhtlic iren;  draca morðre          892
    swealt.

DRYHTMAÐMA (1)
dryhtmaðma dæl  deaðe forgolden;      2843

DRYHTNE (6)
ecean dryhtne;  him þæs endelean      1692
ecean dryhtne,  þæs ðe ic on aldre    1779
    gebad
ofer ealde riht,  ecean dryhtne,      2330
Geata dryhtne,  guð onsæge.           2483
æfter wordcwydum  wundum dryhtne      2753
ecum dryhtne,  þe ic her on           2796
    starie,

-DRYHTNE (3)
efne swylce mæla  swylce hira         1249
    mandryhtne
mon on mode;  mandryhtne bær          2281
mid his freodryhtne  fremman          2627
    sceolde.

DRYHTNES (1)
dryhtnes dome  se þe hine deað        441
    nimeð.

-DRYHTNES (2)
on hyra mandryhtnes  miclan           2849
    þearfe,
modceare mændon,  mondryhtnes         3149
    cwealm;

DRYHTSELE (2)
Dryhtsele dynede;  Denum eallum       767
    wearð,
dryhtsele dyrnne,  ær dæges hwile.    2320

DRYHTSIBBE (1)
dryhtsibbe dæl  Denum unfæcne,        2068

DRYNCFÆT (1)
dryncfæt deore;  duguð ellor          2254
    sceoc.

-DRYNCUM (1)
Hreðles eafora  hiorodryncum          2358
    swealt,

DRYSMAÞ (1)
lað gewidru,  oðþæt lyft drysmaþ,     1375

-DRYSNE (1)
fremu folces cwen,  firen            1932
    ondrysne.

DUGE (3)
werhðo dreogan,  þeah þin wit         589
    duge.
wiht gewyrcan,  þeah þæt wæpen        1660
    duge;
bongar bugeð,  þeah seo bryd duge!    2031

DUGEÐUM (1)
Syððan ic for dugeðum  Dæghrefne      2501
    wearð

DUGOÐE (2)
ealdor dugoðe.  Us wæs a syððan       2920
leoda dugoðe  on last faran.          2945

DUGUÐ (3)
duguð unlytel  Dena ond Wedera.       498
deorc ofer dryhtgumum.  Duguð eal     1790
    aras.
dryncfæt deore;  duguð ellor          2254
    sceoc.

DUGUÐA (1)
dryhtbearn Dena,  duguða biwenede;    2035

DUGUÞE (8)
deorc deaþscua,  duguþe ond           160
    geogoþe,
Deniga frean;  cuþe he duguðe         359
    þeaw.
deorre duguðe,  þe þa deað fornam.    488
duguþe ond geogoþe  dæl æghwylcne,    621
duguðe ond iogoþe,  þæt þu him        1674
    ondrædan ne þearft,
Hwilum for duguðe  dohtor             2020
    Hroðgares
leoda duguðe,  se ðær lengest         2238
    hwearf,
Geata duguðe  gnorn þrowian,          2658

DUGUÐUM (1)
duguðum demdon,  swa hit gedefe       3174
    bið

DURU (1)
dreamum bedæled.  Duru sona onarn,    721

DWELEÐ (1)
Wunað he on wiste;  no hine wiht      1735
    dweleð

DYDE (10)
etan unforhte,  swa he oft dyde,      444
Ða he him of dyde  isernbyrnan,       671
gode forgylde,  swa he nu gyt         956
    dyde!"

EAFORHEAFODSEGN (1)
Het ða in beran  eaforheafodsegn,      2152

EAFORUM (1)
eaforum Ecgwelan,  Arscyldingum;      1710

EAFOÐ (4)
eafoð ond ellen  ungeara nu,      602
eafoð ond ellen.  He mid Eotenum      902
    wearð
eafoð uncuþes.  Uþe swiþor      960
eafoð ond ellen,  forðon he ær      2349
    fela

EAFOÞES (2)
eafoþes cræftig,  þæt he ær      1466
    gespræc
þæt þec adl oððe ecg  eafoþes      1763
    getwæfeð,

EAGENA (1)
oððe atol yldo;  oððe eagena      1766
    bearhtm

EAGORSTREAM (1)
þær git eagorstream  earmum      513
    þehton,

EAGUM (3)
eode yrremod;  him of eagum stod      726
ofer ealdgewin  eagum starige!      1781
þæt hire an dæges  eagum starede,      1935

EAHTA (2)
Heht ða eorla hleo  eahta mearas      1035
eode eahta sum  under inwithrof      3123

EAHTEDON (1)
rice to rune;  ræd eahtedon      172

EAHTODAN (1)
eahtodan eorlscipe  ond his      3173
    ellenweorc

EAHTODE (1)
þara þe mid Hroðgare  ham eahtode.      1407

EAL (21) *
eal bencþelu  blode bestymed,      486
burh ond beagas.  Beot eal wið þe      523
aldre beneotan,  þeah ic eal mæge.      680
unlyfigendes  eal gefeormod,      744
earm ond eaxle  (þær wæs eal      835
    geador
atol yða geswing  eal gemenged      848
eal inneweard  irenbendum fæst,      998
þæt hie him oðer flet  eal      1086
    gerymdon,
eal unhlitme.  Eard gemunde,      1129
eal ingesteald  eorðcyninges,      1155
uncran eaferan,  gif he þæt eal      1185
    gemon,
fuslic fyrdleoð.  Feþa eal gesæt.      1424
banhringas bræc.  Bil eal ðurhwod      1567
þæt wæs yðgeblond  eal gemenged,      1593
þæt hit eal gemealt  ise gelicost,      1608
Wæron yðgebland  eal gefælsod,      1620
fremeð on folce,  feor eal gemon,      1701
ðin ofer þeoda gehwylce.  Eal þu      1705
    hit geþyldum healdest,
eal langtwidig  leodum þinum,      1708
ecghete eoweð,  ac him eal worold      1738
deorc ofer dryhtgumum.  Duguð eal      1790
    aras.

EALD (15)
eald ond anhar  mid his eorla      357
    gedriht;
eald sweord eotenisc,  ecgum      1558
    þyhtig,

eald sweord eacen  (oftost wisode      1663
eald eðelweard,  þæt ðes eorl      1702
    wære
eald æscwiga,  se ðe eall geman,      2042
eald eþelweard),  oððæt an ongan      2210
eald uhtsceaða  opene standan,      2271
eald under eorðan.  Næs þæt yðe      2415
    ceap
eald ond infrod,  ænige gefremman.      2449
eald sweord etonisc;  þæt him      2616
    Onela forgeaf,
eald ond omig,  earmbeaga fela      2763
eald enta geweorc,  anne mannan,      2774
eald ond egesfull,  ondslyht      2929
    ageaf,
eald under eorðweall.  Þa wæs æht      2957
    boden
eald sweord eotonisc,  entiscne      2979
    helm

EALDE (6)
ealde madmas;  he me aþas swor.      472
eorl Beowulfes  ealde lafe,      795
Ond þu Unferð læt  ealde lafe,      1488
ealde lafe,  on ðæm wæs or writen      1688
æghwæs untæle  ealde wisan."      1865
ofer ealde riht,  ecean dryhtne,      2330

EALDERDAGUM (1)
swylce he on ealderdagum  ær      757
    gemette.

EALDES (1)
ealdes uhtflogan,  orcas stondan,      2760

EALDFÆDER (1)
Wæs his ealdfæder  Ecgþeo haten,      373

EALDGESEGENA (1)
se ðe ealfela  ealdgesegena      869

EALDGESIÐAS (1)
Þanon eft gewiton  ealdgesiðas,      853

EALDGESTREONA (1)
Þæt wæs an foran  ealdgestreona;      1458

EALDGESTREONUM (1)
ealdgestreonum,  swa ic ær dyde,      1381

EALDGEWIN (1)
ofer ealdgewin  eagum starige!      1781

EALDGEWINNA (1)
ealdgewinna,  ingenga min;      1776

EALDGEWYRHT (1)
þæt næron ealdgewyrht,  þæt he ana      2657
    scyle

EALDHLAFORDES (1)
(ecg wæs iren)  ealdhlafordes      2778

EALDMETOD (1)
þæt hyre ealdmetod  este wære      945

EALDOR (3)
Ða com in gan  ealdor þegna,      1644
adl oþðe iren  ealdor ðinne,      1848
ealdor dugoðe.  Us wæs a syððan      2920

EALDORGEWINNA (1)
Him on efn ligeð  ealdorgewinna      2903

EALDORLEASNE (1)
ealdorleasne,  þone ðe ær geheold      3003

EALDRE (10)
atol æglæca,  ealdre þinum,      592

42

| | |
|---|---|
| eorlgewædum, nalles for ealdre mearn. | 1442 |
| Ic þæt unsofte ealdre gedigde | 1655 |
| eorlscipe efnde, ealdre geneðde, | 2133 |
| cealdum cearsiðum, cyning ealdre bineat. | 2396 |
| þeah ðe oðer his ealdre gebohte, | 2481 |
| ealdre burgan. Hiora in anum weoll | 2599 |
| æghwæs unrim, þa he of ealdre gewat, | 2624 |
| egeslic eorðdraca ealdre bereafod, | 2825 |
| þætte Ongenðio ealdre besnyðede | 2924 |

EALDRES (4)

| | |
|---|---|
| ealdres scyldig, ond nu oþer cwom | 1338 |
| ealdres scyldig; him se oðer þonan | 2061 |
| æðeling unwrecen ealdres linnan. | 2443 |
| ealdres æt ende; he hine eft ongon | 2790 |

EALDUM (3)

| | |
|---|---|
| geongum ond ealdum, swylc him god sealde, | 72 |
| ealdum infrodum, oþres swiðor, | 1874 |
| ealdum ceorle ondslyht giofan, | 2972 |

EALFELA (2)

| | |
|---|---|
| se ðe ealfela ealdgesegena | 869 |
| hæfdon ealfela eotena cynnes | 883 |

EALGEARO (2)

| | |
|---|---|
| ædre mid yldum, þæt hit wearð ealgearo, | 77 |
| þegnas syndon geþwære, þeod ealgearo, | 1230 |

EALGIAN (3)

| | |
|---|---|
| wolde freadrihtnes feorh ealgian, | 796 |
| fane gefyllan, feorh ealgian | 2655 |
| feorh ealgian; ic ðe fullæstu." | 2668 |

EALGODE (1)

| | |
|---|---|
| siðþan he under segne sinc ealgode, | 1204 |

EALGYLDEN (1)

| | |
|---|---|
| swatfah syrce, swyn ealgylden, | 1111 |

EALL (17)*

| | |
|---|---|
| ond þær on innan eall gedælan | 71 |
| wan under wolcnum. Werod eall aras. | 651 |
| yrmðe to aldre. Ic ðæt eall gewræc, | 2005 |
| friðusibb folca, flet eall geondhwearf, | 2017 |
| eald æscwiga, se ðe eall geman, | 2042 |
| leofes mannes lic eall forswealg. | 2080 |
| sio wæs orðoncum eall gegyrwed | 2087 |
| estum geywan. Gen is eall æt ðe | 2149 |
| orleghwila; ic þæt eall gemon. | 2427 |
| an æfter anum; þuhte him eall to rum, | 2461 |
| "Leofa Biowulf, læst eall tela, | 2663 |
| eorðan wynne; ða wæs eall sceacen | 2727 |
| eall eðelwyn eowrum cynne, | 2885 |
| wyrda ne worda. Weorod eall aras; | 3030 |
| Ic wæs þær inne ond þæt eall geondseh, | 3087 |
| wis ond gewittig; worn eall gespræc | 3094 |
| eall swylce hyrsta, swylce on horde ær | 3164 |

EALLE (15)

| | |
|---|---|
| Þanon untydras ealle onwocon, | 111 |
| oþðe nipende niht ofer ealle, | 649 |
| ðurh anes cræft ealle ofercomon, | 699 |
| ealle buton anum. þæt wæs yldum cuþ | 705 |
| swylce oncyþðe ealle gebette, | 830 |
| ðe we ealle ær ne meahton | 941 |
| worolde wynne. Wig ealle fornam | 1080 |
| laðbite lices. Lig ealle forswealg, | 1122 |
| sunu Healfdenes (swigedon ealle): | 1699 |
| eafeþum stepte, ofer ealle men | 1717 |
| se for andrysnum ealle beweotede | 1796 |
| deore maðmas. Ealle hie deað fornam | 2236 |
| æðeling anhydig, ealle mægene | 2667 |
| Wægmundinga. Ealle wyrd forsweop | 2814 |
| ac he soðlice sægde ofer ealle: | 2899 |

EALLES (5)

| | |
|---|---|
| ealles ansund, þe se aglæca, | 1000 |
| ealles moncynnes mine gefræge | 1955 |
| breostgewædu. Bruc ealles well!" | 2162 |
| aða on unriht. Ic ðæs ealles mæg | 2739 |
| "Ic ðara frætwa frean ealles ðanc, | 2794 |

EALLGEARO (1)

| | |
|---|---|
| brucan moste. Beorh eallgearo | 2241 |

EALLGYLDEN (1)

| | |
|---|---|
| Swylce he siomian geseah segn eallgylden | 2767 |

EALLIRENNE (1)

| | |
|---|---|
| eallirenne, eorla dryhten, | 2338 |

EALLUM (8)

| | |
|---|---|
| ana wið eallum, oðþæt idel stod | 145 |
| Dryhtsele dynede; Denum eallum wearð, | 767 |
| dogera dægrim. Denum eallum wearð | 823 |
| eallum æþellingum to aldorceare; | 906 |
| eðel Scyldinga. He þær eallum wearð, | 913 |
| ond ðæs mannes mod. Metod eallum weold | 1057 |
| dreorig ond gedrefed. Denum eallum wæs, | 1417 |
| an æfter eallum, unbliðe hwearf | 2268 |

EALNE (3)

| | |
|---|---|
| ealne wideferhþ weras ehtigað, | 1222 |
| ealne utanweardne, ne ðær ænig mon | 2297 |
| hat ond heaðogrim, heals ealne ymbefeng | 2691 |

EALOBENCE (1)

| | |
|---|---|
| in ealobence oðrum gesellan. | 1029 |

EALODRINCENDE (1)

| | |
|---|---|
| ealodrincende oðer sædan, | 1945 |

EALOND (1)

| | |
|---|---|
| ealond utan, eorðweard ðone | 2334 |

EALOWÆGE (2)

| | |
|---|---|
| ofer ealowæge oretmecgas | 481 |
| se þe on handa bær hroden ealowæge, | 495 |

EALRA (2)

| | |
|---|---|
| eard ond eorlscipe; he ah ealra geweald. | 1727 |
| æþelinga bearn, ealra twelfe, | 3170 |

EALUBENCE (1)

| | |
|---|---|
| þonne he on ealubence oft gesealde | 2867 |

EALUSCERWEN (1)
eorlum ealuscerwen.  Yrre wæron     769
  begen,

EALUWÆGE (1)
eorlum on ende  ealuwæge bær;       2021

EAM (1)
eam his nefan,  swa hie a wæron     881

EAME (1)
eame on eaxle.  Ides gnornode,      1117

EANMUNDES (1)
þæt wæs mid eldum  Eanmundes laf,   2611

EARD (7)
fen ond fæsten;  fifelcynnes eard   104
eal unhlitme.  Eard gemunde,        1129
eft æt þe anum.  Eard git ne        1377
  const,
ælwihta eard  ufan cunnode.         1500
eard ond eorlscipe;  he ah ealra    1727
  geweald.
eard, eðelriht,  oðrum swiðor       2198
eard, eðelwyn.  Næs him ænig        2493
  þearf

EARDAS (1)
eacne eardas,  þa se ellorgast      1621

EARDE (3)
aldor of earde),  oþþæt him eft     56
  onwoc
eft to earde,  nemne we æror mægen  2654
egesan ðeon.  Ic on earde bad       2736

EARDIAN (1)
sceolde ofer willan  wic eardian    2589

EARDLUFAN (1)
eft eardlufan  æfre gesecean,       692

EARDODE (1)
heardra hynða.  Heorot eardode,     166

EARDODON (1)
þusend wintra  þær eardodon.        3050

EARFEÞO (1)
earfeþo on yþum,  ðonne ænig oþer   534
  man.

EARFOÐLICE (6)
Ða se ellengæst  earfoðlice         86
earfoðlice  heora æghwæþrum,        1636
earfoðlice;  ætrihte wæs            1657
earfoðlice  oððæt æfen cwom;        2303
earfoðlice,  þæt he on eorðan       2822
  geseah
oððæt hi oðeodon  earfoðlice        2934

EARFOÐÞRAGE (1)
oððe a syþðan  earfoðþrage,         283

EARGES (1)
anes mannes.  Ne bið swylc earges   2541
  sið!

EARM (4)
inwitþancum  ond wið earm gesæt.    749
earm ond eaxle  (þær wæs eal        835
  geador
earm ond eaxle.  No þær ænige swa   972
  þeah
earm anhaga,  eft to leodum;        2368

EARMBEAGA (1)
eald ond omig,  earmbeaga fela      2763

EARME (1)
hæfde him on earme  ana þritig      2361

EARMLIC (1)
earmlic wurðan,  ond se ellorgast   807

EARMRAN (1)
ne on egstreamum  earmran mannon;   577

EARMRE (1)
earmre teohhe  ondlonge niht,       2938

EARMREADE (1)
estum geeawed,  earmreade twa,      1194

EARMSCEAPEN (2)
idese onlicnæs;  oðer earmsceapen   1351
hwæðre earmsceapen  * * *           2228

EARMUM (1)
þær git eagorstream  earmum         513
  þehton,

EARNANÆS (1)
eodon unbliðe  under Earnanæs,      3031

EARNE (1)
earne secgan  hu him æt æte speow,  3026

EART (4)
beaga bryttan,  swa þu bena eart,   352
"Eart þu se Beowulf,  se þe wið     506
  Brecan wunne,
þu eart mægenes strang  ond on      1844
  mode frod,
"Þu eart endelaf  usses cynnes,     2813

EASTAN (1)
lade ne letton.  Leoht eastan com,  569

EASTDENA (2)
aldor Eastdena,  þæt he eower       392
  æþelu can,
ærest Eastdena  eþelwearde,         616

EASTDENUM (1)
ellenmærþum.  Hæfde Eastdenum       828

EATOL (1)
eatol, æfengrom,  user neosan,      2074

EATOLNE (1)
eatolne inwitscear  oft             2478
  gefremedon.

EAÐE (4)*
þæs þe him yþlade  eaðe wurdon.     228
on Grendles gryre.  God eaþe mæg    478
Swa mæg unfæge  eaðe gedigan        2291
searwum gesæled.  Sinc eaðe mæg,    2764

EAÐFYNDE (1)
þa wæs eaðfynde  þe him elles hwær  138

-EAWED (1)
estum geeawed,  earmreade twa,      1194

EAWEÐ (1)
eaweð þurh egsan  uncuðne nið       276

EAXLE (6)
atol æglæca;  him on eaxle wearð    816
earm ond eaxle  (þær wæs eal        835
  geador
earm ond eaxle.  No þær ænige swa   972
  þeah
eame on eaxle.  Ides gnornode,      1117
Gefeng þa be eaxle  (nalas for      1537
  fæhðe mearn)

angan eaferan.  Him on eaxle læg   1547

EAXLGESTEALLA (I)
  eaxlgestealla,  ðonne we on orlege   1326

EAXLGESTEALLAN (I)
  eaxlgesteallan,  oþþæt he ana   1714
    hwearf,

EAXLUM (2)
  eode ellenrof,  þæt he for eaxlum   358
    gestod
  feðecempa,  frean eaxlum neah,   2853

EC (I)
  dyre maðmas.  Dracan ec scufun,   3131

ECE (3)
  ece drihten,  þæs þe he Abel slog;   108
  ece rædas;  oferhyda ne gym,   1760
  ece eorðreced  innan healde.   2719

ECEAN (3)
  ecean dryhtne;  him þæs endelean   1692
  ecean dryhtne,  þæs ðe ic on aldre   1779
    gebad
  ofer ealde riht,  ecean dryhtne,   2330

ECG (I0)
  þonne hit sweordes ecg  seðan   1106
    scolde.
  ecg wæs iren,  atertanum fah,   1459
  aldre sceþðan,  ac seo ecg geswac   1524
  yrre ond anræd.  Næs seo ecg   1575
    fracod
  þæt þec adl oððe ecg  eafoþes   1763
    getwæfeð,
  æþeling on elne;  ne wæs ecg bona,   2506
  banhus gebræc.  Nu sceall billes   2508
    ecg,
  incgelafe,  þæt sio ecg gewac   2577
  onsyn ænig,  ac hyne ecg fornam.   2772
  (ecg wæs iren)  ealdhlafordes   2778

-ECG (4)
  þa wæs on healle  heardecg togen   1288
  heardecg habban;  ic me mid   1490
    Hruntinge
  stið ond stylecg;  strenge   1533
    getruwode,
  brad ond brunecg,  wolde hire   1546
    bearn wrecan,

ECGA (4)
  Grendles guþe  mid gryrum ecga.   483
  ecga gehwylcre.  Scolde his   805
    aldorgedal
  arfæst æt ecga gelacum.  Spræc ða   1168
    ides Scyldinga:
  ac hine irenna  ecga fornamon,   2828

ECGBANAN (I)
  to ecgbanan  angan breþer,   1262

ECGCLIF (I)
  up ofer ecgclif,  þær þæt   2893
    eorlweorod

ECGE (5)
  þæs wæron mid Eotenum  ecge cuðe.   1145
  wið ord ond wið ecge  ingang   1549
    forstod.
  meces ecge;  þæt wæs modig secg.   1812
  þæt him irenna  ecge mihton   2683
  ana mid ecge,  þa him wæs elnes   2876
    þearf.

ECGHETE (2)
  þæt se ecghete  aþumsweorum   84

ecghete eoweð,  ac him eal worold   1738

ECGLAFES (4)
  Unferð maþelode,  Ecglafes bearn,   499
  Secge ic þe to soðe,  sunu   590
    Ecglafes,
  Huru ne gemunde  mago Ecglafes,   1465
  sunu Ecglafes,  heht his sweord   1808
    niman,

ECGÞEO (I)
  Wæs his ealdfæder  Ecgþeo haten,   373

ECGÞEOW (I)
  æþele ordfruma,  Ecgþeow haten.   263

ECGÞEOWES (12)
  Beowulf maþelode,  bearn   529
    Ecgþeowes:
  Beowulf maþelode,  bearn   631
    Ecgþeowes:
  Beowulf maþelode,  bearn   957
    Ecgþeowes:
  Beowulf maþelode,  bearn   1383
    Ecgþeowes:
  Beowulf maþelode,  bearn   1473
    Ecgþeowes:
  Hæfde ða forsiðod  sunu Ecgþeowes   1550
  Beowulf maþelode,  bearn   1651
    Ecgþeowes:
  Beowulf maþelode,  bearn   1817
    Ecgþeowes:
  Swa bealdode  bearn Ecgþeowes,   2177
  Oferswam ða sioleða bigong  sunu   2367
    Ecgþeowes,
  Biowulf maþelade,  bearn   2425
    Ecgðeowes:
  þæt se mæra  maga Ecgðeowes   2587

ECGÐIOES (I)
  Biowulf maðelode,  bearn Ecgðioes:   1999

ECGÐIOWES (I)
  sliðra geslyhta,  sunu Ecgðiowes,   2398

ECGÞRÆCE (I)
  atole ecgþræce  eower leode   596

ECGUM (9)
  ecgum dyhttig  andweard scireð.   1287
  eald sweord eotenisc,  ecgum   1558
    þyhtig,
  æscum ond ecgum,  þæt ic me ænigne   1772
  eacnum ecgum,  unsofte þonan   2140
  billes ecgum  on bonan stælan,   2485
  ecgum unslaw;  æghwæðrum wæs   2564
  meces ecgum,  ond his magum ætbær   2614
  cwæð, he on mergenne  meces ecgum   2939
  þær wearð Ongenðiow  ecgum   2961
    sweorda,

ECGWELAN (I)
  eaforum Ecgwelan,  Arscyldingum;   1710

ECLAFES (I)
  Ða wæs swigra secg,  sunu Eclafes,   980

ECNE (I)
  Eormenrices,  geceas ecne ræd.   1201

ECUM (I)
  ecum dryhtne,  þe ic her on   2796
    starie,

EDHWYRFT (I)
  edhwyrft eorlum,  siþðan inne   1281
    fealh

EDRUM (I)

EDRUM (continued)

bat banlocan,   blod edrum dranc,          742

EDWENDAN (1)
gyf him edwendan   æfre scolde              280

EDWENDEN (2)
Hwæt, me þæs on eþle   edwenden            1774
    cwom,
æðeling unfrom.   Edwenden cwom            2188

EDWITLIF (1)
eorla gehwylcum   þonne edwitlif!"         2891

EFN (1)
Him on efn ligeð   ealdorgewinna           2903

EFNAN (2)
efnan wolde.   Næfre on ore læg            1041
eorlscipe efnan   swa his ærfæder;         2622

EFNANNE (1)
idese to efnanne,   þeah ðe hio            1941
    ænlicu sy,

EFNDE (2)
eorlscipe efnde,   ealdre geneðde,         2133
eorlscipe efnde.   Nu is ofost             3007
    betost

EFNE (8)*
efne swa hwylc mægþa   swa ðone            943
    magan cende
efne swa swiðe   sincgestreonum            1092
efne swa side   swa sæ bebugeð,            1223
efne swylce mæla   swylce hira             1249
    mandryhtne
efne swa micle   swa bið mægþa             1283
    cræft,
efne swa of hefene   hadre scineð          1571
eorlscipe efne.   Ic mid elne             2535
    sceall
efne swa hwylcum manna   swa him           3057
    gemet ðuhte.

EFSTAN (1)
Uton nu efstan   oðre siðe,               3101

EFSTE (1)
efste mid elne,   nalas ondsware           1493

EFT (37)
þæt hine on ylde   eft gewunigen            22
aldor of earde),   oþþæt him eft            56
    onwoc
þritig þegna,   þanon eft gewat            123
ac ymb ane niht   eft gefremede            135
bealuwa bisigu,   bot eft cuman,           281
arum healdan,   oþðæt eft byreð            296
guþe gebeodan.   Gæþ eft se þe mot         603
þa wæs eft swa ær   inne on healle         642
eft eardlufan   æfre gesecean,             692
þanon eft gewiton   ealdgesiðas,           853
soðe gebunden;   secg eft ongan            871
Swylce ferhðfrecan   Fin eft begeat       1146
gleomannes gyd.   Gamen eft astah,        1160
eft æt þe anum.   Eard git ne             1377
    const,
Eft wæs anræd,   nalas elnes læt,         1529
Heo him eft hraþe   andlean              1541
    forgeald
yðelice,   syþðan he eft astod.           1556
þæt hig þæs æðelinges   eft ne            1596
    wendon
Hit on endestæf   eft gelimpeð            1753
ane hwile.   Eft sona bið                 1762
þa wæs eft swa ær   ellenrofum            1787
wæron æþelingas   eft to leodum           1804
secean on gesyntum,   snude eft           1869
    cuman.

Hwilum eft ongan,   eldo gebunden,        2111
oðer to yldum.   Þa wæs eft hraðe         2117
ac me eorla hleo   eft gesealde           2142
Eft þæt geiode   ufaran dogrum            2200
hatode ond hynde;   hord eft              2319
    gesceat,
linde bæron;   lyt eft becwom             2365
earm anhaga,   eft to leodum;             2368
ond him eft gewat   Ongenðioes            2387
    bearn
þæt ða aglæcean hy   eft gemetton.        2592
eft to earde,   nemne we æror mægen       2654
ealdres æt ende;   he hine eft            2790
    ongon
fuglum to gamene.   Frofor eft            2941
    gelamp
bearn ond bryde;   beah eft þonan         2956
nihtes hwilum,   nyðer eft gewat          3044

EFTCYMES (1)
endedogores   ond eftcymes                2896

EFTSIÐ (1)
eftsið eorla,   swa he ær dyde;           1891

EFTSIÐAS (1)
atol æse wlanc   eftsiðas teah,           1332

EFTSIÐES (1)
Ar wæs on ofoste,   eftsiðes georn,       2783

EGESA (1)
atelic egesa,   anra gehwylcum            784

-EGESA (1)
gledegesa grim.   God wat on mec          2650

EGESAN (4)
eorles ærgestreon,   egesan ne            1757
    gymeð.
þæt þec ymbsittend   egesan þywað,        1827
egesan ðeon.   Ic on earde bad            2736
wælfylla worn,   werudes egesan,          3154

-EGESAN (2)
se þe wæteregesan   wunian scolde,        1260
longe hwile,   ligegesan wæg              2780

EGESFULL (1)
eald ond egesfull,   ondslyht             2929
    ageaf,

EGESLIC (3)
egeslic for eorlum   ond þære idese       1649
    mid,
fyre gefysed.   Wæs se fruma              2309
    egeslic
egeslic eorðdraca   ealdre                2825
    bereafod,

EGL (1)
egl, unheoru.   Æghwylc gecwæð            987

EGSAN (1)
eaweð þurh egsan   uncuðne nið            276

EGSODE (1)
egsode eorlas.   Syððan ærest wearð         6

EGSTREAMUM (1)
ne on egstreamum   earmran mannon;        577

EHTENDE (1)
ac se æglæca   ehtende wæs,               159

EHTIGAÐ (1)
ealne wideferhþ   weras ehtigað,          1222

EHTON (1)

46

ENDESTÆF (1)
Hit on endestæf  eft gelimpeð                    1753

-ENDOD (1)
on hyra sincgifan  sare geendod.                 2311

ENGE (1)
enge anpaðas,  uncuð gelad,                      1410

ENTA (3)
enta ærgeweorc;  hit on æht                      1679
    gehwearf
gesæt on sesse;  seah on enta                    2717
    geweorc,
eald enta geweorc,  anne mannan,                 2774

ENTISCNE (1)
eald sweord eotonisc,  entiscne                  2979
    helm

EODE (9)
eode ellenrof,  þæt he for eaxlum                358
    gestod
word wæron wynsume.  Eode                        612
    Wealhþeow forð,
gilpcwide Geates;  eode goldhroden               640
eode yrremod;  him of eagum stod                 726
scofen ond scynded.  Eode scealc                 918
    monig
Eode þa to setle.  Þær wæs symbla               1232
    cyst;
eode eorla sum,  æþele cempa                     1312
wigend wæron;  eode weorð Denum                  1814
eode eahta sum  under inwithrof                  3123

-EODE (4)
Ymbeode þa  ides Helminga                        620
Ofereode þa  æþelinga bearn                      1408
elne geeode,  þa his agen wæs                    2676
feðergearwum fus  flane fulleode."              3119

EODERAS (1)
in under eoderas.  Þara anum stod               1037

EODON (3)
þær swiðferhþe  sittan eodon,                   493
Eodon him þa togeanes,  gode                     1626
    þancodon,
eodon unbliðe  under Earnanæs,                  3031

-EODON (4)
elne geeodon,  to ðæs ðe eorla                 1967
    hleo,
elne geeodon  mid ofermægene,                   2917
oððæt hi oðeodon  earfoðlice                    2934
freoðowong þone  forð ofereodon,               2959

EODOR (2)
eodor Scyldinga,  anre bene,                     428
eodor Ingwina  onweald geteah,                  1044

EODUR (1)
eodur Scyldinga,  ut of healle;                  663

EOFER (1)
eofer irenheard,  æþeling manig                 1112

EOFERAS (1)
eoferas cnysedan.  Swylc scolde                 1328
    eorl wesan,

EOFERSPREOTUM (1)
Hræþe wearð on yðum  mid                        1437
    eoferspreotum

EOFORES (1)
þær Ongenþeow  Eofores niosað.                 2486

EOFORLIC (1)

on ancre fæst.  Eoforlic scionon                303

EOFOÐO (1)
þæt he wið aglæcean  eofoðo dæle,             2534

EOLETES (1)
eoletes æt ende.  Þanon up hraðe               224

EOM (4)
heresceafta heap?  Ic eom                        335
    Hroðgares
"Wæs þu, Hroðgar, hal!  Ic eom                  407
    Higelaces
snottra fengel,  nu ic eom siðes               1475
    fus,
metod manna gehwæs.  Ic eom on                  2527
    mode from

EOMER (1)
eðel sinne;  þonon Eomer woc                    1960

EORCLANSTANAS (1)
eorclanstanas  ofer yða ful,                    1208

EOREDGEATWE (1)
eoredgeatwe,  þe ge þær on                      2866
    standað,

EORL (14)
unfægne eorl,  þonne his ellen                  573
    deah.
þæt heo on ænigne  eorl gelyfde                 627
Eoten wæs utweard;  eorl furþur                 761
    stop.
eorl Beowulfes  ealde lafe,                      795
Her is æghwylc eorl  oþrum                      1228
    getrywe,
eoferas cnysedan.  Swylc scolde                 1328
    eorl wesan,
ehton aglæcan.  Ða se eorl ongeat              1512
eald eðelweard,  þæt ðes eorl                   1702
    wære
andlongne eorl  ellen cyðan,                    2695
eorl ofer oðrum  unlifigendum,                  2908
eorl Ongenþio,  ufor oncirde;                   2951
æled þeccean,  nalles eorl wegan                3015
eorl ellenrof  ende gefere                       3063
"Oft sceall eorl monig  anes                    3077
    willan

EORLA (21)
eorla ofer eorþan  ðonne is eower              248
    sum,
eald ond anhar  mid his eorla                    357
    gedriht;
eorla geæhtlan;  huru se aldor                  369
    deah,
þæt ic mote ana  ond minra eorla               431
    gedryht,
Nolde eorla hleo  ænige þinga                   791
Heht ða eorla hleo  eahta mearas               1035
Ða gyt æghwylcum  eorla drihten                1050
eorla manegum,  syþðan æfen cwom               1235
unrim eorla,  swa hie oft ær                    1238
    dydon.
eode eorla sum,  æþele cempa                    1312
oncyð eorla gehwæm,  syþðan                     1420
    Æscheres
Ða git him eorla hleo  inne                     1866
    gesealde,
eftsið eorla,  swa he ær dyde;                 1891
elne geeodon,  to ðæs ðe eorla                 1967
    hleo,
aðsweord eorla;  syððan Ingelde                2064
ac me eorla hleo  eft gesealde                  2142
Het ða eorla hleo  in gefetian,                2190
eorla æhte!  Hwæt, hyt ær on ðe                2248
eallirenne,  eorla dryhten,                      2338
eorla gehwylcum  þonne edwitlif!"              2891

48

forleton eorla gestreon    eorðan    3166
    healdan,

EORLAS (2)
egsode eorlas.   Syððan ærest wearð    6
eorlas on elne;   ic him æfter    2816
    sceal."

EORLES (3)
eorles andwlitan,   ond hine ymb    689
    monig
siþðan æþelingas   eorles cræfte    982
eorles ærgestreon,   egesan ne    1757
    gymeð.

EORLGESTREONA (I)
þær on innan bær   eorlgestreona    2244

EORLGEWÆDUM (I)
eorlgewædum,   nalles for ealdre    1442
    mearn.

EORLIC (I)
eorlic ellen,   oþðe endedæg    637

EORLSCIPE (5)
eard ond eorlscipe;   he ah ealra    1727
    geweald.
eorlscipe efnde,   ealdre geneðde,    2133
eorlscipe efnan   swa his ærfæder;    2622
eorlscipe efnde.   Nu is ofost    3007
    betost
eahtodan eorlscipe   ond his    3173
    ellenweorc

EORLSCYPE (I)
eorlscype efne.   Ic mid elne    2535
    sceall

EORLUM (5)
eorlum ealuscerwen.   Yrre wæron    769
    begen,
edhwyrft eorlum,   siþðan inne    1281
    fealh
egeslic for eorlum   ond þære idese    1649
    mid,
aldorbealu eorlum,   swa þu ær    1676
    dydest."
eorlum on ende   ealuwæge bær;    2021

EORLWEOROD (I)
up ofer ecgclif,   þær þæt    2893
    eorlweorod

EORMENCYNNES (I)
eormencynnes.   Forðam Offa wæs    1957

EORMENGRUND (I)
ofer eormengrund   oþer nænig    859

EORMENLAFE (I)
eormenlafe   æþelan cynnes,    2234

EORMENRICES (I)
Eormenrices,   geceas ecne ræd.    1201

EORRES (I)
eorres inwitfeng,   aldre    1447
    gesceþðan;

EORÐAN (18)
cwæð þæt se ælmihtiga   eorðan    92
    worhte,
eorla ofer eorþan   ðonne is eower    248
    sum,
witena welhwylc   wide geond    266
    eorþan.
eorþan sceata,   on elran men    752
ænig ofer eorþan   irenna cyst,    802

yrre oretta,   þæt hit on eorðan    1532
    læg,
seleð him on eþle   eorþan wynne    1730
Gif ic þonne on eorþan   owihte mæg    1822
ænig ofer eorðan   uhthlem þone,    2007
eald under eorðan.   Næs þæt yðe    2415
    ceap
eorðan wynne;   ða wæs eall sceacen    2727
earfoðlice,   þæt he on eorðan    2822
    geseah
ansyn ywde,   ac he eorðan gefeoll    2834
Ne meahte he on eorðan,   ðeah he    2855
    uðe wel,
omige, þurhetone,   swa hie wið    3049
    eorðan fæðm
wigend weorðfullost   wide geond    3099
    eorðan,
ad on eorðan   unwaclicne,    3138
forleton eorla gestreon    eorðan    3166
    healdan,

EORÐCYNINGES (I)
eal ingesteald   eorðcyninges,    1155

EORÐDRACA (2)
þe him se eorðdraca   ær geworhte,    2712
egeslic eorðdraca   ealdre    2825
    bereafod,

EORÐHUSE (I)
in ðam eorðhuse   ærgestreona,    2232

EORÐRECED (I)
ece eorðreced   innan healde.    2719

EORÐSCRAFA (I)
hæfde eorðscrafa   ende genyttod.    3046

EORÐSELE (2)
to ðæs ðe he eorðsele   anne wisse,    2410
of eorðsele   ut geseceð."    2515

EORÐWEALL (2)
eald under eorðweall.   þa wæs æht    2957
    boden
inn under eorðweall.   Ic on ofoste    3090
    gefeng

EORÐWEARD (I)
ealond utan,   eorðweard ðone    2334

EOTEN (I)
Eoten wæs utweard;   eorl furþur    761
    stop.

EOTENA (5)
yðde eotena cyn   ond on yðum slog    421
hæfdon ealfela   eotena cynnes    883
Eotena treowe;   unsynnum wearð    1072
wið Eotena bearn   agan moston,    1088
þæt he Eotena bearn   inne gemunde.    1141

EOTENAS (I)
eotenas ond ylfe   ond orcneas,    112

EOTENISC (I)
eald sweord eotenisc,   ecgum    1558
    þyhtig,

EOTENUM (2)
eafoð ond ellen.   He mid Eotenum    902
    wearð
þæs wæron mid Eotenum   ecge cuðe.    1145

EOTONISC (I)
eald sweord eotonisc,   entiscne    2979
    helm

EOTONWEARD (I)

49

ymb aldor Dena,  eotonweard abead.     668

EOW (6)
wæpen ond gewædu;  ic eow wisige.      292
"Eow het secgan  sigedrihten min,      391
se þe eow welhwylcra  wilna dohte.    1344
"Hu lomp eow on lade,  leofa          1987
  Biowulf,
þæt se mondryhten  se eow ða          2865
  maðmas geaf,
wundur under wealle;  ic eow          3103
  wisige,

EOWER (5)
eorla ofer eorþan  ðonne is eower      248
  sum,
ænlic ansyn.  Nu ic eower sceal        251
aldor Eastdena,  þæt he eower          392
  æþelu can,
atole ecgþræce  eower leode            596
uncer twega.  Nis þæt eower sið       2532

EOWERNE (3)
wið feonda gehwone  flotan             294
  eowerne,
feorhbealu frecne,  frean             2537
  eowerne!"
feorran gefricgean  fleam eowerne,    2889

EOWEÐ (1)
ecghete eoweð,  ac him eal worold     1738

EOWIC (2)
mid arstafum  eowic gehealde           317
gomol on gehðo  ond eowic gretan      3095
  het,

EOWRA (1)
þæt ic anunga  eowra leoda             634

EOWRE (1)
to gecyðanne  hwanan eowre cyme        257
  syndon."

EOWRUM (2)
Nu ge moton gangan  in eowrum          395
  guðgeatawum
eall eðelwyn  eowrum cynne,           2885

-ERES (3)
ofer sæ sohtan,  suna Ohteres;       2380
ofer sæ side  sunu Ohteres,          2394
suna Ohteres.  Þam æt sæcce wearð,   2612

EST (3)
þæt ic his ærest ðe  est gesægde;    2157
æppelfealuwe;  he him est geteah     2165
agendes est  ær gesceawod.           3075

ESTE (1)
þæt hyre ealdmetod  este wære         945

ESTUM (4)
"We þæt ellenweorc  estum miclum,     958
estum geeawed,  earmreade twa,       1194
estum geywan.  Gen is eall æt ðe     2149
estum mid are,  oððæt he yldra       2378
  wearð,

ETAN (1)
etan unforhte,  swa he oft dyde,      444

ETEÐ (1)
eteð angenga  unmurnlice,             449

-ETONE (1)
omige, þurhetone,  swa hie wið       3049
  eorðan fæðm

ETONISC (1)
eald sweord etonisc;  þæt him        2616
  Onela forgeaf,

EÐBEGETE (1)
eðbegete  þam ðe ær his elne         2861
  forleas.

EÐE (1)
iren ærgod.  Ne wæs þæt eðe sið,     2586

EÐEL (3)
ðonon he gesohte  swæsne eðel,        520
eðel Scyldinga.  He þær eallum        913
  wearð,
eðel sinne;  þonon Eomer woc         1960

EÐELRIHT (1)
eard, eðelriht,  oðrum swiðor        2198

EÞELSTOLAS (1)
þæt he wið ælfylcum  eþelstolas      2371

EÞELTYRF (1)
on minre eþeltyrf  undyrne cuð;       410

EÐELWEARD (2)
eald eðelweard,  þæt ðes eorl        1702
  wære
eald eþelweard),  oððæt an ongan     2210

EÞELWEARDE (1)
ærest Eastdena  eþelwearde,           616

EÐELWYN (2)
eard, eðelwyn.  Næs him ænig         2493
  þearf
eall eðelwyn  eowrum cynne,          2885

EÞGESYNE (1)
 Æt þæm ade wæs  eþgesyne            1110

EÞLE (2)
seleð him on eþle  eorþan wynne      1730
Hwæt, me þæs on eþle  edwenden       1774
  cwom,

FACENSTAFAS (1)
freondum afylled;  nalles           1018
  facenstafas

FACNE (1)
facne bifongen.  Ic ðær furðum       2009
  cwom

FÆC (1)
þæt he lytel fæc  longgestreona     2240

-FÆCNE (1)
dryhtsibbe dæl  Denum unfæcne,       2068

FÆDDE (1)
fædde beagas,  ond he þa            1750
  forðgesceaft

FÆDER (15)
fromum feohgiftum  on fæder           21
  bearme,
folcum gefræge  (fæder ellor          55
  hwearf,
ond to fæder fæþmum  freoðo          188
  wilnian.
Wæs min fæder  folcum gecyþed,       262
"Mæl is me to feran;  fæder          316
  alwalda
Gesloh þin fæder  fæhðe mæste;       459
foldbuende.  No hie fæder cunnon,   1355
forðgewitenum  on fæder stæle.      1479
ðonne forstes bend  fæder onlæteð,  1609

ofer fealone flod   be fæder lare   1950
þone þin fæder   to gefeohte bær   2048
þæt se fæmnan þegn   fore fæder   2059
  dædum
freawine folca,   æt minum fæder   2429
  genam;
folcrihta gehwylc,   swa his fæder   2608
  ahte.
Sona him se froda   fæder Ohtheres,   2928

-FÆDER (2)
Wæs his ealdfæder   Ecgþeo haten,   373
eorlscipe efnan   swa his ærfæder;   2622

FÆDERÆÞELUM (1)
fæderæþelum onfon,   folc   911
  gehealdan,

-FÆDERAN (1)
sæton suhtergefæderan;   þa gyt wæs   1164
  hiera sib ætgædere,

FÆDERENMÆGE (1)
fæderenmæge;   he þa fag gewat,   1263

FÆGE (5)
fæge ond geflymed   feorhlastas   846
  bær.
fus ond fæge   fletræste gebeag.   1241
fæge gefealleð;   fehð oþer to,   1755
feorh oðferede.   Næs ic fæge þa   2141
  gyt,
feoll on foldan;   næs he fæge þa   2975
  git,

-FÆGE (2)
Deaðfæge deog,   siððan dreama leas   850
Swa mæg unfæge   eaðe gedigan   2291

FÆGER (2)
fæger foldbold;   ac he þæs fæste   773
  wæs
fæger foldan bearm.   Fundode   1137
  wrecca,

-FÆGER (1)
ligge gelicost   leoht unfæger.   727

FÆGERE (4)*
freoðoburh fægere,   þær he folc   522
  ahte,
ðær him foldwegas   fægere þuhton,   866
fylle gefægon;   fægere geþægon   1014
fletsittendum   fægere gereorded   1788

FÆGES (1)
fæges fyrdhrægl;   ða wæs forma sið   1527

FÆGHÐE (1)
on ðam feorhbonan   fæghðe gebetan;   2465

FÆGNE (2)*
fægne flæschoman;   heo on flet   1568
  gecrong.
ferhþum fægne,   foldweg mæton,   1633

-FÆGNE (1)
unfægne eorl,   þonne his ellen   573
  deah.

-FÆGNOD (1)
fylle gefægnod.   Heo þa fæhðe wræc   1333

-FÆGON (1)
fylle gefægon;   fægere geþægon   1014

-FÆGRA (1)
freondum gefægra;   hine fyren   915
  onwod.

FÆGRE (2)
fægre fricgcean   (hyne fyrwet   1985
  bræc,
He ðam frætwum feng   ond him fægre   2989
  gehet

FÆGUM (2)
feorhbealu fægum;   he fyrmest læg,   2077
fus ofer fægum   fela reordian,   3025

FÆHÐ (2)
Hæfde þa gefrunen   hwanan sio fæhð   2403
  aras,
feara sumne;   þa sio fæhð gewearð   3061

FÆHÐA (1)
frecne fyrdraca,   fæhða gemyndig,   2689

-FÆHÐA (1)
þæt he mid ðy wife   wælfæhða dæl,   2028

FÆHÐE (16)
ne gefeah he þære fæhðe,   ac he   109
  hine feor forwræc,
fæhðe ond fyrene;   wæs to fæst on   137
  þam.
fyrene ond fæhðe   fela missera,   153
Gesloh þin fæder   fæhðe mæste;   459
Siððan þa fæhðe   feo þingode;   470
Ac he hafað onfunden   þæt he þa   595
  fæhðe ne þearf,
fæhðe ond fyrena,   buton Fitela   879
  mid hine,
fæhðe to Frysum.   He þa frætwe   1207
  wæg,
fylle gefægnod.   Heo þa fæhðe wræc   1333
ge feor hafað   fæhðe gestæled   1340
Ic þe þa fæhðe   feo leanige,   1380
Gefeng þa be eaxle   (nalas for   1537
  fæhðe mearn)
fæhðe ond fyrene,   swa hyt gefræge   2480
  wæs,
frod folces weard,   fæhðe secan,   2513
fyrdsearo fuslic,   no ymbe ða   2618
  fæhðe spræc,
hu ða folc mid him   fæhðe   2948
  towehton.

FÆHÐO (2)
fæhðo genoge,   feorhsweng ne   2489
  ofteah.
þæt ys sio fæhðo   ond se   2999
  feondscipe,

FÆLSIAN (1)
þes hearda heap,   Heorot fælsian.   432

-FÆLSOD (3)
Hæfde þa gefælsod   se þe ær   825
  feorran com,
hererinc habban.   Heorot is   1176
  gefælsod.
Wæron yðgebland   eal gefælsod,   1620

FÆLSODE (1)
sigoreadig secg,   sele fælsode   2352

FÆMNAN (2)
þonne he mid fæmnan   on flett gæð,   2034
þæt se fæmnan þegn   fore fæder   2059
  dædum

FÆR (3)*
isig ond utfus,   æþelinges fær.   33
be Finnes eaferum,   ða hie se fær   1068
  begeat,
* * * ,   þa hyne se fær begeat.   2230

-FÆRE (1)

-FÆRE (continued)

on adfære.  Ne scel anes hwæt                    3010

FÆRGRIPE (I)
færgripe flodes;  fyrleoht geseah,               1516

FÆRGRIPUM (I)
under færgripum  gefaran wolde.                    738

FÆRGRYRUM (I)
wið færgryrum  to gefremmanne.                     174

FÆRINGA (2)
opþæt he færinga  fyrgenbeamas                    1414
þa ðu færinga  feorr gehogodest                  1988

FÆRNIÐA (I)
færniða gefremed.  Is min                          476
    fletwerod,

FÆST (17)
fæhðe ond fyrene;  wæs to fæst on                  137
    þam.
on ancre fæst.  Eoforlic scionon                   303
feondgrapum fæst.  Ic gefremman                    636
    sceal
fyrbendum fæst,  syþðan he hire                    722
    folmum æthran;
eal inneweard  irenbendum fæst,                    998
þær his lichoma  legerbedde fæst                  1007
hafen handa fæst;  helm ne                        1290
    gemunde,
wudu wyrtum fæst  wæter                           1364
    oferhelmað.
sawele hyrde;  bið se slæp to                     1742
    fæst,
ac him on hreþre  hygebendum fæst                 1878
segl sale fæst;  sundwudu þunede.                 1906
oncerbendum fæst,  þy læs hym yþa                 1918
    ðrym
sid ond syllic,  searobendum fæst;               2086
niwe be næsse,  nearocræftum fæst.               2243
dryhten Geata,  deaðbedde fæst,                  2901
dennes niosian;  wæs ða deaðe                    3045
    fæst,
hergum geheaðerod,  hellbendum                    3072
    fæst,

-FÆST (3)
wisfæst wordum  þæs ðe hire se                     626
    willa gelamp
tryddode tirfæst  getrume micle,                  922
arfæst æt ecga gelacum.  Spræc ða                1168
    ides Scyldinga:

-FÆSTAN (2)
hire selfre sunu  sweoloðe                        1115
    befæstan,
ginfæstan gife,  þe him god                       2182
    sealde,

FÆSTE (8)*
fah feondscaða,  fæste hæfde                       554
ond him fæste wiðfeng;  fingras                    760
    burston.
fæger foldbold;  ac he þæs fæste                   773
    wæs
helle hæfton.  Heold hine fæste                    788
fæste frioðuwære.  Fin Hengeste                   1096
fæste befangen,  þa heo to fenne                  1295
    gang.
·ge wið feond ge wið freond  fæste               1864
    geworhte,
hu ða stanbogan  stapulum fæste                  2718

-FÆSTE (I)
gimfæste gife  ðe him god sealde,                1271

FÆSTEN (3)
fen ond fæsten;  fifelcynnes eard                 104

Hæfde ligdraca  leoda fæsten,                    2333
frod, felageomor,  fæsten secean,               2950

FÆSTNE (I)
freondscipe fæstne.  Ic sceal forð               2069
    sprecan

-FÆSTNE (I)
blædfæstne beorn.  Næs Beowulf                   1299
    ðær,

FÆSTOR (I)
fyr ond fæstor  se þæm feonde                      143
    ætwand.

-FÆSTRA (I)
sawol secean  soðfæstra dom.                     2820

FÆSTRÆDNE (I)
folces hyrde  fæstrædne geþoht.                    610

-FÆT (7)
Ðone siðfæt him  snotere ceorlas                   202
sigle ond sincfæt;  searoniðas                    1200
    fleah
Sincfæt * * * ;  þær wæs swylcra                  2231
    fela
dryncfæt deore;  duguð ellor                      2254
    sceoc.
sincfæt sohte.  He þæt sona onfand               2300
drincfæt dyre.  Þa wæs dæg sceacen               2306
maðþumfæt mære  þurh ðæs meldan                  2405
    hond.

FÆTED (3)
oððe feormie  fæted wæge,                         2253
fæted wæge,  frioðowære bæd                       2282
fah ond fæted,  þæt ðæt fyr ongon                2701

FÆTEDHLEORE (I)
fætedhleore  on flet teon,                        1036

FÆTGOLD (I)
frætwe ond fætgold;  næs him feor                1921
    þanon

FÆTTAN (3)
fættan goldes,  swa he Fresena cyn               1093
fættan golde  fela leanode,                       2102
fættan goldes,  fea worda cwæð:                  2246

FÆTTE (I)
"Hwanon ferigeað ge  fætte                         333
    scyldas,

FÆTTUM (I)
fættum fahne.  Ne wæs þæt forma                   716
    sið

FÆTUM (I)
fætum befeallen;  feormynd swefað,               2256

FÆÞM (5)
in fyres fæþm,  frofre ne wenan,                  185
listum tolucan,  nymþe liges fæþm                 781
Gehwearf þa in Francna fæþm  feorh              1210
    cyninges,
ne on foldan fæþm,  ne on                         1393
    fyrgenholt,
omige, þurhetone,  swa hie wið                    3049
    eorðan fæðm

-FÆÞME (I)
sælde to sande  sidfæþme scip,                   1917

-FÆÞMED (I)
seomode on sale  sidfæþmed scip,                  302

FÆÐMIAN (I)

52

flod fæðmian   frætwa hyrde.          3133

FÆÐMIE (1)
mid minne goldgyfan   gled fæðmie.    2652

FÆÞMUM (2)
ond to fæder fæþmum   freoðo          188
   wilnian.
feondes fæðmum   under               2128
   firgenstream.

FAG (4)*
fyrene gefremede   (he wæs fag wið    811
   god),
fyrendædum fag,   on fleam gewand    1001
fæderenmæge;   he þa fag gewat,      1263
wæter on wolcnum,   wældreore        1631
   fag.

-FAG (3)
betlic ond banfag,   tobrecan         780
   meahte,
gestsele gyredon.   Goldfag scinon    994
æfter billes bite   blodfag swefeð,  2060

FAGE (1)
since fage.   Sweord ær gemealt,     1615

-FAGE (1)
sincfage sel   sweartum nihtum;       167

-FAGES (1)
nearofages nið   nean ond feorran,   2317

FAGNE (1)
on fagne flor   feond treddode,       725

-FAGNE (2)
wælfagne winter   wunode mid Finne   1128
brunfagne helm,   hringde byrnan,    2615

FAGUM (1)
fagum sweordum   (no ic þæs fela      586
   gylpe),

FAH (12)*
fah ond fyrheard;   ferhwearde        305
   heold
fah from feondum;   þær ic fife       420
   geband,
fah feondscaða,   fæste hæfde         554
bote gebidan,   þonne blode fah       934
maga mane fah   miclan domes,         978
sadol searwum fah,   since           1038
   gewurþad;
sweord swate fah   swin ofer helme   1286
ecg wæs iren,   atertanum fah,       1459
brim blode fah.   Blondenfeaxe,      1594
fyrwylmum fah   fionda niosian,      2671
fah ond fæted,   þæt ðæt fyr ongon   2701
þæt he blode fah   bugan sceolde,    2974

-FAH (8)
geatolic ond goldfah,   ongyton       308
   mihton;
Stræt wæs stanfah,   stig wisode      320
drihtsele dreorfah,   þonne dæg       485
   lixte,
swatfah syrce,   swyn ealgylden,     1111
sid ond searofah,   sund cunnian,    1444
wreoþenhilt ond wyrmfah.   Ða se     1698
   wisa spræc
geap ond goldfah;   gæst inne swæf   1800
grimlic, gryrefah,   gledum          3041
   beswæled.

FAHNE (4)
dreore fahne,   gif mec deað nimeð.   447

fættum fahne.   Ne wæs þæt forma      716
   sið
golde fahne,   ond Grendles hond):    927
since fahne.   He þæt syððan * * *,  2217

-FAHNE (2)
Geata dryhten,   gryrefahne sloh     2576
geongum garwigan,   goldfahne helm,  2811

FAMIGHEALS (1)
fleat famigheals   forð ofer yðe,    1909

FAMIHEALS (1)
flota famiheals   fugle gelicost,     218

FAND (5)
Fand þa ðær inne   æþelinga gedriht   118
heardran hæle,   healðegnas fand.     719
worn gemunde,   word oþer fand        870
heorowearh hetelic,   se æt Heorote  1267
   fand
dryhten sinne,   driorigne fand      2789

-FAND (7)
grædig guðleoð.   Ða se gist onfand  1522
locene leoðosyrcan.   Landweard      1890
   onfand
þeofes cræfte;   þæt sie ðiod        2219
   onfand,
stonc ða æfter stane,   stearcheort  2288
   onfand
sincfæt sohte.   He þæt sona onfand  2300
gewac æt wwge;   þæt se wyrm         2629
   onfand,
swelan ond swellan;   he þæt sona    2713
   onfand,

-FANDOD (1)
ðæt hæfde gumena sum   goldes        2301
   gefandod,

FANE (1)
fane gefyllan,   feorh ealgian       2655

-FANGEN (3)
fæste befangen,   þa heo to fenne    1295
   gang.
fyre befangen;   hyne foldbuend      2274
Hæfde landwara   lige befangen,      2321

FARA (2)
hwaþere ic fara feng   feore         578
   gedigde,
folcstede fara;   næs þæt forma sið  1463

FARAN (5)
huðe hremig   to ham faran,          124
on geflit faran   fealwe mearas       865
Wedergeata leod   word ut faran,     2551
faran flotherge   on Fresna land,    2915
leoda dugoðe   on last faran.        2945

-FARAN (2)
modges merefaran,   micel æfþunca,    502
under færgripum   gefaran wolde.      738

FARENNE (1)
fuse to farenne;   wolde feor þanon  1805

FAROÐE (3)
Hi hyne þa ætbæron   to brimes        28
   faroðe,
flod æfter faroðe   on Finna land,    580
fus æt faroðe   feor wlatode;        1916

-FATE (1)
to ðyssum siðfate   sylfes willum,   2639

-FATO (1)

53

-FATO (continued)

sincfato sealde,   oþþæt sæl alamp   622

FATU (1)
fyrnmanna fatu   feormendlease,   2761

-FATU (1)
banfatu bærnan   ond on bæl don   1116

-FATUM (1)
win of wunderfatum.   þa cwom   1162
   Wealhþeo forð

FEA (3)*
feorhbealo feorran,   fea þingian,   156
fættan goldes,   fea worda cwæð:   2246
frean on fultum,   fea worda cwæð:   2662

-FEAH (2)
ne gefeah he þære fæhðe,   ac he   109
   hine feor forwræc,
swiðmod swymman;   sælace gefeah,   1624

-FEALDNE (1)
anfealdne geþoht:   Ofost is selest   256

FEALH (2)
edhwyrft eorlum,   siþðan inne   1281
   fealh
ærnes þearfa,   ond ðær inne fealh,   2225

-FEALH (1)
ganges getwæman,   no ic him þæs   968
   georne ætfealh,

FEALLAN (1)
in Freswæle   feallan scolde.   1070

-FEALLE (1)
ne geweox he him to willan,   ac to   1711
   wælfealle

-FEALLEN (2)
freondum befeallen,   Frysland   1126
   geseon,
fætum befeallen;   feormynd swefað,   2256

-FEALLED (1)
fæge gefealleð;   fehð oþer to,   1755

FEALO (1)
magoþegn modig   maððumsigla fealo,   2757

FEALONE (1)
ofer fealone flod   be fæder lare   1950

-FEALUWE (1)
æppelfealuwe;   he him est geteah   2165

FEALWE (2)
on geflit faran   fealwe mearas   865
Hwilum flitende   fealwe stræte   916

-FEAN (2)
Næs hie ðære fylle   gefean hæfdon,   562
feorhbennum seoc   gefean habban;   2740

FEARA (2)
He feara sum   beforan gengde   1412
feara sumne;   þa sio fæhð gewearð   3061

FEASCEAFT (2)
feasceaft funden,   he þæs frofre   7
   gebad,
feasceaft guma   frofre gebohte;   973

FEASCEAFTE (1)
No ðy ær feasceafte   findan   2373
   meahton

54

FEASCEAFTUM (2)
feasceaftum men.   Frea sceawode   2285
feasceaftum freond,   folce   2393
   gestepte

FEAUM (1)
Finnes þegnas   nemne feaum anum,   1081

-FEAX (3)
gamolfeax ond guðrof;   geoce   608
   gelyfde
wicg wundenfeax.   Wisa fengel   1400
Wolde blondenfeax   beddes neosan,   1791

FEAXE (1)
þa wæs be feaxe   on flet boren   1647

-FEAXE (1)
brim blode fah.   Blondenfeaxe,   1594

-FEAXUM (1)
blondenfeaxum.   Him wæs bega wen,   1873

-FEDED (1)
folc oþðe freoburh,   þær he afeded   693
   wæs;

-FEGON (1)
ðryðlic þegna heap,   þeodnes   1627
   gefegon,

-FEH (3)
genered wið niðe;   nihtweorce   827
   gefeh,
Sweord wæs swatig,   secg weorce   1569
   gefeh.
on þære westenne;   hwæðre wiges   2298
   gefeh,

FEHÐ (1)
fæge gefealleð;   fehð oþer to,   1755

FELA (40)*
mærne be mæste.   þær wæs madma   36
   fela
fyrene ond fæhðe   fela missera,   153
Swa fela fyrena   feond mancynnes,   164
lixte se leoma   ofer landa fela.   311
mæg ond magoðegn;   hæbbe ic mærða   408
   fela
"Hwæt! þu worn fela,   wine min   530
   Unferð,
fagum sweordum   (no ic þæs fela   586
   gylpe),
þæt næfre Grendel swa fela   gryra   591
   gefremede,
ac hie hæfdon gefrunen   þæt hie ær   694
   to fela micles
Ða þæt onfunde   se þe fela æror   809
ellendædum,   uncuþes fela,   876
lungre gelimpe!   Fela ic laþes   929
   gebad,
folmum gefrætwod.   Fela þæra wæs,   992
web æfter wagum,   wundorsiona fela   995
golde gegyrede   gummanna fela   1028
þæt him fela laf   frecne ne   1032
   meahton
ferhðes foreþanc.   Fela sceal   1060
   gebidan
westen warode.   þanon woc fela   1265
þæt he his freond wrece,   þonne he   1385
   fela murne.
neowle næssas,   nicorhusa fela.   1411
Gesawon ða æfter wætere   1425
   wyrmcynnes fela,
wæpna gewealdan,   ac hine wundra   1509
   þæs fela
ðeodne æt þearfe;   ðolode ær fela   1525
Grendle forgyldan   guðræsa fela   1577

wigge weorþad;  unc sceal worn    1783
    fela
geþingeð, þeodnes bearn,  he mæg    1837
    þær fela
wearð on ðam wange,  þær he worna   2003
    fela
fættan golde  fela leanode,         2102
Sincfæt * * * ;  þær wæs swylcra    2231
    fela
fela feorhcynna   forð onsended!"   2266
eafoð ond ellen,   forðon he ær     2349
    fela
"Fela ic on giogoðe  guðræsa        2426
    genæs,
niehstan siðe:  "Ic geneðde fela    2511
Geseah ða be wealle  se ðe worna    2542
    fela,
He frætwe geheold  fela missera,    2620
Wiglaf maðelode,  wordrihta fela    2631
ne sohte searoniðas,  ne me swor    2738
    fela
eald ond omig,   earmbeaga fela     2763
fus ofer fægum  fela reordian,      3025
laðra spella;  he ne leag fela      3029

-FELA (2)
se ðe ealfela   ealdgesegena         869
hæfdon ealfela   eotena cynnes       883

FELAFRICGENDE (1)
felafricgende,   feorran rehte;     2106

FELAGEOMOR (1)
frod, felageomor,   fæsten secean,  2950

FELAHROR (1)
felahror feran   on frean wære.       27

FELAMODIGRA (2)
felamodigra;  feower scoldon        1637
Cwom þa to flode  felamodigra,      1888

FELASINNIGNE (1)
felasinnigne secg;  sec gif þu      1379
    dyrre.

FELLUM (1)
deofles cræftum   ond dracan        2088
    fellum.

FEN (1)
fen ond fæsten;  fifelcynnes eard    104

FENFREOÐO (1)
in fenfreoðo  feorh alegde,          851

FENG (4)*
hwaþere ic fara feng  feore          578
    gedigde,
grimman grapum  ond him togeanes    1542
    feng;
oððe fyres feng,  oððe flodes       1764
    wylm,
He ðam frætwum feng  ond him fægre  2989
    gehet

-FENG (16)
hæleð under heofenum,  hwa þæm        52
    hlæste onfeng.
Hylde hine þa heaþodeor,             688
    hleorbolster onfeng
ac he gefeng hraðe  forman siðe      740
feond mid folme;  he onfeng hraþe    748
ond him fæste wiðfeng;  fingras      760
    burston.
hæþene sawle;  þær him hel onfeng.   852
hreawic heoldon.  Heal swege        1214
    onfeng.

eorres inwitfeng,   aldre           1447
    gesceþðan;
bidan wolde;  brimwylm onfeng       1494
Grap þa togeanes,  guðrinc gefeng   1501
Gefeng þa be eaxle  (nalas for      1537
    fæhðe mearn)
He gefeng þa fetel hilt,  freca     1563
    Scyldinga
niða nathwylc,  se ðe neh gefeng    2215
Ne mihte ða forhabban;  hond rond   2609
    gefeng,
hat ond heaðogrim,  heals ealne     2691
    ymbefeng
inn under eorðweall.  Ic on ofoste  3090
    gefeng

FENGEL (4)
wicg wundenfeax.  Wisa fengel       1400
snottra fengel,  nu ic eom siðes    1475
    fus,
snotra fengel,  sume worde het      2156
Oferhogode ða  hringa fengel        2345

FENGELAD (1)
frecne fengelad,  ðær fyrgenstream  1359

FENHLEOÐU (1)
feorhseoc fleon  under fenhleoðu,    820

FENHOPU (1)
fleon on fenhopu;  wiste his         764
    fingra geweald

FENNE (1)
fæste befangen,  þa heo to fenne    1295
    gang.

FEO (2)
Siððan þa fæhðe  feo þingode;        470
Ic þe þa fæhðe  feo leanige,        1380

FEOHGIFTUM (1)
fromum feohgiftum  on fæder          21
    bearme,

FEOHGYFTE (1)
ful on flette;  no he þære          1025
    feohgyfte

FEOHGYFTUM (1)
ond æt feohgyftum  Folcwaldan sunu  1089

FEOHLEAS (1)
þæt wæs feohleas gefeoht,  fyrenum  2441
    gesyngad,

-FEOHT (1)
þæt wæs feohleas gefeoht,  fyrenum  2441
    gesyngad,

FEOHTAN (2)
under heofones hwealf  heardran      576
    feohtan,
feohtan fremedon,  frecne geneðdon   959

-FEOHTAN (1)
wig Hengeste  wiht gefeohtan,       1083

-FEOHTE (1)
þone þin fæder  to gefeohte bær     2048

FEOL (1)
wiðhæfde heaþodeorum,  þæt he on     772
    hrusan ne feol,

FEOLL (2)
feoll on feðan,  nalles frætwe      2919
    geaf

55

feoll on foldan; næs he fæge þa    2975
    git,

-FEOLL (2)
modes geomor  meregrund gefeoll.    2100
ansyn ywde,  ac he eorðan gefeoll   2834

FEOLLON (1)
widcuþes wig,  ðonne walu feollon.  1042

FEOND (12)
fyrene fremman  feond on helle.      101
Swa fela fyrena  feond mancynnes,    164
hu he frod ond god  feond           279
    oferswyðeþ,
frofor ond fultum,  þæt hie feond   698
    heora
on fagne flor  feond treddode,      725
feond mid folme;  he onfeng hraþe   748
feond on frætewum  fylwerigne.      962
feond on feþe.  Hwæþere he his      970
    folme forlet
frofre ond fultum;  ðy he þone     1273
    feond ofercwom,
mancynnes feond,  ond his modor þa 1276
    gyt,
ge wið feond ge wið freond  fæste  1864
    geworhte,
Feond gefyldan  (ferh ellen wræc), 2706

FEONDA (4)
wið feonda gehwone  flotan          294
    eowerne,
on feonda geweald  feor siðian.     808
on feonda geweald  forð forlacen,   903
feonda feorum,  swilce Fin slægen, 1152

FEONDE (2)
fyr ond fæstor  se þæm feonde       143
    ætwand.
fon wið feonde  ond ymb feorh       439
    sacan,

FEONDES (3)
feondes fingras.  Foran æghwylc     984
    wæs,
feondes fæðmum  under              2128
    firgenstream.
feondes fotlast;  he to forð       2289
    gestop

FEONDGRAPUM (1)
feondgrapum fæst.  Ic gefremman     636
    sceal

FEONDSCAÐA (1)
fah feondscaða,  fæste hæfde        554

FEONDSCIPE (1)
þæt ys sio fæhðo  ond se           2999
    feondscipe,

FEONDUM (2)
fah from feondum;  þær ic fife      420
    geband,
feondum ætferede,  fyrendæda wræc, 1669

FEOR (12)
on flodes æht  feor gewitan.         42
ne gefeah he þære fæhðe,  ac he     109
    hine feor forwræc,
flodyþum feor  fleotan meahte,      542
on feonda geweald  feor siðian.     808
Hafast þu gefered  þæt ðe feor ond 1221
    neah
ge feor hafað  fæhðe gestæled      1340
flod under foldan.  Nis þæt feor   1361
    heonon
fremeð on folce,  feor eal gemon,  1701

fuse to farenne;  wolde feor þanon 1805
fus æt faroðe  feor wlatode;       1916
frætwe ond fætgold;  næs him feor  1921
    þanon
ower feor oððe neah  findan        2870
    meahte,

FEORBUEND (1)
furþur feran.  Nu ge feorbuend,    254

FEORCYÞÐE (1)
freonda findan;  feorcyþðe beoð    1838

FEORE (6)
hwaþere ic fara feng  feore        578
    gedigde,
weana ne wende  to widan feore     933
feore beorgan,  þa heo onfunden   1293
    wæs.
breostnet broden;  þæt gebearh    1548
    feore,
on swa geongum feore  guman       1843
    þingian.
ond nu æt siðestan  sylfes feore   3013

-FEORE (2)
on geogoðfeore)  þæt wit on        537
    garsecg ut
swa ðu on geoguðfeore  geara      2664
    gecwæde

FEORES (2)
of flanbogan  feores getwæfde,     1433
þætte freoðuwebbe  feores onsæce   1942

FEORH (15)
fon wið feonde  ond ymb feorh       439
    sacan,
wolde freadrihtnes  feorh ealgian, 796
in fenfreoðo  feorh alegde,        851
Gehwearf þa in Francna fæþm  feorh 1210
    cyninges,
feorran geflymed,  ær he feorh    1370
    seleð,
folces hyrde,  ond þu þin feorh    1849
    hafast,
Weorod wæs on wynne;  ne seah ic  2014
    widan feorh
swæse gesiðas  ond hyra sylfra    2040
    feorh.
frodan fyrnwitan,  feorh uðgenge.  2123
feorh oðferede.  Næs ic fæge þa    2141
    gyt,
feorh æþelinges  flæsce bewunden.  2424
fane gefyllan,  feorh ealgian      2655
feorh ealgian;  ic ðe fullæstu."   2668
on ðam frumgare  feorh gehealdan,  2856
folces hyrde,  wæs in feorh        2981
    dropen.

FEORHBEALO (2)
feorhbealo feorran,  fea þinglan,   156
feorhbealo frecne,  fyra gehwylcne 2250

FEORHBEALU (2)
feorhbealu fægum;  he fyrmest læg, 2077
feorhbealu frecne,  frean         2537
    eowerne!"

FEORHBENNUM (1)
feorhbennum seoc  gefean habban;  2740

FEORHBONAN (1)
on ðam feorhbonan  fæghðe gebetan; 2465

FEORHCYNNA (1)
fela feorhcynna  forð onsended!"  2266

FEORHGENIÐLAN (3)

feorhgeniðlan; wæs to foremihtig 969
feorhgeniðlan, þæt heo on flet 1540
  gebeah.
ond ða folgode feorhgeniðlan, 2933

FEORHLASTAS (1)
fæge ond geflymed feorhlastas 846
  bær.

FEORHLEGE (1)
frode feorhlege, fremmað gena 2800

FEORHSEOC (1)
feorhseoc fleon under fenhleoðu, 820

FEORHSWENG (1)
fæhðo genoge, feorhsweng ne 2489
  ofteah.

FEORHWUNDE (1)
he þær for feorme feorhwunde 2385
  hleat

FEORME (2)
lices feorme leng sorgian. 451
he þær for feorme feorhwunde 2385
  hleat

FEORMENDLEASE (1)
fyrnmanna fatu feormendlease, 2761

FEORMIE (1)
oððe feormie fæted wæge, 2253

-FEORMOD (1)
unlyfigendes eal gefeormod, 744

FEORMYND (1)
fætum befeallen; feormynd swefað, 2256

FEORR (1)
þa ðu færinga feorr gehogodest 1988

FEORRAN (14)*
frumsceaft fira feorran reccan, 91
feorhbealo feorran, fea þingian, 156
"Her syndon geferede, feorran 361
  cumene
freowine folca, nu ic þus feorran 430
  com,
Hæfde þa gefælsod se þe ær 825
  feorran com,
ferdon folctogan feorran ond nean 839
nean ond feorran þu nu hafast. 1174
feorran geflymed, ær he feorh 1370
  seleð,
feorran cumene, þæt we fundiaþ 1819
felafricgende, feorran rehte; 2106
nearofages nið nean ond feorran, 2317
ofer floda genipu feorran 2808
  drifað."
feorran gefricgean fleam eowerne, 2889
feorran feredon, folcagende, 3113

FEORRANCUNDUM (1)
feorrancundum, forð wisade, 1795

FEORUM (3)
buton folcscare ond feorum 73
  gumena.
feonda feorum, swilce Fin slægen, 1152
freonda feorum. þa wæs frod 1306
  cyning,

FEORWEGUM (1)
of feorwegum, frætwa, gelæded; 37

FEOWER (4)
Ðæm feower bearn forð gerimed 59

Ne gefrægn ic freondlicor feower 1027
  madmas
felamodigra; feower scoldon 1637
Hyrde ic þæt þam frætwum feower 2163
  mearas

FEOWERTYNE (1)
frome fyrdhwate feowertyne 1641

FERAN (6)
felahror feran on frean wære. 27
furþur feran. Nu ge feorbuend, 254
Gewiton him þa feran. Flota 301
  stille bad,
"Mæl is me to feran; fæder 316
  alwalda
Aris, rices weard, uton raþe 1390
  feran
æfter wigfruman wide feran, 2261

FERDON (2)
ferdon folctogan feorran ond nean 839
Ferdon forð þonon feþelastum 1632

-FERDON (1)
(frecne geferdon); þæt wæs fremde 1691
  þeod

-FERE (1)
eorl ellenrof ende gefere 3063

-FERED (3)
Hafast þu gefered þæt ðe feor ond 1221
  neah
Hafast þu gefered þæt þam folcum 1855
  sceal,
hæfde æghwæðer ende gefered 2844

-FEREDE (4)
"Her syndon geferede, feorran 361
  cumene
ond oðer swylc ut offerede, 1583
feondum ætferede, fyrendæda wræc, 1669
feorh oðferede. Næs ic fæge þa 2141
  gyt,

FEREDON (3)
Sceotend Scyldinga to scypon 1154
  feredon
drihtlice wif to Denum feredon, 1158
feorran feredon, folcagende, 3113

-FEREDON (1)
þæt hi ofostlice ut geferedon 3130

FERH (1)
Feond gefyldan (ferh ellen wræc), 2706

-FERHÐ (5)
weold wideferhð. Com on wanre 702
  niht
snotor ond swyðferhð, sele 826
  Hroðgares,
ðara þe ne wendon þæt hie 937
  wideferhð
ealne wideferhþ weras ehtigað, 1222
cuma collenferhð ceoles neosan. 1806

FERHÐE (4)
forht on ferhðe; no þy ær fram 754
  meahte.
freogan on ferhþe; heald forð 948
  tela
æt fotum sæt frean Scyldinga; 1166
  gehwylc hiora his ferhþe treowde
forð gefremede, hwæþere him on 1718
  ferhþe greow

-FERHÞE (1)

57

þær swiðferhþe   sittan eodon,                          493

FERHÐES (I)
ferhðes foreþanc.   Fela sceal                         1060
    gebidan

-FERHÞES (I)
swiðferhþes sið   snotor ceorl                          908
    monig,

FERHÐFRECAN (I)
Swylce ferhðfrecan   Fin eft begeat                    1146

FERHÐGENIÐLAN (I)
ferhðgeniðlan,   fyr unswiðor                          2881

FERHÞUM (2)
ferhþum fægne,   foldweg mæton,                        1633
ferhðum freoge,   þonne he forð                        3176
    scile

-FERHÐUM (I)
hwæt swiðferhðum   selest wære                          173

FERHWEARDE (I)
fah ond fyrheard;   ferhwearde                          305
    heold

-FERIAN (2)
on þæm wælstenge   weorcum geferian                   1638
ond þonne geferian   frean userne,                    3107

FERIGEAÐ (I)
"Hwanon ferigeað ge   fætte                             333
    scyldas,

-FERÐ (6)
Unferð maþelode,   Ecglafes bearn,                     499
"Hwæt! þu worn fela,   wine min                         530
    Unferð,
æghwylc oðrum trywe.   Swylce þær                      1165
    Unferþ þyle
Ond þu Unferð læt   ealde lafe,                        1488
hwæðer collenferð   cwicne gemette                    2785
sec, sarigferð (seah on unleofe):                     2863

FET (I)
fet ond folma.   Forð near ætstop,                     745

FETEL (I)
He gefeng þa fetel hilt,   freca                       1563
    Scyldinga

-FETIAN (I)
Het ða eorla hleo   in gefetian,                      2190

FETOD (I)
Hraþe wæs to bure   Beowulf fetod,                    1310

FEÞA (I)
fuslic fyrdleoð.   Feþa eal gesæt.                    1424

-FEÞA (I)
geatolic gende;   gumfeþa stop                        1401

FEÞAN (4)
hafelan weredon,   þonne hniton                       1327
    feþan,
Symle ic him on feðan   beforan                       2497
    wolde,
hildehlemma,   þonne hnitan feðan,                    2544
feoll on feðan,   nalles frætwe                        2919
    geaf

FEÞE (I)
feond on feþe.   Hwæþere he his                        970
    folme forlet

FEÞECEMPA (2)

feþecempa,   þæt he on fylle wearð.                   1544
feðecempa,   frean eaxlum neah,                       2853

FEÐEGESTUM (I)
feðegestum   flet innanweard.                         1976

FEÞELASTUM (I)
Ferdon forð þonon   feþelastum                        1632

FEÐERGEARWUM (I)
feðergearwum fus   flane fulleode."                   3119

FEÐEWIGES (I)
feðewiges,   þe him foran ongean                      2364

-FEXA (I)
blondenfexa,   on bid wrecen,                         2962

FEXE (I)
forð under fexe.   Næs he forht swa                   2967
    ðeh,

FIF (I)
fif nihta fyrst,   oþþæt unc flod                      545
    todraf,

FIFE (I)
fah from feondum;   þær ic fife                        420
    geband,

FIFELCYNNES (I)
fen ond fæsten;   fifelcynnes eard                      104

FIFTIG (2)
fiftig wintra   (wæs ða frod                           2209
    cyning,
fiftig wintra;   næs se folccyning,                   2733

FIFTIGES (I)
Se wæs fiftiges   fotgemearces                        3042

FIFTYNA (I)
findan mihte;   fiftyna sum                             207

FIN (3)
fæste frioðuwære.   Fin Hengeste                      1096
Swylce ferhðfrecan   Fin eft begeat                   1146
feonda feorum,   swilce Fin slægen,                   1152

FINDAN (8)
findan mihte;   fiftyna sum                             207
swylce hie æt Finnes ham   findan                     1156
    meahton
frecne stowe,   ðær þu findan miht                    1378
freonda findan;   feorcyþe beoð                       1838
georne æfter grunde,   wolde guman                    2294
    findan,
No ðy ær feasceafte   findan                          2373
    meahton
ower feor oððe neah   findan                          2870
    meahte,
foresnotre men   findan mihton.                       3162

FINGRA (I)
fleon on fenhopu;   wiste his                          764
    fingra geweald

FINGRAS (2)
ond him fæste wiðfeng;   fingras                       760
    burston.
feondes fingras.   Foran æghwylc                       984
    wæs,

FINGRUM (I)
locene leoðosyrcan   laþan fingrum.                   1505

FINNA (I)
flod æfter faroðe   on Finna land,                     580

FINNE (1)
wælfagne winter   wunode mid Finne   1128

FINNES (3)
be Finnes eaferum,   ða hie se fær   1068
begeat,
Finnes þegnas   nemne feaum anum,   1081
swylce hie æt Finnes ham findan   1156
meahton

FIONDA (1)
fyrwylmum fah   fionda niosian,   2671

FIRA (4)
frumsceaft fira   feorran reccan,   91
micel gemeting,   monegum fira,   2001
fira fyrngeweorc   forman siðe.   2286
for ðam me witan ne ðearf   waldend   2741
fira

FIREN (1)
fremu folces cwen,   firen   1932
ondrysne.

FIRGENSTREAM (1)
feondes fæðmum   under   2128
firgenstream.

FITELA (2)
fæhðe ond fyrena,   buton Fitela   879
mid hine,
frecne dæde,   ne wæs him Fitela   889
mid.

-FIXA (1)
Wæs merefixa   mod onhrered;   549

-FIXAS (1)
heard on handa;   wit unc wið   540
hronfixas

FLÆSCE (1)
feorh æþelinges   flæsce bewunden.   2424

FLÆSCHOMAN (1)
fægne flæschoman;   heo on flet   1568
gecrong.

FLANBOGAN (2)
of flanbogan   feores getwæfde,   1433
se þe of flanbogan   fyrenum   1744
sceoteð.

FLANE (2)
his freawine,   flane geswencte,   2438
feðergearwum fus   flane fulleode."   3119

-FLAT (1)
seofon niht swuncon;   he þe æt   517
sunde oferflat,

FLEAH (2)
sigle ond sincfæt;   searoniðas   1200
fleah
hæleða bearna   heteswengeas fleah,   2224

FLEAM (2)
fyrendædum fag,   on fleam gewand   1001
feorran gefricgean   fleam eowerne,   2889

FLEAT (1)
fleat famigheals   forð ofer yðe,   1909

FLEOGED (1)
nacod niðdraca,   nihtes fleogeð   2273

FLEON (4)
Hyge wæs him hinfus,   wolde on   755
heolster fleon,

fleon on fenhopu;   wiste his   764
fingra geweald
feorhseoc fleon   under fenhleoðu,   820
morþre gemearcod,   mandream fleon,   1264

-FLEON (1)
forfleon fotes trem,   ac unc   2525
furður sceal

-FLEONNE (1)
to befleonne,   fremme se þe wille,   1003

FLEOTAN (1)
flodyþum feor   fleotan meahte,   542

FLET (9)
fætedhleore   on flet teon,   1036
þæt hie him oðer flet   eal   1086
gerymdon,
feorhgeniðlan,   þæt heo on flet   1540
gebeah.
fægne flæschoman;   heo on flet   1568
gecrong.
þa wæs be feaxe   on flet boren   1647
æðelum diore,   syððan hio Offan   1949
flet
feðegestum   flet innanweard.   1976
friðusibb folca,   flet eall   2017
geondhwearf,
frætwum hremig   on flet gæð,   2054

FLETRÆSTE (1)
fus ond fæge   fletræste gebeag.   1241

FLETSITTENDE (1)
þa ic Freaware   fletsittende   2022

FLETSITTENDUM (1)
fletsittendum   fægere gereorded   1788

FLETT (1)
þonne he mid fæmnan   on flett gæð,   2034

FLETTE (1)
ful on flette;   no he þære   1025
feohgyfte

FLETWEROD (1)
færniða gefremed.   Is min   476
fletwerod,

FLIHT (1)
oððe gripe meces,   oððe gares   1765
fliht,

-FLIT (1)
on geflit faran   fealwe mearas   865

FLITE (1)
on sidne sæ   ymb sund flite,   507

FLITENDE (1)
Hwilum flitende   fealwe stræte   916

-FLITME (1)
elne, unflitme   aðum benemde   1097

FLOD (7)
fif nihta fyrst,   oþþæt unc flod   545
todraf,
flod æfter faroðe   on Finna land,   580
flod under foldan.   Nis þæt feor   1361
heonon
Flod blode weol   (folc to sægon),   1422
fyrngewinnes,   syððan flod ofsloh,   1689
ofer fealone flod   be fæder lare   1950
flod fæðmian   frætwa hyrde.   3133

FLODA (3)

FLODA (continued)

Sona þæt onfunde se ðe floda 1497
begong
Gif ic þæt gefricge ofer floda 1826
begang,
ofer floda genipu feorran 2808
drifað."

FLODE (2)
fyr on flode. No þæs frod leofað 1366
Cwom þa to flode felamodigra, 1888

FLODES (3)
on flodes æht feor gewitan. 42
færgripe flodes; fyrleoht geseah, 1516
oððe fyres feng, oððe flodes 1764
wylm,

FLODYÞUM (1)
flodyþum feor fleotan meahte, 542

-FLOGA (2)
lað lyftfloga læfan wolde. 2315
þæt se widfloga wundum stille 2830

-FLOGAN (3)
þæt he þone widflogan weorode 2346

FOLCE (6)
þæt ic wið þone guðflogan gylp 2528
ofersitte.
ealdes uhtflogan, orcas stondan, 2760

FLOR (1)
on fagne flor feond treddode, 725

FLORE (1)
Gang ða æfter flore fyrdwyrðe man 1316

FLOTA (3)
Fyrst forð gewat. Flota wæs on 210
yðum,
flota famiheals fugle gelicost, 218
Gewiton him þa feran. Flota 301
stille bad,

FLOTAN (1)
wið feonda gehwone flotan 294
eowerne,

-FLOTAN (1)
No þær wegflotan wind ofer yðum 1907

FLOTHERGE (1)
faran flotherge on Fresna land, 2915

-FLYMED (2)
fæge ond geflymed feorhlastas 846
bær.
feorran geflymed, ær he feorh 1370
seleð,

-FOH (1)
"Onfoh þissum fulle, freodrihten 1169
min,

FOLC (7)
þanon he gesohte Suðdena folc 463
freoðoburh fægere, þær he folc 522
ahte,
folc oþðe freoburh, þær he afeded 693
wæs;
fæderæþelum onfon, folc 911
gehealdan,
folc ond rice, þonne ðu forð 1179
scyle
Flod blode weol (folc to sægon), 1422
hu ða folc mid him fæhðe 2948
towehton.

-FOLC (1)

bufolc beorna, þæt he gebolgen 2220
wæs.

FOLCA (4)
freowine folca, nu ic þus feorran 430
com,
friðusibb folca, flet eall 2017
geondhwearf,
freawine folca Freslondum on, 2357
freawine folca, æt minum fæder 2429
genam;

-FOLCA (1)
sigefolca sweg, oþþæt semninga 644

FOLCAGENDE (1)
feorran feredon, folcagende, 3113

FOLCCWEN (1)
freolicu folccwen to hire frean 641
sittan.

FOLCCYNING (2)
fiftig wintra; næs se folccyning, 2733
Nealles folccyning fyrdgesteallum 2873

folce to frofre; fyrenðearfe 14
ongeat
Ða ic furþum weold folce Deniga 465
fremeð on folce, feor eal gemon, 1701
hwæðre he him on folce 2377
freondlarum heold,
feasceaftum freond, folce 2393
gestepte
fyre befongen, se ðe ær folce 2595
weold.

FOLCES (9)
folces hyrde fæstrædne geþoht. 610
bega folces; wæs hira blæd 1124
scacen.
folces Denigea fyftyne men 1582
folces hyrde, þæt he mec fremman 1832
wile
folces hyrde, ond þu þin feorh 1849
hafast,
fremu folces cwen, firen 1932
ondrysne.
frod folces weard, fæhðe secan, 2513
to gefremmanne, folces hyrde, 2644
folces hyrde, wæs in feorh 2981
dropen.

FOLCRED (1)
folcred fremede oððe furður gen 3006

FOLCRIHTA (1)
folcrihta gehwylc, swa his fæder 2608
ahte.

FOLCSCARE (1)
buton folcscare ond feorum 73
gumena.

FOLCSTEDE (2)
folcstede frætwan. Him on fyrste 76
gelomp,
folcstede fara; næs þæt forma sið 1463

FOLCTOGAN (1)
ferdon folctogan feorran ond nean 839

FOLCUM (3)
folcum gefræge (fæder ellor 55
hwearf,
Wæs min fæder folcum gecyþed, 262
Hafast þu gefered þæt þam folcum 1855
sceal,

60

FOLCWALDAN (I)
ond æt feohgyftum  Folcwaldan sunu  1089

FOLDAN (6)
ond gefrætwade  foldan sceatas  96
fæger foldan bearm.  Fundode  1137
    wrecca,
þara þe ic on foldan  gefrægen  1196
    hæbbe.
flod under foldan.  Nis þæt feor  1361
    heonon
ne on foldan fæþm,  ne on  1393
    fyrgenholt,
feoll on foldan;  næs he fæge þa  2975
    git,

FOLDBOLD (I)
fæger foldbold;  ac he þæs fæste  773
    wæs

FOLDBUEND (I)
fyre befangen;  hyne foldbuend  2274

FOLDBUENDE (I)
foldbuende.  No hie fæder cunnon,  1355

FOLDBUENDUM (I)
þæt wæs foremærost  foldbuendum  309

FOLDWEG (I)
ferhþum fægne,  foldweg mæton,  1633

FOLDWEGAS (I)
ðær him foldwegas  fægere þuhton,  866

FOLGEDON (I)
ðeah hie hira beaggyfan  banan  1102
    folgedon

FOLGODE (I)
ond ða folgode  feorhgeniðlan,  2933

-FOLM (I)
grapode gearofolm.  Glof hangode  2085

FOLMA (I)
fet ond folma.  Forð near ætstop,  745

FOLME (3)
feond mid folme;  he onfeng hraþe  748
feond on feþe.  Hwæþere he his  970
    folme forlet
cuþe folme;  cearu wæs geniwod,  1303

-FOLME (I)
blodge beadufolme  onberan wolde.  990

FOLMUM (3)
beorhtre bote  to banan folmum,  158
fyrbendum fæst,  syþðan he hire  722
    folmum æthran;
folmum gefrætwod.  Fela þæra wæs,  992

FON (I)
fon wið feonde  ond ymb feorh  439
    sacan,

-FON (2)
fæderæþelum onfon,  folc  911
    gehealdan,
þæt heo þone fyrdhom  ðurhfon ne  1504
    mihte,

FOND (2)
grimne gryrelicne  grundhyrde  2136
    fond;
hran æt heortan.  Hordwynne fond  2270

-FONDAD (I)

þurh deaðes nyd  dæda gefondad.  2454

-FONGEN (4)
mid nydgripe  nearwe befongen,  976
befongen freawrasnum,  swa hine  1451
    fyrndagum
facne bifongen.  Ic ðær furðum  2009
    cwom
fyre befongen,  se ðe ær folce  2595
    weold.

FOR (44)*
metod for þy mane,  mancynne fram.  110
maþðum for metode,  ne his myne  169
    wisse.
Wen ic þæt ge for wlenco,  nalles  338
    for wræcsiðum,
ac for higeþrymmum  Hroðgar  339
    sohton."
eode ellenrof,  þæt he for eaxlum  358
    gestod
for arstafum  us onsende,  382
for his modþræce  madmas beodan.  385
for his wonhydum  wæpna ne recceð.  434
"For gewyrhtum þu,  wine min  457
    Beowulf,
ond for arstafum  usic sohtest.  458
for herebrogan  habban ne mihte.  462
ðær git for wlence  wada cunnedon  508
ond for dolgilpe  on deop wæter  509
ond for þreanydum  þolian scoldon,  832
secg betsta,  me for sunu wylle  947
Ful oft ic for læssan  lean  951
    teohhode,
þæt he for mundgripe  minum scolde  965
for sceotendum  scamigan ðorfte.  1026
hlynode for hlawe;  hafelan  1120
    multon,
Me man sægde  þæt þu ðe for sunu  1175
    wolde
syþðan he for wlenco  wean ahsode,  1206
gang ofer grundas,  þær heo gegnum  1404
    for
eorlgewædum,  nalles for ealdre  1442
    mearn.
ne him for hrofsele  hrinan ne  1515
    mehte
Gefeng þa be eaxle  (nalas for  1537
    fæhðe mearn)
egeslic for eorlum  ond þære idese  1649
    mid,
for his unsnyttrum  ende  1734
    geþencean.
se for andrysnum  ealle beweotede  1796
siðes getwæfde;  sægenga for,  1908
Hwilum for duguðe  dohtor  2020
    Hroðgares
ac for þreanedlan  þeow nathwylces  2223
bidan wolde,  ac mid bæle for,  2308
ne him þæs wyrmes wig  for wiht  2348
    dyde,
he þær for feorme  feorhwunde  2385
    hleat
Syððan ic for dugeðum  Dæghrefne  2501
    wearð
deop gedygan  for dracan lege.  2549
for ðam he manna mæst  mærða  2645
    gefremede,
laðra manna;  ligyðum for.  2672
for ðam me witan ne ðearf  waldend  2741
    fira
hatne for horde,  hioroweallende  2781
for ðæs hildfruman  hondgeweorce.  2835
þa for onmedlan  ærest gesohton  2926
þæt him for swenge  swat ædrum  2966
    sprong

-FOR- (I)
manfordædlan,  þæt hie me þegon,  563

61

FORLEAS (2)
  drihtscype dreogan;  þær he dome    1470
    forleas,
  eðbegete þam ðe ær his elne    2861
    forleas.

FORLET (2)
  feond on feþe. Hwæþere he his    970
    folme forlet
  ellensiocne,  þær he hine ær    2787
    forlet.

FORLETON (1)
  forleton eorla gestreon  eorðan    3166
    healdan,

FORLOREN (1)
  Nealles ic ðam leanum  forloren    2145
    hæfde,

FORMA (4)
  fættum fahne.  Ne wæs þæt forma    716
    sið
  folcstede fara;  næs þæt forma sið    1463
  fæges fyrdhrægl;  ða wæs forma sið    1527
  frod on forðweg.  þa wæs forma sið    2625

FORMAN (3)
  ac he gefeng hraðe  forman siðe    740
  fira fyrngeweorc  forman siðe.    2286
  ðær he þy fyrste,  forman dogore    2573

FORNAM (11)
  deorre duguðe,  þe þa deað fornam.    488
  hildebille;  heaþoræs fornam    557
  in þæm winsele  wældeað fornam,    695
  worolde wynne.  Wig ealle fornam    1080
  gæsta gifrost,  þara ðe þær guð    1123
    fornam
  wælreaf werede;  hyne wyrd fornam,    1205
  sundes þe sænra,  ðe hyne swylt    1436
    fornam.
  siðode sorhfull;  sunu deað    2119
    fornam,
  deore maðmas.  Ealle hie deað    2236
    fornam
  gode begeaton.  Guðdeað fornam,    2249
  onsyn ænig,  ac hyne ecg fornam.    2772

FORNAMON (1)
  ac hine irenna  ecga fornamon,    2828

FORON (1)
  scaþan scirhame  to scipe foron.    1895

FORSCRIFEN (1)
  siþðan him scyppend  forscrifen    106
    hæfde

FORSENDED (1)
  snude forsended.  Hine sorhwylmas    904

FORSITEÐ (1)
  forsiteð ond forsworceð;  semninga    1767
    bið

FORSIÐOD (1)
  Hæfde ða forsiðod  sunu Ecgþeowes    1550

FORSTANDAN (1)
  heaðoliðendum  hord forstandan,    2955

FORSTES (1)
  ðonne forstes bend  fæder onlæteð,    1609

FORSTOD (1)
  wið ord ond wið ecge  ingang    1549
    forstod.

FORSTODE (1)

  nefne him witig god  wyrd forstode    1056

FORSWEALG (2)
  laðbite lices.  Lig ealle    1122
    forswealg,
  leofes mannes  lic eall forswealg.    2080

FORSWEOP (2)
  wigheap gewanod;  hie wyrd    477
    forsweop
  Wægmundinga.  Ealle wyrd forsweop    2814

FORSWORCEÐ (1)
  forsiteð ond forsworceð;  semninga    1767
    bið

FORSWOREN (1)
  ac he sigewæpnum  forsworen hæfde,    804

FORÐ (20)
  þe hine æt frumsceafte  forð    45
    onsendon
  Ðæm feower bearn  forð gerimed    59
  Fyrst forð gewat.  Flota wæs on    210
    yðum,
  frean Scyldinga.  Gewitaþ forð    291
    beran
  word wæron wynsume.  Eode    612
    Wealhþeow forð,
  fet ond folma.  Forð near ætstop,    745
  on feonda geweald  forð forlacen,    903
  freogan on ferhþe;  heald forð    948
    tela
  win of wunderfatum.  þa cwom    1162
    Wealhþeo forð
  folc ond rice,  þonne ðu forð    1179
    scyle
  Ferdon forð þonon  feþelastum    1632
  forð gefremede,  hwæþere him on    1718
    ferhþe greow
  feorrancundum,  forð wisade,    1795
  fleat famigheals  forð ofer yðe,    1909
  freondscipe fæstne.  Ic sceal forð    2069
    sprecan
  fela feorhcynna  forð onsended!"    2266
  feondes fotlast;  he to forð    2289
    gestop
  freoðowong þone  forð ofereodon,    2959
  forð under fexe.  Næs he forht swa    2967
    ðeh,
  ferhðum freoge,  þonne he forð    3176
    scile

FORÐAM (2)
  sidra sorga.  Forðam secgum wearð,    149
  eormencynnes.  Forðam Offa wæs    1957

FORÞAN (4)
  forþan hie mægenes cræft  minne    418
    cuþon,
  forþan ic hine sweorde  swebban    679
    nelle,
  Forþan bið andgit  æghwær selest,    1059
  forþan he to lange  leode mine    1336

FORÐGESCEAFT (1)
  fædde beagas,  ond he þa    1750
    forðgesceaft

FORÐGEWITENUM (1)
  forðgewitenum  on fæder stæle.    1479

FORÞON (4)
  forþon þe he ne uþe  þæt ænig oðer    503
    man
  eafoð ond ellen,  forðon he ær    2349
    fela
  oreðes ond attres;  forðon ic me    2523
    on hafu

**63**

64

FREA (I)
feasceaftum men. Frea sceawode 2285

-FREA (2)
lange hwile. Him þæs liffrea 16
swæsra gesiða, nefne sinfrea, 1934

FREADRIHTNES (I)
wolde freadrihtnes feorh ealgian, 796

FREAN (16)
felahror feran on frean wære. 27
Deniga frean, ne sceal þær dyrne 271
sum
frean Scyldinga. Gewitaþ forð 291
beran
frean Scildinga, frinan wille, 351
Deniga frean; cuþe he duguðe 359
þeaw.
þe æt fotum sæt frean Scyldinga, 500
freolicu folccwen to hire frean 641
sittan.
æt fotum sæt frean Scyldinga; 1166
gehwylc hiora his ferhþe treowde
frean Ingwina, frægn gif him wære 1319
æfter deofla hryre Denigea frean, 1680
feorhbealu frecne, frean 2537
eowerne!"
frean on fultum, fea worda cwæð: 2662
"Ic ðara frætwa frean ealles 2794
ðanc,
feðecempa, frean eaxlum neah, 2853
syððan hie gefricgeað frean 3002
userne
ond þonne geferian frean userne, 3107

-FREAN (I)
agendfrean, se þe on ancre rad. 1883

FREAWARE (I)
þa ic Freaware fletsittende 2022

FREAWINE (3)
freawine folca Freslondum on, 2357
freawine folca, æt minum fæder 2429
genam;
his freawine, flane geswencte, 2438

FREAWRASNUM (I)
befongen freawrasnum, swa hine 1451
fyrndagum

FRECA (I)
He gefeng þa fetel hilt, freca 1563
Scyldinga

-FRECA (2)
scurheard sceþðan, þonne 1033
scyldfreca
gearo guðfreca, goldmaðmas heold, 2414

-FRECAN (6)
Swylce ferhðfrecan Fin eft begeat 1146
wyrsan wigfrecan wæl reafedon 1212
selran sweordfrecan. Selfa ne 1468
dorste
hearde hildefrecan, 2205
Heaðoscilfingas,
fram þam hildfrecan hames niosan. 2366
wyrsan wigfrecan, weorðe gecypan. 2496

FRECNAN (I)
gyf þonne Frysna hwylc frecnan 1104
spræce

FRECNE (9)*
frecne dæde, ne wæs him Fitela 889
mid.
feohtan fremedon, frecne geneðdon 959

þæt him fela laf frecne ne 1032
meahton
frecne fengelad, ðær fyrgenstream 1359
frecne stowe, ðær þu findan miht 1378
(frecne geferdon); þæt wæs fremde 1691
þeod
feorhbealo frecne, fyra gehwylcne 2250
feorhbealu frecne, frean 2537
eowerne!"
frecne fyrdraca, fæhða gemyndig, 2689

FREMDE (I)
(frecne geferdon); þæt wæs fremde 1691
þeod

-FREMED (2)
færniða gefremed. Is min 476
fletwerod,
dædum gefremed þæt þin dom lyfað 954

FREMEDE (2)
mærðo fremede; he me mede gehet. 2134
folcred fremede oððe furður gen 3006

-FREMEDE (13)
ac ymb ane niht eft gefremede 135
atol angengea, oft gefremede, 165
þæt him gastbona geoce gefremede 177
heard, hondlocen, helpe 551
gefremede,
swa deorlice dæd gefremede 585
þæt næfre Grendel swa fela gryra 591
gefremede,
fyrene gefremede (he wæs fag wið 811
god),
þurh drihtnes miht dæd gefremede 940
nemne him heaðobyrne helpe 1552
gefremede,
forð gefremede, hwæþere him on 1718
ferhþe greow
þæt hio leodbealewa læs 1946
gefremede,
Sigescyldingum sorge gefremede, 2004
for ðam he manna mæst mærða 2645
gefremede,

FREMEDON (3)
hu ða æþelingas ellen fremedon. 3
feohtan fremedon, frecne geneðdon 959
þeodscyldingas þenden fremedon. 1019

-FREMEDON (2)
umborwesendum ær arna 1187
gefremedon."
eatolne inwitscear oft 2478
gefremedon.

FREMEÐ (I)
fremeð on folce, feor eal gemon, 1701

FREMMAN (5)
fyrene fremman feond on helle. 101
folces hyrde, þæt he mec fremman 1832
wile
sæcce fremman, þenden þis sweord 2499
þolað,
mærðu fremman, gif mec se 2514
mansceaða
mid his freodryhtne fremman 2627
sceolde.

-FREMMAN (4)
feondgrapum fæst. Ic gefremman 636
sceal
æfter weaspelle wyrpe gefremman. 1315
eald ond infrod, ænige gefremman. 2449
geongum garwigan geoce gefremman, 2674

-FREMMANNE (2)

65

-FREMMANNE (continued)

wið færgryrum  to gefremmanne.   174
to gefremmanne,  folces hyrde,  2644

FREMMAÐ (1)
frode feorhlege,  fremmað gena  2800

FREMME (1)
to befleonne,  fremme se þe wille,  1003

-FREMMENDRA (2)
guðfremmendra  gearwe ne wisson,  246
godfremmendra  swylcum gifeþe bið  299

FREMU (1)
fremu folces cwen,  firen  1932
ondrysne.

FREOBURH (1)
folc oþðe freoburh,  þær he afeded  693
wæs;

FREODE (3)
freode, swa wit furðum spræcon.  1707
Ðu scealt to frofre weorþan
frome, fyrdhwate,  freode ne  2476
woldon
freode to frician.  From ærest  2556
cwom

FREODRIHTEN (1)
"Onfoh þissum fulle,  freodrihten  1169
min,

FREODRYHTNE (1)
mid his freodryhtne  fremman  2627
sceolde.

FREOGAN (1)
freogan on ferhþe;  heald forð  948
tela

FREOGE (1)
ferhðum freoge,  þonne he forð  3176
scile

FREOLIC (1)
ond þa freolic wif  ful gesealde  615

FREOLICU (1)
freolicu folccwen  to hire frean  641
sittan.

FREOND (3)
þæt he his freond wrece,  þonne he  1385
fela murne.
ge wið feond ge wið freond  fæste  1864
geworhte,
feasceaftum freond,  folce  2393
gestepte

FREONDA (2)
freonda feorum.  Þa wæs frod  1306
cyning,
freonda findan;  feorcyþðe beoð  1838

FREONDLARUM (1)
hwæðre he him on folce  2377
freondlarum heold,

FREONDLAÞU (1)
Him wæs ful boren  ond freondlaþu  1192

FREONDLICOR (1)
Ne gefrægn ic freondlicor  feower  1027
madmas

FREONDSCIPE (1)
freondscipe fæstne.  Ic sceal forð  2069
sprecan

FREONDUM (3)
freondum gefægra;  hine fyren  915
onwod.
freondum afylled;  nalles  1018
facenstafas
freondum befeallen,  Frysland  1126
geseon,

FREOÐO (1)
ond to fæder fæþmum  freoðo  188
wilnian.

-FREOÐO (1)
in fenfreoðo  feorh alegde,  851

FREOÐOBURH (1)
freoðoburh fægere,  þær he folc  522
ahte,

FREOÐOWONG (1)
freoðowong þone  forð ofereodon,  2959

FREOÐUWEBBE (1)
þætte freoðuwebbe  feores onsæce  1942

FREOWINE (1)
freowine folca,  nu ic þus feorran  430
com,

FRESCYNINGE (1)
nalles he ða frætwe  Frescyninge,  2503

FRESENA (1)
fættan goldes,  swa he Fresena cyn  1093

FRESLONDUM (1)
freawine folca  Freslondum on,  2357

FRESNA (1)
faran flotherge  on Fresna land,  2915

FRESWÆLE (1)
in Freswæle  feallan scolde.  1070

FRETAN (2)
beagas gebohte.  Þa sceall brond  3014
fretan,
godum togenes:  "Nu sceal gled  3114
fretan,

FRICGCEAN (1)
fægre fricgcean  (hyne fyrwet  1985
bræc,

-FRICGE (1)
Gif ic þæt gefricge  ofer floda  1826
begang,

-FRICGEAN (1)
feorran gefricgean  fleam eowerne,  2889

-FRICGEAÐ (1)
syððan hie gefricgeað  frean  3002
userne

-FRICGENDE (1)
felafricgende,  feorran rehte;  2106

FRICLAN (1)
freode to frician.  From ærest  2556
cwom

FRIN (1)
"Ne frin þu æfter sælum!  Sorh is  1322
geniwod

FRINAN (1)
frean Scildinga,  frinan wille,  351

66

FRIOÐOWÆRE (1)
  fæted wæge, frioðowære bæd     2282

FRIOÐUWÆRE (1)
  fæste frioðuwære. Fin Hengeste     1096

FRIÐUSIBB (1)
  friðusibb folca, flet eall     2017
    geondhwearf,

FROD (11)
  hu he frod ond god feond     279
    oferswyðeþ,
  freonda feorum. Þa wæs frod     1306
    cyning,
  fyr on flode. No þæs frod leofað     1366
  awræc wintrum frod. Wundor is to     1724
    secganne
  þu eart mægenes strang ond on     1844
    mode frod,
  þonne he wintrum frod worn     2114
    gemunde.
  fiftig wintra (wæs ða frod     2209
    cyning,
  warað wintrum frod, ne byð him     2277
    wihte ðy sel.
  frod folces weard, fæhðe secan,     2513
  frod on forðweg. Þa wæs forma sið     2625
  frod, felageomor, fæsten secean,     2950

-FROD (1)
  eald ond infrod, ænige gefremman.     2449

FRODA (1)
  Sona him se froda fæder Ohtheres,     2928

FRODAN (2)
  geong, goldhroden, gladum suna     2025
    Frodan;
  frodan fyrnwitan, feorh uðgenge.     2123

FRODE (1)
  frode feorhlege, fremmað gena     2800

-FRODUM (2)
  ealdum infrodum, oþres swiðor,     1874
  Ða wæs gegongen guman unfrodum     2821

FROFOR (2)
  frofor ond fultum, þæt hie feond     698
    heora
  fuglum to gamene. Frofor eft     2941
    gelamp

FROFRE (7)
  feasceaft funden, he þæs frofre     7
    gebad,
  folce to frofre; fyrenðearfe     14
    ongeat
  in fyres fæþm, frofre ne wenan,     185
  fyrena frofre. He þæt ful geþeah,     628
  feasceaft guma frofre gebohte;     973
  frofre ond fultum; ðy he þone     1273
    feond ofercwom,
  freode, swa wit furðum spræcon.     1707
  Ðu scealt to frofre weorþan

FROM (6)*
  fah from feondum; þær ic fife     420
    geband,
  sægdest from his siðe. Soð ic     532
    talige,
  from þæm holmclife hafelan bæron     1635
  mære þeoden, mondreamum from.     1715
  metod manna gehwæs. Ic eom on     2527
    mode from
  freode to friclan. From ærest     2556
    cwom

-FROM (1)

æðeling unfrom. Edwenden cwom     2188

FROME (2)
  frome fyrdhwate feowertyne     1641
  frome, fyrdhwate, freode ne     2476
    woldon

-FROME (1)
  Ond þa siðfrome, searwum gearwe     1813

FROMUM (1)
  fromum feohgiftum on fæder     21
    bearme,

FRONCUM (1)
  Froncum ond Frysum fyll cyninges     2912

FRUMA (1)
  fyre gefysed. Wæs se fruma     2309
    egeslic

-FRUMA (4)
  leof landfruma lange ahte.     31
  æþele ordfruma, Ecgþeow haten.     263
  wolde wigfruma Wealhþeo secan,     664
  dior dædfruma, gedon wolde     2090

-FRUMAN (5)
  harum hildfruman, on hand gyfen,     1678
  þara þe leodfruman lange begeate.     2130
  æfter wigfruman wide feran,     2261
  helpan hildfruman, þenden hyt sy,     2649
  for ðæs hildfruman hondgeweorce.     2835

FRUMCYN (1)
  frumcyn witan, ær ge fyr heonan,     252

FRUMGARE (1)
  on ðam frumgare feorh gehealdan,     2856

FRUMSCEAFT (1)
  frumsceaft fira feorran reccan,     91

FRUMSCEAFTE (1)
  þe hine æt frumsceafte forð     45
    onsendon

-FRUNEN (3)
  ac hie hæfdon gefrunen þæt hie ær     694
    to fela micles
  Hæfde þa gefrunen hwanan sio fæhð     2403
    aras,
  hæfde Higelaces hilde gefrunen,     2952

-FRUNGON (1)
  Grendle togeanes, swa guman     666
    gefrungon,

-FRUNON (3)
  þeodcyninga, þrym gefrunon,     2
  þonne yldo bearn æfre gefrunon,     70
  geongne guðcyning godne gefrunon     1969

FRYSLAND (1)
  freondum befeallen, Frysland     1126
    geseon.

FRYSNA (1)
  gyf þonne Frysna hwylc frecnan     1104
    spræce

FRYSUM (2)
  fæhðe to Frysum. He þa frætwe     1207
    wæg,
  Froncum ond Frysum fyll cyninges     2912

FUGLE (1)
  flota famiheals fugle gelicost,     218

FUGLUM (1)

fuglum to gamene.  Frofor eft       2941
    gelamp

FUL (8)*
Ful oft gebeotedon  beore druncne    480
ond þa freolic wif  ful gesealde     615
fyrena frofre.  He þæt ful geþeah,   628
Ful oft ic for  læssan  lean         951
    teohhode,
ful on flette;  no he þære          1025
    feohgyfte
Him wæs ful boren  ond freondlaþu    1192
eorclanstanas  ofer yða ful,        1208
æfenræste,  swa him ful oft         1252
    gelamp,

-FUL (3)
symbel ond seleful,  sigerof         619
    kyning.
mode geþungen,  medoful ætbær;       624
medoful manig  magas þara           1015

FULL (1)
yðgewinne;  se wæs innan full       2412

-FULL (2)
siðode sorhfull;  sunu deað         2119
    fornam,
eald ond egesfull,  ondslyht        2929
    ageaf,

FULLÆSTU (1)
feorh ealgian;  ic ðe fullæstu."    2668

FULLE (1)
"Onfoh þissum fulle,  freodrihten   1169
    min,

FULLEODE (1)
feðergearwum fus  flane fulleode."  3119

-FULLNE (1)
sorhfullne sið,  þa git on sund      512
    reon.

-FULLOST (1)
wigend weorðfullost  wide geond     3099
    eorðan,

-FULNE (2)
sorhfulne sið,  sunu deað wrecan.   1278
sorhfulne sið  on seglrade,         1429

FULTUM (4)
frofor ond fultum,  þæt hie feond    698
    heora
frofre ond fultum;  ðy he þone      1273
    feond ofercwom,
mægenes fultum,  þær ðe bið manna   1835
    þearf.
frean on fultum,  fea worda cwæð:   2662

-FULTUMA (1)
Næs þæt þonne mætost  mægenfultuma  1455

FUNDE (2)
ofer harne stan  hleonian funde,    1415
þæt ic gumcystum  godne funde       1486

-FUNDE (5)
Sona þæt onfunde  fyrena hyrde       750
Ða þæt onfunde  se þe fela æror      809
Sona þæt onfunde  se ðe floda       1497
    begong
secg synbysig,  sona onfunde        2226
gif he wæccende  weard onfunde      2841

FUNDEN (1)

feasceaft funden,  he þæs frofre       7
    gebad,

-FUNDEN (2)
Ac he hafað onfunden  þæt he þa      595
    fæhðe ne þearf,
feore beorgan,  þa heo onfunden     1293
    wæs.

FUNDIAÞ (1)
feorran cumene,  þæt we fundiaþ     1819

FUNDODE (1)
fæger foldan bearm.  Fundode        1137
    wrecca,

FUNDON (1)
Fundon ða on sande  sawulleasne     3033

FURÐUM (4)
song in searwum,  þa hie to sele     323
    furðum
Ða ic furþum weold  folce Deniga     465
freode,  swa wit furðum spræcon.    1707
Ðu scealt to frofre weorþan
facne bifongen.  Ic ðær furðum      2009
    cwom

FURÞUR (4)
furþur feran.  Nu ge feorbuend,     254
Eoten wæs utweard;  eorl furþur     761
    stop.
forfleon fotes trem,  ac unc        2525
    furður sceal
folcred fremede  oððe furður gen    3006

FUS (6)
fus ond fæge  fletræste gebeag.     1241
snottra fengel,  nu ic eom siðes    1475
    fus,
fus æt faroðe  feor wlatode;        1916
sigel suðan fus.  Hi sið drugon,    1966
fus ofer fægum  fela reordian,      3025
feðergearwum fus  flane fulleode."  3119

-FUS (3)
isig ond utfus,  æþelinges fær.      33
Hyge wæs him hinfus,  wolde on      755
    heolster fleon,
wæfre ond wælfus,  wyrd ungemete   2420
    neah,

FUSE (1)
fuse to farenne;  wolde feor þanon  1805

FUSLIC (2)
fuslic fyrdleoð.  Feþa eal gesæt.   1424
fyrdsearo fuslic,  no ymbe ða       2618
    fæhðe spræc,

FUSLICU (1)
fyrdsearu fuslicu;  hine fyrwyt      232
    bræc

FYFTYNE (1)
folces Denigea  fyftyne men         1582

-FYL (1)
hynðu ond hrafyl.  Ic þæs Hroðgar    277
    mæg

-FYLCUM (1)
þæt he wið ælfylcum  eþelstolas     2371

-FYLDAN (1)
Feond gefyldan  (ferh ellen wræc),  2706

FYLL (1)
Froncum ond Frysum  fyll cyninges   2912

-FYLLA (I)
wælfylla worn,    werudes egesan,    3154

-FYLLAN (I)
fane gefyllan,    feorh ealgian    2655

FYLLE (4)*
Næs hie ðære fylle gefean hæfdon,    562
fylle gefægon; fægere geþægon    1014
fylle gefægnod. Heo þa fæhðe wræc    1333
feþecempa,    þæt he on fylle wearð.    1544

-FYLLE (2)
mid þære wælfylle    wica neosan.    125
wistfylle wen.    Ne wæs þæt wyrd þa    734
gen

-FYLLED (I)
freondum afylled;    nalles    1018
facenstafas

FYLWERIGNE (I)
feond on frætewum    fylwerigne.    962

-FYNDE (I)
þa wæs eaðfynde    þe him elles hwær    138

FYR (5)*
fyr ond fæstor    se þæm feonde    143
ætwand.
frumcyn witan,    ær ge fyr heonan,    252
fyr on flode.    No þæs frod leofað    1366
fah ond fæted,    þæt ðæt fyr ongon    2701
ferhðgeniðlan,    fyr unswiðor    2881

FYRA (I)
feorhbealo frecne,    fyra gehwylcne    2250

-FYRA (2)
Wand to wolcnum    wælfyra mæst,    1119
Ongunnon þa on beorge    bælfyra    3143
mæst

FYRBENDUM (I)
fyrbendum fæst,    syþðan he hire    722
folmum æthran;

FYRDGESTEALLUM (I)
Nealles folccyning    fyrdgesteallum    2873

FYRDHOM (I)
þæt heo þone fyrdhom    ðurhfon ne    1504
mihte,

FYRDHRÆGL (I)
fæges fyrdhrægl;    ða wæs forma sið    1527

FYRDHWATE (2)
frome fyrdhwate    feowertyne    1641
frome, fyrdhwate,    freode ne    2476
woldon

FYRDLEOÐ (I)
fuslic fyrdleoð.    Feþa eal gesæt.    1424

FYRDRACA (I)
frecne fyrdraca,    fæhða gemyndig,    2689

FYRDSEARO (I)
fyrdsearo fuslic,    no ymbe ða    2618
fæhðe spræc,

FYRDSEARU (I)
fyrdsearu fuslicu;    hine fyrwyt    232
bræc

FYRDWYRÐE (I)
Gang ða æfter flore    fyrdwyrðe man    1316

FYRE (3)
fyre befangen;    hyne foldbuend    2274
fyre gefysed.    Wæs se fruma    2309
egeslic
fyre befongen,    se ðe ær folce    2595
weold.

-FYRE (I)
wearp wælfyre;    wide sprungon    2582

FYREDON (I)
þa ðe gifsceattas    Geata fyredon    378

FYREN (I)
freondum gefægra;    hine fyren    915
onwod.

FYRENA (4)
Swa fela fyrena    feond mancynnes,    164
fyrena frofre.    He þæt ful geþeah,    628
Sona þæt onfunde    fyrena hyrde    750
fæhðe ond fyrena,    buton Fitela    879
mid hine,

FYRENDÆDA (I)
feondum ætferede,    fyrendæda wræc,    1669

FYRENDÆDUM (I)
fyrendædum fag,    on fleam gewand    1001

FYRENE (5)
fyrene fremman    feond on helle.    101
fæhðe ond fyrene;    wæs to fæst on    137
þam.
fyrene ond fæhðe    fela missera,    153
fyrene gefremede    (he wæs fag wið    811
god),
fæhðe ond fyrene,    swa hyt gefræge    2480
wæs,

FYRENÐEARFE (I)
folce to frofre;    fyrenðearfe    14
ongeat

FYRENUM (2)
se þe of flanbogan    fyrenum    1744
sceoteð.
þæt wæs feohleas gefeoht,    fyrenum    2441
gesyngad,

FYRES (2)
in fyres fæþm,    frofre ne wenan,    185
oððe fyres feng,    oððe flodes    1764
wylm,

-FYRES (I)
Ac ic ðær heaðufyres    hates wene,    2522

FYRGENBEAMAS (I)
oþþæt he færinga    fyrgenbeamas    1414

FYRGENHOLT (I)
ne on foldan fæþm,    ne on    1393
fyrgenholt,

FYRGENSTREAM (I)
frecne fengelad,    ðær fyrgenstream    1359

FYRHEARD (I)
fah ond fyrheard;    ferhwearde    305
heold

FYRLEOHT (I)
færgripe flodes;    fyrleoht geseah,    1516

FYRMEST (I)
feorhbealu fægum;    he fyrmest læg,    2077

FYRNDAGUM (I)

69

FYRNDAGUM (continued)

befongen freawrasnum, swa hine 1451
   fyrndagum

FYRNGEWEORC (1)
fira fyrngeweorc forman siðe. 2286

FYRNGEWINNES (1)
fyrngewinnes, syððan flod ofsloh, 1689

FYRNMANNA (1)
fyrnmanna fatu feormendlease, 2761

FYRNWITAN (1)
frodan fyrnwitan, feorh uðgenge. 2123

FYRST (5)
lað ond longsum. Næs hit lengra 134
   fyrst,
Fyrst forð gewat. Flota wæs on 210
   yðum,
nihtlongne fyrst nean bidan." 528
fif nihta fyrst, oþþæt unc flod 545
   todraf,
mannes reorde; næs ðær mara fyrst 2555

FYRSTE (2)
folcstede frætwan. Him on fyrste 76
   gelomp,
ðær he þy fyrste, forman dogore 2573

-FYRÐRED (1)
frætwum gefyrðred; hyne fyrwet 2784
   bræc,

-FYRUM (1)
heaðofyrum hat; ne meahte horde 2547
   neah

FYRWET (2)
fægre fricgcean (hyne fyrwet 1985
   bræc,
frætwum gefyrðred; hyne fyrwet 2784
   bræc,

FYRWYLMUM (1)
fyrwylmum fah fionda niosian, 2671

FYRWYT (1)
fyrdsearu fuslicu; hine fyrwyt 232
   bræc

-FYSED (4)
Gewat þa ofer wægholm, winde 217
   gefysed,
ond þa gyddode guþe gefysed; 630
fyre gefysed. Wæs se fruma 2309
   egeslic
ða wæs hringbogan heorte gefysed 2561

GA (2)
ne on gyfenes grund, ga þær he 1394
   wille.
Ga nu to setle, symbelwynne dreoh 1782

GAD (2)
waca wið wraþum. Ne bið þe wilna 660
   gad,
niwe sibbe. Ne bið þe nænigra gad 949

GÆDELINGES (1)
his gædelinges guðgewædu, 2617

GÆDELINGUM (1)
Gewat him ða se goda mid his 2949
   gædelingum,

-GÆDERE (7)
gumum ætgædere. Guðbyrne scan 321
sæmanna searo, samod ætgædere, 329

seon sibbegedriht samod ætgædere; 387
swefan sibbegedriht samod 729
   ætgædere,
þær wæs sang ond sweg samod 1063
   ætgædere
sæton suhtergefæderan; þa gyt wæs 1164
   hiera sib ætgædere,
giogoð ætgædere; þær se goda sæt, 1190

-GÆDRE (1)
syððan hie togædre gegan hæfdon. 2630

GÆLEÐ (1)
Gewiteð þonne on sealman, 2460
   sorhleoð gæleð

GÆST (4)*
Wæs se grimma gæst Grendel haten, 102
geap ond goldfah; gæst inne swæf 1800
glad ofer grundas, gæst yrre 2073
   cwom,
Da se gæst ongan gledum spiwan, 2312

-GÆST (6)
Da se ellengæst earfoðlice 86
wælgæst wæfre; ic ne wat hwæder 1331
ættren ellorgæst se þær inne 1617
   swealt.
þæt ðu þone wælgæst wihte ne 1995
   grette,
atol inwitgæst, oðre siðe 2670
þæt he þone niðgæst nioðor hwene 2699
   sloh,

GÆSTA (1)
gæsta gifrost, þara ðe þær guð 1123
   fornam

GÆSTAS (1)
gæstas grette, ac him togeanes 1893
   rad,

-GÆSTAS (1)
ellorgæstas. Ðæra oðer wæs, 1349

GÆÐ (2)
Welandes geweorc. Gæð a wyrd swa 455
   hio scel."
guþe gebeodan. Gæþ eft se þe mot 603
þonne he mid fæmnan on flett gæð, 2034
frætwum hremig on flet gæð, 2054

-GALA (1)
singala seað, ne mihte snotor 190
   hæleð

GALAN (2)
gryreleoð galan godes ondsacan, 786
guðhorn galan. Sumne Geata leod 1432

GALDRE (1)
iumonna gold galdre bewunden, 3052

-GALE (1)
singale sæce, sibbe ne wolde 154

-GALES (2)
þa ðe syngales sele bewitiað, 1135
ic þære socne singales wæg 1777

GALGAN (1)
giong on galgan, þonne he gyd 2446
   wrece,

GALGMOD (1)
gifre ond galgmod, gegan wolde 1277

GALGTREOWUM (1)
getan wolde, sum on galgtreowum 2940

70

GAMELA (1)
  gamela Scylding.   Geat unigmetes  1792
    wel,

GAMELUM (1)
  Ða wæs gylden hilt  gamelum rince,  1677

GAMEN (2)
  gleomannes gyd.  Gamen eft astah,  1160
  gamen ond gleodream.   Forðon  3021
    sceall gar wesan

-GAMEN (1)
  ðonne healgamen Hroþgares scop  1066

GAMENE (1)
  fuglum to gamene.  Frofor eft  2941
    gelamp

GAMOL (2)
  gamol ond guðreouw,  glæde  58
    Scyldingas.
  gamol of geardum;  hine gearwe  265
    geman

GAMOLFEAX (1)
  gamolfeax ond guðrof;  geoce  608
    gelyfde

GAN (3)
  Beo ðu on ofeste,  hat in gan  386
  gan under gyldnum beage,  þær þa  1163
    godan twegen
  Ða com in gan  ealdor þegna,  1644

-GAN (12)
  eadiglice,  oððæt an ongan  100
  soðe gebunden;  secg eft ongan  871
  gifre ond galgmod,  gegan wolde  1277
  se ðe gryresiðas  gegan dorste,  1462
  þonne he æt guðe  gegan þenceð  1535
  selfne gesawon.  þa þæt sweord  1605
    ongan
  hæleðum to handa.  Higelac ongan  1983
  Hwilum eft ongan,  eldo gebunden,  2111
  eald eþelweard),  oððæt an ongan  2210
  Ða se gæst ongan  gledum spiwan,  2312
  syððan hie togædre  gegan hæfdon.  2630
  ætgifan æt guðe,  ond ongan swa  2878
    þeah

GANG (5)*
  þæt to healle gang  Healfdenes  1009
    sunu;
  fæste befangen,  þa heo to fenne  1295
    gang.
  Gang ða æfter flore  fyrdwyrðe man  1316
  Grendles magan  gang sceawigan.  1391
  gang ofer grundas,  þær heo gegnum  1404
    for

-GANG (3)
  ofer geofenes begang  Geata leode;  362
  wið ord ond wið ecge  ingang  1549
    forstod.
  Gif ic þæt gefricge  ofer floda  1826
    begang,

GANGAN (4)
  gegnum gangan;  guðbeorna sum  314
  in hyra gryregeatwum  gangan  324
    cwomon.
  Nu ge moton gangan  in eowrum  395
    guðgeatawum
  ongean gramum  gangan scolde.  1034

-GANGAN (1)
  gold gegangan,  oððe guð nimeð,  2536

GANGE (1)
  þa wæs on gange  gifu Hroðgares  1884

-GANGEN (1)
  geosceaft grimme,  swa hit agangen  1234
    wearð

-GANGENNE (1)
  to gegangenne  gumena ænigum!  2416

GANGES (1)
  ganges getwæman,  no ic him þæs  968
    georne ætfealh,

-GANGEÐ (1)
  gif þæt gegangeð,  þæt ðe gar  1846
    nymeð,

GANOTES (1)
  godum gegretan  ofer ganotes bæð;  1861

GAR (2)
  gif þæt gegangeð,  þæt ðe gar  1846
    nymeð,
  gamen ond gleodream.   Forðon  3021
    sceall gar wesan

-GAR (31)
  Heorogar ond Hroðgar  ond Halga  61
    til;
  hwile wið Hroþgar,  heteniðas wæg,  152
  hynðu ond hrafyl.  Ic þæs Hroðgar  277
    mæg
  ac for higeþrymmum  Hroðgar  339
    sohton."
  Wulfgar maþelode  (þæt wæs Wendla  348
    leod;
  Hwearf þa hrædlice  þær Hroðgar  356
    sæt
  Wulfgar maðelode  to his  360
    winedrihtne:
  ðinra gegncwida,  glædman Hroðgar.  367
  Hroðgar maþelode,  helm Scyldinga:  371
  under heregriman  Hroðgar geseon;  396
  "Wæs þu, Hroðgar, hal!  Ic eom  407
    Higelaces
  þeoden Hroðgar,  þæt ic þe sohte,  417
  Hroðgar maþelode,  helm Scyldinga:  456
  hordburh hæleþa;  ða wæs Heregar  467
    dead,
  Hroðgar Beowulf,  ond him hæl  653
    abead,
  Ða him Hroþgar gewat  mid his  662
    hæleþa gedryht,
  glædne Hroðgar,  ac þæt wæs god  863
    cyning.
  Hroðgar maþelode  (he to healle  925
    geong,
  Hroðgar ond Hroþulf.  Heorot innan  1017
    wæs
  ond him Hroðgar gewat  to hofe  1236
    sinum,
  Hroðgar maþelode,  helm Scyldinga:  1321
  Hroðgar leofa,  Higelace onsend.  1483
  hæle hildedeor,  Hroðgar gretan.  1646
  Hroðgar maðelode,  hylt sceawode.  1687
  hæle hildedeor  Hroðgar grette.  1816
  Hroðgar maþelode  him on ondsware:  1840
  to ðam hringsele  Hroðgar gretan;  2010
  bongar bugeð,  þeah seo bryd duge!  2031
  "Me ðis hildesceorp  Hroðgar  2155
    sealde,
  cwæð þæt hyt hæfde  Hiorogar  2158
    cyning,

GARAS (1)
  guðsearo gumena;  garas stodon,  328

GARCENE (1)

GARCENE (continued)

geofum ond guðum, garcene man,     1958

GARCWEALM (1)
garcwealm gumena (him bið grim     2043
    sefa),

GARDENA (1)
Hwæt! We Gardena in geardagum,     1

GARDENUM (3)
to Gardenum. Ac ic him Geata     601
    sceal
Geata leodum ond Gardenum,     1856
þæt he to Gifðum oððe to Gardenum     2494

GARE (2)
gare wunde. Þæt wæs geomuru ides!     1075
broðor oðerne blodigan gare.     2440

-GARE (8)
þa wæs Hroðgare heresped gyfen,     64
Se wæs Hroþgare hæleþa leofost     1296
þa wæs Hroðgare hors gebæted,     1399
þara þe mid Hroðgare ham eahtode.     1407
þa ðe mid Hroðgare on holm     1592
    wliton,
hilde to Hiorote? Ac ðu Hroðgare     1990
Þæt wæs Hroðgare hreowa tornost     2129
on ðam frumgare feorh gehealdan,     2856

GARES (1)
oððe gripe meces, oððe gares     1765
    fliht,

-GARES (12)
þegn Hroðgares, þrymmum cwehte     235
heresceafta heap? Ic eom     335
    Hroðgares
cwen Hroðgares, cynna gemyndig,     613
þæt he Hroþgares ham gesohte;     717
snotor ond swyðferhð, sele     826
    Hroðgares
ðonne healgamen Hroþgares scop     1066
þæt him on ðearfe lah ðyle     1456
    Hroðgares;
þonne he Hroðgares heorðgeneatas     1580
þa wæs on gange gifu Hroðgares     1884
ofer Hroðgares hordgestreonum.     1899
Hwilum for duguðe dohtor     2020
    Hroðgares
hildehlemma, syððan he Hroðgares,     2351

GARHOLT (1)
ond þe to geoce garholt bere,     1834

GARMUNDES (1)
nefa Garmundes, niða cræftig.     1962

GARSECG (3)
geafon on garsecg; him wæs geomor     49
    sefa,
glidon ofer garsecg; geofon yþum     515
    weol,
on geogoðfeore) þæt wit on     537
    garsecg ut

GARWIGAN (2)
geongum garwigan geoce gefremman,     2674
geongum garwigan, goldfahne helm,     2811

GARWIGEND (1)
þe he usic garwigend gode tealde,     2641

GAST (1)
gehnægde helle gast. Þa he hean     1274
    gewat,

-GAST (2)
earmlic wurðan, ond se ellorgast     807

eacne eardas, þa se ellorgast     1621

GASTA (1)
dyrnra gasta. Hie dygel lond     1357

-GASTA (1)
geosceaftgasta; wæs þæra Grendel     1266
    sum,

GASTBONA (1)
þæt him gastbona geoce gefremede     177

GASTES (2)
wergan gastes; wæs þæt gewin to     133
    strang,
wom wundorbebodum wergan gastes;     1747

GE (19)*
"Hwæt syndon ge searohæbbendra,     237
lindhæbbende; ne ge leafnesword     245
frumcyn witan, ær ge fyr heonan,     252
furþur feran. Nu ge feorbuend,     254
"Hwanon ferigeað ge fætte     333
    scyldas,
Wen ic þæt ge for wlenco, nalles     338
    for wræcsiðum,
ond ge him syndon ofer sæwylmas     393
Nu ge moton gangan in eowrum     395
    guðgeatawum
ge æt ham ge on herge, ge     1248
    gehwæþer þara,
ge feor hafað fæhðe gestæled     1340
ge wið feond ge wið freond fæste     1864
    geworhte,
ge swylce seo herepad, sio æt     2258
    hilde gebad
Gebide ge on beorge byrnum     2529
    werede,
eoredgeatwe, þe ge þær on     2866
    standað,
bæd þæt ge geworhton æfter wines     3096
    dædum
þæt ge genoge neon sceawiað     3104

-GE- (101) (see also -IG-)
wilgesiþas, þonne wig cume,     23
þeodgestreonum, þon þa dydon     44
Heaðoscilfingas healsgebedda.     63
lagucræftig mon, landgemyrcu.     209
guðgewædo), gode þancedon     227
modgehygdum, hwæt þa men wæron.     233
ond Higelaces heorðgeneatas.     261
leodgebyrgean; wes þu us larena     269
    god.
beodgeneatas; Beowulf is min     343
    nama.
Hy on wiggetawum wyrðe þinceað     368
seon sibbegedriht samod ætgædere;     387
Swa mec gelome laðgeteonan     559
guþgeweorca, þonne Grendel hine;     678
niþgeweorca; ac wit on niht     683
    sculon
swefan sibbegedriht samod     729
    ætgædere,
ecga gehwylcre. Scolde his     805
    aldorgedal
laþes lastas. No his lifgedal     841
þanon eft gewiton ealdgesiðas,     853
se ðe ealfela ealdgesegena     869
æt niða gehwam nydgesteallan;     882
leoda landgeweorc laþum beweredon     938
bearngebyrdo. Nu ic, Beowulf,     946
    þec,
feorhgeniðlan; wæs to foremihtig     969
no þy leng leofað laðgeteona,     974
on gylpspræce guðgeweorca,     981
efne swa swiðe sincgestreonum     1092
Æt þæm ade wæs eþgesyne     1110
isgebinde, oþðæt oþer com     1133

| | | | | |
|---|---|---|---|---|
| gif he torngemot þurhteon mihte | 1140 | | Se wæs fiftiges fotgemearces | 3042 |
| eal ingesteald eorðcyninges, | 1155 | | lifgesceafta, þonne leng ne mæg | 3064 |
| breostgewædu ond se beah somod; | 1211 | | heold on heahgesceap. Hord ys | 3084 |
| þeodgestreona, ond geþeoh tela, | 1218 | | gesceawod, | |
| sincgestreona. Beo þu suna minum | 1226 | | hordgestreona, hider ut ætbær | 3092 |
| ofer æþelinge yþgesene | 1244 | | hlafordes hryre, heorðgeneatas, | 3179 |
| eaxlgestealla, ðonne we on orlege | 1326 | | | |
| frecne fengelad, ðær fyrgenstream | 1359 | | GEADOR (2) | |
| milgemearces þæt se mere standeð; | 1362 | | þa wæs Geatmæcgum geador ætsomne | 491 |
| þonon yðgeblond up astigeð | 1373 | | earm ond eaxle (þær wæs eal | 835 |
| ealdgestreonum, swa ic ær dyde, | 1381 | | geador | |
| yðgewinnes, þæt him on aldre stod | 1434 | | | |
| eorlgewædum, nalles for ealdre | 1442 | | -GEADOR (1) | |
| mearn. | | | gomele, ymb godne ongeador | 1595 |
| secan sundgebland since | 1450 | | spræcon | |
| geweorðad, | | | | |
| þæt wæs an foran ealdgestreona; | 1458 | | GEÆFNDON (1) | |
| forðgewitenum on fæder stæle. | 1479 | | aldrum neðdon, ond þæt geæfndon | 538 |
| hondgesellum, gif mec hild nime; | 1481 | | swa. | |
| hondgemota, helm oft gescær, | 1526 | | | |
| feorhgeniðlan, þæt heo on flet | 1540 | | GEÆFNED (2) | |
| gebeah. | | | Ad wæs geæfned ond icge gold | 1107 |
| þonne he Hroðgares heorðgeneatas | 1580 | | ædre geæfned, þonne we ut cymen, | 3106 |
| þæt wæs yðgeblond eal gemenged, | 1593 | | | |
| Wæron yðgebland eal gefælsod, | 1620 | | GEÆHTED (1) | |
| enta ærgeweorc; hit on æht | 1679 | | oft geæhted; þæt wæs an cyning, | 1885 |
| gehwearf | | | | |
| fyrngewinnes, syðþan flod ofsloh, | 1689 | | GEÆHTLAN (1) | |
| breat bolgenmod beodgeneatas, | 1713 | | eorla geæhtlan; huru se aldor | 369 |
| eaxlgesteallan, oþþæt he ana | 1714 | | deah, | |
| hwearf, | | | | |
| monnes modgeþonc mæran cynnes, | 1729 | | GEAF (11) | |
| fædde beagas, ond he þa | 1750 | | breosthord blodreow. Nallas | 1719 |
| forðgesceaft | | | beagas geaf | |
| eorles ærgestreon, egesan ne | 1757 | | mægnes mede, ac he me maðmas | 2146 |
| gymeð. | | | geaf, | |
| ealdgewinna, ingenga min; | 1776 | | wrætlicne wundurmaððum, ðone þe | 2173 |
| ofer ealdgewin eagum starige! | 1781 | | him Wealhðeo geaf, | |
| guðgeweorca, ic beo gearo sona. | 1825 | | geaf me sinc ond symbel, sibbe | 2431 |
| ofer Hroðgares hordgestreonum. | 1899 | | gemunde. | |
| lyftgeswenced, on lande stod. | 1913 | | geaf him ða mid Geatum guðgewæda, | 2623 |
| maþmgestreona. Mod þryðo wæg, | 1931 | | in biorsele, ðe us ðas beagas | 2635 |
| handgewriþene; hraþe seoþðan wæs | 1937 | | geaf, | |
| lifgesceafta lifigende breac, | 1953 | | onmunde usic mærða, ond me þas | 2640 |
| lindgestealla, lifigende cwom, | 1973 | | maðmas geaf, | |
| breostgewædu. Bruc ealles well!" | 2162 | | þæt se mondryhten se eow ða | 2865 |
| hondgesteallan. Hygelace wæs, | 2169 | | maðmas geaf, | |
| heorðgeneatas; næs him hreoh | 2180 | | feoll on feðan, nalles frætwe | 2919 |
| sefa, | | | geaf | |
| in ðam eorðhuse ærgestreona, | 2232 | | ond þone gebringan, þe us beagas | 3009 |
| þæt he lytel fæc longgestreona | 2240 | | geaf, | |
| þær on innan bær eorlgestreona | 2244 | | hlimbed healdan þone þe him | 3034 |
| fira fyrngeweorc forman siðe. | 2286 | | hringas geaf | |
| heahgestreona. Hordweard onbad | 2302 | | | |
| hondgemota, þær mon Hygelac sloh, | 2355 | | -GEAF (14) | |
| yðgewinne; se wæs innan full | 2412 | | wuldres wealdend, woroldare | 17 |
| þenden hælo abead heorðgeneatum, | 2418 | | forgeaf; | |
| wæfre ond wælfus, wyrd ungemete | 2420 | | ðæm to ham forgeaf Hreþel Geata | 374 |
| neah, | | | Denigea leode. Ac him dryhten | 696 |
| Wæs þam yldestan ungedefelice | 2435 | | forgeaf | |
| Nealles him on heape | 2596 | | Forgeaf þa Beowulfe bearn | 1020 |
| handgesteallan, | | | Healfdenes | |
| his gædelinges guðgewædu, | 2617 | | merewif mihtig; mægenræs forgeaf | 1519 |
| geaf him ða mid Geatum guðgewæda, | 2623 | | wundorsmiþa geweorc, ond þa þas | 1681 |
| þæt næron ealdgewyrht, þæt he ana | 2657 | | worold ofgeaf | |
| scyle | | | drefan deop wæter, Dena land | 1904 |
| þeoden mærne, þegn ungemete till | 2721 | | ofgeaf. | |
| dogorgerimes, deað ungemete | 2728 | | leoda minra, þara ðe þis lif | 2251 |
| neah): | | | ofgeaf, | |
| guðgewædu, þær me gifeðe swa | 2730 | | gumdream ofgeaf, godes leoht | 2469 |
| mælgesceafta, heold min tela, | 2737 | | geceas, | |
| breostgehygdum, ær he bæl cure, | 2818 | | leohtan sweorde; he me lond | 2492 |
| for ðæs hildfruman hondgeweorce. | 2835 | | forgeaf, | |
| guðgewædu, þær se gomela læg, | 2851 | | Gemunde ða ða are þe he him ær | 2606 |
| þæt he genunga guðgewædu | 2871 | | forgeaf, | |
| Nealles folccyning fyrdgesteallum | 2873 | | eald sweord etonisc; þæt him | 2616 |
| ferhðgeniðlan, fyr unswiðor | 2881 | | Onela forgeaf, | |
| Him on efn ligeð ealdorgewinna | 2903 | | eald ond egesfull, ondslyht | 2929 |
| ond ða folgode feorhgeniðlan, | 2933 | | ageaf, | |

**-GEAF (continued)**

| | | | |
|---|---|---|---|
| ond ða Iofore forgeaf    angan<br>dohtor, | 2997 | swa ðu on geoguðfeore    geara<br>gecwæde | 2664 |

**GEAFON (I)**

geafon on garsecg;    him wæs geomor    49
   sefa,

**-GEARA (2)**

eafoð ond ellen    ungeara nu,    602
Ðæt wæs ungeara    þæt ic ænigra me    932

**-GEAFON (I)**

Ða com non dæges.    Næs ofgeafon    1600

**-GEARD (3)**

manigre mægþe    geond þisne    75
   middangeard,
windgeard, weallas.    Wes þenden þu  1224
   lifige,
manigum mægþa    geond þysne    1771
   middangeard,

**GEAHSOD (I)**

Hæbbe ic eac geahsod    þæt se    433
   æglæca

**GEALD (3)**

hordweard hæleþa,    heaþoræsas  1047
   geald
geald æt guðe,    swa me gifeðe wæs,  2491
geald þone guðræs    Geata dryhten,  2991

**GEARDAGUM (3)**

Hwæt! We Gardena    in geardagum,    I
þone on geardagum    Grendel nemdon  1354
swa hy on geardagum    gumena    2233
   nathwylc,

**-GEALD (8)**

lange þrage;    he him ðæs lean    114
   forgeald.
Sigon þa to slæpe.    Sum sare    1251
   angeald
Heo him eft hraþe    andlean    1541
   forgeald
laðlicu lac.    He him þæs lean    1584
   forgeald,
Ofsloh ða æt þære sæcce,    þa me  1665
   sæl ageald,
yfla gehwylces    ondlean forgeald;  2094
ræsde on ðone rofan,    þa him rum  2690
   ageald,
gomela Scilfing,    ac forgeald    2968
   hraðe

**GEARDAS (I)**

gear in geardas,    swa nu gyt deð,  1134

**-GEARDE (I)**

mon on middangearde),    syððan hie  2996
   ða mærða geslogon,

**-GEARDES (2)**

æfre mærða þon ma    middangeardes    504
þæt he ne mette    middangeardes,    751

**GEALDOR (I)**

gealdor ongeaton,    þa se goda com  2944

**GEARDUM (4)**

geong in geardum,    þone god sende    13
gamol of geardum;    hine gearwe    265
   geman
gist of geardum;    he to gyrnwræce  1138
gomen in geardum,    swylce ðær iu  2459
   wæron.

**GEALP (I)**

hildeleoman.    Hreðsigora ne gealp  2583

**GEARE (3)**

Iosað lifigende,    con him land  2062
   geare.
gen ymbe Grendel,    þæt ðu geare  2070
   cunne,
Wedra ðeodnes.    Ic wat geare    2656

**-GEAN (4)**

Nat he þara goda    þæt he me ongean  681
   slea,
rinc on ræste,    ræhte ongean    747
ongean gramum    gangan scolde.  1034
feðewiges,    þe him foran ongean  2364

**GEARO (6)*

grim ond grædig,    gearo sona wæs,    121
guðgeweorca,    ic beo gearo sona.  1825
gearo gyrnwræce    Grendeles modor,  2118
gearo guðfreca,    goldmaðmas heold,  2414
goldæht ongite,    gearo sceawige  2748
beagas ond brad gold.    Sie sio bær  3105
   gearo,

**-GEANES (5)**

Grendle togeanes,    swa guman    666
   gefrungon,
Grap þa togeanes,    guðrinc gefeng  1501
grimman grapum    ond him togeanes  1542
   feng;
Eodon him þa togeanes,    gode    1626
   þancodon,
gæstas grette,    ac him togeanes  1893
   rad,

**-GEARO (3)**

ædre mid yldum,    þæt hit wearð    77
   ealgearo,
þegnas syndon geþwære,    þeod  1230
   ealgearo,
brucan moste.    Beorh eallgearo  2241

**GEAP (I)**

geap ond goldfah;    gæst inne swæf  1800

**GEAROFOLM (I)**

grapode gearofolm.    Glof hangode  2085

**-GEAP (2)**

heah ond horngeap,    heaðowylma    82
   bad,
þa wæs on sande    sægeap naca  1896

**GEARU (I)**

betst beadorinca    wæs on bæl  1109
   gearu.

**GEAPNE (I)**

Grendles grape)    under geapne    836
   hrof.

**GEARWE (9)*

þat under beorge.    Beornas gearwe    211
guðfremmendra    gearwe ne wisson,  246
gamol of geardum;    hine gearwe    265
   geman
þara þe gumena bearn    gearwe ne    878
   wiston,
grundbuendra    gearwe stowe,  1006
þæt hie oft wæron    an wig gearwe,  1247

**GEAR (I)**

gear in geardas,    swa nu gyt deð,  1134

**GEARA (2)*

Hraþe wæs æt holme    hyðweard  1914
   geara,

74

| | | |
|---|---|---|
| Ond þa siðfrome, | searwum gearwe | 1813 |
| wigbord wrætlic; | wisse he gearwe | 2339 |
| wunde wælbleate; | wisse he gearwe | 2725 |

GEARWOR (1)
næs he goldhwæte    gearwor hæfde    3074

GEARWOST (1)
goldsele gumena,    gearwost wisse,    715

-GEARWUM (1)
feðergearwum fus    flane fulleode."    3119

GEAT (2)
Geat wæs glædmod,    geong sona to    1785
gamela Scylding.    Geat unigmetes    1792
    wel,

-GEAT (7)
folce to frofre;    fyrenðearfe    14
    ongeat
be Finnes eaferum,    ða hie se fær    1068
    begeat,
Swylce ferhðfrecan    Fin eft begeat    1146
byrnan side,    þa hine se broga    1291
    angeat.
ehton aglæcan.    Ða se eorl ongeat    1512
Ongeat þa se goda    grundwyrgenne,    1518
* * * ,    þa hyne se fær begeat.    2230

GEATA (39)
Hæfde se goda    Geata leoda    205
"We synt gumcynnes    Geata leode    260
ofer geofenes begang    Geata leode;    362
ðæm to ham forgeaf    Hreþel Geata    374
þa ðe gifsceattas    Geata fyredon    378
to Gardenum.    Ac ic him Geata    601
    sceal
grette Geata leod,    gode þancode    625
Huru Geata leod    georne truwode    669
Beowulf Geata,    ær he on bed    676
    stige:
Beowulf Geata,    be þæm gebroðrum    1191
    twæm.
þone hring hæfde    Higelac Geata,    1202
æfter guðsceare,    Geata leode,    1213
guðhorn galan.    Sumne Geata leod    1432
Mæg þonne on þæm golde ongitan    1484
    Geata dryhten,
under gynne grund,    Geata cempa,    1551
Geata gongan;    gumdryhten mid    1642
Geata dryhten,    þeah ðe he geong    1831
    sy,
Gif him þonne Hreþric    to hofum    1836
    Geata
Geata leodum    ond Gardenum,    1856
þæt hie Geata clifu    ongitan    1911
    meahton,
ne to gneað gifa    Geata leodum,    1930
swa hyne Geata bearn    godne ne    2184
    tealdon,
hu se guðsceaða    Geata leode    2318
gifstol Geata.    Þæt ðam godan wæs    2327
syððan Geata cyning    guðe ræsum,    2356
dryhten Geata    dracan sceawian.    2402
goldwine Geata.    Him wæs geomor    2419
    sefa,
þa wæs synn ond sacu    Sweona ond    2472
    Geata
Geata dryhtne,    guð onsæge.    2483
wið ðam gryregieste,    Geata    2560
    dryhten;
Geata dryhten,    gryrefahne sloh    2576
goldwine Geata;    guðbill geswac,    2584
Geata duguðe    gnorn þrowian,    2658
dryhten Geata,    deaðbedde fæst,    2901
Geata leode    Guðscilfingas.    2927
Wæs sio swatswaðu    Sweona ond    2946
    Geata,

geald þone guðræs    Geata dryhten,    2991
Him ða gegiredan    Geata leode    3137
Swa begnornodon    Geata leode    3178

-GEATA (5)
Æfter þæm wordum    Wedergeata leod    1492
Guðgeata leod    Grendles modor;    1538
Ne nom he in þæm wicum,    1612
    Wedergeata leod,
hwylce Sægeata    siðas wæron):    1986
Wedergeata leod    word ut faran,    2551

GEATAS (1)
Beo wið Geatas glæd,    geofena    1173
    gemyndig,

-GEATAS (1)
þæt þe Sægeatas    selran næbben    1850

-GEATAWUM (1)
Nu ge moton gangan    in eowrum    395
    guðgeatawum

GEATE (1)
æfter maþðumgife    mærum Geate.    1301

-GEATE (1)
þara þe leodfruman    lange begeate.    2130

GEATES (1)
gilpcwide Geates;    eode goldhroden    640

GEATISC (1)
swylce giomorgyd    Geatisc meowle    3150

GEATMÆCGUM (1)
þa wæs Geatmæcgum    geador ætsomne    491

GEATMECGA (1)
Geatmecga leod    gilp gelæsted,    829

-GEATO (1)
bengeato burston,    ðonne blod    1121
    ætspranc,

GEATOLIC (5)
guðsearo geatolic;    guman ut    215
    scufon,
geatolic ond goldfah,    ongyton    308
    mihton;
geatolic gende;    gumfeþa stop    1401
god ond geatolic,    giganta    1562
    geweorc.
guðsweord geatolic,    gyd æfter    2154
    wræc:

-GEATON (3)
bitere ond gebolgne,    bearhtm    1431
    ongeaton,
gode begeaton.    Guðdeað fornam,    2249
gealdor ongeaton,    þa se goda com    2944

GEATUM (5)
god mid Geatum,    Grendles dæda;    195
goldwine gumena,    ond to Geatum    1171
    spræc
golde gegyrede;    næs mid Geatum ða    2192
Geatum wealdan.    Þæt wæs god    2390
    cyning!
geaf him ða mid Geatum    guðgewæda,    2623

-GEATUM (1)
Wedergeatum weold.    Hyne    2379
    wræcmæcgas

GEATWA (1)
recedes geatwa,    þa me gerymed    3088
    wæs,

75

-GEATWA (I)
hildegeatwa, þa he to holme beag.   2362

-GEATWE (2)
ond gehealdan het hildegeatwe.   674
eoredgeatwe, þe ge þær on   2866
   standað,

-GEATWUM (I)
in hyra gryregeatwum gangan   324
   cwomon.

GEBAD (9)
feasceaft funden, he þæs frofre   7
   gebad,
Gebad wintra worn, ær he on weg   264
   hwurfe,
lifigende lað. Licsar gebad   815
lungre gelimpe! Fela ic laþes   929
   gebad,
Sona wæs on sunde se þe ær æt   1618
   sæcce gebad
Denum æfter dome; dreamleas gebad   1720
ecean dryhtne, þæs ðe ic on aldre   1779
   gebad
ge swylce seo herepad, sio æt   2258
   hilde gebad
þone ðe oft gebad isernscure,   3116

GEBÆDED (3)
bysigum gebæded. Þa wæs beorges   2580
   weard
bealwe gebæded. Beahhordum leng   2826
þonne stræla storm strengum   3117
   gebæded

GEBÆRAN (2)
ymb hyra sincgyfan sel gebæran.   1012
bleate gebæran. Bona swylce læg,   2824

GEBÆTED (I)
þa wæs Hroðgare hors gebæted,   1399

GEBAND (I)
fah from feondum; þær ic fife   420
   geband,

GEBANNAN (I)
Ða ic wide gefrægn weorc gebannan   74

GEBARN (I)
Ne hedde he þæs heafolan, ac sio   2697
   hand gebarn

GEBEACNOD (I)
bed æfter burum, ða him gebeacnod   140
   wæs,

GEBEAD (I)
þær him Hygd gebead hord ond   2369
   rice,

GEBEAG (I)
fus ond fæge fletræste gebeag.   1241

GEBEAH (4)
snellic særinc selereste gebeah.   690
feorhgeniðlan, þæt heo on flet   1540
   gebeah.
winia bealdor, ða se wyrm gebeah   2567
brecan ofer bordweal; ða gebeah   2980
   cyning,

GEBEARG (I)
to gescipe scyndan. Scyld wel   2570
   gebearg

GEBEARH (I)
breostnet broden; þæt gebearh   1548
   feore,

GEBEATEN (I)
bille gebeaten. Þonan Biowulf com   2359

GEBEDDAN (I)
cwen to gebeddan. Hæfde   665
   kyningwuldor

GEBEODAN (2)
guþe gebeodan. Gæþ eft se þe mot   603
Het ða gebeodan byre Wihstanes,   3110

GEBEOTEDON (2)
Ful oft gebeotedon beore druncne   480
ond gebeotedon (wæron begen þa   536
   git

GEBETAN (I)
on ðam feorhbonan fæghðe gebetan;   2465

GEBETTE (I)
swylce oncyþðe ealle gebette,   830

GEBETTEST (I)
widcuðne wean wihte gebettest,   1991

GEBIDAN (5)
on þisse meoduhealle minne   638
   gebidan."
bote gebidan, þonne blode fah   934
ferhðes foreþanc. Fela sceal   1060
   gebidan
Ure æghwylc sceal ende gebidan   1386
æþeling ærgod ende gebidan,   2342

GEBIDANNE (2)
to gebidanne, þæt his byre ride   2445
to gebidanne burgum in innan   2452

GEBIDE (I)
Gebide ge on beorge byrnum   2529
   werede,

GEBIDEN (I)
under burhlocan gebiden hæbbe,   1928

GEBLODEGOD (I)
biteran banum; he geblodegod   2692
   wearð

GEBOGEN (I)
Gewat ða byrnende gebogen   2569
   scriðan,

GEBOHTE (3)
feasceaft guma frofre gebohte;   973
þeah ðe oðer his ealdre gebohte,   2481
beagas gebohte. Þa sceall brond   3014
   fretan,

GEBOLGEN (6)
onbræd þa bealohydig, ða he   723
   gebolgen wæs,
brægd þa beadwe heard, þa he   1539
   gebolgen wæs,
bufolc beorna, þæt he gebolgen   2220
   wæs.
wæs ða gebolgen beorges hyrde,   2304
Gewat þa twelfa sum torne   2401
   gebolgen
Let ða of breostum, ða he   2550
   gebolgen wæs,

GEBOLGNE (I)
bitere ond gebolgne, bearhtm   1431
   ongeaton,

GEBOREN (I)
geboren betera! Blæd is aræred   1703

GEBRÆC (2)
ofer borda gebræc bite irena,  2259
banhus gebræc. Nu sceall billes  2508
  ecg,

GEBRÆD (3)
winigea leasum), þæt ic ðy wæpne  1664
  gebræd.
sæcce to seceanne. Sweord ær  2562
  gebræd
geweold his gewitte, wællseaxe  2703
  gebræd,

GEBRÆGD (1)
hreoh ond heorogrim hringmæl  1564
  gebrægd,

GEBRINGAN (1)
ond þone gebringan, þe us beagas  3009
  geaf,

GEBROCEN (1)
oðþæt he ða banhus gebrocen  3147
  hæfde,

GEBRODEN (1)
Scolde herebyrne hondum gebroden,  1443

GEBRODRUM (1)
Beowulf Geata, be þæm gebroðrum  1191
  twæm.

GEBULGE (1)
bitre gebulge. Breost innan weoll  2331

GEBUN (1)
æfter beorþege gebun hæfdon.  117

GEBUNDEN (4)
soðe gebunden; secg eft ongan  871
Wearp ða wundenmæl wrættum  1531
  gebunden
bisgum gebunden, bona swiðe neah,  1743
Hwilum eft ongan, eldo gebunden,  2111

GEBYRD (1)
bearnum ond broðrum; hie on  1074
  gebyrd hruron,

GECEAPOD (1)
gold unrime grimme geceapod,  3012

GECEAS (3)
Eormenrices, geceas ecne ræd.  1201
gumdream ofgeaf, godes leoht  2469
  geceas,
helmas ond heard sweord. Ðe he  2638
  usic on herge geceas

GECEOS (1)
secg betsta, ond þe þæt selre  1759
  geceos,

GECEOSENNE (1)
to geceosenne cyning ænigne,  1851

GECNAWAN (1)
'Meaht ðu, min wine, mece  2047
  gecnawan

GECORONE (1)
cempan gecorone þara þe he  206
  cenoste

GECRANC (1)
rice þeoden; he under rande  1209
  gecranc.

GECRANG (1)

wanode ond wyrde. He æt wige  1337
  gecrang

GECRONG (2)
fægne flæschoman; heo on flet  1568
  gecrong.
ac in compe gecrong cumbles  2505
  hyrde,

GECWÆDE (1)
swa ðu on geoguðfeore geara  2664
  gecwæde

GECWÆDON (1)
Wit þæt gecwædon cnihtwesende  535

GECWÆÐ (3)
mærðo mæned; monig oft gecwæð  857
wordum wrixlan. Welhwylc gecwæð  874
egl, unheoru. Æghwylc gecwæð  987

GECYNDE (2)
on ðam leodscipe lond gecynde,  2197
cræft ond cenðu, swa him gecynde  2696
  wæs.

GECYPAN (1)
wyrsan wigfrecan, weorðe gecypan.  2496

GECYSTE (1)
Gecyste þa cyning æþelum god,  1870

GECYÐAN (1)
ond þe þa ondsware ædre gecyðan  354

GECYÐANNE (1)
to gecyðanne hwanan eowre cyme  257
  syndon."

GECYÞED (6)
Wæs min fæder folcum gecyþed,  262
wæs his modsefa manegum gecyðed,  349
selfes mihtum. Soð is gecyþed  700
cystum gecyþed, ond his cwen mid  923
  him
sið Beowulfes snude gecyðed,  1971
þa wæs Biowulfe broga gecyðed  2324

GEDÆLAN (2)
ond þær on innan eall gedælan  71
secan sawle hord, sundur gedælan  2422

GEDÆLDE (1)
mynte þæt he gedælde, ærþon dæg  731
  cwome

GEDAL (1)
þurh hwæt his worulde gedal  3068
  weorðan sceolde.

GEDEAF (1)
secg on searwum, þæt ðæt sweord  2700
  gedeaf,

GEDEFE (4)
deoran sweorde, swa hit gedefe  561
  wæs.
dædum gedefe, dreamhealdende.  1227
deaðcwealm Denigea, swa hit  1670
  gedefe wæs.
duguðum demdon, swa hit gedefe  3174
  bið

GEDEÐ (1)
gedeð him swa gewealdene worolde  1732
  dælas,

GEDIGAN (1)
Swa mæg unfæge eaðe gedigan  2291

**77**

GEDIGDE (4)
hwaþere ic fara feng feore 578
gedigde,
Ic þæt unsofte ealdre gedigde 1655
nearo neðende niða gedigde, 2350
gumcystum god, guða gedigde, 2543

GEDIGEST (1)
gif þu þæt ellenweorc aldre 661
gedigest."

GEDIGEÐ (1)
þæt þone hilderæs hal gedigeð." 300

GEDON (2)
dior dædfruma, gedon wolde 2090
drihten Wedera gedon wolde; 2186

GEDRÆG (1)
secan deofla gedræg; ne wæs his 756
drohtoð þær

GEDREFED (1)
dreorig ond gedrefed. Denum 1417
eallum wæs,

GEDREOSAN (1)
dom gedreosan. Scealt nu dædum 2666
rof,

GEDREOSEÐ (1)
þæt se lichoma læne gedreoseð, 1754

GEDRIHT (3)
Fand þa ðær inne æþelinga gedriht 118
eald ond anhar mid his eorla 357
gedriht;
sæbat gesæt mid minra secga 633
gedriht,

GEDROGEN (1)
þæt he dæghwila gedrogen hæfde, 2726

GEDRYHT (3)
þæt ic mote ana ond minra eorla 431
gedryht,
Ða him Hroþgar gewat mid his 662
hæleþa gedryht,
sorhleas swefan mid þinra secga 1672
gedryht

GEDYGAN (2)
æfter wælræse wunde gedygan 2531
deop gedygan for dracan lege. 2549

GEEAWED (1)
estum geeawed, earmreade twa, 1194

GEENDOD (1)
on hyra sincgifan sare geendod. 2311

GEEODE (1)
elne geeode, þa his agen wæs 2676

GEEODON (2)
elne geeodon, to ðæs ðe eorla 1967
hleo,
elne geeodon mid ofermægene, 2917

GEFÆGNOD (1)
fylle gefægnod. Heo þa fæhðe wræc 1333

GEFÆGON (1)
fylle gefægon; fægere geþægon 1014

GEFÆGRA (1)
freondum gefægra; hine fyren 915
onwod.

GEFÆLSOD (3)
Hæfde þa gefælsod se þe ær 825
feorran com,
hererinc habban. Heorot is 1176
gefælsod.
Wæron yðgebland eal gefælsod, 1620

-GEFAN (1)
þæt ða hildlatan holt ofgefan, 2846

GEFANDOD (1)
ðæt hæfde gumena sum goldes 2301
gefandod,

GEFARAN (1)
under færgripum gefaran wolde. 738

GEFEAH (2)
ne gefeah he þære fæhðe, ac he 109
hine feor forwræc,
swiðmod swymman; sælace gefeah, 1624

GEFEALLEÐ (1)
fæge gefealleð; fehð oþer to, 1755

GEFEAN (2)
Næs hie ðære fylle gefean hæfdon, 562
feorhbennum seoc gefean habban; 2740

GEFEGON (1)
ðryðlic þegna heap, þeodnes 1627
gefegon,

GEFEH (3)
genered wið niðe; nihtweorce 827
gefeh,
Sweord wæs swatig, secg weorce 1569
gefeh.
on þære westenne; hwæðre wiges 2298
gefeh,

GEFENG (7)
ac he gefeng hraðe forman siðe 740
Grap þa togeanes, guðrinc gefeng 1501
Gefeng þa be eaxle (nalas for 1537
fæhðe mearn)
He gefeng þa fetel hilt, freca 1563
Scyldinga
niða nathwylc, se ðe neh gefeng 2215
Ne mihte ða forhabban; hond rond 2609
gefeng,
inn under eorðweall. Ic on ofoste 3090
gefeng

GEFEOHT (1)
þæt wæs feohleas gefeoht, fyrenum 2441
gesyngad,

GEFEOHTAN (1)
wig Hengeste wiht gefeohtan, 1083

GEFEOHTE (1)
þone þin fæder to gefeohte bær 2048

GEFEOLL (2)
modes geomor meregrund gefeoll. 2100
ansyn ywde, ac he eorðan gefeoll 2834

GEFEORMOD (1)
unlyfigendes eal gefeormod, 744

GEFERDON (1)
(frecne geferdon); þæt wæs fremde 1691
þeod

GEFERE (1)
eorl ellenrof ende gefere 3063

GEFERED (3)

Hafast þu gefered  þæt ðe feor ond  1221
neah
Hafast þu gefered  þæt þam folcum  1855
sceal,
hæfde æghwæðer  ende gefered  2844

GEFEREDE (1)
"Her syndon geferede,  feorran  361
cumene

GEFEREDON (1)
þæt hi ofostlice  ut geferedon  3130

GEFERIAN (2)
on þæm wælstenge  weorcum geferian  1638
ond þonne geferian  frean userne,  3107

GEFETIAN (1)
Het ða eorla hleo  in gefetian,  2190

GEFLIT (1)
on geflit faran  fealwe mearas  865

GEFLYMED (2)
fæge ond geflymed  feorhlastas  846
bær.
feorran geflymed,  ær he feorh  1370
seleð,

GEFONDAD (1)
þurh deaðes nyd  dæda gefondad.  2454

GEFRÆGE (7)*
folcum gefræge  (fæder ellor  55
hwearf,
medubenc monig,  mine gefræge,  776
Ða wæs on morgen  mine gefræge  837
ealles moncynnes  mine gefræge  1955
fæhðe ond fyrene,  swa hyt gefræge  2480
wæs,
se ðe meca gehwane,  mine gefræge,  2685
mægenagendra,  mine gefræge,  2837

GEFRÆGEN (2)
Ne gefrægen ic þa mægþe  maran  1011
weorode
þara þe ic on foldan  gefrægen  1196
hæbbe.

GEFRÆGN (8)
Ða ic wide gefrægn  weorc gebannan  74
Þæt fram ham gefrægn  Higelaces  194
þegn,
niceras nigene.  No ic on niht  575
gefrægn
Ne gefrægn ic freondlicor  feower  1027
madmas
þa ic on morgne gefrægn  mæg  2484
oðerne
Ða ic æt þearfe gefrægn  2694
þeodcyninges
Ða ic snude gefrægn  sunu  2752
Wihstanes
Ða ic on hlæwe gefrægn  hord  2773
reafian,

GEFRÆTWADE (1)
ond gefrætwade  foldan sceatas  96

GEFRÆTWOD (1)
folmum gefrætwod.  Fela þæra wæs,  992

GEFREMED (2)
færniða gefremed.  Is min  476
fletwerod,
dædum gefremed  þæt þin dom lyfað  954

GEFREMEDE (13)
ac ymb ane niht  eft gefremede  135

atol angengea,  oft gefremede,  165
þæt him gastbona  geoce gefremede  177
heard, hondlocen,  helpe  551
gefremede,
swa deorlice  dæd gefremede  585
þæt næfre Grendel swa fela  gryra  591
gefremede,
fyrene gefremede  (he wæs fag wið  811
god),
þurh drihtnes miht  dæd gefremede  940
nemne him heaðobyrne  helpe  1552
gefremede,
forð gefremede,  hwæþere him on  1718
ferhþe greow
þæt hio leodbealewa  læs  1946
gefremede,
Sigescyldingum  sorge gefremede,  2004
for ðam he manna mæst  mærða  2645
gefremede,

GEFREMEDON (2)
umborwesendum ær  arna  1187
gefremedon."
eatolne inwitscear  oft  2478
gefremedon.

GEFREMMAN (4)
feondgrapum fæst.  Ic gefremman  636
sceal
æfter weaspelle  wyrpe gefremman.  1315
eald ond infrod,  ænige gefremman.  2449
geongum garwigan  geoce gefremman,  2674

GEFREMMANNE (2)
wið færgryrum  to gefremmanne.  174
to gefremmanne,  folces hyrde,  2644

GEFRICGE (1)
Gif ic þæt gefricge  ofer floda  1826
begang,

GEFRICGEAN (1)
feorran gefricgean  fleam eowerne,  2889

GEFRICGEAÐ (1)
syððan hie gefricgeað  frean  3002
userne

GEFRUNEN (3)
ac hie hæfdon gefrunen  þæt hie ær  694
to fela micles
Hæfde þa gefrunen  hwanan sio fæhð  2403
aras,
hæfde Higelaces  hilde gefrunen,  2952

GEFRUNGON (1)
Grendle togeanes,  swa guman  666
gefrungon,

GEFRUNON (3)
þeodcyninga,  þrym gefrunon,  2
þonne yldo bearn  æfre gefrunon,  70
geongne guðcyning  godne gefrunon  1969

GEFYLDAN (1)
Feond gefyldan  (ferh ellen wræc),  2706

GEFYLLAN (1)
fane gefyllan,  feorh ealgian  2655

GEFYRÐRED (1)
frætwum gefyrðred;  hyne fyrwet  2784
bræc,

GEFYSED (4)
Gewat þa ofer wægholm,  winde  217
gefysed
ond þa gyddode  guþe gefysed;  630

79

GEFYSED (continued)

fyre gefysed.  Wæs se fruma     2309
  egeslic
ða wæs hringbogan  heorte gefysed   2561

GEGAN (4)
gifre ond galgmod,  gegan wolde   1277
se ðe gryresiðas  gegan dorste,   1462
þonne he æt guðe  gegan þenceð   1535
syððan hie togædre  gegan hæfdon.   2630

GEGANGAN (1)
gold gegangan,  oððe guð nimeð,   2536

GEGANGENNE (1)
to gegangenne  gumena ænigum!   2416

GEGANGEÐ (1)
gif þæt gegangeð,  þæt ðe gar   1846
  nymeð,

GEGIREDAN (1)
Him ða gegiredan  Geata leode   3137

GEGNCWIDA (1)
ðinra gegncwida,  glædman Hroðgar.   367

GEGNUM (2)
gegnum gangan;  guðbeorna sum   314
gang ofer grundas,  þær heo gegnum   1404
  for

GEGONGEN (5)
þæt his aldres wæs  ende gegongen,   822
Hæfde aglæca  elne gegongen   893
Ða wæs gegongen  guman unfrodum   2821
godum gegongen,  þæt se guðcyning,   3036
grimme gegongen;  wæs þæt gifeðe   3085
  to swið

GEGRETAN (1)
godum gegretan  ofer ganotes bæð;   1861

GEGRETTE (3)
Gegrette þa  guma oþerne,   652
þurh hleoðorcwyde  holdne   1979
  gegrette,
Gegrette ða  gumena gehwylcne,   2516

GEGYRED (1)
syðþan he hine to guðe  gegyred   1472
  hæfde.

GEGYREDE (2)
golde gegyrede  gummanna fela   1028
golde gegyrede;  næs mid Geatum ða   2192

GEGYRWAN (2)
ne hyrde ic cymlicor  ceol   38
  gegyrwan
godne gegyrwan,  cwæð, he   199
  guðcyning

GEGYRWED (2)
golde gegyrwed.  Me to grunde teah   553
sio wæs orðoncum  eall gegyrwed   2087

GEHATE (2)
Ic hit þe gehate,  no he on helm   1392
  losaþ,
Ic hit þe þonne gehate,  þæt þu on   1671
  Heorote most

GEHATEN (1)
hæleðum sealde.  Sio gehaten is,   2024

GEHEALD (1)
Hafa nu ond geheald  husa selest,   658

GEHEALDAN (3)

ond gehealdan het  hildegeatwe.   674
fæderæþelum onfon,  folc   911
  gehealdan,
on ðam frumgare  feorh gehealdan,   2856

GEHEALDE (1)
mid arstafum  eowic gehealde   317

GEHEALDEÞ (1)
hyldo gehealdeþ!  Hordweard sohte   2293

GEHEAÐEROD (1)
hergum geheaðerod,  hellbendum   3072
  fæst,

GEHEAWE (1)
rand geheawe,  þeah ðe he rof sie   682

GEHEDDE (1)
gehedde under heofenum  þonne he   505
  sylfa):

GEHEGAN (1)
wið þam aglæcan,  ana gehegan   425

GEHEOLD (3)
on hand gehwearf;  he geheold tela   2208
He frætwe geheold  fela missera,   2620
ealdorleasne,  þone ðe ær geheold   3003

GEHET (3)
mærðo fremede;  he me mede gehet.   2134
wundum werge,  wean oft gehet   2937
He ðam frætwum feng  ond him fægre   2989
  gehet

GEHETON (2)
Hwilum hie geheton  æt hærgtrafum   175
þonne we geheton  ussum hlaforde   2634

GEHLEOD (1)
selfes dome;  sæbat gehleod,   895

GEHNÆGDE (1)
gehnægde helle gast.  þa he hean   1274
  gewat,

GEHOGODEST (1)
þa ðu færinga  feorr gehogodest   1988

GEHRODEN (1)
ofer hleorberan  gehroden golde,   304

GEHÐO (1)
gomol on gehðo  ond eowic gretan   3095
  het,

GEHWÆM (2)
þær mæg nihta gehwæm  niðwundor   1365
  seon,
oncyð eorla gehwæm,  syðþan   1420
  Æscheres

GEHWÆR (1)
ðeah þu heaðoræsa  gehwær dohte,   526

GEHWÆRE (1)
in mægþa gehwære  man geþeon.   25

GEHWÆS (2)
metod manna gehwæs.  Ic eom on   2527
  mode from
þeah ðe he dæda gehwæs  dyrstig   2838
  wære,

GEHWÆÞER (4)
æt heaðolace,  ne gehwæþer incer,   584
hæfde be honda;  wæs gehwæþer   814
  oðrum

80

GELAFEDE (1)
winedryhten his  wætere gelafede,      2722

GELAMP (3)
wisfæst wordum  þæs ðe hire se          626
    willa gelamp
æfenræste,  swa him ful oft            1252
    gelamp,
fuglum to gamene.  Frofor eft          2941
    gelamp

GELANG (1)
roderas reotað.  Nu is se ræd          1376
    gelang

-GELDE (1)
aðsweord eorla;  syððan Ingelde        2064

GELDENNE (1)
þa gyt hie him asetton  segen            47
    geldenne

GELEAH (1)
wiges ond wealles;  him seo wen        2323
    geleah.

GELENGE (1)
lice gelenge.  Ic ðas leode heold      2732

GELICE (1)
lungre, gelice,  last weardode,        2164

GELICOST (4)
flota famiheals  fugle gelicost,        218
ligge gelicost  leoht unfæger.          727
stiðra nægla gehwylc,  style            985
    gelicost,
þæt hit eal gemealt  ise gelicost,     1608

GELIMPE (1)
lungre gelimpe!  Fela ic laþes          929
    gebad,

GELIMPEÐ (1)
Hit on endestæf  eft gelimpeð          1753

GELOCEN (1)
gelocen leoðocræftum;  of ðam          2769
    leoma stod,

GELOME (1)
Swa mec gelome  laðgeteonan            559

GELOMP (1)
folcstede frætwan.  Him on fyrste       76
    gelomp,

GELONG (1)
lissa gelong;  ic lyt hafo             2150

GELUMPE (1)
gif him þyslicu  þearf gelumpe,        2637

GELUMPEN (1)
æfter þam wælræse  willa gelumpen.      824

GELYFAN (1)
lað wið laþum;  ðær gelyfan sceal       440

GELYFDE (4)
gamolfeax ond guðrof;  geoce           608
    gelyfde
þæt heo on ænigne  eorl gelyfde        627
se þe him bealwa to  bote gelyfde,     909
ond him to anwaldan  are gelyfde,     1272

GEMÆNDEN (1)
ne þurh inwitsearo  æfre gemænden     1101

GEMÆNE (5)
sib gemæne,  ond sacu restan,         1857
maþmas gemæne,  manig oþerne          1860
þær unc hwile wæs  hand gemæne,       2137
ofer wid wæter,  wroht gemæne,        2473
byrne ond beaduscrud,  bam            2660
    gemæne."

GEMÆNRA (1)
maþma gemænra,  siþðan morgen         1784
    bið."

GEMAN (4)
gamol of geardum;  hine gearwe         265
    geman
lara liðe;  ic þe þæs lean geman.     1220
eald æscwiga,  se ðe eall geman,      2042
"Ic ðæt mæl geman,  þær we medu       2633
    þegun,

GEMEALT (4)
Wælses eafera.  Wyrm hat gemealt.      897
þæt hit eal gemealt  ise gelicost,    1608
since fage.  Sweord ær gemealt,       1615
Ne gemealt him se modsefa,  ne his    2628
    mæges laf

GEMEARCOD (2)
morþre gemearcod,  mandream fleon,    1264
þurh runstafas  rihte gemearcod,      1695

GEMEDU (1)
maga gemedu.  Næfre ic maran           247
    geseah

GEMENGED (2)
atol yða geswing  eal gemenged         848
þæt wæs yðgeblond  eal gemenged,      1593

GEMET (4)*
mærðo deme,  swa him gemet þince."     687
ne gemet mannes,  nefne min anes,     2533
ofer min gemet  mæges helpan;         2879
efne swa hwylcum manna  swa him       3057
    gemet ðuhte.

GEMETE (1)
þæt hit a mid gemete  manna ænig,      779

GEMETING (1)
micel gemeting,  monegum fira,        2001

GEMETTE (2)
swylce he on ealderdagum  ær           757
    gemette.
hwæðer collenferð  cwicne gemette     2785

GEMETTON (1)
þæt ða aglæcean hy  eft gemetton.     2592

GEMON (3)
uncran eaferan,  gif he þæt eal       1185
    gemon,
fremeð on folce,  feor eal gemon,     1701
orleghwila;  ic þæt eall gemon.       2427

GEMONGE (1)
modig on gemonge  meodowongas         1643
    træd.

GEMUNDE (14)
Gemunde þa se goda,  mæg               758
    Higelaces,
worn gemunde,  word oþer fand          870
eal unhlitme.  Eard gemunde,          1129
þæt he Eotena bearn  inne gemunde.    1141
ides, aglæcwif,  yrmþe gemunde,       1259
hwæþre he gemunde  mægenes            1270
    strenge,

82

hafen handa fæst; helm ne    1290
   gemunde,
Huru ne gemunde mago Ecglafes,    1465
þonne he wintrum frod worn    2114
   gemunde.
Se ðæs leodhryres lean gemunde    2391
geaf me sinc ond symbel, sibbe    2431
   gemunde.
hreas hildeblac; hond gemunde    2488
Gemunde ða ða are þe he him ær    2606
   forgeaf,
mærða gemunde, mægenstrengo sloh    2678

GEMUNDON (1)
hæþenra hyht; helle gemundon    179

GEMYNDGAD (1)
Symble bið gemyndgad morna    2450
   gehwylce

GEMYNDIG (7)
cwen Hroðgares, cynna gemyndig,    613
guma gilphlæden, gidda gemyndig,    868
Beo wið Geatas glæd, geofena    1173
   gemyndig,
mærða gemyndig mæg Hylaces.    1530
bona blodigtoð, bealewa gemyndig,    2082
ond gehwæðer oðrum hroþra    2171
   gemyndig.
frecne fyrdraca, fæhða gemyndig,    2689

GEMYNDUM (2)
se scel to gemyndum minum leodum    2804
maððum to gemyndum, ne mægð scyne    3016

GEMYNE (1)
gemyne mærþo, mægenellen cyð,    659

GEN (11)
laðan liges; ne wæs hit lenge þa    83
   gen
wistfylle wen. Ne wæs þæt wyrd þa    734
   gen
gen ymbe Grendel, þæt ðu geare    2070
   cunne,
No ðy ær ut ða gen idelhende    2081
estum geywan. Gen is eall æt ðe    2149
ærran mælum, ond se an ða gen    2237
gledum forgrunden. Þa gen    2677
   guðcyning
sweðrian syððan. Þa gen sylf    2702
   cyning
gumena gehwylcum, swa he nu gen    2859
   deð.
folcred fremede oððe furður gen    3006
gold on greote, þær hit nu gen    3167
   lifað

GENA (2)
frode feorhlege, fremmað gena    2800
cyninge minum. Cwico wæs þa gena,    3093

GENÆGDAN (1)
niða genægdan nefan Hererices,    2206

GENÆGDON (1)
þær hyne Hetware hilde genægdon,    2916

GENÆGED (1)
niða genæged, ond on næs togen,    1439

GENÆS (3)
heorras tohlidene. Hrof ana    999
   genæs,
Gesæt þa wið sylfne se ða sæcce    1977
   genæs,
"Fela ic on giogoðe guðræsa    2426
   genæs,

GENAM (4)
reoc ond reþe, ond on ræste genam    122
Hream wearð in Heorote; heo under    1302
   heolfre genam
ond be healse genam; hruron him    1872
   tearas,
freawine folca, æt minum fæder    2429
   genam;

GENDE (1)
geatolic gende; gumfeþa stop    1401

GENEAHHE (2)
niwe geneahhe; Norðdenum stod    783
song sorgcearig swiðe geneahhe    3152

GENEARWOD (1)
heorohocyhtum hearde genearwod,    1438

GENEHOST (1)
nytte tealde. Þær genehost brægd    794

GENERED (1)
genered wið niðe; nihtweorce    827
   gefeh,

-GENES (1)
godum togenes: "Nu sceal gled    3114
   fretan,

GENESEN (1)
Swa he niða gehwane genesen    2397
   hæfde,

GENEÞAN (2)
under yða gewin aldre geneþan,    1469
Nænig þæt dorste deor geneþan    1933

GENEÐDE (4)
æþelinges bearn, ana geneðde    888
wigge under wætere, weorc geneþde    1656
eorlscipe efnde, ealdre geneðde,    2133
niehstan siðe: "Ic geneðde fela    2511

GENEÐDON (1)
feohtan fremedon, frecne geneðdon    959

-GENGA (5)
eteð angenga unmurnlice,    449
scriðan sceadugenga. Sceotend    703
   swæfon,
ealdgewinna, ingenga min;    1776
since hremig; sægenga bad    1882
siðes getwæfde; sægenga for,    1908

GENGDE (1)
He feara sum beforan gengde    1412

-GENGE (1)
frodan fyrnwitan, feorh uðgenge.    2123

-GENGEA (1)
atol angengea, oft gefremede,    165

GENIPU (2)
under næssa genipu niþer gewiteð,    1360
ofer floda genipu feorran    2808
   drifað."

GENIWAD (1)
þa se wyrm onwoc, wroht wæs    2287
   geniwad;

GENIWOD (2)
cuþe folme; cearu wæs geniwod,    1303
"Ne frin þu æfter sælum! Sorh is    1322
   geniwod

GENOGE (2)

GENOGE (continued)

fæhðo genoge, feorhsweng ne      2489
    ofteah.
þæt ge genoge  neon sceawiað     3104

GENOM (I)
sylfes dome;  segn eac genom,    2776

GENUMEN (I)
niðhedige men  genumen hæfdon,   3165

GENUNGA (I)
þæt he genunga  guðgewædu        2871

GENYDDE (I)
nyde genydde,  niþða bearna,     1005

GENYDED (I)
niþe genyded;  Nægling forbærst, 2680

GENYTTOD (I)
hæfde eorðscrafa  ende genyttod. 3046

GEO (I)
goldwine gumena,  hwæt wit geo   1476
    spræcon,

GEOCE (4)
þæt him gastbona  geoce gefremede 177
gamolfeax ond guðrof;  geoce     608
    gelyfde
ond þe to geoce  garholt bere,   1834
geongum garwigan  geoce gefremman, 2674

GEOCOR (I)
on grames grapum.  þæt wæs geocor 765
    sið

-GEOFA (I)
"Nu is wilgeofa  Wedra leoda,    2900

GEOFENA (I)
Beo wið Geatas glæd,  geofena    1173
    gemyndig,

GEOFENES (I)
ofer geofenes begang  Geata leode; 362

GEOFON (I)
glidon ofer garsecg;  geofon yþum 515
    weol,

GEOFUM (I)
geofum ond guðum,  garcene man,  1958

GEOGOÐ (I)
georne hyrdon,  oðð þæt seo geogoð 66
    geweox,

GEOGOÞE (6)
deorc deaþscua,  duguþe ond      160
    geogoþe,
ongunnen on geogoþe.  Me wearð   409
    Grendles þing
ond on geogoðe heold  ginne rice, 466
duguþe ond geogoþe  dæl æghwylcne, 621
glædne Hroþulf,  þæt he þa geogoðe 1181
    wile
guða on geogoðe;  gyt ic wylle,  2512

GEOGOÐFEORE (I)
on geogoðfeore)  þæt wit on      537
    garsecg ut

GEOGUÐFEORE (I)
swa ðu on geoguðfeore  geara     2664
    gecwæde

GEOLORAND (I)

84

geolorand to guþe,  ac ic mid    438
    grape sceal

GEOLWE (I)
geolwe linde,  gomel swyrd geteah, 2610

GEOMOR (4)
geafon on garsecg;  him wæs geomor 49
    sefa,
modes geomor  meregrund gefeoll. 2100
goldwine Geata.  Him wæs geomor  2419
    sefa,
sægde gesiðum  (him wæs sefa     2632
    geomor):

-GEOMOR (2)
weard winegeomor,  wende þæs     2239
    ylcan,
frod, felageomor,  fæsten secean, 2950

GEOMORE (I)
gyddum geomore,  þætte Grendel wan 151

GEOMORLIC (I)
Swa bið geomorlic  gomelum ceorle 2444

GEOMORMOD (2)
onginneð geomormod  geongum cempan 2044
ac sceal geomormod,  golde       3018
    bereafod,

GEOMRODE (I)
geomrode giddum.  Guðrinc astah. 1118

GEOMURU (I)
gare wunde.  þæt wæs geomuru ides! 1075

GEOND (9)
manigre mægþe  geond þisne       75
    middangeard,
witena welhwylc  wide geond      266
    eorþan.
geond widwegas  wundor sceawian, 840
geond þæt sæld swæfun.  þa ðær   1280
    sona wearð
geond widwegas,  wine min Beowulf, 1704
manigum mægþa  geond þysne       1771
    middangeard,
geond þæt healreced  Hæreðes     1981
    dohtor,
geond sæl swingeð,  ne se swifta  2264
    mearh
wigend weorðfullost  wide geond  3099
    eorðan,

GEONDBRÆDED (I)
Bencþelu beredon;  hit geondbræded 1239
    wearð

GEONDHWEARF (I)
friðusibb folca,  flet eall      2017
    geondhwearf,

GEONDSEH (I)
Ic wæs þær inne  ond þæt eall    3087
    geondseh,

GEONG (12)*
geong in geardum,  þone god sende 13
Swa sceal geong guma  gode        20
    gewyrcean,
swylce geong manig  of gomenwaþe 854
Hroðgar maþelode  (he to healle  925
    geong,
Geat wæs glædmod,  geong sona to 1785
Geata dryhten,  þeah ðe he geong 1831
    sy,
heah in healle,  Hygd swiðe geong, 1926

secge sealde, ær hie to setle 2019
geong.
geong, goldhroden, gladum suna 2025
Frodan;
lif of lice. Nu ðu lungre geong 2743
Geseah ða sigehreðig, þa he bi 2756
sesse geong,
æledleoman, se ðe on orde geong. 3125

GEONGA (1)
ac se maga geonga under his mæges 2675
scyld

GEONGAN (2)
geongan cempan, þæt he guðe ræs 2626
þa wæs æt ðam geongan grim 2860
ondswaru

GEONGE (1)
bædde byre geonge; oft hio 2018
beahwriðan

GEONGNE (1)
geongne guðcyning godne gefrunon 1969

GEONGUM (6)
geongum ond ealdum, swylc him god 72
sealde,
on swa geongum feore guman 1843
þingian.
gyfen goldhroden geongum cempan, 1948
onginneð geomormod geongum cempan 2044
geongum garwigan geoce gefremman, 2674
geongum garwigan, goldfahne helm, 2811

GEORN (1)
Ar wæs on ofoste, eftsiðes georn, 2783

GEORNE (4)
georne hyrdon, oðð þæt seo geogoð 66
geweox,
Huru Geata leod georne truwode 669
ganges getwæman, no ic him þæs 968
georne ætfealh,
georne æfter grunde, wolde guman 2294
findan,

GEORNOR (1)
secean wynleas wic; wiste þe 821
geornor

-GEORNOST (1)
leodum liðost ond lofgeornost. 3182

GEOSCEAFT (1)
geosceaft grimme, swa hit agangen 1234
wearð

GEOSCEAFTGASTA (1)
geosceaftgasta; wæs þæra Grendel 1266
sum,

GEOTENA (1)
in þæm guðsele Geotena leode 443

GEOTENDE (1)
gifen geotende, giganta cyn 1690

GERAD (1)
niwra spella se ðe næs gerad, 2898

GERADE (1)
ond on sped wrecan spel gerade, 873

GERÆHTE (2)
þæt ic aglæcan orde geræhte, 556
Wulf Wonreding wæpne geræhte, 2965

GERÆSDE (1)

þæt he wið attorsceaðan oreðe 2839
geræsde,

GEREGNAD (1)
golde geregnad, þær þa graman 777
wunnon.

GEREORDED (1)
fletsittendum fægere gereorded 1788

GERIMED (1)
Ðæm feower bearn forð gerimed 59

GERUMLICOR (1)
gerumlicor ræste sohte, 139

GERYMDON (1)
þæt hie him oðer flet eal 1086
gerymdon,

GERYMED (4)
on beorsele benc gerymed; 492
Hraðe wæs gerymed, swa se rica 1975
bebead,
ricone arærdon, ða him gerymed 2983
wearð
recedes geatwa, þa me gerymed 3088
wæs,

GERYSNE (1)
Ne þynceð me gerysne þæt we 2653
rondas beren

GESACAN (1)
under swegles begong gesacan ne 1773
tealde.

GESACU (1)
on sefan sweorceð, ne gesacu 1737
ohwær

GESÆD (1)
geseted ond gesæd hwam þæt sweord 1696
geworht,

GESÆGD (1)
gesægd soðlice sweotolan tacne 141

GESÆGDE (1)
þæt ic his ærest ðe est gesægde; 2157

GESÆGED (1)
sweordum gesæged. Sigemunde 884
gesprong

GESÆLDE (3)
Hwæþere me gesælde þæt ic mid 574
sweorde ofsloh
Hwæþre him gesælde ðæt þæt swurd 890
þurhwod
þearf gesælde; wæs seo þeod tilu. 1250

GESÆLED (1)
searwum gesæled. Sinc eaðe mæg, 2764

GESÆT (7)
modes brecða. Monig oft gesæt 171
sæbat gesæt mid minra secga 633
gedriht,
inwitþancum ond wið earm gesæt. 749
fuslic fyrdleoð. Feþa eal gesæt. 1424
Gesæt þa wið sylfne se ða sæcce 1977
genæs,
Gesæt ða on næsse niðheard 2417
cyning,
gesæt on sesse; seah on enta 2717
geweorc,

GESAGA (1)

85

## GESAGA (continued)

gesaga him eac wordum  þæt hie  388
sint wilcuman

GESAWON (7)
þæt ða liðende  land gesawon,  221
mære maðþumsweord  manige gesawon  1023
þæt hie gesawon  swylce twegen  1347
Gesawon ða æfter wætere  1425
wyrmcynnes fela,
Sona þæt gesawon  snottre ceorlas,  1591
selfne gesawon.  þa þæt sweord  1605
ongan
gesawon seledream.  Ic nah hwa  2252
sweord wege

GESCAD (1)
scearp scyldwiga  gescad witan,  288

GESCÆPHWILE (1)
Him ða Scyld gewat  to gescæphwile  26

GESCÆR (1)
hondgemota,  helm oft gescær,  1526

GESCEAFT (1)
oflet lifdagas  ond þas lænan  1622
gesceaft.

GESCEAPU (1)
scaduhelma gesceapu  scriðan  650
cwoman,

GESCEAT (1)
hatode ond hynde;  hord eft  2319
gesceat,

GESCEAWOD (2)
agendes est  ær gesceawod.  3075
heold on heahgesceap.  Hord ys  3084
gesceawod,

GESCED (1)
rodera rædend,  hit on ryht gesced  1555

GESCEOD (1)
sylfes willum,  se ðe him sare  2222
gesceod,

GESCEOP (1)
leomum ond leafum,  lif eac  97
gesceop

GESCER (1)
ac he him on heafde  helm ær  2973
gescer,

GESCEÞDAN (1)
eorres inwitfeng,  aldre  1447
gesceþðan;

GESCIPE (1)
to gescipe scyndan.  Scyld wel  2570
gebearg

GESCOD (3)
atolan clommum.  No þy ær in  1502
gescod
aldorleasne,  swa him ær gescod  1587
beacna beorhtost.  Bill ær gescod  2777

GESCRAF (1)
wealdan moste  swa him wyrd ne  2574
gescraf

GESEAH (14)
þa of wealle geseah  weard  229
Scildinga,
maga gemedu.  Næfre ic maran  247
geseah

Geseah he in recede  rinca manige,  728
stod on stapole,  geseah steapne  926
hrof,
færgripe flodes;  fyrleoht geseah,  1516
Geseah ða on searwum  sigeeadig  1557
bil,
reþe cempa,  to ðæs þe he on ræste  1585
geseah
maðmæhta ma,  þeh he þær monige  1613
geseah,
þæt ic on wage geseah  wlitig  1662
hangian
Geseah ða be wealle  se ðe worna  2542
fela,
mæg Ælfheres;  geseah his  2604
mondryhten
Geseah ða sigehreðig,  þa he bi  2756
sesse geong,
Swylce he siomian geseah  segn  2767
eallgylden
earfoðlice,  þæt he on eorðan  2822
geseah

GESEALDE (9)
ond þa freolic wif  ful gesealde  615
on þære medubence  maþðum  1052
gesealde,
Ða git him eorla hleo  inne  1866
gesealde,
swurd gesealde,  þæt he syðþan wæs  1901
ac me eorla hleo  eft gesealde  2142
Hyrde ic þæt he ðone healsbeah  2172
Hygde gesealde,
ond him gesealde  seofan þusendo,  2195
þioden þristhydig,  þegne  2810
gesealde,
þonne he on ealubence  oft  2867
gesealde

GESECAN (1)
ac gesecan sceal  sawlberendra,  1004

GESECANNE (1)
to gesecanne  sinces bryttan,  1922

GESECEAN (3)
secge ofersittan,  gif he gesecean  684
dear
eft eardlufan  æfre gesecean,  692
swiðe ondrædað.  He gesecean  2275
sceall

GESECEÐ (1)
of eorðsele  ut geseceð."  2515

GESEGAN (1)
Ær hi þær gesegan  syllicran wiht,  3038

GESEGON (1)
secgas gesegon  on sele wunian,  3128

GESELDAN (1)
sinne geseldan  in sele þam hean  1984

GESELLAN (1)
in ealobence  oðrum gesellan.  1029

GESEON (10)
under heregriman  Hroðgar geseon;  396
þæt ic sænæssas  geseon mihte,  571
siððan hie sunnan leoht  geseon ne  648
meahton,
þæt ðu hine selfne  geseon moste,  961
ða heo under swegle  geseon meahte  1078
freondum befeallen,  Frysland  1126
geseon,
geseon sunu Hrædles,  þonne he on  1485
þæt sinc starað,

86

þæs þe hi hyne gesundne  geseon  1628
   moston.
þæt hie seoððan no  geseon moston,  1875
þæs ðe ic ðe gesundne  geseon  1998
   moste."

GESETED (1)
geseted ond gesæd  hwam þæt sweord  1696
   geworht,

GESETEN (1)
ond we to symble  geseten hæfdon.  2104

GESETTE (2)
gesette sigehreþig  sunnan ond  94
   monan
sæcca gesette.  Oft seldan hwær  2029

GESIGAN (1)
gesigan æt sæcce; urum sceal  2659
   sweord ond helm,

GESIÐA (1)
swæsra gesiða,  nefne sinfrea,  1934

GESIÞAS (3)
swæse gesiþas, swa he selfa bæd,  29
swæse gesiðas  ond hyra sylfra  2040
   feorh.
swæse gesiðas: "Nolde ic sweord  2518
   beran,

GESIÐES (1)
on gesiðes had  be sæm tweonum,  1297

GESIÐUM (3)
self mid gesiðum  þær se snotera  1313
   bad,
selfa mid gesiðum  sæwealle neah.  1924
sægde gesiðum  (him wæs sefa  2632
   geomor):

GESLOGON (1)
mon on middangearde), syððan hie  2996
   ða mærða geslogon,

GESLOH (1)
Gesloh þin fæder  fæhðe mæste;  459

GESLYHTA (1)
sliðra geslyhta, sunu Ecgðiowes,  2398

GESOHTAN (1)
ða hyne gesohtan  on sigeþeode  2204

GESOHTE (6)
þanon he gesohte  Suððena folc  463
ðonon he gesohte  swæsne eðel,  520
þæt he Hroþgares  ham gesohte;  717
selran gesohte  þæm þe him selfa  1839
   deah."
siðe gesohte; ðær hio syððan well  1951
þæt he þone widflogan  weorode  2346
   gesohte,

GESOHTON (1)
þa for onmedlan  ærest gesohton  2926

GESPRÆC (4)
Gespræc þa se goda  gylpworda sum,  675
mihtigan drihtne,  þæs se man  1398
   gespræc.
eafoþes cræftig,  þæt he ær  1466
   gespræc
wis ond gewittig; worn eall  3094
   gespræc

GESPRANG (1)

forbarn brogdenmæl,  swa þæt blod  1667
   gesprang,

GESPRONG (1)
sweordum gesæged.  Sigemunde  884
   gesprong

GESTÆLED (1)
ge feor hafað  fæhðe gestæled  1340

GESTAH (1)
"Ic þæt hogode,  þa ic on holm  632
   gestah,

GESTEPTE (1)
feasceaftum freond,  folce  2393
   gestepte

GESTOD (3)
eode ellenrof,  þæt he for eaxlum  358
   gestod
heard under helme,  þæt he on  404
   heoðe gestod.
Stiðmod gestod  wið steapne rond  2566

GESTODON (1)
æðelinga bearn,  ymbe gestodon  2597

GESTOP (1)
feondes fotlast;  he to forð  2289
   gestop

GESTREON (3)
Het þa up beran  æþelinga  1920
   gestreon,
heard ond hringmæl  Heaðabeardna  2037
   gestreon
forleton eorla gestreon  eorðan  3166
   healdan,

GESTRYNAN (1)
ær swyltdæge  swylc gestrynan.  2798

GESTSELE (1)
gestsele gyredon.  Goldfag scinon  994

-GESTUM (1)
feðegestum  flet innanweard.  1976

GESUNDE (2)
siða gesunde.  Ic to sæ wille  318
ðær we gesunde  sæl weardodon.  2075

GESUNDNE (2)
þæs þe hi hyne gesundne  geseon  1628
   moston.
þæs ðe ic ðe gesundne  geseon  1998
   moste."

GESWAC (3)
aldre scepðan,  ac seo ecg geswac  1524
goldwine Geata;  guðbill geswac,  2584
geswac æt sæcce  sweord Biowulfes,  2681

GESWEARC (1)
niowan stefne.  Nihthelm geswearc  1789

GESWENCED (2)
synnum geswenced,  ac hyne sar  975
   hafað
ðeah þe hæðstapa  hundum  1368
   geswenced,

GESWENCTE (1)
his freawine,  flane geswencte,  2438

GESWING (1)
atol yða geswing  eal gemenged  848

**87**

## GESYHÐ (2)

| | |
|---|---|
| þonne cwið æt beore  se ðe beah gesyhð, | 2041 |
| Gesyhð sorhcearig  on his suna bure | 2455 |

## GESYNE (6)

| | |
|---|---|
| swylt æfter synnum.  þæt gesyne wearþ, | 1255 |
| æfter waldswaþum  wide gesyne, | 1403 |
| Wæs þæs wyrmes wig  wide gesyne, | 2316 |
| wælræs weora  wide gesyne, | 2947 |
| þa wæs gesyne  þæt se sið ne ðah | 3058 |
| wægliðendum  wide gesyne, | 3158 |

## GESYNGAD (1)

| | |
|---|---|
| þæt wæs feohleas gefeoht,  fyrenum gesyngad, | 2441 |

## GESYNTUM (1)

| | |
|---|---|
| secean on gesyntum,  snude eft cuman. | 1869 |

## -GET (1)

| | |
|---|---|
| wraðe forwurpe,  ða hyne wig beget. | 2872 |

## GETÆHTE (2)

| | |
|---|---|
| torht getæhte,  þæt hie him to mihton | 313 |
| wið his sylfes sunu  setl getæhte. | 2013 |

## GETÆSE (1)

| | |
|---|---|
| æfter neodlaðum  niht getæse. | 1320 |

## GETAN (1)

| | |
|---|---|
| getan wolde,  sum on galgtreowum | 2940 |

## -GETAWA (1)

| | |
|---|---|
| þæt we him ða guðgetawa  gyldan woldon | 2636 |

## -GETE (1)

| | |
|---|---|
| eðbegete  þam ðe ær his elne forleas. | 2861 |

## GETEAH (4)

| | |
|---|---|
| eodor Ingwina  onweald geteah, | 1044 |
| Ofsæt þa þone selegyst  ond hyre seax geteah, | 1545 |
| æppelfealuwe;  he him est geteah | 2165 |
| geolwe linde,  gomel swyrd geteah, | 2610 |

## GETENGE (1)

| | |
|---|---|
| gold glitinian  grunde getenge, | 2758 |

## GETEODE (1)

| | |
|---|---|
| þone þe him on sweofote  sare geteode, | 2295 |

## GETEOH (1)

| | |
|---|---|
| wordum wrixlan.  No ðu him wearne geteoh | 366 |

## GETEOHHOD (1)

| | |
|---|---|
| ac wæs oþer in  ær geteohhod | 1300 |

## GETEOÐ (1)

| | |
|---|---|
| weorðan æt wealle,  swa unc wyrd geteoð, | 2526 |

## GETIÐAD (1)

| | |
|---|---|
| onboren beaga hord,  bene getiðad | 2284 |

## GETRUME (1)

| | |
|---|---|
| tryddode tirfæst  getrume micle, | 922 |

## GETRUWEDON (1)

| | |
|---|---|
| Ða hie getruwedon  on twa healfa | 1095 |

## GETRUWODE (3)

| | |
|---|---|
| stið ond stylecg;  strenge getruwode, | 1533 |
| bæle ond bronde,  beorges getruwode, | 2322 |
| under stancleofu,  strengo getruwode | 2540 |

## GETRYWE (1)

| | |
|---|---|
| Her is æghwylc eorl  oþrum getrywe, | 1228 |

## GETWÆFAN (1)

| | |
|---|---|
| þone dolsceaðan  dæda getwæfan. | 479 |

## GETWÆFDE (2)

| | |
|---|---|
| of flanbogan  feores getwæfde, | 1433 |
| siðes getwæfde;  sægenga for, | 1908 |

## GETWÆFED (1)

| | |
|---|---|
| guð getwæfed,  nymðe mec god scylde. | 1658 |

## GETWÆFEÐ (1)

| | |
|---|---|
| þæt þec adl oððe ecg  eafoþes getwæfeð, | 1763 |

## GETWÆMAN (1)

| | |
|---|---|
| ganges getwæman,  no ic him þæs georne ætfealh, | 968 |

## GEÞÆGON (1)

| | |
|---|---|
| fylle gefægon;  fægere geþægon | 1014 |

## GEÞAH (1)

| | |
|---|---|
| beforan beorn beran.  Beowulf geþah | 1024 |

## GEÞEAH (2)

| | |
|---|---|
| leodum leofne.  He on lust geþeah | 618 |
| fyrena frofre.  He þæt ful geþeah, | 628 |

## GEÞEARFOD (1)

| | |
|---|---|
| ðeodenlease,  þa him swa geþearfod wæs; | 1103 |

## GEÞENC (1)

| | |
|---|---|
| "Geþenc nu, se mæra  maga Healfdenes, | 1474 |

## GEÞENCEAN (1)

| | |
|---|---|
| for his unsnyttrum  ende geþencean. | 1734 |

## GEÞEOH (1)

| | |
|---|---|
| þeodgestreona,  ond geþeoh tela, | 1218 |

## GEÞEON (2)

| | |
|---|---|
| in mægþa gehwære  man geþeon. | 25 |
| þæt þæt ðeodnes bearn  geþeon scolde, | 910 |

## GEÞINGEA (1)

| | |
|---|---|
| Ðonne wene ic to þe  wyrsan geþingea, | 525 |

## GEÞINGED (2)

| | |
|---|---|
| to þæm heahsele  hilde geþinged, | 647 |
| æfter mundgripe  mece geþinged, | 1938 |

## GEÞINGES (2)

| | |
|---|---|
| wudu, wælsceaftas,  worda geþinges." | 398 |
| bad bolgenmod  beadwa geþinges. | 709 |

## GEÞINGEÐ (1)

| | |
|---|---|
| geþingeð, þeodnes bearn,  he mæg þær fela | 1837 |

GEÞINGO (1)  
  þeodnes ðegna;  ac hig him geþingo  1085  
    budon,

GEÞOHT (2)  
  anfealdne geþoht: Ofost is selest  256  
  folces hyrde  fæstrædne geþoht.  610

GEÞOLIAN (1)  
  on ðæs waldendes  wære geþolian."  3109

GEÞOLIANNE (1)  
  to geþolianne,  ðegne monegum,  1419

GEÞOLODE (2)  
  þrage geþolode,  se þe in þystrum  87  
    bad,  
  twelf wintra tid  torn geþolode  147

GEÞONCUM (1)  
  þeostrum geþoncum, swa him geþywe  2332  
    ne wæs.

GEÞRÆC (1)  
  seon ond secean  searogimma  3102  
    geþræc,

GEÞRANG (1)  
  cuþe næssas.  Ceol up geþrang  1912

GEÞRING (1)  
  healsode hreohmod,  þæt ic on  2132  
    holma geþring

GEÞUNGEN (1)  
  mode geþungen,  medoful ætbær;  624

GEÞUREN (1)  
  þonne heoru bunden,  hamere  1285  
    geþuren,

GEÞWÆRE (1)  
  þegnas syndon geþwære,  þeod  1230  
    ealgearo,

GEÞYLD (1)  
  Ðys dogor þu  geþyld hafa  1395

GEÞYLDUM (1)  
  ðin ofer þeoda gehwylce. Eal þu  1705  
    hit geþyldum healdest,

GEÞYWE (1)  
  þeostrum geþoncum, swa him geþywe  2332  
    ne wæs.

GEUNNAN (1)  
  aldre þinum,  gif he us geunnan  346  
    wile

GEUÐE (1)  
  ac me geuðe  ylda waldend  1661

GEWAC (2)  
  incgelafe,  þæt sio ecg gewac  2577  
  gewac æt wige;  þæt se wyrm  2629  
    onfand,

GEWADEN (1)  
  wundenstefna  gewaden hæfde  220

GEWÆDU (1)  
  wæpen ond gewædu;  ic eow wisige.  292

GEWAND (1)  
  fyrendædum fag,  on fleam gewand  1001

GEWANOD (1)  
  wigheap gewanod;  hie wyrd  477  
    forsweop

GEWAT (21)  
  Him ða Scyld gewat  to gescæphwile  26  
  Gewat ða neosian,  syþðan niht  115  
    becom,  
  þritig þegna,  þanon eft gewat  123  
  Fyrst forð gewat.  Flota wæs on  210  
    yðum,  
  Gewat þa ofer wægholm,  winde  217  
    gefysed,  
  Gewat him þa to waroðe  wicge  234  
    ridan  
  Ða him Hroþgar gewat  mid his  662  
    hæleþa gedryht,  
  ond him Hroðgar gewat  to hofe  1236  
    sinum,  
  fæderenmæge;  he þa fag gewat,  1263  
  gehnægde helle gast.  Þa he hean  1274  
    gewat,  
  hwate Scyldingas;  gewat him ham  1601  
    þonon  
  yrfelafe.  Gewat him on naca  1903  
  Gewat him ða se hearda  mid his  1963  
    hondscole  
  ond him eft gewat  Ongenðioes  2387  
    bearn  
  Gewat þa twelfa sum  torne  2401  
    gebolgen  
  lond ond leodbyrig,  þa he of life  2471  
    gewat.  
  Gewat ða byrnende  gebogen  2569  
    scriðan,  
  æghwæs unrim,  þa he of ealdre  2624  
    gewat,  
  hate heaðowylmas;  him of hreðre  2819  
    gewat  
  Gewat him ða se goda  mid his  2949  
    gædelingum,  
  nihtes hwilum,  nyðer eft gewat  3044

GEWEALC (1)  
  ofer yða gewealc,  Arscyldinga.  464

GEWEALD (10)  
  se þe his wordes geweald  wide  79  
    hæfde.  
  winærnes geweald,  ond þæt word  654  
    acwæð:  
  fleon on fenhopu;  wiste his  764  
    fingra geweald  
  on feonda geweald  feor siðian.  808  
  on feonda geweald  forð forlacen,  903  
  worolde wilna,  þe ic geweald  950  
    hæbbe.  
  healle ond heahsetl,  þæt hie  1087  
    healfre geweald  
  onwindeð wælrapas,  se geweald  1610  
    hafað  
  on geweald gehwearf  woroldcyninga  1684  
  eard ond eorlscipe;  he ah ealra  1727  
    geweald.

GEWEALDAN (1)  
  wæpna gewealdan,  ac hine wundra  1509  
    þæs fela

GEWEALDENE (1)  
  gedeð him swa gewealdene  worolde  1732  
    dælas,

GEWEALDUM (1)  
  Nealles mid gewealdum  wyrmhord  2221  
    abræc

GEWEARÐ (2)  
  mærne þeoden;  þa ðæs monige  1598  
    gewearð  
  feara sumne;  þa sio fæhð gewearð  3061

GEWEGAN (1)

GEWEGAN (continued)

þe he wið þam wyrme   gewegan      2400
   sceolde.

GEWENDAN (I)
wihte gewendan;   wel bið þæm þe    186
   mot

GEWENDE (I)
wicg gewende,   word æfter cwæð:    315

GEWEOLD (2)
geweold wigsigor;   witig drihten,  1554
geweold his gewitte,   wællseaxe    2703
   gebræd,

GEWEORC (5)
Welandes geweorc.  Gæð a wyrd swa    455
   hio scel."
god ond geatolic,   giganta        1562
   geweorc.
wundorsmiþa geweorc,   ond þa þas   1681
   worold ofgeaf
gesæt on sesse;   seah on enta      2717
   geweorc,
eald enta geweorc,   anne mannan,   2774

GEWEORCES (I)
worlde geweorces.   Ða sio wund     2711
   ongon,

GEWEORÐAD (2)
wæpnum geweorðad,   næfne him his    250
   wlite leoge,
secan sundgebland   since          1450
   geweorðad,

GEWEORÐAN (I)
lete Suððene   sylfe geweorðan     1996

GEWEORÐOD (2)
wide geweorðod,   wisdome heold     1959
æfter beahðege   breost geweorðod.  2176

GEWEOX (2)
georne hyrdon,   oðð þæt seo geogoð   66
   geweox,
ne geweox he him to willan,  ac to  1711
   wælfealle

GEWERGAD (I)
wlitan on Wilaf.  He gewergad sæt,  2852

GEWIDRU (I)
lað gewidru,   oðþæt lyft drysmaþ,  1375

GEWIN (5)
wergan gastes;   wæs þæt gewin to    133
   strang,
wean onwendan;   wæs þæt gewin to    191
   swyð,
Hie þæt ne wiston,   þa hie gewin    798
   drugon,
Wælsinges gewin,   wide siðas,      877
under yða gewin   aldre geneþan,   1469

GEWINDAN (I)
widre gewindan   ond on weg þanon    763

GEWINNES (I)
þæt he þæs gewinnes   weorc         1721
   þrowade,

GEWIOFU (I)
wigspeda gewiofu,   Wedera leodum,   697

GEWISLICOST (I)
þæs þe hie gewislicost   gewitan    1350
   meahton,

GEWITAN (2)*
on flodes æht   feor gewitan.        42
þæs þe hie gewislicost   gewitan    1350
   meahton,

GEWITAÞ (I)
frean Scyldinga.  Gewitaþ forð      291
   beran

GEWITEÐ (2)
under næssa genipu   niþer gewiteð, 1360
Gewiteð þonne on sealman,          2460
   sorhleoð gæleð

GEWITNAD (I)
wommum gewitnad,   se ðone wong     3073
   strude,

GEWITON (3)
Gewiton him þa feran.  Flota        301
   stille bad,
þanon eft gewiton   ealdgesiðas,    853
Gewiton him ða wigend   wica       1125
   neosian,

GEWITTE (2)
geweold his gewitte,   wællseaxe    2703
   gebræd,
weoll of gewitte.  Wergendra to     2882
   lyt

GEWITTIG (I)
wis ond gewittig;   worn eall       3094
   gespræc

GEWORDEN (3)
geworden in wicun.  Ne wæs þæt      1304
   gewrixle til,
hafað þæs geworden   wine          2026
   Scyldinga,
wræc adreogan,   swa us geworden    3078
   is.

GEWORHT (I)
geseted ond gesæd   hwam þæt sweord 1696
   geworht,

GEWORHTE (4)
willan geworhte   oþðe on wæl        635
   crunge,
ðara þe he geworhte   to Westdenum  1578
ge wið feond ge   wið freond fæste  1864
   geworhte,
þe him se eorðdraca   ær geworhte,  2712

GEWORHTON (2)
bæd þæt ge geworhton   æfter wines  3096
   dædum
Geworhton ða   Wedra leode         3156

GEWRÆC (5)
in Caines cynne.  þone cwealm        107
   gewræc
yrmðe to aldre.  Ic ðæt eall       2005
   gewræc,
hyre bearn gewræc,   beorn acwealde 2121
wigum ond wæpnum;   he gewræc       2395
   syððan
sigora waldend,   þæt he hyne       2875
   sylfne gewræc

GEWRÆCAN (I)
þæt mægwine   mine gewræcan,        2479

GEWRECEN (I)
gewrecen wraðlice.  Wundur hwar     3062
   þonne

GEWRIXLE (I)

90

geworden in wicun.  Ne wæs þæt          1304
  gewrixle til,

GEWUNIGEN (1)
þæt hine on ylde  eft gewunigen           22

GEWURÞAD (3)
wæpnum gewurþad.  Þa ðær wlonc           331
  hæleð
sadol searwum fah,  since               1038
  gewurþad;
dædcene mon  dome gewurþad,             1645

GEWYRCAN (1)
wiht gewyrcan,  þeah þæt wæpen          1660
  duge;

GEWYRCE (1)
dom gewyrce,  oþðe mec deað            1491
  nimeð."

GEWYRCEAN (5)
Swa sceal geong guma  gode               20
  gewyrcean,
medoærn micel,  men gewyrcean            69
Heht him þa gewyrcean  wigendra        2337
  hleo
Hatað heaðomære  hlæw gewyrcean        2802
wunde gewyrcean.  Wiglaf siteð         2906

GEWYRHTUM (1)
"For gewyrhtum þu,  wine min             457
  Beowulf,

GEWYRPTE (1)
ac he hyne gewyrpte,  þeah ðe him      2976
  wund hrine.

GEYWAN (1)
estum geywan.  Gen is eall æt ðe       2149

-GICELUM (1)
æfter heaþoswate  hildegicelum,        1606

GID (2)
gomenwudu greted,  gid oft wrecen,     1065
gumcyste ongit;  ic þis gid be þe      1723

GIDD (1)
Þær wæs gidd ond gleo.  Gomela         2105
  Scilding,

GIDDA (1)
guma gilphlæden,  gidda gemyndig,       868

GIDDUM (1)
geomrode giddum.  Guðrinc astah.       1118

-GIESTE (1)
wið ðam gryregieste,  Geata            2560
  dryhten;

GIF (23)
wesan, þæs ic wene.  Þu wast (gif       272
  hit is
aldre þinum,  gif he us geunnan         346
  wile
Wen ic þæt he wille,  gif he            442
  wealdan mot,
dreore fahne,  gif mec deað nimeð.      447
Onsend Higelace,  gif mec hild          452
  nime,
grimre guðe,  gif þu Grendles           527
  dearst
hynðo on Heorote,  gif þin hige         593
  wære,
gif þu þæt ellenweorc  aldre            661
  gedigest."

secge ofersittan,  gif he gesecean      684
  dear
gif he torngemot  þurhteon mihte       1140
uncran eaferan,  gif he þæt eal        1185
  gemon,
frean Ingwina,  frægn gif him wære     1319
felasinnigne secg;  sec gif þu         1379
  dyrre.
gif ic æt þearfe  þinre scolde         1477
hondgesellum,  gif mec hild nime;      1481
Gif ic þonne on eorþan  owihte mæg     1822
Gif ic þæt gefricge  ofer floda        1826
  begang,
Gif him þonne Hreþric  to hofum        1836
  Geata
gif þæt gegangeð,  þæt ðe gar          1846
  nymeð,
mærðu fremman,  gif mec se             2514
  mansceaða
wæpen to wyrme,  gif ic wiste hu       2519
gif him þyslicu  þearf gelumpe,        2637
gif he wæccende  weard onfunde         2841

GIFA (1)
ne to gneað gifa  Geata leodum,        1930

-GIFAN (3)
ðe me se goda  agifan þenceð."          355
on hyra sincgifan  sare geendod.       2311
ætgifan æt guðe,  ond ongan swa        2878
  þeah

GIFE (2)
gimfæste gife  ðe him god sealde,      1271
ginfæstan gife,  þe him god            2182
  sealde,

-GIFE (1)
æfter maþðumgife  mærum Geate.         1301

GIFEN (1)
gifen geotende,  giganta cyn           1690

GIFEÞE (5)
godfremmendra  swylcum gifeþe bið       299
geald æt guðe,  swa me gifeðe wæs,     2491
gomol ond grægmæl.  Him þæt gifeðe     2682
  ne wæs
guðgewædu,  þær me gifeðe swa          2730
grimme gegongen;  wæs þæt gifeðe       3085
  to swið

GIFHEALLE (1)
ymb þa gifhealle  guðrinc monig;        838

GIFRE (1)
gifre ond galgmod,  gegan wolde        1277

-GIFRE (1)
heorogifre beheold  hund missera,      1498

GIFROST (1)
gæsta gifrost,  þara ðe þær guð        1123
  fornam

GIFSCEATTAS (1)
þa ðe gifsceattas  Geata fyredon        378

GIFSTOL (2)
no he þone gifstol  gretan moste,       168
gifstol Geata.  Þæt ðam godan wæs      2327

-GIFTUM (1)
fromum feohgiftum  on fæder             21
  bearme,

GIFÐUM (1)
þæt he to Gifðum  oððe to Gardenum     2494

91

GIFU (1)
þa wæs on gange  gifu Hroðgares          1884

-GIFU (1)
Nu sceal sincþego  ond swyrdgifu,        2884

GIGANTA (2)
god ond geatolic,  giganta               1562
    geweorc.
gifen geotende,  giganta cyn             1690

GIGANTAS (1)
swylce gigantas,  þa wið gode             113
    wunnon

GILP (1)
Geatmecga leod  gilp gelæsted,           829

GILPCWIDE (1)
gilpcwide Geates;  eode goldhroden       640

-GILPE (1)
ond for dolgilpe  on deop wæter          509

GILPHLÆDEN (1)
guma gilphlæden,  gidda gemyndig,        868

-GILSE (1)
uferan dogrum,  Eadgilse wearð           2392

GIM (1)
hondræs hæleða.  Syððan heofones         2072
    gim

GIMFÆSTE (1)
gimfæste gife  ðe him god sealde,        1271

-GIMMA (2)
sigla, searogimma.  Hie on sælade        1157
seon ond secean  searogimma              3102
    geþræc,

-GIMMAS (1)
swegle searogimmas,  þæt ic ðy           2749
    seft mæge

GINFÆSTAN (1)
ginfæstan gife,  þe him god              2182
    sealde,

GINGÆSTE (1)
þæt wæs þam gomelan  gingæste word       2817

GINNE (1)
ond on geogoðe heold  ginne rice,        466

-GINNEÐ (1)
onginneð geomormod  geongum cempan       2044

GIO (1)
gylpe wiðgripan,  swa ic gio wið         2521
    Grendle dyde.

GIOFAN (1)
ealdum ceorle  ondslyht giofan,          2972

GIOGOÐ (1)
giogoð ætgædere;  þær se goda sæt,       1190

GIOGOÐE (1)
"Fela ic on giogoðe  guðræsa            2426
    genæs,

GIOGUÐE (1)
gomel guðwiga  gioguðe cwiðan,           2112

GIOHÐE (1)
gomel on giohðe  (gold sceawode):        2793

GIOHÐO (1)
Swa giomormod  giohðo mænde              2267

-GIOMOR (2)
hæft hygegiomor,  sceolde hean           2408
    ðonon
morgenlongne dæg  modgiomor sæt,         2894

GIOMORGYD (1)
swylce giomorgyd  Geatisc meowle         3150

GIOMORMOD (1)
Swa giomormod  giohðo mænde              2267

GIONDWLITAN (1)
wræte giondwlitan.  Næs ðæs wyrmes       2771
    þær

GIONG (4)*
eldum uncuð.  þær on innan giong         2214
wong wisian.  He ofer willan giong       2409
giong on galgan,  þonne he gyd           2446
    wrece,
attor on innan.  Ða se æðeling           2715
    giong

-GIREDAN (1)
Him ða gegiredan  Geata leode            3137

GIST (3)
gist of geardum;  he to gyrnwræce        1138
gryrelicne gist.  Gyrede hine            1441
    Beowulf
grædig guðleoð.  Ða se gist onfand       1522

GISTAS (1)
goldwine gumena.  Gistas setan           1602

GIT (10)*
ðær git for wlence  wada cunnedon        508
sorhfullne sið,  þa git on sund          512
    reon.
þær git eagorstream  earmum              513
    þehton,
wintrys wylmum.  Git on wæteres          516
    æht
ond gebeotedon  (wæron begen þa          536
    git
billa brogan.  Breca næfre git           583
gumena cynnes,  swa he nu git deð.      1058
eft æt þe anum.  Eard git ne            1377
    const,
Ða git him eorla hleo  inne             1866
    gesealde,
feoll on foldan;  næs he fæge þa         2975
    git,

-GIT (2)
Forþan bið andgit  æghwær selest,       1059
gumcyste ongit;  ic þis gid be þe       1723

-GITAN (3)
Mæg þonne on þæm golde ongitan          1484
    Geata dryhten,
þæt hie Geata clifu  ongitan            1911
    meahton,
þæt he þone grundwong  ongitan          2770
    meahte,

-GITE (1)
goldæht ongite,  gearo sceawige         2748

GLAD (1)
glad ofer grundas,  gæst yrre           2073
    cwom,

-GLAD (1)
Guðhelm toglad,  gomela Scylfing        2487

GLADIAÐ (1)

on him gladiað gomelra lafe, 2036

GLADUM (1)
geong, goldhroden, gladum suna 2025
    Frodan;

GLÆD (1)
Beo wið Geatas glæd, geofena 1173
    gemyndig,

GLÆDE (1)
gamol ond guðreouw, glæde 58
    Scyldingas.

GLÆDMAN (1)
ðinra gegncwida, glædman Hroðgar. 367

GLÆDMOD (1)
Geat wæs glædmod, geong sona to 1785

GLÆDNE (2)
glædne Hroðgar, ac þæt wæs god 863
    cyning.
glædne Hroþulf, þæt he þa geogoðe 1181
    wile

GLED (2)
mid minne goldgyfan gled fæðmie. 2652
godum togenes: "Nu sceal gled 3114
    fretan,

GLEDEGESA (1)
gledegesa grim. God wat on mec 2650

GLEDUM (4)
Ða se gæst ongan gledum spiwan, 2312
gledum forgrunden; him ðæs 2335
    guðkyning,
gledum forgrunden. Þa gen 2677
    guðcyning
grimlic, gryrefah, gledum 3041
    beswæled.

GLEO (1)
þær wæs gidd ond gleo. Gomela 2105
    Scilding,

GLEOBEAMES (1)
gomen gleobeames, ne god hafoc 2263

GLEODREAM (1)
gamen ond gleodream. Forðon 3021
    sceall gar wesan

GLEOMANNES (1)
gleomannes gyd. Gamen eft astah, 1160

GLIDON (1)
glidon ofer garsecg; geofon yþum 515
    weol,

GLITINIAN (1)
gold glitinian grunde getenge, 2758

GLOF (1)
grapode gearofolm. Glof hangode 2085

GNEAÐ (1)
ne to gneað gifa Geata leodum, 1930

GNORN (1)
Geata duguðe gnorn þrowian, 2658

GNORNODE (1)
eame on eaxle. Ides gnornode, 1117

-GNORNODON (1)
Swa begnornodon Geata leode 3178

GOD (31)*
gomban gyldan. Þæt wæs god 11
    cyning!
geong in geardum, þone god sende 13
geongum ond ealdum, swylc him god 72
    sealde,
dæda demend, ne wiston hie 181
    drihten god,
god mid Geatum, Grendles dæda; 195
leodgebyrgean; wes þu us larena 269
    god.
hu he frod ond god feond 279
    oferswyðeþ,
heaþorof hæbbe. Hine halig god 381
on Grendles gryre. God eaþe mæg 478
wig ofer wæpen, ond siþðan witig 685
    god
þæt mihtig god manna cynnes 701
fyrene gefremede (he wæs fag wið 811
    god),
glædne Hroðgar, ac þæt wæs god 863
    cyning.
grynna æt Grendle; a mæg god 930
    wyrcan
nefne him witig god wyrd forstode 1056
gimfæste gife ðe him god sealde, 1271
herenet hearde, ond halig god 1553
god ond geatolic, giganta 1562
    geweorc.
guð getwæfed, nymðe mec god 1658
    scylde.
Ðeah þe hine mihtig god mægenes 1716
    wynnum,
hu mihtig god manna cynne 1725
forgyteð ond forgymeð, þæs þe him 1751
    ær god sealde,
Gecyste þa cyning æþelum god, 1870
ginfæstan gife, þe him god 2182
    sealde,
gomen gleobeames, ne god hafoc 2263
Geatum wealdan. Þæt wæs god 2390
    cyning!
gumcystum god, guða gedigde, 2543
god guðcyning, gomele lafe, 2563
gledegesa grim. God wat on mec 2650
gylpan þorfte; hwæðre him god 2874
    uðe,
gumena ænig, nefne god sylfa, 3054

-GOD (5)
æþeling ærgod, unbliðe sæt, 130
iren ærgod, þæt ðæs ahlæcan 989
æþeling ærgod, swylc Æschere wæs! 1329
æþeling ærgod ende gebidan, 2342
iren ærgod. Ne wæs þæt eðe sið, 2586

GODA (9)*
Hæfde se goða Geata leoda 205
ðe me se goda agifan þenceð." 355
Gespræc þa se goda gylpworda sum, 675
Nat he þara goda þæt he me ongean 681
    slea,
Gemunde þa se goda, mæg 758
    Higelaces,
giogoð ætgædere; þær se goda sæt, 1190
Ongeat þa se goda grundwyrgenne, 1518
gealdor ongeaton, þa se goda com 2944
Gewat him ða se goda mid his 2949
    gædelingum,

GODAN (3)
wið Grendles gryre. Ic þæm godan 384
    sceal
gan under gyldnum beage, þær þa 1163
    godan twegen
gifstol Geata. Þæt ðam godan wæs 2327

GODE (12)*

GODE (continued)

Swa sceal geong guma   gode                    20
    gewyrcean,
swylce gigantas,   þa wið gode                 113
    wunnon
guðgewædo),   gode þancedon                    227
grette Geata leod,   gode þancode              625
gode forgylde,   swa he nu gyt                 956
    dyde!"
wene ic þæt he mid gode   gyldan              1184
    wille
Ahleop ða se gomela,   gode                   1397
    þancode,
Eodon him þa togeanes,   gode                 1626
    þancodon,
in gumstole,   gode, mære,                    1952
guðe wið Grendel.   Gode ic þanc              1997
    secge
gode begeaton.   Guðdeað fornam,             2249
þe he usic garwigend   gode tealde,          2641

GODES (6)
beorht beacen godes;   brimu                   570
    swaþredon,
Grendel gongan,   godes yrre bær;             711
gryreleoð galan   godes ondsacan,             786
gromheort guma,   godes ondsaca,             1682
gumdream ofgeaf,   godes leoht               2469
    geceas,
wolde dom godes   dædum rædan                2858

GODFREMMENDRA (I)
godfremmendra   swylcum gifeþe bið            299

GODNE (7)
godne gegyrwan,   cwæð, he                    199
    guðcyning
þæt we hine swa godne   gretan                347
    moton."
þæt ic gumcystum   godne funde               1486
gomele ymb godne,   ongeador                 1595
    spræcon
cwæð, he þone guðwine   godne               1810
    tealde,
geongne guðcyning   godne gefrunon           1969
swa hyne Geata bearn   godne ne             2184
    tealdon,

GODRA (I)
godra guðrinca;   wutun gongan to,           2648

GODUM (4)*
godum gegretan   ofer ganotes bæð;          1861
guma guðum cuð,   godum dædum,              2178
godum gegongen;   þæt se guðcyning,         3036
godum togenes:   "Nu sceal gled             3114
    fretan,

GOLD (12)
Ad wæs geæfned   ond icge gold              1107
wordum bewægned,   ond wunden gold          1193
hord on hrusan,   þær he hæðen gold         2276
gold gegangan,   oððe guð nimeð,            2536
gold glitinian   grunde getenge,            2758
gold on grunde,   gumcynnes gehwone         2765
gomel on giohðe   (gold sceawode):          2793
gold unrime   grimme geceapod,             3012
iumonna gold   galdre bewunden,            3052
beagas ond brad gold.   Sie sio bær         3105
    gearo,
þa wæs wunden gold   on wæn hladen,         3134
gold on greote,   þær hit nu gen            3167
    lifað

-GOLD (I)
frætwe ond fætgold;   næs him feor          1921
    þanon

GOLDÆHT (I)
goldæht ongite,   gearo sceawige            2748

GOLDE (14)
ofer hleorberan   gehroden golde,           304
golde gegyrwed.   Me to grunde teah         553
golde geregnad,   þær þa graman             777
    wunnon.
golde fahne,   ond Grendles hond):          927
golde gegyrede   gummanna fela             1028
golde forgyldan,   þone ðe Grendel         1054
    ær
wundnum golde,   gyf þu on weg             1382
    cymest."
Mæg þonne on þæm golde ongitan            1484
    Geata dryhten,
He þæm batwearde   bunden golde            1900
fættan golde   fela leanode,              2102
golde gegyrede;   næs mid Geatum ða        2192
Sceal se hearda helm   hyrsted             2255
    golde
gomela iomeowlan   golde berofene,         2931
ac sceal geomormod,   golde                3018
    bereafod,

-GOLDEN (I)
dryhtmaðma dæl   deaðe forgolden;          2843

GOLDES (4)
fættan goldes,   swa he Fresena cyn        1093
Swa wæs on ðæm scennum   sciran           1694
    goldes
fættan goldes,   fea worda cwæð:           2246
ðæt hæfde gumena sum   goldes             2301
    gefandod,

GOLDFAG (I)
gestsele gyredon.   Goldfag scinon         994

GOLDFAH (2)
geatolic ond goldfah,   ongyton           308
    mihton;
geap ond goldfah;   gæst inne swæf        1800

GOLDFAHNE (I)
geongum garwigan,   goldfahne helm,       2811

GOLDGYFAN (I)
mid minne goldgyfan   gled fæðmie.         2652

GOLDHRODEN (4)
grette goldhroden   guman on              614
    healle,
gilpcwide Geates;   eode goldhroden        640
gyfen goldhroden   geongum cempan,        1948
geong, goldhroden,   gladum suna          2025
    Frodan;

GOLDHWÆTE (I)
næs he goldhwæte   gearwor hæfde          3074

GOLDMAÐMAS (I)
gearo guðfreca,   goldmaðmas heold,       2414

GOLDSELE (4)
goldsele gumena,   gearwost wisse,         715
siþðan goldsele   Grendel warode,        1253
to þæm goldsele   Grendles heafod,       1639
of ðam goldsele   gongan wolde,          2083

GOLDWEARD (I)
þæt he ne grette   goldweard þone,        3081

GOLDWINE (5)
goldwine gumena,   ond to Geatum          1171
    spræc
goldwine gumena,   hwæt wit geo           1476
    spræcon,
goldwine gumena.   Gistas setan          1602
goldwine Geata.   Him wæs geomor          2419
    sefa,
goldwine Geata;   guðbill geswac,        2584

GOLDWLANC (1)
  guðrinc goldwlanc, græsmoldan    1881
    træd

GOMBAN (1)
  gomban gyldan. þæt wæs god    11
    cyning!

GOMEL (3)
  gomel guðwiga gioguðe cwiðan,    2112
  geolwe linde, gomel swyrd geteah,    2610
  gomel on giohðe (gold sceawode):    2793

GOMELA (6)
  Ahleop ða se gomela, gode    1397
    þancode,
  þær wæs gidd ond gleo. Gomela    2105
    Scilding,
  Guðhelm toglad, gomela Scylfing    2487
  guðgewædu, þær se gomela læg,    2851
  gomela iomeowlan golde berofene,    2931
  gomela Scilfing, ac forgeald    2968
    hraðe

GOMELAN (2)
  se ðone gomelan gretan sceolde,    2421
  þæt wæs þam gomelan gingæste word    2817

GOMELE (2)
  gomele ymb godne, ongeador    1595
    spræcon
  god guðcyning, gomele lafe,    2563

GOMELRA (1)
  on him gladiað gomelra lafe,    2036

GOMELUM (1)
  Swa bið geomorlic gomelum ceorle    2444

GOMEN (2)
  gomen gleobeames, ne god hafoc    2263
  gomen in geardum, swylce ðær iu    2459
    wæron.

GOMENE (1)
  gyrn æfter gomene, seoþðan    1775
    Grendel wearð,

GOMENWAÞE (1)
  swylce geong manig of gomenwaþe    854

GOMENWUDU (2)
  gomenwudu greted, gid oft wrecen,    1065
  gomenwudu grette, hwilum gyd    2108
    awræc

GOMOL (2)
  gomol ond grægmæl. Him þæt gifeðe    2682
    ne wæs
  gomol on gehðo ond eowic gretan    3095
    het,

-GON (3)
  fah ond fæted, þæt ðæt fyr ongon    2701
  worlde geweorces. Ða sio wund    2711
    ongon,
  ealdres æt ende; he hine eft    2790
    ongon

-GONG (4)
  under swegles begong selra nære    860
  Sona þæt onfunde se ðe floda    1497
    begong
  under swegles begong gesacan ne    1773
    tealde.
  Oferswam ða sioleða bigong sunu    2367
    Ecgðeowes,

GONGAN (5)

Grendel gongan, godes yrre bær;    711
Geata gongan; gumdryhten mid    1642
heaðolaces hal to hofe gongan.    1974
of ðam goldsele gongan wolde,    2083
godra guðrinca; wutun gongan to,    2648

-GONGEN (5)
  þæt his aldres wæs ende gegongen,    822
  Hæfde aglæca elne gegongen    893
  Ða wæs gegongen guman unfrodum    2821
  godum gegongen, þæt se guðcyning,    3036
  grimme gegongen; wæs þæt gifeðe    3085
    to swið

GRÆDIG (3)
  grim ond grædig, gearo sona wæs,    121
  grim ond grædig, þæt þær gumena    1499
    sum
  grædig guðleoð. Ða se gist onfand    1522

GRÆG (1)
  æscholt ufan græg; wæs se    330
    irenþreat

GRÆGE (1)
  græge syrcan ond grimhelmas,    334

GRÆGMÆL (1)
  gomol ond grægmæl. Him þæt gifeðe    2682
    ne wæs

-GRÆPE (1)
  þær him aglæca ætgræpe wearð;    1269

GRÆSMOLDAN (1)
  guðrinc goldwlanc, græsmoldan    1881
    træd

GRAMAN (1)
  golde geregnad, þær þa graman    777
    wunnon.

GRAMES (1)
  on grames grapum. þæt wæs geocor    765
    sið

GRAMUM (2)
  forgrand gramum, ond nu wið    424
    Grendel sceal,
  ongean gramum gangan scolde.    1034

-GRAND (1)
  forgrand gramum, ond nu wið    424
    Grendel sceal,

GRAP (1)
  Grap þa togeanes, guðrinc gefeng    1501

-GRAP (3)
  þæt him hildegrap hreþre ne    1446
    mihte,
  ond æt guðe forgrap Grendeles    2353
    mægum
  ac him hildegrap heortan wylmas,    2507

GRAPE (3)
  geolorand to guþe, ac ic mid    438
    grape sceal
  grim on grape; hwæþre me gyfeþe    555
    wearð
  Grendles grape) under geapne    836
    hrof.

GRAPODE (2)
  þæt hire wið halse heard grapode,    1566
  grapode gearofolm. Glof hangode    2085

GRAPUM (2)

GRAPUM (continued)

on grames grapum.  þæt wæs geocor  765
   sið
grimman grapum  ond him togeanes  1542
   feng;

-GRAPUM (1)
feondgrapum fæst.  Ic gefremman  636
   sceal

GRENDEL (18)
Wæs se grimma gæst  Grendel haten,  102
gyddum geomore,  þætte Grendel wan  151
forgrand gramum,  ond nu wið  424
   Grendel sceal,
gumena ængum  hwæt me Grendel  474
   hafað
þæt næfre Grendel swa fela  gryra  591
   gefremede,
guþgeweorca,  þonne Grendel hine;  678
Grendel gongan,  godes yrre bær;  711
guðhreð gyfeþe;  scolde Grendel  819
   þonan
golde forgyldan,  þone ðe Grendel  1054
   ær
siþðan goldsele  Grendel warode,  1253
geosceaftgasta;  wæs þæra Grendel  1266
   sum,
þe þu gystran niht  Grendel  1334
   cwealdest
þone on geardagum  Grendel nemdon  1354
guðwerigne  Grendel licgan  1586
gyrn æfter gomene,  seoþðan  1775
   Grendel wearð,
guðe wið Grendel.  Gode ic þanc  1997
   secge
gen ymbe Grendel,  þæt ðu geare  2070
   cunne,
gyrded cempa;  him Grendel wearð,  2078

GRENDELES (4)
swa begylpan ne þearf  Grendeles  2006
   maga
gearo gyrnwræce  Grendeles modor,  2118
in ðam guðsele  Grendeles modor  2139
ond æt guðe forgrap  Grendeles  2353
   mægum

GRENDLE (4)
Grendle togeanes,  swa guman  666
   gefrungon,
grynna æt Grendle;  a mæg god  930
   wyrcan
Grendle forgyldan  guðræsa fela  1577
gylpe wiðgripan,  swa ic gio wið  2521
   Grendle dyde.

GRENDLES (16)
Grendles guðcræft  gumum undyrne;  127
god mid Geatum,  Grendles dæda;  195
wið Grendles gryre.  Ic þæm godan  384
   sceal
ongunnen on geogoþe.  Me wearð  409
   Grendles þing
on Grendles gryre.  God eaþe mæg  478
Grendles guþe  mid gryrum ecga.  483
grimre guðe,  gif þu Grendles  527
   dearst
Grendles grape)  under geapne  836
   hrof.
golde fahne,  ond Grendles hond):  927
æfter guðceare,  Grendles modor,  1258
Grendles modor.  Wæs se gryre  1282
   læssa
Grendles magan  gang sceawigan.  1391
Guðgeata leod  Grendles modor;  1538
to þæm goldsele  Grendles heafod,  1639
Grendles heafod,  þær guman  1648
   druncon,
hwylc orleghwil  uncer Grendles  2002

96

GREOTE (1)
gold on greote,  þær hit nu gen  3167
   lifað

GREOTEÞ (1)
se þe æfter sincgyfan  on sefan  1342
   greoteþ),

GREOW (1)
forð gefremede,  hwæþere him on  1718
   ferhþe greow

GRETAN (8)
no he þone gifstol  gretan moste,  168
þæt we hine swa godne  gretan  347
   moton."
guðbilla nan,  gretan nolde,  803
hæle hildedeor,  Hroðgar gretan.  1646
to ðam hringsele  Hroðgar gretan;  2010
se ðone gomelan  gretan sceolde,  2421
þe mec guðwinum  gretan dorste,  2735
gomol on gehðo  ond eowic gretan  3095
   het.

-GRETAN (1)
godum gegretan  ofer ganotes bæð;  1861

GRETED (1)
gomenwudu greted,  gid oft wrecen,  1065

GRETTE (7)
grette goldhroden  guman on  614
   healle,
grette Geata leod,  gode þancode  625
hæle hildedeor  Hroðgar grette.  1816
gæstas grette,  ac him togeanes  1893
   rad,
þæt ðu þone wælgæst  wihte ne  1995
   grette,
gomenwudu grette,  hwilum gyd  2108
   awræc
þæt he ne grette  goldweard þone,  3081

-GRETTE (3)
Gegrette þa  guma oþerne,  652
þurh hleoðorcwyde  holdne  1979
   gegrette,
Gegrette ða  gumena gehwylcne,  2516

GRIM (6)
grim ond grædig,  gearo sona wæs,  121
grim on grape;  hwæþre me gyfeþe  555
   wearð
grim ond grædig,  þæt þær gumena  1499
   sum
garcwealm gumena  (him bið grim  2043
   sefa),
gledegesa grim.  God wat on mec  2650
þa wæs æt ðam geongan  grim  2860
   ondswaru

-GRIM (5)
nydwracu niþgrim,  nihtbealwa  193
   mæst.
heaðogrim ondhwearf;  hreo wæron  548
   yþa.
sefa swa searogrim,  swa þu self  594
   talast.
hreoh ond heorogrim  hringmæl  1564
   gebrægd,
hat ond heaðogrim,  heals ealne  2691
   ymbefeng

-GRIMAN (4)
under heregriman  Hroðgar geseon;  396
under heregriman  hindeman siðe,  2049
þa ðe beadogriman  bywan sceoldon,  2257
under heregriman  hat þrowian.  2605

GRIMHELMAS (1)
græge syrcan ond grimhelmas,    334

GRIMLIC (1)
grimlic, gryrefah, gledum    3041
   beswæled.

GRIMMA (1)
Wæs se grimma gæst Grendel haten,    102

GRIMMAN (1)
grimman grapum ond him togeanes    1542
   feng;

GRIMME (3)
geosceaft grimme, swa hit agangen    1234
   wearð
gold unrime grimme geceapod,    3012
grimme gegongen; wæs þæt gifeðe    3085
   to swið

-GRIMME (1)
hild heorugrimme, Hreþles    1847
   eaferan,

GRIMMON (1)
guþmod grimmon. Guman onetton,    306

GRIMNE (2)
siþðan grimne gripe Guðlaf ond    1148
   Oslaf
grimne gryrelicne grundhyrde    2136
   fond;

GRIMRE (1)
grimre guðe, gif þu Grendles    527
   dearst

-GRIPAN (1)
gylpe wiðgripan, swa ic gio wið    2521
   Grendle dyde.

GRIPE (2)
siþðan grimne gripe Guðlaf ond    1148
   Oslaf
oððe gripe meces, oððe gares    1765
   fliht,

-GRIPE (7)
manna mægencræft on his mundgripe    380
mundgripe maran. He on mode wearð    753
þæt he for mundgripe minum scolde    965
mid nydgripe nearwe befongen,    976
færgripe flodes; fyrleoht geseah,    1516
mundgripe mægenes. Swa sceal man    1534
   don,
æfter mundgripe mece geþinged,    1938

-GRIPUM (1)
under færgripum gefaran wolde.    738

-GROM (1)
eatol, æfengrom, user neosan,    2074

GROMHEORT (1)
gromheort guma, godes ondsaca,    1682

GROMHYDIG (1)
gytsað gromhydig, nallas on gylp    1749
   seleð

GRUND (3)
gumena bearna, þæt þone grund    1367
   wite;
ne on gyfenes grund, ga þær he    1394
   wille.
under gynne grund, Geata cempa,    1551

-GRUND (2)
ofer eormengrund oþer nænig    859

modes geomor meregrund gefeoll.    2100

GRUNDAS (2)
gang ofer grundas, þær heo gegnum    1404
   for
glad ofer grundas, gæst yrre    2073
   cwom,

-GRUNDAS (1)
se þe meregrundas mengan scolde,    1449

GRUNDBUENDRA (1)
grundbuendra gearwe stowe,    1006

GRUNDE (4)
golde gegyrwed. Me to grunde teah    553
georne æfter grunde, wolde guman    2294
   findan,
gold glitinian grunde getenge,    2758
gold on grunde, gumcynnes gehwone    2765

-GRUNDE (1)
symbel ymbsæton sægrunde neah;    564

-GRUNDEN (2)
gledum forgrunden; him ðæs    2335
   guðkyning,
gledum forgrunden. þa gen    2677
   guðcyning

GRUNDHYRDE (1)
grimne gryrelicne grundhyrde    2136
   fond;

GRUNDWONG (3)
ær he þone grundwong ongytan    1496
   mehte.
grundwong þone ofgyfan wolde;    2588
þæt he þone grundwong ongitan    2770
   meahte,

GRUNDWYRGENNE (1)
Ongeat þa se goda grundwyrgenne,    1518

GRYNNA (1)
grynna æt Grendle; a mæg god    930
   wyrcan

GRYRA (1)
þæt næfre Grendel swa fela gryra    591
   gefremede,

GRYRE (3)
wið Grendles gryre. Ic þæm godan    384
   sceal
on Grendles gryre. God eaþe mæg    478
Grendles modor. Wæs se gryre    1282
   læssa

-GRYRE (1)
wiggryre wifes, be wæpnedmen,    1284

GRYREBROGA (1)
þæt þær ðam gyste gryrebroga    2227
   stod;

GRYREFAH (1)
grimlic, gryrefah, gledum    3041
   beswæled.

GRYREFAHNE (1)
Geata dryhten, gryrefahne sloh    2576

GRYREGEATWUM (1)
in hyra gryregeatwum gangan    324
   cwomon.

GRYREGIESTE (1)

**97**

GRYREGIESTE (continued)

wið ðam gryregieste, Geata    2560
    dryhten;

GRYRELEOÐ (I)
gryreleoð galan  godes ondsacan,    786

GRYRELICNE (2)
gryrelicne gist.  Gyrede hine    1441
    Beowulf
grimne gryrelicne  grundhyrde    2136
    fond;

GRYRESIÐAS (I)
se ðe gryresiðas  gegan dorste,    1462

GRYRUM (I)
Grendles guþe  mid gryrum ecga.    483

-GRYRUM (I)
wið færgryrum  to gefremmanne.    174

GUMA (7)
Swa sceal geong guma  gode    20
    gewyrcean,
Gegrette þa  guma oþerne,    652
guma gilphlæden,  gidda gemyndig,    868
feasceaft guma  frofre gebohte;    973
"Ne sorga, snotor guma; selre bið    1384
    æghwæm
gromheort guma,  godes ondsaca,    1682
guma guðum cuð,  godum dædum,    2178

-GUMA (2)
secg on searwum;  nis þæt    249
    seldguma,
þæt ðec, dryhtguma,  deað    1768
    oferswyðeð.

GUMAN (8)
guðsearo geatolic;  guman ut    215
    scufon,
guþmod grimmon.  Guman onetton,    306
grette goldhroden  guman on    614
    healle,
Grendle togeanes,  swa guman    666
    gefrungon,
Grendles heafod,  þær guman    1648
    druncon,
on swa geongum feore  guman    1843
    þingian.
georne æfter grunde,  wolde guman    2294
    findan,
Ða wæs gegongen  guman unfrodum    2821

-GUMAN (3)
Swa ða drihtguman  dreamum lifdon    99
druncne dryhtguman  doð swa ic    1231
    bidde."
domes ær deaþe;  þæt bið    1388
    drihtguman

GUMCYNNES (2)
"We synt gumcynnes  Geata leode    260
gold on grunde,  gumcynnes gehwone    2765

GUMCYNNUM (I)
æfter gumcynnum,  gyf heo gyt    944
    lyfað,

GUMCYSTE (I)
gumcyste ongit;  ic þis gid be þe    1723

GUMCYSTUM (2)
þæt ic gumcystum  godne funde    1486
gumcystum god,  guða gedigde,    2543

GUMDREAM (I)
gumdream ofgeaf,  godes leoht    2469
    geceas,

GUMDRYHTEN (I)
Geata gongan;  gumdryhten mid    1642

GUMENA (19)
buton folcscare  ond feorum    73
    gumena.
guðsearo gumena;  garas stodon,    328
gumena ængum  hwæt me Grendel    474
    hafað
goldsele gumena,  gearwost wisse,    715
þara þe gumena bearn  gearwe ne    878
    wiston,
gumena cynnes,  swa he nu git deð.    1058
goldwine gumena,  ond to Geatum    1171
    spræc
gumena bearna,  þæt þone grund    1367
    wite;
goldwine gumena,  hwæt wit geo    1476
    spræcon,
grim ond grædig,  þæt þær gumena    1499
    sum
goldwine gumena.  Gistas setan    1602
gumena dryhten,  ðonne ic gyt    1824
    dyde,
garcwealm gumena  (him bið grim    2043
    sefa),
swa hy on geardagum  gumena    2233
    nathwylc,
ðæt hæfde gumena sum  goldes    2301
    gefandod,
to gegangenne  gumena ænigum!    2416
Gegrette ða  gumena gehwylcne,    2516
gumena gehwylcum,  swa he nu gen    2859
    deð.
gumena ænig,  nefne god sylfa,    3054

GUMFEÞA (I)
geatolic gende;  gumfeþa stop    1401

GUMMANNA (I)
golde gegyrede  gummanna fela    1028

GUMSTOLE (I)
in gumstole,  gode, mære,    1952

GUMUM (2)
Grendles guðcræft  gumum undyrne;    127
gumum ætgædere.  Guðbyrne scan    321

-GUMUM (I)
deorc ofer dryhtgumum.  Duguð eal    1790
    aras.

-GUNNEN (I)
ongunnen on geogoþe.  Me wearð    409
    Grendles þing

-GUNNON (2)
No her cuðlicor  cuman ongunnon    244
Ongunnon þa on beorge  bælfyra    3143
    mæst

GUÐ (4)
gæsta gifrost,  þara ðe þær guð    1123
    fornam
guð getwæfed,  nymðe mec god    1658
    scylde.
Geata dryhtne,  guð onsæge.    2483
gold gegangan,  oððe guð nimeð,    2536

GUÐA (2)
guða on geogoðe;  gyt ic wylle,    2512
gumcystum god,  guða gedigde,    2543

GUÐBEORNA (I)
gegnum gangan;  guðbeorna sum    314

GUÐBILL (I)
goldwine Geata;  guðbill geswac,    2584

98

GUÐBILLA (1)
guðbilla nan,   gretan nolde,        803

GUÐBYRNE (1)
gumum ætgædere.   Guðbyrne scan      321

GUÐCEARE (1)
æfter guðceare.   Grendles modor,    1258

GUÐCRÆFT (1)
Grendles guðcræft   gumum undyrne;   127

GUÐCYNING (5)
godne gegyrwan,   cwæð, he           199
   guðcyning
geongne guðcyning   godne gefrunon   1969
god guðcyning,   gomele lafe,        2563
gledum forgrunden.   þa gen          2677
   guðcyning
godum gegongen,   þæt se guðcyning,  3036

GUÐDEAÐ (1)
gode begeaton.   Guðdeað fornam,     2249

GUÞE (13)
geolorand to guþe,   ac ic mid       438
   grape sceal
Grendles guþe   mid gryrum ecga.     483
grimre guðe,   gif þu Grendles       527
   dearst
guþe gebeodan.   Gæþ eft se þe mot   603
ond þa gyddode   guþe gefysed;       630
syðþan he hine to guðe gegyred       1472
   hæfde.
þonne he æt guðe   gegan þenceð      1535
guðe wið Grendel.   Gode ic þanc     1997
   secge
ond æt guðe forgrap   Grendeles      2353
   mægum
syððan Geata cyning   guðe ræsum,    2356
geald æt guðe,   swa me gifeðe wæs,  2491
geongan cempan,   þæt he guðe ræs    2626
ætgifan æt guðe,   ond ongan swa     2878
   þeah

GUÐFLOGAN (1)
þæt ic wið þone guðflogan   gylp     2528
   ofersitte.

GUÐFRECA (1)
gearo guðfreca,   goldmaðmas heold,  2414

GUÐFREMMENDRA (1)
guðfremmendra   gearwe ne wisson,    246

GUÐGEATA (1)
Guðgeata leod   Grendles modor;      1538

GUÐGEATAWUM (1)
Nu ge moton gangan   in eowrum       395
   guðgeatawum

GUÐGETAWA (1)
þæt we him ða guðgetawa   gyldan     2636
   woldon

GUÐGEWÆDA (1)
geaf him ða mid Geatum   guðgewæda,  2623

GUÐGEWÆDO (1)
guðgewædo),   gode þancedon          227

GUÐGEWÆDU (4)
his gædelinges   guðgewædu,          2617
guðgewædu,   þær me gifeðe swa       2730
guðgewædu,   þær se gomela læg,      2851
þæt he genunga   guðgewædu           2871,

GUÞGEWEORCA (3)

guþgeweorca,   þonne Grendel hine;   678
on gylpspræce   guðgeweorca,         981
guðgeweorca,   ic beo gearo sona.    1825

GUÐHELM (1)
Guðhelm toglad,   gomela Scylfing    2487

GUÐHORN (1)
guðhorn galan.   Sumne Geata leod    1432

GUÐHREÐ (1)
guðhreð gyfeþe;   scolde Grendel     819
   þonan

GUÐKYNING (1)
gledum forgrunden;   him ðæs         2335
   guðkyning,

GUÐLAF (1)
siþðan grimne gripe   Guðlaf ond     1148
   Oslaf

GUÐLEOÐ (1)
grædig guðleoð.   Ða se gist onfand  1522

GUÞMOD (1)
guþmod grimmon.   Guman onetton,     306

GUÐRÆS (1)
geald þone guðræs   Geata dryhten,   2991

GUÐRÆSA (2)
Grendle forgyldan   guðræsa fela     1577
"Fela ic on giogoðe   guðræsa        2426
   genæs,

GUÐREOUW (1)
gamol ond guðreouw,   glæde          58
   Scyldingas.

GUÐRINC (4)
ymb þa gifhealle   guðrinc monig;    838
geomrode giddum.   Guðrinc astah.    1118
Grap þa togeanes,   guðrinc gefeng   1501
guðrinc goldwlanc,   græsmoldan      1881
   træd

GUÐRINCA (1)
godra guðrinca;   wutun gongan to,   2648

GUÐROF (1)
gamolfeax ond guðrof;   geoce        608
   gelyfde

GUÐSCEARE (1)
æfter guðsceare,   Geata leode,      1213

GUÐSCEAÐA (1)
hu se guðsceaða   Geata leode        2318

GUÐSCILFINGAS (1)
Geata leode   Guðscilfingas.         2927

GUÐSEARO (2)
guðsearo geatolic;   guman ut        215
   scufon,
guðsearo gumena;   garas stodon,     328

GUÐSELE (2)
in þæm guðsele   Geotena leode       443
in ðam guðsele   Grendeles modor     2139

GUÐSWEORD (1)
guðsweord geatolic,   gyd æfter      2154
   wræc:

GUÐUM (2)
geofum ond guðum,   garcene man,     1958
guma guðum cuð,   godum dædum,       2178

GUÐWERIGNE (1)
  guðwerigne  Grendel licgan         1586

GUÐWIGA (1)
  gomel guðwiga  gioguðe cwiðan,    2112

GUÐWINE (1)
  cwæð, he þone guðwine  godne     1810
    tealde,

GUÐWINUM (1)
  þe mec guðwinum  gretan dorste,  2735

GYD (4)
  gleomannes gyd.  Gamen eft astah,  1160
  gomenwudu grette,  hwilum gyd    2108
    awræc
  guðsweord geatolic,  gyd æfter    2154
    wræc:
  giong on galgan,  þonne he gyd   2446
    wrece,

-GYD (2)
  swylce giomorgyd  Geatisc meowle  3150
  wordgyd wrecan  ond ymb wer     3172
    sprecan;

GYDDODE (1)
  ond þa gyddode  guþe gefysed;    630

GYDDUM (1)
  gyddum geomore,  þætte Grendel wan  151

GYF (6)
  gyf him edwendan  æfre scolde    280
  æfter gumcynnum,  gyf heo gyt    944
    lyfað,
  gyf þonne Frysna hwylc  frecnan   1104
    spræce
  arum healdan,  gyf þu ær þonne he,  1182
  wundnum golde,  gyf þu on weg    1382
    cymest."
  hordweard hæleþa,  gyf þu healdan  1852
    wylt

-GYFAN (5)
  ymb hyra sincgyfan  sel gebæran.   1012
  ðeah hie hira beaggyfan  banan    1102
    folgedon
  se þe æfter sincgyfan  on sefan   1342
    greoteþ),
  grundwong þone  ofgyfan wolde;   2588
  mid minne goldgyfan  gled fæðmie.  2652

GYFEN (3)
  þa wæs Hroðgare  heresped gyfen,    64
  harum hildfruman,  on hand gyfen,  1678
  gyfen goldhroden  geongum cempan,  1948

GYFENES (1)
  ne on gyfenes grund,  ga þær he    1394
    wille.

GYFEÞE (2)
  grim on grape;  hwæþre me gyfeþe   555
    wearð
  guðhreð gyfeþe;  scolde Grendel    819
    þonan

-GYFEÐE (1)
  Merewioingas  milts ungyfeðe.    2921

-GYFTE (1)
  ful on flette;  no he þære      1025
    feohgyfte

-GYFTUM (1)
  ond æt feohgyftum  Folcwaldan sunu 1089

-GYLD (1)
  weoldon wælstowe,  syððan     2051
    Wiðergyld læg,

GYLDAN (3)
  gomban gyldan.  þæt wæs god     11
    cyning!
  wene ic þæt he mid gode  gyldan  1184
    wille
  þæt we him ða guðgetawa  gyldan  2636
    woldon

-GYLDAN (3)
  golde forgyldan,  þone ðe Grendel  1054
    ær
  Grendle forgyldan  guðræsa fela  1577
  wolde se laða  lige forgyldan    2305

-GYLDE (1)
  gode forgylde,  swa he nu gyt    956
    dyde!"

GYLDEN (1)
  ða wæs gylden hilt  gamelum rince,  1677

-GYLDEN (2)
  swatfah syrce,  swyn ealgylden,   1111
  Swylce he siomian geseah  segn   2767
    ealgylden

GYLDENNE (2)
  segen gyldenne  sigores to leane;  1021
  Dyde him of healse  hring gyldenne  2809

GYLDNUM (1)
  gan under gyldnum beage,  þær þa  1163
    godan twegen

GYLP (2)
  gytsað gromhydig,  nallas on gylp  1749
    seleð
  þæt ic wið þone guðflogan  gylp  2528
    ofersitte.

GYLPAN (1)
  gylpan þorfte;  hwæðre him god   2874
    uðe,

-GYLPAN (1)
  swa begylpan ne þearf  Grendeles  2006
    maga

GYLPE (2)
  fagum sweordum  (no ic þæs fela   586
    gylpe),
  gylpe wiðgripan,  swa ic gio wið  2521
    Grendle dyde.

GYLPEÐ (1)
  morðres gylpeð,  ond þone maþðum  2055
    byreð,

GYLPSPRÆCE (1)
  on gylpspræce  guðgeweorca,    981

GYLPWORDA (1)
  Gespræc þa se goda  gylpworda sum,  675

GYM (1)
  ece rædas;  oferhyda ne gym,    1760

GYMEÐ (2)
  eorles ærgestreon,  egesan ne    1757
    gymeð.
  eaforan ellorsið;  oðres ne gymeð  2451

-GYMEÐ (1)
  forgyteð ond forgymeð,  þæs þe him 1751
    ær god sealde,

GYNNE ( I )
under gynne grund, Geata cempa,      1551

GYRDED ( I )
gyrded cempa; him Grendel wearð,     2078

-GYRED ( I )
syðþan he hine to guðe gegyred       1472
hæfde.

GYREDE ( I )
gryrelicne gist.   Gyrede hine       1441
Beowulf

-GYREDE ( 2 )
golde gegyrede  gummanna fela        1028
golde gegyredo;  næs mid Geatum ða   2192

GYREDON ( I )
gestsele gyredon.  Goldfag scinon     994

GYRN ( I )
gyrn æfter gomene,  seoþðan          1775
Grendel wearð,

GYRNWRÆCE ( 2 )
gist of geardum;  he to gyrnwræce    1138
gearo gyrnwræce  Grendeles modor,    2118

-GYRWAN ( 2 )
ne hyrde ic cymlicor  ceol             38
gegyrwan
godne gegyrwan,  cwæð, he            199
guðcyning

-GYRWED ( 2 )
golde gegyrwed.  Me to grunde teah    553
sio wæs orðoncum  eall gegyrwed      2087

-GYST ( I )
Ofsæt þa þone selegyst  ond hyre     1545
seax geteah,

GYSTE ( I )
þæt þær ðam gyste  gryrebroga        2227
stod;

GYSTRAN ( I )
þe þu gystran niht  Grendel          1334
cwealdest

GYT ( 12 )
þa gyt hie him asetton  segen          47
geldenne
æfter gumcynnum,  gyf heo gyt        944
lyfað,
gode forgylde,  swa he nu gyt        956
dyde!"
ða gyt æghwylcum  eorla drihten     1050
hamas ond heaburh.  Hengest ða gyt   1127
gear in geardas,  swa nu gyt deð,    1134
sæton suhtergefæderan;  þa gyt wæs   1164
hiera sib ætgædere,
widcuþ werum,  þætte wrecend þa      1256
gyt
mancynnes feond,  ond his modor þa   1276
gyt,
gumena dryhten,  ðonne ic gyt        1824
dyde,
feorh oðferede.  Næs ic fæge þa      2141
gyt,
guða on geogoðe;  gyt ic wylle,      2512

-GYTAN ( I )
ær he þone grundwong  ongytan        1496
mehte.

-GYTEÐ ( I )

forgyteð ond forgymeð,  þæs þe him   1751
ær god sealde,

-GYTON ( I )
geatolic ond goldfah,  ongyton       308
mihton;

GYTSAÐ ( I )
gytsað gromhydig,  nallas on gylp    1749
seleð

HABBAN ( 7 )
hafalan hydan,  ac he me habban      446
wile
for herebrogan  habban ne mihte.     462
hererinc habban.  Heorot is          1176
gefælsod.
heardecg habban;  ic me mid          1490
Hruntinge
heaþoliðende  habban scoldon.        1798
feorhbennum seoc  gefean habban;     2740
habban on healse  hringweorðunge,    3017

-HABBAN ( 2 )
forhabban in hreþre.  Ða wæs heal    1151
roden
Ne mihte ða forhabban;  hond rond    2609
gefeng,

HABBAÐ ( I )
Habbað we to þæm mæran  micel        270
ærende,

HAD ( 3 )
on gesiðes had  be sæm tweonum,      1297
þurh hæstne had  heardum clammum,    1335
sincmaðþum selra  on sweordes had;   2193

HADOR ( 2 )*
under heofenes hador  beholen        414
weorþeð.
hador on Heorote.  þær wæs hæleða    497
dream,

HADRE ( I )
efne swa of hefene  hadre scineð     1571

HÆBBE ( 7 )
heaþorof hæbbe.  Hine halig god      381
to Westdenum,  þæs ic wen hæbbe,     383
mæg ond magoðegn;  hæbbe ic mærða    408
fela
Hæbbe ic eac geahsod  þæt se         433
æglæca
worolde wilna,  þe ic geweald        950
hæbbe.
þara þe ic on foldan  gefrægen       1196
hæbbe.
under burhlocan  gebiden hæbbe,      1928

-HÆBBENDE ( 2 )
lindhæbbende;  ne ge leafnesword     245
bordhæbbende,  bega on wenum,        2895

-HÆBBENDRA ( 3 )
"Hwæt syndon ge  searohæbbendra,     237
rondhæbbendra,  rices wyrðra.        861
lindhæbbendra.  Lastas wæron         1402

HÆFDE ( 36 )
se þe his wordes geweald  wide        79
hæfde.
siþðan him scyppend  forscrifen      106
hæfde
Hæfde se goda  Geata leoda           205
wundenstefna  gewaden hæfde          220
hæfde mare mægen.  þa hine on        518
morgentid
fah feondscaða,  fæste hæfde         554

101

HÆFDE (continued)

| | |
|---|---|
| cwen to gebeddan. Hæfde kyningwuldor | 665 |
| synsnædum swealh; sona hæfde | 743 |
| ac he sigewæpnum forsworen hæfde, | 804 |
| hæfde be honda; wæs gehwæþer oðrum | 814 |
| Hæfde þa gefælsod se þe ær feorran com, | 825 |
| ellenmærþum. Hæfde Eastdenum | 828 |
| Hæfde aglæca elne gegongen | 893 |
| þæt he hæfde mod micel, þeah þe he his magum nære | 1167 |
| þone hring hæfde Higelac Geata, | 1202 |
| Hraðe heo æþelinga anne hæfde | 1294 |
| syðþan he hine to guðe gegyred hæfde. | 1472 |
| Hæfde ða forsiðod sunu Ecgþeowes | 1550 |
| þæt hine seo brimwylf abroten hæfde. | 1599 |
| mægenbyrþenne þara þe he him mid hæfde. | 1625 |
| Nealles ic ðam leanum forloren hæfde, | 2145 |
| cwæð þæt hyt hæfde Hiorogar cyning, | 2158 |
| ðæt hæfde gumena sum goldes gefandod, | 2301 |
| Hæfde landwara lige befangen, | 2321 |
| Hæfde ligdraca leoda fæsten, | 2333 |
| hæfde him on earme ana þritig | 2361 |
| Swa he niða gehwane genesen hæfde, | 2397 |
| Hæfde þa gefrunen hwanan sio fæhð aras, | 2403 |
| heold mec ond hæfde Hreðel cyning, | 2430 |
| þonne his ðiodcyning þearfe hæfde, | 2579 |
| þæt he dæghwila gedrogen hæfde, | 2726 |
| hæfde æghwæðer ende gefered | 2844 |
| hæfde Higelaces hilde gefrunen, | 2952 |
| hæfde eorðscrafa ende genyttod. | 3046 |
| næs he goldhwæte gearwor hæfde | 3074 |
| oðþæt he ða banhus gebrocen hæfde, | 3147 |

-HÆFDE (1)

| | |
|---|---|
| wiðhæfde heaþodeorum, þæt he on hrusan ne feol, | 772 |

HÆFDON (10)

| | |
|---|---|
| æfter beorþege gebun hæfdon. | 117 |
| Hæfdon swurd nacod, þa wit on sund reon, | 539 |
| Næs hie ðære fylle gefean hæfdon, | 562 |
| ac hie hæfdon gefrunen þæt hie ær to fela micles | 694 |
| hæfdon ealfela eotena cynnes | 883 |
| ond we to symble geseten hæfdon. | 2104 |
| hæfdon hy forhealden helm Scylfinga, | 2381 |
| syððan hie togædre gegan hæfdon. | 2630 |
| ond hi hyne þa begen abroten hæfdon, | 2707 |
| niðhedige men genumen hæfdon, | 3165 |

HÆFEN (1)

| | |
|---|---|
| hæfen on handa, nalles hearpan sweg | 3023 |

HÆFT (1)

| | |
|---|---|
| hæft hygegiomor, sceolde hean ðonon | 2408 |

HÆFTMECE (1)

| | |
|---|---|
| wæs þæm hæftmece Hrunting nama. | 1457 |

HÆFTNYD (1)

| | |
|---|---|
| hynðo ond hæftnyd. Heofon rece swealg. | 3155 |

HÆFTON (1)

| | |
|---|---|
| helle hæfton. Heold hine fæste | 788 |

HÆGSTEALDRA (1)

| | |
|---|---|
| hægstealdra heap, hringnet bæron, | 1889 |

HÆL (2)

| | |
|---|---|
| hwetton higerofne, hæl sceawedon. | 204 |
| Hroðgar Beowulf, ond him hæl abead, | 653 |

HÆLE (5)*

| | |
|---|---|
| heardran hæle, healðegnas fand. | 719 |
| hyse, mid hæle, ond þisses hrægles neot, | 1217 |
| hæle hildedeor, Hroðgar gretan. | 1646 |
| hæle hildedeor Hroðgar grette. | 1816 |
| hæle hildedior, hæleða monegum, | 3111 |

HÆLEÐ (7)

| | |
|---|---|
| hæleð under heofenum, hwa þæm hlæste onfeng. | 52 |
| singala seað, ne mihte snotor hæleð | 190 |
| wæpnum gewurþad. þa ðær wlonc hæleð | 331 |
| hæleð Healfdena, Hnæf Scyldinga, | 1069 |
| "Heald þu nu, hruse, nu hæleð ne moston, | 2247 |
| hæleð in hoðman; nis þær hearpan sweg, | 2458 |
| hæleð hiofende, hlaford leofne. | 3142 |

HÆLEÞA (17)

| | |
|---|---|
| hordburh hæleþa; ða wæs Heregar dead, | 467 |
| hador on Heorote. þær wæs hæleða dream, | 497 |
| ðær wæs hæleþa hleahtor, hlyn swynsode, | 611 |
| ða him Hroþgar gewat mid his hæleþa gedryht, | 662 |
| hord ond hleoburh, hæleþa rice, | 912 |
| hordweard hæleþa, heaþoræsas geald | 1047 |
| Hreðric ond Hroðmund, ond hæleþa bearn, | 1189 |
| hordmaððum hæleþa, syþðan Hama ætwæg | 1198 |
| Se wæs Hroþgare hæleþa leofost | 1296 |
| hæleþa to helpe. Ic on Higelac wat, | 1830 |
| hordweard hæleþa, gyf þu healdan wylt | 1852 |
| hiold heahlufan wið hæleþa brego, | 1954 |
| æfter hæleþa hryre, hwate Scyldungas? | 2052 |
| hondræs hæleða. Syððan heofones gim | 2072 |
| hæleða bearna heteswengeas fleah, | 2224 |
| æfter hæleða hryre, hwate Scildingas, | 3005 |
| hæle hildedior, hæleða monegum, | 3111 |

HÆLEÐUM (5)

| | |
|---|---|
| hæleðum to helpe. Ne wearð Heremod swa | 1709 |
| hæleðum to helpe, Hemminges mæg, | 1961 |
| hæleðum to handa. Higelac ongan | 1983 |
| hæleðum sealde. Sio gehaten is, | 2024 |
| hæleðum be healfe. Næs hearpan wyn, | 2262 |

HÆLO (1)

| | |
|---|---|
| þenden hælo abead heorðgeneatum, | 2418 |

102

-HÆLO (1)
wonsceaft wera. Wiht unhælo, 120

HÆREÞES (2)
Hæreþes dohtor; næs hio hnah swa 1929
    þeah,
geond þæt healreced Hæreðes 1981
    dohtor,

HÆRGTRAFUM (1)
Hwilum hie geheton æt hærgtrafum 175

HÆSTNE (1)
þurh hæstne had heardum clammum, 1335

HÆÐCEN (1)
Hæðcen Hreþling wið Hrefnawudu, 2925

HÆÐCYN (2)
Herebeald ond Hæðcyn oððe Hygelac 2434
    min.
syððan hyne Hæðcyn of hornbogan, 2437

HÆÐCYNNE (1)
heardan ceape; Hæðcynne wearð, 2482

HÆÐEN (1)
hord on hrusan, þær he hæðen gold 2276

HÆÞENE (1)
hæþene sawle; þær him hel onfeng. 852

HÆÞENES (1)
hæþenes handsporu hilderinces, 986

HÆÞENRA (1)
hæþenra hyht; helle gemundon 179

HÆÐNUM (1)
hæðnum horde, hond * * * , 2216

HÆÐSTAPA (1)
ðeah þe hæðstapa hundum 1368
    geswenced,

HAFA (2)
Hafa nu ond geheald husa selest, 658
Ðys dogor þu geþyld hafa 1395

HAFALAN (1)
hafalan hydan, ac he me habban 446
    wile

HAFAST (5)
sæmran æt sæcce. Þu þe self 953
    hafast
nean ond feorran þu nu hafast. 1174
Hafast þu gefered þæt ðe feor ond 1221
    neah
folces hyrde, ond þu þin feorh 1849
    hafast,
Hafast þu gefered þæt þam folcum 1855
    sceal,

HAFAÐ (9)
gumena ængum hwæt me Grendel 474
    hafað
Ac he hafað onfunden þæt he þa 595
    fæhðe ne þearf,
scuccum ond scinnum. Nu scealc 939
    hafað
synnum geswenced, ac hyne sar 975
    hafað
ge feor hafað fæhðe gestæled 1340
onwindeð wælrapas, se geweald 1610
    hafað
hafað þæs geworden wine 2026
    Scyldinga,
burhstede beateð. Bealocwealm 2265
    hafað

yrfeweardas, þonne se an hafað 2453

HAFELAN (10)
helm of hafelan, sealde his 672
    hyrsted sweord,
hlynode for hlawe; hafelan 1120
    multon,
hafelan weredon, þonne hniton 1327
    feþan,
hafelan hydan. Nis þæt heoru 1372
    stow!
on þam holmclife hafelan metton. 1421
ac se hwita helm hafelan werede, 1448
þæt hire on hafelan hringmæl agol 1521
buton þone hafelan ond þa hilt 1614
    somod
from þæm holmclife hafelan bæron 1635
þæt ic on þone hafelan 1780
    heorodreorigne

HAFEN (1)
hafen handa fæst; helm ne 1290
    gemunde,

HAFENADE (1)
hwearf þa be wealle, wæpen 1573
    hafenade

HAFO (2)
lissa gelong; ic lyt hafo 2150
wælnið wera, ðæs ðe ic wen hafo, 3000

HAFOC (1)
gomen gleobeames, ne god hafoc 2263

HAFU (1)
oreðes ond attres; forðon ic me 2523
    on hafu

-HAGA (1)
earm anhaga, eft to leodum; 2368

HAGAN (2)
Heht ða þæt heaðoweorc to hagan 2892
    biodan
syððan Hreðlingas to hagan 2960
    þrungon.

HAL (3)
þæt þone hilderæs hal gedigeð." 300
"Wæs þu, Hroðgar, hal! Ic eom 407
    Higelaces
heaðolaces hal to hofe gongan. 1974

HALAN (1)
halan lice; hring utan ymbbearh, 1503

HALGA (1)
Heorogar ond Hroðgar ond Halga 61
    til;

HALIG (3)
heaþorof hæbbe. Hine halig god 381
on swa hwæþere hond, halig 686
    dryhten,
herenet hearde, ond halig god 1553

-HALS (1)
wudu wundenhals to Wedermearce, 298

HALSE (1)
þæt hire wið halse heard grapode, 1566

HAM (12)
huðe hremig to ham faran, 124
þæt fram ham gefrægn Higelaces 194
    þegn,
ðæm to ham forgeaf Hreþel Geata 374
þæt he Hroþgares ham gesohte; 717

Ic hit þe gehate, no he on helm 1392
losaþ,
Ic hit þe þonne gehate, þæt þu on 1671
Heorote most

HATEN (5)
Wæs se grimma gæst Grendel haten, 102
æþele ordfruma, Ecgþeow haten. 263
Wæs his ealdfæder Ecgþeo haten, 373
Ða wæs haten hreþe Heort 991
innanweard
Wiglaf wæs haten Weoxstanes sunu, 2602

-HATEN (1)
hæleðum sealde. Sio gehaten is, 2024

HATES (1)
Ac ic ðær heaðufyres hates wene, 2522

HATIAN (1)
no ðy ær he þone heaðorinc hatian 2466
ne meahte

HATNE (1)
hatne for horde, hioroweallende 2781

HATODE (1)
hatode ond hynde; hord eft 2319
gesceat,

HATON (1)
haton heolfre, heorodreore weol. 849

HATOST (1)
hatost heaþoswata. Ic þæt hilt 1668
þanan

HE (284)
feasceaft funden, he þæs frofre 7
gebad,
swæse gesiþas, swa he selfa bæd, 29
He beot ne aleh, beagas dælde, 80
þæt he dogora gehwam dream 88
gehyrde
eco drihten, þæs þe he Abel slog; 108
ne gefeah he þære fæhðe, ac he 109
hine feor forwræc,
lange þrage; he him ðæs lean 114
forgeald.
no þone gifstol gretan moste, 168
godne gegyrwan, cwæð, he 199
guðcyning
lythwon logon, þeah he him leof 203
wære;
cempan gecorone þara þe he 206
cenoste
Gebad wintra worn, ær he on weg 264
hwurfe,
hu he frod ond god feond 279
oferswyðeþ,
aldre þinum, gif he us geunnan 346
wile
eode ellenrof, þæt he for eaxlum 358
gestod
Deniga frean; cuþe he duguðe 359
þeaw.
þyder to þance, þæt he þritiges 379
aldor Eastdena, þæt he eower 392
æþelu can,
heard under helme, þæt he on 404
heoðe gestod.
Wen ic þæt he wille, gif he 442
wealdan mot,
etan unforhte, swa he oft dyde, 444
hafalan hydan, ac he me habban 446
wile
wearþ he Heaþolafe to handbonan 460
þanon he gesohte Suðdena folc 463
ealde madmas; he me aþas swor. 472

forþon þe he ne uþe þæt ænig oðer 503
man
gehedde under heofenum þonne he 505
sylfa):
seofon niht swuncon; he þe æt 517
sunde oferflat,
ðonon he gesohte swæsne eðel, 520
freoðoburh fægere, þær he folc 522
ahte,
werian þohton. No he wiht fram me 541
Ac he hafað onfunden þæt he þa 595
fæhðe ne þearf,
leode Deniga, ac he lust wigeð, 599
leodum leofne. He on lust geþeah 618
fyrena frofre. He þæt ful geþeah, 628
Ða he him of dyde isernbyrnan, 671
Beowulf Geata, ær he on bed 676
stige:
Næt he þara goda þæt he me ongean 681
slea,
rand geheawe, þeah ðe he rof sie 682
secge ofersittan, gif he gesecean 684
dear
Nænig heora þohte þæt he þanon 691
scolde
folc oþðe freoburh, þær he afeded 693
wæs;
ac he wæccende wraþum on andan 708
Wod under wolcnum to þæs þe he 714
winreced,
þæt he Hroþgares ham gesohte; 717
næfre he on aldordagum ær ne 718
siþðan
fyrbendum fæst, syþðan he hire 722
folmum æthran;
onbræd þa bealohydig, ða he 723
gebolgen wæs,
Geseah he in recede rinca manige, 728
mynte þæt he gedælde, ærþon dæg 731
cwome,
þæt he ma moste manna cynnes 735
ac he gefeng hraðe forman siðe 740
feond mid folme; he onfeng hraþe 748
þæt he ne mette middangeardes, 751
mundgripe maran. He on mode wearð 753
swylce he on ealderdagum ær 757
gemette.
Mynte se mæra, þær he meahte swa, 762
wiðhæfde heaþodeorum, þæt he on 772
hrusan ne feol,
fæger foldbold; ac he þæs fæste 773
wæs
ac he sigewæpnum forsworen hæfde, 804
fyrene gefremede (he wæs fag wið 811
god),
hu he werigmod on weg þanon, 844
þæt he fram Sigemundes secgan 875
hyrde
þonne he swulces hwæt secgan 880
wolde,
hordes hyrde. He under harne 887
stan,
þæt he beahhordes brucan moste 894
ellendædum (he þæs ær onðah), 900
eafoð ond ellen. He mid Eotenum 902
wearð
lemede to lange; he his leodum 905
wearð,
eðel Scyldinga. He þær eallum 913
wearð,
Hroðgar maþelode (he to healle 925
geong,
gode forgylde, swa he nu gyt 956
dyde!"
þæt he for mundgripe minum scolde 965
feond on feþe. Hwæþere he his 970
folme forlet
ful on flette; no he þære 1025
feohgyfte

mane acwealde, swa he hyra ma 1055
    wolde,
gumena cynnes, swa he nu git deð. 1058
þæt he ne mehte on þæm meðelstede 1082
fættan goldes, swa he Fresena cyn 1093
þæt he þa wealafe weotena dome 1098
þeah þe he ne meahte on mere 1130
    drifan
gist of geardum; he to gyrnwræce 1138
gif he torngemot þurhteon mihte 1140
þæt he Eotena bearn inne gemunde. 1141
Swa he ne forwyrnde 1142
    woroldrædenne,
þæt he hæfde mod micel, þeah þe 1167
    he his magum nære
glædne Hroþulf, þæt he þa geogoðe 1181
    wile
arum healdan, gyf þu ær þonne he, 1182
wene ic þæt he mid gode gyldan 1184
    wille
uncran eaferan, gif he þæt eal 1185
    gemon,
siðþan he under segne sinc 1204
    ealgode,
syþðan he for wlenco wean ahsode, 1206
fæhðe to Frysum. He þa frætwe 1207
    wæg,
rice þeoden; he under rande 1209
    gecranc.
fæderenmæge; he þa fag gewat, 1263
hwæþre he gemunde mægenes 1270
    strenge,
frofre ond fultum; ðy he þone 1273
    feond ofercwom,
gehnægde helle gast. þa he hean 1274
    gewat,
syðþan he aldorþegn unlyfigendne, 1308
þæt he þone wisan wordum nægde 1318
forþan he to lange leode mine 1336
wanode ond wyrde. He æt wige 1337
    gecrang
næfne he wæs mara þonne ænig man 1353
    oðer;
feorran geflymed, ær he feorh 1370
    seleð,
aldor on ofre, ær he in wille 1371
þæt he his freond wrece, þonne he 1385
    fela murne.
Ic hit þe gehate, no he on helm 1392
    losaþ,
ne on gyfenes grund, ga þær he 1394
    wille.
He feara sum beforan gengde 1412
oþþæt he færinga fyrgenbeamas 1414
herestræl hearda; he on holme wæs 1435
eafoþes cræftig, þæt he ær 1466
    gespræc
wine druncen, þa he þæs wæpnes 1467
    onlah
drihtscype dreogan; þær he dome 1470
    forleas,
syðþan he hine to guðe gegyred 1472
    hæfde.
geseon sunu Hrædles, þonne he on 1485
    þæt sinc starað,
ær he þone grundwong ongytan 1496
    mehte.
swa he ne mihte, no he þæs modig 1508
    wæs,
þæt he in niðsele nathwylcum wæs, 1513
þonne he æt guðe gegan þenceð 1535
brægd þa beadwe heard, þa he 1539
    gebolgen wæs,
feþecempa, þæt he on fylle wearð. 1544
yðelice, syðþan he eft astod. 1556
He gefeng þa fetel hilt, freca 1563
    Scyldinga
rodores candel. He after recede 1572
    wlat;

hilderince, ac he hraþe wolde 1576
ðara þe he geworhte to Westdenum 1578
þonne he Hroðgares heorðgeneatas 1580
laðlicu lac. He him þæs lean 1584
    forgeald,
repe cempa, to ðæs þe he on ræste 1585
    geseah
syþðan he æfter deaðe drepe 1589
    þrowade,
þæt he sigehreðig secean come 1597
Ne nom he in þæm wicum, 1612
    Wedergeata leod,
maðmæhta ma, þeh he þær monige 1613
    geseah
mægenbyrþenne þara þe he him mid 1625
    hæfde.
ne geweox he him to willan, ac to 1711
    wælfealle
eaxlgesteallan, oþþæt he ana 1714
    hwearf,
þæt he þæs gewinnes weorc 1721
    þrowade,
eard ond eorlscipe; he ah ealra 1727
    geweald.
Hwilum he on lufan læteð hworfan 1728
side rice, þæt he his selfa ne 1733
    mæg
Wunað he on wiste; no hine wiht 1735
    dweleð
wendeð on willan (he þæt wyrse ne 1739
    con),
þinceð him to lytel þæt he lange 1748
    heold,
fædde beagas, ond he þa 1750
    forðgesceaft
cwæð, he þone guðwine godne 1810
    tealde,
Geata dryhten, þeah ðe he geong 1831
    sy,
folces hyrde, þæt he mec fremman 1832
    wile
geþingeð, þeodnes bearn, he mæg 1837
    þær fela
þæt he þone breostwylm forberan 1877
    ne mehte,
eftsið eorla, swa he ær dyde; 1891
no he mid hearme of hliðes nosan 1892
He þæm batwearde bunden golde 1900
swurd gesealde, þæt he syðþan wæs 1901
wearð on ðam wange, þær he worna 2003
    fela
syððan he modsefan minne cuðe, 2012
þæt he mid ðy wife wælfæhða dæl, 2028
þonne he mid fæmnan on flett gæð, 2034
feorhbealu fægum; he fyrmest læg, 2077
ac he mægnes rof min costode, 2084
He mec þær on innan unsynnigne, 2089
weorðode weorcum. He on weg 2096
    losade,
hand on Hiorte, ond he hean ðonan 2099
þonne he wintrum frod worn 2114
    gemunde.
mærðo fremede; he me mede gehet. 2134
mægnes mede, ac he me maðmas 2146
    geaf,
hwatum Heorowearde, þeah he him 2161
    hold wære,
æppelfealuwe; he him est geteah 2165
Hyrde ic þæt he ðone healsbeah 2172
    Hygde gesealde,
ac he mancynnes mæste cræfte 2181
swyðe wendon þæt he sleac wære, 2187
þæt he on Biowulfes bearm alegde 2194
on hand gehwearf; he geheold tela 2208
since fahne. He þæt syðþan * * *, 2217
þeah ðe he slæpende besyred wurde 2218
bufolc beorna, þæt he gebolgen 2220
    wæs.
þæt he lytel fæc longgestreona 2240

swiðe ondrædað. He gesecean 2275
sceall
hord on hrusan, þær he haðen gold 2276
feondes fotlast; he to forð 2289
gestop
sincfæt sohte. He þæt sona onfand 2300
wende se wisa þæt he wealdende 2329
wigbord wrætlic; wisse he gearwe 2339
þæt he þone widflogan weorode 2346
gesohte,
sidan herge; no he him þa sæcce 2347
ondred,
eafoð ond ellen, forðon he ær 2349
fela
hildehlemma, syððan he Hroðgares, 2351
hildegeatwa, þa he to holme beag. 2362
þæt he wið ælfylcum eþelstolas 2371
þæt he Heardrede hlaford wære 2375
hwæðre he him on folce 2377
freondlarum heold,
estum mid are, oððæt he yldra 2378
wearð,
he þær for feorme feorhwunde 2385
hleat
wigum ond wæpnum; he gewræc 2395
syððan
Swa he niða gehwane genesen 2397
hæfde,
þe he wið þam wyrme gewegan 2400
sceolde.
wong wisian. He ofer willan giong 2409
to ðæs ðe he eorðsele anne wisse, 2410
giong on galgan, þonne he gyd 2446
wrece,
hrefne to hroðre, ond he him 2448
helpe ne mæg,
no ðy ær he þone heaðorinc hatian 2466
ne meahte
He ða mid þære sorhge, þe him swa 2468
sar belamp,
lond ond leodbyrig, þa he of life 2471
gewat.
Ic him þa maðmas, þe he me 2490
sealde,
leohtan sweorde; he me lond 2492
forgeaf,
þæt he to Gifðum oððe to Gardenum 2494
nalles he ða frætwe Frescyninge, 2503
þæt he wið aglæcean eofoðo dæle, 2534
Let ða of breostum, ða he 2550
gebolgen wæs,
snude tosomne; he on searwum bad. 2568
ðær he þy fyrste, forman dogore 2573
Gemunde ða ða are þe he him ær 2606
forgeaf,
þeah ðe he his broðor bearn 2619
abredwade.
He frætwe geheold fela missera, 2620
æghwæs unrim, þa he of ealdre 2624
gewat,
geongan cempan, þæt he guðe ræs 2626
helmas ond heard sweord. Ðe he 2638
usic on herge geceas
þe he usic garwigend gode tealde, 2641
for ðam he manna mæst mærða 2645
gefremede,
þæt næron ealdgewyrht, þæt he ana 2657
scyle
swenge ofersohte, þonne he to 2686
sæcce bær
biteran banum; he geblodegod 2692
wearð
Ne hedde he þæs heafolan, ac sio 2697
hand gebarn
modiges mannes, þær he his mæges 2698
healp,
þæt he þone niðgæst nioðor hwene 2699
sloh,

biter ond beaduscearp, þæt he on 2704
byrnan wæg;
swelan ond swellan; he þæt sona 2713
onfand,
þæt he bi wealle wishycgende 2716
Biowulf maþelode (he ofer benne 2724
spræc,
wunde wælbleate; wisse he gearwe 2725
þæt he dæghwila gedrogen hæfde, 2726
Geseah ða sigehreðig, þa he bi 2756
sesse geong,
Swylce he siomian geseah segn 2767
eallgylden
þæt he þone grundwong ongitan 2770
meahte,
middelnihtum, oðþæt he morðre 2782
swealt.
ellensiocne, þær he hine ær 2787
forlet.
He ða mid þam maðmum mærne 2788
þioden,
ealdres æt ende; he hine eft 2790
ongon
breostgehygdum, ær he bæl cure, 2818
earfoðlice, þæt he on eorðan 2822
geseah
ansyn ywde, ac he eorðan gefeoll 2834
þeah ðe he dæda gehwæs dyrstig 2838
wære,
þæt he wið attorsceaðan oreðe 2839
geræsde,
gif he wæccende weard onfunde 2841
wlitan on Wilaf. He gewergad sæt, 2852
Ne meahte he on eorðan, ðeah he 2855
uðe wel,
gumena gehwylcum, swa he nu gen 2859
deð.
þonne he on ealubence oft 2867
gesealde
þeoden his þegnum, swylce he 2869
þrydlicost
þæt he genunga guðgewædu 2871
sigora waldend, þæt he hyne 2875
sylfne gewræc
ac he soðlice sægde ofer ealle: 2899
cwæð, he on mergenne meces ecgum 2939
þæt he sæmannum onsacan mihte, 2954
forð under fexe. Næs he forht swa 2967
ðeah,
ac he him on heafde helm ær 2973
gescer,
þæt he blode fah bugan sceolde, 2974
feoll on foldan; næs he fæge þa 2975
git,
ac he hyne gewyrpte, þeah ðe him 2976
wund hrine.
He ðam frætwum feng ond him fægre 2989
gehet
Hreðles eafora, þa he to ham 2992
becom,
þenden he wið wulf wæl reafode." 3027
laðra spella; he ne leag fela 3029
sigora soðcyning, sealde þam ðe 3055
he wolde
(he is manna gehyld) hord 3056
openian,
Swa wæs Biowulfe, þa he biorges 3066
weard
næs he goldhwæte gearwor hæfde 3074
þæt he ne grette goldweard þone, 3081
lete hyne licgean þær he longe 3082
wæs,
micelne ond mærne, swa he manna 3098
wæs
þenden he burhwelan brucan moste. 3100
leofne mannan, þær he longe seað 3108
beorhtum byrnum, swa he bena wæs; 3140
oððæt he ða banhus gebrocen 3147
hæfde,

HE (continued)

ferhðum freoge, þonne he forð      3176
    scile
cwædon þæt he wære  wyruldcyninga   3180

HEABURH (1)
hamas ond heaburh.  Hengest ða gyt  1127

HEAFDE (4)
heorosweng heardne,  ond hine þa    1590
    heafde becearf.
holm heolfre weoll,  ond ic heafde  2138
    becearf
dyrnan cræfte  dracan heafde neah.  2290
ac he him on heafde  helm ær        2973
    gescer,

HEAFDON (1)
Setton him to heafdon               1242
    hilderandas,

HEAFO (1)
ofer heafo healdan,  ac ymb         2477
    Hreosnabeorh

HEAFOD (3)
heah ofer heafod,  leton holm         48
    beran,
to þæm goldsele  Grendles heafod,   1639
Grendles heafod,  þær guman         1648
    druncon,

-HEAFOD- (1)
Het ða in beran  eaforheafodsegn,   2152

HEAFODBEORGE (1)
Ymb þæs helmes hrof  heafodbeorge   1030

HEAFODMÆGUM (1)
heafodmægum; þæs þu in helle         588
    scealt

HEAFODMAGA (1)
heafodmaga  nefne, Hygelac, ðec."   2151

HEAFODWEARDE (1)
healdeð higemæðum  heafodwearde     2909

HEAFOLAN (2)
hildebille,  þæt hyt on heafolan    2679
    stod
Ne hedde he þæs heafolan,  ac sio   2697
    hand gebarn

-HEAFOLAN (1)
Wod þa þurh þone wælrec,            2661
    wigheafolan bær

HEAFU (1)
sceal hringnaca  ofer heafu         1862
    bringan

HEAH (7)
heah ofer heafod,  leton holm         48
    beran,
heah Healfdene;  heold þenden         57
    lifde,
heah ond horngeap,  heaðowylma        82
    bad,
heah in healle,  Hygd swiðe geong,  1926
heah ofer horde,  hondwundra mæst,  2768
heah hlifian  on Hronesnæsse,       2805
hleo on hoe,  se wæs heah ond       3157
    brad,

HEAHCYNINGES (1)
þæt wæs hildesetl  heahcyninges,    1039

HEAHGESCEAP (1)

108

heold on heahgesceap.  Hord ys      3084
    gesceawod,

HEAHGESTREONA (1)
heahgestreona.  Hordweard onbad     2302

HEAHLUFAN (1)
hiold heahlufan  wið hæleþa brego,  1954

HEAHSELE (1)
to þæm heahsele  hilde geþinged,     647

HEAHSETL (1)
healle ond heahsetl,  þæt hie       1087
    healfre geweald

HEAHSTEDE (1)
on heahstede  husa selest."          285

HEAL (2)
forhabban in hreþre.  Ða wæs heal   1151
    roden
hreawic heoldon.  Heal swege        1214
    onfeng.

-HEAL (1)
Ðonne wæs þeos medoheal  on          484
    morgentid,

HEALÆRNA (1)
healærna mæst;  scop him Heort        78
    naman

HEALD (2)
freogan on ferhþe;  heald forð       948
    tela
"Heald þu nu, hruse,  nu hæleð ne   2247
    moston,

-HEALD (1)
Hafa nu ond geheald  husa selest,    658

HEALDAN (12)
se þe holmclifu  healdan scolde,     230
arum healdan,  oþðæt eft byreð       296
wið wrað werod  wearde healdan."     319
þa þæt hornreced  healdan scoldon,   704
arum healdan,  gyf þu ær þonne he,  1182
micle mearcstapan  moras healdan,   1348
hordweard hæleþa,  gyf þu healdan   1852
    wylt
healdan cuðe,  ða wæs Hygelac       2372
    dead.
let ðone bregostol  Biowulf         2389
    healdan,
ofer heafo healdan,  ac ymb         2477
    Hreosnabeorh
hlimbed healdan  þone þe him        3034
    hringas geaf
forleton eorla gestreon  eorðan     3166
    healdan,

-HEALDAN (3)
ond gehealdan het  hildegeatwe.      674
fæderæþelum onfon,  folc             911
    gehealdan,
on ðam frumgare  feorh gehealdan,   2856

HEALDANNE (1)
to healdanne,  hleoburh wera,       1731

HEALDE (1)
ece eorðreced  innan healde.        2719

-HEALDE (1)
mid arstafum  eowic gehealde         317

-HEALDEN (1)

hæfdon hy forhealden  helm                2381
   Scylfinga,

-HEALDENDE (1)
dædum gedefe,  dreamhealdende.            1227

HEALDEST (1)
ðin ofer þeoda gehwylce.  Eal þu          1705
   hit geþyldum healdest,

-HEALDEÞ (1)
hyldo gehealdeþ!  Hordweard sohte         2293

HEALDEÐ (1)
healdeð higemæðum  heafodwearde           2909

HEALFA (3)
ond on healfa gehwone  heawan              800
   þohton,
ða hie getruwedon  on twa healfa          1095
þæt hie on ba healfa  bicgan              1305
   scoldon

HEALFDENA (1)
hæleð Healfdena,  Hnæf Scyldinga,         1069

HEALFDENE (1)
heah Healfdene;  heold þenden               57
   lifde,

HEALFDENES (16)
Swa ða mælceare  maga Healfdenes           189
sunu Healfdenes,  secean cwomon,           268
Wille ic asecgan  sunu Healfdenes,         344
bearn Healfdenes;  se wæs betera           469
   ðonne ic.
sunu Healfdenes  secean wolde              645
þæt to healle gang  Healfdenes            1009
   sunu;
Forgeaf þa Beowulfe  bearn                1020
   Healfdenes
ðonne sweorda gelac  sunu                 1040
   Healfdenes
fore Healfdenes  hildewisan,              1064
"Geþenc nu, se mæra  maga                 1474
   Healfdenes,
"Hwæt! we þe þas sælac,  sunu             1652
   Healfdenes,
sunu Healfdenes  (swigedon ealle):        1699
mago Healfdenes,  maþmas twelfe;          1867
sona me se mæra  mago Healfdenes,         2011
maðma menigeo,  maga Healfdenes.          2143
sunu Healfdenes,  on minne sylfes         2147
   dom;

HEALFE (3)
þeoden Scyldinga,  on þa healfe,          1675
þonne bioð abrocene  on ba healfe         2063
hæleðum be healfe.  Næs hearpan           2262
   wyn,

HEALFRE (1)
healle ond heahsetl,  þæt hie             1087
   healfre geweald

HEALGAMEN (1)
ðonne healgamen  Hroþgares scop           1066

HEALL (1)
heall heorudreore;  ahte ic holdra         487
   þy læs,

HEALLE (9)
hludne in healle;  þær wæs hearpan          89
   sweg,
grette goldhroden  guman on                614
   healle,
þa wæs eft swa ær  inne on healle         642
eodur Scyldinga,  ut of healle;           663

Hroðgar maþelode  (he to healle            925
   geong,
þæt to healle gang  Healfdenes           1009
   sunu;
healle ond heahsetl,  þæt hie            1087
   healfre geweald
þa wæs on healle  heardecg togen          1288
heah in healle,  Hygd swiðe geong,        1926

-HEALLE (2)
on þisse meoduhealle  minne                638
   gebidan."
ymb þa gifhealle  guðrinc monig;          838

HEALP (1)
modiges mannes,  þær he his mæges         2698
   healp,

HEALRECED (2)
þæt healreced  hatan wolde,                 68
geond þæt healreced  Hæreðes             1981
   dohtor,

HEALS (1)
hat ond heaðogrim,  heals ealne           2691
   ymbefeng

-HEALS (2)
flota famiheals  fugle gelicost,           218
fleat famigheals  forð ofer yðe,          1909

HEALSBEAGA (1)
hrægl ond hringas,  healsbeaga            1195
   mæst

HEALSBEAH (1)
Hyrde ic þæt he ðone healsbeah           2172
   Hygde gesealde,

HEALSE (3)
ond be healse genam;  hruron him          1872
   tearas,
Dyde him of healse  hring gyldenne        2809
habban on healse  hringweorðunge,         3017

HEALSGEBEDDA (1)
Heaðoscilfingas  healsgebedda.             63

HEALSITTENDRA (1)
under heofones hwealf                     2015
   healsittendra

HEALSITTENDUM (1)
healsittendum  helm ond byrnan,           2868

HEALSODE (1)
healsode hreohmod,  þæt ic on             2132
   holma geþring

HEALÐEGNAS (1)
heardran hæle,  healðegnas fand.           719

HEALÐEGNES (1)
healðegnes hete;  heold hyne              142
   syðþan

HEALWUDU (1)
mid his handscale  (healwudu             1317
   dynede),

HEAN (10)*
hean huses,  hu hit Hringdene              116
sumne besyrwan  in sele þam hean.          713
swiðhicgende  to sele þam hean             919
swiðhicgende  on sele þam hean,           1016
gehnægde helle gast.  þa he hean          1274
   gewat,
sinne geseldan  in sele þam hean          1984
hand on Hiorte,  ond he hean ðonan        2099

**109**

HEAN (continued)

heold hildedeor.  Hean wæs lange,  2183
hæft hygegiomor,  sceolde hean  2408
 ðonon
in bælstede  beorh þone hean,  3097

HEANNE (I)
ofer heanne hrof  hand sceawedon,  983

HEAP (7)
heresceafta heap?  Ic eom  335
 Hroðgares
þryðlic þegna heap;  sume þær  400
 bidon,
þes hearda heap,  Heorot fælsian.  432
magorinca heap.  Þa his mod ahlog;  730
Hengestes heap  hringum wenede  1091
ðryðlic þegna heap,  þeodnes  1627
 gefegon,
hægstealdra heap,  hringnet bæron,  1889

-HEAP (I)
wigheap gewanod;  hie wyrd  477
 forsweop

HEAPE (I)
Nealles him on heape  2596
 handgesteallan,

HEARD (I7)
heard hondlocen,  hringiren scir  322
heard under helme:  "We synt  342
 Higelaces
heard her cumen,  sohte holdne  376
 wine.
heard under helme,  þæt he on  404
 heoðe gestod.
heard on handa;  wit unc wið  540
 hronfixas
heard, hondlocen,  helpe  551
 gefremede,
syþðan wiges heard  wyrm acwealde,  886
brægd þa beadwe heard,  þa he  1539
 gebolgen wæs,
þæt hire wið halse  heard grapode,  1566
heard be hiltum  Higelaces ðegn,  1574
heard ond hringmæl  Heaðabeardna  2037
 gestreon
hond ond heard sweord,  ymb hord  2509
 wigan."
heard under helme,  hiorosercean  2539
 bær
helmas ond heard sweord.  Ðe he  2638
 usic on herge geceas
wæpen wundrum heard;  næs him  2687
 wihte ðe sel.
heard wið Hugas,  syþðan Higelac  2914
 cwom
heard swyrd hilted  ond his helm  2987
 somod,

-HEARD (4)
fah ond fyrheard;  ferhwearde  305
 heold
scurheard scepðan,  þonne  1033
 scyldfreca
eofer irenheard,  æþeling manig  1112
Gesæt ða on næsse  niðheard  2417
 cyning,

HEARDA (8)
heaðoreaf heoldon,  swa him se  401
 hearda bebead.
þes hearda heap,  Heorot fælsian.  432
herestræl hearda;  he on holme wæs  1435
Heht þa se hearda  Hrunting beran  1807
Gewat him ða se hearda  mid his  1963
 hondscole
Sceal se hearda helm  hyrsted  2255
 golde

herenið hearda,  syððan Hreðel  2474
 swealt,
Let se hearda  Higelaces þegn  2977

HEARDAN (2)
Ic hine hrædlice  heardan clammum  963
heardan ceape;  Hæðcynne wearð,  2482

HEARDE (6)*
hreþerbealo hearde;  nu seo hand  1343
 ligeð,
heorohocyhtum  hearde genearwod,  1438
herenet hearde,  ond halig god  1553
hearde hildefrecan,  2205
 Heaðoscilfingas,
hearde, heaðoscearde  homera lafe,  2829
þæt hio hyre heofungdagas  hearde  3153
 ondrede,

-HEARDE (I)
rondas regnhearde,  wið þæs  326
 recedes weal,

HEARDECG (2)
þa wæs on healle  heardecg togen  1288
heardecg habban;  ic me mid  1490
 Hruntinge

HEARDHICGENDE (2)
heardhicgende  hider wilcuman.  394
heardhicgende  hildemecgas,  799

HEARDNE (I)
heorosweng heardne,  ond hine þa  1590
 heafde bercearf.

HEARDRA (2)
heardra hynða.  Heorot eardode,  166
þæt him heardra nan  hrinan wolde  988

HEARDRAN (2)
under heofones hwealf  heardran  576
 feohtan,
heardran hæle,  healðegnas fand.  719

HEARDRED (I)
hames niosan,  syððan Heardred  2388
 læg,

HEARDREDE (2)
ond Heardrede  hildemeceas  2202
þæt he Heardrede  hlaford wære  2375

HEARDUM (2)
þurh hæstne had  heardum clammum,  1335
niða heardum,  nefa swyðe hold,  2170

HEARME (I)
no he mid hearme  of hliðes nosan  1892

HEARMSCAþA (I)
þæt se hearmscaþa  to Heorute  766
 ateah.

HEARPAN (5)
hludne in healle;  þær wæs hearpan  89
 sweg,
hwilum hildedeor  hearpan wynne,  2107
hæleðum be healfe.  Næs hearpan  2262
 wyn,
hæleð in hoðman;  nis þær hearpan  2458
 sweg,
hæfen on handa,  nalles hearpan  3023
 sweg

HEAÐABEARDNA (I)
heard ond hringmæl  Heaðabeardna  2037
 gestreon

110

-HEAÐEROD (1)
hergum geheaðerod,   hellbendum   3072
fæst,

HEAÐOBEARDNA (2)
Mæg þæs þonne ofþyncan   ðeodne   2032
Heaðobeardna
þy ic Heaðobeardna   hyldo ne   2067
telge,

HEAÐOBYRNE (1)
nemne him heaðobyrne   helpe   1552
gefremede,

HEAþODEOR (1)
Hylde hine þa heaþodeor,   688
hleorbolster onfeng

HEAþODEORUM (1)
wiðhæfde heaþodeorum,   þæt he on   772
hrusan ne feol,

HEAÐOFYRUM (1)
heaðofyrum hat;   ne meahte horde   2547
neah

HEAÐOGRIM (2)
heaðogrim ondhwearf;   hreo wæron   548
yþa.
hat ond heaðogrim,   heals ealne   2691
ymbefeng

HEAÐOLACE (1)
æt heaðolace,   ne gehwæþer incer,   584

HEAÐOLACES (1)
heaðolaces hal   to hofe gongan.   1974

HEAþOLAFE (1)
wearþ he Heaþolafe   to handbonan   460

HEAþOLIÐENDE (1)
heaþoliðende   habban scoldon.   1798

HEAÐOLIÐENDUM (1)
heaðoliðendum   hord forstandan,   2955

HEAÐOMÆRE (1)
Hatað heaðomære   hlæw gewyrcean   2802

HEAþORÆMAS (1)
on Heaþoræmas   holm up ætbær;   519

HEAþORÆS (1)
hildebille;   heaþoræs fornam   557

HEAÐORÆSA (1)
ðeah þu heaðoræsa   gehwær dohte,   526

HEAþORÆSAS (1)
hordweard hæleþa,   heaþoræsas   1047
geald

HEAÐOREAF (1)
heaðoreaf heoldon,   swa him se   401
hearda bebead.

HEAÐORINC (1)
no ðy ær he þone heaðorinc   hatian   2466
ne meahte

HEAÐORINCUM (1)
se þæm heaðorincum   hider wisade."   370

HEAþOROF (2)
heaþorof hæbbe.   Hine halig god   381
heaðorof cyning,   Hreðles lafe   2191

HEAþOROFE (1)
Hwilum heaþorofe   hleapan leton,   864

HEAÐOSCEARDE (1)
hearde, heaðoscearde   homera lafe,   2829

HEAÐOSCILFINGAS (2)
Heaðoscilfingas   healsgebedda.   63
hearde hildefrecan,   2205
Heaðoscilfingas,

HEAÐOSIOCUM (1)
hyran heaðosiocum,   hringnet   2754
beran,

HEAþOSTEAPA (1)
heaþosteapa helm,   hringed byrne,   1245

HEAÐOSTEAPNE (1)
heaðosteapne helm,   hare byrnan,   2153

HEAþOSWATA (1)
hatost heaþoswata.   Ic þæt hilt   1668
þanan

HEAþOSWATE (2)
ahyrded heaþoswate;   næfre hit æt   1460
hilde ne swac
æfter heaþoswate   hildegicelum,   1606

HEAÐOTORHT (1)
heaðotorht hlynnan   under harne   2553
stan.

HEAÐOWÆDUM (1)
hildewæpnum   ond heaðowædum,   39

HEAÐOWEORC (1)
Heht ða þæt heaðoweorc   to hagan   2892
biodan

HEAÐOWYLMA (1)
heah ond horngeap,   heaðowylma   82
bad,

HEAÐOWYLMAS (1)
hate heaðowylmas;   him of hreðre   2819
gewat

HEAÐUFYRES (1)
Ac ic ðær heaðufyres   hates wene,   2522

HEAÐUSWENGE (1)
æfter heaðuswenge   on hreoum mode,   2581

HEAUM (1)
se ðe on heaum hofe   hord   2212
beweotode,

HEAWAN (1)
ond on healfa gehwone   heawan   800
þohton,

-HEAWE (1)
rand geheawe,   þeah ðe he rof sie   682

HEBBAN (1)
siþðan ic hond ond rond   hebban   656
mihte,

HEDDE (1)
Ne hedde he þæs heafolan,   ac sio   2697
hand gebarn

-HEDDE (1)
gehedde under heofenum   þonne he   505
sylfa):

-HEDIGE (1)
niðhedige men   genumen hæfdon,   3165

HEFENE (1)

111

HEFENE (continued)

efne swa of hefene   hadre scineð   1571

-HEGAN (1)
wið þam aglæcan,   ana gehegan   425

HEHT (7)
Heht ða eorla hleo   eahta mearas   1035
yrfelafe,   ond þone ænne heht   1053
setles neosan,   swa se snottra   1786
  heht.
Heht þa se hearda  Hrunting beran   1807
sunu Ecglafes,   heht his sweord   1808
  niman,
Heht him þa gewyrcean   wigendra   2337
  hleo
Heht ða þæt heaðoweorc   to hagan   2892
  biodan

HEL (1)
hæþene sawle;   þær him hel onfeng.   852

HELLBENDUM (1)
hergum geheaðerod,   hellbendum   3072
  fæst,

HELLE (5)
fyrene fremman   feond on helle.   101
hæþenra hyht;   helle gemundon   179
heafodmægum;   þæs þu in helle   588
  scealt
helle hæfton.   Heold hine fæste   788
gehnægde helle gast.   þa he hean   1274
  gewat,

HELM (28)
ne hie huru heofena helm   herian   182
  ne cuþon,
Hroðgar maþelode,   helm Scyldinga:   371
Hroðgar maþelode,   helm Scyldinga:   456
helm of hafelan,   sealde his   672
  hyrsted sweord,
hroden hildecumbor,   helm ond   1022
  byrnan,
heaþosteapa helm,   hringed byrne,   1245
hafen handa fæst;   helm ne   1290
  gemunde,
Hroðgar maþelode,   helm Scyldinga:   1321
Ic hit þe gehate,   no he on helm   1392
  losaþ,
ac se hwita helm   hafelan werede,   1448
hondgemota,   helm oft gescær,   1526
Com þa to lande   liðmanna helm   1623
Ða wæs of þæm hroran   helm ond   1629
  byrne
þonne bið on hreþre   under helm   1745
  drepen
heaðosteapne helm,   hare byrnan,   2153
Sceal se hearda helm   hyrsted   2255
  golde
hæfdon hy forhealden   helm   2381
  Scylfinga,
wongas ond wicstede.   Swa Wedra   2462
  helm
brunfagne helm,   hringde byrnan,   2615
gesigan æt sæcce;   urum sceal   2659
  sweord ond helm,
forwrat Wedra helm   wyrm on   2705
  middan.
hilde sædne,   ond his helm   2723
  onspeon.
hyrstum behrorene;   þær wæs helm   2762
  monig
geongum garwigan,   goldfahne helm,   2811
healsittendum   helm ond byrnan,   2868
ac he him on heafde   helm ær   2973
  gescer,
eald sweord eotonisc,   entiscne   2979
  helm

heard swyrd hilted   ond his helm   2987
  somod,

-HELM (2)
niowan stefne.   Nihthelm geswearc   1789
Guðhelm toglad,   gomela Scylfing   2487

-HELMA (1)
scaduhelma gesceapu   scriðan   650
  cwoman,

HELMAS (1)
helmas ond heard sweord.   De he   2638
  usic on herge geceas

-HELMAS (1)
græge syrcan   ond grimhelmas,   334

-HELMAÐ (1)
wudu wyrtum fæst   wæter   1364
  oferhelmað.

HELMBEREND (2)
hwate helmberend,   hindeman siðe,   2517
hwate helmberend,   þeah ðe hlaford   2642
  us

HELME (4)
heard under helme:   "We synt   342
  Higelaces
heard under helme,   þæt he on   404
  heoðe gestod.
sweord swate fah   swin ofer helme   1286
heard under helme,   hiorosercean   2539
  bær

HELMES (1)
Ymb þæs helmes hrof   heafodbeorge   1030

HELMINGA (1)
Ymbeode þa   ides Helminga   620

HELMUM (1)
helmum behongen,   hildebordum,   3139

HELPAN (4)
þæt him holtwudu   helpan ne   2340
  meahte,
helpan hildfruman,   þenden hyt sy,   2649
helpan æt hilde;   wæs sio hond to   2684
  strong,
ofer min gemet   mæges helpan;   2879

HELPE (6)
heard, hondlocen,   helpe   551
  gefremede,
nemne him heaðobyrne   helpe   1552
  gefremede,
hæleðum to helpe.   Ne wearð   1709
  Heremod swa
hæleþa to helpe.   Ic on Higelac   1830
  wat,
hæleðum to helpe,   Hemminges mæg,   1961
hrefne to hroðre,   ond he him   2448
  helpe ne mæg,

HELRUNAN (1)
hwyder helrunan   hwyrftum scriþað.   163

HEMMINGES (2)
Huru þæt onhohsnode   Hemminges   1944
  mæg;
hæleðum to helpe,   Hemminges mæg,   1961

-HENDE (1)
No ðy ær ut ða gen   idelhende   2081

HENGEST (1)
hamas ond heaburh.   Hengest ða gyt   1127

112

HENGESTE (2)
wig Hengeste wiht gefeohtan, 1083
fæste frioðuwære. Fin Hengeste 1096

HENGESTES (1)
Hengestes heap hringum wenede 1091

HEO (18)
þæt heo on ænigne eorl gelyfde 627
æfter gumcynnum, gyf heo gyt 944
  lyfað,
ða heo under swegle geseon meahte 1078
morþorbealo maga, þær heo ær 1079
  mæste heold
Wealhðeo maþelode, heo fore þæm 1215
  werede spræc:
Heo wæs on ofste, wolde ut þanon, 1292
feore beorgan, þa heo onfunden 1293
  wæs.
Hraðe heo æþelinga anne hæfde 1294
fæste befangen, þa heo to fenne 1295
  gang.
rice randwiga, þone ðe heo on 1298
  ræste abreat,
Hream wearð in Heorote; heo under 1302
  heolfre genam
fylle gefægnod. Heo þa fæhðe wræc 1333
gang ofer grundas, þær heo gegnum 1404
  for
þæt heo þone fyrdhom ðurhfon ne 1504
  mihte,
Bær þa seo brimwylf, þa heo to 1506
  botme com,
feorhgeniðlan, þæt heo on flet 1540
  gebeah.
Heo him eft hraþe andlean 1541
  forgeald
fægne flæschoman; heo on flet 1568
  gecrong.

HEOFENA (1)
ne hie huru heofena helm herian 182
  ne cuþon,

HEOFENES (1)
under heofenes hador beholen 414
  weorþeð.

HEOFENUM (2)
hæleð under heofenum, hwa þæm 52
  hlæste onfeng.
gehedde under heofenum þonne he 505
  sylfa):

HEOFON (1)
hynðo ond hæftnyd. Heofon rece 3155
  swealg.

HEOFONES (4)
under heofones hwealf heardran 576
  feohtan,
oþþæt hrefn blaca heofones wynne 1801
under heofones hwealf 2015
  healsittendra
hondræs hæleða. Syðða heofones 2072
  gim

HEOFUNGDAGAS (1)
þæt hio hyre heofungdagas hearde 3153
  ondrede,

HEOLD (23)
heah Healfdene; heold þenden 57
  lifde,
mære mearcstapa, se þe moras 103
  heold,
healðegnes hete; heold hyne 142
  syðþan

seomade ond syrede, sinnihte 161
  heold
endesæta, ægwearde heold, 241
fah ond fyrheard; ferhwearde 305
  heold
ond on geogoðe heold ginne rice, 466
helle hæfton. Heold hine fæste 788
wirum bewunden walu utan heold, 1031
morþorbealo maga, þær heo ær 1079
  mæste heold
þinceð him to lytel þæt he lange 1748
  heold,
wide geweorðod, wisdome heold 1959
heold hildedeor. Hean wæs lange, 2183
heold on hrusan hordærna sum, 2279
hwæðre he him on folce 2377
  freondlarum heold,
gearo guðfreca, goldmaðmas heold, 2414
heold mec ond hæfde Hreðel 2430
  cyning,
Ic ðas leode heold 2732
mælgesceafta, heold min tela, 2737
lif ond leodscipe, þone ic longe 2751
  heold,"
lang on legere, lyftwynne heold 3043
heold on heahgesceap. Hord ys 3084
  gesceawod,
scoc ofer scildweall, sceft nytte 3118
  heold,

-HEOLD (7)
þryðum dealle. Þegn nytte 494
  beheold,
seleweard aseted; sundornytte 667
  beheold
ðicgean ofer þa niht. Þryðswyð 736
  beheold
heorogifre beheold hund missera, 1498
on hand gehwearf; he geheold tela 2208
He frætwe geheold fela missera, 2620
ealdorleasne, þone ðe ær geheold 3003

HEOLDE (2)
arum heolde, þæt ðær ænig mon 1099
þeah ðe hordwelan heolde lange. 2344

HEOLDON (2)
heaðoreaf heoldon, swa him se 401
  hearda bebead.
hreawic heoldon. Heal swege 1214
  onfeng.

HEOLFRE (4)
haton heolfre, heorodreore weol, 849
Hream wearð in Heorote; heo under 1302
  heolfre genam
hatan heolfre. Horn stundum song 1423
holm heolfre weoll, ond ic heafde 2138
  becearf

HEOLSTER (1)
Hyge wæs him hinfus, wolde on 755
  heolster fleon,

HEONAN (1)
frumcyn witan, ær ge fyr heonan, 252

HEONON (1)
flod under foldan. Nis þæt feor 1361
  heonon

HEORA (4)
Nænig heora þohte þæt he þanon 691
  scolde
frofor ond fultum, þæt hie feond 698
  heora
wiston ond ne wendon þæt hie 1604
  heora winedrihten
earfoðlice heora æghwæþrum, 1636

113

-HEORDE (1)
* * *   bundenheorde                        3151

HEORODREORE (1)
haton heolfre,  heorodreore weol.          849

HEORODREORIG (1)
husa selest  heorodreorig stod,            935

HEORODREORIGNE (2)
þæt ic on þone hafelan                    1780
  heorodreorigne
Hyne þa mid handa  heorodreorigne,        2720

HEOROGAR (1)
Heorogar ond Hroðgar  ond Halga            61
  til;

HEOROGIFRE (1)
heorogifre beheold  hund missera,        1498

HEOROGRIM (1)
hreoh ond heorogrim  hringmæl            1564
  gebrægd,

HEOROHOCYHTUM (1)
heorohocyhtum  hearde genearwod,         1438

HEOROSWENG (1)
heorosweng heardne,  ond hine þa         1590
  heafde becearf.

HEOROT (5)*
heardra hynða.  Heorot eardode,           166
þes hearda heap,  Heorot fælsian.         432
Hroðgar ond Hroþulf.  Heorot innan       1017
  wæs
hererinc habban.  Heorot is              1176
  gefælsod.
heorot hornum trum,  holtwudu            1369
  sece,

HEOROTE (9)
hynðo on Heorote  mid his                 475
  heteþancum,
hador on Heorote.  þær wæs hæleða         497
  dream,
hynðo on Heorote,  gif þin hige           593
  wære,
heorowearh hetelic,  se æt Heorote       1267
  fand
Com þa to Heorote,  ðær Hringdene        1279
Hream wearð in Heorote;  heo under       1302
  heolfre genam
Wearð him on Heorote  to handbanan       1330
hild æt Heorote.  Hra wide sprong,       1588
Ic hit þe þonne gehate,  þæt þu on       1671
  Heorote most

HEOROTES (1)
under Heorotes hrof   * * *               403

HEOROWEARDE (1)
hwatum Heorowearde,  þeah he him         2161
  hold wære,

HEOROWEARH (1)
heorowearh hetelic,  se æt Heorote       1267
  fand

HEORRAS (1)
heorras tohlidene.  Hrof ana              999
  genæs,

HEORT (2)
healærna mæst;  scop him Heort            78
  naman
Ða wæs haten hreþe  Heort                 991
  innanweard

-HEORT (6)
gromheort guma,  godes ondsaca,          1682
Reste hine þa rumheort;  reced           1799
  hliuade
bliðheort bodode.  Ða com beorht         1802
  scacan
rehte æfter rihte  rumheort              2110
  cyning.
stonc ða æfter stane,  stearcheort       2288
  onfand
stearcheort styrmde;  stefn in           2552
  becom

HEORTAN (3)
hran æt heortan.  Hordwynne fond         2270
æfter Herebealde  heortan sorge          2463
ac him hildegrap  heortan wylmas,        2507

HEORTE (1)
ða wæs hringbogan  heorte gefysed        2561

HEORÐGENEATAS (4)
ond Higelaces  heorðgeneatas.             261
þonne he Hroðgares  heorðgeneatas        1580
heorðgeneatas;  næs him hreoh            2180
  sefa.
hlafordes hryre,  heorðgeneatas,         3179

HEORÐGENEATUM (1)
þenden hælo abead  heorðgeneatum,        2418

HEORU (2)*
þonne heoru bunden,  hamere              1285
  geþuren,
hafelan hydan.  Nis þæt heoru            1372
  stow!

-HEORU (1)
egl, unheoru.  Æghwylc gecwæð             987

HEORUDREORE (1)
heall heorudreore;  ahte ic holdra        487
  þy læs,

HEORUGRIMME (1)
hild heorugrimme,  Hreþles              1847
  eaferan,

HEORUTE (1)
þæt se hearmscaþa  to Heorute             766
  ateah.

HEOÐE (1)
heard under helme,  þæt he on             404
  heoðe gestod.

HER (1)
No her cuðlicor  cuman ongunnon           244
"Her syndon geferede,  feorran            361
  cumene
heard her cumen,  sohte holdne            376
  wine.
lætað hildebord  her onbidan,             397
leofes ond laþes  se þe longe her        1061
Her is æghwylc eorl  oþrum               1228
  getrywe,
tires to tacne,  þe þu her to            1654
  locast.
Higelac secan.  Wæron her tela           1820
Nu her þara banena  byre                 2053
  naþwylces
ecum dryhtne,  þe ic her on              2796
  starie,
leoda þearfe;  ne mæg ic her leng        2801
  wesan.

-HERE (3)
Denigea leodum.  Dead is Æschere,        1323
æþeling ærgod,  swylc Æschere wæs!       1329

114

ellenlice;  þær wæs Æschere,                    2122

HEREBEALD (1)
Herebeald ond Hæðcyn   oððe Hygelac   2434
min.

HEREBEALDE (1)
æfter Herebealde  heortan sorge       2463

HEREBROGAN (1)
for herebrogan  habban ne mihte.       462

HEREBYRNE (1)
Scolde herebyrne  hondum gebroden,    1443

HEREGAR (1)
hordburh hæleþa;  ða wæs Heregar       467
dead,

HEREGRIMAN (3)
under heregriman  Hroðgar geseon;      396
under heregriman  hindeman siðe,      2049
under heregriman  hat þrowian.        2605

HEREMOD (1)
hæleðum to helpe.   Ne wearð          1709
Heremod swa

HEREMODES (1)
siððan Heremodes  hild sweðrode,       901

HERENET (1)
herenet hearde,  ond halig god        1553

HERENIÐ (1)
herenið hearda,  syððan Hreðel        2474
swealt,

HEREPAD (1)
ge swylce seo herepad,  sio æt        2258
hilde gebad

HERERICES (1)
niða genægdan  nefan Hererices,       2206

HERERINC (1)
hererinc habban.   Heorot is          1176
gefælsod.

-HERES (4)
oncyð eorla gehwæm,  syþþan           1420
Æscheres
mæg Ælfheres;  geseah his             2604
mondryhten
Sona him se froda  fæder Ohtheres,    2928
Onela modor  ond Ohtheres,            2932

HERESCEAFTA (1)
heresceafta heap?  Ic eom              335
Hroðgares

HERESCYLDINGA (1)
ahæfen of horde.   Herescyldinga      1108

HERESPED (1)
Þa wæs Hroðgare  heresped gyfen,        64

HERESTRÆL (1)
herestræl hearda;  he on holme wæs    1435

HERESYRCAN (1)
hildetuxum heresyrcan bræc,           1511

HEREWÆDUM (1)
hladen herewædum,  hringedstefna,     1897

HEREWÆSMUN (1)
"No ic me an herewæsmun  hnagran       677
talige,

HEREWISA (1)
nu se herewisa  hleahtor alegde,      3020

HERGE (4)*
ge æt ham ge on herge,  ge            1248
gehwæþer þara,
sidan herge;  no he him þa sæcce      2347
ondred,
helmas ond heard sweord.  De he       2638
usic on herge geceas
þæt mon his winedryhten  wordum       3175
herge,

-HERGE (3)
mid scipherge  sceðþan ne meahte.      243
faran flotherge  on Fresna land,      2915
Besæt ða sinherge  sweorda lafe,      2936

HERGUM (1)
hergum geheaðerod,  hellbendum        3072
fæst,

HERIAN (2)
ne hie huru heofena helm  herian       182
ne cuþon,
Ne huru Hildeburh  herian þorfte      1071

HERIGE (1)
wordum ond worcum,  þæt ic þe wel     1833
herige

HET (13)
æþele ond eacen.  Het him yðlidan      198
"Eow het secgan  sigedrihten min,      391
ond gehealdan het  hildegeatwe.        674
wicga ond wæpna,  het hine wel        1045
brucan.
Het ða Hildeburh  æt Hnæfes ade       1114
het hine mid þæm lacum  leode         1868
swæse
Het þa up beran  æþelinga             1920
gestreon,
Het ða in beran  eaforheafodsegn,     2152
snotra fengel,  sume worde het        2156
Het ða eorla hleo  in gefetian,       2190
beah ond byrnan,  het hyne brucan     2812
well:
gomol on gehðo  ond eowic gretan      3095
het,
Het ða gebeodan  byre Wihstanes,      3110

-HET (3)
mærðo fremede;  he me mede gehet.     2134
wundum werge,  wean oft gehet         2937
He ðam frætwum feng  ond him fægre    2989
gehet

HETE (2)
healðegnes hete;  heold hyne           142
syþþan
Hete wæs onhrered,  hordweard         2554
oncniow

-HETE (3)
þæt se ecghete  aþumsweorum            84
ecghete eoweð,  ac him eal worold     1738
wighete Wedra.  Wif unhyre            2120

HETELIC (1)
heorowearh hetelic,  se æt Heorote    1267
fand

HETENDE (1)
swa þec hetende  hwilum dydon,        1828

HETENIÐAS (1)
hwile wið Hroþgar,  heteniðas wæg,     152

-HETES (1)

115

-HETES (continued)

ðæs morþorhetes  myndgiend wære,    1105

HETESWENGEAS (1)
hæleða bearna  heteswengeas fleah,    2224

HETEÞANCUM (1)
hynðo on Heorote  mid his    475
  heteþancum,

-HETON (2)
Hwilum hie geheton  æt hærgtrafum    175
þonne we geheton  ussum hlaforde    2634

HETTENDUM (1)
wið hettendum  hord ond rice    3004

HETWARE (2)
Nealles Hetware  hremge þorfton    2363
þær hyne Hetware  hilde genægdon,    2916

HI (9)
Hi hyne þa ætbæron  to brimes    28
  faroðe,
Nalæs hi hine læssan  lacum    43
  teodan,
þæs þe hi hyne gesundne  geseon    1628
  moston.
sigel suðan fus.  Hi sið drugon,    1966
ond hi hyne þa begen  abroten    2707
  hæfdon,
oððæt hi oðeodon  earfoðlice    2934
Ær hi þær gesegan  syllicran wiht,    3038
þæt hi ofostlice  ut geferedon    3130
Hi on beorg dydon  beg ond siglu,    3163

-HICGE (1)
Ic þæt þonne forhicge  (swa me    435
  Higelac sie,

-HICGENDE (4)
heardhicgende  hider wilcuman.    394
heardhicgende  hildemecgas,    799
swiðhicgende  to sele þam hean    919
swiðhicgende  on sele þam hean,    1016

HIDER (4)
hider ofer holmas?  * * * wæs    240
se þæm heaðorincum  hider wisade."    370
heardhicgende  hider wilcuman.    394
hordgestreona,  hider ut ætbær    3092

HIE (59)
þe hie ær drugon  aldorlease    15
þa gyt hie him asetton  segen    47
  geldenne
syðþan hie þæs laðan  last    132
  sceawedon,
Hwilum hie geheton  æt hærgtrafum    175
in modsefan,  metod hie ne cuþon,    180
dæda demend,  ne wiston hie    181
  drihten god,
ne hie huru heofena helm  herian    182
  ne cuþon,
torht getæhte,  þæt hie him to    313
  mihton
song in searwum,  þa hie to sele    323
  furðum
þæt hie, þeoden min,  wið þe moton    365
gesaga him eac wordum  þæt hie    388
  sint wilcuman
forþan hie mægenes cræft  minne    418
  cuþon,
wigheap gewanod;  hie wyrd    477
  forsweop
þæt hie in beorsele  bidan woldon    482
Næs hie ðære fylle  gefean hæfdon,    562
manfordædlan,  þæt hie me þegon,    563
siððan hie sunnan leoht  geseon ne    648
  meahton,

ac hie hæfdon gefrunen  þæt hie ær    694
  to fela micles
frofor ond fultum,  þæt hie feond    698
  heora
þæt hie ne moste,  þa metod nolde,    706
mæres þeodnes,  ðær hie meahton    797
  swa.
Hie þæt ne wiston,  þa hie gewin    798
  drugon,
inwidsorge,  þe hie ær drugon    831
Ne hie huru winedrihten  wiht ne    862
  logon,
eam his nefan,  swa hie a wæron    881
ðara þe ne wendon  þæt hie    937
  wideferhð
be Finnes eaferum,  ða hie se fær    1068
  begeat,
bearnum ond broðrum;  hie on    1074
  gebyrd hruron,
þæt hie him oðer flet  eal    1086
  gerymdon,
healle ond heahsetl,  þæt hie    1087
  healfre geweald
Ða hie getruwedon  on twa healfa    1095
ðeah hie hira beaggyfan  banan    1102
  folgedon
swylce hie æt Finnes ham  findan    1156
  meahton
sigla, searogimma.  Hie on sælade    1157
unrim eorla,  swa hie oft ær    1238
  dydon
þæt hie oft wæron  an wig gearwe,    1247
þæt hie on ba healfa  bicgan    1305
  scoldon
þæt hie gesawon  swylce twegen    1347
þæs þe hie gewislicost  gewitan    1350
  meahton,
foldbuende.  No hie fæder cunnon,    1355
dyrnra gasta.  Hie dygel lond    1357
wyrmas ond wildeor;  hie on weg    1430
  hruron,
wiston ond ne wendon  þæt hie    1604
  heora winedrihten
inwitniþas,  þe hie ær drugon,    1858
þæt hie seoððan no  geseon moston,    1875
þæt hie Geata clifu  ongitan    1911
  meahton,
secge sealde,  ær hie to setle    2019
  geong.
þenden hie ðam wæpnum  wealdan    2038
  moston,
oððæt hie forlæddan  to ðam    2039
  lindplegan
deore maðmas.  Ealle hie deað    2236
  fornam
syðððan hie togædre  gegan hæfdon.    2630
syððan hie Hygelaces  horn ond    2943
  byman,
þæt hie wælstowe  wealdan moston.    2984
mon on middangearde),  syððan hie    2996
  ða mærða geslogon,
syððan hie gefricgeað  frean    3002
  userne
omige, þurhetone,  swa hie wið    3049
  eorðan fæðm
boldagendra,  þæt hie bælwudu    3112

HIERA (1)
sæton suhtergefæderan;  þa gyt wæs    1164
  hiera sib ætgædere,

HIG (3)
þeodnes ðegna;  ac hig him geþingo    1085
  budon,
þæt hig þæs æðelinges  eft ne    1596
  wendon
weold under wolcnum  ond hig wigge    1770
  beleac

116

HIGE (2)
We þurh holdne hige  hlaford    267
  þinne,
hynðo on Heorote,  gif þin hige    593
  wære,

HIGELAC (8)
Ic þæt þonne forhicge  (swa me    435
  Higelac sie,
þone hring hæfde  Higelac Geata,    1202
Higelac secan.  Wæron her tela    1820
hæleþa to helpe.  Ic on Higelac    1830
  wat,
Higelac Hreþling,  þær æt ham    1923
  wunað
hæleðum to handa.  Higelac ongan    1983
"þæt is undyrne,  dryhten Higelac,    2000
heard wið Hugas,  syððan Higelac    2914
  cwom

HIGELACE (4)
Onsend Higelace,  gif mec hild    452
  nime,
Hroðgar leofa,  Higelace onsend.    1483
hringas dælan.  Higelace wæs    1970
hares hyrste  Higelace bær.    2988

HIGELACES (11)
þæt fram ham gefrægn  Higelaces    194
  þegn,
ond Higelaces  heorðgeneatas.    261
heard under helme:  "We synt    342
  Higelaces
"Wæs þu, Hroðgar, hal!  Ic eom    407
  Higelaces
mæg Higelaces,  hu se manscaða    737
Gemunde þa se goda,  mæg    758
  Higelaces,
mæg Higelaces,  manna cynne,    914
heard be hiltum  Higelaces ðegn,    1574
hæfde Higelaces  hilde gefrunen,    2952
Sweona leodum,  segn Higelaces    2958
Let se hearda  Higelaces þegn    2977

HIGEMÆÐUM (1)
heald'eð higemæðum  heafodwearde    2909

HIGEROFNE (1)
hwetton higerofne,  hæl sceawedon.    204

HIGES (1)
þurh hreðra gehygd  higes cunnian,    2045

HIGEÞIHTIGNE (1)
nam þa mid handa  higeþihtigne    746

HIGEÞRYMMUM (1)
ac for higeþrymmum  Hroðgar    339
  sohton."

-HIGIAN (1)
oferhigian,  hyde se ðe wylle.    2766

HIGUM (1)
hat on hreðre.  Higum unrote    3148

HILD (6)
Onsend Higelace,  gif mec hild    452
  nime,
siððan Heremodes  hild sweðrode,    901
hondgesellum,  gif mec hild nime;    1481
hild æt Heorote.  Hra wide sprong,    1588
hild heorugrimme,  Hreþles    1847
  eaferan,
þær wæs Hondscio  hild onsæge,    2076

HILDE (10)
to þæm heahsele  hilde geþinged,    647
ahyrded heaþoswate;  næfre hit æt    1460
  hilde ne swac

Ne meahte ic æt hilde  mid    1659
  Hruntinge
hilde to Hiorote?  Ac ðu Hroðgare    1990
ge swylce seo herepad,  sio æt    2258
  hilde gebad
hreð æt hilde.  Hond up abræd    2575
helpan æt hilde;  wæs sio hond to    2684
  strong,
hilde sædne,  ond his helm    2723
  onspeon.
þær hyne Hetware  hilde genægdon,    2916
hæfde Higelaces  hilde gefrunen,    2952

HILDEBIL (1)
huses hyrdas.  þa þæt hildebil    1666

HILDEBILLE (3)
hildebille;  heaþoræs fornam    557
hildebille,  hond sweng ne ofteah,    1520
hildebille,  þæt hyt on heafolan    2679
  stod

HILDEBLAC (1)
hreas hildeblac;  hond gemunde    2488

HILDEBORD (1)
lætað hildebord  her onbidan,    397

HILDEBORDUM (1)
helmum behongen,  hildebordum,    3139

HILDEBURH (2)
Ne huru Hildeburh  herian þorfte    1071
Het ða Hildeburh  æt Hnæfes ade    1114

HILDECUMBOR (1)
hroden hildecumbor,  helm ond    1022
  byrnan,

HILDECYSTUM (1)
hildecystum,  ac hy on holt bugon,    2598

HILDEDEOR (6)
Him þa hildedeor  hof modigra    312
syþðan hildedeor  hond alegde,    834
hæle hildedeor,  Hroðgar gretan.    1646
hæle hildedeor  Hroðgar grette.    1816
hwilum hildedeor  hearpan wynne,    2107
heold hildedeor.  Hean wæs lange,    2183

HILDEDIOR (1)
hæle hildedior,  hæleða monegum,    3111

HILDEDIORE (1)
þa ymbe hlæw riodan  hildediore,    3169

HILDEFRECAN (1)
hearde hildefrecan,    2205
  Heaðoscilfingas,

HILDEGEATWA (1)
hildegeatwa,  þa he to holme beag.    2362

HILDEGEATWE (1)
ond gehealdan het  hildegeatwe.    674

HILDEGICELUM (1)
æfter heaþoswate  hildegicelum,    1606

HILDEGRAP (2)
þæt him hildegrap  hreþre ne    1446
  mihte,
ac him hildegrap  heortan wylmas,    2507

HILDEHLÆMMUM (1)
hildehlæmmum,  syððan Hygelac læg    2201

HILDEHLEMMA (2)
hildehlemma,  syððan he Hroðgares,    2351

117

HILDEHLEMMA (continued)

hildehlemma, þonne hnitan feðan, 2544

HILDELEOMAN (2)
þonne him Hunlafing hildeleoman, 1143
hildeleoman. Hreðsigora ne gealp 2583

HILDEMECEAS (1)
ond Heardrede hildemeceas 2202

HILDEMECGAS (1)
heardhicgende hildemecgas, 799

HILDERÆS (1)
þæt þone hilderæs hal gedigeð." 300

HILDERANDAS (1)
Setton him to heafdon 1242
hilderandas,

HILDERINC (2)
har hilderinc, on hreon mode, 1307
har hilderinc to Hronesnæsse. 3136

HILDERINCA (1)
hilderinca; sum on handa bær 3124

HILDERINCE (2)
hilderince. Ða wæs hwil dæges 1495
hilderince, ac he hraþe wolde 1576

HILDERINCES (1)
hæþenes handsporu hilderinces, 986

HILDESCEORP (1)
"Me ðis hildesceorp Hroðgar 2155
sealde,

HILDESETL (1)
þæt wæs hildesetl heahcyninges, 1039

HILDESTRENGO (1)
hildestrengo; hreðer inne weoll, 2113

HILDESWAT (1)
hat hildeswat. Hruse dynede. 2558

HILDETUXUM (1)
hildetuxum heresyrcan bræc, 1511

HILDEWÆPNUM (1)
hildewæpnum ond heaðowædum, 39

HILDEWISAN (1)
fore Healfdenes hildewisan, 1064

HILDFRECAN (1)
fram þam hildfrecan hames niosan. 2366

HILDFRUMAN (3)
harum hildfruman, on hand gyfen, 1678
helpan hildfruman, þenden hyt sy, 2649
for ðæs hildfruman hondgeweorce. 2835

HILDLATAN (1)
þæt ða hildlatan holt ofgefan, 2846

HILT (4)
He gefeng þa fetel hilt, freca 1563
Scyldinga
buton þone hafelan ond þa hilt 1614
somod
hatost heaþoswata. Ic þæt hilt 1668
þanan
Ða wæs gylden hilt gamelum rince, 1677

-HILT (1)
wreoþenhilt ond wyrmfah. Ða se 1698
wisa spræc

HILTED (1)
heard swyrd hilted ond his helm 2987
somod,

HILTUM (1)
heard be hiltum Higelaces ðegn, 1574

HIM (201)
oðþæt him æghwylc þara 9
ymbsittendra
lange hwile. Him þæs liffrea 16
Him ða Scyld gewat to gescæphwile 26
billum ond byrnum; him on bearme 40
læg
madma mænigo, þa him mid scoldon 41
þa gyt hie him asetton segen 47
geldenne
geafon on garsecg; him wæs geomor 49
sefa,
aldor of earde), oþþæt him eft 56
onwoc
wiges weorðmynd, þæt him his 65
winemagas
magodriht micel. Him on mod bearn 67
geongum ond ealdum, swylc him god 72
sealde,
folcstede frætwan. Him on fyrste 76
gelomp,
healærna mæst; scop him Heort 78
naman
siþðan him scyppend forscrifen 106
hæfde
lange þrage; he him ðæs lean 114
forgeald.
þa wæs eaðfynde þe him elles hwær 138
bed æfter burum, ða him gebeacnod 140
wæs,
þæt him gastbona geoce gefremede 177
æþele ond eacen. Het him yðlidan 198
mærne þeoden, þa him wæs manna 201
þearf.
Done siðfæt him snotere ceorlas 202
lythwon logon, þeah he him leof 203
wære;
þæs þe him yþlade eaðe wurdon. 228
Gewat him þa to waroðe wicge 234
ridan
wæpnum geweorðad, næfne him his 250
wlite leoge,
Him se yldesta ondswarode, 258
gyf him edwendan æfre scolde 280
Gewiton him þa feran. Flota 301
stille bad,
Him þa hildedeor hof modigra 312
torht getæhte, þæt hie him to 313
mihton
Him þa ellenrof andswarode, 340
wordum wrixlan. No ðu him wearne 366
geteoh
gesaga him eac wordum þæt hie 388
sint wilcuman
ond ge him syndon ofer sæwylmas 393
heaðoreaf heoldon, swa him se 401
hearda bebead.
Beowulf maðelode (on him byrne 405
scan,
onband beadurune (wæs him 501
Beowulfes sið,
hraþor on holme, no ic fram him 543
wolde.
þreatedon þearle. Ic him þenode 560
to Gardenum. Ac ic him Geata 601
sceal
Hroðgar Beowulf, ond him hæl 653
abead,
Ða him Hroþgar gewat mid his 662
hæleþa gedryht,
Ða he him of dyde isernbyrnan, 671
mærðo deme, swa him gemet þince." 687

118

| | |
|---|---|
| Denigea leode.   Ac him dryhten | 696 |
|     forgeaf | |
| eode yrremod;   him of eagum stod | 726 |
| lif wið lice,   þa him alumpen wæs | 733 |
| Hyge wæs him hinfus,   wolde on | 755 |
|     heolster fleon, | |
| ond him fæste wiðfeng;   fingras | 760 |
|     burston, | |
| þæt him se lichoma   læstan nolde, | 812 |
| atol æglæca;   him on eaxle wearð | 816 |
| hæþene sawle;   þær him hel onfeng. | 852 |
| ðær him foldwegas   fægere þuhton, | 866 |
| frecne dæde,   ne wæs him Fitela | 889 |
|     mid. | |
| Hwæþre him gesælde   ðæt þæt swurd | 890 |
|     þurhwod | |
| se þe him bealwa to   bote gelyfde, | 909 |
| cystum gecyþed,   ond his cwen mid | 923 |
|     him | |
| ganges getwæman,   no ic him þæs | 968 |
|     georne ætfealh, | |
| hu him scir metod   scrifan wille." | 979 |
| þæt him heardra nan   hrinan wolde | 988 |
| þæt him fela laf   frecne ne | 1032 |
|     meahton | |
| nefne him witig god   wyrd forstode | 1056 |
| þeodnes ðegna;   ac hig him geþingo | 1085 |
|     budon, | |
| þæt hie him oðer flet   eal | 1086 |
|     gerymdon, | |
| ðeodenlease,   þa him swa geþearfod | 1103 |
|     wæs; | |
| Gewiton him ða wigend   wica | 1125 |
|     neosian, | |
| þonne him Hunlafing   hildeleoman, | 1143 |
| Him wæs ful boren   ond freondlaþu | 1192 |
| ond him Hroðgar gewat   to hofe | 1236 |
|     sinum, | |
| Setton him to heafdon   | 1242 |
|     hilderandas, | |
| æfenræste,   swa him ful oft | 1252 |
|     gelamp, | |
| þær him aglæca   ætgræpe wearð; | 1269 |
| gimfæste gife   ðe him god sealde, | 1271 |
| ond him to anwaldan   are gelyfde, | 1272 |
| hwæþer him alwalda   æfre wille | 1314 |
| frean Ingwina,   frægn gif him wære | 1319 |
| Wearð him on Heorote   to handbanan | 1330 |
| hwæþer him ænig wæs   ær acenned | 1356 |
| yðgewinnes,   þæt him on aldre stod | 1434 |
| þæt him hildegrap   hreþre ne | 1446 |
|     mihte, | |
| þæt him on ðearfe lah   ðyle | 1456 |
|     Hroðgares; | |
| þær him nænig wæter   wihte ne | 1514 |
|     sceþede, | |
| ne him for hrofsele   hrinan ne | 1515 |
|     mehte | |
| Heo him eft hraþe   andlean | 1541 |
|     forgeald | |
| grimman grapum   ond him togeanes | 1542 |
|     feng, | |
| angan eaferan.   Him on eaxle læg | 1547 |
| nemne him heaðobyrne   helpe | 1552 |
|     gefremede, | |
| laðlicu lac.   He him þæs lean | 1584 |
|     forgeald, | |
| aldorleasne,   swa him ær gescod | 1587 |
| hwate Scyldingas;   gewat him ham | 1601 |
|     þonon | |
| mægenbyrþenne   þara þe he him mid | 1625 |
|     hæfde. | |
| Eodon him þa togeanes,   gode | 1626 |
|     þancodon | |
| duguðe ond iogoþe,   þæt þu him | 1674 |
|     ondrædan ne þearft, | |
| ecean dryhtne;   him þæs endelean | 1692 |
| ne geweox he him to willan,   ac to | 1711 |
|     wælfealle | |

| | |
|---|---|
| forð gefremede,   hwæþere him on | 1718 |
|     ferhþe greow | |
| seleð him on eþle   eorþan wynne | 1730 |
| gedeð him swa gewealdene   worolde | 1732 |
|     dælas, | |
| adl ne yldo,   ne him inwitsorh | 1736 |
| ecghete eoweð,   ac him eal worold | 1738 |
| oðþæt him on innan   oferhygda dæl | 1740 |
| biteran stræle   (him bebeorgan ne | 1746 |
|     con), | |
| þinceð him to lytel   þæt he lange | 1748 |
|     heold, | |
| forgyteð ond forgymeð,   þæs þe him | 1751 |
|     ær god sealde, | |
| sona him seleþegn   siðes wergum, | 1794 |
| leoflic iren;   sægde him þæs | 1809 |
|     leanes þanc, | |
| Gif him þonne Hreþric   to hofum | 1836 |
|     Geata | |
| selran gesohte   þæm þe him selfa | 1839 |
|     deah." | |
| Hroðgar maþelode   him on ondsware: | 1840 |
| ða git him eorla hleo   inne | 1866 |
|     gesealde, | |
| ond be healse genam;   hruron him | 1872 |
|     tearas, | |
| blondenfeaxum.   Him wæs bega wen, | 1873 |
| modige on meþle.   Wæs him se man | 1876 |
|     to þon leof | |
| ac him on hreþre   hygebendum fæst | 1878 |
| beorn wið blode.   Him Beowulf | 1880 |
|     þanan, | |
| gæstas grette,   ac him togeanes | 1893 |
|     rad, | |
| yrfelafe.   Gewat him on naca | 1903 |
| frætwe ond fætgold;   næs him feor | 1921 |
|     þanon | |
| ac him wælbende   weotode tealde | 1936 |
| Gewat him ða se hearda   mid his | 1963 |
|     hondscole | |
| on him gladiað   gomelra lafe, | 2036 |
| garcwealm gumena   (him bið grim | 2043 |
|     sefa), | |
| ealdres scyldig;   him se oðer | 2061 |
|     þonan | |
| losað lifigende,   con him land | 2062 |
|     geare. | |
| weallað wælniðas,   ond him | 2065 |
|     wiflufan | |
| gyrded cempa;   him Grendel wearð, | 2078 |
| hwæþre him sio swiðre   swaðe | 2098 |
|     weardade | |
| hwatum Heorowearde,   þeah he him | 2161 |
|     hold wære, | |
| æppelfealuwe;   he him est geteah | 2165 |
| wrætlicne wundurmaððum,   ðone þe | 2173 |
|     him Wealhðeo geaf, | |
| heorðgeneatas;   næs him hreoh | 2180 |
|     sefa, | |
| ginfæstan gife,   þe him god | 2182 |
|     sealde, | |
| ond him gesealde   seofan þusendo, | 2195 |
| bold ond bregostol.   Him wæs bam | 2196 |
|     samod | |
| sylfes willum,   se ðe him sare | 2222 |
|     gesceod, | |
| warað wintrum frod,   ne byð him | 2277 |
|     wihte ðy sel. | |
| þone þe him on sweofote   sare | 2295 |
|     geteode, | |
| wiges ond wealles;   him seo wen | 2323 |
|     geleah. | |
| þeostrum geþoncum,   swa him geþywe | 2332 |
|     ne wæs. | |
| gledum forgrunden;   him ðæs | 2335 |
|     guðkyning, | |
| Heht him þa gewyrcean   wigendra | 2337 |
|     hleo | |

119

| | | | |
|---|---|---|---|
| þæt him holtwudu  helpan ne meahte, | 2340 | Ic him lifwraðe  lytle meahte | 2877 |
| | | Him on efn ligeð  ealdorgewinna | 2903 |
| siðan herge;  no he him þa sæcce ondred, | 2347 | Sona him se froda  fæder Ohtheres, | 2928 |
| | | hu ða folc mid him  fæhðe towehton. | 2948 |
| ne him þæs wyrmes wig  for wiht dyde, | 2348 | | |
| | | Gewat him ða se goda  mid his gædelingum, | 2949 |
| hæfde him on earme  ana þritig | 2361 | | |
| feðewiges,  þe him foran ongean | 2364 | þæt him for swenge  swat ædrum sprong | 2966 |
| þær him Hygd gebead  hord ond rice, | 2369 | ac he him on heafde  helm ær gescer, | 2973 |
| hwæðre he him on folce  freondlarum heold, | 2377 | ac he hyne gewyrpte,  þeah ðe him wund hrine. | 2976 |
| mærne þeoden.  Him þæt to mearce wearð; | 2384 | ricone arærdon,  ða him gerymed wearð | 2983 |
| ond him eft gewat  Ongenðioes bearn | 2387 | He ðam frætwum feng  ond him fægre gehet | 2989 |
| bealonið biorna;  him to bearme cwom | 2404 | landes ond locenra beaga  (ne ðorfte him ða lean oðwitan | 2995 |
| goldwine Geata.  Him wæs geomor sefa, | 2419 | earne secgan  hu him æt æte speow, | 3026 |
| Næs ic him to life  laðra owihte, | 2432 | hlimbed healdan  þone þe him hringas geaf | 3034 |
| hrefne to hroðre,  ond he him helpe ne mæg, | 2448 | Him big stodan  bunan ond orcas, | 3047 |
| an æfter anum;  þuhte him eall to rum, | 2461 | efne swa hwylcum manna  swa him gemet ðuhte. | 3057 |
| laðum dædum,  þeah him leof ne wæs. | 2467 | Him ða gegiredan  Geata leode | 3137 |
| He ða mid þære sorhge,  þe him swa sar belamp, | 2468 | | |
| | | **HINDEMAN (2)** | |
| oððe him Ongenðeowes  eaferan wæran | 2475 | under heregriman  hindeman siðe, | 2049 |
| | | hwate helmberend,  hindeman siðe, | 2517 |
| Ic him þa maðmas,  þe he me sealde, | 2490 | | |
| | | **HINE (44)** | |
| eard,  eðelwyn.  Næs him ænig þearf | 2493 | þæt hine on ylde  eft gewunigen | 22 |
| | | Nalæs hi hine læssan  lacum teodan, | 43 |
| Symle ic him on feðan  beforan wolde, | 2497 | þe hine æt frumsceafte  forð onsendon | 45 |
| ac him hildegrap  heortan wylmas, | 2507 | ne gefeah he þære fæhðe,  ac he hine feor forwræc, | 109 |
| wealdan moste  swa him wyrd ne gescraf | 2574 | fyrdsearu fuslicu;  hine fyrwyt bræc | 232 |
| Nealles him on heape  handgesteallan, | 2596 | gamol of geardum;  hine gearwe geman | 265 |
| Gemunde ða ða are  þe he him ær forgeaf, | 2606 | þæt we hine swa godne  gretan moton." | 347 |
| eald sweord etonisc;  þæt him Onela forgeaf, | 2616 | "Ic hine cuðe  cnihtwesende. | 372 |
| geaf him ða mid Geatum  guðgewæda, | 2623 | heaþorof hæbbe.  Hine halig god | 381 |
| Ne gemealt him se modsefa,  ne his mæges laf | 2628 | Aras þa se rica,  ymb hine rinc manig, | 399 |
| sægde gesiðum  (him wæs sefa geomor): | 2632 | dryhtnes dome  se þe hine deað nimeð. | 441 |
| þæt we him ða guðgetawa  gyldan woldon | 2636 | mid Wilfingum;  ða hine Wedera cyn | 461 |
| gif him þyslicu  þearf gelumpe, | 2637 | hæfde mare mægen.  Þa hine on morgentid | 518 |
| gomol ond grægmæl.  Him þæt gifeðe ne wæs | 2682 | bæd hine bliðne  æt þære beorþege, | 617 |
| þæt him irenna  ecge mihton | 2683 | guþgeweorca,  þonne Grendel hine; | 678 |
| wæpen wundrum heard;  næs him wihte ðe sel, | 2687 | forþon ic hine sweorde  swebban nelle, | 679 |
| ræsde on ðone rofan,  þa him rum ageald, | 2690 | Hylde hine þa heaþodeor  hleorbolster onfeng | 688 |
| cræft ond cenðu,  swa him gecynde wæs. | 2696 | eorles andwlitan,  ond hine ymb monig | 689 |
| þe him se eorðdraca  ær geworhte, | 2712 | helle hæfton.  Heold hine fæste | 788 |
| þæt him on breostum  bealoniðe weoll | 2714 | ac hine se modega  mæg Hygelaces | 813 |
| him on bearm hladon  bunan ond discas | 2775 | fæhðe ond fyrena,  buton Fitela mid hine, | 879 |
| Dyde him of healse  hring gyldenne | 2809 | snude forsended.  Hine sorhwylmas | 904 |
| eorlas on elne;  ic him æfter sceal." | 2816 | freondum gefægra;  hine fyren onwod. | 915 |
| hate heaðowylmas;  him of hreðre gewat | 2819 | þæt ðu hine selfne  geseon moste, | 961 |
| wehte hyne wætre;  him wiht ne speow. | 2854 | Ic hine hrædlice  heardan clammum | 963 |
| | | Ic hine ne mihte,  þa metod nolde, | 967 |
| gylpan þorfte;  hwæðre him god uðe, | 2874 | wicga ond wæpna,  het hine wel brucan. | 1045 |
| ana mid ecge,  þa him wæs elnes þearf. | 2876 | byrnan side,  þa hine se broga angeat. | 1291 |
| | | gryrelicne gist.  Gyrede hine Beowulf | 1441 |

befongen freawrasnum, swa hine 1451
    fyrndagum
besette swinlicum, þæt hine 1453
    syðþan no
syðþan he hine to guðe gegyred 1472
    hæfde.
wæpna geweaidan, ac hine wundra 1509
    þæs fela
heorosweng heardne, ond hine þa 1590
    heafde becearf.
þæt hine seo brimwylf abroten 1599
    hæfde.
Ðeah þe hine mihtig god mægenes 1716
    wynnum,
Wunað he on wiste; no hine wiht 1735
    dweleð
Reste hine þa rumheort; reced 1799
    hliuade
het hine mid þæm lacum leode 1868
    swæse
æghwæs orleahtre, oþþæt hine yldo 1886
    benam
Noðer hy hine ne moston, syððan 2124
    mergen cwom,
ellensiocne, þær he hine ær 2787
    forlet.
ealdres æt ende; he hine eft 2790
    ongon
ac hine irenna ecga fornamon, 2828

HINFUS (1)
Hyge wæs him hinfus, wolde on 755
    heolster fleon,

HIO (11)
Welandes geweorc. Gæð a wyrd swa 455
    hio scel."
þæt hio Beowulfe, beaghroden cwen 623
Hæreþes dohtor; næs hio hnah swa 1929
    þeah,
idese to efnanne, þeah ðe hio 1941
    ænlicu sy,
þæt hio leodbealewa læs 1946
    gefremede,
æðelum diore, syððan hio Offan 1949
    flet
siðe gesohte; ðær hio syððan well 1951
bædde byre geonge; oft hio 2018
    beahwriðan
nemnan hyrde, þær hio nægled sinc 2023
leofne mannan; hio þæt lic ætbær 2127
þæt hio hyre heofungdagas hearde 3153
    ondrede,

HIOFENDE (1)
hæleð hiofende, hlaford leofne. 3142

HIOLD (1)
hiold heahlufan wið hæleþa brego, 1954

HIORA (3)
æt fotum sæt frean Scyldinga; 1166
    gehwylc hiora his ferhþe treowde
ealdre burgan. Hiora in anum 2599
    weoll
sealde hiora gehwæðrum hund 2994
    þusenda

-HIORE (1)
wrætta ond wira. Weard unhiore, 2413

HIORODRYNCUM (1)
Hreðles eafora hiorodryncum 2358
    swealt,

HIOROGAR (1)
cwæð þæt hyt hæfde Hiorogar 2158
    cyning,

HIOROSERCEAN (1)
heard under helme, hiorosercean 2539
    bær

HIOROTE (1)
hilde to Hiorote? Ac ðu Hroðgare 1990

HIOROWEALLENDE (1)
hatne for horde, hioroweallende 2781

HIORTE (1)
hand on Hiorte, ond he hean ðonan 2099

HIRA (3)
ðeah hie hira beaggyfan banan 1102
    folgedon
bega folces; wæs hira blæd 1124
    scacen.
efne swylce mæla swylce hira 1249
    mandryhtne

HIRE (8)
wisfæst wordum þæs ðe hire se 626
    willa gelamp
freolicu folccwen to hire frean 641
    sittan.
fyrbendum fæst, syþðan he hire 722
    folmum æthran;
hire selfre sunu sweoloðe 1115
    befæstan,
þæt hire on hafelan hringmæl agol 1521
brad ond brunecg, wolde hire 1546
    bearn wrecan,
þæt hire wið halse heard grapode, 1566
þæt hire an dæges eagum starede, 1935

HIS (81)
wiges weorðmynd, þæt him his 65
    winemagas
se þe his wordes geweald wide 79
    hæfde.
maþðum for metode, ne his myne 169
    wisse.
wæpnum geweorðad, næfne him his 250
    wlite leoge,
wæs his modsefa manegum gecyðed, 349
eald ond anhar mid his eorla 357
    gedriht;
Wulfgar maðelode to his 360
    winedrihtne:
Wæs his ealdfæder Ecgþeo haten, 373
angan dohtor; is his eafora nu 375
manna mægencræft on his mundgripe 380
for his modþræce madmas beodan. 385
for his wonhydum wæpna ne recceð. 434
hynðo on Heorote mid his 475
    heteþancum,
leof his leodum, lond Brondinga, 521
sægdest from his siðe. Soð ic 532
    talige,
unfægne eorl, þonne his ellen 573
    deah.
Ða him Hroþgar gewat mid his 662
    hæleþa gedryht,
helm of hafelan, sealde his 672
    hyrsted sweord,
magorinca heap. þa his mod ahlog; 730
secan deofla gedræg; ne wæs his 756
    drohtoð þær
fleon on fenhopu; wiste his 764
    fingra geweald
ne his lifdagas leoda ænigum 793
ecga gehwylcre. Scolde his 805
    aldorgedal
þæt his aldres wæs ende gegongen, 822
laþes lastas. No his lifgedal 841
eam his nefan, swa hie a wæron 881
lemede to lange; he his leodum 905
    wearð,

him on bearm hladon    bunan ond    2775
    discas

-HLÆDEN (1)
guma gilphlæden,    gidda gemyndig,    868

-HLÆMMUM (1)
hildehlæmmum,    syððan Hygelac læg    2201

HLÆSTE (1)
hæleð under heofenum,    hwa þæm    52
    hlæste onfeng.

HLÆW (4)
hat ond hreohmod    hlæw oft    2296
    ymbehwearf
hlæw under hrusan    holmwylme neh,    2411
Hata ð heaðomære    hlæw gewyrcean    2802
þa ymbe hlæw riodan    hildediore,    3169

HLÆWE (1)
Ða ic on hlæwe gefrægn    hord    2773
    reafian,

HLAFORD (5)
We þurh holdne hige    hlaford    267
    þinne,
hlaford sinne.    Ða wæs hord rasod,    2283
þæt he Heardrede    hlaford wære    2375
hwate helmberend,    þeah ðe hlaford    2642
    us
hæleð hiofende,    hlaford leofne.    3142

HLAFORDE (1)
þonne we geheton    ussum hlaforde    2634

HLAFORDES (1)
hlafordes hryre,    heorðgeneatas,    3179

-HLAFORDES (1)
(ecg wæs iren)    ealdhlafordes    2778

HLAFORDLEASE (1)
in Hrefnesholt    hlafordlease.    2935

HLAWE (1)
hlynode for hlawe;    hafelan    1120
    multon,

HLEAHTOR (2)
Ðær wæs hæleþa hleahtor,    hlyn    611
    swynsode,
nu se herewisa    hleahtor alegde,    3020

HLEAPAN (1)
Hwilum heaþorofe    hleapan leton,    864

HLEAT (1)
he þær for feorme    feorhwunde    2385
    hleat

-HLEM (2)
ænig ofer eorðan    uhthlem þone,    2007
wyrsan wrixle    wælhlem þone,    2969

-HLEMMA (2)
hildehlemma,    syððan he Hroðgares,    2351
hildehlemma,    þonne hnitan feðan,    2544

HLEO (11)
þæt ðu me ne forwyrne,    wigendra    429
    hleo,
Nolde eorla hleo    ænige þinga    791
ofer werþeode,    wigendra hleo,    899
Heht ða eorla hleo    eahta mearas    1035
Ða git him eorla hleo    inne    1866
    gesealde,
elne geeodon,    to ðæs ðe eorla    1967
    hleo,

þæt ðær on worðig    wigendra hleo,    1972
ac me eorla hleo    eft gesealde    2142
Het ða eorla hleo    in gefetian,    2190
Heht him þa gewyrcean    wigendra    2337
    hleo
hleo on hoe,    se wæs heah ond    3157
    brad,

HLEOBURH (2)
hord ond hleoburh,    hæleþa rice,    912
to healdanne,    hleoburh wera,    1731

-HLEOD (1)
selfes dome;    sæbat gehleod,    895

HLEONIAN (1)
ofer harne stan    hleonian funde,    1415

-HLEOP (1)
Ahleop ða se gomela,    gode    1397
    þancode,

HLEORBERAN (1)
ofer hleorberan    gehroden golde,    304

HLEORBOLSTER (1)
Hylde hine þa heaþodeor,    688
    hleorbolster onfeng

-HLEORE (1)
fætedhleore    on flet teon,    1036

HLEOÐORCWYDE (1)
þurh hleoðorcwyde    holdne    1979
    gegrette,

-HLEOÐU (2)
feorhseoc fleon    under fenhleoðu,    820
warigeað,    wulfhleoþu,    windige    1358
    næssas,

-HLEOÞUM (2)
Ða com of more    under misthleoþum    710
swylce on næshleoðum    nicras    1427
    licgean,

-HLIDENE (1)
heorras tohlidene.    Hrof ana    999
    genæs,

HLIFADE (2)
sinc æt symle.    Sele hlifade,    81
mearum ond maðmum;    mæst hlifade    1898

HLIFIAN (1)
heah hlifian    on Hronesnæsse,    2805

HLIMBED (1)
hlimbed healdan    þone þe him    3034
    hringas geaf

-HLITME (1)
eal unhlitme.    Eard gemunde,    1129

HLIÐES (1)
no he mid hearme    of hliðes nosan    1892

-HLIÐO (1)
steap stanhliðo,    stige nearwe,    1409

HLIUADE (1)
Reste hine þa rumheort;    reced    1799
    hliuade

-HLOG (1)
magorinca heap.    þa his mod ahlog;    730

HLUDNE (1)

123

HLUDNE (continued)

hludne in healle; þær wæs hearpan    89
    sweg,

HLYN (1)
Ðær wæs hæleþa hleahtor, hlyn    611
    swynsode,

HLYNNAN (1)
heaðotorht hlynnan under harne    2553
    stan.

HLYNODE (1)
hlynode for hlawe; hafelan    1120
    multon,

HLYNSODE (1)
reþe renweardas. Reced hlynsode.    770

HLYTME (1)
Næs ða on hlytme hwa þæt hord    3126
    strude,

HNÆF (1)
hæleð Healfdena, Hnæf Scyldinga,    1069

HNÆFES (1)
Het ða Hildeburh æt Hnæfes ade    1114

-HNÆGDE (1)
gehnægde helle gast. þa he hean    1274
    gewat,

HNAGRAN (1)
"No ic me an herewæsmun hnagran    677
    talige,

HNAH (1)
Hæreþes dohtor; næs hio hnah swa    1929
    þeah,

HNAHRAN (1)
hordweorþunge hnahran rince,    952

HNITAN (1)
hildehlemma, þonne hnitan feðan,    2544

HNITON (1)
hafelan weredon, þonne hniton    1327
    feþan,

HOCES (1)
Nalles holinga Hoces dohtor    1076

-HOCYHTUM (1)
heorohocyhtum hearde genearwod,    1438

HOE (1)
hleo on hoe, se wæs heah ond    3157
    brad,

HOF (1)
Him þa hildedeor hof modigra    312

-HOFAÐ (1)
þæt ure mandryhten mægenes    2647
    behofað,

HOFE (4)
ond him Hroðgar gewat to hofe    1236
    sinum,
hringa þengel to hofe sinum,    1507
heaðolaces hal to hofe gongan.    1974
se ðe on heaum hofe hord    2212
    beweotode,

HOFU (1)
beorht hofu bærnan; bryneleoma    2313
    stod

HOFUM (1)
Gif him þonne Hreþric to hofum    1836
    Geata

HOGODE (1)
"Ic þæt hogode, þa ic on holm    632
    gestah,

-HOGODE (1)
Oferhogode ða hringa fengel    2345

-HOGODEST (1)
þa ðu færinga feorr gehogodest    1988

-HOHSNODE (1)
Huru þæt onhohsnode Hemminges    1944
    mæg;

HOLD (4)
Ic þæt gehyre, þæt þis is hold    290
    weorod
modes milde, mandrihtne hold;    1229
hwatum Heorowearde, þeah he him    2161
    hold wære,
niða heardum, nefa swyðe hold,    2170

HOLDNE (3)
We þurh holdne hige hlaford    267
    þinne,
heard her cumen, sohte holdne    376
    wine.
þurh hleoðorcwyde holdne    1979
    gegrette,

HOLDRA (1)
heall heorudreore; ahte ic holdra    487
    þy læs,

-HOLEN (1)
under heofenes hador beholen    414
    weorþeð.

HOLINGA (1)
Nalles holinga Hoces dohtor    1076

HOLM (6)
heah ofer heafod, leton holm    48
    beran,
on Heaþoræmas holm up ætbær;    519
"Ic þæt hogode, þa ic on holm    632
    gestah,
hringedstefnan; holm storme weol,    1131
þa ðe mid Hroðgare on holm    1592
    wliton,
holm heolfre weoll, ond ic heafde    2138
    becearf

-HOLM (1)
Gewat þa ofer wægholm, winde    217
    gefysed,

HOLMA (1)
healsode hreohmod, þæt ic on    2132
    holma geþring

HOLMAS (1)
hider ofer holmas? * * * wæs    240

HOLMCLIFE (2)
on þæm holmclife hafelan metton.    1421
from þæm holmclife hafelan bæron    1635

HOLMCLIFU (1)
se þe holmclifu healdan scolde,    230

HOLME (4)
hraþor on holme, no ic fram him    543
    wolde.
herestræl hearda; he on holme wæs    1435

Hraþe wæs æt holme hyðweard 1914
geara,
hildegeatwa, þa he to holme beag. 2362

HOLMWYLME (1)
hlæw under hrusan holmwylme neh, 2411

HOLT (2)
hildecystum, ac hy on holt bugon, 2598
þæt ða hildlatan holt ofgefan, 2846

-HOLT (4)
æscholt ufan græg; wæs se 330
irenþreat
ne on foldan fæþm, ne on 1393
fyrgenholt,
ond þe to geoce garholt bere, 1834
in Hrefnesholt hlafordlease. 2935

HOLTWUDU (2)
heorot hornum trum, holtwudu 1369
sece,
þæt him holtwudu helpan ne 2340
meahte,

-HOM (1)
þæt heo þone fyrdhom ðurhfon ne 1504
mihte,

-HOMA (3)
þæt him se lichoma læstan nolde, 812
þær his lichoma legerbedde fæst 1007
þæt se lichoma læne gedreoseð, 1754

-HOMAN (1)
fægne flæschoman; heo on flet 1568
gecrong.

HOMERA (1)
hearde, heaðoscearde homera lafe, 2829

HOND (12)
siþðan ic hond ond rond hebban 656
mihte,
on swa hwæþere hond, halig 686
dryhten,
syþðan hildedeor hond alegde, 834
golde fahne, ond Grendles hond): 927
hildebille, hond sweng ne ofteah, 1520
haðnum horde, hond * * *, 2216
maðþumfæt mære þurh ðæs meldan 2405
hond.
hreas hildeblac; hond gemunde 2488
hond ond heard sweord, ymb hord 2509
wigan."
hreð æt hilde. Hond up abræd 2575
Ne mihte ða forhabban; hond rond 2609
gefeng,
helpan æt hilde; wæs sio hond to 2684
strong,

HONDA (1)
hæfde be honda; wæs gehwæþer 814
oðrum

HONDGEMOTA (2)
hondgemota, helm oft gescær, 1526
hondgemota, þær mon Hygelac sloh, 2355

HONDGESELLUM (1)
hondgesellum, gif mec hild nime; 1481

HONDGESTEALLAN (1)
hondgesteallan. Hygelace wæs, 2169

HONDGEWEORCE (1)
for ðæs hildfruman hondgeweorce. 2835

HONDLOCEN (2)

heard hondlocen, hringiren scir 322
heard, hondlocen, helpe 551
gefremede,

HONDRÆS (1)
hondræs hæleða. Syððan heofones 2072
gim

HONDSCIO (1)
þær wæs Hondscio hild onsæge, 2076

HONDSCOLE (1)
Gewat him ða se hearda mid his 1963
hondscole

HONDUM (2)
Scolde herebyrne hondum gebroden, 1443
oððe hringsele hondum styrede, 2840

HONDWUNDRA (1)
heah ofer horde, hondwundra mæst, 2768

-HONGEN (1)
helmum behongen, hildebordum, 3139

HONGIAÐ (1)
ofer þæm hongiað hrinde bearwas, 1363

-HOPU (2)
mearcað morhopu; no ðu ymb mines 450
ne þearft
fleon on fenhopu; wiste his 764
fingra geweald

HORD (18)
hord ond hleoburh, hæleþa rice, 912
se ðe on heaum hofe hord 2212
beweotode,
hord on hrusan, þær he haðen gold 2276
hlaford sinne. Ða wæs hord rasod, 2283
onboren beaga hord, bene getiðad 2284
hatode ond hynde; hord eft 2319
gesceat,
þær him Hygd gebead hord ond 2369
rice,
secean sawle hord, sundur gedælan 2422
hond ond heard sweord, ymb hord 2509
wigan."
hord sceawian under harne stan, 2744
Ða ic on hlæwe gefrægn hord 2773
reafian,
Nu ic on maðma hord mine bebohte 2799
heaðoliðendum hord forstandan, 2955
wið hettendum hord ond rice 3004
meltan mid þam modigan, ac þær is 3011
maðma hord,
(he is manna gehyld) hord 3056
openian,
heold on heahgesceap. Hord ys 3084
gesceawod,
Næs ða on hlytme hwa þæt hord 3126
strude,

-HORD (4)
werodes wisa, wordhord onleac: 259
breosthord blodreow. Nallas 1719
beagas geaf
Nealles mid gewealdum wyrmhord 2221
abræc
breosthord þurhbræc. * * * 2792

-HORDA (1)
of brydbure, beahhorda weard, 921

HORDÆRNA (1)
heold on hrusan hordærna sum, 2279

HORDÆRNE (1)
hreas on hrusan hordærne neah. 2831

HORDBURH (1)
hordburh hæleþa; ða wæs Heregar    467
dead,

HORDE (6)
ahæfen of horde.  Herescyldinga    1108
hæðnum horde,  hond  * * * ,    2216
heaðofyrum hat;  ne meahte horde    2547
neah
heah ofer horde,  hondwundra mæst,    2768
hatne for horde,  hioroweallende    2781
eall swylce hyrsta,  swylce on    3164
horde ær

HORDES (1)
hordes hyrde.  He under harne    887
stan,

-HORDES (1)
þæt he beahhordes   brucan moste    894

HORDGESTREONA (1)
hordgestreona,  hider ut ætbær    3092

HORDGESTREONUM (1)
ofer Hroðgares  hordgestreonum.    1899

HORDMAÐÐUM (1)
hordmaðður hæleþa,  syþðan Hama    1198
ætwæg

-HORDUM (1)
bealwe gebæded.  Beahhordum leng    2826

HORDWEARD (6)
hordweard hæleþa,  heaþoræsas    1047
geald
hordweard hæleþa,  gyf þu healdan    1852
wylt
hyldo gehealdeþ!  Hordweard sohte    2293
heahgestreona.  Hordweard onbad    2302
Hete wæs onhrered,  hordweard    2554
oncniow
Hyrte hyne hordweard  (hreðer æðme    2593
weoll)

HORDWELAN (1)
þeah ðe hordwelan  heolde lange.    2344

HORDWEORÞUNGE (1)
hordweorþunge  hnahran rince,    952

HORDWYNNE (1)
hran æt heortan.  Hordwynne fond    2270

HORDWYRÐNE (1)
hringa hyrde  hordwyrðne dæl,    2245

HORN (2)
hatan heolfre.  Horn stundum song    1423
syððan hie Hygelaces  horn ond    2943
byman,

-HORN (1)
guðhorn galan.  Sumne Geata leod    1432

HORNBOGAN (1)
syððan hyne Hæðcyn  of hornbogan,    2437

HORNGEAP (1)
heah ond horngeap,  heaðowylma    82
bad,

HORNRECED (1)
þa þæt hornreced  healdan scoldon,    704

HORNUM (1)
heorot hornum trum,  holtwudu    1369
sece,

HORS (1)
þa wæs Hroðgare  hors gebæted,    1399

HOSE (1)
medostigge mæt  mægþa hose.    924

HOÐMAN (1)
hæleð in hoðman;  nis þær hearpan    2458
sweg,

HRA (1)
hild æt Heorote.  Hra wide sprong,    1588

HRÆDLAN (1)
hrægla selest;  þæt is Hrædlan    454
laf,

HRÆDLES (1)
geseon sunu Hrædles,  þonne he on    1485
þæt sinc staräð,

HRÆDLICE (2)
Hwearf þa hrædlice  þær Hroðgar    356
sæt
Ic hine hrædlice  heardan clammum    963

HRÆGL (1)
hrægl ond hringas,  healsbeaga    1195
mæst

-HRÆGL (2)
beadohrægl broden  on breostum læg    552
fæges fyrdhrægl;  ða wæs forma sið    1527

HRÆGLA (1)
hrægla selest;  þæt is Hrædlan    454
laf,

-HRÆGLA (1)
þa wæs be mæste  merehrægla sum,    1905

HRÆGLES (1)
hyse, mid hæle,  ond þisses    1217
hrægles neot,

HRÆÞE (1)
Hræþe wearð on yðum  mid    1437
eoferspreotum

HRAFYL (1)
hynðu ond hrafyl.  Ic þæs Hroðgar    277
mæg

HRAN (1)
hran æt heortan.  Hordwynne fond    2270

-HRAN (1)
fyrbendum fæst,  syþðan he hire    722
folmum æthran;

HRAÐE (12)
eoletes æt ende.  Þanon up hraðe    224
ac he gefeng hraðe  forman siðe    740
feond mid folme;  he onfeng hraþe    748
Hraðe heo æþelinga  anne hæfde    1294
Hraþe wæs to bure  Beowulf fetod,    1310
Heo him eft hraþe  andlean    1541
forgeald
hilderince,  ac he hraþe wolde    1576
Hraþe wæs æt holme  hyðweard    1914
geara,
handgewriþene;  hraþe seoþðan wæs    1937
Hraðe wæs gerymed,  swa se rica    1975
bebead,
oðer to yldum.  Þa wæs eft hraðe    2117
gomela Scilfing,  ac forgeald    2968
hraðe

HRAÞOR (1)

hraþor on holme, no ic fram him    543
  wolde.

HREAM (1)
  Hream wearð in Heorote; heo under  1302
  heolfre genam

HREAS (2)
  hreas hildeblac; hond gemunde    2488
  hreas on hrusan hordærne neah.    2831

HREAWIC (1)
  hreawic heoldon. Heal swege    1214
  onfeng.

-HREDDE (1)
  abreot brimwisan, bryd ahredde,    2930

HREFN (2)
  oþþæt hrefn blaca heofones wynne  1801
  wigend weccean, ac se wonna hrefn  3024

HREFNAWUDU (1)
  Hæðcen Hreþling wið Hrefnawudu,  2925

HREFNE (1)
  hrefne to hroðre, ond he him    2448
  helpe ne mæg,

-HREFNE (1)
  Syððan ic for dugeðum Dæghrefne  2501
  wearð

HREFNESHOLT (1)
  in Hrefnesholt hlafordlease.    2935

HREMGE (1)
  Nealles Hetware hremge þorfton    2363

HREMIG (3)
  huðe hremig to ham faran,    124
  since hremig; sægenga bad    1882
  frætwum hremig on flet gæð,    2054

HREO (1)
  heaðogrim ondhwearf; hreo wæron  548
  yþa.

HREOH (2)
  hreoh ond heorogrim hringmæl    1564
  gebrægd,
  heorðgeneatas; næs him hreoh    2180
  sefa,

HREOHMOD (2)
  healsode hreohmod, þæt ic on    2132
  holma geþring
  hat ond hreohmod hlæw oft    2296
  ymbehwearf

HREON (1)
  har hilderinc, on hreon mode,    1307

HREOSNABEORH (1)
  ofer heafo healdan, ac ymb    2477
  Hreosnabeorh

-HREOÐAN (1)
  under bordhreoðan to bonan    2203
  wurdon,

HREOUM (1)
  æfter heaðuswenge on hreoum mode,  2581

HREOW (1)
  hreow on hreðre, hygesorga mæst;  2328

HREOWA (1)
  þæt wæs Hroðgare hreowa tornost  2129

-HRERED (2)
  Wæs merefixa mod onhrered;    549
  Hete wæs onhrered, hordweard    2554
  oncniow

HREÐ (1)
  hreð æt hilde. Hond up abræd    2575

-HREÐ (2)
  sigehreð secgum, swa þin sefa    490
  hwette."
  guðhreð gyfeþe; scolde Grendel    819
  þonan

HREÞE (1)
  Ða wæs haten hreþe Heort    991
  innanweard

HREÞEL (3)
  ðæm to ham forgeaf Hreþel Geata  374
  heold mec ond hæfde Hreðel    2430
  cyning,
  herenið hearda, syððan Hreðel    2474
  swealt,

HREÐER (2)
  hildestrengo; hreðer inne weoll,  2113
  Hyrte hyne hordweard (hreðer æðme  2593
  weoll)

HREÞERBEALO (1)
  hreþerbealo hearde; nu seo hand  1343
  ligeð,

-HREÞIG (3)
  gesette sigehreþig sunnan ond    94
  monan
  þæt he sigehreðig secean come    1597
  Geseah ða sigehreðig, þa he bi    2756
  sesse geong,

HREÞLES (4)
  hild heorugrimme, Hreþles    1847
  eaferan,
  heaðorof cyning, Hreðles lafe    2191
  Hreðles eafora hiorodryncum    2358
  swealt,
  Hreðles eafora, þa he to ham    2992
  becom,

HREÞLING (2)
  Higelac Hreþling, þær æt ham    1923
  wunað
  Hæðcen Hreþling wið Hrefnawudu,  2925

HREÐLINGAS (1)
  syððan Hreðlingas to hagan    2960
  þrungon.

HREÐMANNA (1)
  mægen Hreðmanna. Na þu minne    445
  þearft

HREÐRA (1)
  þurh hreðra gehygd higes cunnian,  2045

HREÞRE (8)
  forhabban in hreþre. Ða wæs heal  1151
  roden
  þæt him hildegrap hreþre ne    1446
  mihte,
  þonne bið on hreþre under helm  1745
  drepen
  ac him on hreþre hygebendum fæst  1878
  hreow on hreðre, hygesorga mæst;  2328
  hreðre hygemeðe; sceolde hwæðre  2442
  swa þeah
  hate heaðowylmas; him of hreðre  2819
  gewat

HREÞRE (continued)

hat on hreðre.  Higum unrote        3148

HREÐRIC (2)
Hreðric ond Hroðmund,  ond hæleþa   1189
    bearn,
Gif him þonne Hreþric  to hofum     1836
    Geata

HREÐSIGORA (1)
hildeleoman.  Hreðsigora ne gealp   2583

HRINAN (3)
þæt him heardra nan  hrinan wolde   988
ne him for hrofsele  hrinan ne      1515
    mehte
þæt ðam hringsele  hrinan ne moste  3053

HRINDE (1)
ofer þæm hongiað  hrinde bearwas,   1363

HRINE (1)
ac he hyne gewyrpte,  þeah ðe him   2976
    wund hrine.

HRING (4)
þone hring hæfde  Higelac Geata,    1202
halan lice;  hring utan ymbbearh,   1503
brosnað æfter beorne.  Ne mæg       2260
    byrnan hring
Dyde him of healse  hring gyldenne  2809

HRINGA (3)
hringa þengel  to hofe sinum,       1507
hringa hyrde  hordwyrðne dæl,       2245
Oferhogode ða  hringa fengel        2345

HRINGAS (3)
hrægl ond hringas,  healsbeaga      1195
    mæst
hringas dælan.  Higelace wæs        1970
hlimbed healdan  þone þe him        3034
    hringas geaf

-HRINGAS (1)
banhringas bræc.  Bil eal ðurhwod   1567

HRINGBOGAN (1)
ða wæs hringbogan  heorte gefysed   2561

HRINGDE (1)
brunfagne helm,  hringde byrnan,    2615

HRINGDENA (1)
Swa ic Hringdena  hund missera      1769

HRINGDENE (2)
hean huses,  hu hit Hringdene       116
Com þa to Heorote,  ðær Hringdene   1279

HRINGDON (1)
bugon þa to bence.  Byrnan          327
    hringdon,

HRINGED (1)
heaþosteapa helm,  hringed byrne,   1245

HRINGEDSTEFNA (2)
þær æt hyðe stod  hringedstefna,    32
hladen herewædum,  hringedstefna,   1897

HRINGEDSTEFNAN (1)
hringedstefnan;  holm storme weol,  1131

HRINGIREN (1)
heard hondlocen,  hringiren scir    322

HRINGMÆL (3)
þæt hire on hafelan  hringmæl agol  1521

hreoh ond heorogrim  hringmæl       1564
    gebrægd,
heard ond hringmæl  Heaðabeardna    2037
    gestreon

HRINGNACA (1)
sceal hringnaca  ofer heafu         1862
    bringan

HRINGNET (2)
hægstealdra heap,  hringnet bæron,  1889
hyran heaðosiocum,  hringnet        2754
    beran,

HRINGSELE (3)
to ðam hringsele  Hroðgar gretan;   2010
oððe hringsele  hondum styrede,     2840
þæt ðam hringsele  hrinan ne moste  3053

HRINGUM (1)
Hengestes heap  hringum wenede      1091

HRINGWEORÐUNGE (1)
habban on healse  hringweorðunge,   3017

HRODEN (2)
se þe on handa bær  hroden          495
    ealowæge,
hroden hildecumbor,  helm ond       1022
    byrnan,

-HRODEN (6)
ofer hleorberan  gehroden golde,    304
grette goldhroden  guman on         614
    healle,
þæt hio Beowulfe,  beaghroden cwen  623
gilpcwide Geates;  eode goldhroden  640
gyfen goldhroden  geongum cempan,   1948
geong, goldhroden,  gladum suna     2025
    Frodan;

HROF (7)
under Heorotes hrof    * * *        403
Grendles grape)  under geapne       836
    hrof.
stod on stapole,  geseah steapne    926
    hrof,
ofer heanne hrof  hand sceawedon,   983
heorras tohlidene.  Hrof ana        999
    genæs,
Ymb þæs helmes hrof  heafodbeorge   1030
brogdne beadusercean  under         2755
    beorges hrof.

-HROF (1)
eode eahta sum  under inwithrof     3123

HROFSELE (1)
ne him for hrofsele  hrinan ne      1515
    mehte

HRONESNÆSSE (2)
heah hlifian  on Hronesnæsse,       2805
har hilderinc  to Hronesnæsse.      3136

HRONFIXAS (1)
heard on handa;  wit unc wið        540
    hronfixas

HRONRADE (1)
ofer hronrade  hyran scolde,        10

-HROR (1)
felahror feran  on frean wære.      27

HRORAN (1)
Ða wæs of þæm hroran  helm ond      1629
    byrne

HU (continued)

hu ða folc mid him  fæhðe               2948
  towehton.
earne secgan  hu him æt æte speow,      3026

HUGA (1)
to handbonan,  Huga cempan;             2502

HUGAS (1)
heard wið Hugas,  syððan Higelac        2914
  cwom

HUND (4)
heorogifre beheold  hund missera,       1498
Swa ic Hringdena  hund missera          1769
Swa se ðeodsceaða  þreo hund            2278
  wintra
sealde hiora gehwæðrum  hund            2994
  þusenda

HUNDUM (1)
ðeah þe hæðstapa  hundum                1368
  geswenced,

HUNLAFING (1)
þonne him Hunlafing  hildeleoman,       1143

HURU (9)
ne hie huru heofena helm  herian        182
  ne cuþon,
eorla geæhtlan;  huru se aldor          369
  deah,
Huru Geata leod  georne truwode         669
Ne hie huru winedrihten  wiht ne        862
  logon,
Ne huru Hildeburh  herian þorfte        1071
Huru ne gemunde  mago Ecglafes,         1465
Huru þæt onhohsnode  Hemminges          1944
  mæg;
Huru þæt on lande  lyt manna ðah,       2836
Huru se snotra  sunu Wihstanes          3120

-HUS (2)
banhus gebræc.  Nu sceall billes        2508
  ecg,
oðþæt he ða banhus  gebrocen            3147
  hæfde,

HUSA (4)
husa selest.  Wæs seo hwil micel;       146
on heahstede  husa selest."             285
Hafa nu ond geheald  husa selest,       658
husa selest  heorodreorig stod,         935

-HUSA (1)
neowle næssas,  nicorhusa fela.         1411

-HUSE (1)
in ðam eorðhuse  ærgestreona,           2232

HUSES (2)
hean huses,  hu hit Hringdene           116
huses hyrdas.  Þa þæt hildebil          1666

HUÐE (1)
huðe hremig  to ham faran,              124

HWA (3)
hæleð under heofenum,  hwa þæm          52
  hlæste onfeng.
gesawon seledream.  Ic nah hwa          2252
  sweord wege
Næs ða on hlytme  hwa þæt hord          3126
  strude,

HWÆDER (1)
wælgæst wæfre;  ic ne wat hwæder        1331

-HWÆM (3)

þær mæg nihta gehwæm  niðwundor         1365
  seon,
"Ne sorga, snotor guma;  selre bið      1384
  æghwæm
oncyð eorla gehwæm,  syðþan             1420
  Æscheres

HWÆR (2)
þa wæs eaðfynde  þe him elles hwær      138
sæcca gesette.  Oft seldan hwær         2029

-HWÆR (3)
ðeah þu heaðoræsa  gehwær dohte,        526
Forþan bið andgit  æghwær selest,       1059
on sefan sweorceð,  ne gesacu           1737
  ohwær

-HWÆRE (1)
in mægþa gehwære  man geþeon.           25

-HWÆS (6)
æghwæs untæle  ealde wisan."            1865
æghwæs orleahtre,  oþþæt hine yldo      1886
  benam
metod manna gehwæs.  Ic eom on          2527
  mode from
æghwæs unrim,  þa he of ealdre          2624
  gewat,
þeah ðe he dæda gehwæs  dyrstig         2838
  wære,
æghwæs unrim,  æþeling boren,           3135

HWÆT (15)*
Hwæt! We Gardena  in geardagum,         1
hwæt swiðferhðum  selest wære           173
modgehygdum,  hwæt þa men wæron.        233
"Hwæt syndon ge  searohæbbendra,        237
gumena ængum  hwæt me Grendel           474
  hafað
"Hwæt! þu worn fela,  wine min          530
  Unferð,
þonne he swulces hwæt  secgan           880
  wolde.
snyttrum besyrwan.  Hwæt, þæt           942
  secgan mæg
hwæt wit to willan  ond to              1186
  worðmyndum
goldwine gumena,  hwæt wit geo          1476
  spræcon,
"Hwæt!  we þe þas sælac,  sunu          1652
  Healfdenes,
Hwæt, me þæs on eþle  edwenden          1774
  cwom,
eorla æhte!  Hwæt, hyt ær on ðe         2248
on adfære.  Ne scel anes hwæt           3010
þurh hwæt his worulde gedal             3068
  weorðan sceolde.

-HWÆTE (1)
næs he goldhwæte  gearwor hæfde         3074

HWÆÞER (4)*
hwæþer him alwalda  æfre wille          1314
hwæþer him ænig wæs  ær acenned         1356
secgas on searwum,  hwæðer sel          2530
  mæge
hwæðer collenferð  cwicne gemette       2785

-HWÆÞER (5)
æt heaðolace,  ne gehwæþer incer,       584
hæfde be honda;  wæs gehwæþer           814
  oðrum
ge æt ham ge on herge,  ge              1248
  gehwæþer þara,
ond gehwæðer oðrum  hroþra              2171
  gemyndig.
hæfde æghwæðer  ende gefered            2844

HWÆÞERE (4)*

Hwæþere me gesælde þæt ic mid     574
    sweorde ofsloh
on swa hwæþere hond, halig        686
    dryhten,
feond on feþe. Hwæþere he his     970
    folme forlet
forð gefremede, hwæþere him on    1718
    ferhþe greow

HWÆÞRE (9)
  grim on grape; hwæþre me gyfeþe     555
    wearð
  Hwæþre him gesælde ðæt þæt swurd    890
    þurhwod
  hwæþre he gemunde mægenes         1270
    strenge,
  hwæþre him sio swiðre swaðe       2098
    weardade
  hwæðre earmsceapen * * *          2228
  on þære westenne; hwæðre wiges     2298
    gefeh,
  hwæðre he him on folce            2377
    freondlarum heold,
  hreðre hygemeðe; sceolde hwæðre   2442
    swa þeah
  gylpan þorfte; hwæðre him god      2874
    uðe,

-HWÆÞRES (2)
  ombeht unforht: "Æghwæþres sceal   287
  Ond ða Beowulfe bega gehwæþres     1043

-HWÆÞRUM (3)
  earfoðlice heora æghwæþrum,        1636
  ecgum unslaw; æghwæðrum wæs        2564
  sealde hiora gehwæðrum hund        2994
    þusenda

HWAM (1)
  geseted ond gesæd hwam þæt sweord  1696
    geworht,

-HWAM (3)
  þæt he dogora gehwam dream          88
    gehyrde
  æt niða gehwam nydgesteallan;     882
  ond þegna gehwam þara leoda,       2033

HWAN (1)
  sinces brytta, to hwan syððan      2071
    wearð

HWANAN (2)
  to gecyðanne hwanan eowre cyme     257
    syndon."
  Hæfde þa gefrunen hwanan sio fæhð  2403
    aras,

-HWANE (2)
  Swa he niða gehwane genesen        2397
    hæfde,
  se ðe meca gehwane, mine gefræge,  2685

HWANON (1)
  "Hwanon ferigeað ge fætte          333
    scyldas,

HWAR (1)
  gewrecen wraðlice. Wundur hwar     3062
    þonne

HWATA (1)
  Swa se secg hwata secggende wæs    3028

HWATE (5)
  hwate Scyldingas; gewat him ham    1601
    þonon
  æfter hæleþa hryre, hwate          2052
    Scyldungas?

hwate helmberend, hindeman siðe,      2517
hwate helmberend, þeah ðe hlaford     2642
    us
æfter hæleða hryre, hwate             3005
    Scildingas,

-HWATE (2)
  frome fyrdhwate feowertyne         1641
  frome, fyrdhwate, freode ne        2476
    woldon

HWATUM (1)
  hwatum Heorowearde, þeah he him    2161
    hold wære,

HWAÞERE (1)
  hwaþere ic fara feng feore         578
    gedigde,

HWEALF (2)
  under heofones hwealf heardran     576
    feohtan,
  under heofones hwealf              2015
    healsittendra

HWEARF (9)
  folcum gefræge (fæder ellor         55
    hwearf,
  Hwearf þa hrædlice þær Hroðgar     356
    sæt
  Hwearf þa bi bence þær hyre byre   1188
    wæron,
  hwearf þa be wealle, wæpen         1573
    hafenade
  eaxlgesteallan, oþþæt he ana       1714
    hwearf,
  meaglum wordum. Meoduscencum       1980
    hwearf
  leoda duguðe, se ðær lengest       2238
    hwearf,
  an æfter eallum, unbliðe hwearf    2268
  Nalles æfter lyfte lacende hwearf  2832

-HWEARF (8)
  heaðogrim ondhwearf; hreo wæron    548
    yþa.
  Gehwearf þa in Francna fæþm feorh  1210
    cyninges,
  enta ærgeweorc; hit on æht         1679
    gehwearf
  on geweald gehwearf woroldcyninga  1684
  friðusibb folca, flet eall         2017
    geondhwearf,
  on hand gehwearf; he geheold tela  2208
  hat ond hreohmod hlæw oft          2296
    ymbehwearf
  beaduwe weorces, hwilum on beorh   2299
    æthwearf,

-HWELCNE (1)
  wine Scyldinga, weana gehwelcne,   148

HWENE (1)
  þæt he þone niðgæst nioðor hwene   2699
    sloh,

HWEORFAN (1)
  idel hweorfan, syððan æðelingas    2888

HWERGEN (1)
  elles hwergen, swa sceal æghwylc   2590
    mon

HWETTE (1)
  sigehreð secgum, swa þin sefa      490
    hwette."

HWETTON (1)
  hwetton higerofne, hæl sceawedon.  204

HWIL (2)
  husa selest. Wæs seo hwil micel;    146
  hilderince. Ða wæs hwil dæges    1495

-HWIL (1)
  hwylc orleghwil  uncer Grendles    2002

-HWILA (3)
  orleghwila;  ic þæt eall gemon.    2427
  siðast sigehwila  sylfes dædum,    2710
  þæt he dæghwila  gedrogen hæfde,    2726

HWILE (12)
  lange hwile.  Him þæs liffrea    16
  wonsæli wer  weardode hwile,    105
  hwile wið Hroþgar,  heteniðas wæg,    152
  ane hwile.  Eft sona bið    1762
  æfter leodhryre  lytle hwile    2030
  lytle hwile  lifwynna breac;    2097
  þær unc hwile wæs  hand gemæne,    2137
  leod Scyldunga  lange hwile;    2159
  dryhtsele dyrnne,  ær dæges hwile.    2320
  unbyrnende  ænige hwile    2548
  life ond lice  læssan hwile    2571
  longe hwile,  ligegesan wæg    2780

-HWILE (2)
  Him ða Scyld gewat  to gescæphwile    26
  orleghwile,  syððan underne    2911

HWILUM (15)
  Hwilum hie geheton  æt hærgtrafum    175
  scencte scir wered.  Scop hwilum    496
    sang
  Hwilum heaþorofe  hleapan leton,    864
  cystum cuðe.  Hwilum cyninges    867
    þegn,
  Hwilum flitende  fealwe stræte    916
  Hwilum he on lufan  læteð hworfan    1728
  swa þec hetende  hwilum dydon,    1828
  medudream maran.  Hwilum mæru    2016
    cwen,
  Hwilum for duguðe  dohtor    2020
    Hroðgares
  hwilum hildedeor  hearpan wynne,    2107
  gomenwudu grette,  hwilum gyd    2108
    awræc
  soð ond sarlic,  hwilum syllic    2109
    spell
  Hwilum eft ongan,  eldo gebunden,    2111
  beaduwe weorces,  hwilum on beorh    2299
    æthwearf,
  nihtes hwilum,  nyðer eft gewat    3044

HWITA (1)
  ac se hwita helm  hafelan werede,    1448

-HWON (1)
  lythwon logon,  þeah he him leof    203
    wære;

HWONE (1)
  wið manna hwone  mægenes Deniga,    155

-HWONE (3)
  wið feonda gehwone  flotan    294
    eowerne,
  ond on healfa gehwone  heawan    800
    þohton,
  gold on grunde,  gumcynnes gehwone    2765

HWORFAN (1)
  Hwilum he on lufan  læteð hworfan    1728

HWURFE (1)
  Gebad wintra worn,  ær he on weg    264
    hwurfe,

HWYDER (1)

---

  hwyder helrunan  hwyrftum scriþað.    163

HWYLC (5)
  þæt mid Scyldingum  sceaðona ic    274
    nat hwylc,
  efne swa hwylc mægþa  swa ðone    943
    magan cende
  gyf þonne Frysna hwylc  frecnan    1104
    spræce
  hwylc orleghwil  uncer Grendles    2002
  beorn in burgum,  þonne his bearna    2433
    hwylc,

-HWYLC (16)
  oðþæt him æghwylc  þara    9
    ymbsittendra
  witena welhwylc  wide geond    266
    eorþan.
  wordum wrixlan.  Welhwylc gecwæð    874
  feondes fingras.  Foran æghwylc    984
    wæs,
  stiðra nægla gehwylc,  style    985
    gelicost,
  egl, unheoru.  Æghwylc gecwæð    987
  æghwylc oðrum trywe.  Swylce þær    1165
    Unferþ þyle
  æt fotum sæt frean Scyldinga;    1166
    gehwylc hiora his ferhþe treowde
  Her is æghwylc eorl  oþrum    1228
    getrywe,
  Ure æghwylc sceal  ende gebidan    1386
  ond þegna gehwylc  þinra leoda,    1673
  niða nathwylc,  se ðe neh gefeng    2215
  swa hy on geardagum  gumena    2233
    nathwylc,
  elles hwergen,  swa sceal æghwylc    2590
    mon
  folcrihta gehwylc,  swa his fæder    2608
    ahte.
  þære mægburge  monna æghwylc    2887

HWYLCE (1)
  hwylce Sægeata  siðas wæron):    1986

-HWYLCE (4)
  dogra gehwylce  Dene weorþode,    1090
  ðin ofer þeoda gehwylce.  Eal þu    1705
    hit geþyldum healdest,
  Manað swa ond myndgað  mæla    2057
    gehwylce
  Symble bið gemyndgad  morna    2450
    gehwylce

-HWYLCES (6)
  atol aglæca,  anra gehwylces    732
  weana gehwylces,  swa ic þe wene    1396
    to."
  Nu her þara banena  byre    2053
    nathwylces
  yfla gehwylces  ondlean forgeald;    2094
  tireadigum menn  torna gehwylces.    2189
  ac for þreanedlan  þeow nathwylces    2223

-HWYLCNE (3)
  duguþe ond geogoþe  dæl æghwylcne,    621
  feorhbealo frecne,  fyra gehwylcne    2250
  Gegrette ða  gumena gehwylcne,    2516

-HWYLCRA (1)
  se þe eow welhwylcra  wilna dohte.    1344

-HWYLCRE (1)
  ecga gehwylcre.  Scolde his    805
    aldorgedal

HWYLCUM (1)
  efne swa hwylcum manna  swa him    3057
    gemet ðuhte.

-HWYLCUM (10)
```
cynna gehwylcum  þara ðe cwice          98
  hwyrfaþ.
reced selesta,  rinca gehwylcum        412
ceasterbuendum,  cenra gehwylcum,      768
atelic egesa,  anra gehwylcum          784
wea widscofen  witena gehwylcum        936
secga gehwylcum  þara þe on swylc      996
  starað.
ða gyt æghwylcum  eorla drihten       1050
þæt he in niðsele  nathwylcum wæs,    1513
gumena gehwylcum,  swa he nu gen      2859
  deð.
eorla gehwylcum  þonne edwitlif!"     2891
```

HWYRFAÞ (1)
```
cynna gehwylcum  þara ðe cwice          98
  hwyrfaþ.
```

-HWYRFT (1)
```
edhwyrft eorlum,  siþðan inne          1281
  fealh
```

HWYRFTUM (1)
```
hwyder helrunan  hwyrftum scriþað.     163
```

HY (10)
```
sigon ætsomne,  oþþæt hy sæl           307
  timbred,
Beowulf nemnað.  Hy benan synt         364
Hy on wiggetawum  wyrðe þinceað        368
mearum ond madmum,  swa hy næfre      1048
  man lyhð,
Noðer hy hine ne moston,  syððan      2124
  mergen cwom,
swa hy on geardagum  gumena           2233
  nathwylc,
hæfdon hy forhealden  helm            2381
  Scylfinga,
þæt ða aglæcean hy  eft gemetton.     2592
hildecystum,  ac hy on holt bugon,    2598
ac hy scamiende  scyldas bæran,       2850
```

-HYCGENDE (2)
```
þanchycgende  þær gehydde,            2235
þæt he bi wealle  wishycgende         2716
```

-HYCGENDRA (1)
```
bealohycgendra  broga fram oðrum.     2565
```

-HYDA (1)
```
ece rædas;  oferhyda ne gym,          1760
```

HYDAN (2)
```
hafalan hydan,  ac he me habban        446
  wile
hafelan hydan.  Nis þæt heoru         1372
  stow!
```

-HYDDE (2)
```
þanchycgende  þær gehydde,            2235
þam ðe unrihte  inne gehydde          3059
```

HYDE (1)
```
oferhigian,  hyde se ðe wylle.        2766
```

-HYDIG (4)
```
onbræd þa bealohydig,  ða he           723
  gebolgen wæs,
gytsað gromhydig,  nallas on gylp     1749
  seleð
æðeling anhydig,  ealle mægene        2667
þioden þristhydig,  þegne             2810
  gesealde,
```

-HYDUM (1)
```
for his wonhydum  wæpna ne recceð.     434
```

HYGD (2)
```
heah in healle,  Hygd swiðe geong,    1926
```

```
þær him Hygd gebead  hord ond         2369
  rice,
```

-HYGD (1)
```
þurh hreðra gehygd  higes cunnian,    2045
```

-HYGDA (1)
```
oðþæt him on innan  oferhygda dæl     1740
```

HYGDE (1)
```
Hyrde ic þæt he ðone healsbeah        2172
  Hygde gesealde,
```

-HYGDUM (2)
```
modgehygdum,  hwæt þa men wæron.       233
breostgehygdum,  ær he bæl cure,      2818
```

HYGE (1)
```
Hyge wæs him hinfus,  wolde on         755
  heolster fleon,
```

HYGEBENDUM (1)
```
ac him on hreþre  hygebendum fæst     1878
```

HYGEGIOMOR (1)
```
hæft hygegiomor,  sceolde hean        2408
  ðonon
```

HYGELAC (5)
```
heafodmaga  nefne, Hygelac, ðec."     2151
hildehlæmmum,  syððan Hygelac læg     2201
hondgemota,  þær mon Hygelac sloh,    2355
healdan cuðe,  ða wæs Hygelac         2372
  dead.
Herebeald ond Hæðcyn  oððe Hygelac    2434
  min.
```

HYGELACE (1)
```
hondgesteallan.  Hygelace wæs,        2169
```

HYGELACES (3)
```
ac hine se modega  mæg Hygelaces       813
sweordes swengum,  sunu Hygelaces,    2386
syððan hie Hygelaces  horn ond        2943
  byman,
```

HYGEMEÐE (1)
```
hreðre hygemeðe;  sceolde hwæðre      2442
  swa þeah
```

HYGESORGA (1)
```
hreow on hreðre,  hygesorga mæst;     2328
```

HYHT (1)
```
hæþenra hyht;  helle gemundon          179
```

HYLACES (1)
```
mærða gemyndig  mæg Hylaces.          1530
```

-HYLD (1)
```
(he is manna gehyld)  hord           3056
  openian,
```

HYLDE (1)
```
Hylde hine þa heaþodeor,               688
  hleorbolster onfeng
```

HYLDO (4)
```
modgan mægnes,  metodes hyldo.         670
þy ic Heaðobeardna  hyldo ne          2067
  telge,
hyldo gehealdeþ!  Hordweard sohte     2293
hamweorðunge,  hyldo to wedde.        2998
```

HYLT (1)
```
Hroðgar maðelode,  hylt sceawode,     1687
```

HYM (1)

HYM (continued)

oncerbendum fæst,   þy læs hym yþa   1918
   ðrym

HYNDE (1)
hatode ond hynde;   hord eft   2319
   gesceat,

HYNE (30)
Hi hyne þa ætbæron   to brimes   28
   faroðe,
healðegnes hete;   heold hyne   142
   syðþan
synnum geswenced,   ac hyne sar   975
   hafað
wælreaf werede;   hyne wyrd fornam,   1205
sundes þe sænra,   ðe hyne swylt   1436
   fornam.
þæs þe hi hyne gesundne   geseon   1628
   moston.
fægre fricgcean   (hyne fyrwet   1985
   bræc,
dyre iren,   þær hyne Dene slogon,   2050
swa hyne Geata bearn   godne ne   2184
   tealdon,
ne hyne on medobence   micles   2185
   wyrðne
ða hyne gesohtan   on sigeþeode   2204
* * * ,   þa hyne se fær begeat.   2230
fyre befangen;   hyne foldbuend   2274
eacencræftig,   oððæt hyne an   2280
   abealch
Wedergeatum weold.   Hyne   2379
   wræcmæcgas
syððan hyne Hæðcyn   of hornbogan,   2437
Hyrte hyne hordweard   (hreðer æðme   2593
   weoll)
ond hi hyne þa begen   abroten   2707
   hæfdon,
Hyne þa mid handa   heorodreorigne,   2720
onsyn ænig,   ac hyne ecg fornam.   2772
frætwum gefyrðred;   hyne fyrwet   2784
   bræc,
beah ond byrnan,   het hyne brucan   2812
   well:
wehte hyne wætre;   him wiht ne   2854
   speow.
wraðe forwurpe,   ða hyne wig   2872
   beget.
sigora waldend,   þæt he hyne   2875
   sylfne gewræc
þrong ymbe þeoden,   þa hyne sio   2883
   þrag becwom.
þær hyne Hetware   hilde genægdon,   2916
Eafores anne dom.   Hyne yrringa   2964
ac he hyne gewyrpte,   þeah ðe him   2976
   wund hrine.
lete hyne licgean   þær he longe   3082
   wæs,

HYNÐA (1)
heardra hynða.   Heorot eardode,   166

HYNÐO (3)
hynðo on Heorote   mid his   475
   heteþancum,
hynðo on Heorote,   gif þin hige   593
   wære,
hynðo ond hæftnyd.   Heofon rece   3155
   swealg.

HYNÐU (1)
hynðu ond hrafyl.   Ic þæs Hroðgar   277
   mæg

HYRA (8)
wið þeodþreaum.   Swylc wæs þeaw   178
   hyra,
in hyra gryregeatwum   gangan   324
   cwomon.

ymb hyra sincgyfan   sel gebæran.   1012
mane acwealde,   swa he hyra ma   1055
   wolde,
þrecwudu þrymlic.   Wæs þeaw hyra   1246
swæse gesiðas   ond hyra sylfra   2040
   feorh.
on hyra sincgifan   sare geendod.   2311
on hyra mandryhtnes   miclan   2849
   þearfe,

HYRAN (2)
ofer hronrade   hyran scolde,   10
hyran heaðosiocum,   hringnet   2754
   beran,

-HYRAÐ (1)
mereliðende,   minne gehyrað   255

HYRDAS (1)
huses hyrdas.   þa þæt hildebil   1666

HYRDE (25)*
ne hyrde ic cymlicor   ceol   38
   gegyrwan
hyrde ic þæt * * *   wæs Onelan   62
   cwen,
swylcra searoniða   secgan hyrde,   582
folces hyrde   fæstrædne geþoht.   610
Sona þæt onfunde   fyrena hyrde   750
þæt he fram Sigemundes   secgan   875
   hyrde
hordes hyrde.   He under harne   887
   stan,
wunder æfter wundre,   wuldres   931
   hyrde.
Nænigne ic under swegle   selran   1197
   hyrde
selerædende,   secgan hyrde   1346
sawele hyrde;   bið se slæp to   1742
   fæst,
folces hyrde,   þæt he mec fremman   1832
   wile
on sefan sende;   ne hyrde ic   1842
   snotorlicor
folces hyrde,   ond þu þin feorh   1849
   hafast,
nemnan hyrde,   þær hio nægled sinc   2023
rices hyrde,   ond þæt ræd talað,   2027
Hyrde ic þæt þam frætwum   feower   2163
   mearas
Hyrde ic þæt he ðone healsbeah   2172
   Hygde gesealde,
hringa hyrde   hordwyrðne dæl,   2245
wæs ða gebolgen   beorges hyrde,   2304
ac in compe gecrong   cumbles   2505
   hyrde,
to gefremmanne,   folces hyrde,   2644
folces hyrde,   wæs in feorh   2981
   dropen.
rices hyrde,   ræd ænigne,   3080
flod fæðmian   frætwa hyrde.   3133

-HYRDE (3)
þæt he dogora gehwam   dream   88
   gehyrde
brego Beorhtdena,   gehyrde on   609
   Beowulfe
grimne gryrelicne   grundhyrde   2136
   fond;

-HYRDED (1)
ahyrded heaþoswate;   næfre hit æt   1460
   hilde ne swac

HYRDON (2)
georne hyrdon,   oðð þæt seo geogoð   66
   geweox,
swa we soþlice   secgan hyrdon)   273

134

-HYRDON (1)
þara þe of wealle wop gehyrdon,  785

HYRE (7)
þæt hyre ealdmetod este wære  945
Hwearf þa bi bence þær hyre byre  1188
  wæron,
mihtig manscaða, wolde hyre mæg  1339
  wrecan,
Ofsæt þa þone selegyst ond hyre  1545
  seax geteah,
hyre bearn gewræc, beorn acwealde  2121
swancor ond sadolbeorht; hyre  2175
  syððan wæs
þæt hio hyre heofungdagas hearde  3153
  ondrede,

-HYRE (2)
Ic þæt gehyre, þæt þis is hold  290
  weorod
wighete Wedra. Wif unhyre  2120

HYRSTA (1)
eall swylce hyrsta, swylce on  3164
  horde ær

HYRSTE (1)
hares hyrste Higelace bær.  2988

HYRSTED (2)
helm of hafelan, sealde his  672
  hyrsted sweord,
Sceal se hearda helm hyrsted  2255
  golde

HYRSTUM (1)
hyrstum behrorene; þær wæs helm  2762
  monig

HYRTE (1)
Hyrte hyne hordweard (hreðer æðme  2593
  weoll)

HYSE (1)
hyse, mid hæle, ond þisses  1217
  hrægles neot,

HYT (9)×
manigra sumne; hyt ne mihte swa,  2091
cwæð þæt hyt hæfde Hiorogar  2158
  cyning,
eorla æhte! Hwæt, hyt ær on ðe  2248
leodum on lande, swa hyt lungre  2310
  wearð
fæhðe ond fyrene, swa hyt gefræge  2480
  wæs,
nacod æt niðe, swa hyt no  2585
  sceolde,
helpan hildfruman, þenden hyt sy,  2649
hildebille, þæt hyt on heafolan  2679
  stod
wealle beworhton, swa hyt  3161
  weorðlicost

HYÐE (1)
Þær æt hyðe stod hringedstefna,  32

HYÐWEARD (1)
Hraþe wæs æt holme hyðweard  1914
  geara,

IC (180)
ne hyrde ic cymlicor ceol  38
  gegyrwan
hyrde ic þæt * * * wæs Onelan  62
  cwen,
Ða ic wide gefrægn weorc gebannan  74
maga gemedu. Næfre ic maran  247
  geseah
ænlic ansyn. Nu ic eower sceal  251

wesan, þæs ic wene. Þu wast (gif  272
  hit is
þæt mid Scyldingum sceaðona ic  274
  nat hwylc,
hynðu ond hrafyl. Ic þæs Hroðgar  277
  mæg
Ic þæt gehyre, þæt þis is hold  290
  weorod
wæpen ond gewædu; ic eow wisige.  292
Swylce ic maguþegnas mine hate  293
siða gesunde. Ic to sæ wille  318
heresceafta heap? Ic eom  335
  Hroðgares
ar ond ombiht. Ne seah ic  336
  elþeodige
Wen ic þæt ge for wlenco, nalles  338
  for wræcsiðum,
Wille ic asecgan sunu Healfdenes,  344
wig ond wisdom): "Ic þæs wine  350
  Deniga,
"Ic hine cuðe cnihtwesende.  372
to Westdenum, þæs ic wen hæbbe,  383
wið Grendles gryre. Ic þæm godan  384
  sceal
"Wæs þu, Hroðgar, hal! Ic eom  407
  Higelaces
mæg ond magoðegn; hæbbe ic mærða  408
  fela
þeoden Hroðgar, þæt ic þe sohte,  417
selfe ofersawon, ða ic of searwum  419
  cwom,
fah from feondum; þær ic fife  420
  geband,
ðing wið þyrse. Ic þe nu ða,  426
freowine folca, nu ic þus feorran  430
  com,
þæt ic mote ana ond minra eorla  431
  gedryht,
Hæbbe ic eac geahsod þæt se  433
  æglæca
Ic þæt þonne forhicge (swa me  435
  Higelac sie,
þæt ic sweord bere oþðe sidne  437
  scyld,
geolorand to guþe, ac ic mid  438
  grape sceal
Wen ic þæt he wille, gif he  442
  wealdan mot,
Ða ic furþum weold folce Deniga  465
bearn Healfdenes; se wæs betera  469
  ðonne ic.
sende ic Wylfingum ofer wæteres  471
  hrycg
heall heorudreore; ahte ic holdra  487
  þy læs,
Ðonne wene ic to þe wyrsan  525
  geþingea,
sægdest from his siðe. Soð ic  532
  talige,
þæt ic merestrengo maran ahte,  533
hraþor on holme, no ic fram him  543
  wolde.
þæt ic aglæcan orde geræhte,  556
þreatedon þearle. Ic him þenode  560
þæt ic sænæssas geseon mihte,  571
Hwæþere me gesælde þæt ic mid  574
  sweorde ofsloh
niceras nigene. No ic on niht  575
  gefrægn
hwaþere ic fara feng feore  578
  gedigde,
wadu weallendu. No ic wiht fram  581
  þe
fagum sweordum (no ic þæs fela  586
  gylpe),
Secge ic þe to soðe, sunu  590
  Ecglafes,
to Gardenum. Ac ic him Geata  601
  sceal

"Ic þæt hogode, þa ic on holm 632
  gestah,
þæt ic anunga eowra leoda 634
feondgrapum fæst. Ic gefremman 636
  sceal
"Næfre ic ænegum men ær alyfde, 655
siþðan ic hond ond rond hebban 656
  mihte,
"No ic me an herewæsmun hnagran 677
  talige,
forþan ic hine sweorde swebban 679
  nelle,
aldre beneotan, þeah ic eal mæge. 680
Iungre gelimpe! Fela ic laþes 929
  gebad,
Ðæt wæs ungeara þæt ic ænigra me 932
bearngebyrdo. Nu ic, Beowulf, 946
  þec,
worolde wilna, þe ic geweald 950
  hæbbe.
Ful oft ic for læssan lean 951
  teohhode,
Ic hine hrædlice heardan clammum 963
Ic hine ne mihte, þa metod nolde, 967
ganges getwæman, no ic him þæs 968
  georne ætfealh,
Ne gefrægen ic þa mægþe maran 1011
  weorode
Ne gefrægn ic freondlicor feower 1027
  madmas
metodsceaft seon. Ic minne can 1180
wene ic þæt he mid gode gyldan 1184
  wille
þara þe ic on foldan gefrægen 1196
  hæbbe,
Nænigne ic under swegle selran 1197
  hyrde
lara liðe; ic þe þæs lean geman. 1220
æþeling, eadig. Ic þe an tela 1225
druncne dryhtguman doð swa ic 1231
  bidde."
wælgæst wæfre; ic ne wat hwæder 1331
Ic þæt londbuend, leode mine, 1345
Ic þe þa fæhðe feo leanige, 1380
ealdgestreonum, swa ic ær dyde, 1381
Ic hit þe gehate, no he on helm 1392
  losaþ,
weana gehwylces, swa ic þe wene 1396
  to."
snottra fengel, nu ic eom siðes 1475
  fus,
gif ic æt þearfe þinre scolde 1477
þæt ic gumcystum godne funde 1486
heardecg habban; ic me mid 1490
  Hruntinge
Ic þæt unsofte ealdre gedigde 1655
Ne meahte ic æt hilde mid 1659
  Hruntinge
þæt ic on wage geseah wlitig 1662
  hangian
winigea leasum), þæt ic ðy wæpne 1664
  gebræd.
hatost heaþoswata. Ic þæt hilt 1668
  þanan
Ic hit þe þonne gehate, þæt þu on 1671
  Heorote most
mægen mid modes snyttrum. Ic þe 1706
  sceal mine gelæstan
gumcyste ongit; ic þis gid be þe 1723
Swa ic Hringdena hund missera 1769
æscum ond ecgum, þæt ic me ænigne 1772
Ic þære socne singales wæg 1777
ecean dryhtne, þæs ðe ic on aldre 1779
  gebad
þæt ic on þone hafelan 1780
  heorodreorigne
Gif ic þonne on eorþan owihte mæg 1822
gumena dryhten, ðonne ic gyt 1824
  dyde,

guðgeweorca, ic beo gearo sona. 1825
Gif ic þæt gefricge ofer floda 1826
  begang,
ic ðe þusenda þegna bringe, 1829
hæleþa to helpe. Ic on Higelac 1830
  wat,
wordum ond worcum, þæt ic þe wel 1833
  herige
on sefan sende; ne hyrde ic 1842
  snotorlicor
wis wordcwida. Wen ic talige, 1845
wesan, þenden ic wealde widan 1859
  rices,
lac ond luftacen. Ic þa leode wat 1863
mærum ðeodne? Ic ðæs modceare 1992
leofes mannes; ic ðe lange bæd 1994
guðe wið Grendel. Gode ic þanc 1997
  secge
þæs ðe ic ðe gesundne geseon 1998
  moste."
yrmðe to aldre. Ic ðæt eall 2005
  gewræc,
facne bifongen. Ic ðær furðum 2009
  cwom
Weorod wæs on wynne; ne seah ic 2014
  widan feorh
þa ic Freaware fletsittende 2022
þy ic Heaðobeardna hyldo ne 2067
  telge,
freondscipe fæstne. Ic sceal forð 2069
  sprecan
syððan ic on yrre uppriht astod, 2092
To lang ys to reccenne hu ic ðam 2093
  leodsceaðan
þær ic, þeoden min, þine leode 2095
healsode hreohmod, þæt ic on 2132
  holma geþring
Ic ða ðæs wælmes, þe is wide cuð, 2135
holm heolfre weoll, ond ic heafde 2138
  becearf
feorh oðferede. Næs ic fæge þa 2141
  gyt,
Nealles ic ðam leanum forloren 2145
  hæfde,
ða ic ðe, beorncyning, bringan 2148
  wylle,
lissa gelong; ic lyt hafo 2150
þæt ic his ærest ðe est gesægde; 2157
Hyrde ic þæt þam frætwum feower 2163
  mearas
Hyrde ic þæt he ðone healsbeah 2172
  Hygde gesealde.
gesawon seledream. Ic nah hwa 2252
  sweord wege
"Fela ic on giogoðe guðræsa 2426
  genæs,
orleghwila; ic þæt eall gemon. 2427
Ic wæs syfanwintre, þa mec sinca 2428
  baldor,
Næs ic him to life laðra owihte, 2432
þa ic on morgne gefrægn mæg 2484
  oðerne
Ic him þa maðmas, þe he me 2490
  sealde,
Symle ic him on feðan beforan 2497
  wolde,
Syððan ic for dugeðum Dæghrefne 2501
  wearð
niehstan siðe: "Ic geneðde fela 2511
guða on geogoðe; gyt ic wylle, 2512
swæse gesiðas: "Nolde ic sweord 2518
  beran,
wæpen to wyrme, gif ic wiste hu 2519
gylpe wiðgripan, swa ic gio wið 2521
  Grendle dyde.
Ac ic ðær heaðufyres hates wene, 2522
oreðes ond attres; forðon ic me 2523
  on hafu

136

IN (continued)

| | |
|---|---|
| innan ond utan  irenbendum | 774 |
| eal inneweard  irenbendum fæst, | 998 |

IRENBYRNAN (I)
| | |
|---|---|
| nam on Ongenðio  irenbyrnan, | 2986 |

IRENHEARD (I)
| | |
|---|---|
| eofer irenheard,  æþeling manig | 1112 |

IRENNA (3)
| | |
|---|---|
| ænig ofer eorþan  irenna cyst, | 802 |
| þæt him irenna  ecge mihton | 2683 |
| ac hine irenna  ecga fornamon, | 2828 |

-IRENNE (I)
| | |
|---|---|
| eal irenne,  eorla dryhten, | 2338 |

IRENÞREAT (I)
| | |
|---|---|
| æscholt ufan græg;  wæs se irenþreat | 330 |

IS (31)
| | |
|---|---|
| eorla ofer eorþan  ðonne is eower sum, | 248 |
| anfealdne geþoht: Ofost is selest | 256 |
| wesan, þæs ic wene. Þu wast (gif hit is | 272 |
| Ic þæt gehyre,  þæt þis is hold weorod | 290 |
| "Mæl is me to feran;  fæder alwalda | 316 |
| beodgeneatas;  Beowulf is min nama. | 343 |
| angan dohtor;  is his eafora nu | 375 |
| hrægla selest;  þæt is Hrædlan laf, | 454 |
| Sorh is me to secganne  on sefan minum | 473 |
| færniða gefremed. Is min fletwerod, | 476 |
| selfes mihtum.  Soð is gecyþed | 700 |
| hererinc habban.  Heorot is gefælsod. | 1176 |
| Her is æghwylc eorl  oþrum getrywe, | 1228 |
| "Ne frin þu æfter sælum!  Sorh is geniwod | 1322 |
| Denigea leodum.  Dead is Æschere, | 1323 |
| roderas reotað.  Nu is se ræd gelang | 1376 |
| sæla ond mæla;  þæt is soð metod. | 1611 |
| geboren betera!  Blæd is arære d | 1703 |
| awræc wintrum frod.  Wundor is to secganne | 1724 |
| mære cempa.  Nu is þines mægnes blæd | 1761 |
| "Þæt is undyrne,  dryhten Higelac, | 2000 |
| hæleðum sealde.  Sio gehaten is, | 2024 |
| Ic ða ðæs wælmes,  þe is wide cuð, | 2135 |
| estum geywan.  Gen is eall æt ðe | 2149 |
| dæda dollicra.  Nu is se dæg cumen | 2646 |
| þæt me is micle leofre  þæt minne lichaman | 2651 |
| "Nu is wilgeofa  Wedra leoda, | 2900 |
| eorlscipe efnde.  Nu is ofost betost | 3007 |
| meltan mid þam modigan,  ac þær is maðma hord, | 3011 |
| (he is manna gehyld)  hord openian, | 3056 |
| wræc adreogan,  swa us geworden is. | 3078 |

ISE (I)
| | |
|---|---|
| þæt hit eal gemealt  ise gelicost, | 1608 |

ISERNBYRNAN (I)
| | |
|---|---|
| Ða he him of dyde  isernbyrnan, | 671 |

ISERNSCURE (I)
| | |
|---|---|
| þone ðe oft gebad  isernscure, | 3116 |

ISGEBINDE (I)
| | |
|---|---|
| isgebinde,  oþðæt oþer com | 1133 |

ISIG (I)
| | |
|---|---|
| isig ond utfus,  æþelinges fær. | 33 |

IU (I)
| | |
|---|---|
| gomen in geardum,  swylce ðær iu wæron. | 2459 |

IUMONNA (I)
| | |
|---|---|
| iumonna gold  galdre bewunden, | 3052 |

KYNING (2)
| | |
|---|---|
| symbel ond seleful,  sigerof kyning. | 619 |
| woldon ceare cwiðan  ond kyning mænan, | 3171 |

-KYNING (2)
| | |
|---|---|
| Swa se ðeodkyning  þeawum lyfde. | 2144 |
| gledum forgrunden;  him ðæs guðkyning, | 2335 |

KYNINGWULDOR (I)
| | |
|---|---|
| cwen to gebeddan. Hæfde kyningwuldor | 665 |

LA (2)
| | |
|---|---|
| "Þæt, la, mæg secgan  se þe soð ond riht | 1700 |
| "Þæt, la, mæg secgan  se ðe wyle soð specan | 2864 |

LAC (2)
| | |
|---|---|
| laðlicu lac. He him þæs lean forgeald, | 1584 |
| lac ond luftacen.  Ic þa leode wat | 1863 |

-LAC (15)
| | |
|---|---|
| Ic þæt þonne forhicge  (swa me Higelac sie, | 435 |
| ðonne sweorda gelac  sunu Healfdenes | 1040 |
| þone hring hæfde  Higelac Geata, | 1202 |
| "Hwæt! we þe þas sælac,  sunu Healfdenes, | 1652 |
| Higelac secan. Wæron her tela | 1820 |
| hæleþa to helpe.  Ic on Higelac wat, | 1830 |
| Higelac Hreþling,  þær æt ham wunað | 1923 |
| hæleðum to handa.  Higelac ongan | 1983 |
| "Þæt is undyrne,  dryhten Higelac, | 2000 |
| heafodmaga  nefne, Hygelac, ðec." | 2151 |
| hildehlæmmum,  syððan Hygelac læg | 2201 |
| hondgemota,  þær mon Hygelac sloh, | 2355 |
| healdan cuðe,  ða wæs Hygelac dead. | 2372 |
| Herebeald ond Hæðcyn  oððe Hygelac min. | 2434 |
| heard wið Hugas,  syððan Higelac cwom | 2914 |

LACAN (I)
| | |
|---|---|
| Ða ne dorston ær  dareðum lacan | 2848 |

-LACE (8)
| | |
|---|---|
| Onsend Higelace,  gif mec hild nime, | 452 |
| æt heaðolace,  ne gehwæþer incer, | 584 |
| Hroðgar leofa,  Higelace onsend. | 1483 |
| to beadulace  ætberan meahte, | 1561 |
| swiðmod swymman;  sælace gefeah, | 1624 |
| hringas dælan.  Higelace wæs | 1970 |
| hondgesteallan.  Hygelace wæs, | 2169 |

-LACE (continued)

  hares hyrste  Higelace bær.      2988

-LACEN (I)
  on feonda geweald  forð forlacen,    903

LACENDE (I)
  Nalles æfter lyfte  lacende hwearf  2832

-LACES (16)
  þæt fram ham gefrægn  Higelaces    194
    þegn,
  ond Higelaces  heorðgeneatas.    261
  heard under helme:  "We synt    342
    Higelaces
  "Wæs þu, Hroðgar, hal!  Ic eom    407
    Higelaces
  mæg Higelaces,  hu se manscaða    737
  Gemunde þa se goda,  mæg    758
    Higelaces,
  ac hine se modega  mæg Hygelaces  813
  mæg Higelaces,  manna cynne,    914
  mærða gemyndig  mæg Hylaces.    1530
  heard be hiltum  Higelaces ðegn,  1574
  heaðolaces hal  to hofe gongan.  1974
  sweordes swengum,  sunu Hygelaces,  2386
  syððan hie Hygelaces  horn ond    2943
    byman,
  hæfde Higelaces  hilde gefrunen,  2952
  Sweona leodum,  segn Higelaces    2958
  Let se hearda  Higelaces þegn    2977

LACUM (2)
  Nalæs hi hine læssan  lacum    43
    teodan,
  het hine mid þæm lacum  leode    1868
    swæse

-LACUM (I)
  arfæst æt ecga gelacum.  Spræc ða  1168
    ides Scyldinga:

-LAD (2)
  frecne fengelad,  ðær fyrgenstream  1359
  enge anpaðas,  uncuð gelad,    1410

LADE (2)
  lade ne letton.  Leoht eastan com,  569
  "Hu lomp eow on lade,  leofa    1987
    Biowulf,

-LADE (4)
  þæs þe him yþlade  eaðe wurdon.  228
  þara þe mid Beowulfe  brimlade    1051
    teah
  swiðor þohte  þonne to sælade,    1139
  sigla, searogimma.  Hie on sælade  1157

-LÆC- (I)
  ides, aglæcwif,  yrmþe gemunde,  1259

-LÆCA (9)
  ac se æglæca  ehtende wæs,    159
  Hæbbe ic eac geahsod  þæt se    433
    æglæca
  atol æglæca,  ealdre þinum,    592
  atol æglæca,  anra gehwylces    732
  Ne þæt se æglæca  yldan þohte,    739
  atol æglæca;  him on eaxle wearð  816
  Hæfde aglæca  elne gegongen    893
  ealles ansund,  þe se aglæca,    1000
  þær him aglæca  ætgræpe wearð;  1269

-LÆCAN (5)
  wið þam aglæcan,  ana gehegan    425
  þæt ic aglæcan  orde geræhte,    556
  æfenræste;  wiste þæm ahlæcan    646
  iren ærgod,  þæt ðæs ahlæcan    989
  ehton aglæcan.  Ða se eorl ongeat  1512

-LÆCEAN (5)
  wið ðam aglæcean  elles meahte    2520
  þæt he wið aglæcean  eofoðo dæle,  2534
  oruð aglæcean  ut of stane,    2557
  þæt ða aglæcean  hy eft gemetton.  2592
  on ðam aglæcean  ænige þinga    2905

LÆDAN (I)
  ofer lagustræte  lædan cwomon,    239

-LÆDDAN (I)
  oððæt hie forlæddan  to ðam    2039
    lindplegan

LÆDDON (I)
  læddon to leodum.  Leoð wæs    1159
    asungen,

LÆDED (I)
  of lichaman  læded weorðan.    3177

-LÆDED (I)
  of feorwegum,  frætwa, gelæded;    37

LÆF (I)
  manigra medo,  ond þinum magum læf  1178

LÆFAN (I)
  lað lyftfloga  læfan wolde.    2315

LÆFDE (I)
  eaferum læfde,  swa deð eadig mon,  2470

LÆG (14)
  billum ond byrnum;  him on bearme  40
    læg
  beadohrægl broden  on breostum læg  552
  efnan wolde.  Næfre on ore læg    1041
  yrre oretta,  þæt hit on eorðan    1532
    læg,
  angan eaferan. Him on eaxle læg    1547
  weoldon wælstowe,  syððan    2051
    Wiðergyld læg,
  feorhbealu fægum;  he fyrmest læg,  2077
  hildehlæmmum,  syððan Hygelac læg  2201
  stanbeorh steapne;  stig under    2213
    læg,
  wyrme on willan;  no on wealle    2307
    læg,
  hames niosan,  syððan Heardred    2388
    læg,
  bleate gebæran.  Bona swylce læg,  2824
  guðgewædu,  þær se gomela læg,    2851
  bradne mece,  þa his broðor læg,  2978

-LÆG (2)
  deorum madme,  þæt his dom alæg.  1528
  wope bewunden  (windblond gelæg),  3146

LÆGON (I)
  be yðlafe  uppe lægon,    566

LÆNAN (2)
  oflet lifdagas  ond þas lænan    1622
    gesceaft.
  lænan lifes. Næs ða lang to ðon    2845

LÆNDAGA (I)
  lind wið lige. Sceolde lændaga    2341

LÆNDAGAS (I)
  alætan lændagas.  Næs ða long to  2591
    ðon

LÆNE (2)
  þæt se lichoma  læne gedreoseð,  1754
  læne licgan;  lyt ænig mearn    3129

LÆR (I)

leodbealo longsum.  Ðu þe lær be          1722
  þon,

-LÆRAN (2)
þurh rumne sefan   ræd gelæran,             278
Ne meahton we gelæran   leofne             3079
  þeoden,

-LÆRDON (1)
þa me þæt gelærdon   leode mine             415

LÆS (3)
heall heorudreore;   ahte ic holdra        487
  þy læs,
oncerbendum fæst,   þy læs hym yþa         1918
  ðrym
þæt hio leodbealewa   læs                  1946
  gefremede,

LÆSEST (1)
laðan cynnes.  No þæt læsest wæs           2354

LÆSSA (1)
Grendles modor.  Wæs se gryre             1282
  læssa

LÆSSAN (3)
Nalæs hi hine læssan   lacum                43
  teodan,
Ful oft ic for læssan   lean               951
  teohhode,
life ond lice   læssan hwile              2571

LÆST (1)
"Leofa Biowulf,   læst eall tela,         2663

LÆSTAN (1)
þæt him se lichoma   læstan nolde,         812

-LÆSTAN (1)
mægen mid modes snyttrum.  Ic þe          1706
  sceal mine gelæstan

-LÆSTE (3)
sunu Beanstanes   soðe gelæste.            524
þæt mec ær ond sið   oft gelæste.         2500
leana mid leodum,   ond gelæste           2990
  swa,

-LÆSTED (1)
Geatmecga leod   gilp gelæsted,            829

-LÆSTEN (1)
leode gelæsten;   lofdædum sceal            24

-LÆSTU (1)
feorh ealgian;   ic ðe fullæstu."         2668

LÆT (2)*
Ond þu Unferð læt   ealde lafe,           1488
Eft wæs anræd,   nalas elnes læt,         1529

-LÆTAN (3)
þone cwealmcuman   cwicne forlætan,        792
alætan lændagas.  Næs ða long to          2591
  ðon
æfter maððumwelan   min alætan            2750

LÆTAÐ (1)
lætað hildebord   her onbidan,             397

-LÆTE (1)
þæt ðu ne alæte   be ðe lifigendum        2665

-LÆTEST (1)
wine Scildinga,   worold oflætest;        1183

LÆTEÐ (1)
Hwilum he on lufan   læteð hworfan        1728

-LÆTEÐ (1)
ðonne forstes bend   fæder onlæteð,       1609

LAF (4)
hrægla selest;   þæt is Hrædlan            454
  laf,
þæt him fela laf   frecne ne             1032
  meahton
þæt wæs mid eldum   Eanmundes laf,        2611
Ne gemealt him se modsefa,   ne his       2628
  mæges laf

-LAF (10)
siþðan grimne gripe   Guðlaf ond          1148
  Oslaf
Wiglaf wæs haten   Weoxstanes sunu,       2602
Wiglaf maðelode,   wordrihta fela         2631
Wiglaf leofa,   nu se wyrm ligeð,         2745
"þu eart endelaf   usses cynnes,          2813
wlitan on Wilaf.  He gewergad sæt,        2852
Wiglaf maðelode,   Weohstanes sunu,       2862
wunde gewyrcean.  Wiglaf siteð            2906
Wiglaf maðelode,   Wihstanes sunu:        3076

LAFE (9)
eorl Beowulfes   ealde lafe,               795
Ond þu Unferð læt   ealde lafe,           1488
ealde lafe,   on ðæm wæs or writen        1688
on him gladiað   gomelra lafe,            2036
heaðorof cyning,   Hreðles lafe           2191
god guðcyning,   gomele lafe,             2563
hearde, heaðoscearde   homera lafe,       2829
Besæt ða sinherge   sweorda lafe,         2936
beadurofes becn,   bronda lafe            3160

-LAFE (8)
wearþ he Heaþolafe   to handbonan          460
be yðlafe   uppe lægon,                    566
yrfelafe,   ond þone ænne heht            1053
ne þa wealafe   wige forþringan           1084
þæt he þa wealafe   weotena dome          1098
yrfelafe.  Gewat him on naca              1903
eormenlafe   æþelan cynnes,               2234
incgelafe,   þæt sio ecg gewac            2577

-LAFEDE (1)
winedryhten his   wætere gelafede,        2722

-LAFES (6)
Unferð maþelode,   Ecglafes bearn,         499
Secge ic þe to soðe,   sunu                590
  Ecglafes,
Ða wæs swigra secg,   sunu Eclafes,        980
Yrmenlafes   yldra broþor,                1324
Huru ne gemunde   mago Ecglafes,          1465
sunu Ecglafes,   heht his sweord          1808
  niman,

-LAFING (1)
þonne him Hunlafing   hildeleoman,        1143

LAGON (1)
discas lagon   ond dyre swyrd,            3048

LAGU (1)
lungre alysed.  Lagu drusade,             1630

LAGUCRÆFTIG (1)
lagucræftig mon,   landgemyrcu.            209

LAGUSTRÆTE (1)
ofer lagustræte   lædan cwomon,            239

LAGUSTREAMAS (1)
ofer lagustreamas   leofne mannan          297

LAH (1)
þæt him on ðearfe lah   ðyle              1456
  Hroðgares;

141

**-LAH (1)**
wine druncen,   þa he þæs wæpnes   1467
onlah

**-LAMP (5)**
sincfato sealde,   oþþæt sæl alamp   622
wisfæst wordum   þæs ðe hire se   626
willa gelamp
æfenræste,   swa him ful oft   1252
gelamp,
He ða mid þære sorhge,   þe him swa   2468
sar belamp,
fuglum to gamene.   Frofor eft   2941
gelamp

**LAND (7)**
þæt ða liðende   land gesawon,   221
þe on land Dena   laðra nænig   242
leassceaweras,   on land Dena   253
flod æfter faroðe   on Finna land,   580
drefan deop wæter,   Dena land   1904
ofgeaf.
losað lifigende,   con him land   2062
geare.
faran flotherge   on Fresna land,   2915

**-LAND (2)**
freondum befeallen,   Frysland   1126
geseon,
oft nalles æne   elland tredan,   3019

**LANDA (1)**
lixte se leoma   ofer landa fela.   311

**LANDBUENDUM (1)**
leoman to leohte   landbuendum   95

**LANDE (4)**
Com þa to lande   lidmanna helm   1623
lyftgeswenced,   on lande stod.   1913
leodum on lande,   swa hyt lungre   2310
wearð
Huru þæt on lande   lyt manna ðah,   2836

**LANDES (1)**
landes ond locenra beaga   (ne   2995
ðorfte him ða lean oðwitan

**LANDFRUMA (1)**
leof landfruma   lange ahte.   31

**LANDGEMYRCU (1)**
lagucræftig mon,   landgemyrcu.   209

**LANDGEWEORC (1)**
leoda landgeweorc   laþum beweredon   938

**-LANDUM (1)**
Scyldes eafera   Scedelandum in.   19

**LANDWARA (1)**
Hæfde landwara   lige befangen,   2321

**LANDWEARD (1)**
locene leoðosyrcan.   Landweard   1890
onfand

**LANG (3)**
To lang ys to reccenne   hu ic ðam   2093
leodsceaðan
lænan lifes.   Næs ða lang to ðon   2845
lang on legere,   lyftwynne heold   3043

**-LANG (2)**
æfenspræce,   uplang astod   759
roderas reotað.   Nu is se ræd   1376
gelang

**LANGAÐ (1)**

æfter deorum men   dyrne langað   1879

**LANGE (14)***
lange hwile.   Him þæs liffrea   16
leof landfruma   lange ahte.   31
lange þrage;   he him ðæs lean   114
forgeald.
lemede to lange;   he his leodum   905
wearð,
lifde æfter laþum,   lange þrage,   1257
forþan he to lange   leode mine   1336
þinceð him to lytel   þæt he lange   1748
heold,
se þe ær lange tid   leofra manna   1915
leofes mannes;   ic ðe lange bæd   1994
þara þe leodfruman   lange begeate.   2130
leod Scyldunga   lange hwile;   2159
heold hildedeor.   Hean wæs lange,   2183
þeah ðe hordwelan   heolde lange.   2344
lif wið lice,   no þon lange wæs   2423

**-LANGNE (1)**
Swa we þær inne   ondlangne dæg   2115

**LANGTWIDIG (1)**
eal langtwidig   leodum þinum,   1708

**LARA (1)**
lara liðe;   ic þe þæs lean geman.   1220

**LARE (1)**
ofer fealone flod   be fæder lare   1950

**LARENA (1)**
leodgebyrgean;   wes þu us larena   269
god.

**-LARUM (1)**
hwæðre he him on folce   2377
freondlarum heold,

**LAST (4)**
syðþan hie þæs laðan   last   132
sceawedon,
to lifwraþe   last weardian,   971
lungre, gelice,   last weardode,   2164
leoda dugoðe   on last faran.   2945

**-LAST (1)**
feondes fotlast;   he to forð   2289
gestop

**LASTAS (2)**
laþes lastas.   No his lifgedal   841
lindhæbbendra.   Lastas wæron   1402

**-LASTAS (2)**
fæge ond geflymed   feorhlastas   846
bær.
on weres wæstmum   wræclastas træd,   1352

**-LASTUM (1)**
Ferdon forð þonon   feþelastum   1632

**-LATAN (1)**
þæt ða hildlatan   holt ofgefan,   2846

**LAÐ (7)**
lað ond longsum.   Næs hit lengra   134
fyrst,
laþ ond longsum,   þe on ða leode   192
becom,
lað wið laþum;   ðær gelyfan sceal   440
ne leof ne lað,   belean mihte   511
lifigende lað.   Licsar gebad   815
lað gewidru,   oðþæt lyft drysmaþ,   1375
lað lyftfloga   læfan wolde.   2315

**LAÐA (1)**

wolde se laða    lige forgyldan    2305

LAÐAN (5)
laðan liges;   ne wæs hit lenge þa    83
gen
syðþan hie þæs laðan   last    132
sceawedon,
locene leoðosyrcan   laþan fingrum.    1505
se ðe lengest leofað   laðan    2008
cynnes,
laðan cynnes.   No þæt læsest wæs    2354

LAÐBITE (1)
laðbite lices.   Lig ealle    1122
forswealg,

LAÞES (4)
laþes lastas.   No his lifgedal    841
lungre gelimpe!   Fela ic laþes    929
gebad,
leofes ond laþes   se þe longe her    1061
leofes ond laðes.   Nu ys leodum    2910
wen

LAÐGETEONA (1)
no þy leng leofað   laðgeteona,    974

LAÐGETEONAN (1)
Swa mec gelome   laðgeteonan    559

LAÐLICU (1)
laðlicu lac.   He him þæs lean    1584
forgeald,

LAÐNE (1)
laðne licgean;   wæs se legdraca    3040

LAÐRA (4)
þe on land Dena   laðra nænig    242
Næs ic him to life   laðra owihte,    2432
laðra manna;   ligyðum for.    2672
laðra spella;   he ne leag fela    3029

-LAÞU (1)
Him wæs ful boren   ond freondlaþu    1192

LAÞUM (5)
lað wið laþum;   ðær gelyfan sceal    440
þær me wið laðum   licsyrce min,    550
leoda landgeweorc   laþum beweredon    938
lifde æfter laþum,   lange þrage,    1257
laðum dædum,   þeah him leof ne    2467
wæs.

-LAÐUM (1)
æfter neodlaðum   niht getæse.    1320

-LEAC (3)
werodes wisa,   wordhord onleac:    259
won wið winde,   winter yþe beleac    1132
weold under wolcnum   ond hig wigge    1770
beleac

LEAFNESWORD (1)
lindhæbbende;   ne ge leafnesword    245

LEAFUM (1)
leomum ond leafum,   lif eac    97
gesceop

LEAG (1)
laðra spella;   he ne leag fela    3029

-LEAH (1)
wiges ond wealles;   him seo wen    2323
geleah.

-LEAHTRE (1)

æghwæs orleahtre,   oþþæt hine yldo    1886
benam

LEAN (6)
lange þrage;   he him ðæs lean    114
forgeald.
Ful oft ic for læssan   lean    951
teohhode,
lara liðe;   ic þe þæs lean geman.    1220
laðlicu lac.   He him þæs lean    1584
forgeald,
Se ðæs leodhryres   lean gemunde    2391
landes ond locenra beaga   (ne    2995
ðorfte him ða lean oðwitan

-LEAN (4)
ne leof ne lað,   belean mihte    511
Heo him eft hraþe   andlean    1541
forgeald
ecean dryhtne;   him þæs endelean    1692
yfla gehwylces   ondlean forgeald;    2094

LEANA (1)
leana mid leodum,   ond gelæste    2990
swa;

LEANE (1)
segen gyldenne   sigores to leane;    1021

LEANES (1)
leoflic iren;   sægde him þæs    1809
leanes þanc,

LEANIGE (1)
Ic þe þa fæhðe   feo leanige,    1380

LEANODE (1)
fættan golde   fela leanode,    2102

LEANUM (1)
Nealles ic ðam leanum   forloren    2145
hæfde,

LEAS (1)
Deaðfæge deog,   siððan dreama leas    850

-LEAS (6)
secean wynleas wic;   wiste þe    821
geornor
drihtscype dreogan;   þær he dome    1470
forleas,
sorhleas swefan   mid þinra secga    1672
gedryht
Denum æfter dome;   dreamleas gebad    1720
þæt wæs feohleas gefeoht,   fyrenum    2441
gesyngad,
eðbegete þam ðe ær his elne    2861
forleas.

-LEASAN (1)
domleasan dæd.   Deað bið sella    2890

-LEASE (4)
þe hie ær drugon   aldorlease    15
ðeodenlease,   þa him swa geþearfod    1103
wæs;
fyrnmanna fatu   feormendlease,    2761
in Hrefnesholt   hlafordlease.    2935

-LEASES (1)
þara þe tirleases   trode sceawode,    843

-LEASNE (6)
sigeleasne sang,   sar wanigean    787
þone selestan   sawolleasne    1406
wynleasne wudu;   wæter under stod    1416
aldorleasne,   swa him ær gescod    1587
ealdorleasne,   þone ðe ær geheold    3003
Fundon ða on sande   sawulleasne    3033

143

LEOMA (3)
lixte se leoma  ofer landa fela.  311
Lixte se leoma,  leoht inne stod,  1570
gelocen leoðocræftum;  of ðam  2769
  leoma stod,

-LEOMA (2)
þæt se beadoleoma  bitan nolde,  1523
beorht hofu bærnan;  bryneleoma  2313
  stod

LEOMAN (2)
leoman to leohte  landbuendum  95
blacne leoman,  beorhte scinan.  1517

-LEOMAN (3)
þonne him Hunlafing  hildeleoman,  1143
hildeleoman.  Hreðsigora ne gealp  2583
æledleoman,  se ðe on orde geong.  3125

LEOMUM (1)
leomum ond leafum,  lif eac  97
  gesceop

LEORNODE (1)
Wedera þioden,  wræce leornode.  2336

LEOÐ (1)
læddon to leodum.  Leoð wæs  1159
  asungen,

-LEOÐ (4)
gryreleoð galan  godes ondsacan,  786
fuslic fyrdleoð.  Feþa eal gesæt.  1424
grædig guðleoð.  Ða se gist onfand  1522
Gewiteð þonne on sealman,  2460
  sorhleoð gæleð

LEOÐOCRÆFTUM (1)
gelocen leoðocræftum;  of ðam  2769
  leoma stod,

LEOÐOSYRCAN (2)
locene leoðosyrcan  laþan fingrum.  1505
locene leoðosyrcan.  Landweard  1890
  onfand

LET (3)
let ðone bregostol  Biowulf  2389
  healdan,
Let ða of breostum,  ða he  2550
  gebolgen wæs,
Let se hearda  Higelaces þegn  2977

-LET (3)
feond on feþe.  Hwæþere he his  970
  folme forlet
oflet lifdagas  ond þas lænan  1622
  gesceaft.
ellensiocne,  þær he hine ær  2787
  forlet.

LETE (2)
lete Suðdene  sylfe geweorðan  1996
lete hyne licgean  þær he longe  3082
  wæs,

LETON (3)
heah ofer heafod,  leton holm  48
  beran,
Hwilum heaþorofe  hleapan leton,  864
wyrm ofer weallclif,  leton weg  3132
  niman,

-LETON (1)
forleton eorla gestreon  eorðan  3166
  healdan,

LETTON (1)

146

lade ne letton.  Leoht eastan com,  569

LIC (3)
licgean lifbysig,  butan his lic  966
  swice.
leofes mannes  lic eall forswealg.  2080
leofne mannan;  hio þæt lic ætbær  2127

-LIC (37)
guðsearo geatolic;  guman ut  215
  scufon,
ænlic ansyn.  Nu ic eower sceal  251
on ancre fæst.  Eoforlic scionon  303
geatolic ond goldfah,  ongyton  308
  mihton;
þryðlic þegna heap;  sume þær  400
  bidon,
ond þa freolic wif  ful gesealde  615
eorlic ellen,  oþðe endedæg  637
snellic særinc  selereste gebeah.  690
betlic ond banfag,  tobrecan  780
  meahte,
atelic egesa,  anra gehwylcum  784
earmlic wurðan,  ond se ellorgast  807
sarlic þuhte  secga ænegum  842
dryhtlic iren;  draca morðre  892
  swealt.
þrecwudu þrymlic.  Wæs þeaw hyra  1246
heorowearh hetelic,  se æt Heorote  1267
  fand
geatolic gende;  gumfeþa stop  1401
fuslic fyrdleoð.  Feþa eal gesæt.  1424
wundorlic wægbora;  weras  1440
  sceawedon
wrætlic wægsweord,  widcuðne man  1489
god ond geatolic,  giganta  1562
  geweorc.
ðryðlic þegna heap,  þeodnes  1627
  gefegon,
egeslic for eorlum  ond þære idese  1649
  mid,
wliteseon wrætlic;  weras on  1650
  sawon.
leoflic iren;  sægde him þæs  1809
  leanes þanc,
Bold wæs betlic,  bregorof cyning,  1925
cwealmbealu cyðan.  Ne bið swylc  1940
  cwenlic þeaw
sid ond syllic,  searobendum fæst;  2086
soð ond sarlic,  hwilum syllic  2109
  spell
guðsweord geatolic,  gyd æfter  2154
  wræc:
fyre gefysed.  Wæs se fruma  2309
  egeslic
wigbord wrætlic;  wisse he gearwe  2339
Swa bið geomorlic  gomelum ceorle  2444
leoflic lindwiga,  leod Scylfinga,  2603
fyrdsearo fuslic,  no ymbe ða  2618
egeslic eorðdraca  ealdre  2825
  bereafod,
grimlic, gryrefah,  gledum  3041
  beswæled.

LICAÐ (1)
licað leng swa wel,  leofa  1854
  Beowulf.

LICE (6)
lif wið lice,  þa him alumpen wæs  733
halan lice;  hring utan ymbbearh,  1503
lif wið lice,  no þon lange wæs  2423
life ond lice  læssan hwile  2571
lice gelenge.  Ic ðas leode heold  2732
lif of lice.  Nu ðu lungre geong  2743

-LICE (25)
Ða se ellengæst  earfoðlice  86

eadiglice,     oðð&æt an ongan                       100
gesægd soðlice     sweotolan tacne                   141
swa we soþlice     secgan hyrdon)                     273
Hwearf þa hrædlice     þær Hroðgar                    356
    sæt
eteð angenga     unmurnlice,                          449
swa deorlice     dæd gefremede                        585
Ic hine hrædlice     heardan clammum                  963
Swa manlice     mære þeoden,                          1046
drihtlice wif     to Denum feredon,                   1158
sellice sædracan,     sund cunnian,                   1426
yðelice,     syþðan he eft astod.                     1556
earfoðlice     heora æghwæþrum,                       1636
earfoðlice;     ætrihte wæs                           1657
se þe unmurnlice     madmas dæleþ,                    1756
ellenlice;     þær wæs Æschere,                       2122
lungre, gelice,     last weardode,                    2164
earfoðlice     oðð&æt æfen cwom;                      2303
Wæs þam yldestan     ungedefelice                     2435
earfoðlice,     þæt he on eorðan                      2822
    geseah
ac he soðlice     sægde ofer ealle:                   2899
oðð&æt hi oðeodon     earfoðlice                       2934
gewrecen wraðlice.     Wundur hwar                    3062
    þonne
nealles swæslice     sið alyfed                       3089
þæt hi ofostlice     ut geferedon                     3130

LICES (2)
lices feorme     leng sorgian.                        451
laðbite lices.     Lig ealle                          1122
    forswealg,

LICGAN (2)
guðwerigne     Grendel licgan                         1586
læne licgan;     lyt ænig mearn                       3129

LICGEAN (4)
licgean lifbysig,     butan his lic                  966
    swice.
swylce on næshleoðum     nicras                       1427
    licgean,
laðne licgean;     wæs se legdraca                    3040
lete hyne licgean     þær he longe                    3082
    wæs,

-LICGEAN (1)
lufen alicgean;     londrihtes mot                   2886

LICHAMAN (2)
þæt me is micle leofre     þæt minne                  2651
    lichaman
of lichaman     læded weorðan.                        3177

LICHOMA (3)
þæt him se lichoma     læstan nolde,                  812
þær his lichoma     legerbedde fæst                   1007
þæt se lichoma     læne gedreoseð,                    1754

-LICNÆS (1)
idese onlicnæs;     oðer earmsceapen                  1351

-LICNE (5)
wrætlicne wyrm,     þæt hit on wealle                 891
    ætstod,
gryrelicne gist.     Gyrede hine                      1441
    Beowulf
grimne gryrelicne     grundhyrde                      2136
    fond;
wrætlicne wundurmaðð&um,     ðone þe                   2173
    him Wealhðeo geaf,
ad on eorðan     unwaclicne,                          3138

LICODON (1)
Dam wife þa word     wel licodon,                     639

-LICOR (5)
ne hyrde ic cymlicor     ceol                         38
    gegyrwan

gerumlicor     ræste sohte,                           139
No her cuðlicor     cuman ongunnon                    244
Ne gefrægn ic freondlicor     feower                  1027
    madmas
on sefan sende;     ne hyrde ic                       1842
    snotorlicor

-LICOST (7)
flota famiheals     fugle gelicost,                   218
ligge gelicost     leoht unfæger.                     727
stiðra nægla gehwylc,     style                       985
    gelicost,
þæs þe hie gewislicost     gewitan                    1350
    meahton,
þæt hit eal gemealt     ise gelicost,                 1608
þeoden his þegnum,     swylce he                       2869
    þrydlicost
wealle beworhton,     swa hyt                          3161
    weorðlicost

-LICRA (1)
dæda dollicra.     Nu is se dæg cumen                 2646

-LICRAN (2)
þus manige men     modliglicran.                      337
Ær hi þær gesegan     syllicran wiht,                  3038

LICSAR (1)
lifigende lað.     Licsar gebad                       815

LICSYRCE (1)
þær me wið laðum     licsyrce min,                    550

-LICU (5)
fyrdsearu fuslicu;     hine fyrwyt                     232
    bræc
freolicu folccwen     to hire frean                  641
    sittan.
laðlicu lac.     He him þæs lean                      1584
    forgeald,
idese to efnanne,     þeah ðe hio                     1941
    ænlicu sy,
gif him þyslicu     þearf gelumpe,                    2637

-LICUM (1)
besette swinlicum,     þæt hine                       1453
    syðþan no

-LIDAN (1)
æþele ond eacen.     Het him yðlidan                  198

LIDEN (1)
side sænæssas;     þa wæs sund liden,                 223

LIDMANNA (1)
Com þa to lande     lidmanna helm                     1623

LIF (7)
leomum ond leafum,     lif eac                         97
    gesceop
lif wið lice,     þa him alumpen wæs                  733
longsumne lof,     na ymb his lif                     1536
    cearað.
leoda minra,     þara ðe þis lif                      2251
    ofgeaf,
lif wið lice,     no þon lange wæs                    2423
lif of lice.     Nu ðu lungre geong                   2743
lif ond leodscipe,     þone ic longe                  2751
    heold."

-LIF (1)
eorla gehwylcum     þonne edwitlif!"                  2891

LIFAÐ (1)
gold on greote,     þær hit nu gen                    3167
    lifað

LIFBYSIG (1)

147

þæt ða liðende  land gesawon,  221

**-LIÐENDE (4)**
mereliðende,  minne gehyrað  255
Ðonne sægdon þæt  sæliþende,  377
ymb brontne ford  brimliðende  568
heaþoliðende  habban scoldon.  1798

**-LIÐENDUM (2)**
heaðoliðendum  hord forstandan,  2955
wægliðendum  wide gesyne,  3158

**LIÐOST (1)**
leodum liðost  ond lofgeornost.  3182

**LIÐWÆGE (1)**
lufode ða leode,  liðwæge bær  1982

**LIXTE (3)**
lixte se leoma  ofer landa fela.  311
drihtsele dreorfah,  þonne dæg  485
lixte,
Lixte se leoma,  leoht inne stod,  1570

**-LOCAN (3)**
bat banlocan,  blod edrum dranc,  742
burston banlocan.  Beowulfe wearð  818
under burhlocan  gebiden hæbbe,  1928

**LOCAST (1)**
tires to tacne,  þe þu her to  1654
locast.

**-LOCEN (3)**
heard hondlocen,  hringiren scir  322
heard, hondlocen,  helpe  551
gefremede,
gelocen leoðocræftum;  of ðam  2769
leoma stod,

**LOCENE (2)**
locene leoðosyrcan  laþan fingrum.  1505
locene leoðosyrcan.  Landweard  1890
onfand

**LOCENRA (1)**
landes ond locenra beaga  (ne  2995
ðorfte him ða lean oðwitan

**LOF (1)**
longsumne lof,  na ymb his lif  1536
cearað.

**LOFDÆDUM (1)**
leode gelæsten;  lofdædum sceal  24

**LOFGEORNOST (1)**
leodum liðost  ond lofgeornost.  3182

**LOG (1)**
wigcræftigne,  nales wordum log  1811

**-LOGAN (1)**
tydre treowlogan  tyne ætsomne.  2847

**LOGON (2)**
lythwon logon,  þeah he him leof  203
wære;
Ne hie huru winedrihten  wiht ne  862
logon,

**-LOME (1)**
Swa mec gelome  laðgeteonan  559

**LOMP (1)**
"Hu lomp eow on lade,  leofa  1987
Biowulf,

**-LOMP (1)**

folcstede frætwan.  Him on fyrste  76
gelomp,

**LOND (5)**
leof his leodum,  lond Brondinga,  521
dyrnra gasta.  Hie dygel lond  1357
on ðam leodscipe  lond gecynde,  2197
lond ond leodbyrig,  þa he of life  2471
gewat.
leohtan sweorde;  he me lond  2492
forgeaf,

**-LOND (1)**
ealond utan,  eorðweard ðone  2334

**LONDBUEND (1)**
Ic þæt londbuend,  leode mine,  1345

**LONDRIHTES (1)**
lufen alicgean;  londrihtes mot  2886

**-LONDUM (1)**
freawine folca  Freslondum on,  2357

**LONG (1)**
alætan lændagas.  Næs ða long to  2591
ðon

**-LONG (1)**
lissa gelong;  ic lyt hafo  2150

**LONGE (6)**
leof leodcyning,  longe þrage  54
leofes ond laþes  se þe longe her  1061
lif ond leodscipe,  þone ic longe  2751
heold."
longe hwile,  ligegesan wæg  2780
lete hyne licgean  þær he longe  3082
wæs,
leofne mannan,  þær he longe sceal  3108

**-LONGE (1)**
earmre teohhe  ondlonge niht,  2938

**LONGGESTREONA (1)**
þæt he lytel fæc  longgestreona  2240

**-LONGNE (3)**
nihtlongne fyrst  nean bidan."  528
andlongne eorl  ellen cyðan,  2695
morgenlongne dæg  modgiomor sæt,  2894

**LONGSUM (3)**
lað ond longsum.  Næs hit lengra  134
fyrst,
laþ ond longsum,  þe on ða leode  192
becom,
leodbealo longsum.  Ðu þe lær be  1722
þon,

**LONGSUMNE (1)**
longsumne lof,  na ymb his lif  1536
cearað.

**-LOREN (2)**
beloren leofum  æt þam lindplegan,  1073
Nealles ic ðam leanum  forloren  2145
hæfde,

**LOSADE (1)**
weorðode weorcum.  He on weg  2096
losade,

**LOSAÞ (2)**
Ic hit þe gehate,  no he on helm  1392
losaþ,
losað lifigende,  con him land  2062
geare.

149

-LUCAN (1)
listum tolucan,   nymþe liges fæþm      781

LUFAN (1)
Hwilum he on lufan   læteð hworfan     1728

-LUFAN (4)
eft eardlufan   æfre gesecean,          692
þinre modlufan   maran tilian,         1823
hiold heahlufan   wið hæleþa brego,    1954
weallað wælniðas,   ond him            2065
    wiflufan

LUFEN (1)
lufen alicgean;   londrihtes mot       2886

LUFODE (1)
lufode ða leode,   liðwæge bær         1982

LUFTACEN (1)
lac ond luftacen.   Ic þa leode wat    1863

-LUMPE (1)
gif him þyslicu   þearf gelumpe,       2637

-LUMPEN (2)
lif wið lice,   þa him alumpen wæs      733
æfter þam wælræse   willa gelumpen.     824

LUNGRE (5)*
lungre gelimpe!   Fela ic laþes         929
    gebad,
lungre alysed.   Lagu drusade,         1630
lungre, gelice,   last weardode,       2164
leodum on lande,   swa hyt lungre      2310
    wearð
lif of lice.   Nu ðu lungre geong      2743

LUST (2)
leode Deniga,   ac he lust wigeð,       599
leodum leofne.   He on lust geþeah      618

LUSTUM (1)
leod Scyldinga,   lustum brohton       1653

-LYFAN (1)
lað wið laþum;   ðær gelyfan sceal      440

LYFAÐ (2)
æfter gumcynnum,   gyf heo gyt          944
    lyfað,
dædum gefremed   þæt þin dom lyfað      954

LYFDE (1)
Swa se ðeodkyning   þeawum lyfde.      2144

-LYFDE (5)
gamolfeax ond guðrof;   geoce          608
    gelyfde
þæt heo on ænigne   eorl gelyfde        627
"Næfre ic ænegum men   ær alyfde,      655
se þe him bealwa to   bote gelyfde,     909
ond him to anwaldan   are gelyfde,     1272

-LYFED (1)
nealles swæslice   sið alyfed          3089

-LYFIGENDES (1)
unlyfigendes   eal gefeormod,          744

-LYFIGENDNE (1)
syððan he aldorþegn   unlyfigendne,    1308

LYFT (1)
lað gewidru,   oðþæt lyft drysmaþ,     1375

LYFTE (1)
Nalles æfter lyfte   lacende hwearf    2832

LYFTFLOGA (1)

lað lyftfloga   læfan wolde.           2315

LYFTGESWENCED (1)
lyftgeswenced,   on lande stod.        1913

LYFTWYNNE (1)
lang on legere,   lyftwynne heold      3043

LYHÐ (1)
mearum ond madmum,   swa hy næfre      1048
    man lyhð,

-LYSED (1)
lungre alysed.   Lagu drusade,         1630

LYSTE (1)
rofne randwigan,   restan lyste;       1793

LYT (7)*
wis, welþungen,   þeah ðe wintra       1927
    lyt
lissa gelong;   ic lyt hafo            2150
linde bæron;   lyt eft becwom          2365
Huru þæt on lande   lyt manna ðah,     2836
weoll of gewitte.   Wergendra to       2882
    lyt
leofes monnes.   Lyt swigode           2897
læne licgan;   lyt ænig mearn          3129

LYTEL (2)
þinceð him to lytel   þæt he lange      1748
    heold,
þæt he lytel fæc   longgestreona       2240

-LYTEL (3)
duguð unlytel   Dena ond Wedera.        498
torn unlytel.   Þæt wæs tacen           833
    sweotol,
æfter deaðdæge   dom unlytel,           885

LYTHWON (1)
lythwon logon,   þeah he him leof       203
    wære;

LYTLE (3)
æfter leodhryre   lytle hwile          2030
lytle hwile   lifwynna breac;          2097
Ic him lifwraðe   lytle meahte         2877

MA (4)
æfre mærða þon ma   middangeardes       504
þæt he ma moste   manna cynnes          735
mane acwealde,   swa he hyra ma        1055
    wolde,
maðmæhta ma,   þeh he þær monige       1613
    geseah,

MADMA (2)
mærne þe mæste.   Þær wæs madma          36
    fela
madma mænigo,   þa him mid scoldon       41

MADMAS (5)
for his modþræce   madmas beodan.       385
ealde madmas;   he me aþas swor.        472
Ne gefrægn ic freondlicor   feower     1027
    madmas
swylce þu ða madmas   þe þu me         1482
    sealdest,
se þe unmurnlice   madmas dæleþ,       1756

MADME (1)
deorum madme,   þæt his dom alæg.      1528

MADMUM (1)
mearum ond madmum,   swa hy næfre      1048
    man lyhð,

-MÆCGAS (1)

Wedergeatum weold.  Hyne 2379
  wræcmæcgas

-MÆCGUM (1)
þa wæs Geatmæcgum  geador ætsomne 491

MÆG (37)*
hynðu ond hrafyl.  Ic þæs Hroðgar 277
  mæg
mæg ond magoðegn;  hæbbe ic mærða 408
  fela
min yldra mæg  unlifigende, 468
on Grendles gryre.  God eaþe mæg 478
mæg Higelaces,  hu se manscaða 737
Gemunde þa se goda,  mæg 758
  Higelaces,
ac hine se modega  mæg Hygelaces 813
mæg Higelaces,  manna cynne, 914
grynna æt Grendle;  a mæg god 930
  wyrcan
snyttrum besyrwan.  Hwæt, þæt 942
  secgan mæg
mihtig manscaða,  wolde hyre mæg 1339
  wrecan,
(þæs þe þincean mæg  þegne 1341
  monegum,
þær mæg nihta gehwæm  niðwundor 1365
  seon,
Mæg þonne on þæm golde ongitan 1484
  Geata dryhten,
mærða gemyndig  mæg Hylaces. 1530
"Þæt, la, mæg secgan  se þe soð 1700
  ond riht
side rice,  þæt he his selfa ne 1733
  mæg
Gif ic þonne on eorþan  owihte mæg 1822
geþingeð, þeodnes bearn,  he mæg 1837
  þær fela
Huru þæt onhohsnode  Hemminges 1944
  mæg;
hæleðum to helpe,  Hemminges mæg, 1961
mæg wið mæge,  syððan mandryhten 1978
Mæg þæs þonne ofþyncan  ðeodne 2032
  Heaðobeardna
meara ond maðma.  Swa sceal mæg 2166
  don,
brosnað æfter beorne.  Ne mæg 2260
  byrnan hring
Swa mæg unfæge  eaðe gedigan 2291
miste mercelses  ond his mæg 2439
  ofscet,
hrefne to hroðre,  ond he him 2448
  helpe ne mæg,
þa ic on morgne gefrægn  mæg 2484
  oðerne
sefa wið sorgum;  sibb æfre ne mæg 2600
mæg Ælfheres;  geseah his 2604
  mondryhten
aða on unriht.  Ic ðæs ealles mæg 2739
searwum gesæled.  Sinc eaðe mæg, 2764
leoda þearfe;  ne mæg ic her leng 2801
  wesan.
"Þæt, la, mæg secgan  se ðe wyle 2864
  soð specan
Ða wæron monige  þe his mæg 2982
  wriðon,
lifgesceafta,  þonne leng ne mæg 3064

MÆGBURGE (1)
þære mægburge  monna æghwylc 2887

MÆGE (4)
aldre beneotan,  þeah ic eal mæge. 680
mæg wið mæge,  syððan mandryhten 1978
secgas on searwum,  hwæðer sel 2530
  mæge
swegle searogimmas,  þæt ic ðy 2749
  seft mæge

-MÆGE (1)
fæderenmæge;  he þa fag gewat, 1263

MÆGEN (4)
mægen Hreðmanna.  Na þu minne 445
  þearft
hæfde mare mægen.  þa hine on 518
  morgentid
mægen mid modes snyttrum.  Ic þe 1706
  sceal mine gelæstan
eft to earde,  nemne we æror mægen 2654

MÆGENAGENDRA (1)
mægenagendra,  mine gefræge, 2837

MÆGENBYRÞENNE (2)
mægenbyrþenne  þara þe he him mid 1625
  hæfde.
micle mid mundum  mægenbyrðenne 3091

MÆGENCRÆFT (1)
manna mægencræft  on his mundgripe 380

MÆGENE (2)
se þe manna wæs  mægene strengest 789
æðeling anhydig,  ealle mægene 2667

-MÆGENE (1)
elne geeodon  mid ofermægene, 2917

MÆGENELLEN (1)
gemyne mærþo,  mægenellen cyð, 659

MÆGENES (10)
wið manna hwone  mægenes Deniga, 155
se wæs moncynnes  mægenes 196
  strengest
forþan hie mægenes cræft  minne 418
  cuþon,
hwæþre he gemunde  mægenes 1270
  strenge,
mundgripe mægenes.  Swa sceal man 1534
  don,
Ðeah þe hine mihtig god  mægenes 1716
  wynnum,
mægenes fultum,  þær ðe bið manna 1835
  þearf.
þu eart mægenes strang  ond on 1844
  mode frod,
mægenes wynnum,  se þe oft manegum 1887
  scod.
þæt ure mandryhten  mægenes 2647
  behofað,

MÆGENFULTUMA (1)
Næs þæt þonne mætost  mægenfultuma 1455

MÆGENRÆS (1)
merewif mihtig;  mægenræs forgeaf 1519

MÆGENSTRENGO (1)
mærða gemunde,  mægenstrengo sloh 2678

MÆGENWUDU (1)
mægenwudu mundum,  meþelwordum 236
  frægn.

MÆGES (5)
mæges dædum  morþorbed stred, 2436
Ne gemealt him se modsefa,  ne his 2628
  mæges laf
ac se maga geonga  under his mæges 2675
  scyld
modiges mannes,  þær he his mæges 2698
  healp,
ofer min gemet  mæges helpan; 2879

MÆGNES (4)
modgan mægnes,  metodes hyldo. 670

151

MÆGNES (continued)

mære cempa. Nu is þines mægnes 1761
blæd
ac he mægnes rof min costode, 2084
mægnes mede, ac he me maðmas 2146
geaf,

MÆGÐ (1)
maðöum to gemyndum, ne mægð scyne 3016

MÆGÞA (5)*
in mægþa gehwære man geþeon. 25
medostigge mæt mægþa hose. 924
efne swa hwylc mægþa swa ðone 943
magan cende
efne swa micle swa bið mægþa 1283
cræft,
manigum mægþa geond þysne 1771
middangeard,

MÆGÞE (2)
manigre mægþe geond þisne 75
middangeard,
Ne gefrægen ic þa mægþe maran 1011
weorode

MÆGÞUM (1)
monegum mægþum, meodosetla 5
ofteah,

MÆGUM (1)
ond æt guðe forgrap Grendeles 2353
mægum

-MÆGUM (1)
heafodmægum; þæs þu in helle 588
scealt

MÆGWINE (1)
þæt mægwine mine gewræcan, 2479

MÆL (3)
"Mæl is me to feran; fæder 316
alwalda
swefeþ æfter symle. Þa wæs sæl 1008
ond mæl
"Ic ðæt mæl geman, þær we medu 2633
þegun,

-MÆL (9)
ða on undernmæl oft bewitigað 1428
þæt hire on hafelan hringmæl agol 1521
Wearp ða wundenmæl wrættum 1531
gebunden
hreoh ond heorogrim hringmæl 1564
gebrægd,
forbarn brodenmæl; wæs þæt blod 1616
to þæs hat,
forbarn brogdenmæl, swa þæt blod 1667
gesprang,
þæt hit sceadenmæl scyran moste, 1939
heard ond hringmæl Heaðabeardna 2037
gestreon
gomol ond grægmæl. Him þæt gifeðe 2682
ne wæs

MÆLA (3)
efne swylce mæla swylce hira 1249
mandryhtne
sæla ond mæla; þæt is soð metod. 1611
Manað swa ond myndgað mæla 2057
gehwylce

MÆLCEARE (1)
Swa ða mælceare maga Healfdenes 189

MÆLGESCEAFTA (1)
mælgesceafta, heold min tela, 2737

MÆLUM (3)

swylce oft bemearn ærran mælum 907
ærran mælum, ond se an ða gen 2237
ærran mælum; þa wæs endedæg 3035

MÆNAN (2)
æfter medobence mænan scolde 1067
woldon ceare cwiðan ond kyning 3171
mænan,

MÆNDE (1)
Swa giomormod giohðo mænde 2267

-MÆNDEN (1)
ne þurh inwitsearo æfre gemænden 1101

MÆNDON (2)
æfter sæsiðe, sorge, mændon, 1149
modceare mændon, mondryhtnes 3149
cwealm;

-MÆNE (5)
sib gemæne, ond sacu restan, 1857
maþmas gemæne, manig oþerne 1860
þær unc hwile wæs hand gemæne, 2137
ofer wid wæter, wroht gemæne, 2473
byrne ond beaduscrud, bam 2660
gemæne."

MÆNED (1)
mærðo mæned; monig oft gecwæð 857

MÆNIGO (1)
madma mænigo, þa him mid scoldon 41

-MÆNRA (1)
maþma gemænra, siþðan morgen 1784
bið."

MÆRA (4)
Mynte se mæra, þær he meahte swa, 762
"Geþenc nu, se mæra maga 1474
Healfdenes,
sona me se mæra mago Healfdenes 2011
þæt se mæra maga Ecgðeowes 2587

MÆRAN (2)
Habbað we to þæm mæran micel 270
ærende,
monnes modgeþonc mæran cynnes, 1729

MÆRE (9)
mære mearcstapa, se þe moras 103
heold,
micel morgensweg. Mære þeoden, 129
mære maðþumsweord manige gesawon 1023
Swa manlice mære þeoden, 1046
mære þeoden, mondreamum from. 1715
mære cempa. Nu is þines mægnes 1761
blæd
in gumstole, gode, mære, 1952
maðþumfæt mære þurh ðæs meldan 2405
hond.
þeodnas mære, þa ðæt þær dydon, 3070

-MÆRE (1)
Hatað heaðomære hlæw gewyrcean, 2802

MÆRES (1)
mæres þeodnes, ðær hie meahton 797
swa.

MÆRNE (9)
mærne be mæste. Þær wæs madma 36
fela
mærne þeoden, þa him wæs manna 201
þearf.
þeoden mærne, ymb þinne sið, 353
mærne þeoden; þa ðæs monige 1598
gewearð

152

mærne þeoden. Him þæt to mearce 2384
   wearð;
þeoden mærne, þegn ungemete till 2721
He ða mid þam maðmum mærne 2788
   þioden,
micelne ond mærne, swa he manna 3098
   wæs
alegdon ða tomiddes mærne þeoden 3141

MÆROST (1)
Se wæs wreccena wide mærost 898

-MÆROST (1)
þæt wæs foremærost foldbuendum 309

MÆRÐA (7)
mæg ond magoðegn; hæbbe ic mærða 408
   fela
æfre mærða þon ma middangeardes 504
mærða gemyndig mæg Hylaces. 1530
onmunde usic mærða, ond me þas 2640
   maðmas geaf,
for ðam he manna mæst mærða 2645
   gefremede,
mærða gemunde, mægenstrengo sloh 2678
mon on middangearde), syððan hie 2996
   ða mærða geslogon,

MÆRÞO (4)
gemyne mærþo, mægenellen cyð, 659
mærðo deme, swa him gemet þince." 687
mærðo mæned; monig oft gecwæð 857
mærðo fremede; he me mede gehet. 2134

MÆRÐU (1)
mærðu fremman, gif mec se 2514
   mansceaða

-MÆRÞUM (2)
ellenmærþum. Hæfde Eastdenum 828
ellenmærðum. Ne wæs þæm oðrum 1471
   swa,

MÆRU (1)
medudream maran. Hwilum mæru 2016
   cwen,

MÆRUM (5)
mærum þeodne, min ærende, 345
æfter maþðumgife mærum Geate. 1301
mærum ðeodne? Ic ðæs modceare 1992
mærum maguþegne to muðbonan, 2079
mærum þeodne þonne his myne 2572
   sohte,

MÆST (9)*
healærna mæst; scop him Heort 78
   naman
nydwracu niþgrim, nihtbealwa 193
   mæst.
Wand to wolcnum wælfyra mæst, 1119
hrægl ond hringas, healsbeaga 1195
   mæst
mearum ond maðmum; mæst hlifade 1898
hreow on hreðre, hygesorga mæst; 2328
for ðam he manna mæst mærða 2645
   gefremede,
heah ofer horde, hondwundra mæst, 2768
Ongunnon þa on beorge bælfyra 3143
   mæst

MÆSTE (5)*
mærne be mæste. Þær wæs madma 36
   fela
Gesloh þin fæder fæhðe mæste; 459
morþorbealo maga, þær heo ær 1079
   mæste heold
þa wæs be mæste merehrægla sum, 1905
ac he mancynnes mæste cræfte 2181

MÆT (1)
medostigge mæt mægþa hose. 924

MÆTON (3)
mæton merestræta, mundum brugdon, 514
mearum mæton. Ða wæs morgenleoht 917
ferhþum fægne, foldweg mæton, 1633

MÆTOST (1)
Næs þæt þonne mætost mægenfultuma 1455

-MÆÐUM (1)
healdeð higemæðum heafodwearde 2909

MAGA (11)*
Swa ða mælceare maga Healfdenes 189
maga gemedu. Næfre ic maran 247
   geseah
maga mane fah miclan domes, 978
morþorbealo maga, þær heo ær 1079
   mæste heold
"Geþenc nu, se mæra maga 1474
   Healfdenes,
maga rice. Me þin modsefa 1853
swa begylpan ne þearf Grendeles 2006
   maga
maðma menigeo, maga Healfdenes. 2143
þæt se mæra maga Ecgðeowes 2587
ac se maga geonga under his mæges 2675
   scyld
morþorbealo maga, þonne min 2742
   sceaceð

-MAGA (1)
heafodmaga nefne, Hygelac, ðec." 2151

MAGAN (2)*
efne swa hwylc mægþa swa ðone 943
   magan cende
Grendles magan gang sceawigan. 1391

MAGAS (2)
medoful manig magas þara 1015
mine magas to metodsceafte, 2815

-MAGAS (1)
wiges weorðmynd, þæt him his 65
   winemagas

MAGO (3)
Huru ne gemunde mago Ecglafes, 1465
mago Healfdenes, maþmas twelfe; 1867
sona me se mæra mago Healfdenes, 2011

MAGODRIHT (1)
magodriht micel. Him on mod bearn 67

MAGORINCA (1)
magorinca heap. Þa his mod ahlog; 730

MAGOÐEGN (2)
mæg ond magoðegn; hæbbe ic mærða 408
   fela
magoþegn modig maððumsigla fealo, 2757

MAGOÞEGNA (1)
ofer myrcan mor, magoþegna bær 1405

MAGOÞEGNUM (1)
Wes þu mundbora minum magoþegnum, 1480

MAGUM (4)
þæt he hæfde mod micel, þeah þe 1167
   he his magum nære
manigra medo, ond þinum magum læf 1178
meces ecgum, ond his magum ætbær 2614
mon mid his magum meduseld buan. 3065

MAGUÞEGNAS (1)

MAGUÞEGNAS (continued)

Swylce ic maguþegnas  mine hate                293

MAGUÞEGNE (1)
mærum maguþegne  to muðbonan,                  2079

MAN (13)
in mægþa gehwære  man geþeon.                    25
forþon þe he ne uþe  þæt ænig oðer              503
  man
earfeþo on yþum,  ðonne ænig oþer              534
  man.
mearum ond madmum,  swa hy næfre              1048
  man lyhð,
mildum wordum,  swa sceal man don.            1172
Me man sægde  þæt þu ðe for sunu              1175
  wolde
Gang ða æfter flore  fyrdwyrðe man            1316
næfne he wæs mara  þonne ænig man             1353
  oðer;
mihtigan drihtne,  þæs se man                 1398
  gespræc.
wrætlic wægsweord,  widcuðne man              1489
mundgripe mægenes.  Swa sceal man             1534
  don,
modige on meþle.  Wæs him se man             1876
  to þon leof
geofum ond guðum,  garcene man,              1958

-MAN (5)
gamol of geardum;  hine gearwe                265
  geman
ðinra gegncwida,  glædman Hroðgar.           367
lara liðe;  ic þe þæs lean geman.            1220
eald æscwiga,  se ðe eall geman,            2042
"Ic ðæt mæl geman,  þær we medu             2633
  þegun,

MANAÐ (1)
Manað swa ond myndgað  mæla                  2057
  gehwylce

MANCYNNE (1)
metod for þy mane,  mancynne fram.            110

MANCYNNES (3)
Swa fela fyrena  feond mancynnes,            164
mancynnes feond,  ond his modor þa           1276
  gyt,
ac he mancynnes  mæste cræfte                2181

MANDREAM (1)
morþre gemearcod,  mandream fleon,           1264

MANDRIHTNE (1)
modes milde,  mandrihtne hold;               1229

MANDRYHTEN (2)
mæg wið mæge,  syðþan mandryhten             1978
þæt ure mandryhten  mægenes                  2647
  behofað,

MANDRYHTNE (2)
efne swylce mæla  swylce hira                1249
  mandryhtne
mon on mode;  mandryhtne bær                 2281

MANDRYHTNES (1)
on hyra mandryhtnes  miclan                  2849
  þearfe,

MANE (3)
metod for þy mane,  mancynne fram.            110
maga mane fah  miclan domes,                  978
mane acwealde,  swa he hyra ma              1055
  wolde,

MANEGUM (4)
wæs his modsefa  manegum gecyðed,           349
eorla manegum,  syþðan æfen cwom            1235

mægenes wynnum,  se þe oft manegum          1887
  scod,
manegum maðmum,  syðða n mergen com          2103

MANFORDÆDLAN (1)
manfordædlan,  þæt hie me þegon,            563

MANIG (6)
Aras þa se rica,  ymb hine rinc             399
  manig,
swylce geong manig  of gomenwaþe           854
medoful manig  magas þara                   1015
eofer irenheard,  æþeling manig             1112
sweord ofer setlum,  sidra,nd manig         1289
maþmas gemæne,  manig oþerne                1860

MANIGE (3)
þus manige men  modiglicran.                337
Geseah he in recede  rinca manige,          728
mære maðþumsweord  manige gesawon           1023

MANIGRA (2)
manigra medo,  ond þinum magum læf          1178
manigra sumne;  hyt ne mihte swa,          2091

MANIGRE (1)
manigre mægþe  geond þisne                    75
  middangeard,

MANIGUM (1)
manigum mægþa  geond þysne                 1771
  middangeard,

MANLICE (1)
Swa manlice  mære þeoden,                   1046

MANNA (22)
wið manna hwone  mægenes Deniga,            155
mærne þeoden,  þa him wæs manna             201
  þearf.
manna mægencræft  on his mundgripe          380
þæt mihtig god  manna cynnes                701
mynte se manscaða  manna cynnes             712
þæt he ma moste  manna cynnes               735
þæt hit a mid gemete  manna ænig,           779
se þe manna wæs  mægene strengest           789
modes myrðe  manna cynne,                    810
mæg Higelaces,  manna cynne,                914
manna ængum  þara þe hit mid               1461
  mundum bewand,
hu mihtig god  manna cynne                 1725
mægenes fultum,  þær ðe bið manna          1835
  þearf.
se þe ær lange tid  leofra manna           1915
metod manna gehwæs.  Ic eom on             2527
  mode from
for ðam he manna mæst  mærða               2645
  gefremede,
laðra manna;  ligyðum for.                  2672
Huru þæt on lande  lyt manna ðah,          2836
(he is manna gehyld)  hord                  3056
  openian,
efne swa hwylcum manna  swa him            3057
  gemet ðuhte.
micelne ond mærne,  swa he manna           3098
  wæs
manna mildust  ond monðwærust,            3181

-MANNA (5)
sæmanna searo,  samod ætgædere,            329
mægen Hreðmanna.  Na þu minne              445
  þearft
golde gegyrede  gummanna fela            1028
Com þa to lande  lidmanna helm            1623
fyrnmanna fatu  feormendlease             2761

MANNAN (5)
ofer lagustreamas  leofne mannan           297
æfter ligetorne  leofne mannan.           1943

leofne mannan;  hio þæt lic ætbær  2127
eald enta geweorc,  anne mannan,  2774
leofne mannan,  þær he longe sceal  3108

MANNES (7)
ond ðæs mannes mod.  Metod eallum  1057
  weold
leofes mannes;  ic ðe lange bæd  1994
leofes mannes  lic eall forswealg.  2080
ne gemet mannes,  nefne min anes,  2533
anes mannes.  Ne bið swylc earges  2541
  sið!
mannes reorde;  næs ðær mara fyrst  2555
modiges mannes,  þær he his mæges  2698
  healp,

-MANNES (1)
gleomannes gyd.  Gamen eft astah,  1160

MANNON (1)
ne on egstreamum  earmran mannon;  577

-MANNUM (1)
þæt he sæmannum  onsacan mihte,  2954

MANSCAÐA (3)
mynte se manscaða  manna cynnes  712
mæg Higelaces,  hu se manscaða  737
mihtig manscaða,  wolde hyre mæg  1339
  wrecan,

MANSCEAÐA (1)
mærðu fremman,  gif mec se  2514
  mansceaða

MARA (2)
næfne he wæs mara  þonne ænig man  1353
  oðer;
mannes reorde;  næs ðær mara fyrst  2555

MARAN (6)
maga gemedu.  Næfre ic maran  247
  geseah
þæt ic merestrengo  maran ahte,  533
mundgripe maran.  He on mode wearð  753
Ne gefrægen ic þa mægþe  maran  1011
  weorode
þinre modlufan  maran tilian,  1823
medudream maran.  Hwilum mæru  2016
  cwen,

MARE (3)
morðbeala mare  ond no mearn fore,  136
hæfde mare mægen.  Þa hine on  518
  morgentid
buton hit wæs mare  ðonne ænig mon  1560
  oðer

MAÞELADE (1)
Biowulf maþelade,  bearn  2425
  Ecgðeowes:

MAÞELODE (25)
Weard maþelode,  ðær on wicge sæt,  286
Wulfgar maþelode  (þæt wæs Wendla  348
  leod;
Wulfgar maðelode  to his  360
  winedrihtne:
Hroðgar maþelode,  helm Scyldinga:  371
Beowulf maðelode  (on him byrne  405
  scan,
Hroðgar maþelode,  helm Scyldinga:  456
Unferð maþelode,  Ecglafes bearn,  499
Beowulf maþelode,  bearn  529
  Ecgþeowes:
Beowulf maþelode,  bearn  631
  Ecgþeowes:
Hroðgar maþelode  (he to healle  925
  geong,

Beowulf maþelode,  bearn  957
  Ecgþeowes:
Wealhðeo maþelode,  heo fore þæm  1215
  werede spræc:
Hroðgar maþelode,  helm Scyldinga:  1321
Beowulf maþelode,  bearn  1383
  Ecgþeowes:
Beowulf maðelode,  bearn  1473
  Ecgþeowes:
Beowulf maþelode,  bearn  1651
  Ecgþeowes:
Hroðgar maðelode,  hylt sceawode,  1687
Beowulf maþelode,  bearn  1817
  Ecgþeowes:
Hroðgar maþelode  him on ondsware:  1840
Biowulf maðelode,  bearn Ecgðioes:  1999
Beowulf maðelode,  beotwordum  2510
  spræc
Wiglaf maðelode,  wordrihta fela  2631
Biowulf maþelode  (he ofer benne  2724
  spræc,
Wiglaf maðelode,  Weohstanes sunu,  2862
Wiglaf maðelode,  Wihstanes sunu:  3076

MAÞMA (6)
maþma gemænra,  siþðan morgen  1784
  bið."
maðma menigeo,  maga Healfdenes.  2143
meara ond maðma.  Swa sceal mæg  2166
  don,
þam ðara maðma  mundbora wæs  2779
Nu ic on maðma hord  mine bebohte  2799
meltan mid þam modigan,  ac þær is  3011
  maðma hord,

-MAÐMA (1)
dryhtmaðma dæl  deaðe forgolden;  2843

MAÐMÆHTA (2)
maðmæhta ma,  þeh he þær monige  1613
  geseah,
middelnihtum,  maðmæhta wlonc  2833

MAÞMAS (8)
maþmas gemæne,  manig oþerne  1860
mago Healfdenes,  maþmas twelfe;  1867
mægnes mede,  ac he me maðmas  2146
  geaf,
deore maðmas.  Ealle hie deað  2236
  fornam
Ic him þa maðmas,  þe he me  2490
  sealde,
onmunde usic mærða,  ond me þas  2640
  maðmas geaf,
þæt se mondryhten  se eow ða  2865
  maðmas geaf,
dyre maðmas.  Dracan ec scufun,  3131

-MAÐMAS (1)
gearo guðfreca,  goldmaðmas heold,  2414

MAÞME (1)
on meodubence  maþme þy weorþra,  1902

MAÞMGESTREONA (1)
maþmgestreona.  Mod þryðo wæg,  1931

MAÐMUM (3)
mearum ond maðmum;  mæst hlifade  1898
manegum maðmum,  syðða mergen com  2103
He ða mid þam maðmum  mærne  2788
  þioden,

-MAÐMUM (1)
Iofore ond Wulfe  mid ofermaðmum,  2993

MAÞÐUM (4)
maþðum for metode,  ne his myne  169
  wisse.

**155**

MAÞÐUM (continued)

| | | | |
|---|---|---|---|
| on þære medubence  maþum gesealde, | 1052 | mægnes mede,  ac he me maðmas geaf, | 2146 |
| morðres gylpeð,  ond þone maþðum byreð, | 2055 | "Me ðis hildesceorp Hroðgar sealde, | 2155 |
| maððum to gemyndum,  ne mægð scyne | 3016 | geaf me sinc ond symbel,  sibbe gemunde. | 2431 |

-MAÐÐUM (3)

| | | | |
|---|---|---|---|
| hordmaððum hæleþa,  syþðan Hama ætwæg | 1198 | Ic him þa maðmas,  þe he me sealde, | 2490 |
| wrætlicne wundurmaððum,  ðone þe him Wealhðeo geaf, | 2173 | geald æt guðe,  swa me gifeðe wæs, | 2491 |
| sincmaðþum selra  on sweordes had; | 2193 | leohtan sweorde;  he me lond forgeaf, | 2492 |

MAÐÞUMFÆT (1)

| | | | |
|---|---|---|---|
| maðþumfæt mære  þurh ðæs meldan hond. | 2405 | oreðes ond attres;  forðon ic me on hafu | 2523 |
| | | onmunde usic mærða,  ond me þas maðmas geaf, | 2640 |

MAÞÐUMGIFE (1)

| | | | |
|---|---|---|---|
| æfter maþðumgife  mærum Geate. | 1301 | þæt me is micle leofre  þæt minne lichaman | 2651 |
| | | Ne þynceð me gerysne  þæt we rondas beren | 2653 |

MAÐÐUMSIGLA (1)

| | | | |
|---|---|---|---|
| magoþegn modig  maððumsigla fealo, | 2757 | guðgewædu,  þær me gifeðe swa | 2730 |
| | | ne sohte searoniðas,  ne me swor fela | 2738 |

MAÐÞUMSWEORD (1)

| | | | |
|---|---|---|---|
| mære maðþumsweord  manige gesawon | 1023 | for ðam me witan ne ðearf  waldend fira | 2741 |
| | | recedes geatwa,  þa me gerymed wæs, | 3088 |

MAÐÐUMWELAN (1)

| | |
|---|---|
| æfter maððumwelan  min alætan | 2750 |

MEAGLUM (1)

| | |
|---|---|
| meaglum wordum.  Meoduscencum hwearf | 1980 |

ME (47)

MEAHT (1)

| | |
|---|---|
| 'Meaht ðu,  min wine,  mece gecnawan | 2047 |

| | |
|---|---|
| "Mæl is me to feran;  fæder alwalda | 316 |
| ðe me se goda  agifan þenceð." | 355 |
| ongunnen on geogoþe.  Me wearð Grendles þing | 409 |
| þa me þæt gelærdon  leode mine | 415 |

MEAHTE (23)

| | |
|---|---|
| þæt ðu me ne forwyrne,  wigendra hleo, | 429 |
| Ic þæt þonne forhicge  (swa me Higelac sie, | 435 |
| hafalan hydan,  ac he me habban wile | 446 |
| ealde madmas;  he me aþas swor. | 472 |
| Sorh is me to secganne  on sefan minum | 473 |
| gumena ængum  hwæt me Grendel hafað | 474 |
| werian þohton.  No he wiht fram me | 541 |
| þær me wið laðum  licsyrce min, | 550 |
| golde gegyrwed.  Me to grunde teah | 553 |
| grim on grape;  hwæþre me gyfeþe wearð | 555 |
| manfordædlan,  þæt hie me þegon, | 563 |
| Hwæþere me gesælde  þæt ic mid sweorde ofsloh | 574 |
| "No ic me an herewæsmun  hnagran talige, | 677 |
| Næt he þara goda  þæt he me ongean slea, | 681 |
| Ðæt wæs ungeara  þæt ic ænigra me | 932 |
| secg betsta,  me for sunu wylle | 947 |
| Me man sægde  þæt þu ðe for sunu wolde | 1175 |
| aldre linnan,  þæt ðu me a wære | 1478 |
| swylce þu ða madmas  þe þu me sealdest, | 1482 |
| heardecg habban;  ic me mid Hruntinge | 1490 |
| ac me geuðe  ylda waldend | 1661 |
| Ofsloh ða æt þære sæcce,  þa me sæl ageald, | 1665 |
| æscum ond ecgum,  þæt ic me ænigne | 1772 |
| Hwæt, me þæs on eþle  edwenden cwom | 1774 |
| maga rice.  Me þin modsefa | 1853 |
| sona me se mæra  mago Healfdenes, | 2011 |
| Me þone wælræs  wine Scildunga | 2101 |
| mærðo fremede;  he me mede gehet. | 2134 |
| ac me eorla hleo  eft gesealde | 2142 |

| | |
|---|---|
| mid scipherge  sceðþan ne meahte. | 243 |
| flodyþum feor  fleotan meahte, | 542 |
| forht on ferhðe;  no þy ær fram meahte. | 754 |
| Mynte se mæra,  þær he meahte swa, | 762 |
| betlic ond banfag,  tobrecan meahte, | 780 |
| ða heo under swegle  geseon meahte | 1078 |
| þeah þe he ne meahte  on mere drifan | 1130 |
| ætwiton weana dæl;  ne meahte wæfre mod | 1150 |
| to beadulace  ætberan meahte, | 1561 |
| Ne meahte ic æt hilde  mid Hruntinge | 1659 |
| wudu wynsuman  forwrecan meahte. | 1919 |
| þæt him holtwudu  helpan ne meahte, | 2340 |
| weallende wæg.  Wihte ne meahte | 2464 |
| no ðy ær he þone heaðorinc hatian ne meahte | 2466 |
| wið ðam aglæcean  elles meahte | 2520 |
| heaðofyrum hat;  ne meahte horde neah | 2547 |
| Born bord wið rond,  byrne ne meahte | 2673 |
| þæt he þone grundwong  ongitan meahte, | 2770 |
| Ne meahte he on eorðan,  ðeah he uðe wel, | 2855 |
| ower feor oððe neah  findan meahte, | 2870 |
| Ic him lifwraðe  lytle meahte | 2877 |
| sexbennum seoc;  sweorde ne meahte | 2904 |
| Ne meahte se snella  sunu Wonredes | 2971 |

MEAHTON (10)

| | |
|---|---|
| siððan hie sunnan leoht  geseon ne meahton, | 648 |
| mæres þeodnes,  ðær hie meahton swa. | 797 |
| ðe we ealle  ær ne meahton | 941 |

MEDO (continued)

manigra medo, ond þinum magum læf 1178

MEDOÆRN (1)
medoærn micel, men gewyrcean 69

MEDOBENCE (2)
æfter medobence mænan scolde 1067
ne hyne on medobence micles 2185
wyrðne

MEDOFUL (2)
mode geþungen, medoful ætbær; 624
medoful manig magas þara 1015

MEDOHEAL (1)
Ðonne wæs þeos medoheal on 484
morgentid,

MEDOSTIGGE (1)
medostigge mæt mægþa hose. 924

MEDU (1)
"Ic ðæt mæl geman, þær we medu 2633
þegun,

-MEDU (1)
maga gemedu. Næfre ic maran 247
geseah

MEDUBENC (1)
medubenc monig, mine gefræge, 776

MEDUBENCE (1)
on þære medubence maþðum 1052
gesealde,

MEDUDREAM (1)
medudream maran. Hwilum mæru 2016
cwen,

MEDUSELD (1)
mon mid his magum meduseld buan. 3065

MEHTE (4)
þæt he ne mehte on þæm meðelstede 1082
ær he þone grundwong ongytan 1496
mehte.
ne him for hrofsele hrinan ne 1515
mehte
þæt he þone breostwylm forberan 1877
ne mehte,

MELDAN (1)
maðþumfæt mære þurh ðæs meldan 2405
hond.

MELTAN (1)
meltan mid þam modigan, ac þær is 3011
maðma hord,

MEN (14)
murnende mod. Men ne cunnon 50
medoærn micel, men gewyrcean 69
mistige moras; men ne cunnon 162
modgehygdum, hwæt þa men wæron. 233
þus manige men modiglicran. 337
"Næfre ic ænegum men ær alyfde, 655
eorþan sceata, on elran men 752
folces Denigea fyftyne men 1582
cuþe stræte. Cyningbalde men 1634
eafeþum stepte, ofer ealle men 1717
æfter deorum men dyrne langað 1879
feasceaftum men. Frea sceawode 2285
foresnotre men findan mihton. 3162
niðhedige men genumen hæfdon, 3165

-MEN (1)
wiggryre wifes, be wæpnedmen, 1284

MENE (1)
to þære byrhtan byrig Brosinga 1199
mene,

MENGAN (1)
se þe meregrundas mengan scolde, 1449

-MENGED (2)
atol yða gesuing eal gemenged 848
þæt wæs yðgeblond eal gemenged, 1593

MENIGEO (1)
maðma menigeo, maga Healfdenes. 2143

MENN (1)
tireadigum menn torna gehwylces. 2189

MEODOSETLA (1)
monegum mægþum, meodosetla 5
ofteah,

MEODOWONGAS (1)
modig on gemonge meodowongas 1643
træd.

MEODUBENCE (1)
on meodubence maþme þy weorþra, 1902

MEODUHEALLE (1)
on þisse meoduhealle minne 638
gebidan."

MEODUSCENCUM (1)
meaglum wordum. Meoduscencum 1980
hwearf

MEOTO (1)
Site nu to symle ond onsæl meoto, 489

MEOTODSCEAFT (1)
meotodsceaft bemearn, syþðan 1077
morgen com,

-MEOWLAN (1)
gomela iomeowlan golde berofene, 2931

MEOWLE (1)
swylce giomorgyd Geatisc meowle 3150

-MER (1)
eðel sinne; þonon Eomer woc 1960

MERCELSES (1)
miste mercelses ond his mæg 2439
ofscet,

MERE (5)
niða ofercumen, on nicera mere 845
fram mere modge mearum ridan, 855
þeah þe he ne meahte on mere 1130
drifan
milgemearces þæt se mere standeð; 1362
modes seoce ond on mere staredon, 1603

MEREDEOR (1)
mihtig meredeor þurh mine hand. 558

MEREFARAN (1)
modges merefaran, micel æfþunca, 502

MEREFIXA (1)
Wæs merefixa mod onhrered; 549

MEREGRUND (1)
modes geomor meregrund gefeoll. 2100

MEREGRUNDAS (1)
se þe meregrundas mengan scolde, 1449

158

MEREHRÆGLA ( I )
  þa wæs be mæste  merehrægla sum,    1905

MERELIÐENDE ( I )
  mereliðende,  minne gehyrað    255

MERESTRÆTA ( I )
  mæton merestræta,  mundum brugdon,    514

MERESTRENGO ( I )
  þæt ic merestrengo  maran ahte,    533

MEREWIF ( I )
  merewif mihtig;  mægenræs forgeaf    1519

MEREWIOINGAS ( I )
  Merewioingas  milts ungyfeðe.    2921

MERGEN (2)
  manegum maðmum,  syððan mergen com    2103
  Noðer hy hine ne moston,  syððan    2124
    mergen cwom,

MERGENNE (2)
  ac on mergenne  mecum wunde    565
  cwæð, he on mergenne  meces ecgum    2939

-MET (4)
  mærðo deme,  swa him gemet þince."    687
  ne gemet mannes,  nefne min anes,    2533
  ofer min gemet  mæges helpan;    2879
  efne swa hwylcum manna  swa him    3057
    gemet ðuhte.

-METE (4)
  þæt hit a mid gemete  manna ænig,    779
  wæfre ond wælfus,  wyrd ungemete    2420
    neah,
  þeoden mærne,  þegn ungemete till    2721
  dogorgerimes,  deað ungemete    2728
    neah):

-METES ( I )
  gamela Scylding.  Geat unigmetes    1792
    wel,

-METING ( I )
  micel gemeting,  monegum fira,    2001

METOD (8)
  metod for þy mane,  mancynne fram.    110
  in modsefan,  metod hie ne cuþon,    180
  þæt hie ne moste,  þa metod nolde,    706
  Ic hine ne mihte,  þa metod nolde,    967
  hu him scir metod  scrifan wille."    979
  ond ðæs mannes mod.  Metod eallum    1057
    weold
  sæla ond mæla;  þæt is soð metod.    1611
  metod manna gehwæs.  Ic eom on    2527
    mode from

-METOD ( I )
  þæt hyre ealdmetod  este wære    945

METODE (2)
  maþðum for metode,  ne his myne    169
    wisse.
  modceare micle.  Þæs sig metode    1778
    þanc,

METODES ( I )
  modgan mægnes,  metodes hyldo.    670

METODSCEAFT ( I )
  metodsceaft seon.  Ic minne can    1180

METODSCEAFTE ( I )
  mine magas  to metodsceafte,    2815

METTE ( I )

  þæt he ne mette  middangeardes,    751

-METTE (2)
  swylce he on ealderdagum  ær    757
    gemette.
  hwæðer collenferð  cwicne gemette    2785

METTON ( I )
  on þam holmclife  hafelan metton.    1421

-METTON ( I )
  þæt ða aglæcean hy  eft gemetton.    2592

-MEÞE (2)
  Setton sæmeþe  side scyldas,    325
  hreðre hygemeðe;  sceolde hwæðre    2442
    swa þeah

MEÐELSTEDE ( I )
  þæt he ne mehte  on þæm meðelstede    1082

MEÞELWORDUM ( I )
  mægenwudu mundum,  meþelwordum    236
    frægn:

MEÞLE ( I )
  modige on meþle.  Wæs him se man    1876
    to þon leof

MICEL (10)
  magodriht micel.  Him on mod bearn    67
  medoærn micel,  men gewyrcean    69
  micel morgensweg.  Mære þeoden,    129
  husa selest.  Wæs seo hwil micel;    146
  þæt wæs wræc micel  wine    170
    Scyldinga,
  Habbað we to þæm mæran  micel    270
    ærende,
  modges merefaran,  micel æfþunca,    502
  þa wæs wundor micel  þæt se    771
    winsele
  þæt he hæfde mod micel,  þeah þe    1167
    he his magum nære
  micel gemeting,  monegum fira,    2001

MICELNE ( I )
  micelne ond mærne,  swa he manna    3098
    wæs

MICLAN (2)
  maga mane fah  miclan domes,    978
  on hyra mandryhtnes  miclan    2849
    þearfe,

MICLE (7)
  tryddode tirfæst  getrume micle,    922
  efne swa micle  swa bið mægþa    1283
    cræft,
  micle mearcstapan  moras healdan,    1348
  oftor micle  ðonne on ænne sið,    1579
  modceare micle.  Þæs sig metode    1778
    þanc,
  þæt me is micle leofre  þæt minne    2651
    lichaman
  micle mid mundum  mægenbyrðenne    3091

MICLES (2)
  ac hie hæfdon gefrunen  þæt hie ær    694
    to fela micles
  ne hyne on medobence  micles    2185
    wyrðne

MICLUM ( I )
  "We þæt ellenweorc  estum miclum,    958

MID (72)*
  madma mænigo,  þa him mid scoldon    41
  ædre mid yldum,  þæt hit wearð    77
    ealgearo,

manigra sumne;  hyt ne mihte swa,      2091
Ne mihte ða forhabban;  hond rond      2609
     gefeng,
bill ond byrnan,  oððæt his byre       2621
     mihte
þæt he sæmannum  onsacan mihte,        2954

MIHTIG (6)
mihtig meredeor  þurh mine hand.        558
þæt mihtig god  manna cynnes            701
mihtig manscaða,  wolde hyre mæg       1339
     wrecan,
merewif mihtig;  mægenræs forgeaf      1519
Ðeah þe hine mihtig god  mægenes       1716
     wynnum,
hu mihtig god  manna cynne             1725

-MIHTIG (1)
feorhgeniðlan;  wæs to foremihtig       969

-MIHTIGA (1)
cwæð þæt se ælmihtiga  eorðan            92
     worhte,

MIHTIGAN (1)
mihtigan drihtne,  þæs se man          1398
     gespræc.

MIHTON (4)
geatolic ond goldfah,  ongyton          308
     mihton;
torht getæhte,  þæt hie him to          313
     mihton
þæt him irenna  ecge mihton            2683
foresnotre men  findan mihton.         3162

MIHTUM (1)
selfes mihtum.  Soð is gecyþed          700

MILDE (1)
modes milde,  mandrihtne hold;         1229

MILDUM (1)
mildum wordum,  swa sceal man don.     1172

MILDUST (1)
manna mildust  ond monðwærust,         3181

MILGEMEARCES (1)
milgemearces  þæt se mere standeð;     1362

MILTS (1)
Merewioingas  milts ungyfeðe.          2921

MIN (25)*
Wæs min fæder  folcum gecyþed,          262
beodgeneatas;  Beowulf is min           343
     nama.
mærum þeodne,  min ærende,              345
þæt hie, þeoden min,  wið þe moton      365
"Eow het secgan  sigedrihten min,       391
min mondrihten,  modes bliðe),          436
"For gewyrhtum þu,  wine min            457
     Beowulf,
min yldra mæg  unlifigende,             468
færniða gefremed.  Is min              476
     fletwerod,
"Hwæt! þu worn fela,  wine min          530
     Unferð,
þær me wið laðum  licsyrce min,         550
"Onfoh þissum fulle,  freodrihten      1169
     min,
min runwita  ond min rædbora,          1325
geond widwegas,  wine min Beowulf,     1704
ealdgewinna,  ingenga min;             1776
'Meaht ðu, min wine,  mece            2047
     gecnawan
ac he mægnes rof  min costode,         2084
þær ic, þeoden min,  þine leode        2095

Herebeald ond Hæðcyn  oððe Hygelac     2434
     min.
ne gemet mannes,  nefne min anes,      2533
mælgesceafta,  heold min tela,         2737
morðorbealo maga,  þonne min           2742
     sceaceð
æfter maððumwelan  min alætan          2750
ofer min gemet  mæges helpan;          2879

MINE (15)
Swylce ic maguþegnas  mine hate         293
Þa me þæt gelærdon  leode mine          415
beaduscruda betst,  þæt mine            453
     breost wereð,
mihtig meredeor  þurh mine hand.        558
medubenc monig,  mine gefræge,          776
Ða wæs on morgen  mine gefræge          837
forþan he to lange  leode mine         1336
Ic þæt londbuend,  leode mine,         1345
mægen mid modes snyttrum.  Ic þe       1706
     sceal mine gelæstan
ealles moncynnes  mine gefræge         1955
þæt mægwine  mine gewræcan,            2479
se ðe meca gehwane,  mine gefræge,     2685
Nu ic on maðma hord  mine bebohte      2799
mine magas  to metodsceafte,          2815
mægenagendra,  mine gefræge,          2837

MINES (1)
mearcað morhopu;  no ðu ymb mines       450
     ne þearft

MINNE (9)
mereliðende,  minne gehyrað             255
forþan hie mægenes cræft  minne         418
     cuþon,
mægen Hreðmanna.  Na þu minne           445
     þearft
on þisse meoduhealle  minne             638
     gebidan."
metodsceaft seon.  Ic minne can        1180
syððan he modsefan  minne cuðe,        2012
sunu Healfdenes,  on minne sylfes      2147
     dom;
þæt me is micle leofre  þæt minne       2651
     lichaman
mid minne goldgyfan  gled fæðmie.      2652

MINRA (3)
þæt ic mote ana  ond minra eorla        431
     gedryht,
sæbat gesæt  mid minra secga           633
     gedriht,
leoda minra,  þara ðe þis lif          2251
     ofgeaf,

MINRE (1)
on minre eþeltyrf  undyrne cuð;         410

MINUM (9)
Sorh is me to secganne  on sefan        473
þæt he for mundgripe  minum scolde      965
sincgestreona.  Beo þu suna minum      1226
Wes þu mundbora  minum magoþegnum,     1480
freawine folca,  æt minum fæder        2429
     genam;
"Nu ic suna minum  syllan wolde        2729
þæs ðe ic moste  minum leodum          2797
se scel to gemyndum  minum leodum      2804
cyninge minum.  Cwico wæs þa gena,     3093

MISSERA (4)
fyrene ond fæhðe  fela missera,         153
heorogifre beheold  hund missera,      1498
Swa ic Hringdena  hund missera         1769
He frætwe geheold  fela missera,       2620

MISTE (1)

161

MISTE (continued)

miste mercelses   ond his mæg         2439
    ofscet,

MISTHLEOÞUM (1)
Ða com of more   under misthleoþum      710

MISTIGE (1)
mistige moras;   men ne cunnon          162

MOD (8)
murnende mod.   Men ne cunnon            50
magodriht micel.   Him on mod bearn      67
Wæs merefixa   mod onhrered;            549
magorinca heap.   Þa his mod ahlog;     730
ond ðæs mannes mod.   Metod eallum      1057
    weold
ætwiton weana dæl;   ne meahte          1150
    wæfre mod
þæt he hæfde mod micel,   þeah þe        1167
    he his magum nære
maþmgestreona.   Mod þryðo wæg,         1931

-MOD (16)
guþmod grimmon.   Guman onetton,         306
bad bolgenmod   beadwa geþinges.        709
eode yrremod;   him of eagum stod       726
hu he werigmod   on weg þanon,          844
gifre ond galgmod,   gegan wolde       1277
oferwearp þa werigmod   wigena         1543
    strengest,
swiðmod swymman;   sælace gefeah,      1624
hæleðum to helpe.   Ne wearð           1709
    Heremod swa
breat bolgenmod   beodgeneatas,        1713
Geat wæs glædmod,   geong sona to      1785
onginneð geomormod   geongum cempan    2044
healsode hreohmod,   þæt ic on         2132
    holma geþring
Swa giomormod   giohðo mænde           2267
hat ond hreohmod   hlæw oft            2296
    ymbehwearf
Stiðmod gestod   wið steapne rond      2566
ac sceal geomormod,   golde            3018
    bereafod,

MODCEARE (3)
modceare micle.   þæs sig metode       1778
    þanc,
mærum ðeodne?   Ic ðæs modceare        1992
modceare mændon,   mondryhtnes         3149
    cwealm;

MODE (8)
mode geþungen,   medoful ætbær;         624
mundgripe maran.   He on mode wearð     753
har hilderinc,   on hreon mode,        1307
winum Scyldinga,   weorce on mode      1418
þu eart mægenes strang   ond on        1844
    mode frod,
mon on mode;   mandryhtne bær          2281
metod manna gehwæs.   Ic eom on        2527
    mode from
æfter heaðuswenge   on hreoum mode,    2581

MODEGA (1)
ac hine se modega   mæg Hygelaces       813

MODES (7)
modes brecða.   Monig oft gesæt         171
min mondrihten,   modes bliðe),         436
modes myrðe   manna cynne,              810
modes milde,   mandrihtne hold;        1229
modes seoce   ond on mere staredon,    1603
mægen mid modes snyttrum.   Ic þe      1706
    sceal mine gelæstan
modes geomor   meregrund gefeoll.      2100

-MODES (1)
siððan Heremodes   hild sweðrode,       901

MODGAN (1)
modgan mægnes,   metodes hyldo.         670

MODGE (1)
fram mere modge   mearum ridan,         855

MODGEHYGDUM (1)
modgehygdum,   hwæt þa men wæron.       233

MODGES (1)
modges merefaran,   micel æfþunca,      502

MODGEÞONC (1)
monnes modgeþonc   mæran cynnes,       1729

MODGIOMOR (1)
morgenlongne dæg   modgiomor sæt,      2894

MODIG (5)
to medo modig,   siþþan morgenleoht     604
swa he ne mihte,   no he þæs modig     1508
    wæs,
modig on gemonge   meodowongas         1643
    træd,
meces ecge;   þæt wæs modig secg.      1812
magoþegn modig   maððumsigla fealo,    2757

MODIGAN (1)
meltan mid þam modigan,   ac þær is    3011
    maðma hord,

MODIGE (1)
modige on meþle.   Wæs him se man      1876
    to þon leof

MODIGES (1)
modiges mannes,   þær he his mæges     2698
    healp,

MODIGRA (1)
Him þa hildedeor   hof modigra          312

-MODIGRA (2)
felamodigra;   feower scoldon          1637
Cwom þa to flode   felamodigra,        1888

MODIGLICRAN (1)
þus manige men   modiglicran.           337

MODLUFAN (1)
þinre modlufan   maran tilian,         1823

MODOR (8)
æfter guðceare.   Grendles modor,      1258
mancynnes feond,   ond his modor þa    1276
    gyt,
Grendles modor.   Wæs se gryre         1282
    læssa
Guðgeata leod   Grendles modor;        1538
morðres scyldig,   ond his modor       1683
    eac,
gearo gyrnwræce   Grendeles modor,     2118
in ðam guðsele   Grendeles modor       2139
Onelan modor   ond Ohtheres,           2932

MODSEFA (3)
wæs his modsefa   manegum gecyðed,      349
maga rice.   Me þin modsefa            1853
Ne gemealt him se modsefa,   ne his    2628
    mæges laf

MODSEFAN (2)
in modsefan,   metod hie ne cuþon,      180
syððan he modsefan   minne cuðe,       2012

MODÞRÆCE (1)
for his modþræce   madmas beodan.       385

-MODUM (1)

sarigmodum  somod ærdæge,  2942

-MOLDAN (1)
guðrinc goldwlanc,  græsmoldan  1881
  træd

MON (13)
lagucræftig mon,  landgemyrcu.  209
aldrum neþdon?  Ne inc ænig mon,  510
arum heolde,  þæt ðær ænig mon  1099
buton hit wæs mare  ðonne ænig mon  1560
  oðer
dædcene mon  dome gewurþad,  1645
mon on mode;  mandryhtne bær  2281
ealne utanweardne,  ne ðær ænig  2297
  mon
hondgemota,  þær mon Hygelac sloh,  2355
eaferum læfde,  swa deð eadig mon,  2470
elles hwergen,  swa sceal æghwylc  2590
  mon
mon on middangearde),  syððan hie  2996
  ða mærða geslogon,
mon mid his magum  meduseld buan.  3065
þæt mon his winedryhten  wordum  3175
  herge,

-MON (3)
uncran eaferan,  gif he þæt eal  1185
  gemon,
fremeð on folce,  feor eal gemon,  1701
orleghwila;  ic þæt eall gemon.  2427

MONAN (1)
gesette sigehreþig  sunnan ond  94
  monan

MONCYNNES (2)
se wæs moncynnes  mægenes  196
  strengest
ealles moncynnes  mine gefræge  1955

MONDREAMUM (1)
mære þeoden,  mondreamum from.  1715

MONDRIHTEN (1)
min mondrihten,  modes bliðe),  436

MONDRYHTEN (2)
mæg Ælfheres;  geseah his  2604
  mondryhten
þæt se mondryhten  se eow ða  2865
  maðmas geaf,

MONDRYHTNES (1)
modceare mændon,  mondryhtnes  3149
  cwealm;

MONEGUM (5)
monegum mægþum,  meodosetla  5
  ofteah,
(þæs þe þincean mæg  þegne  1341
  monegum,
to geþolianne,  ðegne monegum,  1419
micel gemeting,  monegum fira,  2001
hæle hildedior,  hæleða monegum,  3111

-MONGE (1)
modig on gemonge  meodowongas  1643
  træd.

MONIG (11)
modes brecða.  Monig oft gesæt  171
eorles andwlitan,  ond hine ymb  689
  monig
medubenc monig,  mine gefræge,  776
ymb þa gifhealle  guðrinc monig;  838
mærðo mæned;  monig oft gecwæð  857
swiðferhþes sið  snotor ceorl  908
  monig,

scofen ond scynded.  Eode scealc  918
  monig
swencte on sunde,  sædeor monig  1510
hyrstum behrorene;  þær wæs helm  2762
  monig
monig, morgenceald,  mundum  3022
  bewunden,
"Oft sceall eorl monig  anes  3077
  willan

MONIGE (3)
mærne þeoden;  þa ðæs monige  1598
  gewearð
maðmæhta ma,  þeh he þær monige  1613
  geseah,
Ða wæron monige  þe his mæg  2982
  wriðon,

MONNA (2)
wisra monna  wong sceawian,  1413
þære mægburge  monna æghwylc  2887

-MONNA (1)
iumonna gold  galdre bewunden,  3052

MONNES (2)
monnes modgeþonc  mæran cynnes,  1729
leofes monnes.  Lyt swigode  2897

MONÐWÆRUST (1)
manna mildust  ond monðwærust,  3181

MOR (1)
ofer myrcan mor,  magoþegna bær  1405

MORAS (3)
mære mearcstapa,  se þe moras  103
  heold,
mistige moras;  men ne cunnon  162
micle mearcstapan  moras healdan,  1348

MORE (1)
Ða com of more  under misthleoþum  710

MORGEN (3)
Ða wæs on morgen  mine gefræge  837
meotodsceaft bemearn,  syþðan  1077
  morgen com,
maþma gemænra,  siþðan morgen  1784
  bið."

MORGENCEALD (1)
monig, morgenceald,  mundum  3022
  bewunden,

MORGENLEOHT (2)
to medo modig,  siþþan morgenleoht  604
mearum mæton.  Ða wæs morgenleoht  917

MORGENLONGNE (1)
morgenlongne dæg  modgiomor sæt,  2894

MORGENSWEG (1)
micel morgensweg.  Mære þeoden,  129

MORGENTID (2)
Ðonne wæs þeos medoheal  on  484
  morgentid,
hæfde mare mægen.  þa hine on  518
  morgentid

MORGNE (1)
þa ic on morgne gefrægn  mæg  2484
  oðerne

MORHOPU (1)
mearcað morhopu;  no ðu ymb mines  450
  ne þearft

163

mæton merestræta,  mundum brugdon,    514
manna ængum  þara þe hit mid          1461
    mundum bewand,
monig, morgenceald,  mundum           3022
    bewunden,
micle mid mundum  mægenbyrðenne       3091

-MURN (2)
eteð angenga  unmurnlice,             449
se þe unmurnlice  madmas dæleþ,       1756

MURNE (1)
þæt he his freond wrece,  þonne he    1385
    fela murne.

MURNENDE (1)
murnende mod.  Men ne cunnon          50

MUÞAN (1)
recedes muþan.  Raþe æfter þon        724

MUÐBONAN (1)
mærum maguþegne  to muðbonan,         2079

-MYND (2)
wiges weorðmynd,  þæt him his         65
    winemagas
wigena weorðmynd;  þæt wæs wæpna      1559
    cyst,

-MYNDA (1)
wuldres waldend,  weorðmynda dæl.     1752

-MYNDGAD (1)
Symble bið gemyndgad  morna           2450
    gehwylce

MYNDGAÐ (1)
Manað swa ond myndgað  mæla           2057
    gehwylce

MYNDGIEND (1)
ðæs morþorhetes  myndgiend wære,      1105

-MYNDIG (7)
cwen Hroðgares,  cynna gemyndig,      613
guma gilphlæden,  gidda gemyndig,     868
Beo wið Geatas glæd,  geofena         1173
    gemyndig,
mærða gemyndig  mæg Hylaces.          1530
bona blodigtoð,  bealewa gemyndig,    2082
ond gehwæðer oðrum  hroþra            2171
    gemyndig.
frecne fyrdraca,  fæhða gemyndig,     2689

-MYNDUM (4)
weox under wolcnum,  weorðmyndum      8
    þah,
hwæt wit to willan  ond to            1186
    worðmyndum
se scel to gemyndum  minum leodum     2804
maððum to gemyndum,  ne mægð scyne    3016

MYNE (2)
maþum for metode,  ne his myne        169
    wisse.
mærum þeodne  þonne his myne          2572
    sohte,

-MYNE (1)
gemyne mærþo,  mægenellen cyð,        659

MYNTE (3)
mynte se manscaða  manna cynnes       712
mynte þæt he gedælde,  ærþon dæg      731
    cwome,
Mynte se mæra,  þær he meahte swa,    762

MYRCAN (1)

ofer myrcan mor,  magoþegna bær       1405

-MYRCU (1)
lagucræftig mon,  landgemyrcu.        209

MYRÐE (1)
modes myrðe  manna cynne,             810

NA (3)
mægen Hreðmanna.  Na þu minne         445
    þearft
sweordum aswefede,  þæt syðþan na     567
longsumne lof,  na ymb his lif        1536
    cearað.

NACA (2)
þa wæs on sande  sægeap naca          1896
yrfelafe.  Gewat him on naca          1903

-NACA (1)
sceal hringnaca  ofer heafu           1862
    bringan

NACAN (2)
on bearm nacan  beorhte frætwe,       214
niwtyrwydne  nacan on sande           295

NACOD (3)
Hæfdon swurd nacod,  þa wit on        539
    sund reon,
nacod niðdraca,  nihtes fleogeð       2273
nacod æt niðe,  swa hyt no            2585
    sceolde,

NÆBBEN (1)
þæt þe Sægeatas  selran næbben        1850

NÆFNE (2)
wæpnum geweorðad,  næfne him his      250
    wlite leoge,
næfne he wæs mara  þonne ænig man     1353
    oðer;

NÆFRE (8)
maga gemedu.  Næfre ic maran          247
    geseah
billa brogan.  Breca næfre git        583
þæt næfre Grendel swa fela  gryra     591
    gefremede,
"Næfre ic ænegum men  ær alyfde,      655
næfre he on aldordagum  ær ne         718
    siþðan
efnan wolde.  Næfre on ore læg        1041
mearum ond madmum,  swa hy næfre      1048
    man lyhð,
ahyrded heaþoswate;  næfre hit æt     1460
    hilde ne swac

-NÆGDAN (1)
niða genægdan  nefan Hererices,       2206

NÆGDE (1)
þæt he þone wisan  wordum nægde       1318

-NÆGDON (1)
þær hyne Hetware  hilde genægdon,     2916

-NÆGED (1)
niða genæged,  ond on næs togen,      1439

NÆGLA (1)
stiðra nægla gehwylc,  style          985
    gelicost,

NÆGLED (1)
nemnan hyrde,  þær hio nægled sinc    2023

NÆGLING (1)
niþe genyded;  Nægling forbærst,      2680

NÆNEGUM (1)
nymeð nydbade,  nænegum ara&eth;  598

NÆNIG (6)
ne þær nænig witena  wenan þorfte  157
þe on land Dena  laðra nænig  242
Nænig heora þohte  þæt he þanon  691
    scolde
ofer eormengrund  oþer nænig  859
þær him nænig wæter  wihte ne  1514
    sceþede,
Nænig þæt dorste  deor geneþan  1933

NÆNIGNE (1)
Nænigne ic under swegle  selran  1197
    hyrde

NÆNIGRA (1)
niwe sibbe.  Ne bi&eth; þe nænigra gad  949

NÆRE (2)
under swegles begong  selra nære  860
þæt he hæfde mod micel,  þeah þe  1167
    he his magum nære

NÆRON (1)
þæt næron ealdgewyrht,  þæt he ana  2657
    scyle

NÆS (28)*
la&eth; ond longsum.  Næs hit lengra  134
    fyrst,
Næs hie &eth;are fylle  gefean hæfdon,  562
blædfæstne beorn.  Næs Beowulf  1299
    &eth;ær,
ni&eth;a genæged,  ond on næs togen,  1439
Næs þæt þonne mætost  mægenfultuma  1455
folcstede fara;  næs þæt forma si&eth;  1463
yrre ond anræd.  Næs seo ecg  1575
    fracod
&eth;a com non dæges.  Næs ofgeafon  1600
frætwe ond fætgold;  næs him feor  1921
    þanon
Hæreþes dohtor;  næs hio hnah swa  1929
    þeah,
feorh o&eth;ferede.  Næs ic fæge þa  2141
    gyt,
heor&eth;geneatas;  næs him hreoh  2180
    sefa,
golde gegyrede;  næs mid Geatum &eth;a  2192
hæle&eth;um be healfe.  Næs hearpan  2262
    wyn,
eald under eor&eth;an.  Næs þæt y&eth;e  2415
    ceap
Næs ic him to life  laðra owihte,  2432
eard, e&eth;elwyn.  Næs him ænig  2493
    þearf
mannes reorde;  næs &eth;ær mara fyrst  2555
alætan lændagas.  Næs &eth;a long to  2591
    &eth;on
wæpen wundrum heard;  næs him  2687
    wihte &eth;e sel.
fiftig wintra;  næs se folccyning,  2733
wræte giondwlitan.  Næs &eth;æs wyrmes  2771
    þær
lænan lifes.  Næs &eth;a lang to &eth;on  2845
niwra spella  se &eth;e næs gerad,  2898
for&eth; under fexe.  Næs he forht swa  2967
    &eth;eh,
feoll on foldan;  næs he fæge þa  2975
    git,
næs he goldhwæte  gearwor hæfde  3074
Næs &eth;a on hlytme  hwa þæt hord  3126
    strude,

-NÆS (4)
heorras tohlidene.  Hrof ana  999
    genæs,

Gesæt þa wi&eth; sylfne  se &eth;a sæcce  1977
    genæs,
"Fela ic on giogo&eth;e  gu&eth;ræsa  2426
    genæs,
eodon unbli&eth;e  under Earnanæs,  3031

NÆSHLEO&ETH;UM (1)
swylce on næshleo&eth;um  nicras  1427
    licgean,

NÆSSA (1)
under næssa genipu  niþer gewite&eth;,  1360

NÆSSAS (3)
warigea&eth;,  wulfhleoþu,  windige  1358
    næssas,
neowle næssas,  nicorhusa fela.  1411
cuþe næssas.  Ceol up geþrang  1912

-NÆSSAS (2)
side sænæssas;  þa wæs sund liden,  223
þæt ic sænæssas  geseon mihte,  571

NÆSSE (2)
niwe be næsse,  nearocræftum fæst.  2243
Gesæt &eth;a on næsse  ni&eth;heard  2417
    cyning,

-NÆSSE (2)
heah hlifian  on Hronesnæsse,  2805
har hilderinc  to Hronesnæsse.  3136

NAH (1)
gesawon seledream.  Ic nah hwa  2252
    sweord wege

NALÆS (1)
Nalæs hi hine læssan  lacum  43
    teodan,

NALAS (3)
efste mid elne,  nalas ondsware  1493
Eft wæs anræd,  nalas elnes læt,  1529
Gefeng þa be eaxle  (nalas for  1537
    fæh&eth;e mearn)

NALES (1)
wigcræftigne,  nales wordum log  1811

NALLAS (2)
breosthord blodreow.  Nallas  1719
    beagas geaf
gytsa&eth; gromhydig,  nallas on gylp  1749
    sele&eth;

NALLES (10)
Wen ic þæt ge for wlenco,  nalles  338
    for wræcsi&eth;um,
freondum afylled;  nalles  1018
    facenstafas
Nalles holinga  Hoces dohtor  1076
eorlgewædum,  nalles for ealdre  1442
    mearn.
nalles he &eth;a frætwe  Frescyninge,  2503
Nalles æfter lyfte  lacende hwearf  2832
feoll on fe&eth;an,  nalles frætwe  2919
    geaf
æled þeccean,  nalles eorl wegan  3015
oft nalles æne  elland tredan,  3019
hæfen on handa,  nalles hearpan  3023
    sweg

NAM (2)
nam þa mid handa  higeþihtigne  746
nam on Ongen&eth;io  Irenbyrnan,  2986

-NAM (16)
reoc ond reþe,  ond on ræste genam  122
deorre dugu&eth;e,  þe þa dea&eth; fornam.  488

hildebille; heaþoræs fornam 557
in þæm winsele wældeað fornam, 695
worolde wynne. Wig ealle fornam 1080
gæsta gifrost, þara ðe þær guð 1123
   fornam
wælreaf werede; hyne wyrd fornam, 1205
Hream wearð in Heorote; heo under 1302
   heolfre genam
sundes þe sænra, ðe hyne swylt 1436
   fornam.
ond be healse genam; hruron him 1872
   tearas,
æghwæs orleahtre, oþþæt hine yldo 1886
   benam
siðode sorhfull; sunu deað 2119
   fornam,
deore maðmas. Ealle hie deað 2236
   fornam
gode begeaton. Guðdeað fornam, 2249
freawine folca, æt minum fæder 2429
   genam;
onsyn ænig, ac hyne ecg fornam. 2772

## NAMA (2)

beodgeneatas; Beowulf is min 343
   nama.
wæs þæm hæftmece Hrunting nama. 1457

## NAMAN (2)*

healærna mæst; scop him Heort 78
   naman
niode naman, oððæt niht becwom 2116

## -NAMON (1)

ac hine irenna ecga fornamon, 2828

## NAN (2)

guðbilla nan, gretan nolde, 803
þæt him heardra nan hrinan wolde 988

## NAT (2)

þæt mid Scyldingum sceaðona ic 274
   nat hwylc,
Nat he þara goda þæt he me ongean 681
   slea,

## NATHWYLC (2)

niða nathwylc, se ðe neh gefeng 2215
swa hy on geardagum gumena 2233
   nathwylc,

## NATHWYLCES (2)

Nu her þara banena byre 2053
   nathwylces
ac for þreanedlan þeow nathwylces 2223

## NATHWYLCUM (1)

þæt he in niðsele nathwylcum wæs, 1513

## NE (140) ADVERB

ne hyrde ic cymlicor ceol 38
   gegyrwan
murnende mod. Men ne cunnon 50
He beot ne aleh, beagas dælde, 80
laðan liges; ne wæs hit lenge þa 83
   gen
ne gefeah he þære fæhðe, ac he 109
   hine feor forwræc,
swefan æfter symble; sorge ne 119
   cuðon,
singale sæce, sibbe ne wolde 154
mistige moras; men ne cunnon 162
in modsefan, metod hie ne cuþon, 180
dæda demend, ne wiston hie 181
   drihten god,
ne hie huru heofena helm herian 182
   ne cuþon,
in fyres fæþm, frofre ne wenan, 185

singala seað, ne mihte snotor 190
   hæleð
mid scipherge sceðþan ne meahte. 243
guðfremmendra gearwe ne wisson, 246
Deniga frean, ne sceal þær dyrne 271
   sum
ar ond ombiht. Ne seah ic 336
   elþeodige
þæt ðu me ne forwyrne, wigendra 429
   hleo,
for his wonhydum wæpna ne recceð. 434
mearcað morhopu; no ðu ymb mines 450
   ne þearft
for herebrogan habban ne mihte. 462
forþon þe he ne uþe þæt ænig oðer 503
   man
lade ne letton. Leoht eastan com, 569
Ac he hafað onfunden þæt he þa 595
   fæhðe ne þearf,
swefeð ond sendeþ, secce ne weneþ 600
siððan hie sunnan leoht geseon ne 648
   meahton,
waca wið wraþum. Ne bið þe wilna 660
   gad,
þæt hie ne moste, þa metod nolde, 706
fættum fahne. Ne wæs þæt forma 716
   sið
wistfylle wen. Ne wæs þæt wyrd þa 734
   gen
þæt he ne mette middangeardes, 751
secan deofla gedræg; ne wæs his 756
   drohtoð þær
wiðhæfde heaþodeorum, þæt he on 772
   hrusan ne feol,
þæs we wendon ær witan Scyldinga 778
Hie þæt ne wiston, þa hie gewin 798
   drugon,
Ne hie huru winedrihten wiht ne 862
   logon,
þara þe gumena bearn gearwe ne 878
   wiston,
frecne dæde, ne wæs him Fitela 889
   mid.
weana ne wende to widan feore 933
ðara þe ne wendon þæt hie 937
   wideferhð
ðe we ealle ær ne meahton 941
niwe sibbe. Ne bið þe nænigra gad 949
Ic hine ne mihte, þa metod nolde, 967
Ne gefrægen ic þa mægþe maran 1011
   weorode
Ne gefrægn ic freondlicor feower 1027
   madmas
þæt him fela laf frecne ne 1032
   meahton
þæt he ne mehte on þæm meðelstede 1082
wordum ne worcum wære ne bræce, 1100
þeah þe he ne meahte on mere 1130
   drifan
Swa he ne forwyrnde 1142
   woroldrædenne,
ætwiton weana dæl; ne meahte 1150
   wæfre mod
druncon win weras. Wyrd ne cuþon, 1233
hafen handa fæst; helm ne 1290
   gemunde,
geworden in wicun. Ne wæs þæt 1304
   gewrixle til,
"Ne frin þu æfter sælum! Sorh is 1322
   geniwod
wælgæst wæfre; ic ne wat hwæðer 1331
eft æt þe anum. Eard git ne 1377
   const,
"Ne sorga, snotor guma; selre bið 1384
   æghwæm
þæt him hildegrap hreþre ne 1446
   mihte,
brond ne beadomecas bitan ne 1454
   meahton.

ahyrded heaþoswate;   næfre hit æt   1460
   hilde ne swac
Huru ne gemunde   mago Ecglafes,   1465
selran sweordfrecan.   Selfa ne   1468
   dorste
ellenmærðum.   Ne wæs þæm oðrum   1471
   swa,
þæt heo þone fyrdhom   ðurhfon ne   1504
   mihte,
swa he ne mihte,   no he þæs modig   1508
   wæs,
þær him nænig wæter   wihte ne   1514
   sceþede,
ne him for hrofsele   hrinan ne   1515
   mehte
hildebille,   hond sweng ne ofteah,   1520
þæt hig þæs æðelinges   eft ne   1596
   wendon
wiston ond ne wendon   þæt hie   1604
   heora winedrihten
Ne nom he in þæm wicum,   1612
   Wedergeata leod,
Ne meahte ic æt hilde   mid   1659
   Hruntinge
duguðe ond iogoþe,   þæt þu him   1674
   ondrædan ne þearft,
hæleðum to helpe.   Ne wearð   1709
   Heremod swa
ne geweox he him to willan,   ac to   1711
   wælfealle
side rice,   þæt he his selfa ne   1733
   mæg
wendeð on willan   (he þæt wyrse ne   1739
   con),
biteran stræle   (him bebeorgan ne   1746
   con),
eorles ærgestreon,   egesan ne   1757
   gymeð.
ece rædas;   oferhyda ne gym,   1760
under swegles begong   gesacan ne   1773
   tealde.
on sefan sende;   ne hyrde ic·   1842
   snotorlicor
þæt he þone breostwylm   forberan   1877
   ne mehte,
cwealmbealu cyðan.   Ne bið swylc   1940
   cwenlic þeaw
sorhwylmum seað,   siðe ne truwode   1993
þæt ðu þone wælgæst   wihte ne   1995
   grette,
swa begylpan ne þearf   Grendeles   2006
   maga
Weorod wæs on wynne;   ne seah ic   2014
   widan feorh
Þy ic Heaðobeardna   hyldo ne   2067
   telge,
manigra sumne;   hyt ne mihte swa,   2091
Noðer hy hine ne moston,   syððan   2124
   mergen cwom,
swa hyne Geata bearn   godne ne   2184
   tealdon,
"Heald þu nu, hruse,   nu hæleð ne   2247
   moston,
brosnað æfter beorne.   Ne mæg   2260
   byrnan hring
warað wintrum frod,   ne byð him   2277
   wihte ðy sel.
þeostrum geþoncum,   swa him geþywe   2332
   ne wæs.
þæt him holtwudu   helpan ne   2340
   meahte,
beagas ond bregostol,   bearne ne   2370
   truwode
hrefne to hroðre,   ond he him   2448
   helpe ne mæg,
eaforan ellorsið;   oðres ne gymeð   2451
weallende wæg.   Wihte ne meahte   2464
no ðy ær he þone heaðorinc   hatian   2466
   ne meahte

laðum dædum,   þeah him leof ne   2467
   wæs.
frome, fyrdhwate,   freode ne   2476
   woldon
fæhðo genoge,   feorhsweng ne   2489
   ofteah.
æþeling on elne;   ne wæs ecg bona,   2506
anes mannes.   Ne bið swylc earges   2541
   sið!
heaðofyrum hat;   ne meahte horde   2547
   neah
wealdan moste   swa him wyrd ne   2574
   gescraf
hildeleoman.   Hreðsigora ne gealp   2583
iren ærgod.   Ne wæs þæt eðe sið,   2586
sefa wið sorgum;   sibb æfre ne mæg   2600
Ne mihte ða forhabban;   hond rond   2609
   gefeng,
Ne gemealt him se modsefa,   ne his   2628
   mæges laf
Ne þynceð me gerysne   þæt we   2653
   rondas beren
þæt ðu ne alæte   be ðe lifigendum   2665
Born bord wið rond,   byrne ne   2673
   meahte
gomol ond grægmæl.   Him þæt gifeðe   2682
   ne wæs
Ne hedde he þæs heafolan,   ac sio   2697
   hand gebarn
ne sohte searoniðas,   ne me swor   2738
   fela
for ðam me witan ne ðearf   waldend   2741
   fira
leoda þearfe;   ne mæg ic her leng   2801
   wesan.
wyrm wohbogen   wealdan ne moste,   2827
Ða ne dorston ær   dareðum lacan   2848
wehte hyne wætre;   him wiht ne   2854
   speow.
Ne meahte he on eorðan,   ðeah he   2855
   uðe wel,
sexbennum seoc;   sweorde ne meahte   2904
wihte ne wene,   ac wæs wide cuð   2923
wlonces wigcræft,   wiðres ne   2953
   truwode,
Ne meahte se snella   sunu Wonredes   2971
landes ond locenra beaga (ne   2995
   ðorfte him ða lean oðwitan
on adfære.   Ne scel anes hwæt   3010
laðra spella;   he ne leag fela   3029
þæt ðam hringsele   hrinan ne moste   3053
Ða wæs gesyne   þæt se sið ne ðah   3058
lifgesceafta,   þonne leng ne mæg   3064
sohte, searoniðas;   seolfa ne cuðe   3067
Ne meahton we gelæran   leofne   3079
   þeoden,
þæt he ne grette   goldweard þone   3081

NE (40) CONJUNCTION

ne þær nænig witena   wenan þorfte   157
maþðum for metode,   ne his myne   169
   wisse.
ne hie huru heofena helm   herian   182
   ne cuþon,
lindhæbbende;   ne ge leafnesword   245
aldrum neþdon?   Ne inc ænig mon,   510
ne leof ne lað,   belean mihte   511
ne on egstreamum   earmran mannon;   577
æt heaðolace,   ne gehwæþer incer,   584
næfre he on aldordagum   ær ne   718
   siþðan
Ne þæt se aglæca   yldan þohte,   739
ne his lifdagas   leoda ænigum   793
þætte suð ne norð   be sæm tweonum   858
Ne hie huru winedrihten   wiht ne   862
   logon,
Ne huru Hildeburh   herian þorfte   1071
ne þa wealafe   wige forþringan   1084
wordum ne worcum   wære ne bræce,   1100

| | |
|---|---|
| ne þurh inwitsearo  æfre gemænden | 1101 |
| ne on foldan fæþm,  ne on fyrgenholt, | 1393 |
| ne on gyfenes grund,  ga þær he wille. | 1394 |
| brond ne beadomecas  bitan ne meahton. | 1454 |
| ne him for hrofsele  hrinan ne mehte | 1515 |
| adl ne yldo,  ne him inwitsorh | 1736 |
| on sefan sweorceð,  ne gesacu ohwær | 1737 |
| ne to gneað gifa  Geata leodum, | 1930 |
| bronde forbærnan,  ne on bæl hladan | 2126 |
| ne hyne on medobence  micles wyrðne | 2185 |
| gomen gleobeames,  ne god hafoc | 2263 |
| geond sæl swingeð,  ne se swifta mearh | 2264 |
| ealne utanweardne,  ne ðær ænig mon | 2297 |
| ne him þæs wyrmes wig  for wiht dyde, | 2348 |
| ne gemet mannes,  nefne min anes, | 2533 |
| Ne gemealt him se modsefa,  ne his mæges laf | 2628 |
| ne sohte searoniðas,  ne me swor fela | 2738 |
| ne ðæs wealdendes  wiht oncirran; | 2857 |
| Ne ic to Sweoðeode  sibbe oððe treowe | 2922 |
| maððum to gemyndum,  ne mægð scyne | 3016 |
| wyrda ne worda.  Weorod eall aras; | 3030 |

**NEAH (12)\***

| | |
|---|---|
| symbel ymbsæton  sægrunde neah; | 564 |
| Hafast þu gefered  þæt ðe feor ond neah | 1221 |
| bisgum gebunden,  bona swiðe neah, | 1743 |
| selfa mid gesiðum  sæwealle neah. | 1924 |
| wunode on wonge  wæteryðum neah, | 2242 |
| dyrnan cræfte  dracan heafde neah. | 2290 |
| wæfre ond wælfus,  wyrd ungemete neah, | 2420 |
| heaðofyrum hat;  ne meahte horde neah | 2547 |
| dogorgerimes,  deað ungemete neah): | 2728 |
| hreas on hrusan  hordærne neah. | 2831 |
| feðecempa,  frean eaxlum neah, | 2853 |
| ower feor oððe neah  findan meahte, | 2870 |

**-NEAHHE (2)**

| | |
|---|---|
| niwe geneahhe;  Norðdenum stod | 783 |
| song sorgcearig  swiðe geneahhe | 3152 |

**NEALLES (8)**

| | |
|---|---|
| Nealles ic ðam leanum  forloren hæfde, | 2145 |
| nealles inwitnet  oðrum bregdon | 2167 |
| dreah æfter dome,  nealles druncne slog | 2179 |
| Nealles mid gewealdum  wyrmhord abræc | 2221 |
| Nealles Hetware  hremge þorfton | 2363 |
| Nealles him on heape  handgesteallan, | 2596 |
| Nealles folccyning  fyrdgesteallum | 2873 |
| nealles swæslice  sið alyfed | 3089 |

**NEAN (4)**

| | |
|---|---|
| nihtlongne fyrst  nean bidan." | 528 |
| ferdon folctogan  feorran ond nean | 839 |
| nean ond feorran  þu nu hafast. | 1174 |
| nearofages nið  nean ond feorran, | 2317 |

**NEAR (1)**

| | |
|---|---|
| fet ond folma.  Forð near ætstop, | 745 |

**NEARO (2)**

| | |
|---|---|
| nearo neðende  niða gedigde, | 2350 |
| niwan stefne;  nearo ðrowode, | 2594 |

**NEAROCRÆFTUM (1)**

| | |
|---|---|
| niwe be næsse,  nearocræftum fæst. | 2243 |

**NEAROFAGES (1)**

| | |
|---|---|
| nearofages nið  nean ond feorran, | 2317 |

**NEAROÞEARFE (1)**

| | |
|---|---|
| niceras nihtes,  nearoþearfe dreah, | 422 |

**NEARWE (2)\***

| | |
|---|---|
| mid nydgripe  nearwe befongen, | 976 |
| steap stanhliðo,  stige nearwe, | 1409 |

**-NEARWOD (1)**

| | |
|---|---|
| heorohocyhtum  hearde genearwod, | 1438 |

**-NEAS (1)**

| | |
|---|---|
| eotenas ond ylfe  ond orcneas, | 112 |

**-NEAT (1)**

| | |
|---|---|
| cealdum cearsiðum,  cyning ealdre bineat. | 2396 |

**-NEATAS (6)**

| | |
|---|---|
| ond Higelaces  heorðgeneatas | 261 |
| beodgeneatas;  Beowulf is min nama. | 343 |
| þonne he Hroðgares  heorðgeneatas | 1580 |
| breat bolgenmod  beodgeneatas, | 1713 |
| heorðgeneatas;  næs him hreoh sefa, | 2180 |
| hlafordes hryre,  heorðgeneatas, | 3179 |

**-NEATUM (1)**

| | |
|---|---|
| þenden hælo abead  heorðgeneatum, | 2418 |

**-NEDLAN (1)**

| | |
|---|---|
| ac for þreanedlan  þeow nathwylces | 2223 |

**NEFA (3)**

| | |
|---|---|
| nefa Swertinges,  nyhstan siðe, | 1203 |
| nefa Garmundes,  niða cræftig. | 1962 |
| niða heardum,  nefa swyðe hold, | 2170 |

**NEFAN (2)**

| | |
|---|---|
| eam his nefan,  swa hie a wæron | 881 |
| niða genægdan  nefan Hererices, | 2206 |

**NEFNE (5)**

| | |
|---|---|
| nefne him witig god  wyrd forstode | 1056 |
| swæsra gesiða,  nefne sinfrea, | 1934 |
| heafodmaga  nefne, Hygelac, ðec." | 2151 |
| ne gemet mannes,  nefne min anes, | 2533 |
| gumena ænig,  nefne god sylfa, | 3054 |

**NEH (2)**

| | |
|---|---|
| niða nathwylc,  se ðe neh gefeng | 2215 |
| hlæw under hrusan  holmwylme neh, | 2411 |

**-NEHOST (1)**

| | |
|---|---|
| nytte tealde.  Þær genehost brægd | 794 |

**NELLE (2)**

| | |
|---|---|
| forþan ic hine sweorde  swebban nelle, | 679 |
| bord ond byrnan.  Nelle ic beorges weard | 2524 |

**-NEMDE (1)**

| | |
|---|---|
| elne, unflitme  aðum benemde | 1097 |

**NEMDON (1)**

169

NEMDON (continued)

þone on geardagum   Grendel nemdon   1354

-NEMDON (1)
Swa hit oð domes dæg   diope   3069
   benemdon

NEMNAN (1)
nemnan hyrde,   þær hio nægled sinc   2023

NEMNAÐ (1)
Beowulf nemnað.   Hy benan synt   364

NEMNE (3)*
Finnes þegnas   nemne feaum anum,   1081
nemne him heaðobyrne   helpe   1552
   gefremede,
eft to earde,   nemne we æror mægen   2654

NEODLAÐUM (1)
æfter neodlaðum   niht getæse.   1320

NEON (1)
þæt ge genoge   neon sceawiað   3104

NEOSAN (5)
mid þære wælfylle   wica neosan.   125
setles neosan,   swa se snottra   1786
   heht.
Wolde blondenfeax   beddes neosan,   1791
cuma collenferhð   ceoles neosan.   1806
eatol, æfengrom,   user neosan,   2074

NEOSIAN (2)
Gewat ða neosian,   syþðan niht   115
   becom,
Gewiton him ða wigend   wica   1125
   neosian,

NEOT (1)
hyse, mid hæle,   ond þisses   1217
   hrægles neot,

-NEOTAN (1)
aldre beneotan,   þeah ic eal mæge.   680

NEOWLE (1)
neowle næssas,   nicorhusa fela.   1411

-NERED (1)
genered wið niðe;   nihtweorce   827
   gefeh,

NEREÐ (1)
windige weallas.   Wyrd oft nereð   572

-NESEN (1)
Swa he niða gehwane   genesen   2397
   hæfde,

-NET (6)
searonet seowed   smiþes orþancum):   406
breostnet broden;   þæt gebearh   1548
   feore,
herenet hearde,   ond halig god   1553
hægstealdra heap,   hringnet bæron,   1889
nealles inwitnet   oðrum bregdon   2167
hyran heaðosiocum,   hringnet   2754
   beran,

-NEÞAN (2)
under yða gewin   aldre geneþan,   1469
Nænig þæt dorste   deor geneþan   1933

-NEÐDE (4)
æþelinges bearn,   ana geneðde   888
wigge under wætere,   weorc geneþde   1656
eorlscipe efnde,   ealdre geneðde,   2133
niehstan siðe:   "Ic geneðde fela   2511

NEÞDON (2)
aldrum neþdon?   Ne inc ænig mon,   510
aldrum neðdon,   ond þæt geæfndon   538
   swa.

-NEÐDON (1)
feohtan fremedon,   frecne geneðdon   959

NEÐENDE (1)
nearo neðende   niða gedigde,   2350

NICERA (1)
niða ofercumen,   on nicera mere   845

NICERAS (2)
niceras nihtes,   nearoþearfe   422
   dreah,
niceras nigene.   No ic on niht   575
   gefrægn

NICORHUSA (1)
neowle næssas,   nicorhusa fela.   1411

NICRAS (1)
swylce on næshleoðum   nicras   1427
   licgean,

NIEHSTAN (1)
niehstan siðe:   "Ic geneðde fela   2511

NIGENE (1)
niceras nigene.   No ic on niht   575
   gefrægn

NIHT (13)
Gewat ða neosian,   syþðan niht   115
   becom,
ac ymb ane niht   eft gefremede   135
seofon niht swuncon;   he þe æt   517
   sunde oferflat,
nipende niht,   ond norþanwind   547
niceras nigene.   No ic on niht   575
   gefrægn
oþðe nipende   niht ofer ealle,   649
niþgeweorca;   ac wit on niht   683
   sculon
weold wideferhð.   Com on wanre   702
   niht
ðicgean ofer þa niht.   þryðswyð   736
   beheold
æfter neodlaðum   niht getæse.   1320
þe þu gystran niht   Grendel   1334
   cwealdest
niode naman,   oððæt niht becwom   2116
earmre teohhe   ondlonge niht,   2938

NIHTA (2)
fif nihta fyrst,   oþþæt unc flod   545
   todraf,
þær mæg nihta gehwæm   niðwundor   1365
   seon,

NIHTBEALWA (1)
nydwracu niþgrim,   nihtbealwa   193
   mæst.

-NIHTE (1)
seomade ond syrede,   sinnihte   161
   heold

NIHTES (4)
niceras nihtes,   nearoþearfe   422
   dreah,
dæges ond nihtes,   oððæt deaðes   2269
   wylm
nacod niðdraca,   nihtes fleogeð   2273
nihtes hwilum,   nyðer eft gewat   3044

NIHTHELM (1)

170

171

NIÐHEDIGE (1)
niðhedige men  genumen hæfdon,      3165

-NIÐLAN (4)
feorhgeniðlan;  wæs to foremihtig    969
feorhgeniðlan,  þæt heo on flet     1540
    gebeah.
ferhðgeniðlan,  fyr unswiðor        2881
ond ða folgode  feorhgeniðlan,      2933

NIÐSELE (1)
þæt he in niðsele  nathwylcum wæs,  1513

NIÞÐA (1)
nyde genydde,  niþða bearna,        1005

NIÐWUNDOR (1)
þær mæg nihta gehwæm  niðwundor     1365
    seon,

-NIWAD (1)
þa se wyrm onwoc,  wroht wæs        2287
    geniwad;

NIWAN (1)
niwan stefne;  nearo ðrowode,       2594

NIWE (3)
niwe geneahhe;  Norðdenum stod       733
niwe sibbe.  Ne bið þe nænigra gad   949
niwe be næsse,  nearocræftum fæst.  2243

-NIWOD (2)
cuþe folme;  cearu wæs geniwod,     1303
"Ne frin þu æfter sælum!  Sorh is   1322
    geniwod

NIWRA (1)
niwra spella  se ðe næs gerad,      2898

NIWTYRWYDNE (1)
niwtyrwydne  nacan on sande          295

NO (39)
morðbeala mare  ond no mearn fore,   136
no he þone gifstol  gretan moste,    168
No her cuðlicor  cuman ongunnon      244
wordum wrixlan.  No ðu him wearne    366
    geteoh
mearcað morhopu;  no ðu ymb mines    450
    ne þearft
werian þohton.  No he wiht fram me   541
hraþor on holme,  no ic fram him     543
    wolde.
niceras nigene.  No ic on niht       575
    gefrægn
wadu weallendu.  No ic wiht fram     581
    þe
fagum sweordum  (no ic þæs fela      586
    gylpe),
"No ic me an herewæsmun  hnagran     677
    talige,
forht on ferhðe;  no þy ær fram      754
    meahte.
laþes lastas.  No his lifgedal       841
ganges getwæman,  no ic him þæs      968
    georne ætfealh,
earm ond eaxle.  No þær ænige swa    972
    þeah
no þy leng leofað  laðgeteona,       974
aldres orwena.  No þæt yðe byð      1002
ful on flette;  no he þære          1025
    feohgyfte
foldbuende.  No hie fæder cunnon,   1355
fyr on flode.  No þæs frod leofað   1366
Ic hit þe gehate,  no he on helm    1392
    losaþ,
besette swinlicum,  þæt hine        1453
    syðþan no

atolan clommum.  No þy ær in        1502
    gescod
swa he ne mihte,  no he þæs modig   1508
    wæs
Wunað he on wiste;  no hine wiht     1735
    dweleð
þæt he seoððan no  geseon moston,   1875
no he mid hearme  of hliðes nosan   1892
No þær wegflotan  wind ofer yðum     1907
No ðy ær ut ða gen  idelhende       2081
no ðy ær suna sinum  syllan wolde,  2160
wyrme on willan;  no on wealle      2307
    læg,
eldum on andan.  No ðær aht cwices  2314
sidan herge;  no he him þa sæcce    2347
    ondred,
laðan cynnes.  No þæt læsest wæs    2354
No ðy ær feasceafte  findan         2373
    meahton
lif wið lice,  no þon lange wæs     2423
no ðy ær he þone heaðorinc  hatian  2466
    ne meahte
nacod æt niðe,  swa hyt no          2585
    sceolde,
fyrdsearo fuslic,  no ymbe ða       2618
    fæhðe spræc,

-NOGE (2)
fæhðo genoge,  feorhsweng ne        2489
    ofteah.
þæt ge genoge  neon sceawiað        3104

NOLDE (7)
þæt hie ne moste,  þa metod nolde,   706
Nolde eorla hleo  ænige þinga        791
guðbilla nan,  gretan nolde,         803
þæt him se lichoma  læstan nolde,    812
Ic hine ne mihte,  þa metod nolde,   967
þæt se beadoleoma  bitan nolde,     1523
swæse gesiðas:  "Nolde ic sweord    2518
    beran,

NOM (1)
Ne nom he in þæm wicum,             1612
    Wedergeata leod,

-NOM (1)
sylfes dome;  segn eac genom,       2776

NON (1)
Ða com non dæges.  Næs ofgeafon     1600

NORÐ (1)
þætte suð ne norð  be sæm tweonum    858

NORÞANWIND (1)
nipende niht,  ond norþanwind        547

NORÐDENUM (1)
niwe geneahhe;  Norðdenum stod       783

NOSAN (2)
no he mid hearme  of hliðes nosan   1892
beorhtne æfter bæle  æt brimes      2803
    nosan;

NOÐER (1)
Noðer hy hine ne moston,  syððan    2124
    mergen cwom,

NU (46)*
ænlic ansyn.  Nu ic eower sceal      251
furþur feran.  Nu ge feorbuend,      254
angan dohtor;  is his eafora nu      375
Nu ge moton gangan  in eowrum        395
    guðgeatawum
forgrand gramum,  ond nu wið         424
    Grendel sceal,
ðing wið þyrse.  Ic þe nu ða,        426

freowine folca, nu ic þus feorran 430
com,
Site nu to symle ond onsæl meoto, 489
eafoð ond ellen ungeara nu, 602
ðryþærn Dena buton þe nu ða. 657
Hafa nu ond geheald husa selest, 658
scuccum ond scinnum. Nu scealc 939
hafað
bearngebyrdo. Nu ic, Beowulf, 946
þec,
gode forgylde, swa he nu gyt 956
dyde!"
gumena cynnes, swa he nu git deð. 1058
gear in geardas, swa nu gyt deð, 1134
nean ond feorran þu nu hafast. 1174
ealdres scyldig, ond nu oþer cwom 1338
hreþerbealo hearde; nu seo hand 1343
ligeð,
roderas reotað. Nu is se ræd 1376
gelang
"Geþenc nu, se mæra maga 1474
Healfdenes,
snottra fengel, nu ic eom siðes 1475
fus,
mære cempa. Nu is þines mægnes 1761
blæd
Ga nu to setle, symbelwynne dreoh 1782
"Nu we sæliðend secgan wyllað, 1818
Nu her þara banena byre 2053
nathwylces
"Heald þu nu, hruse, nu hæleð ne 2247
moston,
banhus gebræc. Nu sceall billes 2508
ecg,
dæda dollicra. Nu is se dæg cumen 2646
dom gedreosan. Scealt nu dædum 2666
rof,
"Nu ic suna minum syllan wolde 2729
lif of lice. Nu ðu lungre geong 2743
Wiglaf leofa, nu se wyrm ligeð, 2745
Bio nu on ofoste, þæt ic ærwelan, 2747
Nu ic on maðma hord mine bebohte 2799
gumena gehwylcum, swa he nu gen 2859
deð.
Nu sceal sincþego ond swyrdgifu, 2884
"Nu is wilgeofa Wedra leoda, 2900
leofes ond laðes. Nu ys leodum 2910
wen
eorlscipe efnde. Nu is ofost 3007
betost
ond nu æt siðestan sylfes feore 3013
nu se herewisa hleahtor alegde, 3020
Uton nu efstan oðre siðe, 3101
godum togenes: "Nu sceal gled 3114
fretan,
gold on greote, þær hit nu gen 3167
lifað

NUMEN (1)
cyning on corþre, ond seo cwen 1153
numen.

-NUMEN (1)
niðhedige men genumen hæfdon, 3165

NYD (1)
þurh deaðes nyd dæda gefondad. 2454

-NYD (2)
þreanyd þolað, þenden þær wunað 284
hynðo ond hæftnyd. Heofon rece 3155
swealg.

NYDBADE (1)
nymeð nydbade, nænegum arað 598

-NYDDE (1)
nyde genydde, niþða bearna, 1005

NYDE (1)
nyde genydde, niþða bearna, 1005

-NYDED (1)
niþe genyded; Nægling forbærst, 2680

NYDGESTEALLAN (1)
æt niða gehwam nydgesteallan; 882

NYDGRIPE (1)
mid nydgripe nearwe befongen, 976

-NYDUM (1)
ond for þreanydum þolian scoldon, 832

NYDWRACU (1)
nydwracu niþgrim, nihtbealwa 193
mæst.

NYHSTAN (1)
nefa Swertinges, nyhstan siðe, 1203

NYMEÐ (2)
nymeð nydbade, nænegum arað 598
gif þæt gegangeð, þæt ðe gar 1846
nymeð,

NYMÞE (2)
listum tolucan, nymþe liges fæþm 781
guð getwæfed, nymðe mec god 1658
scylde.

-NYT (2)
idel ond unnyt, siððan æfenleoht 413
eldum swa unnyt swa hit æror wæs. 3168

NYTTE (3)*
þryðum dealle. Þegn nytte 494
beheold,
nytte tealde. Þær genehost brægd 794
scoc ofer scildweall, sceft nytte 3118
heold,

-NYTTE (2)
selewearð aseted; sundornytte 667
beheold
sylfes cræfte, sundnytte dreah; 2360

-NYTTOD (1)
hæfde eorðscrafa ende genyttod. 3046

NYÐER (1)
nihtes hwilum, nyðer eft gewat 3044

OF (36)
of feorwegum, frætwa, gelæded; 37
aldor of earde), oþþæt him eft 56
onwoc
þa of wealle geseah weard 229
Scildinga,
gamol of geardum; hine gearwe 265
geman
selfe ofersawon, ða ic of searwum 419
cwom,
eodur Scyldinga, ut of healle; 663
Ða he him of dyde isernbyrnan, 671
helm of hafelan, sealde his 672
hyrsted sweord,
Ða com of more under misthleoþum 710
eode yrremod; him of eagum stod 726
þara þe of wealle wop gehyrdon, 785
swylce geong manig of gomenwaþe 854
of brydbure, beahhorda weard, 921
ahæfen of horde. Herescyldinga 1108
gist of geardum; he to gyrnwræce 1138
win of wunderfatum. þa cwom 1162
Wealhþeo forð
of flanbogan feores getwæfde, 1433
efne swa of hefene hadre scineð 1571

| | | | | |
|---|---|---|---|---|
| Ða wæs of þæm hroran  helm ond byrne | 1629 | | godum gegretan  ofer ganotes bæð; | 1861 |
| se þe of flanbogan  fyrenum sceoteð. | 1744 | | sceal hringnaca  ofer heafu bringan | 1862 |
| no he mid hearme of hliðes nosan | 1892 | | ofer Hroðgares  hordgestreonum. | 1899 |
| of ðam goldsele  gongan wolde, | 2083 | | No þær wegflotan  wind ofer yðum | 1907 |
| syððan hyne Hæðcyn  of hornbogan, | 2437 | | fleat famigheals  forð ofer yðe, | 1909 |
| lond ond leodbyrig,  þa he of life gewat. | 2471 | | bundenstefna  ofer brimstreamas, | 1910 |
| of eorðsele  ut geseceð." | 2515 | | ofer fealone flod  be fæder lare | 1950 |
| brecan of beorge. Wæs þære burnan wælm | 2546 | | sæcce secean  ofer sealt wæter, | 1989 |
| Let ða of breostum,  ða he gebolgen wæs, | 2550 | | ænig ofer eorðan  uhthlem þone, | 2007 |
| oruð aglæcean  ut of stane, | 2557 | | glad ofer grundas,  gæst yrre cwom, | 2073 |
| æghwæs unrim,  þa he of ealdre gewat, | 2624 | | ofer borda gebræc  bite irena, | 2259 |
| lif of lice. Nu ðu lungre geong | 2743 | | ofer ealde riht,  ecean dryhtne, | 2330 |
| gelocen leoðocræftum; of ðam leoma stod, | 2769 | | ofer sæ sohtan,  suna Ohteres; | 2380 |
| Dyde him of healse hring gyldenne | 2809 | | ofer sæ side  sunu Ohteres, | 2394 |
| hate heaðowylmas; him of hreðre gewat | 2819 | | wong wisian. He ofer willan giong | 2409 |
| weoll of gewitte.  Wergendra to lyt | 2882 | | ofer wid wæter,  wroht gemæne, | 2473 |
| acigde of corðre  cyninges þegnas | 3121 | | ofer heafo healdan,  ac ymb Hreosnabeorh | 2477 |
| of lichaman  læded weorðan. | 3177 | | sceolde ofer willan  wic eardian | 2589 |
| | | | Biowulf maþelode  (he ofer benne spræc, | 2724 |
| **OFER (70)** | | | heah ofer horde,  hondwundra mæst, | 2768 |
| ofer hronrade  hyran scolde, | 10 | | ofer floda genipu  feorran drifað." | 2808 |
| ænne ofer yðe  umborwesende. | 46 | | ofer min gemet  mæges helpan; | 2879 |
| heah ofer heafod,  leton holm beran, | 48 | | up ofer ecgclif,  þær þæt eorlweorod | 2893 |
| ofer swanrade  secean wolde, | 200 | | ac he soðlice  sægde ofer ealle: | 2899 |
| Gewat þa ofer wægholm,  winde gefysed, | 217 | | ofer Biowulfe,  byre Wihstanes, | 2907 |
| beran ofer bolcan  beorhte randas, | 231 | | eorl ofer oðrum  unlifigendum, | 2908 |
| ofer lagustræte  lædan cwomon, | 239 | | brecan ofer bordweal;  ða gebeah cyning, | 2980 |
| hider ofer holmas? * * * wæs | 240 | | fus ofer fægum  fela reordian, | 3025 |
| eorla ofer eorþan  ðonne is eower sum, | 248 | | scoc ofer scildweall,  sceft nytte heold, | 3118 |
| ofer lagustreamas  leofne mannan | 297 | | wyrm ofer weallclif,  leton weg niman, | 3132 |
| ofer hleorberan  gehroden golde, | 304 | | sweart ofer swioðole,  swogende leg | 3145 |
| lixte se leoma  ofer landa fela. | 311 | | | |
| ofer geofenes begang  Geata leode; | 362 | | **OFERCOMON (1)** | |
| ond ge him syndon  ofer sæwylmas | 393 | | ðurh anes cræft  ealle ofercomon, | 699 |
| ofer yða gewealc,  Arscyldinga. | 464 | | | |
| sende ic Wylfingum  ofer wæteres hrycg | 471 | | **OFERCUMEN (1)** | |
| ofer ealowæge  oretmecgas | 481 | | niða ofercumen,  on nicera mere | 845 |
| glidon ofer garsecg;  geofon yþum weol, | 515 | | | |
| ofer ylda bearn  oþres dogores, | 605 | | **OFERCWOM (1)** | |
| opðe nipende  niht ofer ealle, | 649 | | frofre ond fultum;  ðy he þone feond ofercwom, | 1273 |
| wig ofer wæpen,  ond siþðan witig god | 685 | | | |
| ðicgean ofer þa niht.  Þryðswyð beheold | 736 | | **OFEREODE (1)** | |
| ænig ofer eorþan  irenna cyst, | 802 | | Ofereode þa  æþelinga bearn | 1408 |
| ofer eormengrund  oþer nænig | 859 | | | |
| ofer werþeode,  wigendra hleo, | 899 | | **OFEREODON (1)** | |
| ofer harne hrof  hand sceawedon, | 983 | | freoðowong þone  forð ofereodon, | 2959 |
| eorclanstanas  ofer yða ful, | 1208 | | | |
| ofer æþelinge  yþgesene | 1244 | | **OFERFLAT (1)** | |
| sweord swate fah  swin ofer helme | 1286 | | seofon niht swuncon;  he þe æt sunde oferflat, | 517 |
| sweord ofer setlum,  sidrand manig | 1289 | | | |
| ofer þæm honglað  hrinde bearwas, | 1363 | | **OFERHELMAÐ (1)** | |
| gang ofer grundas,  þær heo gegnum for | 1404 | | wudu wyrtum fæst  wæter oferhelmað. | 1364 |
| ofer myrcan mor,  magoþegna bær | 1405 | | | |
| ofer harne stan  hleonian funde, | 1415 | | **OFERHIGIAN (1)** | |
| ðin ofer þeoda gehwylce. Eal þu | 1705 | | oferhigian,  hyde se ðe wylle. | 2766 |
| hit geþyldum healdest, | | | | |
| eafeþum stepte,  ofer ealle men | 1717 | | **OFERHOGODE (1)** | |
| ofer ealdgewin  eagum starige! | 1781 | | Oferhogode ða  hringa fengel | 2345 |
| deorc ofer dryhtgumum. Duguð eal aras. | 1790 | | | |
| | | | **OFERHYDA (1)** | |
| Gif ic þæt gefricge  ofer floda begang, | 1826 | | ece rædas; oferhyda ne gym, | 1760 |
| | | | | |
| | | | **OFERHYGDA (1)** | |
| | | | oðþæt him on innan  oferhygda dæl | 1740 |
| | | | | |
| | | | **OFERMÆGENE (1)** | |

elne geeodon   mid ofermægene,                    2917

OFERMAÐMUM (I)
    Iofore ond Wulfe   mid ofermaðmum,            2993

OFERSAWON (I)
    selfe ofersawon,   ða ic of searwum            419
    cwom,

OFERSITTAN (I)
    secge ofersittan,   gif he gesecean            684
    dear

OFERSITTE (I)
    þæt ic wið þone guðflogan   gylp              2528
    ofersitte.

OFERSOHTE (I)
    swenge ofersohte,   þonne he to               2686
    sæcce bær

OFERSWAM (I)
    Oferswam ða sioleða bigong   sunu             2367
    Ecgðeowes,

OFERSWYÐEÞ (2)
    hu he frod ond god   feond                    279
    oferswyðeþ,
    þæt ðec, dryhtguma,   deað                    1768
    oferswyðeð.

OFERWEARP (I)
    oferwearp þa werigmod   wigena                1543
    strengest,

OFESTE (I)
    Beo ðu on ofeste,   hat in gan                386

OFFA (I)
    eormencynnes.   Forðam Offa wæs               1957

OFFAN (I)
    aðelum diore,   syððan hio Offan              1949
    flet

OFFEREDE (I)
    ond oðer swylc   ut offerede,                 1583

OFGEAF (4)
    wundorsmiþa geweorc,   ond þa þas             1681
        worold ofgeaf
    drefan deop wæter,   Dena land                1904
        ofgeaf.
    leoda minra,   þara ðe þis lif                2251
        ofgeaf,
    gumdream ofgeaf,   godes leoht                2469
        geceas,

OFGEAFON (I)
    Ða com non dæges.   Næs ofgeafon              1600

OFGEFAN (I)
    þæt ða hildlatan   holt ofgefan,              2846

OFGYFAN (I)
    grundwong þone   ofgyfan wolde;               2588

OFLÆTEST (I)
    wine Scildinga,   worold oflætest;            1183

OFLET (I)
    oflet lifdagas   ond þas lænan                1622
    gesceaft.

OFOST (2)
    anfealdne geþoht:   Ofost is selest            256
    eorlscipe efnde.   Nu is ofost                3007
        betost

OFOSTE (3)
    Bio nu on ofoste,   þæt ic ærwelan,           2747
    Ar wæs on ofoste,   eftsiðes georn,           2783
    inn under eorðweall.   Ic on ofoste           3090
        gefeng

OFOSTLICE (I)
    þæt hi ofostlice   ut geferedon               3130

OFRE (I)
    aldor on ofre,   ær he in wille               1371

OFSÆT (I)
    Ofsæt þa þone selegyst   ond hyre            1545
    seax geteah,

OFSCET (I)
    miste mercelses   ond his mæg                2439
    ofscet,

OFSLOH (4)
    Hwæþere me gesælde   þæt ic mid               574
        sweorde ofsloh
    Ofsloh ða æt þære sæcce,   þa me             1665
        sæl ageald,
    fyrngewinnes,   syðþan flod ofsloh,           1689
    wræte under wealle.   Weard ær                3060
        ofsloh

OFSTE (I)
    Heo wæs on ofste,   wolde ut þanon,          1292

OFT (27)
    Oft Scyld Scefing   sceaþena                    4
        þreatum,
    atol angengea,   oft gefremede,               165
    modes brecða.   Monig oft gesæt               171
    etan unforhte,   swa he oft dyde,             444
    Ful oft gebeotedon   beore druncne            480
    windige weallas.   Wyrd oft nereð             572
    mærðo mæned;   monig oft gecwæð               857
    swylce oft bemearn   ærran mælum              907
    Ful oft ic for læssan   lean                  951
        teohhode,
    gomenwudu greted,   gid oft wrecen,          1065
    unrim eorla,   swa hie oft ær                1238
        dydon.
    þæt hie oft wæron   an wig gearwe,           1247
    æfenræste,   swa him ful oft                 1252
        gelamp,
    ða on undernmæl   oft bewitigað              1428
    hondgemota,   helm oft gescær,               1526
    oft geæhted;   þæt wæs an cyning,            1885
    mægenes wynnum,   se þe oft manegum          1887
        scod.
    bædde byre geonge;   oft hio                 2018
        beahwriðan
    sæcca gesette.   Oft seldan hwær             2029
    hat ond hreohmod   hlæw oft                  2296
        ymbehwearf
    eatolne inwitscear   oft                     2478
        gefremedon.
    þæt mec ær ond sið   oft gelæste.            2500
    þonne he on ealubence   oft                  2867
        gesealde
    wundum werge,   wean oft gehet               2937
    oft nalles æne   elland tredan,              3019
    "Oft sceall eorl monig   anes                3077
        willan
    þone ðe oft gebad   isernscure,              3116

OFTEAH (3)
    monegum mægþum,   meodosetla                    5
        ofteah,
    hildebille,   hond sweng ne ofteah,          1520
    fæhðo genoge,   feorhsweng ne                2489
        ofteah.

OFTOR (I)

OFTOR (continued)

oftor micle &onne on ænne si&,   1579

OFTOST (1)
eald sweord eacen (oftost wisode   1663

OFÞYNCAN (1)
Mæg þæs þonne ofþyncan &eodne   2032
Hea&obeardna

OHTERES (3)
ofer sæ sohtan, suna Ohteres;   2380
ofer sæ side sunu Ohteres,   2394
suna Ohteres. þam æt sæcce wear&,   2612

OHTHERES (2)
Sona him se froda fæder Ohtheres,   2928
Onelan modor ond Ohtheres,   2932

OHWÆR (1)
on sefan sweorce&, ne gesacu   1737
ohwær

OMBEHT (1)
ombeht unforht: "Æghwæþres sceal   287

OMBIHT (1)
ar ond ombiht. Ne seah ic   336
elþeodige

OMBIHTÞEGNE (1)
irena cyst, ombihtþegne,   673

OMIG (1)
eald ond omig, earmbeaga fela   2763

OMIGE (1)
omige, þurhetone, swa hie wi&   3049
eor&an fæ&m

ON (246) PREPOSITION WITH DATIVE
fromum feohgiftum on fæder   21
bearme,
þæt hine on ylde eft gewunigen   22
billum ond byrnum; him on bearme   40
læg
&a wæs on burgum Beowulf   53
Scyldinga,
ond þær on innan eall gedælan   71
folcstede frætwan. Him on fyrste   76
gelomp,
fyrene fremman feond on helle.   101
reoc ond reþe, ond on ræste genam   122
&a wæs on uhtan mid ærdæge   126
fæh&e ond fyrene; wæs to fæst on   137
þam.
on þæm dæge þysses lifes,   197
Fyrst for& gewat. Flota wæs on   210
y&um,
secg on searwum; nis þæt   249
seldguma,
on heahstede husa selest."   285
Weard maþelode, &ær on wicge sæt,   286
niwtyrwydne nacan on sande   295
seomode on sale sidfæþmed scip,   302
on ancre fæst. Eoforlic scionon   303
receda under roderum, on þæm se   310
rica bad;
Hy on wiggetawum wyr&e þincea&   368
manna mægencræft on his mundgripe   380
Beo &u on ofeste, hat in gan   386
heard under helme, þæt he on   404
heo&e gestod.
Beowulf maþelode (on him byrne   405
scan,
ongunnen on geogoþe. Me wear&   409
Grendles þing
on minre eþeltyrf undyrne cu&;   410
y&de eotena cyn ond on y&um slog   421
ond on geogo&e heold ginne rice,   466

Sorh is me to secganne on sefan   473
minum
hyn&o on Heorote mid his   475
heteþancum,
on beorsele benc gerymed;   492
se þe on handa bær hroden   495
ealowæge,
hador on Heorote. Þær wæs hæle&a   497
dream,
earfeþo on yþum, &onne ænig oþer   534
man.
on geogo&feore) þæt wit on   537
garsecg ut
heard on handa; wit unc wi&   540
hronfixas
hraþor on holme, no ic fram him   543
wolde.
&a wit ætsomne on sæ wæron   544
beadohrægl broden on breostum læg   552
grim on grape; hwæþre me gyfeþe   555
wear&
ac on mergenne mecum wunde   565
niceras nigene. No ic on niht   575
gefrægn
ne on egstreamum earmran mannon;   577
hyn&o on Heorote, gif þin hige   593
wære,
þa wæs on salum sinces brytta,   607
brego Beorhtdena, gehyrde on   609
Beowulfe
grette goldhroden guman on   614
healle,
on þisse meoduhealle minne   638
gebidan."
þa wæs eft swa ær inne on healle   642
þry&word sprecen, &eod on sælum,   643
niþgeweorca; ac wit on niht   683
sculon
weold wideferh&. Com on wanre   702
niht
ac he wæccende wraþum on andan   708
næfre he on aldordagum ær ne   718
siþ&an
rinc on ræste, ræhte ongean   747
eorþan sceata, on elran men   752
mundgripe maran. He on mode wear&   753
forht on ferh&e; no þy ær fram   754
meahte.
swylce he on ealderdagum ær   757
gemette.
on grames grapum. Þæt wæs geocor   765
si&
swulge on swaþule. Sweg up astag   782
on þæm dæge þysses lifes,   790
on &æm dæge þysses lifes,   806
atol æglæca; him on eaxle wear&   816
&ær wæs on blode brim weallende,   847
beornas on blancum. &ær wæs   856
Beowulfes
wrætlicne wyrm, þæt hit on wealle   891
ætstod,
stod on stapole, geseah steapne   926
hrof,
freogan on ferhþe; heald for&   948
tela
feond on frætewum fylwerigne.   962
on wælbedde wriþan þohte,   964
feond on feþe. Hwæþere he his   970
folme forlet
on gylpspræce gu&geweorca,   981
swi&hicgende on sele þam hean,   1016
ful on flette; no he þære   1025
feohgyfte
efnan wolde. Næfre on ore læg   1041
on þære medubence maþ&um   1052
gesealde,
on &yssum windagum worolde   1062
bruce&.
þæt he ne mehte on þæm me&elstede   1082

ON (continued)

secgas on searwum,  hwæðer sel        2530
    mæge
snude tosomne;  he on searwum bad.    2568
brun on bane,  bat unswiðor           2578
æfter heaðuswenge  on hreoum mode,    2581
Nealles him on heape                  2596
    handgestealIan,
helmas ond heard sweord.  De he       2638
    usic on herge geceas
frean on fultum,  fea worda cwæð:     2662
swa ðu on geoguðfeore  geara          2664
    gecwæde
hildebille,  þæt hyt on heafolan      2679
    stod
secg on searwum,  þæt ðæt sweord      2700
    gedeaf,
biter ond beaduscearp,  þæt he on     2704
    byrnan wæg;
forwrat Wedra helm  wyrm on           2705
    middan.
þæt him on breostum  bealoniðe        2714
    weoll
attor on innan.  Da se æðeling        2715
    giong
gesæt on sesse;  seah on enta         2717
    geweorc,
egesan ðeon.  Ic on earde bad         2736
Bio nu on ofoste,  þæt ic ærwelan,    2747
wundur on wealle,  ond þæs wyrmes      2759
    denn,
gold on grunde,  gumcynnes gehwone    2765
Da ic on hlæwe gefrægn  hord          2773
    reafian,
Ar wæs on ofoste,  eftsiðes georn,    2783
gomel on giohðe  (gold sceawode):     2793
heah hlifian  on Hronesnæsse,         2805
eorlas on elne;  ic him æfter         2816
    sceal."
earfoðlice,  þæt he on eorðan         2822
    geseah
Huru þæt on lande  lyt manna ðah,     2836
buon on beorge.  Biowulfe wearð       2842
on hyra mandryhtnes  miclan           2849
    þearfe,
Ne meahte he on eorðan,  ðeah he      2855
    uðe wel,
on ðam frumgare  feorh gehealdan,     2856
eoredgeatwe,  þe ge þær on            2866
    standað,
þonne he on ealubence  oft            2867
    gesealde
bordhæbbende,  bega on wenum,         2895
on ðam aglæcean  ænige þinga          2905
feoll on feðan,  nalles frætwe        2919
    geaf
cwæð, he on mergenne  meces ecgum     2939
getan wolde,  sum on galgtreowum      2940
ac he him on heafde  helm ær          2973
    gescer,
nam on Ongenðio  irenbyrnan,          2986
mon on middangearde),  syððan hie     2996
    ða mærða geslogon,
on adfære.  Ne scel anes hwæt         3010
habban on healse  hringweorðunge,     3017
hæfen on handa,  nalles hearpan        3023
    sweg
Fundon ða on sande  sawulleasne       3033
wyrm on wonge  wiðerræhtes þær        3039
lang on legere,  lyftwynne heold      3043
inn under eorðweall.  Ic on ofoste    3090
    gefeng
gomol on gehðo  ond eowic gretan      3095
    het,
on ðæs waldendes  wære geþolian."     3109
hilderinca;  sum on handa bær         3124
æledleoman,  se ðe on orde geong.     3125
Næs ða on hlytme  hwa þæt hord        3126
    strude,
secgas gesegon  on sele wunian,       3128

ad on eorðan  unwaclicne,             3138
Ongunnon þa on beorge  bælfyra        3143
    mæst
hat on hreðre.  Higum unrote          3148
hleo on hoe,  se wæs heah ond         3157
    brad,
ond betimbredon  on tyn dagum         3159
eall swylce hyrsta,  swylce on        3164
    horde ær
gold on greote,  þær hit nu gen       3167
    lifað

ON (121) PREPOSITION WITH ACCUSATIVE
felahror feran  on frean wære.           27
beaga bryttan,  on bearm scipes,         35
on flodes æht  feor gewitan.             42
geafon on garsecg;  him wæs geomor       49
    sefa,
magodriht micel.  Him on mod bearn       67
lað ond longsum,  þe on ða leode        192
    becom,
on stefn stigon;  streamas wundon,      212
on bearm nacan  beorhte frætwe,         214
weras on wilsið,  wudu bundenne.        216
Wedera leode  on wang stigon,           225
þe on land Dena  laðra nænig            242
leassceaweras,  on land Dena            253
Gebad wintra worn,  ær he on weg        264
    hwurfe,
on Grendles gryre.  God eaþe mæg        478
Donne wæs þeos medoheal  on             484
    morgentid,
on sidne sæ  ymb sund flite,            507
ond for dolgilpe  on deop wæter         509
sorhfulne sið,  þa git on sund          512
    reon.
wintrys wylmum.  Git on wæteres         516
hæfde mare mægen.  Þa hine on           518
    morgentid
on Heaþoræmas  holm up ætbær;           519
on geogoðfeore)  þæt wit on             537
    garsecg ut
Hæfdon swurd nacod,  þa wit on          539
    sund reon,
flod æfter faroðe  on Finna land,       580
leodum leofne.  He on lust geþeah       618
þæt heo on ænigne  eorl gelyfde         627
"Ic þæt hogode,  þa ic on holm          632
    gestah,
willan geworhte  oþðe on wæl            635
    crunge,
Beowulf Geata,  ær he on bed            676
    stige:
on swa hwæþere hond,  halig            686
    dryhten,
on fagne flor  feond treddode,          725
Hyge wæs him hinfus,  wolde on          755
    heolster fleon,
widre gewindan  ond on weg þanon        763
fleon on fenhopu;  wiste his            764
    fingra geweald
wiðhæfde heaþodeorum,  þæt he on        772
    hrusan ne feol,
ond on healfa gehwone  heawan          800
    þohton.
on feonda geweald  feor siðian.        808
Da wæs on morgen  mine gefræge         837
hu he werigmod  on weg þanon           844
niða ofercumen,  on nicera mere        845
on geflit faran  fealwe mearas         865
ond on sped wrecan  spel gerade,       873
bær on bearm scipes  beorhte           896
    frætwa,
on feonda geweald  forð forlacen,      903
secga gehwylcum  þara þe on swylc      996
    starað.
fyrendædum fag,  on fleam gewand      1001
fætedhleore  on flet teon,            1036

178

bearnum ond broðrum;   hie on   1074
  gebyrd hruron,
Ða hie getruwedon   on twa healfa   1095
betst beadorinca   wæs on bæl   1109
  gearu.
banfatu bærnan   ond on bæl don   1116
þeah þe he ne meahte   on mere   1130
  drifan
billa selest,   on bearm dyde,   1144
on gesiðes had   be sæm tweonum,   1297
þæt hie on ba healfa   bicgan   1305
  scoldon
wundnum golde,   gyf þu on weg   1382
  cymest."
Ic hit þe gehate,   no he on helm   1392
  losaþ,
ne on foldan fæþm,   ne on   1393
  fyrgenholt,
ne on gyfenes grund,   ga þær he   1394
  wille.
ða on undernmæl   oft bewitigað   1428
wyrmas ond wildeor;   hie on weg   1430
  hruron,
niða genæged,   ond on næs togen,   1439
geseon sunu Hrædles,   þonne he on   1485
  þæt sinc starað,
feorhgeniðlan,   þæt heo on flet   1540
  gebeah.
rodera rædend,   hit on ryht gesced   1555
fægne flæschoman;   heo on flet   1568
  gecrong.
oftor micle   ðonne on ænne sið,   1579
þa ðe mid Hroðgare   on holm   1592
  wliton,
modes seoce   ond on mere staredon,   1603
Þa wæs be feaxe   on flet boren   1647
þeoden Scyldinga,   on þa healfe,   1675
harum hildfruman,   on hand gyfen,   1678
enta ærgeweorc;   hit on æht   1679
  gehwearf
on geweald gehwearf   woroldcyninga   1684
Hwilum he on lufan   læteð hworfan   1728
wendeð on willan   (he þæt wyrse ne   1739
  con),
gytsað gromhydig,   nallas on gylp   1749
  seleð
Hit on endestæf   eft gelimpeð   1753
þæt ic on þone hafelan   1780
  heorodreorigne
hæleþa to helpe.   Ic on Higelac   1830
  wat,
Hroðgar maþelode   him on ondsware:   1840
on sefan sende;   ne hyrde ic   1842
  snotorlicor
þæt ðær on worðig   wigendra hleo,   1972
eorlum on ende   ealuwæge bær;   2021
þonne he mid fæmnan   on flett gæð,   2034
frætwum hremig   on flet gæð,   2054
þonne bioð abrocene   on ba healfe   2063
He þær on innan   unsynnigne,   2089
weorðode weorcum.   He on weg   2096
  losade,
bronde forbærnan,   ne on bæl   2126
  hladan
healsode hreohmod,   þæt ic on   2132
  holma geþring
sunu Healfdenes,   on minne sylfes   2147
  dom;
sincmaðþum selra   on sweordes had;   2193
þæt he on Biowulfes   bearm alegde   2194
on hand gehwearf;   he geheold tela   2208
eldum uncuð.   Þær on innan giong   2214
þær on innan bær   eorlgestreona   2244
beaduwe weorces,   hwilum on beorh   2299
  æthwearf,
Gewiteð þonne on sealman,   2460
  sorhleoð gæleð
billes ecgum   on bonan stælan,   2485
hildecystum,   ac hy on holt bugon,   2598

frod on forðweg.   Þa wæs forma sið   2625
gledegesa grim.   God wat on mec   2650
ræsde on ðone rofan,   þa him rum   2690
  ageald,
gesæt on sesse;   seah on enta   2717
  geweorc,
aða on unriht.   Ic ðæs ealles mæg   2739
him on bearm hladon   bunan ond   2775
  discas
ecum dryhtne,   þe ic her on   2796
  starie,
Nu ic on maðma hord   mine bebohte   2799
hreas on hrusan   hordærne neah.   2831
wiitan on Wilaf.   He gewergad sæt,   2852
sec, sarigferð   (seah on unleofe):   2863
Him on efn ligeð   ealdorgewinna   2903
faran flotherge   on Fresna land,   2915
leoda dugoðe   on last faran.   2945
blondenfexa,   on bid wrecen,   2962
feoll on foldan;   næs he fæge þa   2975
  git,
heold on heahgesceap.   Hord ys   3084
  gesceawod,
þa wæs wunden gold   on wæn hladen,   3134
Hi on beorg dydon   beg ond siglu,   3163

ON (2) ADVERB
  wliteseon wrætlic;   weras on   1650
    sawon.
  yrfelafe.   Gewat him on naca   1903

ONARN (1)
  dreamum bedæled.   Duru sona onarn,   721

ONBAD (1)
  heahgestreona.   Hordweard onbad   2302

ONBAND (1)
  onband beadurune   (wæs him   501
    Beowulfes sið,

ONBERAN (1)
  blodge beadufolme   onberan wolde.   990

ONBIDAN (1)
  lætað hildebord   her onbidan,   397

ONBOREN (1)
  onboren beaga hord,   bene getiðad   2284

ONBRÆD (1)
  onbræd þa bealohydig,   ða he   723
    gebolgen wæs,

ONCERBENDUM (1)
  oncerbendum fæst,   þy læs hym yþa   1918
    ðrym

ONCIRDE (2)
  eorl Ongenþio,   ufor oncirde;   2951
  syððan ðeodcyning   þyder oncirde.   2970

ONCIRRAN (1)
  ne ðæs wealdendes   wiht oncirran;   2857

ONCNIOW (1)
  Hete wæs onhrered,   hordweard   2554
    oncniow

ONCYÐ (1)
  oncyð eorla gehwæm,   syðþan   1420
    Æscheres

ONCYÞÐE (1)
  swylce oncyþðe   ealle gebette,   830

OND (311)
  isig ond utfus,   aþelinges fær.   33
  hildewæpnum   ond heaðowædum,   39

Þær wæs sang ond sweg samod  1063
  ætgædere

bearnum ond broðrum; hie on  1074
  gebyrd hruron,

healle ond heahsetl,  þæt hie  1087
  healfre geweald

ond æt feohgyftum Folcwaldan sunu  1089

Ad wæs geæfned ond icge gold  1107

banfatu bærnan ond on bæl don  1116

hamas ond heaburh. Hengest ða gyt  1127

siþðan grimne gripe Guðlaf ond  1148
  Oslaf

cyning on corþre, ond seo cwen  1153
  numen.

goldwine gumena, ond to Geatum  1171
  spræc

nean ond feorran þu nu hafast.  1174

manigra medo, ond þinum magum læf  1178

folc ond rice, þonne ðu forð  1179
  scyle

hwæt wit to willan ond to  1186
  worðmyndum

Hreðric ond Hroðmund, ond hæleþa  1189
  bearn,

Him wæs ful boren ond freondlaþu  1192

wordum bewægned, ond wunden gold  1193

hrægl ond hringas, healsbeaga  1195
  mæst

sigle ond sincfæt; searoniðas  1200
  fleah

breostgewædu ond se beah somod;  1211

hyse, mid hæle, ond þisses  1217
  hrægles neot,

þeodgestreona, ond geþeoh tela,  1218

cen þec mid cræfte ond þyssum  1219
  cnyhtum wes

Hafast þu gefered þæt ðe feor ond  1221
  neah

ond him Hroðgar gewat to hofe  1236
  sinum,

beddum ond bolstrum. Beorscealca  1240
  sum

fus ond fæge fletræste gebeag.  1241

ond him to anwaldan are gelyfde,  1272

frofre ond fultum; ðy he þone  1273
  feond ofercwom,

mancynnes feond, ond his modor þa  1276
  gyt,

gifre ond galgmod, gegan wolde  1277

min runwita ond min rædbora,  1325

wanode ond wyrde. He æt wige  1337
  gecrang

ealdres scyldig, ond nu oþer cwom  1338

dreorig ond gedrefed. Denum  1417
  eallum wæs,

wyrmas ond wildeor; hie on weg  1430
  hruron,

bitere ond gebolgne, bearhtm  1431
  ongeaton,

niða genæged, ond on næs togen,  1439

sid ond searofah, sund cunnian,  1444

Ond þu Unferð læt ealde lafe,  1488

grim ond grædig, þæt þær gumena  1499
  sum

stið ond stylecg; strenge  1533
  getruwode,

grimman grapum ond him togeanes  1542
  feng;

Ofsæt þa þone selegyst ond hyre  1545
  seax geteah,

brad ond brunecg, wolde hire  1546
  bearn wrecan,

wið ord ond wið ecge ingang  1549
  forstod.

herenet hearde, ond halig god  1553

god ond geatolic, giganta  1562
  geweorc.

hreoh ond heorogrim hringmæl  1564
  gebrægd,

yrre ond anræd. Næs seo ecg  1575
  fracod

ond oðer swylc ut offerede,  1583

heorosweng heardne, ond hine þa  1590
  heafde becearf.

modes seoce ond on mere staredon,  1603

wiston ond ne wendon þæt hie  1604
  heora winedrihten

sæla ond mæla; þæt is soð metod.  1611

buton þone hafelan ond þa hilt  1614
  somod

oflet lifdagas ond þas lænan  1622
  gesceaft.

Ða wæs of þæm hroran helm ond  1629
  byrne

egeslic for eorlum ond þære idese  1649
  mid,

ond þegna gehwylc þinra leoda,  1673

duguðe ond iogoþe, þæt þu him  1674
  ondrædan ne þearft,

wundorsmiþa geweorc, ond þa þas  1681
  worold ofgeaf

morðres scyldig, ond his modor  1683
  eac,

geseted ond gesæd hwam þæt sweord  1696
  geworht,

wreoþenhilt ond wyrmfah. Ða se  1698
  wisa spræc

"þæt, la, mæg secgan se þe soð  1700
  ond riht

ond to deaðcwalum Deniga leodum;  1712

eard ond eorlscipe; he ah ealra  1727
  geweald.

weaxeð ond wridað. Þonne se weard  1741
  swefeð,

fædde beagas, ond he þa  1750
  forðgesceaft

forgyteð ond forgymeð, þæs þe him  1751
  ær god sealde,

secg betsta, ond þe þæt selre  1759
  geceos,

forsiteð ond forsworceð; semninga  1767
  bið

weold under wolcnum ond hig wigge  1770
  beleac

æscum ond ecgum, þæt ic me ænigne  1772

geap ond goldfah; gæst inne swæf  1800

Ond þa siðfrome, searwum gearwe  1813

wordum ond worcum, þæt ic þe wel  1833
  herige

ond þe to geoce garholt bere,  1834

þu eart mægenes strang ond on  1844
  mode frod,

folces hyrde, ond þu þin feorh  1849
  hafast,

Geata leodum ond Gardenum,  1856

sib gemæne, ond sacu restan,  1857

lac ond luftacen. Ic þa leode wat  1863

ond be healse genam; hruron him  1872
  tearas,

mearum ond maðmum; mæst hlifade  1898

frætwe ond fætgold; næs him feor  1921
  þanon

geofum ond guðum, garcene man,  1958

rices hyrde, ond þæt ræd talað,  2027

ond þegna gehwam þara leoda,  2033

heard ond hringmæl Heaðabeardna  2037
  gestreon

swæse gesiðas ond hyra sylfra  2040
  feorh.

wigbealu weccean, ond þæt word  2046
  acwyð:

morðres gylpeð, ond þone maþðum  2055
  byreð,

Manað swa ond myndgað mæla  2057
  gehwylce

weallað wælniðas, ond him  2065
  wiflufan

sid ond syllic, searobendum fæst;  2086

| | |
|---|---|
| deofles cræftum ond dracan fellum. | 2088 |
| hand on Hiorte, ond he hean ðonan | 2099 |
| ond we to symble geseten hæfdon. | 2104 |
| þær wæs gidd ond gleo. Gomela Scilding, | 2105 |
| soð ond sarlic, hwilum syllic spell | 2109 |
| holm heolfre weoll, ond ic heafde becearf | 2138 |
| meara ond maðma. Swa sceal mæg don, | 2166 |
| ond gehwæðer oðrum hroþra gemyndig. | 2171 |
| swancor ond sadolbeorht; hyre syððan wæs | 2175 |
| ond him gesealde seofan þusendo, | 2195 |
| bold ond bregostol. Him wæs bam samod | 2196 |
| ond Heardrede hildemeceas | 2202 |
| ærnes þearfa, ond ðær inne fealh, | 2225 |
| ærran mælum, ond se an ða gen | 2237 |
| dæges ond nihtes, oððæt deaðes wylm | 2269 |
| wean ond wræcsið, se ðe waldendes | 2292 |
| hat ond hreohmod hlæw oft ymbehwearf | 2296 |
| nearofages nið nean ond feorran, | 2317 |
| hatode ond hynde; hord eft gesceat, | 2319 |
| bæle ond bronde, beorges getruwode, | 2322 |
| wiges ond wealles; him seo wen geleah. | 2323 |
| worulde lifes, ond se wyrm somod, | 2343 |
| eafoð ond ellen, forðon he ær fela | 2349 |
| ond æt guðe forgrap Grendeles mægum | 2353 |
| þær him Hygd gebead hord ond rice, | 2369 |
| beagas ond bregostol, bearne ne truwode | 2370 |
| ond him eft gewat Ongenðioes bearn | 2387 |
| wigum ond wæpnum; he gewræc syððan | 2395 |
| wrætta ond wira. Weard unhiore, | 2413 |
| wæfre ond wælfus, wyrd ungemete neah, | 2420 |
| heold mec ond hæfde Hreðel cyning, | 2430 |
| geaf me sinc ond symbel, sibbe gemunde. | 2431 |
| Herebeald ond Hæðcyn oððe Hygelac min. | 2434 |
| miste mercelses ond his mæg ofscet, | 2439 |
| hrefne to hroðre, ond he him helpe ne mæg, | 2448 |
| eald ond infrod, ænige gefremman. | 2449 |
| wongas ond wicstede. Swa Wedra helm | 2462 |
| lond ond leodbyrig, þa he of life gewat. | 2471 |
| þa wæs synn ond sacu Sweona ond Geata | 2472 |
| fæhðe ond fyrene, swa hyt gefræge wæs, | 2480 |
| ana on orde, ond swa to aldre sceall | 2498 |
| þæt mec ær ond sið oft gelæste. | 2500 |
| hond ond heard sweord, ymb hord wigan." | 2509 |
| oreðes ond attres; forðon ic me on hafu | 2523 |
| bord ond byrnan. Nelle ic beorges weard | 2524 |
| life ond lice læssan hwile | 2571 |

| | |
|---|---|
| meces ecgum, ond his magum ætbær | 2614 |
| bill ond byrnan, oððæt his byre mihte | 2621 |
| helmas ond heard sweord. Ðe he usic on herge geceas | 2638 |
| onmunde usic mærða, ond me þas maðmas geaf, | 2640 |
| gesigan æt sæcce; urum sceal sweord ond helm, | 2659 |
| byrne ond beaduscrud, bam gemæne." | 2660 |
| gomol ond grægmæl. Him þæt gifeðe ne wæs | 2682 |
| hat ond heaðogrim, heals ealne ymbefeng | 2691 |
| cræft ond cenðu, swa him gecynde wæs. | 2696 |
| fah ond fæted, þæt ðæt fyr ongon | 2701 |
| biter ond beaduscearp, þæt he on byrnan wæg; | 2704 |
| ond hi hyne þa begen abroten hæfdon, | 2707 |
| swelan ond swellan; he þæt sona onfand, | 2713 |
| hilde sædne, ond his helm onspeon. | 2723 |
| lif ond leodscipe, þone ic longe heold." | 2751 |
| wundur on wealle, ond þæs wyrmes denn, | 2759 |
| eald ond omig, earmbeaga fela | 2763 |
| him on bearm hladon bunan ond discas | 2775 |
| beah ond byrnan, het hyne brucan well: | 2812 |
| healsittendum helm ond byrnan, | 2868 |
| ætgifan æt guðe, ond ongan swa þeah | 2878 |
| Nu sceal sincþego ond swyrdgifu, | 2884 |
| endedogores ond eftcymes | 2896 |
| leofes ond laðes. Nu ys leodum wen | 2910 |
| Froncum ond Frysum fyll cyninges | 2912 |
| eald ond egesfull, ondslyht ageaf | 2929 |
| Onelan modor ond Ohtheres, | 2932 |
| ond ða folgode feorhgeniðlan, | 2933 |
| syððan hie Hygelaces horn ond byman, | 2943 |
| Wæs sio swatswaðu Sweona ond Geata, | 2946 |
| bearn ond bryde; beah eft þonan | 2956 |
| heard swyrd hilted ond his helm somod, | 2987 |
| He ðam frætwum feng ond him fægre gehet | 2989 |
| leana mid leodum, ond gelæste swa; | 2990 |
| Iofore ond Wulfe mid ofermaðmum, | 2993 |
| landes ond locenra beaga (ne ðorfte him ða lean oðwitan | 2995 |
| ond ða Iofore forgeaf angan dohtor, | 2997 |
| þæt ys sio fæhðo ond se feondscipe, | 2999 |
| wið hettendum hord ond rice | 3004 |
| ond þone gebringan, þe us beagas geaf, | 3009 |
| ond nu æt siðestan sylfes feore | 3013 |
| gamen ond gleodream. Forðon sceall gar wesan | 3021 |
| Him big stodan bunan ond orcas, | 3047 |
| discas lagon ond dyre swyrd, | 3048 |
| Ic wæs þær inne ond þæt eall geondseh, | 3087 |
| wis ond gewittig; worn eall gespræc | 3094 |
| gomol on gehðo ond eowic gretan het, | 3095 |

miceine ond mærne, swa he manna 3098
wæs
seon ond secean searogimma 3102
geþræc,
beagas ond brad gold. Sie sio bær 3105
gearo,
ond þonne geferian frean userne, 3107
hynðo ond hæftnyd. Heofon rece 3155
swealg.
hleo on hoe, se wæs heah ond 3157
brad,
ond betimbredon on tyn dagum 3159
Hi on beorg dydon beg ond siglu, 3163
woldon ceare cwiðan ond kyning 3171
mænan,
wordgyd wrecan ond ymb wer 3172
sprecan;
eahtodan eorlscipe ond his 3173
ellenweorc
manna mildust ond monðwærust, 3181
leodum liðost ond lofgeornost. 3182

ONDHWEARF (1)
heaðogrim ondhwearf; hreo wæron 548
yþa.

ONDLANGNE (1)
Swa we þær inne ondlangne dæg 2115

ONDLEAN (1)
yfla gehwylces ondlean forgeald; 2094

ONDLONGE (1)
earmre teohhe ondlonge niht, 2938

ONDRÆDAN (1)
duguðe ond iogoþe, þæt þu him 1674
ondrædan ne þearft,

ONDRÆDAÐ (1)
swiðe ondrædað. He gesecean 2275
sceall

ONDRED (1)
sidan herge; no he him þa sæcce 2347
ondred,

ONDREDE (1)
þæt hio hyre heofungdagas hearde 3153
ondrede,

ONDRYSNE (1)
fremu folces cwen, firen 1932
ondrysne.

ONDSACA (1)
gromheort guma, godes ondsaca, 1682

ONDSACAN (1)
gryreleoð galan godes ondsacan, 786

ONDSLYHT (2)
eald ond egesfull, ondslyht 2929
ageaf,
ealdum ceorle ondslyht giofan, 2972

ONDSWARE (3)
ond þe þa ondsware ædre gecyðan 354
efste mid elne, nalas ondsware 1493
Hroðgar maþelode him on ondsware: 1840

ONDSWARODE (1)
Him se yldesta ondswarode, 258

ONDSWARU (1)
þa wæs æt ðam geongan grim 2860
ondswaru

ONELA (1)

eald sweord etonisc; þæt him 2616
Onela forgeaf,

ONELAN (2)
hyrde ic þæt * * * wæs Onelan 62
cwen,
Onelan modor ond Ohtheres, 2932

ONETTON (2)
guþmod grimmon. Guman onetton, 306
* * * scaþan onetton, 1803

ONFAND (7)
grædig guðleoð. Ða se gist onfand 1522
locene leoðosyrcan. Landweard 1890
onfand
þeofes cræfte; þæt sie ðiod 2219
onfand,
stonc ða æfter stane, stearcheort 2288
onfand
sincfæt sohte. He þæt sona onfand 2300
gewac æt wige; þæt se wyrm 2629
onfand,
swelan ond swellan; he þæt sona 2713
onfand,

ONFENG (6)
hæleð under heofenum, hwa þæm 52
hlæste onfeng.
Hylde hine þa heaþodeor, 688
hleorbolster onfeng
feond mid folme; he onfeng hraþe 748
hæþene sawle; þær him hel onfeng. 852
hreawic heoldon. Heal swege 1214
onfeng.
bidan wolde; brimwylm onfeng 1494

ONFOH (1)
"Onfoh þissum fulle, freodrihten 1169
min,

ONFON (1)
fæderæþelum onfon, folc 911
gehealdan,

ONFUNDE (5)
Sona þæt onfunde fyrena hyrde 750
Ða þæt onfunde se þe fela æror 809
Sona þæt onfunde se ðe floda 1497
begong
secg synbysig, sona onfunde 2226
gif he wæccende weard onfunde 2841

ONFUNDEN (2)
Ac he hafað onfunden þæt he þa 595
fæhðe ne þearf,
feore beorgan, þa heo onfunden 1293
wæs.

ONGAN (8)
eadiglice, oððæt an ongan 100
soðe gebunden; secg eft ongan 871
selfne gesawon. þa þæt sweord 1605
ongan
hæleðum to handa. Higelac ongan 1983
Hwilum eft ongan, eldo gebunden, 2111
eald eþelweard), oððæt an ongan 2210
Ða se gæst ongan gledum spiwan, 2312
ætgifan æt guðe, ond ongan swa 2878
þeah

ONGEADOR (1)
gomele ymb godne, ongeador 1595
spræcon

ONGEAN (4)
Nat he þara goda þæt he me ongean 681
slea,
rinc on ræste, ræhte ongean 747

183

ONGEAN (continued)

ongean gramum  gangan scolde.      1034
feðewiges,  þe him foran ongean    2364

ONGEAT (3)
folce to frofre;  fyrenðearfe        14
    ongeat
ehton aglæcan.  Ða se eorl ongeat  1512
Ongeat þa se goda  grundwyrgenne,  1518

ONGEATON (2)
bitere ond gebolgne,  bearhtm      1431
    ongeaton,
gealdor ongeaton,  þa se goda com  2944

ONGENÞEOES (I)
bonan Ongenþeoes  burgum in innan, 1968

ONGENÞEOW (I)
þær Ongenþeow  Eofores niosað.     2486

ONGENÐEOWES (I)
oððe him Ongenðeowes  eaferan      2475
    wæran

ONGENÐIO (3)
þætte Ongenðio  ealdre besnyðede   2924
eorl Ongenþio,  ufor oncirde;      2951
nam on Ongenðio  irenbyrnan,       2986

ONGENÐIOES (I)
ond him eft gewat  Ongenðioes      2387
    bearn

ONGENÐIOW (I)
Þær wearð Ongenðiow  ecgum         2961
    sweorda,

ONGINNEÐ (I)
onginneð geomormod  geongum cempan 2044

ONGIT (I)
gumcyste ongit;  ic þis gid be þe  1723

ONGITAN (3)
Mæg þonne on þæm golde ongitan     1484
    Geata dryhten,
þæt hie Geata clifu  ongitan       1911
    meahton,
þæt he þone grundwong  ongitan     2770
    meahte,

ONGITE (I)
goldæht ongite,  gearo sceawige    2748

ONGON (3)
fah ond fæted,  þæt ðæt fyr ongon  2701
worlde geweorces.  Ða sio wund     2711
    ongon,
ealdres æt ende;  he hine eft      2790
    ongon

ONGUNNEN (I)
ongunnen on geogoþe.  Me wearð      409
    Grendles þing

ONGUNNON (2)
No her cuðlicor  cuman ongunnon     244
Ongunnon þa on beorge  bælfyra     3143
    mæst

ONGYTAN (I)
ær he þone grundwong  ongytan      1496
    mehte.

ONGYTON (I)
geatolic ond goldfah,  ongyton      308
    mihton;

ONHOHSNODE (I)

Huru þæt onhohsnode  Hemminges     1944
    mæg;

ONHRERED (2)
Wæs merefixa  mod onhrered;         549
Hete wæs onhrered,  hordweard      2554
    oncniow

ONLÆTEÐ (I)
ðonne forstes bend  fæder onlæteð, 1609

ONLAH (I)
wine druncen,  þa he þæs wæpnes    1467
    onlah

ONLEAC (I)
werodes wisa,  wordhord onleac:     259

ONLICNÆS (I)
idese onlicnæs;  oðer earmsceapen  1351

ONMEDLAN (I)
þa for onmedlan  ærest gesohton    2926

ONMUNDE (I)
onmunde usic mærða,  ond me þas    2640
    maðmas geaf,

ONSACAN (I)
þæt he sæmannum  onsacan mihte,    2954

ONSÆCE (I)
þætte freoðuwebbe  feores onsæce   1942

ONSÆGE (I)
Þær wæs Hondscio  hild onsæge,     2076
Geata dryhtne,  guð onsæge.        2483

ONSÆL (I)
Site nu to symle  ond onsæl meoto,  489

ONSEND (2)
Onsend Higelace,  gif mec hild      452
    nime,
Hroðgar leofa,  Higelace onsend.   1483

ONSENDE (I)
for arstafum  us onsende,          382

ONSENDED (I)
fela feorhcynna  forð onsended!"   2266

ONSENDON (I)
þe hine æt frumsceafte  forð        45
    onsendon

ONSITTAN (I)
swiðe onsittan,  Sigescyldinga;    597

ONSPEON (I)
hilde sædne,  ond his helm        2723
    onspeon.

ONSPRUNGON (I)
syndolh sweotol,  seonowe          817
    onsprungon,

ONSTEALDE (I)
se ðæs orleges  or onstealde,      2407

ONSWAF (I)
Biorn under beorge  bordrand       2559
    onswaf

ONSYN (I)
onsyn ænig,  ac hyne ecg fornam.   2772

ONTYHTE (I)
þe ðone þeodcyning  þyder ontyhte. 3086

184

ONÐAH (1)
ellendædum (he þæs ær onðah),                900

ONWEALD (1)
eodor Ingwina  onweald geteah,              1044

ONWENDAN (2)
wean onwendan;  wæs þæt gewin to             191
  swyð,
wiht onwendan  þam ðe wel þenceð.            2601

ONWINDEÐ (1)
onwindeð wælrapas,  se geweald              1610
  hafað

ONWOC (2)
aldor of earde),  oþþæt him eft              56
  onwoc
þa se wyrm onwoc,  wroht wæs               2287
  geniwad;

ONWOCON (1)
þanon untydras  ealle onwocon,              111

ONWOD (1)
freondum gefægra;  hine fyren               915
  onwod.

OPENE (1)
eald uhtsceaða  opene standan,             2271

OPENIAN (1)
(he is manna gehyld)  hord                 3056
  openian,

OR (2)
ealde lafe,  on ðæm wæs or writen          1688
se ðæs orleges  or onstealde,              2407

ORCAS (2)
ealdes uhtflogan,  orcas stondan,          2760
Him big stodan  bunan ond orcas,           3047

ORCNEAS (1)
eotenas ond ylfe  ond orcneas,             112

ORD (2)
wið ord ond wið ecge  ingang              1549
  forstod.
wæteres weorpan,  oðþæt wordes ord         2791

ORDE (3)
þæt ic aglæcan  orde geræhte,               556
ana on orde,  ond swa to aldre             2498
  sceall
æledleoman,  se ðe on orde geong.          3125

ORDFRUMA (1)
æþele ordfruma,  Ecgþeow haten.             263

ORE (1)
efnan wolde.  Næfre on ore læg             1041

ORETMECGAS (3)
oretmecgas  æfter æþelum frægn:             332
þone yldestan  oretmecgas                   363
ofer ealowæge  oretmecgas                   481

ORETTA (2)
yrre oretta,  þæt hit on eorðan            1532
  læg,
Aras ða bi ronde  rof oretta,             2538

OREÐE (1)
þæt he wið attorsceaðan  oreðe            2839
  geræsde,

OREÐES (1)

oreðes ond attres;  forðon ic me           2523
  on hafu

ORLEAHTRE (1)
æghwæs orleahtre,  oþþæt hine yldo         1886
  benam

ORLEGE (1)
eaxlgestealla,  ðonne we on orlege         1326

ORLEGES (1)
se ðæs orleges  or onstealde,             2407

ORLEGHWIL (1)
hwylc orleghwil  uncer Grendles           2002

ORLEGHWILA (1)
orleghwila;  ic þæt eall gemon.           2427

ORLEGHWILE (1)
orleghwile,  syððan underne                291!

ORÞANCUM (1)
searonet seowed  smiþes orþancum):         406

ORÐONCUM (1)
sio wæs orðoncum  eall gegyrwed           2087

ORUÐ (1)
oruð aglæcean  ut of stane,               2557

ORWEARDE (1)
syððan orwearde  ænigne dæl               3127

ORWENA (2)
aldres orwena.  No þæt yðe byð            1002
aldres orwena,  yrringa sloh,             1565

OSLAF (1)
siþðan grimne gripe  Guðlaf ond           1148
  Oslaf

OÐ (3)
ellenweorca,  oð ðone anne dæg            2399
Swa hit oð domes dæg  diope               3069
  benemdon
wicum wunian  oð woruldende;              3083

OÞBÆR (1)
siþes werig.  Ða mec sæ oþbær,             579

OÐEODON (1)
oððæt hi oðeodon  earfoðlice              2934

OÐER (19)
forþon þe he ne uþe  þæt ænig oðer         503
  man
earfeþo on yþum,  ðonne ænig oþer          534
  man.
ofer eormengrund  oþer nænig               859
worn gemunde,  word oþer fand              870
þæt hie him oðer flet  eal                1086
  gerymdon,
isgebinde,  oþðæt oþer com                1133
ac wæs oþer in  ær geteohhod              1300
ealdres scyldig,  ond nu oþer cwom        1338
ellorgæstas.  Ðæra oðer wæs,              1349
idese onlicnæs;  oðer earmsceapen         1351
næfne he wæs mara  þonne ænig man         1353
  oðer;
buton hit wæs mare  ðonne ænig mon        1560
  oðer
ond oðer swylc  ut offerede,              1583
fæge gefealleð;  fehð oþer to,            1755
æþeling to yppan,  þær se oþer            1815
  wæs,
ealodrincende  oðer sædan,                1945
ealdres scyldig;  him se oðer             2061
  þonan

**185**

OÐER (continued)

oðer to yldum.  Þa wæs eft hraðe       2117
þeah ðe oðer his   ealdre gebohte,    2481

OÞERNE (5)
Gegrette þa  guma oþerne,               652
maþmas gemæne,  manig oþerne          1860
broðor oðerne  blodigan gare.         2440
þa ic on morgne gefrægn  mæg          2484
    oðerne
þenden reafode   rinc oðerne,         2985

OÐFEREDE (1)
feorh oðferede.  Næs ic fæge þa        2141
    gyt,

OÐRE (2)
atol inwitgæst,  oðre siðe            2670
Uton nu efstan   oðre siðe,           3101

OÞRES (4)
oðþæt ymb antid  oþres dogores         219
ofer ylda bearn  oþres dogores,        605
ealdum infrodum,  oþres swiðor,       1874
eaforan ellorsið;  oðres ne gymeð     2451

OÐRUM (10)
hæfde be honda;  wæs gehwæþer          814
    oðrum
in ealobence   oðrum gesellan.        1029
æghwylc oðrum trywe.  Swylce þær      1165
    Unferþ þyle
Her is æghwylc eorl   oþrum           1228
    getrywe,
ellenmærðum.  Ne wæs þæm oðrum        1471
    swa,
nealles inwitnet  oðrum bregdon       2167
ond gehwæðer oðrum  hroþra            2171
    gemyndig.
eard, eðelriht,  oðrum swiðor         2198
bealohycgendra  broga fram oðrum.     2565
eorl ofer oðrum  unlifigendum,        2908

OÐÐ (1)
georne hyrdon,  oðð þæt seo geogoð      66
    geweox,

OÐÞÆT (32)
oðþæt him æghwylc  þara                  9
    ymbsittendra
aldor of earde),  oþþæt him eft         56
    onwoc
eadiglice,  oðð æt an ongan            100
ana wið eallum,  oðþæt idel stod       145
oþþæt ymb antid  oþres dogores         219
arum healdan,  oþðæt eft byreð         296
sigon ætsomne,  oþþæt hy sæl           307
    timbred,
fif nihta fyrst,  oþþæt unc flod       545
    todraf,
sincfato sealde,  oþþæt sæl alamp      622
sigefolca sweg,  oþþæt semninga        644
isgebinde,  oþðæt oþer com            1133
unriht æfnde,  oþþæt ende becwom      1254
lað gewidru,  oðþæt lyft drysmaþ      1375
oþþæt he færinga  fyrgenbeamas        1414
oþðæt semninga  to sele comon         1640
eaxlgestealian,  oþþæt he ana         1714
    hwearf,
oðþæt him on innan  oferhygda dæl      1740
oþþæt hrefn blaca  heofones wynne      1801
æghwæs orleahtre,  oþþæt hine yldo     1886
    benam
oðð æt hie forlæddan  to ðam          2039
    lindplegan
sarum wordum,  oððæt sæl cymeð         2058
niode naman,  oððæt niht becwom        2116
eald eþelweard),  oððæt an ongan       2210
dæges ond nihtes,  oððæt deaðes        2269
    wylm

eacencræftig,  oððæt hyne an          2280
    abealch
earfoðlice  oððæt æfen cwom;          2303
estum mid are,  oððæt he yldra         2378
    wearð,
bill ond byrnan,  oððæt his byre      2621
    mihte
middelnihtum,  oðþæt he morðre        2782
    swealt.
wæteres weorpan,  oðþæt wordes ord     2791
oððæt hi oðeodon   earfoðlice         2934
oðþæt he ða banhus  gebrocen          3147
    hæfde,

OÐÐE (26)
oððe a syþðan  earfoðþrage,            283
þæt ic sweord bere  oþðe sidne         437
    scyld
willan geworhte  oþðe on wæl           635
    crunge,
eorlic ellen,  oþðe endedæg            637
oþðe nipende  niht ofer ealle,         649
folc oþðe freoburh,  þær he afeded      693
    wæs;
dom gewyrce,  oþðe mec deað           1491
    nimeð."
þæt þec adl oððe ecg  eafoþes         1763
    getwæfeð,
oððe fyres feng,  oððe flodes         1764
    wylm,
oððe gripe meces,  oððe gares         1765
    fliht,
oððe atol yldo;  oððe eagena          1766
    bearhtm
adl oþðe iren  ealdor ðinne,          1848
oððe feormie  fæted wæge,             2253
oððe þone cynedom  ciosan wolde;      2376
Herebeald ond Hæðcyn  oððe Hygelac    2434
    min.
oððe him Ongenðeowes  eaferan         2475
    wæran
þæt he to Gifðum  oððe to Gardenum    2494
oððe in Swiorice  secean þurfe        2495
gold gegangan,  oððe guð nimeð        2536
oððe hringsele  hondum styrede,       2840
ower feor oððe neah  findan           2870
    meahte,
Ne ic to Sweoðeode  sibbe oððe        2922
    treowe
folcred fremede  oððe furður gen      3006

OÐWITAN (1)
landes ond locenra beaga  (ne         2995
    ðorfte him ða lean oðwitan

OWER (1)
ower feor oððe neah  findan           2870
    meahte,

OWIHTE (2)
Gif ic þonne on eorþan  owihte mæg     1822
Næs ic him to life  laðra owihte,     2432

-PAD (1)
ge swylce seo herepad,  sio æt        2258
    hilde gebad

-PAÐAS (1)
enge anpaðas,  uncuð gelad,           1410

-PLEGAN (2)
beloren leofum  æt þam lindplegan,    1073
oððæt hie forlæddan  to ðam           2039
    lindplegan

RAD (1)
agendfrean,  se þe on ancre rad.      1883
gæstas grette,  ac him togeanes       1893
    rad,

186

-RAD (1)
niwra spella  se ðe næs gerad,          2898

-RADE (4)
ofer hronrade  hyran scolde,              10
ofer swanrade  secean wolde,             200
ond on sped wrecan  spel gerade,         873
sorhfulne sið  on seglrade,             1429

RÆD (6)
rice to rune;  ræd eahtedon              172
þurh rumne sefan  ræd gelæran,           278
Eormenrices,  geceas ecne ræd.          1201
roderas reotað.  Nu is se ræd           1376
  gelang
rices hyrde,  ond þæt ræd talað,        2027
rices hyrde,  ræd ænigne,               3080

-RÆD (2)
Eft wæs anræd,  nalas elnes læt,        1529
yrre ond anræd.  Næs seo ecg            1575
  fracod

RÆDAN (2)
þone þe ðu mid rihte  rædan             2056
  sceoldest.'
wolde dom godes  dædum rædan            2858

RÆDAS (1)
ece rædas;  oferhyda ne gym,            1760

RÆDBORA (1)
min runwita  ond min rædbora,           1325

RÆDEND (1)
rodera rædend,  hit on ryht gesced      1555

-RÆDENDE (2)
secgan to soðe,  selerædende,             51
selerædende,  secgan hyrde              1346

-RÆDENNE (1)
Swa he ne forwyrnde                     1142
  woroldrædenne,

-RÆDNE (1)
folces hyrde  fæstrædne geþoht.          610

RÆHTE (1)
rinc on ræste,  ræhte ongean             747

-RÆHTE (2)
þæt ic aglæcan  orde geræhte,            556
Wulf Wonreding  wæpne geræhte,          2965

-RÆHTES (1)
wyrm on wonge  wiðerræhtes þær          3039

-RÆMAS (1)
on Heaþoræmas  holm up ætbær;            519

-RÆRDON (1)
ricone arærdon,  ða him gerymed         2983
  wearð

-RÆRED (1)
geboren betera!  Blæd is aræred         1703

RÆS (1)
geongan cempan,  þæt he guðe ræs        2626

-RÆS (7)
þæt þone hilderæs  hal gedigeð."         300
hildebille;  heaþoræs fornam             557
merewif mihtig;  mægenræs forgeaf       1519
hondræs hæleða.  Syððan heofones        2072
  gim
Me þone wælræs  wine Scildunga          2101
wælræs weora  wide gesyne,              2947

geald þone guðræs  Geata dryhten,       2991

-RÆSA (3)
ðeah þu heaðoræsa  gehwær dohte,         526
Grendle forgyldan  guðræsa fela         1577
"Fela ic on giogoðe  guðræsa           2426
  genæs,

-RÆSAS (1)
hordweard hæleþa,  heaþoræsas           1047
  geald

RÆSDE (1)
ræsde on ðone rofan,  þa him rum        2690
  ageald,

-RÆSDE (1)
þæt he wið attorsceaðan  oreðe          2839
  geræsde,

-RÆSE (2)
æfter þam wælræse  willa gelumpen.       824
æfter wælræse  wunde gedygan            2531

RÆSTE (6)
reoc ond reþe,  ond on ræste genam       122
gerumlicor  ræste sohte,                 139
rinc on ræste,  ræhte ongean            747
rice to ræste.  Reced weardode          1237
rice randwiga,  þone ðe heo on          1298
  ræste abreat,
reþe cempa,  to ðæs þe he on ræste      1585
  geseah

-RÆSTE (3)
æfenræste;  wiste þæm ahlæcan            646
fus ond fæge  fletræste gebeag.         1241
æfenræste,  swa him ful oft             1252
  gelamp,

RÆSUM (1)
syððan Geata cyning  guðe ræsum,        2356

RÆSWAN (1)
in worold wocun,  weoroda ræswan,        60

RAND (1)
rand geheawe,  þeah ðe he rof sie        682

-RAND (3)
geolorand to guþe,  ac ic mid           438
  grape sceal
sweord ofer setlum,  sidrand manig      1289
Biorn under beorge  bordrand            2559
  onswaf

RANDAS (1)
beran ofer bolcan  beorhte randas,      231

-RANDAS (1)
Setton him to heafdon                   1242
  hilderandas,

RANDE (1)
rice þeoden;  he under rande            1209
  gecranc.

RANDWIGA (1)
rice randwiga,  þone ðe heo on          1298
  ræste abreat,

RANDWIGAN (1)
rofne randwigan,  restan lyste;         1793

-RAPAS (1)
onwindeð wælrapas,  se geweald          1610
  hafað

-RAS (6)

Aras þa se rica,  ymb hine rinc     399
    manig,
wan under wolcnum.  Werod eall      651
    aras.
deorc ofer dryhtgumum.  Duguð eal   1790
    aras.
Hæfde þa gefrunen  hwanan sio fæhð  2403
    aras,
Aras ða bi ronde  rof oretta,       2538
wyrda ne worda.  Weorod eall aras;  3030

RASOD (1)
    hlaford sinne.  Da wæs hord rasod,  2283

RAÞE (2)
    recedes muþan.  Raþe æfter þon   724
    Aris, rices weard,  uton raþe    1390
        feran

-READE (1)
    estum geeawed,  earmreade twa,   1194

-REAF (2)
    heaðoreaf heoldon,  swa him se   401
        hearda bebead.
    wælreaf werede;  hyne wyrd fornam,  1205

REAFEDON (1)
    wyrsan wigfrecan  wæl reafedon   1212

REAFIAN (1)
    Da ic on hlæwe gefrægn  hord     2773
        reafian,

-REAFOD (3)
    swefeð sare wund,  since bereafod.  2746
    egeslic eorðdraca  ealdre        2825
        bereafod,
    ac sceal geomormod,  golde       3018
        bereafod,

REAFODE (2)
    þenden reafode  rinc oðerne,     2985
    þenden he wið wulf  wæl reafode."  3027

-REC (2)
    Wod þa þurh þone wælrec,         2661
        wigheafolan bær
    wigend weccan;  wudurec astah,   3144

RECCAN (1)
    frumsceaft fira  feorran reccan,  91

RECCENNE (1)
    To lang ys to reccenne  hu ic ðam  2093
        leodsceaðan

RECCEÐ (1)
    for his wonhydum  wæpna ne recceð.  434

RECE (1)
    hynðo ond hæftnyd.  Heofon rece  3155
        swealg.

RECED (4)
    reced selesta,  rinca gehwylcum  412
    reþe renweardas.  Reced hlynsode.  770
    rice to ræste.  Reced weardode   1237
    Reste hine þa rumheort;  reced   1799
        hliuade

-RECED (6)
    þæt healreced  hatan wolde,      68
    þa þæt hornreced  healdan scoldon,  704
    Wod under wolcnum  to þæs þe he  714
        winreced,
    wera ond wifa,  þe þæt winreced,  993
    geond þæt healreced  Hæreðes    1981
        dohtor,

ece eorðreced  innan healde.        2719

RECEDA (1)
    receda under roderum,  on þæm se  310
        rica bad;

RECEDE (3)
    Com þa to recede  rinc siðian,   720
    Geseah he in recede  rinca manige,  728
    rodores candel.  He æfter recede  1572
        wlat;

RECEDES (3)
    rondas regnhearde,  wið þæs      326
        recedes weal,
    recedes muþan.  Raþe æfter þon   724
    recedes geatwa,  þa me gerymed   3088
        wæs,

-RED (2)
    hames niosan,  syððan Heardred   2388
        læg,
    folcred fremede  oððe furður gen  3006

-REDE (2)
    ond Heardrede  hildemeceas       2202
    þæt he Heardrede  hlaford wære   2375

-REDES (1)
    Ne meahte se snella  sunu Wonredes  2971

-REDING (1)
    Wulf Wonreding  wæpne geræhte,   2965

-REGNAD (1)
    golde geregnad,  þær þa graman   777
        wunnon.

REGNHEARDE (1)
    rondas regnhearde,  wið þæs      326
        recedes weal,

REHTE (2)
    felafricgende,  feorran rehte;   2106
    rehte æfter rihte  rumheort      2110
        cyning.

RENIAN (1)
    dyrnum cræfte,  deað renian      2168

RENWEARDAS (1)
    reþe renweardas.  Reced hlynsode.  770

REOC (1)
    reoc ond reþe,  ond on ræste genam  122

REON (2)
    sorhfullne sið,  þa git on sund  512
        reon.
    Hæfdon swurd nacod,  þa wit on   539
        sund reon,

REORDE (1)
    mannes reorde;  næs ðær mara fyrst  2555

-REORDED (1)
    fletsittendum  fægere gereorded  1788

REORDIAN (1)
    fus ofer fægum  fela reordian,   3025

REOTAÐ (1)
    roderas reotað.  Nu is se ræd    1376
        gelang

REOTE (1)
    reote berofene.  Ridend swefað,  2457

-REOUW (1)

gamol ond guðreouw,   glæde                58
  Scyldingas.

-REOW (2)
wælreow wiga,   æt Wealhþeon,              629
breosthord blodreow.   Nallas            1719
  beagas geaf

RESTAN (2)
rofne randwigan,   restan lyste;         1793
sib gemæne,   ond sacu restan,           1857

RESTE (2)*
Reste hine þa rumheort;   reced          1799
  hliuade
winsele westne,   windge reste           2456

-RESTE (2)
snellic særinc   selereste gebeah.        690
wunað wælreste   wyrmes dædum.           2902

REÞE (3)
reoc ond reþe,   ond on ræste genam       122
reþe renweardas.   Reced hlynsode.        770
reþe cempa,   to ðæs þe he on ræste      1585
  geseah

-RIC (2)
Hreðric ond Hroðmund,   ond hæleþa       1189
  bearn,
Gif him þonne Hreþric   to hofum         1836
  Geata

RICA (3)
receda under roderum,   on þæm se         310
  rica bad;
Aras þa se rica,   ymb hine rinc          399
  manig,
Hraðe wæs gerymed,   swa se rica         1975
  bebead,

RICE (13)*
rice to rune;   ræd eahtedon              172
ond on geogoðe heold   ginne rice,        466
hord ond hleoburh,   hæleþa rice,         912
folc ond rice,   þonne ðu forð           1179
  scyle
rice þeoden;   he under rande            1209
  gecranc.
rice to ræste.   Reced weardode          1237
rice randwiga,   þone ðe heo on          1298
  ræste abreat,
side rice,   þæt he his selfa ne         1733
  mæg
maga rice.   Me þin modsefa              1853
side rice   þam þær selra wæs.           2199
syððan Beowulfe   brade rice             2207
þær him Hygd gebead   hord ond           2369
  rice,
wið hettendum   hord ond rice            3004

-RICE (2)
þara ðe in Swiorice   sinc               2383
  brytnade,
oððe in Swiorice   secean þurfe          2495

RICES (5)
rondhæbbendra,   rices wyrðra.            861
Aris, rices weard,   uton raþe           1390
  feran
wesan, þenden ic wealde   widan          1859
  rices,
rices hyrde,   ond þæt ræd talað,        2027
rices hyrde,   ræd ænigne,               3080

-RICES (2)
Eormenrices,   geceas ecne ræd.          1201
niða genægdan   nefan Hererices,         2206

RICONE (1)
ricone arærdon,   ða him gerymed         2983
  wearð

RICSIAN (1)
deorcum nihtum   draca ricsian,          2211

RIDAN (2)
Gewat him þa to waroðe   wicge            234
  ridan
fram mere modge   mearum ridan,          855

RIDE (1)
to gebidanne,   þæt his byre ride        2445

RIDEND (1)
reote berofene.   Ridend swefað,         2457

RIHT (2)
"þæt, la, mæg secgan   se þe soð         1700
  ond riht
ofer ealde riht,   ecean dryhtne,        2330

-RIHT (4)
unriht æfnde,   oþþæt ende becwom,       1254
syððan ic on yrre   uppriht astod.       2092
eard, eðelriht,   oðrum swiðor           2198
aða on unriht.   Ic ðæs ealles mæg       2739

-RIHTA (2)
folcrihta gehwylc,   swa his fæder       2608
  ahte.
Wiglaf maðelode,   wordrihta fela        2631

RIHTE (5)*
Swa rixode   ond wið rihte wan,          144
se þe secgan wile   soð æfter           1049
  rihte.
þurh runstafas   rihte gemearcod,        1695
þone þe ðu mid rihte   rædan            2056
  sceoldest.'
rehte æfter rihte   rumheort             2110
  cyning.

-RIHTE (2)
earfoðlice;   ætrihte wæs               1657
þam ðe unrihte   inne gehydde            3059

-RIHTES (1)
lufen alicgean;   londrihtes mot         2886

-RIM (4)
dogera dægrim.   Denum eallum wearð      823
unrim eorla,   swa hie oft ær           1238
  dydon.
æghwæs unrim,   þa he of ealdre          2624
  gewat,
æghwæs unrim,   æþeling boren,           3135

-RIME (1)
gold unrime   grimme geceapod,           3012

-RIMED (1)
Dæm feower bearn   forð gerimed          59

-RIMES (1)
dogorgerimes,   deað ungemete            2728
  neah):

RINC (5)
Aras þa se rica,   ymb hine rinc         399
  manig,
Com þa to recede   rinc siðian,          720
slæpendne rinc,   slat unwearnum,        741
rinc on ræste,   ræhte ongean            747
þenden reafode   rinc oðerne,            2985

-RINC (9)
snellic særinc   selereste gebeah.        690

189

-RUNE (1)
onband beadurune (wæs him       501·
   Beowulfes sið,

RUNSTAFAS (1)
þurh runstafas rihte gemearcod,   1695

RUNWITA (1)
min runwita ond min rædbora,   1325

RYHT (1)
rodera rædend, hit on ryht gesced   1555

-RYMDON (1)
þæt hie him oðer flet eal       1086
   gerymdon,

-RYMED (4)
on beorsele benc gerymed;      492
Hraðe wæs gerymed, swa se rica   1975
   bebead,
ricone arærdon, ða him gerymed   2983
   wearð
recedes geatwa, þa me gerymed   3088
   wæs,

-RYSNE (1)
Ne þynceð me gerysne þæt we   2653
   rondas beren

-RYSNUM (1)
se for andrysnum ealle beweotede   1796

-SACA (1)
gromheort guma, godes ondsaca,   1682

SACAN (1)
fon wið feonde ond ymb feorh   439
   sacan,

-SACAN (3)
gryreleoð galan godes ondsacan,   786
under swegles begong gesacan ne   1773
   tealde.
þæt he sæmannum onsacan mihte,   2954

SACU (2)
sib gemæne, ond sacu restan,   1857
þa wæs synn ond sacu Sweona ond   2472
   Geata

-SACU (1)
on sefan sweorceð, ne gesacu   1737
   ohwær

SADOL (1)
sadol searwum fah, since   1038
   gewurþad;

SADOLBEORHT (1)
swancor ond sadolbeorht; hyre   2175
   syððan wæs

SÆ (7)
siða gesunde. Ic to sæ wille   318
on sidne sæ ymb sund flite,   507
ða wit ætsomne on sæ wæron   544
siþes werig. ða mec sæ oþbær,   579
efne swa side swa sæ bebugeð,   1223
ofer sæ sohtan, suna Ohteres;   2380
ofer sæ side sunu Ohteres,   2394

SÆBAT (2)
sæbat gesæt mid minra secga   633
   gedriht,
selfes dome; sæbat gehleod,   895

SÆCCA (1)
sæcca gesette. Oft seldan hwær   2029

SÆCCE (12)
sæmran æt sæcce. þu þe self   953
   hafast
Sona wæs on sunde se þe ær æt   1618
   sæcce gebad
Ofsloh ða æt þære sæcce, þa me   1665
   sæl ageald,
Gesæt þa wið sylfne se ða sæcce   1977
   genæs,
sæcce secean ofer sealt wæter,   1989
sidan herge; no he him þa sæcce   2347
   ondred,
sæcce fremman, þenden þis sweord   2499
   þolað,
sæcce to seceanne. Sweord ær   2562
   gebræd
suna Ohteres. þam æt sæcce wearð,   2612
gesigan æt sæcce; urum sceal   2659
   sweord ond helm,
geswac æt sæcce sweord Biowulfes,   2681
swenge ofersohte, þonne he to   2686
   sæcce bær

SÆCE (1)
singale sæce, sibbe ne wolde   154

-SÆCE (1)
þætte freoðuwebbe feores onsæce   1942

SÆCYNINGA (1)
þone selestan sæcyninga   2382

-SÆD (1)
geseted ond gesæd hwam þæt sweord   1696
   geworht,

SÆDAN (1)
ealodrincende oðer sædan,   1945

SÆDEOR (1)
swencte on sunde, sædeor monig   1510

SÆDNE (1)
hilde sædne, ond his helm   2723
   onspeon.

SÆDRACAN (1)
sellice sædracan, sund cunnian,   1426

-SÆGD (1)
gesægd soðlice sweotolan tacne   141

SÆGDE (5)
swutol sang scopes. Sægde se þe   90
   cuþe
Me man sægde þæt þu ðe for sunu   1175
   wolde
leoflic iren; sægde him þæs   1809
   leanes þanc,
sægde gesiðum (him wæs sefa   2632
   geomor):
ac he soðlice sægde ofer ealle:   2899

-SÆGDE (1)
þæt ic his ærest ðe est gesægde;   2157

SÆGDEST (1)
sægdest from his siðe. Soð ic   532
   talige,

SÆGDON (1)
ðonne sægdon þæt sæliþende,   377

-SÆGE (2)
þær wæs Hondscio hild onsæge,   2076
Geata dryhtne, guð onsæge.   2483

SÆGEAP (1)
þa wæs on sande sægeap naca   1896

SÆGEATA (I)
  hwylce Sægeata siðas wæron):    1986

SÆGEATAS (I)
  þæt þe Sægeatas selran næbben    1850

-SÆGED (I)
  sweordum gesæged. Sigemunde    884
    gesprong

SÆGENGA (2)
  since hremig; sægenga bad    1882
  siðes getwæfde; sægenga for,    1908

SÆGON (I)
  Flod blode weol (folc to sægon),    1422

SÆGRUNDE (I)
  symbel ymbsæton sægrunde neah;    564

SÆL (7)*
  sigon ætsomne, oþþæt hy sæl    307
    timbred,
  sincfato sealde, oþþæt sæl alamp    622
  swefeþ æfter symle. Þa wæs sæl    1008
    ond mæl
  Ofsloh ða æt þære sæcce, þa me    1665
    sæl ageald,
  sarum wordum, oððæt sæl cymeð    2058
  ðær we gesunde sæl weardodon.    2075
  geond sæl swingeð, ne se swifta    2264
    mearh

-SÆL (I)
  Site nu to symle ond onsæl meoto,    489

SÆLA (I)
  sæla ond mæla; þæt is soð metod.    1611

SÆLAC (I)
  "Hwæt! we þe þas sælac, sunu    1652
    Healfdenes,

SÆLACE (I)
  swiðmod swymman; sælace gefeah,    1624

SÆLADE (2)
  swiðor þohte þonne to sælade,    1139
  sigla, searogimma. Hie on sælade    1157

SÆLD (I)
  geond þæt sæld swæfun. Þa ðær    1280
    sona wearð

SÆLDE (I)
  sælde to sande sidfæþme scip,    1917

-SÆLDE (3)
  Hwæþere me gesælde þæt ic mid    574
    sweorde ofsloh
  Hwaþre him gesælde ðæt þæt swurd    890
    þurhwod
  þearf gesælde; wæs seo þeod tilu.    1250

SÆLDON (I)
  sæwudu sældon (syrcan hrysedon,    226

-SÆLED (I)
  searwum gesæled. Sinc eaðe mæg,    2764

-SÆLI (I)
  wonsæli wer weardode hwile,    105

SÆLIÐEND (3)
  secgað sæliðend þæt þæs sele    411
    stande,
  "Nu we sæliðend secgan wyllað,    1818
  þæt hit sæliðend syððan hatan    2806

SÆLIÞENDE (I)
  Ðonne sægdon þæt sæliþende,    377

SÆLUM (3)
  þryðword sprecen, ðeod on sælum,    643
  sinces brytta! þu on sælum wes,    1170
  "Ne frin þu æfter sælum! Sorh is    1322
    geniwod

SÆM (4)
  þætte suð ne norð be sæm tweonum    858
  on gesiðes had be sæm tweonum,    1297
  ðæm selestan be sæm tweonum    1685
  þone selestan bi sæm tweonum,    1956

SÆMANNA (I)
  sæmanna searo, samod ætgædere,    329

SÆMANNUM (I)
  þæt he sæmannum onsacan mihte,    2954

SÆMEÞE (I)
  Setton sæmeþe side scyldas,    325

SÆMRA (I)
  symle wæs þy sæmra, þonne ic    2880
    sweorde drep

SÆMRAN (I)
  sæmran æt sæcce. Þu þe self    953
    hafast

SÆNÆSSAS (2)
  side sænæssas; þa wæs sund liden,    223
  þæt ic sænæssas geseon mihte,    571

SÆNRA (I)
  sundes þe sænra, ðe hyne swylt    1436
    fornam.

SÆRINC (I)
  snellic særinc selereste gebeah.    690

SÆSIÐE (I)
  æfter sæsiðe, sorge, mændon,    1149

SÆT (8)
  æþeling ærgod, unbliðe sæt,    130
  Weard maþelode, ðær on wicge sæt,    286
  Hwearf þa hrædlice þær Hroðgar    356
    sæt
  þe æt fotum sæt frean Scyldinga,    500
  æt fotum sæt frean Scyldinga;    1166
    gehwylc hiora his ferhþe treowde
  giogoð ætgædere; þær se goda sæt,    1190
  wlitan on Wilaf. He gewergad sæt,    2852
  morgenlongne dæg modgiomor sæt,    2894

-SÆT (9)
  modes brecða. Monig oft gesæt    171
  sæbat gesæt mid minra secga    633
    gedriht,
  inwitþancum ond wið earm gesæt.    749
  fuslic fyrdleoð. Feþa eal gesæt.    1424
  Ofsæt þa þone selegyst ond hyre    1545
    seax geteah,
  Gesæt þa wið sylfne se ða sæcce    1977
    genæs,
  Gesæt ða on næsse niðheard    2417
    cyning,
  gesæt on sesse; seah on enta    2717
    geweorc,
  Besæt ða sinherge sweorda lafe,    2936

-SÆTA (I)
  endesæta, ægwearde heold,    241

SÆTON (I)

sǣton suhtergefæderan; þa gyt wæs 1164
   hiera sib ætgædere,

-SǢTON (1)
symbel ymbsæton sægrunde neah; 564

SǢWEALLE (1)
selfa mid gesiðum sæwealle neah. 1924

SǢWONG (1)
sylf æfter sande sæwong tredan, 1964

SǢWUDU (1)
sæwudu sældon (syrcan hrysedon, 226

SǢWYLMAS (1)
ond ge him syndon ofer sæwylmas 393

-SAGA (1)
gesaga him eac wordum þæt hie 388
   sint wilcuman

SALE (2)
seomode on sale sidfæþmed scip, 302
segl sale fæst; sundwudu þunede. 1906

SALUM (1)
þa wæs on salum sinces brytta, 607

SAMOD (6)*
sǣmanna searo, samod ætgædere, 329
seon sibbegedriht samod ætgædere; 387
swefan sibbegedriht samod 729
   ætgædere,
þær wæs sang ond sweg samod 1063
   ætgædere
sigoreadig secg. Samod ærdæge 1311
bold ond bregostol. Him wæs bam 2196
   samod

SANDE (6)
sund wið sande; secgas bæron 213
niwtyrwydne nacan on sande 295
þa wæs on sande sægeap naca 1896
sælde to sande sidfæþme scip, 1917
sylf æfter sande sæwong tredan, 1964
Fundon ða on sande sawulleasne 3033

SANG (5)*
swutol sang scopes. Sægde se þe 90
   cuþe
scencte scir wered. Scop hwilum 496
   sang
sigeleasne sang, sar wanigean 787
þær wæs sang ond sweg samod 1063
   ætgædere
sarigne sang, þonne his sunu 2447
   hangað

SAR (3)*
sigeleasne sang, sar wanigean 787
synnum geswenced, ac hyne sar 975
   hafað
He ða mid þære sorhge, þe him swa 2468
   sar belamp,

-SAR (1)
lifigende lað. Licsar gebad 815

SARE (5)
Sigon þa to slæpe. Sum sare 1251
   angeald
sylfes willum, se ðe him sare 2222
   gesceod,
þone þe him on sweofote sare 2295
   geteode,
on hyra sincgifan sare geendod. 2311
swefeð sare wund, since bereafod. 2746

SARIGFERÐ (1)
sec, sarigferð (seah on unleofe): 2863

SARIGMODUM (1)
sarigmodum somod ærdæge, 2942

SARIGNE (1)
sarigne sang, þonne his sunu 2447
   hangað

SARLIC (2)
sarlic þuhte secga ænegum 842
soð ond sarlic, hwilum syllic 2109
   spell

SARUM (1)
sarum wordum, oððæt sæl cymeð 2058

SAWELE (1)
sawele hyrde; bið se slæp to 1742
   fæst,

SAWLBERENDRA (1)
ac gesecan sceal sawlberendra, 1004

SAWLE (4)
þurh sliðne nið sawle bescufan 184
sawle secan, þone synscaðan 801
hæþene sawle; þær him hel onfeng. 852
secean sawle hord, sundur gedælan 2422

SAWOL (1)
sawol secean soðfæstra dom. 2820

SAWOLLEASNE (1)
þone selestan sawolleasne 1406

SAWON (1)
wliteseon wrætlic; weras on 1650
   sawon.

-SAWON (8)
þæt ða liðende land gesawon, 221
selfe ofersawon, ða ic of searwum 419
   cwom,
mære maðþumsweord manige gesawon 1023
þæt hie gesawon swylce twegen 1347
Gesawon ða æfter wætere 1425
   wyrmcynnes fela,
Sona þæt gesawon snottre ceorlas, 1591
selfne gesawon. þa þæt sweord 1605
   ongan
gesawon seledream. Ic nah hwa 2252
   sweord wege

SAWULDRIORE (1)
sawuldriore, swat yðum weoll. 2693

SAWULLEASNE (1)
Fundon ða on sande sawulleasne 3033

SCACAN (1)
bliðheort bodode. Ða com beorht 1802
   scacan

SCACEN (2)
bega folces; wæs hira blæd 1124
   scacen.
wuldortorhtan weder. Ða wæs 1136
   winter scacen,

-SCAD (1)
scearp scyldwiga gescad witan, 288

SCADUHELMA (1)
scaduhelma gesceapu scriðan 650
   cwoman,

-SCÆP (1)

-SCÆP (continued)

Him ða Scyld gewat  to gescæphwile    26

-SCÆR (I)
hondgemota,  helm oft gescær,        1526

-SCALE (I)
mid his handscale  (healwudu         1317
    dynede),

SCAMIENDE (I)
ac hy scamiende  scyldas bæran,      2850

SCAMIGAN (I)
for sceotendum  scamigan ðorfte.     1026

SCAN (3)
gumum ætgædere.  Guðbyrne scan        321
Beowulf maðelode  (on him byrne       405
    scan,
wide waroðas.  Woruldcandel scan,    1965

-SCARE (I)
buton folcscare  ond feorum           73
    gumena.

-SCAÐA (6)
fah feondscaða,  fæste hæfde          554
se scynscaþa  under sceadu            707
    bregdan;
mynte se manscaða  manna cynnes       712
mæg Higelaces,  hu se manscaða        737
þæt se hearmscaþa  to Heorute         766
    ateah.
mihtig manscaða,  wolde hyre mæg     1339
    wrecan,

SCAÞAN (2)
* * *  scaþan onetton,               1803
scaþan scirhame  to scipe foron.     1895

-SCAÐAN (I)
sawle secan,  þone synscaðan          801

SCEACEN (2)
drincfæt dyre.  þa wæs dæg sceacen   2306
eorðan wynne;  ða wæs eall sceacen   2727

SCEACEÐ (I)
morðorbealo maga,  þonne min         2742
    sceaceð

SCEADENMÆL (I)
þæt hit sceadenmæl  scyran moste,    1939

SCEADU (I)
se scynscaþa  under sceadu            707
    bregdan;

SCEADUGENGA (I)
scriðan sceadugenga.  Sceotend        703
    swæfon,

-SCEAFT (10)
feasceaft funden,  he þæs frofre        7
    gebad,
frumsceaft fira  feorran reccan,       91
wonsceaft wera.  Wiht unhælo,         120
feasceaft guma  frofre gebohte;       973
meotodsceaft bemearn,  syþðan        1077
    morgen com,
metodsceaft seon.  Ic minne can      1180
geosceaft grimme,  swa hit agangen   1234
    wearð
geosceaftgasta;  wæs þæra Grendel    1266
    sum,
oflet lifdagas  ond þas lænan        1622
    gesceaft.
fædde beagas,  ond he þa             1750
    forðgesceaft

-SCEAFTA (4)
heresceafta heap?  Ic eom             335
    Hroðgares
lifgesceafta  lifigende breac,       1953
mælgesceafta,  heold min tela,       2737
lifgesceafta,  þonne leng ne mæg     3064

-SCEAFTAS (I)
wudu, wælsceaftas,  worda            398
    geþinges."

-SCEAFTE (3)
þe hine æt frumsceafte  forð          45
    onsendon
No ðy ær feasceafte  findan          2373
    meahton
mine magas  to metodsceafte,         2815

-SCEAFTUM (2)
feasceaftum men.  Frea sceawode      2285
feasceaftum freond,  folce           2393
    gestepte

SCEAL (33)
Swa sceal geong guma  gode            20
    gewyrcean,
leode gelæsten;  lofdædum sceal       24
wuldres waldend.  Wa bið þæm ðe      183
    sceal
ænlic ansyn.  Nu ic eower sceal      251
Deniga frean,  ne sceal þær dyrne    271
    sum
ombeht unforht:  "Æghwæþres sceal    287
wið Grendles gryre.  Ic þæm godan    384
    sceal
forgrand gramum,  ond nu wið         424
    Grendel sceal,
geolorand to guþe,  ac ic mid        438
    grape sceal
lað wið laþum;  ðær gelyfan sceal    440
to Gardenum.  Ac ic him Geata        601
    sceal
feondgrapum fæst.  Ic gefremman      636
    sceal
balwon bendum.  Ðær abidan sceal     977
ac gesecan sceal  sawlberendra,     1004
ferhðes foreþanc.  Fela sceal       1060
    gebidan
mildum wordum,  swa sceal man don.  1172
Ure æghwylc sceal  ende gebidan     1386
mundgripe mægenes.  Swa sceal man   1534
    don,
mægen mid modes snyttrum.  Ic þe    1706
    sceal mine gelæstan
wigge weorþad;  unc sceal worn      1783
    fela
Hafast þu gefered  þæt þam folcum   1855
    sceal,
sceal hringnaca  ofer heafu         1862
    bringan
freondscipe fæstne.  Ic sceal forð  2069
    sprecan
meara ond maðma.  Swa sceal mæg     2166
    don,
Sceal se hearda helm  hyrsted       2255
    golde
forfleon fotes trem,  ac unc        2525
    furður sceal
elles hwergen,  swa sceal æghwylc   2590
    mon
gesigan æt sæcce;  urum sceal       2659
    sweord ond helm,
eorlas on elne;  ic him æfter       2816
    sceal."
Nu sceal sincþego  ond swyrdgifu,   2884
ac sceal geomormod,  golde          3018
    bereafod,
leofne mannan,  þær he longe sceal  3108

194

195

SCEFING (1)
Oft Scyld Scefing   sceaþena          4
    þreatum,

SCEFT (1)
scoc ofer scildweall,   sceft nytte  3118
    heold,

SCEL (3)
Welandes geweorc.   Gæð a wyrd swa    455
    hio scel."
se scel to gemyndum   minum leodum   2804
on adfære.   Ne scel anes hwæt        3010

SCENCTE (1)
scencte scir wered.   Scop hwilum     496
    sang

-SCENCUM (1)
meaglum wordum.   Meoduscencum       1980
    hwearf

SCENNUM (1)
Swa wæs on ðæm scennum   sciran      1694
    goldes

SCEOC (1)
dryncfæt deore;   duguð ellor        2254
    sceoc.

-SCEOD (1)
sylfes willum,   se ðe him sare      2222
    gesceod,

SCEOLDE (13)
lind wið lige.   Sceolde lændaga     2341
þe he wið þam wyrme   gewegan        2400
    sceolde.
hæft hygegiomor,   sceolde hean      2408
    ðonon
se ðone gomelan   gretan sceolde,    2421
hreðre hygemeðe;   sceolde hwæðre    2442
    swa þeah
nacod æt niðe,   swa hyt no          2585
    sceolde,
sceolde ofer willan   wic eardian    2589
mid his freodryhtne   fremman        2627
    sceolde.
sibæðelingas.   Swylc sceolde secg   2708
    wesan,
þæt se byrnwiga   bugan sceolde,     2918
þæt se þeodcyning   ðafian sceolde   2963
þæt he blode fah   bugan sceolde,    2974
þurh hwæt his worulde gedal          3068
    weorðan sceolde.

SCEOLDEST (1)
þone þe ðu mid rihte   rædan         2056
    sceoldest.'

SCEOLDON (1)
þa ðe beadogriman   bywan sceoldon,  2257

-SCEOP (1)
leomum ond leafum,   lif eac          97
    gesceop

-SCEORP (1)
"Me ðis hildesceorp   Hroðgar        2155
    sealde,

SCEOTEND (2)
scriðan sceadugenga.   Sceotend      703
    swæfon,
Sceotend Scyldinga   to scypon      1154
    feredon

SCEOTENDUM (1)
for sceotendum   scamigan ðorfte.   1026

SCEOTEÐ (1)
se þe of flanbogan   fyrenum        1744
    sceoteð.

SCEPEN (1)
wide weorðeð.   Wæs sio wroht        2913
    scepen

-SCER (1)
ac he him on heafde   helm ær        2973
    gescer

-SCERWEN (1)
eorlum ealuscerwen.   Yrre wæron     769
    begen,

-SCET (1)
miste mercelses   ond his mæg       2439
    ofscet,

SCEÞEDE (1)
þær him nænig wæter   wihte ne      1514
    sceþede,

SCEÐÞAN (3)
mid scipherge   sceðþan ne meahte.   243
scurheard sceþðan,   þonne          1033
    scyldfreca
aldre sceþðan,   ac seo ecg geswac  1524

-SCEÞÐAN (1)
eorres inwitfeng,   aldre           1447
    gesceþðan;

SCILDIG (1)
þæt se secg wære   synnum scildig,  3071

SCILDING (1)
Þær wæs gidd ond gleo.   Gomela     2105
    Scilding,

SCILDINGA (3)
þa of wealle geseah   weard          229
    Scildinga,
frean Scildinga,   frinan wille,    351
wine Scildinga,   worold oflætest;  1183

SCILDINGAS (1)
æfter hæleða hryre,   hwate         3005
    Scildingas,

SCILDUNGA (1)
Me þone wælræs   wine Scildunga     2101

SCILDWEALL (1)
scoc ofer scildweall,   sceft nytte  3118
    heold,

SCILE (1)
ferhðum freoge,   þonne he forð     3176
    scile

SCILFING (1)
gomela Scilfing,   ac forgeald      2968
    hraðe

-SCILFINGAS (3)
Heaðoscilfingas   healsgebedda.      63
hearde hildefrecan,                 2205
    Heaðoscilfingas,
Geata leode   Guðscilfingas.        2927

SCINAN (1)
blacne leoman,   beorhte scinan.    1517

SCINEÐ (1)
sunne sweglwered   suþan scineð."    606
efne swa of hefene   hadre scineð   1571

SCINNUM (1)

    scuccum ond scinnum. Nu scealc    939
       hafað

SCINON (1)

    gestsele gyredon. Goldfag scinon    994

-SCIO (1)

    þær wæs Hondscio hild onsæge,    2076

SCIONON (1)

    on ancre fæst. Eoforlic scionon    303

SCIP (2)

    seomode on sale sidfæþmed scip,    302
    sælde to sande sidfæþme scip,    1917

SCIPE (1)

    scaþan scirhame to scipe foron.    1895

-SCIPE (10)

    eard ond eorlscipe; he ah ealra    1727
       geweald.
    freondscipe fæstne. Ic sceal forð    2069
       sprecan
    eorlscipe efnde, ealdre geneðde,    2133
    on ðam leodscipe lond gecynde,    2197
    to gescipe scyndan. Scyld wel    2570
       gebearg
    eorlscipe efnan swa his ærfæder;    2622
    lif ond leodscipe, þone ic longe    2751
       heold."
    þæt ys sio fæhðo ond se    2999
       feondscipe,
    eorlscipe efnde. Nu is ofost    3007
       betost
    eahtodan eorlscipe ond his    3173
       ellenweorc

SCIPES (2)

    beaga bryttan, on bearm scipes,    35
    bær on bearm scipes beorhte    896
       frætwa,

SCIPHERGE (1)

    mid scipherge sceðþan ne meahte.    243

SCIR (3)

    heard hondlocen, hringiren scir    322
    scencte scir wered. Scop hwilum    496
       sang
    hu him scir metod scrifan wille."    979

SCIRAN (1)

    Swa wæs on ðæm scennum sciran    1694
       goldes

SCIREÐ (1)

    ecgum dyhttig andweard scireð.    1287

SCIRHAME (1)

    scaþan scirhame to scipe foron.    1895

SCOC (1)

    scoc ofer scildweall, sceft nytte    3118
       heold,

SCOD (1)

    mægenes wynnum, se þe oft manegum    1887
       scod.

-SCOD (3)

    atolan clommum. No þy ær in    1502
       gescod
    aldorleasne, swa him ær gescod    1587
    beacna beorhtost. Bill ær gescod    2777

SCOFEN (1)

    scofen ond scynded. Eode scealc    918
       monig

-SCOFEN (1)

    wea widscofen witena gehwylcum    936

SCOLDE (19)

    ofer hronrade hyran scolde,    10
    æfter wælniðe wæcnan scolde.    85
    se þe holmclifu healdan scolde,    230
    gyf him edwendan æfre scolde    280
    Nænig heora þohte þæt he þanon    691
       scolde
    ecga gehwylcre. Scolde his    805
       aldorgedal
    guðhreð gyfeþe; scolde Grendel    819
       þonan
    þæt þæt ðeodnes bearn geþeon    910
       scolde,
    þæt he for mundgripe minum scolde    965
    ongean gramum gangan scolde.    1034
    æfter medobence mænan scolde    1067
    in Freswæle feallan scolde.    1070
    þonne hit sweordes ecg seðan    1106
       scolde.
    se þe wæteregesan wunian scolde,    1260
    eoferas cynsedan. Swylc scolde    1328
       eorl wesan,
    Scolde herebyrne hondum gebroden,    1443
    se þe meregrundas mengan scolde,    1449
    þæt hit ellenweorc æfnan scolde.    1464
    gif ic æt þearfe þinre scolde    1477

SCOLDON (6)

    madma mænigo, þa him mid scoldon    41
    þa þæt hornreced healdan scoldon,    704
    ond for þreanydum þolian scoldon,    832
    þæt hie on ba healfa bicgan    1305
       scoldon
    felamodigra; feower scoldon    1637
    heaþoliðende habban scoldon.    1798

-SCOLE (1)

    Gewat him ða se hearda mid his    1963
       hondscole

SCOP (3)*

    healærna mæst; scop him Heort    78
       naman
    scencte scir wered. Scop hwilum    496
       sang
    ðonne healgamen Hroþgares scop    1066

SCOPES (1)

    swutol sang scopes. Sægde se þe    90
       cuþe

-SCRAF (1)

    wealdan moste swa him wyrd ne    2574
       gescraf

-SCRAFA (1)

    hæfde eorðscrafa ende genyttod.    3046

SCRIFAN (1)

    hu him scir metod scrifan wille."    979

-SCRIFEN (1)

    siþðan him scyppend forscrifen    106
       hæfde

SCRIÐAN (3)

    scaduhelma gesceapu scriðan    650
       cwoman,
    scriðan sceadugenga. Sceotend    703
       swæfon,
    Gewat ða byrnende gebogen    2569
       scriðan,

SCRIÞAÐ (1)

    hwyder helrunan hwyrftum scriþað.    163

-SCRUD (1)
byrne ond beaduscrud, þam        2660
    gemæne."

-SCRUDA (1)
beaduscruda betst, þæt mine      453
    breost wereð,

-SCUA (1)
deorc deaþscua, duguþe ond       160
    geogoþe,

SCUCCUM (1)
scuccum ond scinnum. Nu scealc   939
    hafað

-SCUFAN (1)
þurh sliðne nið sawle bescufan   184

SCUFON (1)
guðsearo geatolic; guman ut      215
    scufon,

SCUFUN (1)
dyre maðmas. Dracan ec scufun,   3131

SCULON (1)
niþgeweorca; ac wit on niht      683
    sculon

-SCURE (1)
þone ðe oft gebad isernscure,    3116

SCURHEARD (1)
scurheard sceþðan, þonne         1033
    scyldfreca

SCYLD (5)*
Oft Scyld Scefing sceaþena       4
    þreatum,
Him ða Scyld gewat to gescæphwile 26
þæt ic sweord bere oþðe sidne    437
    scyld,
to gescipe scyndan. Scyld wel    2570
    gebearg
ac se maga geonga under his mæges 2675
    scyld

SCYLDAS (3)
Setton sæmeþe side scyldas,      325
"Hwanon ferigeað ge fætte        333
    scyldas,
ac hy scamiende scyldas bæran,   2850

SCYLDE (1)
guð getwæfed, nymðe mec god      1658
    scylde.

SCYLDES (1)
Scyldes eafera Scedelandum in.   19

SCYLDFRECA (1)
scurheard sceþðan, þonne         1033
    scyldfreca

SCYLDIG (3)
ealdres scyldig, ond nu oþer cwom 1338
morðres scyldig, ond his modor   1683
    eac,
ealdres scyldig; him se oðer     2061
    þonan

SCYLDING (1)
gamela Scylding. Geat unigmetes  1792
    wel,

SCYLDINGA (23)
þenden wordum weold wine         30
    Scyldinga;

Ða wæs on burgum Beowulf         53
    Scyldinga,
wine Scyldinga, weana gehwelcne, 148
þæt wæs wræc micel wine          170
    Scyldinga,
frean Scyldinga. Gewitaþ forð    291
    beran
Hroðgar maþelode, helm Scyldinga: 371
eodor Scyldinga, anre bene,      428
Hroðgar maþelode, helm Scyldinga: 456
þe æt fotum sæt frean Scyldinga, 500
eodur Scyldinga, ut of healle;   663
þæs ne wendon ær witan Scyldinga 778
eðel Scyldinga. He þær eallum    913
    wearð,
hæleð Healfdena, Hnæf Scyldinga, 1069
Sceotend Scyldinga to scypon     1154
    feredon
æt fotum sæt frean Scyldinga;    1166
    gehwylc hiora his ferhþe treowde
arfæst æt ecga gelacum. Spræc ða 1168
    ides Scyldinga:
Hroðgar maþelode, helm Scyldinga: 1321
winum Scyldinga, weorce on mode  1418
He gefeng þa fetel hilt, freca   1563
    Scyldinga
leod Scyldinga, lustum brohton   1653
þeoden Scyldinga, on þa healfe,  1675
þeoden Scyldinga, ðegn betstan   1871
hafað þæs geworden wine          2026
    Scyldinga,

-SCYLDINGA (3)
ofer yða gewealc, Arscyldinga.   464
swiðe onsittan, Sigescyldinga;   597
ahæfen of horde. Herescyldinga   1108

SCYLDINGAS (2)
gamol ond guðreouw, glæde        58
    Scyldingas.
hwate Scyldingas; gewat him ham  1601
    þonon

-SCYLDINGAS (1)
þeodscyldingas þenden fremedon.  1019

SCYLDINGUM (1)
þæt mid Scyldingum sceaðona ic   274
    nat hwylc,

-SCYLDINGUM (2)
eaforum Ecgwelan, Arscyldingum;  1710
Sigescyldingum sorge gefremede,  2004

SCYLDUNGA (1)
leod Scyldunga lange hwile;      2159

SCYLDUNGAS (1)
æfter hæleþa hryre, hwate        2052
    Scyldungas?

SCYLDWIGA (1)
scearp scyldwiga gescad witan,   288

SCYLE (2)
folc ond rice, þonne ðu forð     1179
    scyle
þæt næron ealdgewyrht, þæt he ana 2657
    scyle

SCYLFING (1)
Guðhelm toglad, gomela Scylfing  2487

SCYLFINGA (2)
hæfdon hy forhealden helm        2381
    Scylfinga,
leoflic lindwiga, leod Scylfinga, 2603

SCYNDAN (1)

to gescipe scyndan.   Scyld wel       2570
   gebearg

**SCYNDED (1)**
scofen ond scynded.   Eode scealc      918
   monig

**SCYNE (1)**
maððum to gemyndum,   ne mægð scyne    3016

**SCYNSCAÞA (1)**
se scynscaþa   under sceadu            707
   bregdan;

**-SCYPE (2)**
drihtscype dreogan;   þær he dome      1470
   forleas,
eorlscype efne.   Ic mid elne          2535
   sceall

**SCYPON (1)**
Sceotend Scyldinga   to scypon         1154
   feredon

**SCYPPEND (1)**
siþðan him scyppend   forscrifen       106
   hæfde

**SCYRAN (1)**
þæt hit sceadenmæl   scyran moste,     1939

**SE (175)**
se þe his wordes geweald   wide        79
   hæfde.
þæt se ecghete   aþumsweorum           84
Ða se ellengæst   earfoðlice           86
þrage geþolode,   se þe in þystrum      87
   bad,
swutol sang scopes.   Sægde se þe       90
   cuþe
cwæð þæt se ælmihtiga   eorðan         92
   worhte,
Wæs se grimma gæst   Grendel haten,    102
mære mearcstapa,   se þe moras          103
   heold,
fyr ond fæstor   se þæm feonde         143
   ætwand.
ac se æglæca   ehtende wæs,             159
se wæs moncynnes   mægenes             196
   strengest
Hæfde se goda   Geata leoda            205
se þe holmclifu   healdan scolde,      230
Him se yldesta   ondswarode,           258
worda ond worca,   se þe wel           289
   þenceð.
receda under roderum,   on þæm se      310
   rica bad;
lixte se leoma   ofer landa fela.      311
æscholt ufan græg;   wæs se            330
   irenþreat
ðe me se goda   agifan þenceð."        355
eorla geæhtlan;   huru se aldor        369
   deah,
se þæm heaðorincum   hider wisade."    370
Aras þa se rica,   ymb hine rinc       399
   manig,
heaðoreaf heoldon,   swa him se        401
   hearda bebead.
Hæbbe ic eac geahsod   þæt se          433
   æglæca
dryhtnes dome   se þe hine deað        441
   nimeð.
bearn Healfdenes;   se wæs betera      469
   ðonne ic.
se þe on handa bær   hroden            495
   ealowæge,
"Eart þu se Beowulf,   se þe wið       506
   Brecan wunne,
guþe gebeodan.   Gæþ eft se þe mot     603

wisfæst wordum   þæs ðe hire se        626
   willa gelamp
Gespræc þa se goda   gylpworda sum,    675
se scynscaþa   under sceadu            707
   bregdan;
mynte se manscaða   manna cynnes       712
mæg Higelaces,   hu se manscaða        737
Ne þæt se aglæca   yldan þohte,        739
Gemunde þa se goda,   mæg              758
   Higelaces,
Mynte se mæra,   þær he meahte swa,    762
þæt se hearmscaþa   to Heorute         766
   ateah.
þa wæs wundor micel   þæt se           771
   winsele
se þe manna wæs   mægene strengest     789
earmlic wurðan,   ond se ellorgast     807
Ða þæt onfunde   se þe fela æror       809
þæt him se lichoma   læstan nolde,     812
ac hine se modega   mæg Hygelaces      813
Hæfde þa gefælsod   se þe ær           825
   feorran com,
se ðe ealfela   ealdgesegena           869
Se wæs wreccena   wide mærost          898
se þe him bealwa to   bote gelyfde,    909
ealles ansund,   þe se aglæca,         1000
to befleonne,   fremme se þe wille,    1003
se þe secgan wile   soð æfter          1049
   rihte.
leofes ond laþes   se þe longe her     1061
be Finnes eaferum,   ða hie se fær     1068
   begeat,
giogoð ætgædere;   þær se goda sæt,    1190
breostgewædu   ond se beah somod;      1211
se þe wæteregesan   wunian scolde,     1260
heorowearh hetelic,   se æt Heorote    1267
   fand
Grendles modor.   Wæs se gryre         1282
   læssa
byrnan side,   þa hine se broga        1291
   angeat.
Se wæs Hroþgare   hæleþa leofost       1296
self mid gesiðum   þær se snotera      1313
   bad,
se þe æfter sincgyfan   on sefan       1342
   greoteþ,
se þe eow welhwylcra   wilna dohte.    1344
milgemearces   þæt se mere standeð;    1362
roderas reotað.   Nu is se ræd         1376
   gelang
worolde lifes;   wyrce se þe mote      1387
Ahleop ða se gomela,   gode            1397
   þancode,
mihtigan drihtne,   þæs se man         1398
   gespræc.
ac se hwita helm   hafelan werede,     1448
se þe meregrundas   mengan scolde,     1449
se ðe gyresiðas   gegan dorste,        1462
"Geþenc nu,   se mæra   maga           1474
   Healfdenes,
Sona þæt onfunde   se ðe floda         1497
   begong
ehton aglæcan.   Ða se eorl ongeat     1512
Ongeat þa se goda   grundwyrgenne,     1518
grædig guðleoð.   Ða se gist onfand    1522
þæt se beadoleoma   bitan nolde,       1523
Lixte se leoma,   leoht inne stod,     1570
onwindeð wælrapas,   se geweald        1610
   hafað
ættren ellorgæst   se þær inne         1617
   swealt.
Sona wæs on sunde   se þe ær æt        1618
   sæcce gebad
eacne eardas,   þa se ellorgast        1621
wreoþenhilt ond wyrmfah.   Ða se       1698
   wisa spræc
"Þæt, la, mæg secgan   se þe soð       1700
   ond riht

199

weaxeð ond wridað. þonne se weard 1741
  swefeð,
sawele hyrde; bið se slæp to 1742
  fæst,
se þe of flanbogan fyrenum 1744
  sceoteð.
þæt se lichoma læne gedreoseð, 1754
se þe unmurnlice madmas dæleþ, 1756
setles neosan, swa se snottra 1786
  heht.
se for andrysnum ealle beweotede 1796
Heht þa se hearda Hrunting beran 1807
æþeling to yppan, þær se oþer 1815
  wæs,
modige on meþle. Wæs him se man 1876
  to þon leof
agendfrean, se þe on ancre rad. 1883
mægenes wynnum, se þe oft manegum 1887
  scod.
se þe ær lange tid leofra manna 1915
Gewat him ða se hearda mid his 1963
  hondscole
Hraðe wæs gerymed, swa se rica 1975
  bebead,
Gesæt þa wið sylfne se ða sæcce 1977
  genæs,
se ðe lengest leofað laðan 2008
  cynnes,
sona me se mæra mago Healfdenes, 2011
þonne cwið æt beore se ðe beah 2041
  gesyhð,
eald æscwiga, se ðe eall geman, 2042
þæt se fæmnan þegn fore fæder 2059
  dædum
ealdres scyldig; him se oðer 2061
  þonan
þa se ðeoden mec ðine life 2131
Swa se ðeodkyning þeawum lyfde. 2144
se ðe on heaum hofe hord 2212
  beweotode,
niða nathwylc, se ðe neh gefeng 2215
sylfes willum, se ðe him sare 2222
  gesceod,
* * * , þa hyne se fær begeat. 2230
ærran mælum, ond se an ða gen 2237
leoda duguðe, se ðær lengest 2238
  hwearf,
Sceal se hearda helm hyrsted 2255
  golde
geond sæl swingeð, ne se swifta 2264
  mearh
se þe byrnende biorgas seceð, 2272
Swa se ðeodsceaða þreo hund 2278
  wintra
þa se wyrm onwoc, wroht wæs 2287
  geniwad;
wean ond wræcsið, se ðe waldendes 2292
wolde se laða lige forgyldan 2305
fyre gefysed. Wæs se fruma 2309
  egeslic
Ða se gæst ongan gledum spiwan, 2312
hu se guðsceaða Geata leode 2318
wende se wisa þæt he wealdende 2329
worulde lifes, ond se wyrm somod, 2343
Se ðæs leodhryres lean gemunde 2391
Se wæs on ðam ðreate þreotteoða 2406
  secg,
se ðæs orleges or onstealde, 2407
yðgewinne; se wæs innan full 2412
se ðone gomelan gretan sceolde, 2421
yrfeweardas, þonne se an hafað 2453
mærðu fremman, gif mec se 2514
  mansceaða
Geseah ða be wealle se ðe worna 2542
  fela,
winia bealdor, ða se wyrm gebeah 2567
þæt se mæra maga Ecgðeowes 2587
fyre befongen, se ðe ær folce 2595
  weold.

Ne gemealt him se modsefa, ne his 2628
  mæges laf
gewac æt wige; þæt se wyrm 2629
  onfand,
dæda dollicra. Nu is se dæg cumen 2646
ac se maga geonga under his mæges 2675
  scyld
se ðe meca gehwane, mine gefræge, 2685
þe him se eorðdraca ær geworhte, 2712
attor on innan. Ða se æðeling 2715
  giong
fiftig wintra; næs se folccyning, 2733
Wiglaf leofa, nu se wyrm ligeð, 2745
oferhigian, hyde se ðe wylle. 2766
se scel to gemyndum minum leodum 2804
þæt se widfloga wundum stille 2830
guðgewædu, þær se gomela læg, 2851
"þæt, la, mæg secgan se ðe wyle 2864
  soð specan
þæt se mondryhten se eow ða 2865
  maðmas geaf,
niwra spella se ðe næs gerad, 2898
þæt se byrnwiga bugan sceolde, 2918
Sona him se froda fæder Ohtheres, 2928
gealdor ongeaton, þa se goda com 2944
Gewat him ða se goda mid his 2949
  gædelingum,
þæt se þeodcyning ðafian sceolde 2963
Ne meahte se snella sunu Wonredes 2971
Let se hearda Higelaces þegn 2977
þæt ys sio fæhðo ond se 2999
  feondscipe
nu se herewisa hleahtor alegde, 3020
wigend weccean, ac se wonna hrefn 3024
Swa se secg hwata secggende wæs 3028
godum gegongen, þæt se guðcyning, 3036
laðne licgean; wæs se legdraca 3040
Se wæs fiftiges fotgemearces 3042
þa wæs gesyne þæt se sið ne ðah 3058
þæt se secg wære synnum scildig, 3071
wommum gewitnad, se ðone wong 3073
  strude,
Huru se snotra sunu Wihstanes 3120
æledleoman, se ðe on orde geong. 3125
hleo on hoe, se wæs heah ond 3157
  brad,

SEAH (4)
ar ond ombiht. Ne seah ic 336
  elþeodige
Weorod wæs on wynne; ne seah ic 2014
  widan feorh
gesæt on sesse; seah on enta 2717
  geweorc,
sec, sarigferð (seah on unleofe): 2863

-SEAH (14)
þa of wealle geseah weard 229
  Scildinga,
maga gemedu. Næfre ic maran 247
  geseah
Geseah he in recede rinca manige, 728
stod on stapole, geseah steapne 926
  hrof,
færgripe flodes; fyrleoht geseah, 1516
Geseah ða on searwum sigeeadig 1557
  bil,
reþe cempa, to ðæs þe he on ræste 1585
  geseah
maðmæhta ma, þeh he þær monige 1613
  geseah,
þæt ic on wage geseah wlitig 1662
  hanglan
Geseah ða be wealle se ðe worna 2542
  fela,
mæg Ælfheres; geseah his 2604
  mondryhten
Geseah ða sigehreðig, þa he bi 2756
  sesse geong,

| | | | | |
|---|---|---|---|---|
| secan deofla gedræg;  ne wæs his drohtoð þær | 756 | | secg on searwum,  þæt ðæt sweord gedeaf, | 2700 |
| sawle secan,  þone synscaðan | 801 | | sibæðelingas.  Swylc sceolde secg wesan, | 2708 |
| secan sundgebland since geweorðad, | 1450 | | Swa se secg hwata  secggende wæs | 3028 |
| Higelac secan.  Wæron her tela | 1820 | | þæt se secg wære  synnum scildig, | 3071 |
| frod folces weard,  fæhðe secan, | 2513 | | | |

-SECAN (1)

| | |
|---|---|
| ac gesecan sceal  sawlberendra, | 1004 |

-SECANNE (1)

| | |
|---|---|
| to gesecanne  sinces bryttan, | 1922 |

SECCE (1)

| | |
|---|---|
| swefeð ond sendeþ,  secce ne weneþ | 600 |

SECE (1)

| | |
|---|---|
| heorot hornum trum,  holtwudu sece, | 1369 |

SECEAN (13)

| | |
|---|---|
| æfter deaðdæge  drihten secean | 187 |
| ofer swanrade  secean wolde, | 200 |
| sunu Healfdenes,  secean cwomon, | 268 |
| sunu Healfdenes  secean wolde | 645 |
| secean wynleas wic;  wiste þe geornor | 821 |
| þæt he sigehreðig  secean come | 1597 |
| secean on gesyntum,  snude eft cuman. | 1869 |
| sæcce secean  ofer sealt wæter, | 1989 |
| secean sawle hord,  sundur gedælan | 2422 |
| oððe in Swiorice  secean þurfe | 2495 |
| sawol secean  soðfæstra dom. | 2820 |
| frod, felageomor,  fæsten secean, | 2950 |
| seon ond secean  searogimma geþræc, | 3102 |

-SECEAN (3)

| | |
|---|---|
| secge ofersittan,  gif he gesecean dear | 684 |
| eft eardlufan  æfre gesecean, | 692 |
| swiðe ondrædað.  He gesecean sceall | 2275 |

SECEANNE (1)

| | |
|---|---|
| sæcce to seceanne.  Sweord ær gebræd | 2562 |

SECEAÐ (1)

| | |
|---|---|
| þe us seceað to  Sweona leoda, | 3001 |

SECEÐ (1)

| | |
|---|---|
| se ðe byrnende  biorgas seceð, | 2272 |

-SECEÐ (1)

| | |
|---|---|
| of eorðsele  ut geseceð." | 2515 |

SECG (18)

| | |
|---|---|
| sundwudu sohte;  secg wisade, | 208 |
| secg on searwum;  nis þæt seldguma, | 249 |
| Snyredon ætsomne,  þa secg wisode, | 402 |
| soðe gebunden;  secg eft ongan | 871 |
| secg betsta,  me for sunu wylle | 947 |
| Ða wæs swigra secg,  sunu Eclafes, | 980 |
| sigoreadig secg.  Samod ærdæge | 1311 |
| felasinnigne secg;  sec gif þu dyrre. | 1379 |
| Sweord wæs swatig,  secg weorce gefeh. | 1569 |
| secg betsta,  ond þe þæt selre geceos, | 1759 |
| meces ecge;  þæt wæs modig secg. | 1812 |
| secg synbysig,  sona onfunde | 2226 |
| sigoreadig secg,  sele fælsode | 2352 |
| Se wæs on ðam ðreate  þreotteoða secg, | 2406 |

-SECG (3)

| | |
|---|---|
| geafon on garsecg;  him wæs geomor sefa, | 49 |
| glidon ofer garsecg;  geofon yþum weol, | 515 |
| on geogoðfeore)  þæt wit on garsecg ut | 537 |

SECGA (4)

| | |
|---|---|
| sæbat gesæt  mid minra secga gedriht, | 633 |
| sarlic þuhte  secga ænegum | 842 |
| secga gehwylcum  þara þe on swylc starað. | 996 |
| sorhleas swefan  mid þinra secga gedryht | 1672 |

SECGAN (13)

| | |
|---|---|
| secgan to soðe,  selerædende, | 51 |
| swa we soþlice  secgan hyrdon) | 273 |
| "Eow het secgan  sigedrihten min, | 391 |
| swylcra searoniða  secgan hyrde, | 582 |
| þæt he fram Sigemundes  secgan hyrde | 875 |
| þonne he swulces hwæt  secgan wolde, | 880 |
| snyttrum besyrwan.  Hwæt, þæt secgan mæg | 942 |
| se þe secgan wile  soð æfter rihte. | 1049 |
| selerædende,  secgan hyrde | 1346 |
| "Þæt, la, mæg secgan  se þe soð ond riht | 1700 |
| "Nu we sæliðend  secgan wyllað, | 1818 |
| "Þæt, la, mæg secgan  se ðe wyle soð specan | 2864 |
| earne secgan  hu him æt æte speow, | 3026 |

-SECGAN (1)

| | |
|---|---|
| Wille ic asecgan  sunu Healfdenes, | 344 |

SECGANNE (2)

| | |
|---|---|
| Sorh is me to secganne  on sefan minum | 473 |
| awræc wintrum frod.  Wundor is to secganne | 1724 |

SECGAS (3)

| | |
|---|---|
| sund wið sande;  secgas bæron | 213 |
| secgas on searwum,  hwæðer sel mæge | 2530 |
| secgas gesegon  on sele wunian, | 3128 |

SECGAÐ (1)

| | |
|---|---|
| secgað sæliðend  þæt þæs sele stande, | 411 |

SECGE (5)*

| | |
|---|---|
| Secge ic þe to soðe,  sunu Ecglafes, | 590 |
| secge ofersittan,  gif he gesecean dear | 684 |
| guðe wið Grendel.  Gode ic þanc secge | 1997 |
| secge sealde,  ær hie to setle geong. | 2019 |
| wuldurcyninge,  wordum secge, | 2795 |

SECGGENDE (1)

| | |
|---|---|
| Swa se secg hwata  secggende wæs | 3028 |

SECGUM (2)

sidra sorga.  Forðam secgum wearð,    149
sigehreð secgum,  swa þin sefa         490
  hwette."

SEFA (8)
geafon on garsecg;  him wæs geomor      49
  sefa,
sigehreð secgum,  swa þin sefa         490
  hwette."
sefa swa searogrim,  swa þu self       594
  talast.
garcwealm gumena  (him bið grim       2043
  sefa),
heorðgeneatas;  næs him hreoh         2180
  sefa,
goldwine Geata.  Him wæs geomor       2419
  sefa,
sefa wið sorgum;  sibb æfre ne mæg    2600
sægde gesiðum  (him wæs sefa          2632
  geomor):

-SEFA (3)
wæs his modsefa  manegum gecyðed,     349
maga rice.  Me þin modsefa           1853
Ne gemealt him se modsefa,  ne his    2628
  mæges laf

SEFAN (6)
þurh rumne sefan  ræd gelæran,        278
Sorh is me to secganne  on sefan      473
  minum
se þe æfter sincgyfan  on sefan      1342
  greoteþ,
þurh sidne sefan  snyttru bryttað,   1726
on sefan sweorceð,  ne gesacu        1737
  ohwær
on sefan sende;  ne hyrde ic         1842
  snotorlicor

-SEFAN (2)
in modsefan,  metod hie ne cuþon,    180
syððan he modsefan  minne cuðe,     2012

SEFT (1)
swegle searogimmas,  þæt ic ðy       2749
  seft mæge

-SEGAN (1)
Ær hi þær gesegan  syllicran wiht,   3038

SEGEN (2)
þa gyt hie him asetton  segen         47
  geldenne
segen gyldenne  sigores to leane;   1021

-SEGENA (1)
se ðe ealfela  ealdgesegena          869

SEGL (1)
segl sale fæst;  sundwudu þunede.   1906

SEGLRADE (1)
sorhfulne sið  on seglrade,         1429

SEGN (3)
Swylce he siomian geseah  segn      2767
  eallgylden
sylfes dome;  segn eac genom,       2776
Sweona leodum,  segn Higelaces      2958

-SEGN (1)
Het ða in beran  eaforheafodsegn,   2152

SEGNE (1)
siðþan he under segne  sinc         1204
  ealgode,

-SEGON (1)
secgas gesegon  on sele wunian,     3128

-SEH (1)
Ic wæs þær inne  ond þæt eall       3087
  geondseh,

SEL (5)*
sincfage sel  sweartum nihtum;       167
ymb hyra sincgyfan  sel gebæran.    1012
warað wintrum frod,  ne byð him     2277
  wihte ðy sel.
secgas on searwum,  hwæðer sel      2530
  mæge
wæpen wundrum heard;  næs him       2687
  wihte ðe sel.

-SELD (1)
mon mid his magum  meduseld buan.   3065

SELDAN (1)
sæcca gesette.  Oft seldan hwær     2029

-SELDAN (1)
sinne geseldan  in sele þam hean    1984

SELDGUMA (1)
secg on searwum;  nis þæt           249
  seldguma,

SELE (12)*
sinc æt symle.  Sele hlifade,        81
song in searwum,  þa hie to sele    323
  furðum
secgað sæliðend  þæt þæs sele       411
  stande,
sumne besyrwan  in sele þam hean.   713
snotor ond swyðferhð,  sele         826
  Hroðgares,
swiðhicgende  to sele þam hean      919
swiðhicgende  on sele þam hean,    1016
þa ðe syngales  sele bewitiað,     1135
oþðæt semninga  to sele comon      1640
sinne geseldan  in sele þam hean    1984
sigoreadig secg,  sele fælsode     2352
secgas gesegon  on sele wunian,    3128

-SELE (26)
in þæm guðsele  Geotena leode       443
þæt hie in beorsele  bidan woldon   482
drihtsele dreorfah,  þonne dæg      485
  lixte,
on beorsele  benc gerymed;          492
to þæm heahsele  hilde geþinged,    647
in þæm winsele  wældeað fornam,     695
goldsele gumena,  gearwost wisse,   715
Dryhtsele dynede;  Denum eallum     767
  wearð,
þa wæs wundor micel  þæt se         771
  winsele
gestsele gyredon.  Goldfag scinon   994
on beorsele  byldan wolde.         1094
beahsele beorhta;  bruc þenden þu   1177
  mote
siþðan goldsele  Grendel warode,   1253
þæt he in niðsele  nathwylcum wæs,  1513
ne him for hrofsele  hrinan ne     1515
  mehte
to þæm goldsele  Grendles heafod,  1639
to ðam hringsele  Hroðgar gretan;  2010
of ðam goldsele  gongan wolde,     2083
In ðam guðsele  Grendeles modor    2139
dryhtsele dyrnne,  ær dæges hwile.  2320
to ðæs ðe he eorðsele  anne wisse,  2410
winsele westne,  windge reste      2456
of eorðsele  ut geseceð."          2515
in biorsele,  ðe us ðas beagas     2635
  geaf,
oððe hringsele  hondum styrede,    2840
þæt ðam hringsele  hrinan ne moste  3053

SELEDREAM (1)

**203**

SELEDREAM (continued)

gesawon seledream. Ic nah hwa     2252
    sweord wege

SELEFUL (1)
symbel ond seleful,   sigerof     619
    kyning.

SELEGYST (1)
Ofsæt þa þone selegyst   ond hyre     1545
    seax geteah,

SELERÆDENDE (2)
secgan to soðe,   selerædende,     51
selerædende,   secgan hyrde     1346

SELERESTE (1)
snellic særinc   selereste gebeah.     690

SELEST (11)
husa selest.   Wæs seo hwil micel;     146
hwæt swiðferhðum   selest wære     173
anfealdne geþoht:   Ofost is selest     256
on heahstede   husa selest."     285
hrægla selest;   þæt is Hrædlan     454
    laf,
Hafa nu ond geheald   husa selest,     658
husa selest   heorodreorig stod,     935
Forþan bið andgit   æghwær selest,     1059
billa selest,   on bearm dyde,     1144
unlifgendum æfter selest.     1389
bolda selest,   brynewylmum mealt,     2326

SELESTA (1)
reced selesta,   rinca gehwylcum     412

SELESTAN (6)
þa selestan,   snotere ceorlas,     416
þone selestan   sawolleasne     1406
ðæm selestan   be sæm tweonum     1685
þone selestan   bi sæm tweonum,     1956
þone selestan   sæcyninga     2382
syfone tosomne,   þa selestan,     3122

SELEÐ (3)
feorran geflymed,   ær he feorh     1370
    seleð,
seleð him on eþle   eorþan wynne     1730
gytsað gromhydig,   nallas on gylp     1749
    seleð

SELEÞEGN (1)
sona him seleþegn   siðes wergum,     1794

SELEWEARD (1)
seleweard aseted;   sundornytte     667
    beheold

SELF (5)
sefa swa searogrim,   swa þu self     594
    talast.
searowundor seon;   swylce self     920
    cyning
sæmran æt sæcce.   þu þe self     953
    hafast
wolde self cyning   symbel þicgan.     1010
self mid gesiðum   þær se snotera     1313
    bad,

SELFA (5)
swæse gesiþas,   swa he selfa bæd,     29
selran sweordfrecan.   Selfa ne     1468
    dorste
side rice,   þæt he his selfa ne     1733
    mæg
selran gesohte   þæm þe him selfa     1839
    deah."
selfa mid gesiðum   sæwealle neah.     1924

SELFE (1)

selfe ofersawon,   ða ic of searwum     419
    cwom,

SELFES (3)
selfes mihtum.   Soð is gecyþed     700
selfes dome;   sæbat gehleod,     895
sweordbealo sliðen   æt his selfes     1147
    ham,

SELFNE (2)
þæt ðu hine selfne   geseon moste,     961
selfne gesawon.   þa þæt sweord     1605
    ongan

SELFRE (1)
hire selfre sunu   sweoloðe     1115
    befæstan,

SELLA (1)
domleasan dæd.   Deað bið sella     2890

-SELLAN (1)
in ealobence   oðrum gesellan.     1029

SELLICE (1)
sellice sædracan,   sund cunnian,     1426

-SELLUM (1)
hondgesellum,   gif mec hild nime;     1481

SELRA (3)
under swegles begong   selra nære     860
sincmaðþum selra   on sweordes had;     2193
side rice   þam þær selra wæs.     2199

SELRAN (4)
Nænigne ic under swegle   selran     1197
    hyrde
selran sweordfrecan.   Selfa ne     1468
    dorste
selran gesohte   þæm þe him selfa     1839
    deah."
þæt þe Sægeatas   selran næbben     1850

SELRE (2)
"Ne sorga, snotor guma;   selre bið     1384
    æghwæm
secg betsta,   ond þe þæt selre     1759
    geceos,

SEMNINGA (3)
sigefolca sweg,   oþþæt semninga     644
oþðæt semninga   to sele comon     1640
forsiteð ond forsworceð;   semninga     1767
    bið

-SEND (2)
Onsend Higelace,   gif mec hild     452
    nime,
Hroðgar leofa,   Higelace onsend.     1483

SENDE (3)
geong in geardum,   þone god sende     13
sende ic Wylfingum   ofer wæteres     471
    hrycg
on sefan sende;   ne hyrde ic     1842
    snotorlicor

-SENDE (1)
for arstafum   us onsende,     382

-SENDED (2)
snude forsended.   Hine sorhwylmas     904
fela feorhcynna   forð onsended!"     2266

SENDEÞ (1)
swefeð ond sendeþ,   secce ne weneþ     600

-SENDON (1)

204

þe hine æt frumsceafte    forð          45
    onsendon

-SENE (1)
    ofer æþelinge   yþgesene              1244

SEO (13)
    georne hyrdon,   oðð þæt seo geogoð   66
        geweox,
    husa selest.   Wæs seo hwil micel;   146
    cyning on corþre,   ond seo cwen      1153
        numen.
    þearf gesælde;   wæs seo þeod tilu.   1250
    hreþerbealo hearde;   nu seo hand     1343
        ligeð,
    seo ðe bancofan   beorgan cuþe,       1445
    Bær þa seo brimwylf,   þa heo to      1506
        botme com,
    aldre sceþðan,   ac seo ecg geswac    1524
    yrre ond anræd.   Næs seo ecg         1575
        fracod
    þæt hine seo brimwylf   abroten       1599
        hæfde.
    bongar bugeð,   þeah seo bryd duge!   2031
    ge swylce seo herepad,   sio æt       2258
        hilde gebad
    wiges ond wealles;   him seo wen      2323
        geleah.

SEOC (2)
    feorhbennum seoc   gefean habban;     2740
    sexbennum seoc;   sweorde ne meahte   2904

-SEOC (1)
    feorhseoc fleon   under fenhleoðu,    820

SEOCE (1)
    modes seoce   ond on mere staredon,   1603

SEOFAN (1)
    ond him gesealde   seofan þusendo,    2195

SEOFON (1)
    seofon niht swuncon;   he þe æt       517
        sunde oferflat,

SEOLFA (1)
    sohte, searoniðas;   seolfa ne cuðe   3067

SEOMADE (1)
    seomade ond syrede,   sinnihte        161
        heold

SEOMODE (1)
    seomode on sale   sidfæþmed scip,     302

SEON (6)
    seon sib ægedriht   samod ætgædere;   387
    searowundor seon;   swylce self       920
        cyning
    metodsceaft seon.   Ic minne can      1180
    dreame bedæled,   deaþwic seon,       1275
    þær mæg nihta gehwæm   niðwundor      1365
        seon,
    seon ond secean   searogimma          3102
        geþræc,

-SEON (11)
    under heregriman   Hroðgar geseon;    396
    þæt ic sænæssas   geseon mihte,       571
    siððan hie sunnan leoht   geseon ne   648
        meahton,
    þæt ðu hine selfne   geseon moste,    961
    ða heo under swegle   geseon meahte   1078
    freondum befeallen,   Frysland        1126
        geseon,
    geseon sunu Hrædles,   þonne he on    1485
        þæt sinc staroð,

þæs þe hi hyne gesundne   geseon        1628
    moston.
wliteseon wrætlic;   weras on           1650
    sawon.
þæt hie seoððan no   geseon moston,     1875
þæs ðe ic ðe gesundne   geseon          1998
    moste."

SEONOWE (1)
    syndolh sweotol,   seonowe            817
        onsprungon,

SEOÞÐAN (3)*
    gyrn æfter gomene,   seoþðan          1775
        Grendel wearð,
    þæt hie seoððan no   geseon moston,   1875
    handgewriþene;   hraþe seoþðan wæs    1937

SEOWED (1)
    searonet seowed   smiþes orþancum):   406

-SERCEAN (2)
    heard under helme,   hiorosercean     2539
        bær
    brogdne beadusercean   under          2755
        beorges hrof.

SESSE (2)
    gesæt on sesse;   seah on enta        2717
        geweorc,
    Geseah ða sigehreðig,   þa he bi      2756
        sesse geong,

SETAN (1)
    goldwine gumena.   Gistas setan       1602

-SETED (2)
    seleweard aseted;   sundornytte       667
        beheold
    geseted ond gesæd   hwam þæt sweord   1696
        geworht,

-SETEN (1)
    ond we to symble   geseten hæfdon.    2104

SETL (1)
    wið his sylfes sunu   setl getæhte.   2013

-SETL (2)
    þæt wæs hildesetl   heahcyninges,     1039
    healle ond heahsetl,   þæt hie        1087
        healfre geweald

-SETLA (1)
    monegum mægþum,   meodosetla          5
        ofteah,

SETLE (3)
    Eode þa to setle.   Þær wæs symbla    1232
        cyst;
    Ga nu to setle,   symbelwynne dreoh   1782
    secge sealde,   ær hie to setle       2019
        geong.

SETLES (1)
    setles neosan,   swa se snottra       1786
        heht.

SETLUM (1)
    sweord ofer setlum,   sidrand manig   1289

-SETTE (3)
    gesette sigehreþig   sunnan ond       94
        monan
    besette swinlicum,   þæt hine         1453
        syðþan no
    sæcca gesette.   Oft seldan hwær      2029

SETTON (2)

205

SETTON (continued)

Setton sǣmeþe  side scyldas,                     325
Setton him to heafdon                           1242
    hilderandas,

-SETTON (1)
þa gyt hie him asetton  segen                     47
    geldenne

SEÐAN (1)
þonne hit sweordes ecg  seðan                    1106
    scolde.

SEXBENNUM (1)
sexbennum seoc; sweorde ne meahte               2904

SIB (2)
sǣton suhtergefæderan; þa gyt wæs               1164
    hiera sib ætgædere,
sib gemǣne,  ond sacu restan,                   1857

SIBÆÐELINGAS (1)
sibæðelingas.  Swylc sceolde secg               2708
    wesan,

SIBB (1)
sefa wið sorgum;  sibb æfre ne mæg              2600

-SIBB (1)
friðusibb folca,  flet eall                     2017
    geondhwearf,

SIBBE (4)
singale sǣce,  sibbe ne wolde                    154
niwe sibbe.  Ne bið þe nænigra gad               949
geaf me sinc ond symbel,  sibbe                 2431
    gemunde.
Ne ic to Sweoðeode  sibbe oððe                  2922
    treowe

-SIBBE (1)
dryhtsibbe dǣl  Denum unfæcne,                  2068

SIBBEGEDRIHT (2)
seon sibbegedriht  samod ætgædere;               387
swefan sibbegedriht  samod                       729
    ætgædere,

SID (2)
sid ond searofah,  sund cunnian,                1444
sid ond syllic,  searobendum fæst;              2086

SIDAN (1)
sidan herge;  no he him þa sæcce                2347
    ondred,

SIDE (7)
side sǣnæssas;  þa wæs sund liden,               223
Setton sǣmeþe  side scyldas,                     325
efne swa side  swa sæ bebugeð,                  1223
byrnan side,  þa hine se broga                  1291
    angeat.
side rice,  þæt he his selfa ne                 1733
    mæg
side rice  þam þær selra wæs.                   2199
ofer sæ side  sunu Ohteres,                     2394

SIDFÆÞME (1)
sǣlde to sande  sidfæþme scip,                  1917

SIDFÆÞMED (1)
seomode on sale  sidfæþmed scip,                 302

SIDNE (3)
þæt ic sweord bere  oþðe sidne                   437
    scyld,
on sidne sæ  ymb sund flite,                     507
þurh sidne sefan  snyttru bryttað,              1726

SIDRA (1)

sidra sorga.  Forðam secgum wearð,               149

SIDRAND (1)
sweord ofer setlum,  sidrand manig              1289

SIE (4)*
Ic þæt þonne forhicge  (swa me                   435
    Higelac sie,
rand geheawe,  þeah ðe he rof sie                682
þeofes cræfte;  þæt sie ðiod                     2219
    onfand,
beagas ond brad gold.  Sie sio bær              3105
    gearo,

SIG (1)
modceare micle.  Þæs sig metode                 1778
    þanc,

-SIGAN (1)
gesigan æt sæcce;  urum sceal                    2659
    sweord ond helm,

SIGEDRIHTEN (1)
"Eow het secgan  sigedrihten min,               391

SIGEEADIG (1)
Geseah ða on searwum  sigeeadig                 1557
    bil,

SIGEFOLCA (1)
sigefolca sweg,  oþþæt semninga                  644

SIGEHREÐ (1)
sigehreð secgum,  swa þin sefa                   490
    hwette."

SIGEHREÞIG (3)
gesette sigehreþig  sunnan ond                    94
    monan
þæt he sigehreðig  secean come                  1597
Geseah ða sigehreðig,  þa he bi                 2756
    sesse geong,

SIGEHWILA (1)
siðast sigehwila  sylfes dædum,                 2710

SIGEL (1)
sigel suðan fus.  Hi sið drugon,                1966

SIGELEASNE (1)
sigeleasne sang,  sar wanigean                   787

SIGEMUNDE (1)
sweordum gesæged.  Sigemunde                     884
    gesprong

SIGEMUNDES (1)
þæt he fram Sigemundes  secgan                   875
    hyrde

SIGEROF (1)
symbel ond seleful,  sigerof                     619
    kyning.

SIGESCYLDINGA (1)
swiðe onsittan,  Sigescyldinga;                  597

SIGESCYLDINGUM (1)
Sigescyldingum  sorge gefremede,               2004

SIGEÞEODE (1)
ða hyne gesohtan  on sigeþeode                  2204

SIGEWÆPNUM (1)
ac he sigewæpnum  forsworen hæfde,               804

SIGLA (1)
sigla, searogimma.  Hie on sælade              1157

206

-SIGLA (I)
magoþegn modig  maððumsigla fealo,   2757

SIGLE (I)
sigle ond sincfæt;   searoniðas       1200
fleah

SIGLU (I)
Hi on beorg dydon  beg ond siglu,     3163

SIGON (2)
sigon ætsomne,  oþþæt hy sæl           307
timbred,
Sigon þa to slæpe.  Sum sare          1251
angeald

-SIGOR (I)
geweold wigsigor;  witig drihten,     1554

SIGORA (2)
sigora waldend,  þæt he hyne          2875
sylfne gewræc
sigora soðcyning,  sealde þam ðe      3055
he wolde

-SIGORA (I)
hildeleoman.  Hreðsigora ne gealp     2583

SIGOREADIG (2)
sigoreadig secg.  Samod ærdæge        1311
sigoreadig secg,  sele fælsode        2352

SIGORES (I)
segen gyldenne  sigores to leane;     1021

SINC (7)
sinc æt symle.  Sele hlifade,           81
slðþan he under segne  sinc          1204
ealgode,
geseon sunu Hrædles,  þonne he on    1485
þæt sinc starað,
nemnan hyrde,  þær hio nægled sinc   2023
þara ðe in Swiorice  sinc            2383
brytnade,
geaf me sinc ond symbel,  sibbe       2431
gemunde.
searwum gesæled.  Sinc eaðe mæg,     2764

SINCA (I)
Ic wæs syfanwintre,  þa mec sinca    2428
baldor,

SINCE (6)
sadol searwum fah,  since            1038
gewurþad;
secan sundgebland  since             1450
geweorðad,
since fage.  Sweord ær gemealt,      1615
since hremig;  sægenga bad           1882
since fahne.  He þæt syððan * * *,   2217
swefeð sare wund,  since bereafod.   2746

SINCES (4)
þa wæs on salum  sinces brytta,       607
sinces brytta!  þu on sælum wes,     1170
to gesecanne  sinces bryttan,        1922
sinces brytta,  to hwan syððan       2071
wearð

SINCFÆT (3)
sigle ond sincfæt;  searoniðas       1200
fleah
Sincfæt * * * ;  þær wæs swylcra     2231
fela
sincfæt sohte.  He þæt sona onfand   2300

SINCFAGE (I)
sincfage sel  sweartum nihtum;        167

SINCFATO (I)

sincfato sealde,  oþþæt sæl alamp     622

SINCGESTREONA (I)
sincgestreona.  Beo þu suna minum    1226

SINCGESTREONUM (I)
efne swa swiðe  sincgestreonum       1092

SINCGIFAN (I)
on hyra sincgifan  sare geendod.     2311

SINCGYFAN (2)
ymb hyra sincgyfan  sel gebæran.     1012
se þe æfter sincgyfan  on sefan      1342
greoteþ),

SINCMAÐÞUM (I)
sincmaðþum selra  on sweordes had;   2193

SINCÞEGO (I)
Nu sceal sincþego  ond swyrdgifu,    2884

SINFREA (I)
swæsra gesiða,  nefne sinfrea,       1934

SINGALA (I)
singala seað,  ne mihte snotor        190
hæleð

SINGALE (I)
singale sæce,  sibbe ne wolde         154

SINGALES (I)
ic þære socne  singales wæg          1777

SINHERGE (I)
Besæt ða sinherge  sweorda lafe,     2936

SINNE (4)
eðel sinne;  þonon Eomer woc         1960
sinne geseldan  in sele þam hean     1984
hlaford sinne.  Ða wæs hord rasod,   2283
dryhten sinne,  driorigne fand       2789

-SINNIGNE (I)
felasinnigne secg;  sec gif þu       1379
dyrre.

SINNIHTE (I)
seomade ond syrede,  sinnihte         161
heold

SINT (I)
gesaga him eac wordum  þæt hie        388
sint wilcuman

SINUM (3)
ond him Hroðgar gewat  to hofe       1236
sinum,
hringa þengel  to hofe sinum,        1507
no ðy ær suna sinum  syllan wolde,   2160

SIO (15)
hæleðum sealde.  Sio gehaten is,     2024
sio wæs orðoncum  eall gegyrwed      2087
hwæþre him sio swiðre  swaðe         2098
weardade
ge swylce seo herepad,  sio æt       2258
hilde gebad
Hæfde þa gefrunen  hwanan sio fæhð   2403
aras,
incgelafe,  þæt sio ecg gewac        2577
helpan æt hilde;  wæs sio hond to    2684
strong,
Ne hedde he þæs heafolan,  ac sio    2697
hand gebarn
worlde geweorces.  Ða sio wund       2711
ongon,

SIO (continued)

þrong ymbe þeoden,   þa hyne sio            2883
    þrag becwom.
wide weorðeð.   Wæs sio wroht                2913
    scepen
Wæs sio swatswaðu   Sweona ond              2946
    Geata,
þæt ys sio fæhðo   ond se                    2999
    feondscipe,
feara sumne;   þa sio fæhð gewearð          3061
beagas ond brad gold.   Sie sio bær         3105
    gearo,

-SIOCNE (1)
ellensiocne,   þær he hine ær               2787
    forlet.

-SIOCUM (1)
hyran heaðosiocum,   hringnet               2754
    beran,

SIOLEÐA (1)
Oferswam ða sioleða bigong   sunu           2367
    Ecgðeowes,

SIOMIAN (1)
Swylce he siomian geseah   segn            2767
    eallgylden

-SIONA (1)
web æfter wagum,   wundorsiona fela          995

SITE (1)
Site nu to symle   ond onsæl meoto,         489

SITEÐ (1)
wunde gewyrcean.   Wiglaf siteð             2906

-SITEÐ (1)
forsiteð ond forsworceð;   semninga        1767
    bið

SITTAN (2)
þær swiðferhþe   sittan eodon,              493
freolicu folccwen   to hire frean           641
    sittan.

-SITTAN (2)
swiðe onsittan,   Sigescyldinga;            597
secge ofersittan,   gif he gesecean         684
    dear

-SITTE (1)
þæt ic wið þone guðflogan   gylp            2528
    ofersitte.

-SITTEND (1)
þæt þec ymbsittend   egesan þywað,         1827

-SITTENDE (1)
þa ic Freaware   fletsittende               2022

-SITTENDRA (3)
oðþæt him æghwylc   þara                      9
    ymbsittendra
under heofones hwealf                        2015
    healsittendra
ymbesittendra   ænig ðara,                  2734

-SITTENDUM (2)
fletsittendum   fægere gereorded            1788
healsittendum   helm ond byrnan,            2868

SIÐ (21)
þeoden mærne,   ymb þinne sið,               353
onband beadurune   (wæs him                  501
    Beowulfes sið,
sorhfulne sið,   þa git on sund              512
    reon.

fættum fahne.   Ne wæs þæt forma             716
    sið
on grames grapum.   þæt wæs geocor           765
    sið
sið Beowulfes   snyttrum styrian             872
swiðferhþes sið   snotor ceorl               908
    monig,
sorhfulne sið,   sunu deað wrecan.          1278
sorhfulne sið   on seglrade,                1429
folcstede fara;   næs þæt forma sið         1463
fæges fyrdhrægl;   ða wæs forma sið         1527
oftor micle   ðonne on ænne sið,           1579
sigel suðan fus.   Hi sið drugon,          1966
sið Beowulfes   snude gecyðed,             1971
þæt mec ær ond sið   oft gelæste.          2500
uncer twega.   Nis þæt eower sið           2532
anes mannes.   Ne bið swylc earges         2541
    sið!
iren ærgod.   Ne wæs þæt eðe sið,          2586
frod on forðweg.   þa wæs forma sið        2625
þa wæs gesyne   þæt se sið ne ðah           3058
nealles swæslice   sið alyfed              3089

-SIÐ (4)
weras on wilsið,   wudu bundenne.            216
eftsið eorla,   swa he ær dyde;            1891
wean ond wræcsið,   se ðe waldendes        2292
eaforan ellorsið;   oðres ne gymeð         2451

SIÐA (1)
siða gesunde.   Ic to sæ wille              318

-SIÐA (1)
swæsra gesiða,   nefne sinfrea,            1934

SIÐAS (2)
Wælsinges gewin,   wide siðas,              877
hwylce Sægeata   siðas wæron):             1986

-SI�þAS (7)
wilgesiþas,   þonne wig cume,                23
swæse gesiþas,   swa he selfa bæd,           29
þanon eft gewiton   ealdgesiðas,            853
atol æse wlanc   eftsiðas teah,            1332
se ðe gryresiðas   gegan dorste,           1462
swæse gesiðas   ond hyra sylfra            2040
    feorh.
swæse gesiðas:   "Nolde ic sweord          2518
    beran,

SIÐAST (1)
siðast sigehwila   sylfes dædum,           2710

SIÐE (12)
sægdest from his siðe.   Soð ic             532
    talige,
ac he gefeng hraðe   forman siðe            740
nefa Swertinges,   nyhstan siðe,           1203
siðe gesohte;   ðær hio syððan well        1951
sorhwylmum seað,   siðe ne truwode         1993
under heregriman   hindeman siðe,          2049
fira fyrngeweorc   forman siðe.            2286
niehstan siðe:   "Ic geneðde fela          2511
hwate helmberend,   hindeman siðe,         2517
atol inwitgæst,   oðre siðe                2670
þa wæs þeodsceaða   þriddan siðe,          2688
Uton nu efstan   oðre siðe,                3101

-SIÐE (1)
æfter sæsiðe,   sorge, mændon,             1149

SIþES (4)
siþes werig.   Ða mec sæ oþbær,             579
snottra fengel,   nu ic eom siðes          1475
    fus,
sona him seleþegn   siðes wergum,          1794
siðes getwæfde;   sægenga for,             1908

-SIÐES (2)

208

on gesiðes had  be sæm tweonum,　1297
Ar wæs on ofoste,  eftsiðes georn,　2783

SIÐESTAN (1)
ond nu æt siðestan  sylfes feore　3013

SIÐFÆT (1)
Done siðfæt him  snotere ceorlas　202

SIÐFATE (1)
to ðyssum siðfate  sylfes willum,　2639

SIÐFROME (1)
Ond þa siðfrome,  searwum gearwe　1813

SIÐIAN (2)
Com þa to recede  rinc siðian,　720
on feonda geweald  feor siðian.　808

-SIÐOD (1)
Hæfde ða forsiðod  sunu Ecgþeowes　1550

SIÐODE (1)
siðode sorhfull;  sunu deað　2119
  fornam,

SIÞÐAN (17)*
siþðan him scyppend  forscrifen　106
  hæfde
idel ond unnyt,  siððan æfenleoht　413
Siððan þa fæhðe  feo þingode;　470
to medo modig,  siþþan morgenleoht　604
siððan hie sunnan  leoht  geseon ne　648
  meahton,
siþðan ic hond ond rond  hebban　656
  mihte,
wig ofer wæpen,  ond siþðan witig　685
  god
næfre he on aldordagum  ær ne　718
  siþðan
Deaðfæge deog,  siðdan dreama leas　850
siððan Heremodes  hild sweðrode,　901
siþðan æþelingas  eorles cræfte　982
siþðan grimne gripe  Guðlaf ond　1148
  Oslaf
siþþan he under segne  sinc　1204
  ealgode,
siþðan goldsele  Grendel warode,　1253
cealde streamas,  siþðan Cain　1261
  wearð
edhwyrft eorlum,  siþðan inne　1281
  fealh
maþma gemænra,  siþðan morgen　1784
  bið."

-SIÐUM (5)
Wen ic þæt ge for wlenco,  nalles　338
  for wræcsiðum,
self mid gesiðum  þær se snotera　1313
  bad,
selfa mid gesiðum  sæwealle neah.　1924
cealdum cearsiðum,  cyning ealdre　2396
  bineat.
sægde gesiðum  (him wæs sefa　2632
  geomor):

SLÆGEN (1)
feonda feorum,  swilce Fin slægen,　1152

SLÆP (1)
sawele hyrde;  bið se slæp to　1742
  fæst,

SLÆPE (1)
Sigon þa to slæpe.  Sum sare　1251
  angeald

SLÆPENDE (2)
sloh on sweofote,  slæpende fræt　1581

þeah ðe he slæpende  besyred wurde　2218

SLÆPENDNE (1)
slæpendne rinc,  slat unwearnum,　741

SLAT (1)
slæpendne rinc,  slat unwearnum,　741

-SLAW (1)
ecgum unslaw;  æghwæðrum wæs　2564

SLEA (1)
Nat he þara goda  þæt he me ongean　681
  slea,

SLEAC (1)
swyðe wendon  þæt he sleac wære,　2187

SLIÐEN (1)
sweordbealo sliðen  æt his selfes　1147
  ham,

SLIÐNE (1)
þurh sliðne nið  sawle bescufan　184

SLIÐRA (1)
sliðra geslyhta,  sunu Ecgðiowes,　2398

SLOG (3)
ece drihten,  þæs þe he Abel slog;　108
yðde eotena cyn  ond on yðum slog　421
dreah æfter dome,  nealles druncne　2179
  slog

SLOGON (1)
dyre iren,  þær hyne Dene slogon,　2050

-SLOGON (1)
mon on middangearde),  syððan hie　2996
  ða mærða geslogon,

SLOH (6)
aldres orwena,  yrringa sloh,　1565
sloh on sweofote,  slæpende fræt　1581
hondgemota,  þær mon Hygelac sloh,　2355
Geata dryhten,  gryrefahne sloh　2576
mærða gemunde,  mægenstrengo sloh　2678
þæt he þone niðgæst  nioðor hwene　269 A
  sloh,

-SLOH (5)
Gesloh þin fæder  fæhðe mæste;　459
Hwæþere me gesælde  þæt ic mid　574
  sweorde ofsloh
Ofsloh ða æt þære sæcce,  þa me　1665
  sæl ageald,
fyrngewinnes,  syðþan flod ofsloh,　1689
wræte under wealle.  Weard ær　3060
  ofsloh

-SLYHT (2)
eald ond egesfull,  ondslyht　2929
  ageaf,
ealdum ceorle  ondslyht giofan,　2972

-SLYHTA (1)
sliðra geslyhta,  sunu Ecgðiowes,　2398

SMIÐ (1)
worhte wæpna smið,  wundrum teode,　1452

-SMIÞA (1)
wundorsmiþa geweorc,  ond þa þas　1681
  worold ofgeaf

SMIÞES (1)
searonet seowed  smiþes orþancum):　406

-SMIÞOD (1)

**209**

-SMIÞOD (continued)

searoþoncum besmiþod. þær fram   775
  sylle abeag

-SNÆDUM (1)
synsnædum swealh; sona hæfde   743

SNELLA (1)
Ne meahte se snella sunu Wonredes   2971

SNELLIC (1)
snellic særinc selereste gebeah.   690

SNOTERA (1)
self mid gesiðum þær se snotera   1313
  bad,

SNOTERE (2)
Done siðfæt him snotere ceorlas   202
þa selestan, snotere ceorlas,   416

SNOTOR (4)
singala seað, ne mihte snotor   190
  hæleð
snotor ond swyðferhð, sele   826
  Hroðgares,
swiðferhþes sið snotor ceorl   908
  monig,
"Ne sorga, snotor guma; selre bið   1384
  æghwæm

SNOTORLICOR (1)
on sefan sende; ne hyrde ic   1842
  snotorlicor

SNOTRA (2)
snotra fengel, sume worde het   2156
Huru se snotra sunu Wihstanes   3120

-SNOTRE (1)
foresnotre men findan mihton.   3162

SNOTTRA (2)
snottra fengel, nu ic eom siðes   1475
  fus,
setles neosan, swa se snottra   1786
  heht.

SNOTTRE (1)
Sona þæt gesawon snottre ceorlas,   1591

SNUDE (6)
snude forsended. Hine sorhwylmas   904
secean on gesyntum, snude eft   1869
  cuman.
sið Beowulfes snude gecyðed,   1971
snude to soðe, þæt his sylfes   2325
  ham,
snude tosomne; he on searwum bad.   2568
Da ic snude gefrægn sunu   2752
  Wihstanes

SNYREDON (1)
Snyredon ætsomne, þa secg wisode,   402

SNYTTRU (1)
þurh sidne sefan snyttru bryttað,   1726

SNYTTRUM (3)
sið Beowulfes snyttrum styrian   872
snyttrum besyrwan. Hwæt, þæt   942
  secgan mæg
mægen mid modes snyttrum. Ic þe   1706
  sceal mine gelæstan

-SNYTTRUM (1)
for his unsnyttrum ende   1734
  geþencean.

-SNYÐEDE (1)

þætte Ongenðio ealdre besnyðede   2924

SOCNE (1)
ic þære socne singales wæg   1777

-SOFTE (2)
Ic þæt unsofte ealdre gedigde   1655
eacnum ecgum, unsofte þonan   2140

SOHTAN (1)
ofer sæ sohtan, suna Ohteres;   2380

-SOHTAN (1)
ða hyne gesohtan on sigeþeode   2204

SOHTE (9)
gerumlicor ræste sohte,   139
sundwudu sohte; secg wisade,   208
heard her cumen, sohte holdne   376
  wine.
þeoden Hroðgar, þæt ic þe sohte,   417
hyldo gehealdeþ! Hordweard sohte   2293
sincfæt sohte. He þæt sona onfand   2300
mærum þeodne þonne his myne   2572
  sohte,
ne sohte searoniðas, ne me swor   2738
  fela
sohte, searoniðas; seolfa ne cuðe   3067

-SOHTE (7)
Þanon he gesohte Suðdena folc   463
ðonon he gesohte swæsne eðel,   520
þæt he Hroþgares ham gesohte;   717
selran gesohte þæm þe him selfa   1839
  deah."
siðe gesohte; ðær hio syððan well   1951
þæt he þone widflogan weorode   2346
  gesohte,
swenge ofersohte, þonne he to   2686
  sæcce bær

SOHTEST (1)
ond for arstafum usic sohtest.   458

SOHTON (1)
ac for higeþrymmum Hroðgar   339
  sohton."

-SOHTON (1)
þa for onmedlan ærest gesohton   2926

-SOMNE (7)
sigon ætsomne, oþþæt hy sæl   307
  timbred,
Snyredon ætsomne, þa secg wisode,   402
þa wæs Geatmæcgum geador ætsomne   491
Da wit ætsomne on sæ wæron   544
snude tosomne; he on searwum bad.   2568
tydre treowlogan tyne ætsomne.   2847
syfone tosomne, þa selestan,   3122

SOMOD (6)*
breostgewædu ond se beah somod;   1211
buton þone hafelan ond þa hilt   1614
  somod
ðeodnes dohtor, þrio wicg somod   2174
worulde lifes, ond se wyrm somod,   2343
sarigmodum somod ærdæge,   2942
heard swyrd hilted ond his helm   2987
  somod,

SONA (17)
grim ond grædig, gearo sona wæs,   121
dreamum bedæled. Duru sona onarn,   721
synsnædum swealh; sona hæfde   743
Sona onfunde fyrena hyrde   750
geond þæt sæld swæfun. Þa ðær   1280
  sona wearð

210

-STEPTE (continued)

feasceaftum freond,   folce          2393
   gestepte

STIG (2)
Stræt wæs stanfah,    stig wisode      320
stanbeorh steapne;    stig under      2213
   læg,

STIGE (2)
Beowulf Geata,   ær he on bed          676
   stige:
steap stanhliðo,   stige nearwe,      1409

-STIGEÐ (1)
þonon yðgeblond   up astigeð          1373

-STIGGE (1)
medostigge mæt   mægþa hose.           924

STIGON (2)
on stefn stigon;   streamas wundon,    212
Wedera leode   on wang stigon,         225

STILLE (2)
Gewiton him þa feran.   Flota          301
   stille bad,
þæt se widfloga   wundum stille       2830

STIÐ (1)
stið ond stylecg;   strenge           1533
   getruwode,

STIÐMOD (1)
Stiðmod gestod   wið steapne rond     2566

STIÐRA (1)
stiðra nægla gehwylc,   style          985
   gelicost,

STOD (15)
þær æt hyðe stod   hringedstefna,       32
ana wið eallum,   oðþæt idel stod      145
eode yrremod;   him of eagum stod      726
niwe geneahhe;   Norðdenum stod        783
stod on stapole,   geseah steapne      926
   hrof,
husa selest   heorodreorig stod,       935
in under eoderas.   Þara anum stod    1037
wynleasne wudu;   wæter under stod    1416
yðgewinnes,   þæt him on aldre stod   1434
Lixte se leoma,   leoht inne stod,    1570
lyftgeswenced,   on lande stod.       1913
þæt þær ðam gyste   gryrebroga        2227
   stod;
beorht hofu bærnan;   bryneleoma      2313
   stod
hildebille,   þæt hyt on heafolan     2679
   stod
gelocen leoðocræftum;   of ðam        2769
   leoma stod,

-STOD (8)
eode ellenrof,   þæt he for eaxlum     358
   gestod
heard under helme,   þæt he on         404
   heoðe gestod.
æfenspræce,   uplang astod             759
wrætlicne wyrm,   þæt hit on wealle     891
   ætstod,
wið ord ond wið ecge   ingang         1549
   forstod.
yðelice,   syþðan he eft astod.       1556
syððan ic on yrre   uppriht astod.    2092
Stiðmod gestod   wið steapne rond     2566

STODAN (1)
Him big stodan   bunan ond orcas,     3047

-STODE (1)

nefne him witig god   wyrd forstode   1056

STODON (1)
guðsearo gumena;   garas stodon,       328

-STODON (1)
æðelinga bearn,   ymbe gestodon       2597

-STOL (5)
no he þone gifstol   gretan moste,     168
bold ond bregostol.   Him wæs bam     2196
   samod
gifstol Geata.   Þæt ðam godan wæs    2327
beagas ond bregostol,   bearne ne     2370
   truwode
let ðone bregostol   Biowulf          2389
   healdan,

-STOLAS (1)
þæt he wið ælfylcum   eþelstolas      2371

-STOLE (1)
in gumstole,   gode, mære,            1952

STONC (1)
stonc ða æfter stane,   stearcheort   2288
   onfand

STONDAN (2)
stondan stanbogan,   stream ut        2545
   þonan
ealdes uhtflogan,   orcas stondan,    2760

STOP (2)
Eoten wæs utweard;   eorl furþur       761
   stop.
geatolic gende;   gumfeþa stop        1401

-STOP (2)
fet ond folma.   Forð near ætstop,     745
feondes fotlast;   he to forð         2289
   gestop

STORM (1)
þonne stræla storm   strengum         3117
   gebæded

STORME (1)
hringedstefnan;   holm storme weol,   1131

STOW (1)
hafelan hydan.   Nis þæt heoru        1372
   stow!

STOWE (2)
grundbuendra   gearwe stowe,          1006
frecne stowe,   ðær þu findan miht    1378

-STOWE (2)
weoldon wælstowe,   syððan           2051
   Wiðergyld læg,
þæt hie wælstowe   wealdan moston.    2984

-STRÆL (1)
herestræl hearda;   he on holme wæs   1435

STRÆLA (1)
þonne stræla storm   strengum         3117
   gebæded

STRÆLE (1)
biteran stræle   (him bebeorgan ne    1746
   con),

STRÆT (1)
Stræt wæs stanfah,   stig wisode       320

-STRÆTA (1)
mæton merestræta,   mundum brugdon,   514

214

STRÆTE (2)
Hwilum flitende fealwe stræte     916
cuþe stræte. Cyningbalde men     1634

-STRÆTE (1)
ofer lagustræte lædan cwomon,     239

STRANG (2)
wergan gastes; wæs þæt gewin to     133
    strang,
þu eart mægenes strang ond on     1844
    mode frod,

STREAM (1)
stondan stanbogan, stream ut     2545
    þonan

-STREAM (3)
þær git eagorstream earmum     513
    þehton,
frecne fengelad, ðær fyrgenstream     1359
feondes fæðmum under     2128
    firgenstream.

STREAMAS (2)
on stefn stigon; streamas wundon,     212
cealde streamas, siþðan Cain     1261
    wearð

-STREAMAS (2)
ofer lagustreamas leofne mannan     297
bundenstefna ofer brimstreamas,     1910

-STREAMUM (1)
ne on egstreamum earmran mannon;     577

STRED (1)
mæges dædum morþorbed stred,     2436

STRENGE (2)
hwæþre he gemunde mægenes     1270
    strenge,
stið ond stylecg; strenge     1533
    getruwode,

STRENGEL (1)
weaxan wonna leg wigena strengel,     3115

STRENGEST (3)
se wæs moncynnes mægenes     196
    strengest
se þe manna wæs mægene strengest     789
oferwearp þa werigmod wigena     1543
    strengest,

STRENGO (1)
under stancleofu, strengo     2540
    getruwode

-STRENGO (3)
þæt ic merestrengo maran ahte,     533
hildestrengo; hreðer inne weoll,     2113
mærða gemunde, mægenstrengo sloh     2678

STRENGUM (1)
þonne stræla storm strengum     3117
    gebæded

-STREON (4)
eorles ærgestreon, egesan ne     1757
    gymeð.
Het þa up beran æþelinga     1920
    gestreon,
heard ond hringmæl Heaðabeardna     2037
    gestreon
forleton eorla gestreon eorðan     3166
    healdan,

-STREONA (9)

þeodgestreona, ond geþeoh tela,     1218
sincgestreona. Beo þu suna minum     1226
þæt wæs an foran ealdgestreona;     1458
maþmgestreona. Mod þryðo wæg,     1931
in ðam eorðhuse ærgestreona,     2232
þæt he lytel fæc longgestreona     2240
þær on innan bær eorlgestreona     2244
heahgestreona. Hordweard onbad     2302
hordgestreona, hider ut ætbær     3092

-STREONUM (4)
þeodgestreonum, þon þa dydon     44
efne swa swiðe sincgestreonum     1092
ealdgestreonum, swa ic ær dyde,     1381
ofer Hroðgares hordgestreonum.     1899

STRONG (1)
helpan æt hilde; wæs sio hond to     2684
    strong,

STRUDE (2)
wommum gewitnad, se ðone wong     3073
    strude,
Næs ða on hlytme hwa þæt hord     3126
    strude,

-STRYNAN (1)
ær swyltdæge swylc gestrynan.     2798

STUNDUM (1)
hatan heolfre. Horn stundum song     1423

STYLE (1)
stiðra nægla gehwylc, style     985
    gelicost,

STYLECG (1)
stið ond stylecg; strenge     1533
    getruwode,

-STYMED (1)
eal bencþelu blode bestymed,     486

STYREDE (1)
oððe hringsele hondum styrede,     2840

STYREÞ (1)
won to wolcnum, þonne wind     1374
    styreþ,

STYRIAN (1)
sið Beowulfes snyttrum styrian     872

STYRMDE (1)
stearcheort styrmde; stefn in     2552
    becom

SUHTERGEFÆDERAN (1)
sæton suhtergefæderan; þa gyt wæs     1164
    hiera sib ætgædere,

SUM (19)
findan mihte; fiftyna sum     207
eorla ofer eorþan ðonne is eower     248
    sum,
Deniga frean, ne sceal þær dyrne     271
    sum
gegnum gangan; guðbeorna sum     314
Gespræc þa se goda gylpworda sum,     675
beddum ond bolstrum. Beorscealca     1240
    sumeð
Sigon þa to slæpe. Sum sare     1251
    angeald
geosceaftgasta; wæs þæra Grendel     1266
    sum,
eode eorla sum, æþele cempa     1312
He feara sum beforan gengde     1412
grim ond grædig, þæt þær gumena     1499
    sum

SUM (continued)

wigbil wanian. Þæt wæs wundra  1607
    sum,
Þa wæs be mæste merehrægla sum,  1905
heold on hrusan hordærna sum,  2279
ðæt hæfde gumena sum goldes  2301
    gefandod,
Gewat Þa twelfa sum torne  2401
    gebolgen
getan wolde, sum on galgtreowum  2940
eode eahta sum under inwithrof  3123
hilderinca; sum on handa bær  3124

-SUM (3)
lað ond longsum. Næs hit lengra  134
    fyrst,
laÞ ond longsum, Þe on ða leode  192
    becom,
leodbealo longsum. Ðu Þe lær be  1722
    Þon,

-SUMAN (1)
wudu wynsuman forwrecan meahte.  1919

SUME (3)
Þryðlic Þegna heap; sume Þær  400
    bidon,
wundum awyrded; sume on wæle  1113
    crungon.
snotra fengel, sume worde het  2156

-SUME (1)
word wæron wynsume. Eode  612
    WealhÞeow forð,

SUMNE (4)
sumne besyrwan in sele Þam hean.  713
guðhorn galan. Sumne Geata leod  1432
manigra sumne; hyt ne mihte swa,  2091
feara sumne; Þa sio fæhð gewearð  3061

-SUMNE (1)
longsumne lof, na ymb his lif  1536
    cearað.

SUNA (7)
sincgestreona. Beo Þu suna minum  1226
geong, goldhroden, gladum suna  2025
    Frodan;
no ðy ær suna sinum syllan wolde,  2160
ofer sæ sohtan, suna Ohteres;  2380
Gesyhð sorhcearig on his suna  2455
    bure
suna Ohteres. Þam æt sæcce wearð,  2612
"Nu ic suna minum syllan wolde  2729

SUND (7)
sund wið sande; secgas bæron  213
side sænæssas; Þa wæs sund liden,  223
on sidne sæ ymb sund flite,  507
sorhfulne sið, Þa git on sund  512
    reon.
Hæfdon swurd nacod, Þa wit on  539
    sund reon,
sellice sædracan, sund cunnian,  1426
sid ond searofah, sund cunnian,  1444

-SUND (1)
ealles ansund, Þe se aglæca,  1000

SUNDE (3)
seofon niht swuncon; he Þe æt  517
    sunde oferflat,
swencte on sunde, sædeor monig  1510
Sona wæs on sunde se Þe ær æt  1618
    sæcce gebad

-SUNDE (2)
sið̃a gesunde. Ic to sæ wille  318
ðær we gesunde sæl weardodon.  2075

SUNDES (1)
sundes Þe sænra, ðe hyne swylt  1436
    fornam.

SUNDGEBLAND (1)
secan sundgebland since  1450
    geweorðad,

-SUNDNE (2)
Þæs Þe hi hyne gesundne geseon  1628
    moston.
Þæs ðe ic ðe gesundne geseon  1998
    moste."

SUNDNYTTE (1)
sylfes cræfte, sundnytte dreah;  2360

SUNDORNYTTE (1)
seleweard aseted; sundornytte  667
    beheold

SUNDUR (1)
secean sawle hord, sundur gedælan  2422

SUNDWUDU (2)
sundwudu sohte; secg wisade,  208
segl sale fæst; sundwudu Þunede.  1906

-SUNGEN (1)
læddon to leodum. Leoð wæs  1159
    asungen,

SUNNAN (2)
gesette sigehreÞig sunnan ond  94
    monan
sið̃an hie sunnan leoht geseon ne  648
    meahton,

SUNNE (1)
sunne sweglwered suÞan scineð."  606

SUNU (32)
sunu Healfdenes, secean cwomon,  268
Wille ic asecgan sunu Healfdenes,  344
sunu Beanstanes soðe gelæste.  524
Secge ic Þe to soðe, sunu  590
    Ecglafes,
sunu Healfdenes secean wolde  645
secg betsta, me for sunu wylle  947
Ða wæs swigra secg, sunu Eclafes,  980
Þæt to healle gang Healfdenes  1009
    sunu;
ðonne sweorda gelac sunu  1040
    Healfdenes
ond æt feohgyftum Folcwaldan sunu  1089
hire selfre sunu sweoloðe  1115
    befæstan,
Me man sægde Þæt Þu ðe for sunu  1175
    wolde
sorhfulne sið, sunu deað wrecan.  1278
geseon sunu Hrædles, Þonne he on  1485
    Þæt sinc staråð,
Hæfde ða forsiðod sunu EcgÞeowes  1550
"Hwæt! we Þe Þas sælac, sunu  1652
    Healfdenes,
sunu Healfdenes (swigedon ealle):  1699
sunu Ecglafes, heht his sweord  1808
    niman,
wið his sylfes sunu setl getæhte.  2013
sið̃ode sorhfull; sunu deað  2119
    fornam,
sunu Healfdenes, on minne sylfes  2147
    dom;
Oferswam ða sioleða bigong sunu  2367
    Ecgðeowes,
sweordes swengum, sunu Hygelaces,  2386
ofer sæ side sunu Ohteres,  2394
slið̃ra geslyhta, sunu Ecgðiowes,  2398

216

SWA (continued)

swa he ne mihte,   no he þæs modig   1508
   wæs,
efne swa of hefene   hadre scineð   1571
aldorleasne,   swa him ær gescod   1587
forbarn brogdenmæl,   swa þæt blod   1667
   gesprang,
deaðcwealm Denigea,   swa hit   1670
   gedefe wæs.
aldorbealu eorlum,   swa þu ær   1676
   dydest."
freode,   swa wit furðum spræcon.   1707
   Ðu scealt to frofre weorþan
setles neosan,   swa se snottra   1786
   heht.
þa wæs eft swa ær   ellenrofum   1787
swa þec hetende   hwilum dydon,   1828
eftsið eorla,   swa he ær dyde;   1891
Hraðe wæs gerymed,   swa se rica   1975
   bebead,
swa begylpan ne þearf   Grendeles   2006
   maga
swa hyne Geata bearn   godne ne   2184
   tealdon,
swa hy on geardagum   gumena   2233
   nathwylc,
leodum on lande,   swa hyt lungre   2310
   wearð
þeostrum geþoncum,   swa him geþywe   2332
   ne wæs.
eaferum læfde,   swa deð eadig mon,   2470
fæhðe ond fyrene,   swa hyt gefræge   2480
   wæs,
geald æt guðe,   swa me gifeðe wæs,   2491
gylpe wiðgripan,   swa ic gio wið   2521
   Grendle dyde.
weorðan æt wealle,   swa unc wyrd   2526
   geteoð,
wealdan moste   swa him wyrd ne   2574
   gescraf
nacod æt niðe,   swa hyt no   2585
   sceolde,
elles hwergen,   swa sceal æghwylc   2590
   mon
folcrihta gehwylc,   swa his fæder   2608
   ahte.
eorlscipe efnan   swa his ærfæder;   2622
swa ðu on geoguðfeore   geara   2664
   gecwæde
cræft ond cenðu,   swa him gecynde   2696
   wæs.
gumena gehwylcum,   swa he nu gen   2859
   deð.
omige, þurhetone,   swa hie wið   3049
   eorðan fæðm
efne swa hwylcum manna   swa him   3057
   gemet ðuhte.
wræc adreogan,   swa us geworden   3078
   is.
micelne ond mærne,   swa he manna   3098
   wæs
beorhtum byrnum,   swa he bena wæs;   3140
wealle beworhton,   swa hyt   3161
   weorðlicost
eldum swa unnyt   swa hit æror wæs.   3168
duguðum demdon,   swa hit gedefe   3174
   bið

SWAC (I)
ahyrded heaþoswate;   næfre hit æt   1460
   hilde ne swac

-SWAC (3)
aldre sceþðan,   ac seo ecg geswac   1524
goldwine Geata;   guðbill geswac,   2584
geswac æt sæcce   sweord Biowulfes,   2681

SWÆF (I)
geap ond goldfah;   gæst inne swæf   1800

SWÆFON (I)
scriðan sceadugenga.   Sceotend   703
   swæfon,

SWÆFUN (I)
geond þæt sæld swæfun.   þa ðær   1280
   sona wearð

-SWÆLED (I)
grimlic, gryrefah,   gledum   3041
   beswæled.

SWÆSE (4)
swæse gesiþas,   swa he selfa bæd,   29
het hine mid þæm lacum   leode   1868
   swæse
swæse gesiðas   ond hyra sylfra   2040
   feorh.
swæse gesiðas:   "Nolde ic sweord   2518
   beran,

SWÆSLICE (I)
nealles swæslice   sið alyfed   3089

SWÆSNE (I)
ðonon he gesohte   swæsne eðel,   520

SWÆSRA (I)
swæsra gesiða,   nefne sinfrea,   1934

-SWAF (I)
Biorn under beorge   bordrand   2559
   onswaf

-SWAM (I)
Oferswam ða sioleða bigong   sunu   2367
   Ecgðeowes,

SWANCOR (I)
swancor ond sadolbeorht;   hyre   2175
   syððan wæs

SWANRADE (I)
ofer swanrade   secean wolde,   200

-SWARE (3)
ond þe þa ondsware   ædre gecyðan   354
efste mid elne,   nalas ondsware   1493
Hroðgar maþelode   him on ondsware:   1840

-SWARODE (2)
Him se yldesta   ondswarode,   258
Him þa ellenrof   andswarode,   340

-SWARU (I)
þa wæs æt ðam geongan   grim   2860
   ondswaru

SWAT (2)
sawuldriore,   swat yðum weoll.   2693
þæt him for swenge   swat ædrum   2966
   sprong

-SWAT (I)
hat hildeswat.   Hruse dynede.   2558

-SWATA (I)
hatost heaþoswata.   Ic þæt hilt   1668
   þanan

SWATE (I)
sweord swate fah   swin ofer helme   1286

-SWATE (2)
ahyrded heaþoswate;   næfre hit æt   1460
   hilde ne swac
æfter heaþoswate   hildegicelum,   1606

SWATFAH (I)

218

swatfah syrce,  swyn ealgylden,  IIII

SWATIG (1)
Sweord wæs swatig,  secg weorce  1569
gefeh.

SWATSWAÐU (1)
Wæs sio swatswaðu  Sweona ond  2946
Geata,

SWAÐE (1)
hwæþre him sio swiðre  swaðe  2098
weardade

SWAÞREDON (1)
beorht beacen godes;  brimu  570
swaþredon,

-SWAÐU (1)
Wæs sio swatswaðu  Sweona ond  2946
Geata,

SWAÞULE (1)
swulge on swaþule.  Sweg up astag  782

-SWAÞUM (1)
æfter waldswaþum  wide gesyne,  1403

SWEALG (1)
hynðo ond hæftnyd.  Heofon rece  3155
swealg.

-SWEALG (2)
laðbite lices.  Lig ealle  1122
forswealg,
leofes mannes  lic eall forswealg.  2080

SWEALH (1)
synsnædum swealh;  sona hæfde  743

SWEALT (6)
dryhtlic iren;  draca morðre  892
swealt.
ættren ellorgæst  se þær inne  1617
swealt.
Hreðles eafora  hiorodryncum  2358
swealt,
herenið hearda,  syððan Hreðel  2474
swealt,
middelnihtum,  oðþæt he morðre  2782
swealt.
Wedra þeoden,  wundordeaðe swealt.  3037

-SWEARC (1)
niowan stefne.  Nihthelm geswearc  1789

SWEART (1)
sweart ofer swioðole,  swogende  3145
leg

SWEARTUM (1)
sincfage sel  sweartum nihtum;  167

SWEBBAN (1)
forþan ic hine sweorde  swebban  679
nelle,

SWEFAN (3)
swefan æfter symble;  sorge ne  119
cuðon,
swefan sibbegedriht  samod  729
ætgædere,
sorhleas swefan  mid þinra secga  1672
gedryht

SWEFAÐ (2)
fætum befeallen;  feormynd swefað,  2256
reote berofene.  Ridend swefað,  2457

-SWEFEDE (1)
sweordum aswefede,  þæt syðþan na  567

SWEFEÐ (5)*
swefeð ond sendeþ,  secce ne weneþ  600
swefeþ æfter symle.  Þa wæs sæl  1008
ond mæl
weaxeð ond wridað.  Þonne se weard  1741
swefeð,
æfter billes bite  blodfag swefeð,  2060
swefeð sare wund,  since bereafod.  2746

SWEG (6)
hludne in healle;  þær wæs hearpan  89
sweg,
sigefolca sweg,  oþþæt semninga  644
swulge on swaþule.  Sweg up astag  782
þær wæs sang ond sweg samod  1063
ætgædere
hæleð in hoðman;  nis þær hearpan  2458
sweg,
hæfen on handa,  nalles hearpan  3023
sweg

-SWEG (2)
micel morgensweg.  Mære þeoden,  129
beorhtode bencsweg;  byrelas  1161
sealdon

SWEGE (1)
hreawic heoldon.  Heal swege  1214
onfeng.

SWEGLE (3)*
ða heo under swegle  geseon meahte  1078
Nænigne ic under swegle  selran  1197
hyrde
swegle searogimmas,  þæt ic ðy  2749
seft mæge

SWEGLES (2)
under swegles begong  selra nære  860
under swegles begong  gesacan ne  1773
tealde.

SWEGLWERED (1)
sunne sweglwered  suþan scineð."  606

SWELAN (1)
swelan ond swellan;  he þæt sona  2713
onfand,

SWELLAN (1)
swelan ond swellan;  he þæt sona  2713
onfand,

-SWENCED (3)
synnum geswenced,  ac hyne sar  975
hafað
ðeah þe hæðstapa  hundum  1368
geswenced,
lyftgeswenced,  on lande stod.  1913

SWENCTE (1)
swencte on sunde,  sædeor monig  1510

-SWENCTE (1)
his freawine,  flane geswencte,  2438

SWENG (1)
hildebille,  hond sweng ne ofteah,  1520

-SWENG (2)
heorosweng heardne,  ond hine þa  1590
heafde becearf.
fæhðo genoge,  feorhsweng ne  2489
ofteah.

SWENGE (2)

SWENGE (continued)

swenge ofersohte,  þonne he to           2686
    sæcce bær
þæt him for swenge  swat ædrum            2966
    sprong

-SWENGE (I)
æfter heaðuswenge  on hreoum mode,        2581

-SWENGEAS (I)
hæleða bearna  heteswengeas fleah,        2224

SWENGUM (I)
sweordes swengum,  sunu Hygelaces,        2386

SWEOFOTE (2)
sloh on sweofote,  slæpende fræt          1581
þone þe him on sweofote  sare             2295
    geteode,

SWEOLOÐE (I)
hire selfre sunu  sweoloðe                1115
    befæstan,

SWEONA (4)
þa wæs synn ond sacu  Sweona ond          2472
    Geata
Wæs sio swatswaðu  Sweona ond             2946
    Geata,
Sweona leodum,  segn Higelaces            2958
þe us seceað to  Sweona leoda,            3001

-SWEOP (2)
wigheap gewanod;  hie wyrd                 477
    forsweop
Wægmundinga.  Ealle wyrd forsweop         2814

SWEORCEÐ (I)
on sefan sweorceð,  ne gesacu            1737
    ohwær

SWEORD (22)
þæt ic sweord bere  oþðe sidne            437
    scyld,
helm of hafelan,  sealde his             672
    hyrsted sweord,
sweord swate fah  swin ofer helme        1286
sweord ofer setlum,  sidrand manig       1289
eald sweord eotenisc,  ecgum             1558
    þyhtig,
Sweord wæs swatig,  secg weorce          1569
    gefeh.
selfne gesawon.  þa þæt sweord           1605
    ongan
since fage.  Sweord ær gemealt,          1615
eald sweord eacen  (oftost wisode        1663
geseted ond gesæd  hwam þæt sweord       1696
    geworht,
sunu Ecglafes,  heht his sweord          1808
    niman,
gesawon seledream.  Ic nah hwa           2252
    sweord wege
sæcce fremman,  þenden þis sweord        2499
    þolað,
hond ond heard sweord,  ymb hord         2509
    wigan."
swæse gesiðas:  "Nolde ic sweord         2518
    beran,
sæcce to seceanne.  Sweord ær            2562
    gebræd
eald sweord etonisc;  þæt him            2616
    Onela forgeaf,
helmas ond heard sweord.  ðe he          2638
    usic on herge geceas
gesigan æt sæcce;  urum sceal            2659
    sweord ond helm,
geswac æt sæcce  sweord Biowulfes,       2681
secg on searwum,  þæt ðæt sweord         2700
    gedeaf,

eald sweord eotonisc,  entiscne          2979
    helm

-SWEORD (4)*
mære maðþumsweord  manige gesawon        1023
wrætlic wægsweord,  widcuðne man         1489
aðsweord eorla;  syððan Ingelde          2064
guðsweord geatolic,  gyd æfter           2154
    wræc:

SWEORDA (3)
ðonne sweorda gelac  sunu                1040
    Healfdenes
Besæt ða sinherge  sweorda lafe,         2936
þær wearð Ongenðiow  ecgum               2961
    sweorda,

SWEORDBEALO (I)
sweordbealo sliðen  æt his selfes        1147
    ham,

SWEORDE (6)
deoran sweorde,  swa hit gedefe          561
    wæs.
Hwæþere me gesælde  þæt ic mid           574
    sweorde ofsloh
forþan ic hine sweorde  swebban          679
    nelle,
leohtan sweorde;  he me lond             2492
    forgeaf,
symle wæs þy sæmra,  þonne ic            2880
    sweorde drep
sexbennum seoc;  sweorde ne meahte       2904

SWEORDES (3)
þonne hit sweordes ecg  seðan            1106
    scolde.
sincmaðþum selra  on sweordes had;       2193
sweordes swengum,  sunu Hygelaces,       2386

SWEORDFRECAN (I)
selran sweordfrecan.  Selfa ne           1468
    dorste

SWEORDUM (3)
sweordum aswefede,  þæt syððan na        567
fagum sweordum  (no ic þæs fela          586
    gylpe),
sweordum gesæged.  Sigemunde             884
    gesprong

-SWEORUM (I)
þæt se ecghete  aþumsweorum              84

SWEOTOL (2)
syndolh sweotol,  seonowe                817
    onsprungon,
torn unlytel.  þæt wæs tacen             833
    sweotol,

SWEOTOLAN (I)
gesægd soðlice  sweotolan tacne          141

SWEOÐEODE (I)
Ne ic to Sweoðeode  sibbe oððe           2922
    treowe

SWERTINGES (I)
nefa Swertinges,  nyhstan siðe,          1203

SWEÐRIAN (I)
sweðrian syððan.  þa gen sylf            2702
    cyning

SWEÐRODE (I)
siððan Heremodes  hild sweðrode,         901

SWICE (I)

220

licgean lifbysig, butan his lic   966
    swice.

SWIFTA (1)
geond sæl swingeð, ne se swifta   2264
    mearh

SWIGEDON (1)
sunu Healfdenes (swigedon ealle):   1699

SWIGODE (1)
leofes monnes. Lyt swigode   2897

SWIGRA (1)
Da wæs swigra secg, sunu Eclafes,   980

SWILCE (1)
feonda feorum, swilce Fin slægen,   1152

SWIN (1)
sweord swate fah  swin ofer helme   1286

-SWING (1)
atol yða geswing  eal gemenged   848

SWINGEÐ (1)
geond sæl swingeð, ne se swifta   2264
    mearh

SWINLICUM (1)
besette swinlicum, þæt hine   1453
    syðþan no

SWIORICE (2)
þara ðe in Swiorice  sinc   2383
    brytnade,
oððe in Swiorice  secean þurfe   2495

SWIOÐOLE (1)
sweart ofer swioðole, swogende   3145
    leg

SWIÐ (1)
grimme gegongen; wæs þæt gifeðe   3085
    to swið

SWIÐE (7)
swiðe onsittan, Sigescyldinga;   597
Wæs þæt beorhte bold  tobrocen   997
    swiðe,
efne swa swiðe  sincgestreonum   1092
bisgum gebunden,  bona swiðe neah,   1743
heah in healle,  Hygd swiðe geong,   1926
swiðe ondrædað.  He gesecean   2275
    sceall
song sorgcearig  swiðe geneahhe   3152

SWIÐFERHÞE (1)
þær swiðferhþe  sittan eodon,   493

SWIÐFERHÞES (1)
swiðferhþes sið  snotor ceorl   908
    monig,

SWIÐFERHÐUM (1)
hwæt swiðferhðum  selest wære   173

SWIÐHICGENDE (2)
swiðhicgende  to sele þam hean   919
swiðhicgende  on sele þam hean,   1016

SWIÐMOD (1)
swiðmod swymman; sælace gefeah,   1624

SWIÞOR (4)
eafoð uncuþes. Uþe swiþor   960
swiðor þohte  þonne to sælade,   1139
ealdum infrodum, oþres swiðor,   1874
eard, eðelriht,  oðrum swiðor   2198

-SWIÐOR (2)
brun on bane,  bat unswiðor   2578
ferhðgeniðlan,  fyr unswiðor   2881

SWIÐRE (1)
hwæþre him sio swiðre  swaðe   2098
    weardade

SWOGENDE (1)
sweart ofer swioðole,  swogende   3145
    leg

SWOR (2)
ealde madmas; he me aþas swor.   472
ne sohte searoniðas,  ne me swor   2738
    fela

-SWORCEÐ (1)
forsiteð ond forsworceð; semninga   1767
    bið

-SWOREN (1)
ac he sigewæpnum  forsworen hæfde,   804

SWULCES (1)
þonne he swulces hwæt  secgan   880
    wolde,

SWULGE (1)
swulge on swaþule. Sweg up astag   782

SWUNCON (1)
seofon niht swuncon;  he þe æt   517
    sunde oferflat,

SWURD (3)
Hæfdon swurd nacod,  þa wit on   539
    sund reon,
Hwæþre him gesælde  ðæt þæt swurd   890
    þurhwod
swurd gesealde,  þæt he syðþan wæs   1901

SWUTOL (1)
swutol sang scopes. Sægde se þe   90
    cuþe

SWYLC (10)
geongum ond ealdum,  swylc him god   72
    sealde,
wið þeodþreaum.  Swylc wæs þeaw   178
    hyra,
secga gehwylcum  þara þe on swylc   996
    starað.
eoferas cnysedan.  Swylc scolde   1328
    eorl wesan,
æþeling ærgod,  swylc Æschere wæs!   1329
ond oðer swylc  ut offerede,   1583
cwealmbealu cyðan. Ne bið swylc   1940
    cwenlic þeaw
anes mannes. Ne bið swylc earges   2541
    sið!
sibæðelingas. Swylc sceolde secg   2708
    wesan,
ær swyltdæge  swylc gestrynan.   2798

SWYLCE (24)*
swylce gigantas,  þa wið gode   113
    wunnon
Swylce ic maguþegnas  mine hate   293
swylce he on ealderdagum  ær   757
    gemette.
swylce oncyþðe  ealle gebette,   830
swylce geong manig  of gomenwaþe   854
swylce oft bemearn  ærran mælum   907
searowundor seon;  swylce self   920
    cyning
Swylce ferhðfrecan  Fin eft begeat   1146
swylce hie æt Finnes ham  findan   1156
    meahton

221

SWYLCE (continued)

æghwylc oðrum trywe.  Swylce þær   1165
   Unferþ þyle
efne swylce mæla  swylce hira      1249
   mandryhtne
þæt hie gesawon  swylce twegen     1347
swylce on næshleoðum  nicras       1427
   licgean,
swylce þu ða madmas  þe þu me      1482
   sealdest,
þegnes þearfe,  swylce þy dogore   1797
ge swylce seo herepad,  sio æt     2258
   hilde gebad
gomen in geardum,  swylce ðær iu   2459
   wæron.
Swylce he siomian geseah  segn     2767
   eallgylden
bleate gebæran.  Bona swylce læg,  2824
þeoden his þegnum,  swylce he      2869
   þrydlicost
swylce glomorgyd  Geatisc meowle   3150
eall swylce hyrsta,  swylce on     3164
   horde ær

SWYLCRA (2)
swylcra searoniða  secgan hyrde,    582
Sincfæt * * * ;  þær wæs swylcra   2231
   fela

SWYLCUM (1)
godfremmendra  swylcum gifeþe bið   299

SWYLT (2)
swylt æfter synnum.  Þæt gesyne    1255
   wearþ,
sundes þe sænra,  ðe hyne swylt    1436
   fornam.

SWYLTDÆGE (1)
ær swyltdæge  swylc gestrynan.     2798

SWYMMAN (1)
swiðmod swymman;  sælace gefeah,   1624

SWYN (1)
swatfah syrce,  swyn eallgylden,   1111

SWYNSODE (1)
Ðær wæs hæleþa hleahtor,  hlyn      611
   swynsode,

SWYRD (3)
geolwe linde,  gomel swyrd geteah, 2610
heard swyrd hilted  ond his helm   2987
   somod,
discas lagon  ond dyre swyrd,      3048

SWYRDGIFU (1)
Nu sceal sincþego  ond swyrdgifu,  2884

SWYÐ (1)
wean onwendan;  wæs þæt gewin to    191
   swyð,

-SWYÐ (2)
þolode ðryðswyð,  þegnsorge dreah,  131
ðicgean ofer þa niht.  Þryðswyð    736
   beheold

SWYÐE (2)
niða heardum,  nefa swyðe hold,    2170
swyðe wendon  þæt he sleac wære,   2187

-SWYÐEÞ (2)
hu he frod ond god  feond          279
   oferswyðeþ,
þæt ðec, dryhtguma,  dead          1768
   oferswyðeð.

SWYÐFERHÐ (1)

**222**

snotor ond swyðferhð,  sele         826
   Hroðgares,

SY (3)
Geata dryhten,  þeah ðe he geong   1831
   sy,
idese to efnanne,  þeah ðe hio     1941
   ænlicu sy,
helpan hildfruman,  þenden hyt sy, 2649

SYFANWINTRE (1)
Ic wæs syfanwintre,  þa mec sinca  2428
   baldor,

SYFONE (1)
syfone tosomne,  þa selestan,      3122

-SYHÐ (2)
þonne cwið æt beore  se ðe beah    2041
   gesyhð,
Gesyhð sorhcearig  on his suna     2455
   bure

SYLF (2)
sylf æfter sande  sæwong tredan,   1964
sweðrian syððan.  þa gen sylf      2702
   cyning

SYLFA (2)
gehedde under heofenum  þonne he    505
   sylfa):
gumena ænig,  nefne god sylfa,     3054

SYLFE (1)
lete Suðdene  sylfe geweorðan      1996

SYLFES (9)
wið his sylfes sunu  setl getæhte. 2013
sunu Healfdenes,  on minne sylfes  2147
   dom;
sylfes willum,  se ðe him sare     2222
   gesceod,
snude to soðe,  þæt his sylfes     2325
   ham,
sylfes cræfte,  sundnytte dreah;   2360
to ðyssum siðfate  sylfes willum,  2639
siðast sigehwila  sylfes dædum,    2710
sylfes dome;  segn eac genom,      2776
ond nu æt siðestan  sylfes feore   3013

SYLFNE (2)
Gesæt þa wið sylfne  se ða sæcce   1977
   genæs,
sigora waldend,  þæt he hyne       2875
   sylfne gewræc

SYLFRA (1)
swæse gesiðas  ond hyra sylfra     2040
   feorh.

SYLLAN (2)
no ðy ær suna sinum  syllan wolde, 2160
"Nu ic suna minum  syllan wolde    2729

SYLLE (1)
searoþoncum besmiþod.  Þær fram     775
   sylle abeag

SYLLIC (2)
sid ond syllic,  searobendum fæst; 2086
soð ond sarlic,  hwilum syllic     2109
   spell

SYLLICRAN (1)
Ær hi þær gesegan  syllicran wiht, 3038

SYMBEL (4)
symbel ymbsæton  sægrunde neah;     564

symbel ond seleful, sigerof kyning. 619

wolde self cyning symbel þicgan. 1010

geaf me sinc ond symbel, sibbe gemunde. 2431

SYMBELWYNNE (1)
Ga nu to setle, symbelwynne dreoh 1782

SYMBLA (1)
Eode þa to setle. Þær wæs symbla cyst; 1232

SYMBLE (3)*
swefan æfter symble; sorge ne cuðon, 119

ond we to symble geseten hæfdon. 2104

Symble bið gemyndgad morna gehwylce 2450

SYMLE (5)*
sinc æt symle. Sele hlifade, 81

Site nu to symle ond onsæl meoto, 489

swefeþ æfter symle. Þa wæs sæl ond mæl 1008

Symle ic him on feðan beforan wolde, 2497

symle wæs þy sæmra, þonne ic sweorde drep 2880

-SYN (3)
ænlic ansyn. Nu ic eower sceal 251

onsyn ænig, ac hyne ecg fornam. 2772

ansyn ywde, ac he eorðan gefeoll 2834

SYNBYSIG (1)
secg synbysig, sona onfunde 2226

SYNDOLH (1)
syndolh sweotol, seonowe onsprungon, 817

SYNDON (5)
"Hwæt syndon ge searohæbbendra, 237

to gecyðanne hwanan eowre cyme syndon." 257

"Her syndon geferede, feorran cumene 361

ond ge him syndon ofer sæwylmas 393

þegnas syndon geþwære, þeod ealgearo, 1230

-SYNE (8)
"Ðisse ansyne alwealdan þanc 928

Æt þæm ade wæs eþgesyne 1110

swylt æfter synnum. Þæt gesyne wearþ, 1255

æfter waldswaþum wide gesyne, 1403

Wæs þæs wyrmes wig wide gesyne, 2316

wælræs weora wide gesyne, 2947

Þa wæs gesyne þæt se sið ne ðah 3058

wægliðendum wide gesyne, 3158

-SYNGAD (1)
þæt wæs feohleas gefeoht, fyrenum gesyngad, 2441

SYNGALES (1)
þa ðe syngales sele bewitiað, 1135

SYNN (1)
Þa wæs synn ond sacu Sweona ond Geata 2472

-SYNNIGNE (1)
He mec þær on innan unsynnigne, 2089

SYNNUM (3)

synnum geswenced, ac hyne sar hafað 975

swylt æfter synnum. Þæt gesyne wearþ, 1255

þæt se secg wære synnum scildig, 3071

-SYNNUM (1)
Eotena treowe; unsynnum wearð 1072

SYNSCAÐAN (1)
sawle secan, þone synscaðan 801

SYNSNÆDUM (1)
synsnædum swealh; sona hæfde 743

SYNT (3)
"We synt gumcynnes Geata leode 260

heard under helme: "We synt Higelaces 342

Beowulf nemnað. Hy benan synt 364

-SYNTUM (1)
secean on gesyntum, snude eft cuman. 1869

SYRCAN (2)
sæwudu sældon (syrcan hrysedon, 226

græge syrcan ond grimhelmas, 334

-SYRCAN (3)
locene leoðosyrcan laþan fingrum. 1505

hildetuxum heresyrcan bræc, 1511

locene leoðosyrcan. Landweard onfand 1890

SYRCE (1)
swatfah syrce, swyn ealgylden, 1111

-SYRCE (1)
þær me wið laðum licsyrce min, 550

-SYRED (1)
þeah ðe he slæpende besyred wurde 2218

SYREDE (1)
seomade ond syrede, sinnihte heold 161

-SYRWAN (2)
sumne besyrwan in sele þam hean. 713

snyttrum besyrwan. Hwæt, þæt secgan mæg 942

SYÐÐAN (57)*
egsode eorlas. Syððan ærest wearð 6

Gewat ða neosian, syþðan niht becom, 115

syðþan hie þæs laðan last sceawedon, 132

healðegnes hete; heold hyne syðþan 142

oððe a syþðan earfoðþrage, 283

sweordum aswefede, þæt syðþan na 567

fyrbendum fæst, syðþan he hire folmum æthran; 722

syþðan hildedeor hond alegde, 834

syþðan wiges heard wyrm acwealde, 886

meotodsceaft bemearn, syþðan morgen com, 1077

hordmaððum hæleþa, syþðan Hama ætwæg 1198

syþðan he for wlenco wean ahsode, 1206

eorla manegum, syþðan cwom 1235

syðþan he aldorþegn unlyfigendne, 1308

oncyð eorla gehwæm, syðþan Æscheres 1420

besette swinlicum, þæt hine syðþan no 1453

223

SYÐÐAN (continued)

syþþan he hine to guðe gegyred   1472
   hæfde.
yðelice, syþðan he eft astod.   1556
syþðan he æfter deaðe drepe   1589
   þrowade,
fyrngewinnes, syðþan flod ofsloh,   1689
swurd gesealde, þæt he syðþan wæs   1901
inwitniða, syðða ærest wearð   1947
æðelum diore, syðða hio Offan   1949
   flet
siðe gesohte; ðær hio syðða well   1951
mæg wið mæge, syðða mandryhten   1978
syðða he modsefan minne cuðe,   2012
weoldon wælstowe, syðða   2051
   Wiðergyld læg,
aðsweord eorla; syðða Ingelde   2064
sinces brytta, to hwan syðða   2071
   wearð
hondræs hæleða. Syðða heofones   2072
   gim
syðða ic on yrre uppriht astod.   2092
manegum maðmum, syðða mergen com   2103
Noðer hy hine ne moston, syðða   2124
   mergen cwom,
swancor ond sadolbeorht; hyre   2175
   syðða wæs
hildehlæmmum, syðða Hygelac læg   2201
syðða Beowulfe brade rice   2207
since fahne. He þæt syðða * * *,   2217
hildehlemma, syðða he Hroðgares,   2351
syðða Geata cyning guðe ræsum,   2356
hames niosan, syðða Heardred   2388
   læg,
wigum ond wæpnum; he gewræc   2395
   syðða
syðða hyne Hæðcyn of hornbogan,   2437
herenið hearda, syðða Hreðel   2474
   swealt,
Syðða ic for dugeðum Dæghrefne   2501
   wearð
syðða hie togædre gegan hæfdon.   2630
sweðrian syðða. Þa gen sylf   2702
   cyning
þæt hit sæliðend syðða hatan   2806
idel hweorfan, syðða æðelingas   2888
orleghwile, syðða underne   2911
heard wið Hugas, syðða Higelac   2914
   cwom
ealdor dugoðe. Us wæs a syðða   2920
syðða hie Hygelaces horn ond   2943
   byman,
syðða Hreðlingas to hagan   2960
   þrungon.
syðða ðeodcyning þyder oncirde.   2970
mon on middangearde), syðða hie   2996
   ða mærða geslogon,
syðða hie gefricgeað frean   3002
   userne
syðða orwearde ænigne dæl   3127

TACEN (1)
torn unlytel. Þæt wæs tacen   833
   sweotol,

-TACEN (1)
lac ond luftacen. Ic þa leode wat   1863

TACNE (2)
gesægd soðlice sweotolan tacne   141
tires to tacne, þe þu her to   1654
   locast.

-TÆHTE (2)
torht getæhte, þæt hie him to   313
   mihton
wið his sylfes sunu setl getæhte.   2013

-TÆLE (1)
æghwæs untæle ealde wisan."   1865

224

-TÆSE (1)
æfter neodlaðum niht getæse.   1320

TALAST (1)
sefa swa searogrim, swa þu self   594
   talast.

TALAÐ (1)
rices hyrde, ond þæt ræd talað,   2027

TALIGE (3)
sægdest from his siðe. Soð ic   532
   talige.
"No ic me an herewæsmun hnagran   677
   talige,
wis wordcwida. Wen ic talige,   1845

-TANUM (1)
ecg wæs iren, atertanum fah,   1459

-TAWUM (1)
Hy on wiggetawum wyrðe þinceað   368

TEAH (3)
golde gegyrwed. Me to grunde teah   553
þara þe mid Beowulfe brimlade   1051
   teah
atol æse wlanc eftsiðas teah,   1332

-TEAH (8)
monegum mægþum, meodosetla   5
   ofteah,
þæt se hearmscaþa to Heorute   766
   ateah.
eodor Ingwina onweald geteah,   1044
hildebille, hond sweng ne ofteah,   1520
Ofsæt þa þone selegyst ond hyre   1545
   seax geteah,
æppelfealuwe; he him est geteah   2165
fæhðo genoge, feorhsweng ne   2489
   ofteah.
geolwe linde, gomel swyrd geteah,   2610

TEALDE (5)
nytte tealde. Þær genehost brægd   794
under swegles begong gesacan ne   1773
   tealde.
cwæð, he þone guðwine godne   1810
   tealde,
ac him wælbende weotode tealde   1936
þe he usic garwigend gode tealde,   2641

TEALDON (1)
swa hyne Geata bearn godne ne   2184
   tealdon,

TEARAS (1)
ond be healse genam; hruron him   1872
   tearas,

-TEARE (1)
wollenteare wundur sceawian.   3032

TELA (7)
freogan on ferhþe; heald forð   948
   tela
þeodgestreona, ond geþeoh tela,   1218
æþeling, eadig. Ic þe an tela   1225
Higelac secan. Wæron her tela   1820
on hand gehwearf; he geheold tela   2208
"Leofa Biowulf, læst eall tela,   2663
mælgesceafta, heold min tela,   2737

TELGE (1)
þy ic Heaðobeardna hyldo ne   2067
   telge,

-TENGE (1)
gold glitinian grunde getenge,   2758

Hroðgar maþelode  (he to healle 925
  geong,
weana ne wende  to widan feore 933
awa to aldre.  Alwalda þec 955
to lifwraþe  last weardian, 971
to befleonne,  fremme se þe wille, 1003
þæt to healle gang  Healfdenes 1009
  sunu;
Bugon þa to bence  blædagande, 1013
segen gyldenne  sigores to leane; 1021
Wand to wolcnum  wælfyra mæst, 1119
gist of geardum;  he to gyrnwræce 1138
swiðor þohte  þonne to sælade, 1139
Sceotend Scyldinga  to scypon 1154
  feredon
drihtlice wif  to Denum feredon, 1158
læddon to leodum.  Leoð wæs 1159
  asungen,
goldwine gumena,  ond to Geatum 1171
  spræc
hwæt wit to willan  ond to 1186
  wordmyndum
to þære byrhtan byrig  Brosinga 1199
  mene,
fæhðe to Frysum.  He þa frætwe 1207
  wæg,
Eode þa to setle.  Þær wæs symbla 1232
  cyst;
ond him Hroðgar gewat  to hofe 1236
  sinum,
rice to ræste.  Reced weardode 1237
Setton him to heafdon 1242
  hilderandas,
Sigon þa to slæpe.  Sum sare 1251
  angeald
to ecgbanan  angan breþer, 1262
ond him to anwaldan  are gelyfde, 1272
Com þa to Heorote,  ðær Hringdene 1279
fæste befangen,  þa heo to fenne 1295
  gang.
Hraþe wæs to bure  Beowulf fetod, 1310
Wearð him on Heorote  to handbanan 1330
won to wolcnum,  þonne wind 1374
  styreþ,
weana gehwylces,  swa ic þe wene 1396
  to."
to geþolianne,  ðegne monegum, 1419
syðþan he hine to guðe  gegyred 1472
  hæfde.
Bær þa seo brimwylf,  þa heo to 1506
  botme com,
hringa þengel  to hofe sinum, 1507
to beadulace  ætberan meahte, 1561
ðara þe he geworhte  to Westdenum 1578
reþe cempa,  to ðæs þe he on ræste 1585
  geseah
forbarn brodenmæl;  wæs þæt blod 1616
  to þæs hat,
Com þa to lande  lidmanna helm 1623
to þæm goldsele  Grendles heafod, 1639
oþðæt semninga  to sele comon 1640
tires to tacne,  þe þu her to 1654
  locast.
freode, swa wit furðum spræcon. 1707
  Ðu scealt to frofre weorþan
hæleðum to helpe.  Ne wearð 1709
  Heremod swa
ne geweox he him to willan,  ac to 1711
  wælfealle
ond to deaðcwalum  Deniga leodum; 1712
awræc wintrum frod.  Wundor is to 1724
  secganne
to healdanne,  hleoburh wera, 1731
Ga nu to setle,  symbelwynne dreoh 1782
wæron æþelingas  eft to leodum 1804
fuse to farenne;  wolde feor þanon 1805
æþeling to yppan,  þær se oþer 1815
  wæs,

hæleþa to helpe.  Ic on Higelac 1830
  wat,
ond þe to geoce  garholt bere, 1834
Gif him þonne Hreþric  to hofum 1836
  Geata
to geceosenne  cyning ænigne, 1851
modige on meþle.  Wæs him se man 1876
  to þon leof
Cwom þa to flode  felamodigra, 1888
scaþan scirhame  to scipe foron. 1895
sælde to sande  sidfæþme scip, 1917
to gesecanne  sinces bryttan, 1922
idese to efnanne,  þeah ðe hio 1941
  ænlicu sy,
hæleðum to helpe,  Hemminges mæg, 1961
elne geeodon,  to ðæs ðe eorla 1967
  hleo,
heaðolaces hal  to hofe gongan. 1974
hæleðum to handa.  Higelac ongan 1983
hilde to Hiorote?  Ac ðu Hroðgare 1990
yrmðe to aldre.  Ic ðæt eall 2005
  gewræc,
to ðam hringsele  Hroðgar gretan; 2010
secge sealde,  ær hie to setle 2019
  geong.
oððæt hie forlæddan  to ðam 2039
  lindplegan
þone þin fæder  to gefeohte bær 2048
sinces brytta,  to hwan syððan 2071
  wearð
mærum maguþegne  to muðbonan, 2079
To lang ys to reccenne  hu ic ðam 2093
  leodsceaðan
ond we to symble  geseten hæfdon. 2104
oðer to yldum.  Þa wæs eft hraðe 2117
under bordhreoðan  to bonan 2203
  wurdon,
snude to soðe,  þæt his sylfes 2325
  ham,
hildegeatwa,  þa he to holme beag. 2362
earm anhaga,  eft to leodum; 2368
mærne þeoden.  Him þæt to mearce 2384
  wearð;
bealonið biorna;  him to bearme 2404
  cwom
to ðæs ðe he eorðsele  anne wisse, 2410
to gegangenne  gumena ænigum! 2416
Næs ic him to life  laðra owihte, 2432
to gebidanne,  þæt his byre ride 2445
hrefne to hroðre,  ond he him 2448
  helpe ne mæg,
to gebidanne  burgum in innan 2452
þæt he to Gifðum  oððe to Gardenum 2494
ana on orde,  ond swa to aldre 2498
  sceall
to handbonan,  Huga cempan; 2502
wæpen to wyrme,  gif ic wiste hu 2519
freode to friclan.  From ærest 2556
  cwom
sæcce to seceanne.  Sweord ær 2562
  gebræd
to gescipe scyndan.  Scyld wel 2570
  gebearg
alætan lændagas.  Næs ða long to 2591
  ðon
to ðyssum siðfate  sylfes willum, 2639
to gefremmanne,  folces hyrde, 2644
eft to earde,  nemne we æror mægen 2654
swenge ofersohte,  þonne he to 2686
  sæcce bær
se scel to gemyndum  minum leodum 2804
mine magas  to metodsceafte, 2815
lænan lifes.  Næs ða lang to ðon 2845
Heht ða þæt heaðoweorc  to hagan 2892
  biodan
Ne ic to Sweoðeode  sibbe oððe 2922
  treowe
fuglum to gamene.  Frofor eft 2941
  gelamp

| | |
|---|---|
| syððan Hreðlingas  to hagan þrungon. | 2960 |
| Hreðles eafora,  þa he to ham becom, | 2992 |
| hamweorðunge,  hyldo to wedde. | 2998 |
| þe us seceað to Sweona leoda, | 3001 |
| maððum to gemyndum,  ne mægð scyne | 3016 |
| har hilderinc  to Hronesnæsse. | 3136 |

## TO (20) ADVERB

| | |
|---|---|
| wergan gastes;  wæs þæt gewin to strang, | 133 |
| fæhðe ond fyrene;  wæs to fæst on þam. | 137 |
| wean onwendan;  wæs þæt gewin to swyð, | 191 |
| ac hie hæfdon gefrunen  þæt hie ær to fela micles | 694 |
| lemede to lange;  he his leodum wearð, | 905 |
| feorhgeniðlan;  wæs to foremihtig | 969 |
| forþan he to lange  leode mine | 1336 |
| Flod blode weol  (folc to sægon), | 1422 |
| sawele hyrde;  bið se slæp to fæst, | 1742 |
| þinceð him to lytel  þæt he lange heold, | 1748 |
| fæge gefealleð;  fehð oþer to, | 1755 |
| Geat wæs glædmod,  geong sona to | 1785 |
| ne to gneað gifa  Geata leodum, | 1930 |
| To lang ys to reccenne  hu ic ðam leodsceaðan | 2093 |
| feondes fotlast;  he to forð gestop | 2289 |
| an æfter anum;  þuhte him eall to rum, | 2461 |
| godra guðrinca;  wutun gongan to, | 2648 |
| helpan æt hilde;  wæs sio hond to strong, | 2684 |
| weoll of gewitte.  Wergendra to lyt | 2882 |
| grimme gegongen;  wæs þæt gifeðe to swið | 3085 |

## TOBRECAN (1)
| | |
|---|---|
| betlic ond banfag,  tobrecan meahte, | 780 |

## TOBROCEN (1)
| | |
|---|---|
| Wæs þæt beorhte bold  tobrocen swiðe, | 997 |

## TODRAF (1)
| | |
|---|---|
| fif nihta fyrst,  oþþæt unc flod todraf, | 545 |

## TOGÆDRE (1)
| | |
|---|---|
| syððan hie togædre  gegan hæfdon. | 2630 |

## -TOGAN (1)
| | |
|---|---|
| ferdon folctogan  feorran ond nean | 839 |

## TOGEANES (5)*
| | |
|---|---|
| Grendle togeanes,  swa guman gefrungon, | 666 |
| Grap þa togeanes,  guðrinc gefeng | 1501 |
| grimman grapum  ond him togeanes feng; | 1542 |
| Eodon him þa togeanes,  gode þancodon, | 1626 |
| gæstas grette,  ac him togeanes rad, | 1893 |

## TOGEN (2)
| | |
|---|---|
| þa wæs on healle  heardecg togen | 1288 |
| niða genæged,  ond on næs togen, | 1439 |

## TOGENES (1)

| | |
|---|---|
| godum togenes:  "Nu sceal gled fretan, | 3114 |

## TOGLAD (1)
| | |
|---|---|
| Guðhelm toglad,  gomela Scylfing | 2487 |

## TOHLIDENE (1)
| | |
|---|---|
| heorras tohlidene.  Hrof ana genæs, | 999 |

## TOLUCAN (1)
| | |
|---|---|
| listum tolucan,  nymþe liges fæþm | 781 |

## TOMIDDES (1)
| | |
|---|---|
| alegdon ða tomiddes  mærne þeoden | 3141 |

## TORHT (1)
| | |
|---|---|
| torht getæhte,  þæt hie him to mihton | 313 |

## -TORHT (1)
| | |
|---|---|
| heaðotorht hlynnan  under harne stan. | 2553 |

## -TORHTAN (1)
| | |
|---|---|
| wuldortorhtan weder.  Ða wæs winter scacen, | 1136 |

## TORN (2)
| | |
|---|---|
| twelf wintra tid  torn geþolode | 147 |
| torn unlytel.  Þæt wæs tacen sweotol, | 833 |

## TORNA (1)
| | |
|---|---|
| tireadigum menn  torna gehwylces. | 2189 |

## TORNE (1)
| | |
|---|---|
| Gewat þa twelfa sum  torne gebolgen | 2401 |

## -TORNE (1)
| | |
|---|---|
| æfter ligetorne  leofne mannan. | 1943 |

## TORNGEMOT (1)
| | |
|---|---|
| gif he torngemot  þurhteon mihte | 1140 |

## TORNOST (1)
| | |
|---|---|
| þæt wæs Hroðgare  hreowa tornost | 2129 |

## TOSOMNE (2)
| | |
|---|---|
| snude tosomne;  he on searwum bad. | 2568 |
| syfone tosomne,  þa selestan, | 3122 |

## -TOÐ (1)
| | |
|---|---|
| bona blodigtoð,  bealewa gemyndig, | 2082 |

## TOWEHTON (1)
| | |
|---|---|
| hu ða folc mid him  fæhðe towehton. | 2948 |

## TRÆD (3)
| | |
|---|---|
| on weres wæstmum  wræclastas træd, | 1352 |
| modig on gemonge  meodowongas træd. | 1643 |
| guðrinc goldwlanc,  græsmoldan træd | 1881 |

## -TRAFUM (1)
| | |
|---|---|
| Hwilum hie geheton  æt hærgtrafum | 175 |

## TREDAN (2)
| | |
|---|---|
| sylf æfter sande  sæwong tredan, | 1964 |
| oft nalles æne  elland tredan, | 3019 |

## TREDDODE (1)
| | |
|---|---|
| on fagne flor  feond treddode, | 725 |

## TREM (1)

227

TREM (continued)

forfleon fotes trem,  ac unc      2525
    furður sceal

TREOWDE (1)
æt fotum sæt frean Scyldinga;      1166
    gehwylc hiora his ferhþe treowde

TREOWE (2)
Eotena treowe;  unsynnum wearð     1072
Ne ic to Sweoðeode  sibbe oððe      2922
    treowe

TREOWLOGAN (1)
tydre treowlogan  tyne ætsomne.    2847

-TREOWUM (1)
getan wolde,  sum on galgtreowum   2940

TRODE (1)
þara þe tirleases  trode sceawode,  843

TRUM (1)
heorot hornum trum,  holtwudu      1369
    sece,

-TRUME (1)
tryddode tirfæst  getrume micle,    922

-TRUWEDON (1)
Ða hie getruwedon  on twa healfa   1095

TRUWODE (4)
Huru Geata leod  georne truwode     669
sorhwylmum seað,  siðe ne truwode  1993
beagas ond bregostol,  bearne ne   2370
    truwode
wlonces wigcræft,  wiðres ne        2953
    truwode,

-TRUWODE (3)
stið ond stylecg;  strenge         1533
    getruwode,
bæle ond bronde,  beorges          2322
    getruwode,
under stancleofu,  strengo          2540
    getruwode

TRYDDODE (1)
tryddode tirfæst  getrume micle,    922

TRYWE (1)
æghwylc oðrum trywe.  Swylce þær   1165
    Unferþ þyle

-TRYWE (1)
Her is æghwylc eorl  oþrum         1228
    getrywe,

-TUXUM (1)
hildetuxum heresyrcan bræc,        1511

TWA (2)
Ða hie getruwedon  on twa healfa   1095
estum geeawed,  earmreade twa,     1194

-TWÆFAN (1)
þone dolsceaðan  dæda getwæfan.     479

-TWÆFDE (2)
of flanbogan  feores getwæfde,     1433
siðes getwæfde;  sægenga for,      1908

-TWÆFED (1)
guð getwæfed,  nymðe mec god       1658
    scylde.

-TWÆFEÐ (1)
þæt þec adl oððe ecg  eafoþes      1763
    getwæfeð,

TWÆM (1)
Beowulf Geata,  be þæm gebroðrum   1191
    twæm.

-TWÆMAN (1)
ganges getwæman,  no ic him þæs     968
    georne ætfealh,

TWEGA (1)
uncer twega.  Nis þæt eower sið    2532

TWEGEN (2)
gan under gyldnum beage,  þær þa   1163
    godan twegen
þæt hie gesawon  swylce twegen     1347

TWELF (1)
twelf wintra tid  torn geþolode    147

TWELFA (1)
Gewat þa twelfa sum  torne         2401
    gebolgen

TWELFE (2)
mago Healfdenes,  maþmas twelfe;   1867
æþelinga bearn,  ealra twelfe,     3170

TWEONUM (4)
þætte suð ne norð  be sæm tweonum   858
on gesiðes had  be sæm tweonum,    1297
ðæm selestan  be sæm tweonum       1685
þone selestan  bi sæm tweonum,     1956

-TWIDIG (1)
eal langtwidig  leodum þinum,      1708

-TYDRAS (1)
þanon untydras  ealle onwocon,     111

TYDRE (1)
tydre treowlogan  tyne ætsomne.    2847

-TYHTE (1)
þe ðone þeodcyning  þyder ontyhte. 3086

TYN (1)
ond betimbredon  on tyn dagum      3159

-TYNA (1)
findan mihte;  fiftyna sum         207

TYNE (1)
tydre treowlogan  tyne ætsomne.    2847

-TYNE (2)
folces Denigea  fyftyne men        1582
frome fyrdhwate  feowertyne        1641

-TYRF (1)
on minre eþeltyrf  undyrne cuð;    410

-TYRWYDNE (1)
niwtyrwydne  nacan on sande        295

ÐA (211) ADVERB
Him ða Scyld gewat  to gescæphwile  26
Hi hyne þa ætbæron  to brimes       28
    faroðe,
Aledon þa  leofne þeoden,           34
þa gyt hie him asetton  segen       47
    geldenne
Ða wæs on burgum  Beowulf           53
    Scyldinga,
þa wæs Hroðgare  heresped gyfen,    64
Ða ic wide gefrægn  weorc gebannan  74
laðan liges;  ne wæs hit lenge þa   83
    gen
Ða se ellengæst  earfoðlice         86

**229**

ÐA (continued)

þa wæs be feaxe  on flet boren 1647
Ofsloh ða æt þære sæcce,  þa me 1665
   sæl ageald,
huses hyrdas.  þa þæt hildebil 1666
Ða wæs gylden hilt  gamelum rince, 1677
wreoþenhilt ond wyrmfah.  Ða se 1698
   wisa spræc
þa wæs eft swa ær  ellenrofum 1787
Reste hine þa rumheort;  reced 1799
   hliuade
bliðheort bodode.  Ða com beorht 1802
   scacan
Heht þa se hearda  Hrunting beran 1807
Ond þa siðfrome,  searwum gearwe 1813
Ða git him eorla hleo  inne 1866
   gesealde,
Gecyste þa  cyning æþelum god, 1870
þa wæs on gange  gifu Hroðgares 1884
Cwom þa to flode  felamodigra, 1888
þa wæs on sande  sægeap naca 1896
þa wæs be mæste  merehrægla sum, 1905
Het þa up beran  æþelinga 1920
   gestreon,
Gewat him ða se hearda  mid his 1963
   hondscole
Gesæt þa wið sylfne  se ða sæcce 1977
   genæs,
No ðy ær ut ða gen  idelhende 2081
oðer to yldum.  þa wæs eft hraðe 2117
þa se ðeoden mec  ðine life 2131
Ic ða ðæs wælmes,  þe is wide cuð, 2135
feorh oðferede.  Næs ic fæge þa 2141
   gyt,
Het ða in beran  eaforheafodsegn, 2152
Het ða eorla hleo  in gefetian, 2190
golde gegyrede;  næs mid Geatum ða 2192
fiftig wintra  (wæs ða frod 2209
   cyning,
ærran mælum,  ond se an ða gen 2237
hlaford sinne.  Ða wæs hord rasod, 2283
stonc ða æfter stane,  stearcheort 2288
   onfand
wæs ða gebolgen  beorges hyrde, 2304
drincfæt dyre.  þa wæs ðeg sceacen 2306
Ða se gæst ongan  gledum spiwan, 2312
þa wæs Biowulfe  broga gecyðed 2324
Heht him þa gewyrcean  wigendra 2337
   hleo
Oferhogode ða  hringa fengel 2345
Oferswam ða sioleða bigong  sunu 2367
   Ecgðeowes,
Gewat þa twelfa sum  torne 2401
   gebolgen
Hæfde þa gefrunen  hwanan sio fæhð 2403
   aras,
Gesæt ða on næsse  niðheard 2417
   cyning,
He ða mid þære sorhge,  þe him swa 2468
   sar belamp,
þa wæs synn ond sacu  Sweona ond 2472
   Geata
þa ic on morgne gefrægn  mæg 2484
   oðerne
Gegrette ða  gumena gehwylcne, 2516
Aras ða bi ronde  rof oretta, 2538
Geseah ða be wealle  se ðe worna 2542
   fela,
Let ða of breostum,  ða he 2550
   gebolgen wæs,
ða wæs hringbogan  heorte gefysed 2561
Gewat ða byrnende  gebogen 2569
   scriðan,
bysigum gebæded.  þa wæs beorges 2580
   weard
alætan lændagas.  Næs ða long to 2591
   ðon
Gemunde ðá ða are  þe he him ær 2606
   forgeaf,

Ne mihte ða forhabban;  hond rond 2609
   gefeng,
geaf him ða mid Geatum  guðgewæda, 2623
frod on forðweg.  þa wæs forma sið 2625
Wod þa þurh þone wælrec, 2661
   wigheafolan bær
gledum forgrunden.  þa gen 2677
   guðcyning
þa wæs þeodsceaða  þriddan siðe, 2688
Ða ic æt þearfe gefrægn 2694
   þeodcyninges
sweðrian syððan.  þa gen sylf 2702
   cyning
ond hi hyne þa begen  abroten 2707
   hæfdon,
worlde geweorces.  Ða sio wund 2711
   ongon,
attor on innan.  Ða se æðeling 2715
   giong
Hyne þa mid handa  heorodreorigne, 2720
eorðan wynne;  ða wæs eall sceacen 2727
Ða ic snude gefrægn  sunu 2752
   Wihstanes
Geseah ða sigehreðig,  þa he bi 2756
   sesse geong,
Ða ic on hlæwe gefrægn  hord 2773
   reafian,
He ða mid þam maðmum  mærne 2788
   þioden,
Ða wæs gegongen  guman unfrodum 2821
lænan lifes.  Næs ða lang to ðon 2845
þa wæs æt ðam geongan  grim 2860
   ondswaru
Heht ða þæt heaðoweorc  to hagan 2892
   biodan,
ond ða folgode  feorhgeniðlan, 2933
Besæt ða sinherge  sweorda lafe, 2936
Gewat him ða se goda  mid his 2949
   gædelingum,
eald under eorðweall.  þa wæs æht 2957
   boden
feoll on foldan;  næs he fæge þa 2975
   git,
brecan ofer bordweal;  ða gebeah 2980
   cyning,
Ða wæron monige  þe his mæg 2982
   wriðon,
ond ða Iofore forgeaf  angan 2997
   dohtor,
Fundon ða on sande  sawulleasne 3033
ærran mælum;  þa wæs endedæg 3035
dennes niosian;  wæs ða deaðe 3045
   fæst,
Þa wæs gesyne  þæt se sið ne ðah 3058
feara sumne;  þa sio fæhð gewearð 3061
cyninge minum.  Cwico wæs þa gena, 3093
Het ða gebeodan  byre Wihstanes, 3110
Næs ða on hlytme  hwa þæt hord 3126
   strude,
þa wæs wunden gold  on wæn hladen 3134
Him ða gegiredan  Geata leode 3137
alegdon ða tomiddes  mærne þeoden 3141
Ongunnon þa on beorge  bælfyra 3143
   mæst
Geworhton ða  Wedra leode 3156
þa ymbe hlæw riodan  hildediore, 3169

ÐA (49) CONJUNCTION

bed æfter burum,  ða him gebeacnod 140
   wæs,
mærne þeoden,  þa him wæs manna 201
   þearf.
song in searwum,  þa hie to sele 323
   furðum
Snyredon ætsomne,  þa secg wisode, 402
selfe ofersawon,  ða ic of searwum 419
   cwom,
sorhfulne sið,  þa git on sund 512
   reon.

230

Hæfdon swurd nacod, þa wit on    539
sund reon,
"Ic þæt hogode, þa ic on holm    632
gestah,
þæt hie ne moste, þa metod nolde,    706
onbræd þa bealohydig, ða he    723
gebolgen wæs,
lif wið lice, þa him alumpen wæs    733
Hie þæt ne wiston, þa hie gewin    798
drugon,
Ic hine ne mihte, þa metod nolde,    967
be Finnes eaferum, ða hie se fær    1068
begeat,
ða heo under swegle geseon meahte    1078
ðeodenlease, þa him swa geþearfod    1103
wæs,
byrnan side, þa hine se broga    1291
angeat,
feore beorgan, þa heo onfunden    1293
wæs.
fæste befangen, þa heo to fenne    1295
gang.
wine druncen, þa he þæs wæpnes    1467
onlah
Bær þa seo brimwylf, þa heo to    1506
botme com,
brægd þa beadwe heard, þa he    1539
gebolgen wæs,
eacne eardas, þa se ellorgast    1621
Ofsloh ða æt þære sæcce, þa me    1665
sæl ageald,
wundorsmiþa geweorc, ond þa þas    1681
worold ofgeaf
þa ðu færinga feorr gehogodest    1988
ða hyne gesohtan on sigeþeode    2204
* * * , þa hyne se fær begeat.    2230
þa se wyrm onwoc, wroht wæs    2287
geniwad;
hildegeatwa, þa he to holme beag.    2362
healdan cuðe, ða wæs Hygelac    2372
dead.
Ic wæs syfanwintre, þa mec sinca    2428
baldor,
lond ond leodbyrig, þa he of life    2471
gewat.
Let ða of breostum, ða he    2550
gebolgen wæs,
winia bealdor, ða se wyrm gebeah    2567
æghwæs unrim, þa he of ealdre    2624
gewat,
elne geeode, þa his agen wæs    2676
ræsde on ðone rofan, þa him rum    2690
ageald,
Geseah ða sigehreðig, þa he bi    2756
sesse geong,
wraðe forwurpe, ða hyne wig    2872
beget.
ana mid ecge, þa him wæs elnes    2876
þearf.
þrong ymbe þeoden, þa hyne sio    2883
þrag becwom.
þa for onmedlan ærest gesohton    2926
gealdor ongeaton, þa se goda com    2944
bradne mece, þa his broðor læg,    2978
ricone arærdon, ða him gerymed    2983
wearð
Hreðles eafora, þa he to ham    2992
becom,
Swa wæs Biowulfe, þa he biorges    3066
weard
recedes geatwa, þa me gerymed    3088
wæs,

ÐA (63) **PRONOUN**
hu ða æþelingas ellen fremedon.    3
madma mænigo, þa him mid scoldon    41
þeodgestreonum, þon þa dydon    44
Swa ða drihtguman dreamum lifdon    99

swylce gigantas, þa wið gode    113
wunnon
Swa ða mælceare maga Healfdenes    189
laþ ond longsum, þe on ða leode    192
becom,
þæt ða liðende land gesawon,    221
modgehygdum, hwæt þa men wæron.    233
ond þa cearwylmas colran wurðaþ;    282
ond þe þa ondsware ædre gecyðan    354
þa ðe gifsceattas Geata fyredon    378
þa selestan, snotere ceorlas,    416
Siððan þa fæhðe feo þingode;    470
deorre duguðe, þe þa dead fornam.    488
Ac he hafað onfunden þæt he þa    595
fæhðe ne þearf,
Ðam wife þa word wel licodon,    639
þa þæt hornreced healdan scoldon,    704
ðicgean ofer þa niht. Þryðswyð    736
beheold
golde geregnad, þær þa graman    777
wunnon.
ymb þa gifhealle guðrinc monig;    838
Ne gefrægen ic þa mægþe maran    1011
weorode
ne þa wealafe wige forþringan    1084
þæt he þa wealafe weotena dome    1098
Gewiton him ða wigend wica    1125
neosian,
þa ðe syngales sele bewitiað,    1135
gan under gyldnum beage, þær þa    1163
godan twegen
glædne Hroþulf, þæt he þa geogoðe    1181
wile
fæhðe to Frysum. He þa frætwe    1207
wæg,
fylle gefægnod. Heo þa fæhðe wræc    1333
Ic þe þa fæhðe feo leanige,    1380
ða on undernmæl oft bewitigað    1428
swylce þu ða madmas þe þu me    1482
sealdest,
þa ðe mid Hroðgare on holm    1592
wliton,
buton þone hafelan ond þa hilt    1614
somod
þeoden Scyldinga, on þa healfe,    1675
fædde beagas, ond he þa    1750
forðgesceaft
"Þe þa wordcwydas wigtig drihten    1841
lac ond luftacen. Ic þa leode wat    1863
Gesæt þa wið sylfne se ða sæcce    1977
genæs,
lufode ða leode, liðwæge bær    1982
þa ic Freaware fletsittende    2022
ða ic ðe, beorncyning, bringan    2148
wylle,
þa ðe beadogriman bywan sceoldon,    2257
sidan herge; no he him þa sæcce    2347
ondred,
Ic him þa maðmas, þe he me    2490
sealde,
nalles he ða frætwe Frescyninge,    2503
þæt ða aglæcean hy eft gemetton.    2592
Gemunde ða ða are þe he him ær    2606
forgeaf,
fyrdsearo fuslic, no ymbe ða    2618
fæhðe spræc,
þæt we him ða guðgetawa gyldan    2636
woldon
hu ða stanbogan stapulum fæste    2718
Biowulfes biorh, ða ðe brentingas    2807
þæt ða hildlatan holt ofgefan,    2846
Ða ne dorston ær dareðum lacan    2848
þæt se mondryhten se eow ða    2865
maðmas geaf,
hu ða folc mid him fæhðe    2948
towehton,
landes ond locenra beaga (ne    2995
ðorfte him ða lean oðwitan

| | |
|---|---|
| mon on middangearde), syððan hie ða mærða geslogon, | 2996 |
| beagas gebohte. Þa sceall brond fretan, | 3014 |
| þeodnas mære, þa ðæt þær dydon, | 3070 |
| syfone tosomne, þa selestan, | 3122 |
| oðþæt he ða banhus gebrocen hæfde, | 3147 |

-ÞÆGON (1)

| | |
|---|---|
| fylle gefægon; fægere geþægon | 1014 |

ÐÆM (38)

| | |
|---|---|
| Ðæm eafera wæs æfter cenned, | 12 |
| hæleð under heofenum, hwa þæm hlæste onfeng. | 52 |
| Ðæm feower bearn forð gerimed | 59 |
| fyr ond fæstor se þæm feonde ætwand. | 143 |
| wuldres waldend. Wa bið þæm ðe sceal | 183 |
| wihte gewendan; wel bið þæm þe mot | 186 |
| on þæm dæge þysses lifes, | 197 |
| Habbað we to þæm mæran micel ærende, | 270 |
| receda under roderum, on þæm se rica bad; | 310 |
| se þæm heaðorincum hider wisade." | 370 |
| ðæm to ham forgeaf Hreþel Geata | 374 |
| wið Grendles gryre. Ic þæm godan sceal | 384 |
| in þæm guðsele Geotena leode | 443 |
| æfenræste; wiste þæm ahlæcan | 646 |
| to þæm heahsele hilde geþinged, | 647 |
| in þæm winsele wældeað fornam, | 695 |
| on þæm dæge þysses lifes. | 790 |
| on ðæm dæge þysses lifes | 806 |
| þæt he ne mehte on þæm meðelstede | 1082 |
| Æt þæm ade wæs eþgesyne | 1110 |
| Beowulf Geata, be þæm gebroðrum twæm. | 1191 |
| Wealhðeo maþelode, heo fore þæm werede spræc: | 1215 |
| ofer þæm hongiað hrinde bearwas, | 1363 |
| wæs þæm hæftmece Hrunting nama. | 1457 |
| ellenmærðum. Ne wæs þæm oðrum swa, | 1471 |
| Mæg þonne on þæm golde ongitan Geata dryhten, | 1484 |
| Æfter þæm wordum Wedergeata leod | 1492 |
| Ne nom he in þæm wicum, Wedergeata leod, | 1612 |
| Ða wæs of þæm hroran helm ond byrne | 1629 |
| from þæm holmclife hafelan bæron | 1635 |
| on þæm wælstenge weorcum geferian | 1638 |
| to þæm goldsele Grendles heafod, | 1639 |
| ðæm selestan be sæm tweonum | 1685 |
| ealde lafe, on ðæm wæs or writen | 1688 |
| Swa wæs on ðæm scennum sciran goldes | 1694 |
| selran gesohte þæm þe him selfa deah." | 1839 |
| het hine mid þæm lacum leode swæse | 1868 |
| He þæm batwearde bunden golde | 1900 |

ÞÆR (81) DEMONSTRATIVE ADVERB

| | |
|---|---|
| Þær æt hyðe stod hringedstefna, | 32 |
| mærne be mæste. Þær wæs madma fela | 36 |
| ond þær on innan eall gedælan | 71 |
| hludne in healle; þær wæs hearpan sweg, | 89 |
| Fand þa ðær inne æþelinga gedriht | 118 |
| ne þær nænig witena wenan þorfte | 157 |
| Deniga frean, ne sceal þær dyrne sum | 271 |

| | |
|---|---|
| þreanyd þolað, þenden þær wunað | 284 |
| wæpnum gewurþad. Þa ðær wlonc hæleð | 331 |
| þryðlic þegna heap; sume þær bidon, | 400 |
| lað wið laþum; ðær gelyfan sceal | 440 |
| þær swiðferhþe sittan eodon, | 493 |
| hador on Heorote. Þær wæs hæleða dream, | 497 |
| þær git eagorstream earmum þehton, | 513 |
| þær me wið laðum licsyrce min, | 550 |
| Ðær wæs hæleþa hleahtor, hlyn swynsode, | 611 |
| secan deofla gedræg; ne wæs his drohtoð þær | 756 |
| searoþoncum besmiþod. Þær fram sylle abeag | 775 |
| nytte tealde. Þær genehost brægd | 794 |
| earm ond eaxle (þær wæs eal geador | 835 |
| Ðær wæs on blode brim weallende, | 847 |
| hæþene sawle; þær him hel onfeng. | 852 |
| beornas on blancum. Ðær wæs Beowulfes | 856 |
| eðel Scyldinga. He þær eallum wearð, | 913 |
| earm ond eaxle. No þær ænige swa þeah | 972 |
| balwon bendum. Ðær abidan sceal | 977 |
| Þær wæs sang ond sweg samod ætgædere | 1063 |
| arum heolde, þæt ðær ænig mon | 1099 |
| gæsta gifrost, þara ðe þær guð fornam | 1123 |
| æghwylc oðrum trywe. Swylce þær Unferþ þyle | 1165 |
| giogoð ætgædere; þær se goda sæt, | 1190 |
| Eode þa to setle. Þær wæs symbla cyst; | 1232 |
| bordwudu beorhtan; þær on bence wæs | 1243 |
| þær him aglæca ætgræpe wearð, | 1269 |
| geond þæt sæld swæfun. Þa ðær sona wearð | 1280 |
| blædfæstne beorn. Næs Beowulf ðær, | 1299 |
| þær mæg nihta gehwæm niðwundor seon, | 1365 |
| gang ofer grundas, þær heo gegnum for | 1404 |
| drihtscype dreogan; þær he dome forleas, | 1470 |
| grim ond grædig, þæt þær gumena sum | 1499 |
| maðmæhta ma, þeh he þær monige geseah | 1613 |
| ættren ellorgæst se þær inne swealt. | 1617 |
| geþingeð, þeodnes bearn, he mæg þær fela | 1837 |
| No þær wegflotan wind ofer yðum | 1907 |
| siðe gesohte; ðær hio syððan well | 1951 |
| þæt ðær on worðig wigendra hleo, | 1972 |
| facne bifongen. Ic ðær furðum cwom | 2009 |
| Þær wæs Hondscio hild onsæge, | 2076 |
| He mec þær on innan unsynnigne, | 2089 |
| þær ic, þeoden min, þine leode | 2095 |
| Þær wæs gidd ond gleo. Gomela Scilding, | 2105 |
| Swa we þær inne ondlangne dæg | 2115 |
| ellenlice; þær wæs Æschere, | 2122 |
| þær unc hwile wæs hand gemæne, | 2137 |
| side rice þam þær selra wæs. | 2199 |
| eldum uncuð. Þær on innan giong | 2214 |
| ærnes þearfa, ond ðær inne fealh, | 2225 |
| þæt þær ðam gyste gryrebroga stod; | 2227 |

Sincfæt * * * ; þær wæs swylcra 2231
  fela
þanchycgende þær gehydde, 2235
leoda duguðe, se ðær lengest 2238
  hwearf,
þær on innan bær eorlgestreona 2244
ealne utanweardne, ne ðær ænig 2297
  mon
eldum on andan. No ðær aht cwices 2314
þær him Hygd gebead hord ond 2369
  rice,
he þær for feorme feorhwunde 2385
  hleat
hæleð in hoðman; nis þær hearpan 2458
  sweg,
gomen in geardum, swylce ðær iu 2459
  wæron.
Ac ic ðær heaðufyres hates wene, 2522
mannes reorde; næs ðær mara fyrst 2555
hyrstum behrorene; þær wæs helm 2762
  monig
wræte giondwlitan. Næs ðæs wyrmes 2771
  þær
eoredgeatwe, þe ge þær on 2866
  standað,
þær wearð Ongenðiow ecgum 2961
  sweorda,
þæt we þeodcyning þær sceawian 3008
meltan mid þam modigan, ac þær is 3011
  maðm hord,
Ær hi þær gesegan syllicran wiht, 3038
wyrm on wonge wiðerræhtes þær 3039
þusend wintra þær eardodon. 3050
þeodnas mære, þa ðæt þær dydon, 3070
Ic wæs þær inne ond þæt eall 3087
  geondseh,

### ÐÆR (42) RELATIVE

Weard maþelode, ðær on wicge sæt, 286
Hwearf þa hrædlice þær Hroðgar 356
  sæt
fah from feondum; þær ic fife 420
  geband,
ðær git for wlence wada cunnedon 508
freoðoburh fægere, þær he folc 522
  ahte,
folc oþðe freoburh, þær he afeded 693
  wæs;
Mynte se mæra, þær he meahte swa, 762
golde geregnad, þær þa graman 777
  wunnon.
mæres þeodnes, ðær hie meahton 797
  swa.
ðær him foldwegas fægere þuhton, 866
þær his lichoma legerbedde fæst 1007
morþorbealo maga, þær heo ær 1079
  mæste heold
gan under gyldnum beage, þær þa 1163
  godan twegen
Hwearf þa bi bence þær hyre byre 1188
  wæron,
Com þa to Heorote, ðær Hringdene 1279
self mid gesiðum þær se snotera 1313
  bad,
frecne fengelad, ðær fyrgenstream 1359
frecne stowe, ðær þu findan miht 1378
ne on gyfenes grund, ga þær he 1394
  wille.
þær him nænig wæter wihte ne 1514
  sceþede,
Grendles heafod, þær guman 1648
  druncon,
æþeling to yppan, þær se oþer 1815
  wæs,
mægenes fultum, þær ðe bið manna 1835
  þearf,
Higelac Hreþling, þær æt ham 1923
  wunað

wearð on ðam wange, þær he worna 2003
  fela
nemnan hyrde, þær hio nægled sinc 2023
dyre iren, þær hyne Dene slogon, 2050
ðær we gesunde sæl weardodon. 2075
hord on hrusan, þær he haðen gold 2276
hondgemota, þær mon Hygelac sloh, 2355
þær Ongenþeow Eofores niosað. 2486
ðær he þy fyrste, forman dogore 2573
"Ic ðæt mæl geman, þær we medu 2633
  þegun,
modiges mannes, þær he his mæges 2698
  healp,
guðgewædu, þær me gifeðe swa 2730
ellensiocne, þær he hine ær 2787
  forlet.
guðgewædu, þær se gomela læg, 2851
up ofer ecgclif, þær þæt 2893
  eorlweorod
þær hyne Hetware hilde genægdon, 2916
lete hyne licgean þær he longe 3082
  wæs,
leofne mannan, þær he longe sceal 3108
gold on greote, þær hit nu gen 3167
  lifað

### ÞÆRA (3)

folmum gefrætwod. Fela þæra wæs, 992
geosceaftgasta; wæs þæra Grendel 1266
  sum,
ellorgæstas. Ðæra oðer wæs, 1349

### ÞÆRE (14)

ne gefeah he þære fæhðe, ac he 109
  hine feor forwræc.
mid þære wælfylle wica neosan. 125
Næs hie ðære fylle gefean hæfdon, 562
bæd hine bliðne æt þære beorþege, 617
ful on flette; no he þære 1025
  feohgyfte
on þære medubence maþðum 1052
  gesealde,
to þære byrhtan byrig Brosinga 1199
  mene,
egeslic for eorlum ond þære idese 1649
  mid,
Ofsloh ða æt þære sæcce, þa me 1665
  sæl ageald,
ic þære socne singales wæg 1777
on þære westenne; hwæðre wiges 2298
  gefeh,
He ða mid þære sorhge, þe him swa 2468
  sar belamp,
brecan of beorge. Wæs þære burnan 2546
  wælm
þære mægburge monna æghwylc 2887

### ÞÆS (69)

feasceaft funden, he þæs frofre 7
  gebad,
lange hwile. Him þæs liffrea 16
ece drihten, þæs þe he Abel slog; 108
lange þrage; he him ðæs lean 114
  forgeald.
syðþan hie þæs laðan last 132
  sceawedon.
þæs þe him yþlade eaðe wurdon. 228
wesan, þæs ic wene. þu wast (gif 272
  hit is
hynðu ond hrafyl. Ic þæs Hroðgar 277
  mæg
rondas regnhearde, wið þæs 326
  recedes weal,
wig ond wisdom: "Ic þæs wine 350
  Deniga,
to Westdenum, þæs ic wen hæbbe, 383
secgað sæliðend þæt þæs sele 411
  stande,

233

ÞÆS (continued)

| | |
|---|---|
| fagum sweordum (no ic þæs fela gylpe), | 586 |
| heafodmægum; þæs þu in helle scealt | 588 |
| wisfæst wordum þæs ðe hire se willa gelamp | 626 |
| Wod under wolcnum to þæs þe he winreced, | 714 |
| fæger foldbold; ac he þæs fæste wæs | 773 |
| þæs ne wendon ær witan Scyldinga | 778 |
| ellendædum (he þæs ær onðah), | 900 |
| ganges getwæman, no ic him þæs georne ætfealh, | 968 |
| iren ærgod, þæt ðæs ahlæcan | 989 |
| Ymb þæs helmes hrof heafodbeorge | 1030 |
| ond ðæs mannes mod. Metod eallum weold | 1057 |
| ðæs morþorhetes myndgiend wære, | 1105 |
| þæs wæron mid Eotenum ecge cuðe. | 1145 |
| lara liðe; ic þe þæs lean geman. | 1220 |
| (þæs þe þincean mæg þegne monegum, | 1341 |
| þæs þe hie gewislicost gewitan meahton, | 1350 |
| fyr on flode. No þæs frod leofað | 1366 |
| mihtigan drihtne, þæs se man gespræc. | 1398 |
| wine druncen, þa he þæs wæpnes onlah | 1467 |
| swa he ne mihte, no he þæs modig wæs, | 1508 |
| wæpna gewealdan, ac hine wundra þæs fela | 1509 |
| laðlicu lac. He him þæs lean forgeald, | 1584 |
| reþe cempa, to ðæs þe he on ræste geseah | 1585 |
| þæt hig þæs æðelinges eft ne wendon | 1596 |
| mærne þeoden; þa ðæs monige gewearð | 1598 |
| forbarn brodenmæl; wæs þæt blod to þæs hat, | 1616 |
| þæs þe hi hyne gesundne geseon moston. | 1628 |
| ecean dryhtne; him þæs endelean | 1692 |
| þæt he þæs gewinnes weorc þrowade, | 1721 |
| forgyteð ond forgymeð, þæs þe him ær god sealde, | 1751 |
| Hwæt, me þæs on eþle edwenden cwom, | 1774 |
| modceare micle. Þæs sig metode þanc, | 1778 |
| ecean dryhtne, þæs ðe ic on aldre gebad | 1779 |
| leoflic iren; sægde him þæs leanes þanc, | 1809 |
| elne geeodon, to ðæs ðe eorla hleo, | 1967 |
| mærum ðeodne? Ic ðæs modceare | 1992 |
| þæs ðe ic ðe gesundne geseon moste." | 1998 |
| hafað þæs geworden wine Scyldinga, | 2026 |
| Mæg þæs þonne ofþyncan ðeodne Heaðobeardna | 2032 |
| Ic ða ðæs wælmes, þe is wide cuð, | 2135 |
| weard winegeomor, wende þæs ylcan, | 2239 |
| Wæs þæs wyrmes wig wide gesyne, | 2316 |
| gledum forgrunden; him ðæs guðkyning, | 2335 |
| ne him þæs wyrmes wig for wiht dyde, | 2348 |
| Se ðæs leodhryres lean gemunde | 2391 |
| maðþumfæt mære þurh ðæs meldan hond. | 2405 |

| | |
|---|---|
| se ðæs orleges or onstealde, | 2407 |
| to ðæs ðe he eorðsele anne wisse, | 2410 |
| Ne hedde he þæs heafolan, ac sio hand gebarn | 2697 |
| aða on unriht. Ic ðæs ealles mæg | 2739 |
| wundur on wealle, ond þæs wyrmes denn, | 2759 |
| wræte giondwlitan. Næs ðæs wyrmes þær | 2771 |
| þæs ðe ic moste minum leodum | 2797 |
| for ðæs hildfruman hondgeweorce. | 2835 |
| ne ðæs wealdendes wiht oncirran; | 2857 |
| wælnið wera, ðæs ðe ic wen hafo, | 3000 |
| on ðæs waldendes wære geþolian." | 3109 |

ÞÆT (216) CONJUNCTION

| | |
|---|---|
| þæt hine on ylde eft gewunigen | 22 |
| hyrde ic þæt * * * wæs Onelan cwen, | 62 |
| wiges weorðmynd, þæt him his winemagas | 65 |
| georne hyrdon, oðð þæt seo geogoð geweox, | 66 |
| þæt healreced hatan wolde, | 68 |
| ædre mid yldum, þæt hit wearð ealgearo, | 77 |
| þæt se ecghete aþumsweorum | 84 |
| þæt he dogora gehwam dream gehyrde | 88 |
| cwæð þæt se ælmihtiga eorðan worhte, | 92 |
| þæt him gastbona geoce gefremede | 177 |
| þæt ða liðende land gesawon, | 221 |
| þæt mid Scyldingum sceaðona ic nat hwylc, | 274 |
| Ic þæt gehyre, þæt þis is hold weorod | 290 |
| þæt þone hilderæs hal gedigeð." | 300 |
| torht getæhte, þæt hie him to mihton | 313 |
| Wen ic þæt ge for wlenco, nalles for wræcsiðum, | 338 |
| þæt we hine swa godne gretan moton." | 347 |
| eode ellenrof, þæt he for eaxlum gestod | 358 |
| þæt hie, þeoden min, wið þe moton | 365 |
| þyder to þance, þæt he þritiges | 379 |
| gesaga him eac wordum þæt hie sint wilcuman | 388 |
| aldor Eastdena, þæt he eower æþelu can, | 392 |
| heard under helme, þæt he on heoðe gestod. | 404 |
| secgað sæliðend þæt þæs sele stande, | 411 |
| þeoden Hroðgar, þæt ic þe sohte, | 417 |
| þæt ic mote ana ond minra eorla gedryht, | 431 |
| Hæbbe ic eac geahsod þæt se æglæca | 433 |
| þæt ic sweord bere oþðe sidne scyld, | 437 |
| Wen ic þæt he wille, gif he wealdan mot, | 442 |
| þæt hie in beorsele bidan woldon | 482 |
| forþon þe he ne uþe þæt ænig oðer man | 503 |
| þæt ic merestrengo maran ahte, | 533 |
| on geogoðfeore) þæt wit on garsecg ut | 537 |
| þæt ic aglæcan orde geræhte, | 556 |
| manfordædlan, þæt hie me þegon, | 563 |
| sweordum aswefede, þæt syðþan na | 567 |
| þæt ic sænæssas geseon mihte, | 571 |
| Hwæþere me gesælde þæt ic mid sweorde ofsloh | 574 |
| þæt næfre Grendel swa fela gryra gefremede, | 591 |

Ac he hafað onfunden  þæt he þa          595
    fæhðe ne þearf,
þæt hio Beowulfe,  beaghroden cwen        623
þæt heo on ænigne  eorl gelyfde           627
þæt ic anunga  eowra leoda                634
Nat he þara goda  þæt he me ongean        681
    slea,
Nænig heora þohte  þæt he þanon           691
    scolde
ac hie hæfdon gefrunen  þæt hie ær        694
    to fela micles
frofor ond fultum,  þæt hie feond         698
    heora
þæt mihtig god  manna cynnes              701
þæt hie ne moste,  þa metod nolde,        706
þæt he Hroþgares  ham gesohte;            717
mynte þæt he gedælde,  ærþon dæg          731
    cwome,
þæt he ma moste  manna cynnes            735
þæt he ne mette  middangeardes,           751
þæt se hearmscaþa  to Heorute             766
    ateah.
þa wæs wundor micel  þæt se               771
    winsele
wiðhæfde heaþodeorum,  þæt he on          772
    hrusan ne feol,
þæt hit a mid gemete  manna ænig,         779
þæt him se lichoma  læstan nolde,         812
þæt his aldres wæs  ende gegongen,        822
Hwæþre him gesælde  ðæt þæt swurd         890
    þurhwod
wrætlicne wyrm,  þæt hit on wealle        891
    ætstod,
þæt he beahhordes  brucan moste           894
þæt þæt ðeodnes bearn  geþeon             910
    scolde,
Dæt wæs ungeara  þæt ic ænigra me         932
ðara þe ne wendon  þæt hie                937
    wideferhð
þæt hyre ealdmetod  este wære             945
dædum gefremed  þæt þin dom lyfað         954
þæt ðu hine selfne  geseon moste,         961
þæt he for mundgripe  minum scolde        965
þæt him heardra nan  hrinan wolde         988
iren ærgod,  þæt ðæs ahlæcan              989
þæt to healle gang  Healfdenes           1009
    sunu;
þæt him fela laf  frecne ne              1032
    meahton
þæt he ne mehte  on þæm meðelstede       1082
þæt hie him oðer flet  eal               1086
    gerymdon,
healle ond heahsetl,  þæt hie            1087
    healfre geweald
þæt he þa wealafe  weotena dome          1098
arum heolde,  þæt ðær ænig mon           1099
þæt he Eotena bearn  inne gemunde.       1141
þæt he hæfde mod micel,  þeah þe         1167
    he his magum nære
Me man sægde  þæt þu ðe for sunu         1175
    wolde
glædne Hroþulf,  þæt he þa geogoðe       1181
    wile
wene ic þæt he mid gode  gyldan          1184
    wille
Hafast þu gefered  þæt ðe feor ond       1221
    neah
þæt hie oft wæron  an wig gearwe,        1247
þæt hie on ba healfa  bicgan             1305
    scoldon
þæt þone wisan  wordum nægde             1318
þæt hie gesawon  swylce twegen           1347
milgemearces  þæt se mere standeð;       1362
gumena bearna,  þæt þone grund           1367
    wite;
þæt his freond wrece,  þonne he          1385
    fela murne.
yðgewinnes,  þæt him on aldre stod       1434

þæt him hildegrap  hreþre ne             1446
    mihte,
besette swinlicum,  þæt hine             1453
    syðþan no
þæt hit ellenweorc  æfnan scolde.        1464
aldre linnan,  þæt ðu me a wære          1478
þæt ic gumcystum  godne funde            1486
grim ond grædig,  þæt þær gumena         1499
    sum
þæt heo þone fyrdhom  ðurhfon ne         1504
    mihte,
þæt he in niðsele  nathwylcum wæs,       1513
þæt hire on hafelan  hringmæl agol       1521
þæt se beadoleoma  bitan nolde,          1523
deorum madme,  þæt his dom alæg.         1528
yrre oretta,  þæt hit on eorðan          1532
    læg,
feorhgeniðlan,  þæt heo on flet          1540
    gebeah.
feþecempa,  þæt he on fylle wearð.       1544
þæt hire wið halse  heard grapode,       1566
þæt wæs yðgeblond  eal gemenged,         1593
þæt hig þæs æðelinges  eft ne            1596
    wendon
þæt he sigehreðig  secean come           1597
þæt hine seo brimwylf  abroten           1599
    hæfde.
wiston ond ne wendon  þæt hie            1604
    heora winedrihten
þæt hit eal gemealt  ise gelicost,       1608
þæt ic on wage geseah  wlitig            1662
    hangian
winigea leasum),  þæt ic ðy wæpne        1664
    gebræd.
Ic hit þe þonne gehate,  þæt þu on       1671
    Heorote most
duguðe ond iogoþe,  þæt þu him           1674
    ondrædan ne þearft,
(frecne geferdon);  þæt wæs fremde       1691
    þeod
eald eðelweard,  þæt ðes eorl            1702
    wære
þæt þæs gewinnes  weorc                  1721
    þrowade,
side rice,  þæt he his selfa ne          1733
    mæg
þæt se lichoma  læne gedreoseð,          1754
þæt þec adl oððe ecg  eafoþes            1763
    getwæfeð,
þæt ðec, dryhtguma,  deað                1768
    oferswyðeð,
æscum ond ecgum,  þæt ic me ænigne       1772
þæt ic on þone hafelan  heorodreorigne   1780
feorran cumene,  þæt we fundiaþ          1819
þæt þec ymbsittend  egesan þywað,        1827
folces hyrde,  þæt he mec fremman        1832
    wile
wordum ond worcum,  þæt ic þe wel        1833
    herige
gif þæt gegangeð,  þæt ðe gar            1846
    nymeð,
þæt þe Sægeatas  selran næbben           1850
Hafast þu gefered  þæt þam folcum        1855
    sceal,
þæt hie seoððan no  geseon moston,       1875
þæt he þone breostwylm  forberan         1877
    ne mehte,
cwæð þæt wilcuman  Wedera leodum         1894
swurd gesealde,  þæt he syðþan wæs       1901
þæt hie Geata clifu  ongitan             1911
    meahton,
þæt hire an dæges  eagum starede,        1935
þæt hit sceadenmæl  scyran moste,        1939
þæt hio leodbealewa  læs                 1946
    gefremede,
þæt ðær on worðig  wigendra hleo,        1972
þæt ðu þone wælgæst  wihte ne            1995
    grette,

235

ÞÆT (continued)

| | |
|---|---|
| þæt he mid ðy wife wælfæhða dæl, | 2028 |
| þæt se fæmnan þegn fore fæder dædum | 2059 |
| gen ymbe Grendel, þæt ðu geare cunne, | 2070 |
| healsode hreohmod, þæt ic on holma geþring | 2132 |
| þæt ic his ærest ðe est gesægde; | 2157 |
| cwæð þæt hyt hæfde Hiorogar cyning, | 2158 |
| Hyrde ic þæt þam frætwum feower mearas | 2163 |
| Hyrde ic þæt he ðone healsbeah Hygde gesealde, | 2172 |
| swyðe wendon þæt he sleac wære, | 2187 |
| þeofes cræfte; þæt sie ðiod onfand, | 2219 |
| bufolc beorna, þæt he gebolgen wæs. | 2220 |
| þæt þær ðam gyste gryrebroga stod; | 2227 |
| þæt he lytel fæc longgestreona | 2240 |
| ðæt hæfde gumena sum goldes gefandod, | 2301 |
| snude to soðe, þæt his sylfes ham, | 2325 |
| wende se wisa þæt he wealdende | 2329 |
| þæt him holtwudu helpan ne meahte, | 2340 |
| þæt he þone widflogan weorode gesohte, | 2346 |
| þæt he wið ælfylcum eþelstolas | 2371 |
| þæt he Heardrede hlaford wære | 2375 |
| to gebidanne, þæt his byre ride | 2445 |
| þæt he to Gifðum oððe to Gardenum | 2494 |
| þæt ic wið þone guðflogan gylp ofersitte. | 2528 |
| þæt he wið aglæcean eofoðo dæle, | 2534 |
| incgelafe, þæt sio ecg gewac | 2577 |
| þæt se mæra maga Ecgðeowes | 2587 |
| þæt ða aglæcean hy eft gemetton. | 2592 |
| geongan cempan, þæt he guðe ræs | 2626 |
| þæt we him ða guðgetawa gyldan woldon | 2636 |
| þæt ure mandryhten mægenes behofað, | 2647 |
| þæt me is micle leofre þæt minne lichaman | 2651 |
| Ne þynceð me gerysne þæt we rondas beren | 2653 |
| þæt næron ealdgewyrht, þæt he ana scyle | 2657 |
| þæt ðu ne alæte be ðe lifigendum | 2665 |
| hildebille, þæt hyt on heafolan stod | 2679 |
| þæt him irenna ecge mihton | 2683 |
| þæt he þone niðgæst nioðor hwene sloh, | 2699 |
| secg on searwum, þæt ðæt sweord gedeaf, | 2700 |
| fah ond fæted, þæt ðæt fyr ongon | 2701 |
| þæt him on breostum bealoniðe weoll | 2714 |
| þæt he bi wealle wishycgende | 2716 |
| þæt he dæghwila gedrogen hæfde, | 2726 |
| Bio nu on ofoste, þæt ic ærwelan, | 2747 |
| swegle searogimmas, þæt ic ðy seft mæge | 2749 |
| þæt he þone grundwong ongitan meahte, | 2770 |
| þæt hit sæliðend syððan hatan | 2806 |
| earfoðlice, þæt he on eorðan geseah | 2822 |
| þæt se widfloga wundum stille | 2830 |
| þæt he wið attorsceaðan oreðe geræsde, | 2839 |
| þæt ða hildlatan holt ofgefan, | 2846 |
| þæt se mondryhten se eow ða maðmas geaf, | 2865 |

| | |
|---|---|
| þæt he genunga guðgewædu | 2871 |
| sigora waldend, þæt he hyne sylfne gewræc | 2875 |
| þæt he byrnwiga bugan sceolde, | 2918 |
| þæt he sæmannum onsacan mihte, | 2954 |
| þæt se þeodcyning ðafian sceolde | 2963 |
| þæt him for swenge swat ædrum sprong | 2966 |
| þæt he blode fah bugan sceolde, | 2974 |
| þæt hie wælstowe wealdan moston. | 2984 |
| þæt we þeodcyning þær sceawian | 3008 |
| godum gegongen, þæt se guðcyning, | 3036 |
| þæt ðam hringsele hrinan ne moste | 3053 |
| þa wæs gesyne þæt se sið ne ðah | 3058 |
| þæt se secg wære synnum scildig, | 3071 |
| þæt he ne grette goldweard þone, | 3081 |
| bæd þæt ge geworhton æfter wines dædum | 3096 |
| þæt ge genoge neon sceawiað | 3104 |
| boldagendra, þæt hie bælwudu | 3112 |
| þæt hi ofostlice ut geferedon | 3130 |
| þæt hio hyre heofungdagas hearde ondrede, | 3153 |
| þæt mon his winedryhten wordum herge, | 3175 |
| cwædon þæt he wære wyruldcyninga | 3180 |

ÞÆT (125) DEMONSTRATIVE PRONOUN

| | |
|---|---|
| gomban gyldan. þæt wæs god cyning! | 11 |
| wergan gastes; wæs þæt gewin to strang, | 133 |
| þæt wæs wræc micel wine Scyldinga, | 170 |
| wean onwendan; wæs þæt gewin to swyð, | 191 |
| þæt fram ham gefrægn Higelaces þegn, | 194 |
| secg on searwum; nis þæt seldguma, | 249 |
| Ic þæt gehyre, þæt þis is hold weorod | 290 |
| þæt wæs foremærost foldbuendum | 309 |
| Wulfgar maþelode (þæt wæs Wendla leod; | 348 |
| ðonne sægdon þæt sæliþende, | 377 |
| þa me þæt gelærdon leode mine | 415 |
| þæt ðu me ne forwyrne, wigendra hleo, | 429 |
| Ic þæt þonne forhicge (swa me Higelac sie, | 435 |
| beaduscruda betst, þæt mine breost wereð, | 453 |
| hrægla selest; þæt is Hrædlan laf, | 454 |
| Wit þæt gecwædon cnihtwesende | 535 |
| aldrum neðdon, ond þæt geæfndon swa. | 538 |
| fyrena frofre. He þæt ful geþeah, | 628 |
| "Ic þæt hogode, þa ic on holm gestah, | 632 |
| winærnes geweald, ond þæt word acwæð: | 654 |
| gif þu þæt ellenweorc aldre gedigest." | 661 |
| þa þæt hornreced healdan scoldon, | 704 |
| ealle buton anum. þæt wæs yldum cuþ | 705 |
| fættum fahne. Ne wæs þæt forma sið | 716 |
| wistfylle wen. Ne wæs þæt wyrd þa gen | 734 |
| Ne þæt se aglæca yldan þohte, | 739 |
| Sona þæt onfunde fyrena hyrde | 750 |
| on grames grapum. þæt wæs geocor sið | 765 |
| Hie þæt ne wiston, þa hie gewin drugon, | 798 |
| ða þæt onfunde se þe fela æror | 809 |

236

238

beorn wið blode. Him Beowulf
þanan,   1880

ÞANC (5)
"Disse ansyne alwealdan þanc   928
modceare micle. Þæs sig metode   1778
  þanc,
leoflic iren; sægde him þæs   1809
  leanes þanc,
guðe wið Grendel. Gode ic þanc   1997
  secge
"Ic ðara frætwa frean ealles   2794
  ðanc,

-ÞANC (1)
ferhðes foreþanc. Fela sceal   1060
  gebidan

ÞANCE (1)
þyder to þance, þæt he þritiges   379

ÞANCEDON (1)
guðgewædo), gode þancedon   227

ÞANCHYCGENDE (1)
þanchycgende þær gehydde,   2235

ÞANCODE (2)
grette Geata leod, gode þancode   625
Ahleop ða se gomela, gode   1397
  þancode,

ÞANCODON (1)
Eodon him þa togeanes, gode   1626
  þancodon,

-ÞANCUM (3)
searonet seowed smiþes orþancum):   406
hynðo on Heorote mid his   475
  heteþancum,
inwitþancum ond wið earm gesæt.   749

ÞANON (12)
þanon untydras ealle onwocon,   111
þritig þegna, þanon eft gewat   123
eoletes æt ende. Þanon up hraðe   224
Þanon he gesohte Suðdena folc   463
Nænig heora þohte þæt he þanon   691
  scolde
widre gewindan ond on weg þanon   763
hu he werigmod on weg þanon,   844
Þanon eft gewiton ealdgesiðas,   853
westen warode. Þanon woc fela   1265
Heo wæs on ofste, wolde ut þanon,   1292
fuse to farenne; wolde feor þanon   1805
frætwe ond fætgold; næs him feor   1921
  þanon

ÞARA (28)
oðþæt him æghwylc þara   9
  ymbsittendra
cynna gehwylcum þara ðe cwice   98
  hwyrfaþ.
cempan gecorone þara þe he   206
  cenoste
Nat he þara goda þæt he me ongean   681
  slea,
þara þe of wealle wop gehyrdon,   785
þara þe tirleases trode sceawode,   843
þara þe gumena bearn gearwe ne   878
  wiston,
ðara þe ne wendon þæt hie   937
  wideferhð
secga gehwylcum þara þe on swylc   996
  starað.
medoful manig magas þara   1015
in under eoderas. Þara anum stod   1037
þara þe mid Beowulfe brimlade   1051
  teah

gæsta gifrost, þara ðe þær guð   1123
  fornam
þara þe ic on foldan gefrægen   1196
  hæbbe.
ge æt ham ge on herge, ge   1248
  gehwæþer þara,
þara þe mid Hroðgare ham eahtode.   1407
manna ængum þara þe hit mid   1461
  mundum bewand,
ðara þe he geworhte to Westdenum   1578
mægenbyrþenne þara þe he him mid   1625
  hæfde.
ðara þe on Scedenigge sceattas   1686
  dælde.
ond þegna gehwam þara leoda,   2033
Nu her þara banena byre   2053
  nathwylces
þara þe leodfruman lange begeate.   2130
leoda minra, þara ðe þis lif   2251
  ofgeaf,
þara ðe in Swiorice sinc   2383
  brytnade,
ymbesittendra ænig ðara,   2734
þam ðara maðma mundbora wæs   2779
"Ic ðara frætwa frean ealles   2794
  ðanc,

ÞAS (6)
oflet lifdagas ond þas lænan   1622
  gesceaft.
"Hwæt! we þe þas sælac, sunu   1652
  Healfdenes,
wundorsmiþa geweorc, ond þa þas   1681
  worold ofgeaf
in biorsele, ðe us ðas beagas   2635
  geaf,
onmunde usic mærða, ond me þas   2640
  maðmas geaf,
lice gelenge. Ic ðas leode heold   2732

ÞE (44) PERSONAL PRONOUN
ond þe þa ondsware ædre gecyðan   354
þæt ic þe, þeoden min, wið þe moton   365
þeoden Hroðgar, þæt ic þe sohte,   417
ðing wið þyrse. Ic þe nu ða,   426
seofon niht swuncon; he þe æt   517
  sunde oferflat,
burh ond beagas. Beot eal wið þe   523
Ðonne wene ic to þe wyrsan   525
  geþingea,
wadu weallendu. No ic wiht fram   581
  þe
Secge ic þe to soðe, sunu   590
  Ecglafes,
ðryþærn Dena buton þe nu ða.   657
waca wið wraþum. Ne bið þe wilna   660
  gad,
niwe sibbe. Ne bið þe nænigra gad   949
sæmran æt sæcce. Þu þe self   953
  hafast
þeah þe he ne meahte on mere   1130
  drifan
Me man sægde þæt þu ðe for sunu   1175
  wolde
lara liðe; ic þe þæs lean geman.   1220
Hafast þu gefered þæt ðe feor ond   1221
  neah
æþeling, eadig. Ic þe an tela   1225
eft æt þe anum. Eard git ne   1377
  const,
Ic þe þa fæhðe feo leanige,   1380
Ic hit þe gehate, no he on helm   1392
  losaþ,
weana gehwylces, swa ic þe wene   1396
  to."
"Hwæt! we þe þas sælac, sunu   1652
  Healfdenes,
Ic hit þe þonne gehate, þæt þu on   1671
  Heorote most

þE (continued)

mægen mid modes snyttrum.  Ic þe  1706
   sceal mine gelæstan
leodbealo longsum.  Ðu þe lær be  1722
   þon,
gumcyste ongit;  ic þis gid be þe  1723
Bebeorh þe ðone bealoníð,  Beowulf  1758
   leofa,
secg betsta,  ond þe þæt selre  1759
   geceos,
ic ðe þusenda þegna bringe,  1829
wordum ond worcum,  þæt ic þe wel  1833
   herige
ond þe to geoce garholt bere,  1834
mægenes fultum,  þær ðe bið manna  1835
   þearf.
"Þe þa wordcwydas  wigtig drihten  1841
gif þæt gegangeð,  þæt ðe gar  1846
   nymeð,
þæt þe Sægeatas  selran næbben  1850
leofes mannes;  ic ðe lange bæd  1994
þæs ðe ic ðe gesundne  geseon  1998
   moste."
ða ic ðe, beorncyning,  bringan  2148
   wylle,
estum geywan.  Gen is eall æt ðe  2149
þæt ic his ærest ðe  est gesægde;  2157
eorla æhte!  Hwæt, hyt ær on ðe  2248
þæt ðu ne aláte  be ðe lifigendum  2665
feorh ealgian;  ic ðe fullæstu."  2668

þE (4) DEMONSTRATIVE PRONOUN (INSTRUMENTAL)
secean wynleas wic;  wiste þe  821
   geornor
sundes þe sænra,  ðe hyne swylt  1436
   fornam.
helmas ond heard sweord.  Ðe he  2638
   usic on herge geceas
wæpen wundrum heard;  næs him  2687
   wihte ðe sel.

þE (153) RELATIVE PARTICLE
þe hie ær drugon  aldorlease  15
þe hine æt frumsceafte  forð  45
   onsendon
se þe his wordes geweald  wide  79
   hæfde.
þrage geþolode,  se þe in þystrum  87
   bad,
swutol sang scopes.  Sægde se þe  90
   cuþe
cynna gehwylcum  þara ðe cwice  98
   hwyrfaþ.
mære mearcstapa,  se þe moras  103
   heold,
ece drihten,  þæs þe he Abel slog;  108
þa wæs eaðfynde  þe him elles hwær  138
wuldres waldend.  Wa bið þæm ðe  183
   sceal
wihte gewendan;  wel bið þæm þe  186
   mot
laþ ond longsum,  þe on ða leode  192
   becom,
cempan gecorone  þara þe he  206
   cenoste
þæs þe him yþlade  eaðe wurdon.  228
se þe holmclifu  healdan scolde,  230
byrnum werede,  þe þus brontne  238
   ceol
þe on land Dena  laðra nænig  242
worda ond worca,  se þe wel  289
   þenceð.
ðe me se goda  agifan þenceð."  355
þa ðe gifsceattas  Geata fyredon  378
dryhtnes dome  se þe hine deað  441
   nimeð.
deorre duguðe,  þe þa deað fornam.  488
se þe on handa bær  hroden  495
   ealowæge,
þe æt fotum sæt  frean Scyldinga,  500

forþon þe he ne uþe  þæt ænig oðer  503
   man
"Eart þu se Beowulf,  se þe wið  506
   Brecan wunne,
guþe gebeodan.  Gæþ eft se þe mot  603
wisfæst wordum  þæs ðe hire se  626
   willa gelamp
rand geheawe,  þeah ðe he rof sie  682
Wod under wolcnum  to þæs þe he  714
   winreced,
þara þe of wealle  wop gehyrdon,  785
se þe manna wæs  mægene strengest  789
Ða þæt onfunde  se þe fela æror  809
Hæfde þa gefælsod  se þe ær  825
   feorran com,
inwidsorge,  þe hie ær drugon  831
þara þe tirleases  trode sceawode,  843
se ðe ealfela  ealdgesegena  869
þara þe gumena bearn  gearwe ne  878
   wiston,
se þe him bealwa to  bote gelyfde,  909
ðara þe ne wendon  þæt hie  937
   wideferhð
ðe we ealle  ær ne meahton  941
worolde wilna,  þe ic geweald  950
   hæbbe.
wera ond wifa,  þe þæt winreced,  993
secga gehwylcum  þara þe on swylc  996
   starað.
ealles ansund,  þe se aglæca,  1000
to befleonne,  fremme se þe wille,  1003
se þe secgan wile  soð æfter  1049
   rihte.
þara þe mid Beowulfe  brimlade  1051
   teah
golde forgyldan,  þone ðe Grendel  1054
   ær
leofes ond laþes  se þe longe her  1061
gæsta gifrost,  þara ðe þær guð  1123
   fornam
þa ðe syngales  sele bewitiað,  1135
þæt he hæfde mod micel,  þeah þe  1167
   he his magum nære
þara þe ic on foldan  gefrægen  1196
   hæbbe.
se þe wæteregesan  wunian scolde,  1260
gimfæste gife  ðe him god sealde,  1271
rice randwiga,  þone ðe heo on  1298
   ræste abreat,
þe þu gystran niht  Grendel  1334
   cwealdest
(þæs þe þincean mæg  þegne  1341
   monegum,
se þe æfter sincgyfan  on sefan  1342
   greoteþ),
se þe eow welhwylcra  wilna dohte.  1344
þæs þe hie gewislicost  gewitan  1350
   meahton
ðeah þe hæðstapa  hundum  1368
   geswenced,
worolde lifes;  wyrce se þe mote  1387
þara þe mid Hroðgare  ham eahtode.  1407
sundes þe sænra,  ðe hyne swylt  1436
   fornam.
seo ðe bancofan  beorgan cuþe,  1445
se þe meregrundas  mengan scolde,  1449
manna ængum  þara þe hit mid  1461
   mundum bewand,
se ðe gryresiðas  gegan dorste,  1462
swylce þu ða madmas  þe þu me  1482
   sealdest,
Sona þæt onfunde  se ðe floda  1497
   begong
ðara þe he geworhte  to Westdenum  1578
reþe cempa,  to ðæs þe he on ræste  1585
   geseah
þa ðe mid Hroðgare  on holm  1592
   wliton,

240

Sona wæs on sunde   se þe ær æt   1618
  sæcce gebad
mægenbyrþenne   þara þe he him mid   1625
  hæfde.
þæs þe hi hyne gesundne   geseon   1628
  moston.
tires to tacne,   þe þu her to   1654
  locast.
ðara þe on Scedenigge   sceattas   1686
  dælde.
"Þæt, la, mæg secgan   se þe soð   1700
  ond riht
Ðeah þe hine mihtig god   mægenes   1716
  wynnum,
se þe of flanbogan   fyrenum   1744
  sceoteð.
forgyteð ond forgymeð,   þæs þe him   1751
  ær god sealde,
se þe unmurnlice   madmas dæleþ,   1756
ecean dryhtne,   þæs ðe ic on aldre   1779
  gebad
Geata dryhten,   þeah ðe he geong   1831
  sy,
selran gesohte   þæm þe him selfa   1839
  deah."
inwitniþas,   þe hie ær drugon,   1858
agendfrean,   se þe on ancre rad.   1883
mægenes wynnum,   se þe oft manegum   1887
  scod.
se þe ær lange tid   leofra manna   1915
wis,  welþungen,   þeah ðe wintra   1927
  lyt
idese to efnanne,   þeah ðe hio   1941
  ænlicu sy,
elne geeodon,   to ðæs ðe eorla   1967
  hleo,
þæs ðe ic ðe gesundne   geseon   1998
  moste."
se ðe lengest leofað   laðan   2008
  cynnes,
þonne cwið æt beore   se ðe beah   2041
  gesyhð,
eald æscwiga,   se ðe eall geman,   2042
þone þe ðu mid rihte   rædan   2056
  sceoldest.'
þara þe leodfruman   lange begeate.   2130
Ic ða ðæs wælmes,   þe is wide cuð,   2135
wrætlicne wundurmaððum,   ðone þe   2173
  him Wealhðeo geaf,
ginfæstan gife,   þe him god   2182
  sealde,
se ðe on heaum hofe   hord   2212
  beweotode,
niða nathwylc,   se ðe neh gefeng   2215
þeah ðe he slæpende   besyred wurde   2218
sylfes willum,   se ðe him sare   2222
  gesceod,
leoda minra,   þara ðe þis lif   2251
  ofgeaf,
þa þe beadogriman   bywan sceoldon,   2257
se ðe byrnende   biorgas seceð,   2272
wean ond wræcsið,   se ðe waldendes   2292
þone þe him on sweofote   sare   2295
  geteode,
þeah ðe hordwelan   heolde lange.   2344
feðewiges,   þe him foran ongean   2364
þara ðe in Swiorice   sinc   2383
  brytnade,
þe he wið þam wyrme   gewegan   2400
  sceolde.
to ðæs ðe he eorðsele   anne wisse,   2410
He ða mid þære sorhge,   þe him swa   2468
  sar belamp,
þeah ðe oðer his   ealdre gebohte,   2481
Ic him þa maðmas,   þe he me   2490
  sealde,
Geseah ða be wealle   se ðe worna   2542
  fela,

fyre befongen,   se ðe ær folce   2595
  weold.
wiht onwendan   þam ðe wel þenceð.   2601
Gemunde ða ða are   þe he him ær   2606
  forgeaf,
þeah ðe he his broðor bearn   2619
  abredwade.
in biorsele,   ðe us ðas beagas   2635
  geaf,
þe he usic garwigend   gode tealde,   2641
hwate helmberend,   þeah ðe hlaford   2642
  us
se ðe meca gehwane,   mine gefræge,   2685
þe him se eorðdraca   ær geworhte,   2712
þe mec guðwinum   gretan dorste,   2735
oferhigian,   hyde se ðe wylle.   2766
ecum dryhtne,   þe ic her on   2796
  starie,
þæs ðe ic moste   minum leodum   2797
Biowulfes biorh,   ða ðe brentingas   2807
þeah ðe he dæda gehwæs   dyrstig   2838
  wære,
eðbegete þam ðe ær   his elne   2861
  forleas.
"Þæt, la, mæg secgan   se ðe wyle   2864
  soð specan
eoredgeatwe,   þe ge þær on   2866
  standað,
niwra spella   se ðe næs gerad,   2898
ac he hyne gewyrpte,   þeah ðe him   2976
  wund hrine.
Ða wæron monige   þe his mæg   2982
  wriðon,
wælnið wera,   ðæs ðe ic wen hafo,   3000
þe us seceað   to Sweona leoda,   3001
ealdorleasne,   þone ðe ær geheold   3003
ond þone gebringan,   þe us beagas   3009
  geaf,
hlimbed healdan   þone þe him   3034
  hringas geaf
sigora soðcyning,   sealde þam ðe   3055
  he wolde
þam ðe unrihte   inne gehydde   3059
þe ðone þeodcyning   þyder ontyhte.   3086
þone ðe oft gebad   isernscure,   3116
æledleoman,   se ðe on orde geong.   3125

ÞEAH (30)∗
lythwon logon,   þeah he him leof   203
  wære;
ðeah þu heaðoræsa   gehwær dohte,   526
þeah ðu þinum broðrum   to banan   587
  wurde,
werhðo dreogan,   þeah þin wit   589
  duge.
aldre beneotan,   þeah ic eal mæge.   680
rand geheawe,   þeah ðe he rof sie   682
earm ond eaxle.   No þær ænige swa   972
  þeah
ðeah hie hira beaggyfan   banan   1102
  folgedon
þeah þe he ne meahte   on mere   1130
  drifan
þæt he hæfde mod micel,   þeah þe   1167
  he his magum nære
ðeah þe hæðstapa   hundum   1368
  geswenced,
wiht gewyrcan,   þeah þæt wæpen   1660
  duge,
Ðeah þe hine mihtig god   mægenes   1716
  wynnum,
Geata dryhten,   þeah ðe he geong   1831
  sy,
wis,  welþungen,   þeah ðe wintra   1927
  lyt
Hæreþes dohtor;   næs hio hnah swa   1929
  þeah,
idese to efnanne,   þeah ðe hio   1941
  ænlicu sy,

þEAH (continued)

bongar bugeð, þeah seo bryd duge! 2031
hwatum Heorowearde, þeah he him 2161
   hold wære,
þeah ðe he slæpende besyred wurde 2218
þeah ðe hordwelan heolde lange. 2344
hreðre hygemeðe; sceolde hwæðre 2442
   swa þeah
laðum dædum, þeah him leof ne 2467
   wæs.
þeah ðe oðer his ealdre gebohte, 2481
þeah ðe he his broðor bearn 2619
   abredwade.
hwate helmberend, þeah ðe hlaford 2642
   us
þeah ðe he dæda gehwæs dyrstig 2838
   wære,
Ne meahte he on eorðan, ðeah he 2855
   uðe wel,
ætgifan æt guðe, ond ongan swa 2878
   þeah
ac he hyne gewyrpte, þeah ðe him 2976
   wund hrine.

-þEAH (2)

leodum leofne. He on lust geþeah 618
fyrena frofre. He þæt ful geþeah, 628

þEARF (9)*

mærne þeoden, þa him wæs manna 201
   þearf.
Ac he hafað onfunden þæt he þa 595
   fæhðe ne þearf,
þearf gesælde; wæs seo þeod tilu. 1250
mægenes fultum, þær ðe bið manna 1835
   þearf.
swa begylpan ne þearf Grendeles 2006
   maga
eard, eðelwyn. Næs him ænig 2493
   þearf
gif him þyslicu þearf gelumpe, 2637
for ðam me witan ne ðearf waldend 2741
   fira
ana mid ecge, þa him wæs elnes 2876
   þearf.

þEARFA (1)

ærnes þearfa, ond ðær inne fealh, 2225

ÐEARFE (9)

þæt him on ðearfe lah ðyle 1456
   Hroðgares;
gif ic æt þearfe þinre scolde 1477
ðeodne æt þearfe; ðolode ær fela 1525
þegnes þearfe, swylce þy dogore 1797
þonne his ðiodcyning þearfe 2579
   hæfde,
Ða ic æt þearfe gefrægn 2694
   þeodcyninges
þegn æt ðearfe! þæt ðam þeodne 2709
   wæs
leoda þearfe; ne mæg ic her leng 2801
   wesan.
on hyra mandryhtnes miclan 2849
   þearfe,

-ÐEARFE (2)

folce to frofre; fyrenðearfe 14
   ongeat
niceras nihtes, nearoþearfe 422
   dreah,

-þEARFOD (1)

ðeodenlease, þa him swa geþearfod 1103
   wæs;

þEARFT (3)

mægen Hreðmanna. Na þu minne 445
   þearft

mearcað morhopu; no ðu ymb mines 450
   ne þearft
duguðe ond iogoþe, þæt þu him 1674
   ondrædan ne þearft,

þEARLE (1)

þreatedon þearle. Ic him þenode 560

þEAW (4)

wið þeodþreaum. Swylc wæs þeaw 178
   hyra,
Deniga frean; cuþe he duguðe 359
   þeaw.
þrecwudu þrymlic. Wæs þeaw hyra 1246
cwealmbealu cyðan. Ne bið swylc 1940
   cwenlic þeaw

þEAWUM (1)

Swa se ðeodkyning þeawum lyfde. 2144

þEC (8)

bearngebyrdo. Nu ic, Beowulf, 946
   þec,
awa to aldre. Alwalda þec 955
cen þec mid cræfte ond þyssum 1219
   cnyhtum wes
þæt þec adl oððe ecg eafoþes 1763
   getwæfeð,
þæt ðec, dryhtguma, deað 1768
   oferswyðeð.
þæt þec ymbsittend egesan þywað, 1827
swa þec hetende hwilum dydon, 1828
heafodmaga nefne, Hygelac, ðec." 2151

þECCEAN (1)

æled þeccean, nalles eorl wegan 3015

-þEGE (3)

æfter beorþege gebun hæfdon. 117
bæd hine bliðne æt þære beorþege, 617
æfter beahðege breost geweorðod. 2176

þEGN (10)

þæt fram ham gefrægn Higelaces 194
   þegn,
þegn Hroðgares, þrymmum cwehte 235
þryðum dealle. þegn nytte 494
   beheold,
cystum cuðe. Hwilum cyninges 867
   þegn,
heard be hiltum Higelaces ðegn, 1574
þeoden Scyldinga, ðegn betstan 1871
þæt se fæmnan þegn fore fæder 2059
   dædum
þegn æt ðearfe! þæt ðam þeodne 2709
   wæs
þeoden mærne, þegn ungemete till 2721
Let se hearda Higelaces þegn 2977

-ÐEGN (4)

mæg ond magoðegn; hæbbe ic mærða 408
   fela
syðþan he aldorþegn unlyfigendne, 1308
sona him seleþegn siðes wergum, 1794
magoþegn modig maððumsigla fealo, 2757

þEGNA (8)

þritig þegna, þanon eft gewat 123
þryðlic þegna heap; sume þær 400
   bidon,
þeodnes ðegna; ac hig him geþingo 1085
   budon,
ðryðlic þegna heap, þeodnes 1627
   gefegon,
Ða com in gan ealdor þegna, 1644
ond þegna gehwylc þinra leoda, 1673
ic ðe þusenda þegna bringe, 1829
ond þegna gehwam þara leoda, 2033

242

-ÞEGNA (1)
ofer myrcan mor, magoþegna bær   1405

ÞEGNAS (3)
Finnes þegnas nemne feaum anum,   1081
þegnas syndon geþwære, þeod   1230
  ealgearo,
acigde of corðre cyninges þegnas   3121

-ÞEGNAS (2)
Swylce ic maguþegnas mine hate   293
heardran hæle, healðegnas fand.   719

ÞEGNE (3)
(þæs þe þincean mæg þegne   1341
  monegum,
to geþolianne, ðegne monegum,   1419
þioden þristhydig, þegne   2810
  gesealde,

-ÞEGNE (2)
irena cyst, ombihtþegne,   673
mærum maguþegne to muðbonan,   2079

ÞEGNES (1)
þegnes þearfe, swylce þy dogore   1797

-ÐEGNES (1)
healðegnes hete; heold hyne   142
  syðþan

ÞEGNSORGE (1)
þolode ðryðswyð, þegnsorge dreah,   131

ÞEGNUM (1)
þeoden his þegnum, swylce he   2869
  þrydlicost

-ÞEGNUM (1)
Wes þu mundbora minum magoþegnum,   1480

-ÞEGO (1)
Nu sceal sincþego ond swyrdgifu,   2884

ÞEGON (1)
manfordædlan, þæt hie me þegon,   563

ÞEGUN (1)
"Ic ðæt mæl geman, þær we medu   2633
  þegun,

ÞEH (2)
maðmæhta ma, þeh he þær monige   1613
  geseah,
forð under fexe. Næs he forht swa   2967
  ðeh,

ÞEHTON (1)
þær git eagorstream earmum   513
  þehton,

-ÞELU (2)
eal bencþelu blode bestymed,   486
Bencþelu beredon; hit geondbræded   1239
  wearð

-ÞENC (1)
"Geþenc nu, se mæra maga   1474
  Healfdenes,

-ÞENCEAN (1)
for his unsnyttrum ende   1734
  geþencean.

ÞENCEÐ (5)
worda ond worca, se þe wel   289
  þenceð.
ðe me se goda agifan þenceð."   355
Byreð blodig wæl, byrgean þenceð,   448
þonne he æt guðe gegan þenceð   1535

wiht onwendan þam ðe wel þenceð.   2601

ÞENDEN (14)*
þenden wordum weold wine   30
  Scyldinga;
heah Healfdene; heold þenden   57
  lifde,
þreanyd þolað, þenden þær wunað   284
þeodscyldingas þenden fremedon.   1019
beahsele beorhta; bruc þenden þu   1177
  mote
windgeard, weallas. Wes þenden þu   1224
  lifige,
wesan, þenden ic wealde widan   1859
  rices,
þenden hie ðam wæpnum wealdan   2038
  moston,
þenden hælo abead heorðgeneatum,   2418
sæcce fremman, þenden þis sweord   2499
  þolað,
helpan hildfruman, þenden hyt sy,   2649
þenden reafode rinc oðerne,   2985
þenden he wið wulf wæl reafode."   3027
þenden he burhwelan brucan moste.   3100

ÞENGEL (1)
hringa þengel to hofe sinum,   1507

ÞENODE (1)
þreatedon þearle. Ic him þenode   560

-ÞEO (5)
Wæs his ealdfæder Ecgþeo haten,   373
wolde wigfruma Wealhþeo secan,   664
win of wunderfatum. Þa cwom   1162
  Wealhþeo forð
Wealhðeo maþelode, heo fore þæm   1215
  werede spræc:
wrætlicne wundurmaððum, ðone þe   2173
  him Wealhðeo geaf,

ÐEOD (4)
þryðword sprecen, ðeod on sælum,   643
þegnas syndon geþwære, þeod   1230
  ealgearo,
þearf gesælde; wæs seo þeod tilu.   1250
(frecne geferdon); þæt wæs fremde   1691
  þeod

ÞEODA (1)
ðin ofer þeoda gehwylce. Eal þu   1705
  hit geþyldum healdest,

ÞEODCYNING (4)
þæt se þeodcyning ðaflan sceolde   2963
syððan ðeodcyning þyder oncirde.   2970
þæt we þeodcyning þær sceawian   3008
þe ðone þeodcyning þyder ontyhte.   3086

ÞEODCYNINGA (1)
þeodcyninga, þrym gefrunon,   2

ÞEODCYNINGES (1)
Ða ic æt þearfe gefrægn   2694
  þeodcyninges

-ÞEODE (3)
ofer werþeode, wigendra hleo,   899
ða hyne gesohtan on sigeþeode   2204
Ne ic to Sweoðeode sibbe oððe   2922
  treowe

ÞEODEN (22)
Aledon þa leofne þeoden,   34
micel morgensweg. Mære þeoden,   129
mærne þeoden, þa him wæs manna   201
  þearf.
þeoden mærne, ymb þinne sið,   353
þæt hie, þeoden min, wið þe moton   365

243

ÞEODEN (continued)

þeoden Hroðgar,   þæt ic þe sohte,      417
Swa manlice  mære þeoden,              1046
rice þeoden;  he under rande           1209
    gecranc.
mærne þeoden;   þa ðæs monige          1598
    gewearð
þeoden Scyldinga,  on þa healfe        1675
mære þeoden,  mondreamum from.         1715
þeoden Scyldinga,  ðegn betstan        1871
þær ic, þeoden min,  þine leode        2095
þa se ðeoden mec  ðine life            2131
mærne þeoden.  Him þæt to mearce       2384
    wearð;
þeoden mærne,  þegn ungemete till      2721
in ðam wongstede Wedra þeoden          2786
þeoden his þegnum,  swylce he          2869
    þrydlicost
þrong ymbe þeoden,  þa hyne sio        2883
    þrag becwom.
Wedra þeoden,  wundordeaðe swealt.     3037
Ne meahton we gelæran  leofne          3079
    þeoden,
alegdon ða tomiddes  mærne þeoden      3141

ÐEODENLEASE (1)
ðeodenlease,  þa him swa geþearfod     1103
    wæs;

ÞEODGESTREONA (1)
þeodgestreona,  ond geþeoh tela,       1218

ÞEODGESTREONUM (1)
þeodgestreonum,  þon þa dydon           44

-ÞEODIGE (1)
ar ond ombiht.  Ne seah ic             336
    elþeodige

ÐEODKYNING (1)
Swa se ðeodkyning  þeawum lyfde.       2144

ÞEODNAS (1)
þeodnas mære,  þa ðæt þær dydon,       3070

ÞEODNE (6)
mærum þeodne,  min ærende,             345
ðeodne æt þearfe;  ðolode ær fela      1525
mærum ðeodne?  Ic ðæs modceare         1992
Mæg þæs þonne ofþyncan  ðeodne         2032
    Heaðobeardna
mærum þeodne  þonne his myne           2572
    sohte,
þegn æt ðearfe!  þæt ðam þeodne        2709
    wæs

ÞEODNES (7)
mæres þeodnes,  ðær hie meahton        797
    swa.
þæt þæt ðeodnes bearn  geþeon          910
    scolde,
þeodnes ðegna;  ac hig him geþingo     1085
    budon,
ðryðlic þegna heap,  þeodnes           1627
    gefegon,
geþingeð, þeodnes bearn,  he mæg       1837
    þær fela
ðeodnes dohtor,  þrio wicg somod       2174
Wedra ðeodnes.  Ic wat geare           2656

ÐEODSCEAÐA (2)
Swa se ðeodsceaða  þreo hund           2278
    wintra
þa wæs þeodsceaða  þriddan siðe,       2688

ÞEODSCYLDINGAS (1)
þeodscyldingas  þenden fremedon.       1019

ÞEODÞREAUM (1)

wið þeodþreaum.  Swylc wæs þeaw        178
    hyra,

-ÞEOES (1)
bonan Ongenþeoes  burgum in innan,    1968

ÞEOFES (1)
þeofes cræfte;  þæt sie ðiod          2219
    onfand,

-ÞEOH (1)
þeodgestreona,  ond geþeoh tela,      1218

ÐEON (1)
egesan ðeon.  Ic on earde bad         2736

-ÞEON (3)*
in mægþa gehwære  man geþeon.          25
wælreow wiga,  æt Wealhþeon,           629
þæt þæt ðeodnes bearn  geþeon          910
    scolde,

ÞEOS (1)
Ðonne wæs þeos medoheal  on            484
    morgentid,

ÞEOSTRUM (1)
þeostrum geþoncum,  swa him geþywe    2332
    ne wæs.

ÞEOW (1)
ac for þreanedlan  þeow nathwylces    2223

-ÞEOW (3)
æþele ordfruma,  Ecgþeow haten.        263
word wæron wynsume.  Eode              612
    Wealhþeow forð,
þær Ongenþeow  Eofores niosað.        2486

-ÞEOWES (13)
Beowulf maþelode,  bearn               529
    Ecgþeowes:
Beowulf maþelode,  bearn               631
    Ecgþeowes:
Beowulf maþelode,  bearn               957
    Ecgþeowes:
Beowulf maþelode,  bearn              1383
    Ecgþeowes:
Beowulf maþelode,  bearn              1473
    Ecgþeowes:
Hæfde ða forsiðod  sunu Ecgþeowes     1550
Beowulf maþelode,  bearn              1651
    Ecgþeowes:
Beowulf maþelode,  bearn              1817
    Ecgþeowes:
Swa bealdode  bearn Ecgðeowes,        2177
Oferswam ða sioleða bigong  sunu      2367
    Ecgðeowes.
Biowulf maþelade,  bearn              2425
    Ecgðeowes:
oððe him Ongenðeowes  eaferan         2475
    wæran
þæt se mæra  maga Ecgðeowes           2587

ÞES (2)
þes hearda heap,  Heorot fælsian.      432
eald eðelweard,  þæt ðes eorl         1702
    wære

ÞICGAN (1)
wolde self cyning  symbel þicgan.     1010

ÐICGEAN (1)
ðicgean ofer þa niht.  Þryðswyð        736
    beheold

-ÞIHTIGNE (1)
nam þa mid handa  higeþihtigne         746

ÞIN (9)

| | | |
|---|---|---|
| Gesloh þin fæder fæhðe mæste; | 459 | |
| sigehreð secgum, swa þin sefa hwette." | 490 | |
| werhðo dreogan, þeah þin wit duge. | 589 | |
| hynðo on Heorote, gif þin hige wære, | 593 | |
| dædum gefremed þæt þin dom lyfað | 954 | |
| ðin ofer þeoda gehwylce. Eal þu hit geþyldum healdest, | 1705 | |
| folces hyrde, ond þu þin feorh hafast, | 1849 | |
| maga rice. Me þin modsefa | 1853 | |
| þone þin fæder to gefeohte bær | 2048 | |

ÞINCE (1)

mærðo deme, swa him gemet þince."    687

ÞINCEAN (1)

(þæs þe þincean mæg þegne monegum,    1341

ÞINCEAÐ (1)

Hy on wiggetawum wyrðe þinceað    368

ÞINCEÐ (1)

þinceð him to lytel þæt he lange heold,    1748

ÞINE (2)

| þær ic, þeoden min, þine leode | 2095 |
| þa se ðeoden mec ðine life | 2131 |

ÞINES (1)

mære cempa. Nu is þines mægnes blæd    1761

ÞING (2)

| ongunnen on geogoþe. Me wearð Grendles þing | 409 |
| ðing wið þyrse. Ic þe nu ða, | 426 |

ÞINGA (3)

| Nolde eorla hleo ænige þinga | 791 |
| æt ðam æðelinge ænige ðinga, | 2374 |
| on ðam aglæcean ænige þinga | 2905 |

-ÞINGEA (1)

Donne wene ic to þe wyrsan geþingea,    525

-ÞINGED (2)

| to þæm heahsele hilde geþinged, | 647 |
| æfter mundgripe mece geþinged, | 1938 |

-ÞINGES (2)

| wudu, wælsceaftas, worda geþinges." | 398 |
| bad bolgenmod beadwa geþinges. | 709 |

-ÞINGEÐ (1)

geþingeð, þeodnes bearn, he mæg þær fela    1837

ÞINGIAN (2)

| feorhbealo feorran, fea þingian, | 156 |
| on swa geongum feore guman þingian. | 1843 |

-ÞINGO (1)

þeodnes ðegna; ac hig him geþingo budon,    1085

ÞINGODE (1)

Siððan þa fæhðe feo þingode;    470

ÞINNE (3)

We þurh holdne hige hlaford þinne,    267

| | | |
|---|---|---|
| þeoden mærne, ymb þinne sið, | 353 | |
| adl oþðe iren ealdor ðinne, | 1848 | |

ÐINRA (3)

| ðinra gegncwida, glædman Hroðgar. | 367 |
| sorhleas swefan mid þinra secga gedryht | 1672 |
| ond þegna gehwylc þinra leoda, | 1673 |

ÞINRE (2)

| gif ic æt þearfe þinre scolde | 1477 |
| þinre modlufan maran tilian, | 1823 |

ÞINUM (5)

| aldre þinum, gif he us geunnan wile | 346 |
| þeah ðu þinum broðrum to banan wurde, | 587 |
| atol æglæca, ealdre þinum, | 592 |
| manigra medo, ond þinum magum læf | 1178 |
| eal langtwidig leodum þinum, | 1708 |

-ÐIO (3)

| þætte Ongenðio ealdre besnyðede | 2924 |
| eorl Ongenþio, ufor oncirde; | 2951 |
| nam on Ongenðio irenbyrnan, | 2986 |

ÐIOD (1)

þeofes cræfte; þæt sie ðiod onfand,    2219

ÐIODCYNING (1)

þonne his ðiodcyning þearfe hæfde,    2579

ÞIODEN (3)

| Wedera þioden, wræce leornode. | 2336 |
| He ða mid þam maðmum mærne þioden, | 2788 |
| þioden þristhydig, þegne gesealde, | 2810 |

-ÐIOES (2)

| Biowulf maðelode, bearn Ecgðioes: | 1999 |
| ond him eft gewat Ongenðioes bearn | 2387 |

-ÐIOW (1)

þær wearð Ongenðiow ecgum sweorda,    2961

-ÐIOWES (1)

sliðra geslyhta, sunu Ecgðiowes,    2398

ÞIS (6)

| Ic þæt gehyre, þæt þis is hold weorod | 290 |
| gumcyste ongit; ic þis gid be þe | 1723 |
| "Me ðis hildesceorp Hroðgar sealde, | 2155 |
| leoda minra, þara ðe þis lif ofgeaf, | 2251 |
| sæcce fremman, þenden þis sweord þolað, | 2499 |
| þis ellenweorc ana aðohte | 2643 |

ÞISNE (1)

manigre mægþe geond þisne middangeard,    75

ÞISSE (2)

| on þisse meoduhealle minne gebidan." | 638 |
| "Ðisse ansyne alwealdan þanc | 928 |

ÐISSES (2)

"Bruc ðisses beages, Beowulf leofa,    1216

ÐISSES (continued)

hyse, mid hæle, ond þisses  1217
  hrægles neot,

þISSUM (1)
"Onfoh þissum fulle, freodrihten  1169
  min,

-þOHT (2)
anfealdne geþoht: Ofost is selest  256
folces hyrde fæstrædne geþoht.  610

þOHTE (4)
Nænig heora þohte þæt he þanon  691
  scolde
Ne þæt se aglæca yldan þohte,  739
on wælbedde wriþan þohte,  964
swiðor þohte þonne to sælade,  1139

-ÐOHTE (1)
þis ellenweorc ana aðohte  2643

þOHTON (2)
werian þohton. No he wiht fram me  541
ond on healfa gehwone heawan  800
  þohton,

þOLAÐ (2)
þreanyd þolað, þenden þær wunað  284
sæcce fremman, þenden þis sweord  2499
  þolað,

þOLIAN (1)
ond for þreanydum þolian scoldon,  832

-þOLIAN (1)
on ðæs waldendes wære geþolian."  3109

-þOLIANNE (1)
to geþolianne, ðegne monegum,  1419

þOLODE (2)
þolode ðryðswyð, þegnsorge dreah,  131
ðeodne æt þearfe; ðolode ær fela  1525

-þOLODE (2)
þrage geþolode, se þe in þystrum  87
  bad,
twelf wintra tid torn geþolode  147

þON (8)*
þeodgestreonum, þon þa dydon  44
æfre mærða þon ma middangeardes  504
recedes muþan. Raþe æfter þon  724
leodbealo longsum. Ðu þe lær be  1722
  þon,
modige on meþle. Wæs him se man  1876
  to þon leof
lif wið lice, no þon lange wæs  2423
alætan lændagas. Næs ða long to  2591
  ðon
lænan lifes. Næs ða lang to ðon  2845

-þON (5)
forþon þe he ne uþe þæt ænig oðer  503
  man
mynte þæt he gedælde, ærþon dæg  731
  cwome,
eafoð ond ellen, forðon he ær  2349
  fela
oreðes ond attres; forðon ic me  2523
  on hafu
gamen ond gleodream. Forðon  3021
  sceall gar wesan

þONAN (7)
guðhreð gyfeþe; scolde Grendel  819
  þonan
ealdres scyldig; him se oðer  2061
  þonan

246

hand on Hiorte, ond he hean ðonan  2099
eacnum ecgum, unsofte þonan  2140
bille gebeaten. Þonan Biowulf com  2359
stondan stanbogan, stream ut  2545
  þonan
bearn ond bryde; beah eft þonan  2956

-þONC (1)
monnes modgeþonc mæran cynnes,  1729

-þONCUM (3)
searoþoncum besmiþod. Þær fram  775
  sylle abeag
sio wæs orðoncum eall gegyrwed  2087
þeostrum geþoncum, swa him geþywe  2332
  ne wæs.

þONE (65)
geong in geardum, þone god sende  13
in Caines cynne. Þone cwealm  107
  gewræc
no he þone gifstol gretan moste,  168
Ðone siðfæt him snotere ceorlas  202
þæt þone hilderæs hal gedigeð."  300
þone yldestan oretmecgas  363
þone dolsceaðan dæda getwæfan.  479
þone cwealmcuman cwicne forlætan,  792
sawle secan, þone synscaðan  801
efne swa hwylc mægþa swa ðone  943
  magan cende
yrfelafe, ond þone ænne heht  1053
golde forgyldan, þone ðe Grendel  1054
  ær
þone hring hæfde Higelac Geata,  1202
frofre ond fultum; ðy he þone  1273
  feond ofercwom,
rice randwiga, þone ðe heo on  1298
  ræste abreat,
þone deorestan deadne wisse.  1309
þæt he þone wisan wordum nægde  1318
þone on geardagum Grendel nemdon  1354
gumena bearna, þæt þone grund  1367
  wite,
þone selestan sawolleasne  1406
ær he þone grundwong ongytan  1496
  mehte.
þæt heo þone fyrdhom ðurhfon ne  1504
  mihte,
Ofsæt þa þone selegyst ond hyre  1545
  seax geteah,
buton þone hafelan ond þa hilt  1614
  somod
Bebeorh þe ðone bealonið, Beowulf  1758
  leofa,
þæt ic on þone hafelan  1780
  heorodreorigne
cwæð, he þone guðwine godne  1810
  tealde,
þæt he þone breostwylm forberan  1877
  ne mehte,
þone selestan bi sæm tweonum,  1956
þæt ðu þone wælgæst wihte ne  1995
  grette,
ænig ofer eorðan uhthlem þone,  2007
þone þin fæder to gefeohte bær  2048
morðres gylpeð, ond þone maþðum  2055
  byreð,
þone þe ðu mid rihte rædan  2056
  sceoldest.'
Me þone wælræs wine Scildunga  2101
Hyrde ic þæt he ðone healsbeah  2172
  Hygde gesealde,
wrætlicne wundurmaððum, ðone þe  2173
  him Wealhðeo geaf,
þone þe him on sweofote sare  2295
  geteode,
ealond utan, eorðweard ðone  2334
þæt he þone widflogan weorode  2346
  gesohte,

| | |
|---|---|
| oððe þone cynedom ciosan wolde; | 2376 |
| þone selestan sæcyninga | 2382 |
| let ðone bregostol Biowulf healdan, | 2389 |
| ellenweorca, oð ðone anne dæg | 2399 |
| se ðone gomelan gretan sceolde, | 2421 |
| no ðy ær he þone heaðorinc hatian ne meahte | 2466 |
| þæt ic wið þone guðflogan gylp ofersitte. | 2528 |
| grundwong þone ofgyfan wolde; | 2588 |
| Wod þa þurh þone wælrec, wigheafolan bær | 2661 |
| ræsde on ðone rofan, þa him rum ageald, | 2690 |
| þæt he þone niðgæst nioðor hwene sloh, | 2699 |
| lif ond leodscipe, þone ic longe heold." | 2751 |
| þæt he þone grundwong ongitan meahte, | 2770 |
| þone leofestan lifes æt ende | 2823 |
| freoðowong þone forð ofereodon, | 2959 |
| wyrsan wrixle wælhlem þone, | 2969 |
| geald þone guðræs Geata dryhten, | 2991 |
| ealdorleasne, þone ðe ær geheold | 3003 |
| ond þone gebringan, þe us beagas geaf, | 3009 |
| hlimbed healdan þone þe him hringas geaf | 3034 |
| wommum gewitnad, se ðone wong strude, | 3073 |
| þæt he ne grette goldweard þone, | 3081 |
| þe ðone þeodcyning þyder ontyhte. | 3086 |
| in bælstede beorh þone hean, | 3097 |
| þone ðe oft gebad isernscure, | 3116 |

### ÐONNE (21) ADVERB

| | |
|---|---|
| Ðonne sægdon þæt sæliþende, | 377 |
| Ic þæt þonne forhicge (swa me Higelac sie, | 435 |
| Ðonne wæs þeos medoheal on morgentid, | 484 |
| Ðonne wene ic to þe wyrsan geþingea, | 525 |
| gyf þonne Frysna hwylc frecnan spræce | 1104 |
| þonne hit sweordes ecg seðan scolde. | 1106 |
| Næs þæt þonne mætost mægenfultuma | 1455 |
| Mæg þonne on þæm golde ongitan Geata dryhten, | 1484 |
| Ic hit þe þonne gehate, þæt þu on Heorote most | 1671 |
| weaxeð ond wridað. Þonne se weard swefeð, | 1741 |
| þonne bið on hreþre under helm drepen | 1745 |
| Gif ic þonne on eorþan owihte mæg | 1822 |
| Gif him þonne Hreþric to hofum Geata | 1836 |
| Mæg þæs þonne ofþyncan ðeodne Heaðobeardna | 2032 |
| þonne cwið æt beore se ðe beah gesyhð, | 2041 |
| þonne bioð abrocene on ba healfe | 2063 |
| giong on galgan, þonne he gyd wrece, | 2446 |
| Gewiteð þonne on sealman, sorhleoð gæleð | 2460 |
| þonne wæs þæt yrfe, eacencræftig, | 3051 |
| gewrecen wraðlice. Wundur hwar þonne | 3062 |
| ond þonne geferian frean userne, | 3107 |

### ÞONNE (52) CONJUNCTION

| | |
|---|---|
| wilgesiþas, þonne wig cume, | 23 |
| þonne yldo bearn æfre gefrunon, | 70 |

| | |
|---|---|
| eorla ofer eorþan ðonne is eower sum, | 248 |
| bearn Healfdenes; se wæs betera ðonne ic. | 469 |
| drihtsele dreorfah, þonne dæg lixte, | 485 |
| gehedde under heofenum þonne he sylfa): | 505 |
| earfeþo on yþum, ðonne ænig oþer man. | 534 |
| unfægne eorl, þonne his ellen deah. | 573 |
| guþgeweorca, þonne Grendel hine; | 678 |
| þonne he swulces hwæt secgan wolde, | 880 |
| bote gebidan, þonne blode fah | 934 |
| scurheard sceþðan, þonne scyldfreca | 1033 |
| ðonne sweorda gelac sunu Healfdenes | 1040 |
| widcuþes wig, ðonne walu feollon. | 1042 |
| ðonne healgamen Hroþgares scop | 1066 |
| bengeato burston, ðonne blod ætspranc, | 1121 |
| swiðor þohte þonne to sælade, | 1139 |
| þonne him Hunlafing hildeleoman, | 1143 |
| folc ond rice, þonne ðu forð scyle | 1179 |
| arum healdan, gyf þu ær þonne he, | 1182 |
| þonne heoru bunden, hamere geþuren, | 1285 |
| eaxlgestealla, ðonne we on orlege | 1326 |
| hafelan weredon, þonne hniton feþan, | 1327 |
| næfne he wæs mara þonne ænig man oðer; | 1353 |
| won to wolcnum, þonne wind styreþ, | 1374 |
| þæt he his freond wrece, þonne he fela murne. | 1385 |
| geseon sunu Hrædles, þonne he on þæt sinc starað, | 1485 |
| beaga bryttan, breac þonne moste. | 1487 |
| þonne he æt guðe gegan þenceð | 1535 |
| buton hit wæs mare ðonne ænig mon oðer | 1560 |
| oftor micle ðonne on ænne sið, | 1579 |
| þonne he Hroðgares heorðgeneatas | 1580 |
| ðonne forstes bend fæder onlæteð, | 1609 |
| gumena dryhten, ðonne ic gyt dyde, | 1824 |
| þonne he mid fæmnan on flett gæð, | 2034 |
| þonne he wintrum frod worn gemunde. | 2114 |
| beorn in burgum, þonne his bearna hwylc, | 2433 |
| sarigne sang, þonne his sunu hangað, | 2447 |
| yrfeweardas, þonne se an hafað | 2453 |
| hildehlemma, þonne hnitan feðan, | 2544 |
| mærum þeodne þonne his myne sohte, | 2572 |
| þonne his ðiodcyning þearfe hæfde, | 2579 |
| þonne we geheton ussum hlaforde | 2634 |
| swenge ofersohte, þonne he to sæcce bær | 2686 |
| morðorbealo maga, þonne min sceaceð | 2742 |
| þonne he on ealubence oft gesealde | 2867 |
| symle wæs þy sæmra, þonne ic sweorde drep | 2880 |
| eorla gehwylcum þonne edwitlif!" | 2891 |
| lifgesceafta, þonne leng ne mæg | 3064 |
| ædre geæfned, þonne we ut cymen, | 3106 |
| þonne stræla storm strengum gebæded | 3117 |

ÞONNE (continued)

ferhðum freoge, þonne he forð scile   3176

ÐONON (6)
ðonon he gesohte swæsne eðel,   520
þonon yðgeblond up astigeð   1373
hwate Scyldingas; gewat him ham þonon   1601
Ferdon forð þonon feþelastum   1632
eðel sinne; þonon Eomer woc   1960
hæft hygegiomor, sceolde hean ðonon   2408

ÞORFTE (5)
ne þær nænig witena wenan þorfte   157
for sceotendum scamigan ðorfte.   1026
Ne huru Hildeburh herian þorfte   1071
gylpan þorfte; hwæðre him god uðe,   2874
landes ond locenra beaga (ne ðorfte him ða lean oðwitan   2995

ÞORFTON (1)
Nealles Hetware hremge þorfton   2363

-ÞRÆC (1)
seon ond secean searogimma geþræc,   3102

-ÞRÆCE (2)
for his modþræce madmas beodan.   385
atole ecgþræce eower leode   596

ÞRAG (1)
þrong ymbe þeoden, þa hyne sio þrag becwom.   2883

ÞRAGE (4)
leof leodcyning, longe þrage   54
þrage geþolode, se þe in þystrum bad,   87
lange þrage; he him ðæs lean forgeald.   114
lifde æfter laþum, lange þrage,   1257

-ÞRAGE (1)
oððe a syþðan earfoðþrage,   283

-ÞRANG (1)
cuþe næssas. Ceol up geþrang   1912

ÞREANEDLAN (1)
ac for þreanedlan þeow nathwylces   2223

ÞREANYD (1)
þreanyd þolað, þenden þær wunað   284

ÞREANYDUM (1)
ond for þreanydum þolian scoldon,   832

-ÞREAT (1)
æscholt ufan græg; wæs se irenþreat   330

ÐREATE (1)
Se wæs on ðam ðreate þreotteoða secg,   2406

ÞREATEDON (1)
þreatedon þearle. Ic him þenode   560

ÞREATUM (1)
Oft Scyld Scefing sceaþena þreatum,   4

-ÞREAUM (1)
wið þeodþreaum. Swylc wæs þeaw hyra,   178

ÞRECWUDU (1)
þrecwudu þrymlic. Wæs þeaw hyra   1246

ÞREO (1)
Swa se ðeodsceaða þreo hund wintra   2278

ÞREOTTEOÐA (1)
Se wæs on ðam ðreate þreotteoða secg,   2406

ÞRIDDAN (1)
þa wæs þeodsceaða þriddan siðe,   2688

-ÞRING (1)
healsode hreohmod, þæt ic on holma geþring   2132

-ÞRINGAN (1)
ne þa wealafe wige forþringan   1084

ÞRIO (1)
ðeodnes dohtor, þrio wicg somod   2174

ÞRISTHYDIG (1)
þioden þristhydig, þegne gesealde,   2810

ÞRITIG (2)
þritig þegna, þanon eft gewat   123
hæfde him on earme ana þritig   2361

ÞRITIGES (1)
þyder to þance, þæt he þritiges   379

ÞRONG (1)
þrong ymbe þeoden, þa hyne sio þrag becwom.   2883

ÞROWADE (2)
syþðan he æfter deaðe drepe þrowade,   1589
þæt he þæs gewinnes weorc þrowade,   1721

ÞROWIAN (2)
under heregriman hat þrowian.   2605
Geata duguðe gnorn þrowian,   2658

ÐROWODE (1)
niwan stefne; nearo ðrowode,   2594

ÞRUNGON (1)
syððan Hreðlingas to hagan þrungon.   2960

ÞRYDLICOST (1)
þeoden his þegnum, swylce he þrydlicost   2869

ÞRYM (2)
þeodcyninga, þrym gefrunon,   2
oncerbendum fæst, þy læs hym yþa ðrym   1918

ÞRYMLIC (1)
þrecwudu þrymlic. Wæs þeaw hyra   1246

ÞRYMMUM (1)
þegn Hroðgares, þrymmum cwehte   235

-ÞRYMMUM (1)
ac for higeþrymmum Hroðgar sohton."   339

ÐRYÞÆRN (1)
ðryþærn Dena buton þe nu ða.   657

ÞRYÐLIC (2)

þryðlic þegna heap; sume þær     400
  bidon,
ðryðlic þegna heap,  þeodnes     1627
  gefegon,

ÞRYÐO (I)
maþmgestreona.  Mod þryðo wæg,   1931

ÐRYÐSWYÐ (2)
þolode ðryðswyð,  þegnsorge dreah,  131
ðicgean ofer þa niht.  þryðswyð  736
  beheold

ÞRYÐUM (I)
þryðum dealle.  þegn nytte        494
  beheold,

ÞRYÐWORD (I)
þryðword sprecen,  ðeod on sælum,  643

ÞU (63)
leodgebyrgean;  wes þu us larena  269
  god.
wesan, þæs ic wene.  þu wast (gif  272
  hit is
beaga bryttan,  swa þu bena eart,  352
wordum wrixlan.  No ðu him wearne  366
  geteoh
Beo ðu on ofeste,  hat in gan     386
"Wæs þu, Hroðgar, hal!  Ic eom    407
  Higelaces
þæt ðu me ne forwyrne,  wigendra  429
  hleo,
mægen Hreðmanna.  Na þu minne     445
  þearft
mearcað morhopu;  no ðu ymb mines  450
  ne þearft
"For gewyrhtum þu,  wine min      457
  Beowulf,
"Eart þu se Beowulf,  se þe wið   506
  Brecan wunne,
ðeah þu heaðoræsa  gehwær dohte,  526
grimre guðe,  gif þu Grendles     527
  dearst
"Hwæt! þu worn fela,  wine min    530
  Unferð,
þeah ðu þinum broðrum  to banan   587
  wurde,
heafodmægum;  þæs þu in helle     588
  scealt
sefa swa searogrim,  swa þu self  594
  talast.
gif þu þæt ellenweorc  aldre      661
  gedigest."
sæmran æt sæcce.  þu þe self      953
  hafast
þæt ðu hine selfne  geseon moste,  961
sinces brytta!  þu on sælum wes,  1170
nean ond feorran þu nu hafast.    1174
Me man sægde  þæt þu ðe for sunu  1175
  wolde
beahsele beorhta;  bruc þenden þu  1177
  mote
folc ond rice,  þonne ðu forð     1179
  scyle
arum healdan,  gyf þu ær þonne he,  1182
Hafast þu gefered  þæt ðe feor ond  1221
  neah
windgeard, weallas.  Wes þenden þu  1224
  lifige,
sincgestreona.  Beo þu suna minum  1226
"Ne frin þu æfter sælum!  Sorh is  1322
  geniwod
þe þu gystran niht  Grendel       1334
  cwealdest
frecne stowe,  ðær þu findan miht  1378
felasinnigne secg;  sec gif þu    1379
  dyrre.

wundnum golde,  gyf þu on weg     1382
  cymest."
Dys dogor þu  geþyld hafa         1395
aldre linnan,  þæt ðu me a wære   1478
Wes þu mundbora  minum magoþegnum,  1480
swylce þu ða madmas  þe þu me     1482
  sealdest,
Ond þu Unferð  læt  ealde lafe,   1488
tires to tacne,  þe þu her to     1654
  locast.
Ic hit þe þonne gehate,  þæt þu on  1671
  Heorote most
duguðe ond iogoþe,  þæt þu him    1674
  ondrædan ne þearft
aldorbealu eorlum,  swa þu ær     1676
  dydest."
ðin ofer þeoda gehwylce.  Eal þu  1705
  hit geþyldum healdest,
freode, swa wit furðum spræcon.   1707
  Ðu scealt to frofre weorþan
leodbealo longsum.  Ðu þe lær be  1722
  þon,
willum bewenede;  þu us wel       1821
  dohtest.
þu eart mægenes strang  ond on    1844
  mode frod,
folces hyrde,  ond þu þin feorh   1849
  hafast,
hordweard hæleþa,  gyf þu healdan  1852
  wylt
Hafast þu gefered  þæt þam folcum  1855
  sceal,
þa ðu færinga  feorr gehogodest   1988
hilde to Hiorote?  Ac ðu Hroðgare  1990
þæt ðu þone wælgæst  wihte ne     1995
  grette,
'Meaht ðu, min wine,  mece        2047
  gecnawan
þone þe ðu mid rihte  rædan       2056
  sceoldest.'
gen ymbe Grendel,  þæt ðu geare   2070
  cunne,
"Heald þu nu, hruse,  nu hæleð ne  2247
  moston,
swa ðu on geoguðfeore  geara      2664
  gecwæde
þæt ðu ne alæte  be ðe lifigendum  2665
lif of lice.  Nu ðu lungre geong  2743
"þu eart endelaf  usses cynnes,   2813

ÞUHTE (3)
sarlic þuhte  secga ænegum        842
an æfter anum;  þuhte him eall to  2461
  rum,
efne swa hwylcum manna  swa him   3057
  gemet ðuhte.

ÞUHTON (I)
ðær him foldwegas  fægere þuhton,  866

-ÞUNCA (I)
modges merefaran,  micel æfþunca,  502

ÞUNEDE (I)
segl sale fæst;  sundwudu þunede.  1906

-ÞUNGEN (2)
mode geþungen,  medoful ætbær;    624
wis, welþungen,  þeah ðe wintra   1927
  lyt

-ÞUREN (I)
þonne heoru bunden,  hamere       1285
  geþuren,

ÞURFE (I)
oððe in Swiorice  secean þurfe    2495

ÞURH (18)

249

ÞURH (continued)

| | |
|---|---|
| þurh sliðne nið sawle bescufan | 184 |
| We þurh holdne hige hlaford<br>þinne, | 267 |
| eaweð þurh egsan uncuðne nið | 276 |
| þurh rumne sefan ræd gelæran, | 278 |
| mihtig meredeor þurh mine hand. | 558 |
| ðurh anes cræft ealle ofercomon, | 699 |
| þurh drihtnes miht dæd gefremede | 940 |
| ne þurh inwitsearo æfre gemænden | 1101 |
| þurh hæstne had heardum clammum, | 1335 |
| þurh wæteres wylm waldend sealde. | 1693 |
| þurh runstafas rihte gemearcod, | 1695 |
| þurh sidne sefan snyttru bryttað, | 1726 |
| þurh hleoðorcwyde holdne<br>gegrette, | 1979 |
| þurh hreðra gehygd higes cunnian, | 2045 |
| maðþumfæt mære þurh ðæs meldan<br>hond. | 2405 |
| þurh deaðes nyd dæda gefondad. | 2454 |
| Wod þa þurh þone wælrec,<br>wigheafolan bær | 2661 |
| þurh hwæt his worulde gedal<br>weorðan sceolde. | 3068 |

ÞURHBRÆC (1)

| | |
|---|---|
| breosthord þurhbræc. * * * | 2792 |

ÞURHDEAF (1)

| | |
|---|---|
| wighryre wraðra, wæter up<br>þurhdeaf. | 1619 |

ÞURHETONE (1)

| | |
|---|---|
| omige, þurhetone, swa hie wið<br>eorðan fæðm | 3049 |

ÐURHFON (1)

| | |
|---|---|
| þæt heo þone fyrdhom ðurhfon ne<br>mihte, | 1504 |

ÞURHTEON (1)

| | |
|---|---|
| gif he torngemot þurhteon mihte | 1140 |

ÞURHWOD (2)

| | |
|---|---|
| Hwæþre him gesælde ðæt þæt swurd<br>þurhwod | 890 |
| banhringas bræc. Bil eal ðurhwod | 1567 |

ÞUS (3)

| | |
|---|---|
| byrnum werede, þe þus brontne<br>ceol | 238 |
| þus manige men modiglicran. | 337 |
| freowine folca, nu ic þus feorran<br>com, | 430 |

ÞUSEND (1)

| | |
|---|---|
| þusend wintra þær eardodon. | 3050 |

ÞUSENDA (2)

| | |
|---|---|
| ic ðe þusenda þegna bringe, | 1829 |
| sealde hiora gehwæðrum hund<br>þusenda | 2994 |

ÞUSENDO (1)

| | |
|---|---|
| ond him gesealde seofan þusendo, | 2195 |

-ÞWÆRE (1)

| | |
|---|---|
| þegnas syndon geþwære, þeod<br>ealgearo, | 1230 |

-ÐWÆRUST (1)

| | |
|---|---|
| manna mildust ond monðwærust, | 3181 |

ÞY (20)

| | |
|---|---|
| metod for þy mane, mancynne fram. | 110 |
| heall heorudreore; ahte ic holdra<br>þy læs, | 487 |
| forht on ferhðe; no þy ær fram<br>meahte. | 754 |
| no þy leng leofað laðgeteona, | 974 |

| | |
|---|---|
| frofre ond fultum; ðy he þone<br>feond ofercwom, | 1273 |
| atolan clommum. No þy ær in<br>gescod | 1502 |
| winigea leasum), þæt ic ðy wæpne<br>gebræd. | 1664 |
| þegnes þearfe, swylce þy dogore | 1797 |
| on meodubence maþme þy weorþra, | 1902 |
| oncerbendum fæst, þy læs hym yþa<br>ðrym | 1918 |
| þæt he mid ðy wife wælfæhða dæl, | 2028 |
| Þy ic Heaðobeardna hyldo ne<br>telge, | 2067 |
| No ðy ær ut ða gen idelhende | 2081 |
| no ðy ær suna sinum syllan wolde, | 2160 |
| warað wintrum frod, ne byð him<br>wihte ðy sel. | 2277 |
| No ðy ær feasceafte findan<br>meahton | 2373 |
| no ðy ær he þone heaðorinc hatian<br>ne meahte | 2466 |
| ðær he þy fyrste, forman dogore | 2573 |
| swegle searogimmas, þæt ic ðy<br>seft mæge | 2749 |
| symle wæs þy sæmra, þonne ic<br>sweorde drep | 2880 |

ÞYDER (3)

| | |
|---|---|
| þyder to þance, þæt he þritiges | 379 |
| syððan ðeodcyning þyder oncirde. | 2970 |
| þe ðone þeodcyning þyder ontyhte. | 3086 |

ÞYHTIG (1)

| | |
|---|---|
| eald sweord eotenisc, ecgum<br>þyhtig, | 1558 |

-ÞYLD (1)

| | |
|---|---|
| Ðys dogor þu geþyld hafa | 1395 |

-ÞYLDUM (1)

| | |
|---|---|
| ðin ofer þeoda gehwylce. Eal þu<br>hit geþyldum healdest, | 1705 |

ÞYLE (2)

| | |
|---|---|
| æghwylc oðrum trywe. Swylce þær<br>Unferþ þyle | 1165 |
| þæt him on ðearfe lah ðyle<br>Hroðgares; | 1456 |

-ÞYNCAN (1)

| | |
|---|---|
| Mæg þæs þonne ofþyncan ðeodne<br>Heaðobeardna | 2032 |

ÞYNCEÐ (1)

| | |
|---|---|
| Ne þynceð me gerysne þæt we<br>rondas beren | 2653 |

ÞYRSE (1)

| | |
|---|---|
| ðing wið þyrse. Ic þe nu ða, | 426 |

ÐYS (1)

| | |
|---|---|
| Ðys dogor þu geþyld hafa | 1395 |

ÞYSLICU (1)

| | |
|---|---|
| gif him þyslicu þearf gelumpe, | 2637 |

ÞYSNE (1)

| | |
|---|---|
| manigum mægþa geond þysne<br>middangeard, | 1771 |

ÞYSSES (3)

| | |
|---|---|
| on þæm dæge þysses lifes, | 197 |
| on þæm dæge þysses lifes. | 790 |
| on ðæm dæge þysses lifes | 806 |

ÐYSSUM (3)

| | |
|---|---|
| on ðyssum windagum worolde<br>bruceð. | 1062 |

UNDER (continued)

under heregriman  hindeman siðe,            2049
feondes faðmum  under                        2128
   firgenstream.
under bordhreoðan  to bonan                  2203
   wurdon,
stanbeorh steapne;  stig under              2213
   læg,
hlæw under hrusan  holmwylme neh,           2411
eald under eorðan.  Næs þæt yðe             2415
   ceap
heard under helme,  hiorosercean            2539
   bær
under stancleofu,  strengo                   2540
   getruwode
heaðotorht hlynnan  under harne             2553
   stan.
Biorn under beorge  bordrand                2559
   onswaf
under heregriman  hat þrowian.              2605
ac se maga geonga  under his mæges          2675
   scyld
hord sceawian  under harne stan,            2744
brogdne beadusercean  under                 2755
   beorges hrof.
eald under eorðweall.  þa wæs æht           2957
   boden
forð under fexe.  Næs he forht swa          2967
   ðeh,
eodon unbliðe  under Earnanæs,              3031
wræte under wealle.  Weard ær               3060
   ofsloh
inn under eorðweall.  Ic on ofoste          3090
   gefeng
wundur under wealle;  ic eow                3103
   wisige,
eode eahta sum  under inwithrof             3123

UNDERNE (1)
orleghwile,  syððan underne                 2911

UNDERNMÆL (1)
ða on undernmæl  oft bewitigað             1428

UNDYRNE (4)
Grendles guðcræft  gumum undyrne;            127
ylda bearnum,  undyrne cuð,                  150
on minre eþeltyrf  undyrne cuð;              410
"þæt is undyrne,  dryhten Higelac,          2000

UNFÆCNE (1)
dryhtsibbe dæl  Denum unfæcne,              2068

UNFÆGE (1)
Swa mæg unfæge  eaðe gedigan                2291

UNFÆGER (1)
ligge gelicost  leoht unfæger.               727

UNFÆGNE (1)
unfægne eorl,  þonne his ellen               573
   deah.

UNFERÐ (4)
Unferð maþelode,  Ecglafes bearn,           499
"Hwæt! þu worn fela,  wine min               530
   Unferð,
æghwylc oðrum trywe.  Swylce þær            1165
   Unferþ þyle
Ond þu Unferð læt  ealde lafe,              1488

UNFLITME (1)
elne, unflitme  aðum benemde                1097

UNFORHT (1)
ombeht unforht:  "Æghwæþres sceal            287

UNFORHTE (1)
etan unforhte,  swa he oft dyde,             444

252

UNFRODUM (1)
ða wæs gegongen  guman unfrodum             2821

UNFROM (1)
æðeling unfrom.  Edwenden cwom              2188

UNGEARA (2)
eafoð ond ellen  ungeara nu,                 602
ðæt wæs ungeara  þæt ic ænigra me           932

UNGEDEFELICE (1)
Wæs þam yldestan  ungedefelice              2435

UNGEMETE (3)
wæfre ond wælfus,  wyrd ungemete            2420
   neah,
þeoden mærne,  þegn ungemete till           2721
dogorgerimes,  deað ungemete                2728
   neah):

UNGYFEÐE (1)
Merewioingas  milts ungyfeðe.               2921

UNHÆLO (1)
wonsceaft wera.  Wiht unhælo,                120

UNHEORU (1)
egl, unheoru.  Æghwylc gecwæð                987

UNHIORE (1)
wrætta ond wira.  Weard unhiore,            2413

UNHLITME (1)
eal unhlitme.  Eard gemunde,                1129

UNHYRE (1)
wighete Wedra.  Wif unhyre                  2120

UNIGMETES (1)
gamela Scylding.  Geat unigmetes            1792
   wel,

UNLEOFE (1)
sec, sarigferð  (seah on unleofe):          2863

UNLIFGENDUM (1)
unlifgendum  æfter selest.                  1389

UNLIFIGENDE (1)
min yldra mæg  unlifigende,                  468

UNLIFIGENDUM (1)
eorl ofer oðrum  unlifigendum,              2908

UNLYFIGENDES (1)
unlyfigendes  eal gefeormod,                 744

UNLYFIGENDNE (1)
syðþan he aldorþegn  unlyfigendne,          1308

UNLYTEL (3)
duguð unlytel  Dena ond Wedera.              498
torn unlytel.  þæt wæs tacen                 833
   sweotol,
æfter deaðdæge  dom unlytel,                 885

UNMURNLICE (2)
eteð angenga  unmurnlice,                    449
se þe unmurnlice  madmas dæleþ,             1756

-UNNAN (1)
aldre þinum,  gif he us geunnan              346
   wile

UNNYT (2)
idel ond unnyt,  siððan æfenleoht            413
eldum swa unnyt  swa hit æror wæs.          3168

UNRIHT (2)

unriht æfnde,  oþþæt ende becwom,  1254
aða on unriht.  Ic ðæs ealles mæg  2739

UNRIHTE (1)
þam ðe unrihte  inne gehydde  3059

UNRIM (3)
unrim eorla,  swa hie oft ær  1238
dydon.
æghwæs unrim,  þa he of ealdre  2624
gewat.
æghwæs unrim,  æþeling boren,  3135

UNRIME (1)
gold unrime  grimme geceapod,  3012

UNROTE (1)
hat on hreðre.  Higum unrote  3148

UNSLAW (1)
ecgum unslaw;  æghwæðrum wæs  2564

UNSNYTTRUM (1)
for his unsnyttrum  ende  1734
geþencean.

UNSOFTE (2)
Ic þæt unsofte  ealdre gedigde  1655
eacnum ecgum,  unsofte þonan  2140

UNSWIÐOR (2)
brun on bane,  bat unswiðor  2578
ferhðgeniðlan,  fyr unswiðor  2881

UNSYNNIGNE (1)
He mec þær on innan  unsynnigne,  2089

UNSYNNUM (1)
Eotena treowe;  unsynnum wearð  1072

UNTÆLE (1)
æghwæs untæle  ealde wisan."  1865

UNTYDRAS (1)
þanon untydras  ealle onwocon,  111

UNWACLICNE (1)
ad on eorðan  unwaclicne,  3138

UNWEARNUM (1)
slæpendne rinc,  slat unwearnum,  741

UNWRECEN (1)
æðeling unwrecen  ealdres linnan.  2443

UP (10)
þa wæs æfter wiste  wop up ahafen,  128
eoletes æt ende.  Þanon up hraðe  224
on Heaþoræmas  holm up ætbær;  519
swulge on swaþule.  Sweg up astag  782
Þonon yðeblond  up astigeð  1373
wighryre wraðra,  wæter up  1619
þurhdeaf.
cuþe næssas.  Ceol up geþrang  1912
Het þa up beran  æþelinga  1920
gestreon,
hreð æt hilde.  Hond up abræd  2575
up ofer ecgclif,  þær þæt  2893
eorlweorod

UPLANG (1)
æfenspræce,  uplang astod  759

UPPE (1)
be yðlafe  uppe lægon,  566

UPPRIHT (1)
syððan ic on yrre  uppriht astod.  2092

URE (2)*
Ure æghwylc sceal  ende gebidan  1386
þæt ure mandryhten  mægenes  2647
behofað,

URUM (1)
gesigan æt sæcce;  urum sceal  2659
sweord ond helm,

US (10)
leodgebyrgean;  wes þu us larena  269
god.
aldre þinum,  gif he us geunnan  346
wile
for arstafum  us onsende,  382
willum bewenede;  þu us wel  1821
dohtest.
in biorsele,  ðe us ðas beagas  2635
geaf,
hwate helmberend,  þeah ðe hlaford  2642
us
ealdor dugoðe.  Us wæs a syððan  2920
þe us seceað to  Sweona leoda,  3001
ond þone gebringan,  þe us beagas  3009
geaf,
wræc adreogan,  swa us geworden  3078
is.

USER (1)
eatol, æfengrom,  user neosan,  2074

USERNE (2)
syððan hie gefricgeað  frean  3002
userne
ond þonne geferian  frean userne,  3107

USIC (4)
ond for arstafum  usic sohtest.  458
helmas ond heard sweord.  De he  2638
usic on herge geceas
onmunde usic mærða,  ond me þas  2640
maðmas geaf,
þe he usic garwigend  gode tealde,  2641

USSES (1)
"þu eart endelaf  usses cynnes,  2813

USSUM (1)
þonne we geheton  ussum hlaforde  2634

UT (13)
guðsearo geatolic;  guman ut  215
scufon,
on geogoðfeore)  þæt wit on  537
garsecg ut
eodur Scyldinga,  ut of healle;  663
Heo wæs on ofste,  wolde ut þanon,  1292
ond oðer swylc  ut offerede,  1583
No ðy ær ut ða gen  idelhende  2081
of eorðsele  ut geseceð."  2515
stondan stanbogan,  stream ut  2545
þonan
Wedergeata leod  word ut faran,  2551
oruð aglæcean  ut of stane,  2557
hordgestreona,  hider ut ætbær  3092
ædre geæfned,  þonne we ut cymen,  3106
þæt hi ofostlice  ut geferedon  3130

UTAN (4)
innan ond utan  irenbendum  774
wirum bewunden  walu utan heold,  1031
halan lice;  hring utan ymbbearh,  1503
ealond utan,  eorðweard ðone  2334

UTANWEARDNE (1)
ealne utanweardne,  ne ðær ænig  2297
mon

UTFUS (1)

253

UTFUS (continued)

isig ond utfus, æþelinges fær.   33

UTON (2)
Aris, rices weard, uton raþe   1390
   feran
Uton nu efstan oðre siðe,   3101

UTWEARD (1)
Eoten wæs utweard; eorl furþur   761
   stop.

UÞE (4)
forþon þe he ne uþe þæt ænig oðer   503
   man
eafoð uncuþes. Uþe swiþor   960
Ne meahte he on eorðan, ðeah he   2855
   uðe wel,
gylpan þorfte; hwæðre him god   2874
   uðe,

-UÐE (1)
ac me geuðe ylda waldend   1661

UÐGENGE (1)
frodan fyrnwitan, feorh uðgenge.   2123

WA (1)
wuldres waldend. Wa bið þæm ðe   183
   sceal

-WAC (3)
incgelafe, þæt sio ecg gewac   2577
gewac æt wige; þæt se wyrm   2629
   onfand,
ad on eorðan unwaclicne,   3138

WACA (1)
waca wið wraþum. Ne bið þe wilna   660
   gad,

WADA (1)
ðær git for wlence wada cunnedon   508

-WADEN (1)
wundenstefna gewaden hæfde   220

WADO (1)
wado weallende, wedera cealdost,   546

WADU (1)
wadu weallendu. No ic wiht fram   581
   þe

WÆCCENDE (2)
ac he wæccende wraþum on andan   708
gif he wæccende weard onfunde   2841

WÆCCENDNE (1)
wæccendne wer wiges bidan.   1268

WÆCNAN (1)
æfter wælniðe wæcnan scolde.   85

-WÆDA (1)
geaf him ða mid Geatum guðgewæda,   2623

-WÆDO (1)
guðgewædo), gode þancedon   227

-WÆDU (7)
wæpen ond gewædu; ic eow wisige.   292
breostgewædu ond se beah somod;   1211
breostgewædu. Bruc ealles well!"   2162
his gædelinges guðgewædu,   2617
guðgewædu, þær me gifeðe swa   2730
guðgewædu, þær se gomela læg,   2851
þæt he genunga guðgewædu   2871

-WÆDUM (3)

hildewæpnum ond heaðowædum,   39
eorlgewædum, nalles for ealdre   1442
   mearn.
hladen herewædum, hringedstefna,   1897

WÆFRE (3)
ætwiton weana dæl; ne meahte   1150
   wæfre mod
wælgæst wæfre; ic ne wat hwæðer   1331
wæfre ond wælfus, wyrd ungemete   2420
   neah,

WÆG (7)
hwile wið Hroþgar, heteniðas wæg,   152
fahðe to Frysum. He þa frætwe   1207
   wæg,
ic þære socne singales wæg   1777
maþmgestreona. Mod þryðo wæg,   1931
weallende wæg. Wihte ne meahte   2464
biter ond beaduscearp, þæt he on   2704
   byrnan wæg;
longe hwile, ligegesan wæg   2780

-WÆG (1)
hordmaððum hæleþa, syþðan Hama   1198
   ætwæg

WÆGBORA (1)
wundorlic wægbora; weras   1440
   sceawedon

WÆGE (2)
oððe feormie fæted wæge,   2253
fæted wæge, frioðowære bæd   2282

-WÆGE (4)
ofer ealowæge oretmecgas   481
se þe on handa bær hroden   495
   ealowæge,
lufode ða leode, liðwæge bær   1982
eorlum on ende ealuwæge bær;   2021

WÆGHOLM (1)
Gewat þa ofer wægholm, winde   217
   gefysed,

WÆGLIÐENDUM (1)
wægliðendum wide gesyne,   3158

WÆGMUNDINGA (2)
wicstede weligne Wægmundinga,   2607
Wægmundinga. Ealle wyrd forsweop   2814

-WÆGNED (1)
wordum bewægned, ond wunden gold   1193

WÆGSWEORD (1)
wrætlic wægsweord, widcuðne man   1489

WÆL (4)
Byreð blodig wæl, byrgean þenceð,   448
willan geworhte oþðe on wæl   635
   crunge,
wyrsan wigfrecan wæl reafedon   1212
þenden he wið wulf wæl reafode."   3027

WÆLBEDDE (1)
on wælbedde wriþan þohte,   964

WÆLBENDE (1)
ac him wælbende weotode tealde   1936

WÆLBLEATE (1)
wunde wælbleate; wisse he gearwe   2725

WÆLDEAÐ (1)
in þæm winsele wældeað fornam,   695

WÆLDREORE (1)

254

wæter under wolcnum, wældreore 1631
    fag.

WÆLE (I)
wundum awyrded; sume on wæle 1113
    crungon.

-WÆLE (I)
in Freswæle feallan scolde. 1070

WÆLFÆHÐA (I)
þæt he mid ðy wife wælfæhða dæl, 2028

WÆLFAGNE (I)
wælfagne winter wunode mid Finne 1128

WÆLFEALLE (I)
ne geweox he him to willan, ac to 1711
    wælfealle

WÆLFUS (I)
wæfre ond wælfus, wyrd ungemete 2420
    neah,

WÆLFYLLA (I)
wælfylla worn, werudes egesan, 3154

WÆLFYLLE (I)
mid þære wælfylle wica neosan. 125

WÆLFYRA (I)
Wand to wolcnum wælfyra mæst, 1119

WÆLFYRE (I)
wearp wælfyre; wide sprungon 2582

WÆLGÆST (2)
wælgæst wæfre; ic ne wat hwæder 1331
þæt ðu þone wælgæst wihte ne 1995
    grette,

WÆLHLEM (I)
wyrsan wrixle wælhlem þone, 2969

WÆLLSEAXE (I)
geweold his gewitte, wællseaxe 2703
    gebræd,

WÆLM (I)
brecan of beorge. Wæs þære burnan 2546
    wælm

WÆLMES (I)
Ic ða ðæs wælmes, þe is wide cuð, 2135

-WÆLMUM (I)
æfter cearwælmum colran weorðað. 2066

WÆLNIÐ (I)
wælnið wera, ðæs ðe ic wen hafo, 3000

WÆLNIÐAS (I)
weallað wælniðas, ond him 2065
    wiflufan

WÆLNIÐE (I)
æfter wælniðe wæcnan scolde. 85

WÆLRÆS (2)
Me þone wælræs wine Scildunga 2101
wælræs weora wide gesyne, 2947

WÆLRÆSE (2)
æfter þam wælræse willa gelumpen. 824
æfter wælræse wunde gedygan 2531

WÆLRAPAS (I)
onwindeð wælrapas, se geweald 1610
    hafað

WÆLREAF (I)
wælreaf werede; hyne wyrd fornam, 1205

WÆLREC (I)
Wod þa þurh þone wælrec, 2661
    wigheafolan bær

WÆLREOW (I)
wælreow wiga, æt Wealhþeon, 629

WÆLRESTE (I)
wunað wælreste wyrmes dædum. 2902

WÆLSCEAFTAS (I)
wudu, wælsceaftas, worda 398
    geþinges."

WÆLSES (I)
Wælses eafera. Wyrm hat gemealt. 897

WÆLSINGES (I)
Wælsinges gewin, wide siðas, 877

WÆLSTENGE (I)
on þæm wælstenge weorcum geferian 1638

WÆLSTOWE (2)
weoldon wælstowe, syððan 2051
    Wiðergyld læg,
þæt hie wælstowe wealdan moston. 2984

WÆN (I)
þa wæs wunden gold on wæn hladen, 3134

WÆPEN (6)
wæpen ond gewædu; ic eow wisige. 292
wig ofer wæpen, ond siþðan witig 685
    god
hwearf þa be wealle, wæpen 1573
    hafenade
wiht gewyrcan, þeah þæt wæpen 1660
    duge;
wæpen to wyrme, gif ic wiste hu 2519
wæpen wundrum heard; næs him 2687
    wihte ðe sel.

WÆPNA (5)
for his wonhydum wæpna ne recceð. 434
wicga ond wæpna, het hine wel 1045
    brucan.
worhte wæpna smið, wundrum teode, 1452
wæpna gewealdan, ac hine wundra 1509
    þæs fela
wigena weorðmynd; þæt wæs wæpna 1559
    cyst,

WÆPNE (2)
winigea leasum), þæt ic ðy wæpne 1664
    gebræd.
Wulf Wonreding wæpne geræhte, 2965

WÆPNEDMEN (I)
wiggryre wifes, be wæpnedmen, 1284

WÆPNES (I)
wine druncen, þa he þæs wæpnes 1467
    onlah

WÆPNUM (4)
wæpnum geweorðad, næfne him his 250
    wlite leoge,
wæpnum gewurþad. Þa ðær wlonc 331
    hæleð
þenden hie ðam wæpnum wealdan 2038
    moston.
wigum ond wæpnum; he gewræc 2395
    syððan

-WÆPNUM (2)

255

hildewæpnum ond heaðowædum,   39
ac he sigewæpnum forsworen hæfde,   804

WÆRAN (I)
oððe him Ongenðeowes eaferan   2475
  wæran

WÆRE (18)*
felahror feran on frean wære.   27
hwæt swiðferhðum selest wære   173
lythwon logon, þeah he him leof   203
  wære;
hynðo on Heorote, gif þin hige   593
  wære,
þæt hyre ealdmetod este wære   945
wordum ne worcum wære ne bræce,   1100
ðæs morþorhetes myndgiend wære,   1105
frean Ingwina, frægn gif him wære   1319
aldre linnan, þæt ðu me a wære   1478
irena cyst, ærest wære,   1697
eald eðelweard, þæt ðes eorl   1702
  wære
hwatum Heorowearde, þeah he him   2161
  hold wære,
swyðe wendon þæt he sleac wære,   2187
þæt he Heardrede hlaford wære   2375
þeah ðe he dæda gehwæs dyrstig   2838
  wære,
þæt se secg wære synnum scildig,   3071
on ðæs waldendes wære geþolian."   3109
cwædon þæt he wære wyruldcyninga   3180

-WÆRE (2)
fæste frioðuwære. Fin Hengeste   1096
fæted wæge, frioðowære bæd   2282

WÆRON (18)
modgehygdum, hwæt þa men wæron.   233
ond gebeotedon (wæron begen þa   536
  git
Ða wit ætsomne on sæ wæron   544
heaðogrim ondhwearf; hreo wæron   548
  yþa.
word wæron wynsume. Eode   612
  Wealhþeow forð,
eorlum ealuscerwen. Yrre wæron   769
  begen,
eam his nefan, swa hie a wæron   881
þæs wæron mid Eotenum ecge cuðe.   1145
Hwearf þa bi bence þær hyre byre   1188
  wæron,
þæt hie oft wæron an wig gearwe,   1247
lindhæbbendra. Lastas wæron   1402
Wæron yðgebland eal gefælsod,   1620
wæron æþelingas eft to leodum   1804
wigend wæron; eode weorð Denum   1814
Higelac secan. Wæron her tela   1820
hwylce Sægeata siðas wæron):   1986
gomen in geardum, swylce ðær iu   2459
  wæron.
Ða wæron monige þe his mæg   2982
  wriðon,

WÆS (249)
gomban gyldan. Þæt wæs god   11
  cyning!
Ðæm eafera wæs æfter cenned,   12
Beowulf wæs breme (blæd wide   18
  sprang),
mærne be mæste. Þær wæs madma   36
  fela
geafon on garsecg; him wæs geomor   49
  sefa,
Ða wæs on burgum Beowulf   53
  Scyldinga,
hyrde ic þæt * * * wæs Onelan   62
  cwen,
þa wæs Hroðgare heresped gyfen,   64

laðan liges; ne wæs hit lenge þa   83
  gen
hludne in healle; þær wæs hearpan   89
  sweg,
Wæs se grimma gæst Grendel haten,   102
grim ond grædig, gearo sona wæs,   121
Ða wæs on uhtan mid ærdæge   126
þa wæs æfter wiste wop up ahafen,   128
wergan gastes; wæs þæt gewin to   133
  strang,
fæhðe ond fyrene; wæs to fæst on   137
  þam.
Þa wæs eaðfynde þe him elles hwær   138
bed æfter burum, ða him gebeacnod   140
  wæs,
husa selest. Wæs seo hwil micel;   146
ac se æglæca ehtende wæs,   159
þæt wæs wræc micel wine   170
  Scyldinga,
wið þeodþreaum. Swylc wæs þeaw   178
  hyra,
wean onwendan; wæs þæt gewin to   191
  swyð,
se wæs moncynnes mægenes   196
  strengest
mærne þeoden, þa him wæs manna   201
  þearf.
Fyrst forð gewat. Flota wæs on   210
  yðum,
side sænæssas; þa wæs sund liden,   223
hider ofer holmas? * * * wæs   240
Wæs min fæder folcum gecyþed,   262
þæt wæs foremærost foldbuendum   309
Stræt wæs stanfah, stig wisode   320
æscholt ufan græg; wæs se   330
  irenþreat
Wulfgar maþelode (þæt wæs Wendla   348
  leod)
wæs his modsefa manegum gecyðed,   349
Wæs his ealdfæder Ecgþeo haten,   373
"Wæs þu, Hroðgar, hal! Ic eom   407
  Higelaces
hordburh hæleþa; ða wæs Heregar   467
  dead,
bearn Healfdenes; se wæs betera   469
  ðonne ic.
Ðonne wæs þeos medoheal on   484
  morgentid,
Þa wæs Geatmæcgum geador ætsomne   491
hador on Heorote. Þær wæs hæleða   497
  dream,
onband beadurune (wæs him   501
  Beowulfes sið,
Wæs merefixa mod onhrered;   549
deoran sweorde, swa hit gedefe   561
  wæs.
Þa wæs on salum sinces brytta,   607
Ðær wæs hæleþa hleahtor, hlyn   611
  swynsode,
þa wæs eft swa ær inne on healle   642
folc oþhe freoburh, þær he afeded   693
  wæs;
ealle buton anum. Þæt wæs yldum   705
  cuþ
fættum fahne. Ne wæs þæt forma   716
  sið
onbræd þa bealohydig, ða he   723
  gebolgen wæs,
lif wið lice, þa him alumpen wæs   733
wistfylle wen. Ne wæs þæt wyrd þa   734
  gen
Hyge wæs him hinfus, wolde on   755
  heolster fleon,
secan deofla gedræg; ne wæs his   756
  drohtoð þær
Eoten wæs utweard; eorl furþur   761
  stop.
on grames grapum. Þæt wæs geocor   765
  sið

| | |
|---|---|
| þa wæs wundor micel  þæt se winsele | 771 |
| fæger foldbold;  ac he þæs fæste wæs | 773 |
| se þe manna wæs  mægene strengest | 789 |
| fyrene gefremede  (he wæs fag wið god), | 811 |
| hæfde be honda;  wæs gehwæþer oðrum | 814 |
| þæt his aldres wæs  ende gegongen, | 822 |
| torn unlytel.  Þæt wæs tacen sweotol, | 833 |
| earm ond eaxle  (þær wæs eal geador | 835 |
| Ða wæs on morgen  mine gefræge | 837 |
| Ðær wæs on blode  brim weallende, | 847 |
| beornas on blancum.  Ðær wæs Beowulfes | 856 |
| glædne Hroðgar,  ac þæt wæs god cyning. | 863 |
| frecne dæde,  ne wæs him Fitela mid. | 889 |
| Se wæs wreccena  wide mærost | 898 |
| mearum mæton.  Ða wæs morgenleoht | 917 |
| Ðæt wæs ungeara  þæt ic ænigra me | 932 |
| feorhgeniðlan;  wæs to foremihtig | 969 |
| Ða wæs swigra secg,  sunu Eclafes, | 980 |
| feondes fingras.  Foran æghwylc wæs, | 984 |
| Ða wæs haten hreþe  Heort innanweard | 991 |
| folmum gefrætwod.  Fela þæra wæs, | 992 |
| Wæs þæt beorhte bold  tobrocen swiðe, | 997 |
| swefeþ æfter symle.  Ða wæs sæl ond mæl | 1008 |
| Hroðgar ond Hroþulf.  Heorot innan wæs | 1017 |
| þæt wæs hildesetl  heahcyninges, | 1039 |
| Ðær wæs sang ond sweg  samod ætgædere | 1063 |
| gare wunde.  Þæt wæs geomuru ides! | 1075 |
| ðeodenlease,  þa him swa geþearfod wæs; | 1103 |
| Ad wæs geæfned  ond icge gold | 1107 |
| betst beadorinca  wæs on bæl gearu. | 1109 |
| Æt þæm ade wæs  eþgesyne | 1110 |
| bega folces;  wæs hira blæd scacen. | 1124 |
| wuldortorhtan weder.  Ða wæs winter scacen, | 1136 |
| forhabban in hreþre.  Ða wæs heal roden | 1151 |
| læddon to leodum.  Leoð wæs asungen, | 1159 |
| sæton suhtergefæderan;  þa gyt wæs hiera sib ætgædere, | 1164 |
| Him wæs ful boren  ond freondlaþu | 1192 |
| Eode þa to setle.  Ðær wæs symbla cyst; | 1232 |
| bordwudu beorhtan;  þær on bence wæs | 1243 |
| þrecwudu þrymlic.  Wæs þeaw hyra | 1246 |
| þearf gesælde;  wæs seo þeod tilu. | 1250 |
| geosceaftgasta;  wæs þæra Grendel sum, | 1266 |
| Grendles modor.  Wæs se gryre læssa | 1282 |
| Þa wæs on healle  heardecg togen | 1288 |
| Heo wæs on ofste,  wolde ut þanon, | 1292 |
| feore beorgan,  þa heo onfunden wæs. | 1293 |
| Se wæs Hroþgare  hæleþa leofost | 1296 |
| ac wæs oþer in  ær geteohhod | 1300 |
| cuþe folme;  cearu wæs geniwod, | 1303 |
| geworden in wicun.  Ne wæs þæt gewrixle til, | 1304 |

| | |
|---|---|
| freonda feorum.  Þa wæs frod cyning | 1306 |
| Hraþe wæs to bure  Beowulf fetod, | 1310 |
| æþeling ærgod,  swylc Æschere wæs! | 1329 |
| ellorgæstas.  Ðæra oðer wæs, | 1349 |
| næfne he wæs mara  þonne ænig man oðer; | 1353 |
| hwæþer him ænig wæs  ær acenned | 1356 |
| Þa wæs Hroðgare  hors gebæted, | 1399 |
| dreorig ond gedrefed.  Denum eallum wæs, | 1417 |
| herestræl hearda;  he on holme wæs | 1435 |
| wæs þæm hæftmece  Hrunting nama. | 1457 |
| Þæt wæs an foran  ealdgestreona; | 1458 |
| ecg wæs iren,  atertanum fah, | 1459 |
| ellenmearðum.  Ne wæs þæm oðrum swa, | 1471 |
| hilderince.  Ða wæs hwil dæges | 1495 |
| swa he ne mihte,  no he þæs modig wæs, | 1508 |
| þæt he in niðsele  nathwylcum wæs, | 1513 |
| fæges fyrdhrægl;  ða wæs forma sið | 1527 |
| Eft wæs anræd,  nalas elnes læt, | 1529 |
| brægd þa beadwe heard,  þa he gebolgen wæs, | 1539 |
| wigena weorðmynd;  þæt wæs wæpna cyst, | 1559 |
| buton hit wæs mare  ðonne ænig mon oðer | 1560 |
| Sweord wæs swatig,  secg weorce gefeh. | 1569 |
| þæt wæs yðgeblond  eal gemenged, | 1593 |
| wigbil wanian.  Þæt wæs wundra sum, | 1607 |
| forbarn brodenmæl;  wæs þæt blod to þæs hat, | 1616 |
| Sona wæs on sunde  se þe ær æt sæcce gebad | 1618 |
| Ða wæs of þæm hroran  helm ond byrne | 1629 |
| þa wæs be feaxe  on flet boren | 1647 |
| earfoðlice;  ætrihte wæs | 1657 |
| deaðcwealm Denigea,  swa hit gedefe wæs. | 1670 |
| Ða wæs gylden hilt  gamelum rince, | 1677 |
| ealde lafe,  on ðæm wæs or writen | 1688 |
| (frecne geferdon);  þæt wæs fremde þeod | 1691 |
| Swa wæs on ðæm scennum  sciran goldes | 1694 |
| Geat wæs glædmod,  geong sona to | 1785 |
| þa wæs eft swa ær  ellenrofum | 1787 |
| meces ecge;  þæt wæs modig secg, | 1812 |
| æþeling to yppan,  þær se oþer wæs, | 1815 |
| blondenfeaxum.  Him wæs bega wen, | 1873 |
| modige on meþle.  Wæs him se man to þon leof | 1876 |
| Þa wæs on gange  gifu Hroðgares | 1884 |
| oft geæhted;  þæt wæs an cyning, | 1885 |
| Þa wæs on sande  sægeap naca | 1896 |
| swurd gesealde,  þæt he syðþan wæs | 1901 |
| þa wæs be mæste  merehrægla sum, | 1905 |
| Hraþe wæs æt holme  hyðweard geara, | 1914 |
| Bold wæs betlic,  bregorof cyning, | 1925 |
| handgewriþene;  hraþe seoþðan wæs | 1937 |
| eormencynnes.  Forðam Offa wæs | 1957 |
| hringas dælan.  Higelace wæs | 1970 |
| Hraðe wæs gerymed,  swa se rica bebead, | 1975 |
| Weorod wæs on wynne;  ne seah ic widan feorh | 2014 |
| Ðær wæs Hondscio  hild onsæge, | 2076 |
| sio wæs orðoncum  eall gegyrwed | 2087 |
| Ðær wæs gidd ond gleo.  Gomela Scilding, | 2105 |
| oðer to yldum.  Þa wæs eft hraðe | 2117 |
| ellenlice;  þær wæs Æschere, | 2122 |

| | | | |
|---|---|---|---|
| þæt wæs Hroðgare  hreowa tornost | 2129 | hyrstum behrorene;  þær wæs helm monig | 2762 |
| þær unc hwile wæs  hand gemæne, | 2137 | (ecg wæs iren)  ealdhlafordes | 2778 |
| hondgesteallan.  Hygelace wæs, | 2169 | þam ðara maðma  mundbora wæs | 2779 |
| swancor ond sadolbeorht;  hyre syððan wæs | 2175 | Ar wæs on ofoste,  eftsiðes georn, | 2783 |
| heold hildedeor.  Hean wæs lange, | 2183 | Þæt wæs þam gomelan  gingæste word | 2817 |
| bold ond bregostol.  Him wæs bam samod | 2196 | Ða wæs gegongen  guman unfrodum | 2821 |
| side rice  þam þær selra wæs. | 2199 | þa wæs æt ðam geongan  grim ondswaru | 2860 |
| fiftig wintra  (wæs ða frod cyning, | 2209 | ana mid ecge,  þa him wæs elnes þearf. | 2876 |
| bufolc beorna,  þæt he gebolgen wæs. | 2220 | symle wæs þy sæmra,  þonne ic sweorde drep | 2880 |
| Sincfæt * * * ;  þær wæs swylcra fela | 2231 | wide weorðeð.  Wæs sio wroht scepen | 2913 |
| hlaford sinne.  Ða wæs hord rasod, | 2283 | ealdor dugoðe.  Us wæs a syððan | 2920 |
| þa se wyrm onwoc,  wroht wæs geniwad; | 2287 | wihte ne wene,  ac wæs wide cuð | 2923 |
| wæs ða gebolgen  beorges hyrde, | 2304 | Wæs sio swatswaðu  Sweona ond Geata, | 2946 |
| drincfæt dyre.  Þa wæs dæg sceacen | 2306 | eald under eorðweall.  Þa wæs æht boden | 2957 |
| fyre gefysed.  Wæs se fruma egeslic | 2309 | folces hyrde,  wæs in feorh dropen. | 2981 |
| Wæs þæs wyrmes wig  wide gesyne, | 2316 | Swa se secg hwata  secggende wæs | 3028 |
| þa wæs Biowulfe  broga gecyðed | 2324 | ærran mælum;  þa wæs endedæg | 3035 |
| gifstol Geata.  Þæt ðam godan wæs | 2327 | laðne licgean;  wæs se legdraca | 3040 |
| þeostrum geþoncum,  swa him geþywe ne wæs. | 2332 | Se wæs fiftiges  fotgemearces | 3042 |
| laðan cynnes.  No þæt læsest wæs | 2354 | dennes niosian;  wæs ða deaðe fæst, | 3045 |
| healdan cuðe,  ða wæs Hygelac dead. | 2372 | þonne wæs þæt yrfe,  eacencræftig, | 3051 |
| Geatum wealdan.  Þæt wæs god cyning! | 2390 | Þa wæs gesyne  þæt se sið ne ðah | 3058 |
| Se wæs on ðam ðreate  þreotteoða secg, | 2406 | Swa wæs Biowulfe,  þa he biorges weard | 3066 |
| yðgewinne;  se wæs innan full | 2412 | lete hyne licgean  þær he longe wæs, | 3082 |
| goldwine Geata.  Him wæs geomor sefa, | 2419 | grimme gegongen;  wæs þæt gifeðe to swið | 3085 |
| lif wið lice,  no þon lange wæs | 2423 | Ic wæs þær inne  ond þæt eall geondseh, | 3087 |
| Ic wæs syfanwintre,  þa mec sinca baldor, | 2428 | recedes geatwa,  þa me gerymed wæs, | 3088 |
| Wæs þam yldestan  ungedefelice | 2435 | cyninge minum.  Cwico wæs þa gena, | 3093 |
| Þæt wæs feohleas gefeoht,  fyrenum gesyngad, | 2441 | micelne ond mærne,  swa he manna wæs | 3098 |
| laðum dædum,  þeah him leof ne wæs. | 2467 | Þa wæs wunden gold  on wæn hladen, | 3134 |
| þa wæs synn ond sacu  Sweona ond Geata | 2472 | beorhtum byrnum,  swa he bena wæs; | 3140 |
| fæhðe ond fyrene,  swa hyt gefræge wæs, | 2480 | hleo on hoe,  se wæs heah ond brad, | 3157 |
| geald æt guðe,  swa me gifeðe wæs, | 2491 | eldum swa unnyt  swa hit æror wæs. | 3168 |
| æþeling on elne;  ne wæs ecg bona, | 2506 | | |
| brecan of beorge.  Wæs þære burnan wælm | 2546 | **-WÆSMUN (1)** | |
| Let ða of breostum,  ða he gebolgen wæs, | 2550 | "No ic me an herewæsmun  hnagran talige, | 677 |
| Hete wæs onhrered,  hordweard oncniow | 2554 | | |
| ða wæs hringbogan  heorte gefysed | 2561 | **WÆSTMUM (1)** | |
| ecgum unslaw;  æghwæðrum wæs | 2564 | on weres wæstmum  wræclastas træd, | 1352 |
| bysigum gebæded.  Þa wæs beorges weard | 2580 | **WÆTER (10)** | |
| iren ærgod.  Ne wæs þæt eðe sið, | 2586 | wlitebeorhtne wang,  swa wæter bebugeð, | 93 |
| Wiglaf wæs haten  Weoxstanes sunu, | 2602 | ond for dolgilpe  on deop wæter | 509 |
| þæt wæs mid eldum  Eanmundes laf, | 2611 | wudu wyrtum fæst  wæter oferhelmað. | 1364 |
| frod on forðweg.  Þa wæs forma sið | 2625 | wynleasne wudu;  wæter under stod | 1416 |
| sægde gesiðum  (him wæs sefa geomor): | 2632 | þær him nænig wæter  wihte ne sceþede, | 1514 |
| elne geeode,  þa his agen wæs | 2676 | wighryre wraðra,  wæter up þurhdeaf. | 1619 |
| gomol ond grægmæl.  Him þæt gifeðe ne wæs | 2682 | wæter under wolcnum,  wældreore fag. | 1631 |
| helpan æt hilde;  wæs sio hond to strong, | 2684 | drefan deop wæter,  Dena land ofgeaf. | 1904 |
| þa wæs þeodsceaða  þriddan siðe, | 2688 | sæcce secean  ofer sealt wæter, | 1989 |
| cræft ond cenðu,  swa him gecynde wæs. | 2696 | ofer wid wæter,  wroht gemæne, | 2473 |
| þegn æt ðearfe!  Þæt ðam þeodne wæs | 2709 | **WÆTERE (3)** | |
| eorðan wynne;  ða wæs eall sceacen | 2727 | Gesawon ða æfter wætere  wyrmcynnes fela, | 1425 |
| | | wigge under wætere,  weorc geneþde | 1656 |

winedryhten his   wætere gelafede,   2722

WÆTEREGESAN ( I )
se þe wæteregesan   wunian scolde,   1260

WÆTERES (4)
sende ic Wylfingum   ofer wæteres   471
   hrycg
wintrys wylmum.   Git on wæteres   516
   æht
þurh wæteres wylm   waldend sealde.   1693
wæteres weorpan,   oðþæt wordes ord   2791

WÆTERYÐUM ( I )
wunode on wonge   wæteryðum neah,   2242

WÆTRE ( I )
wehte hyne wætre;   him wiht ne   2854
   speow.

WAGE ( I )
þæt ic on wage geseah   wlitig   1662
   hangian

WAGUM ( I )
web æfter wagum,   wundorsiona fela   995

-WALDA (3)
"Mæl is me to feran;   fæder   316
   alwalda
awa to aldre.   Alwalda þec   955
hwæþer him alwalda   æfre wille   1314

-WALDAN (2)
ond æt feohgyftum   Folcwaldan sunu   1089
ond him to anwaldan   are gelyfde,   1272

WALDEND (6)
wuldres waldend.   Wa bið þæm ðe   183
   sceal
ac me geuðe   ylda waldend   1661
þurh wæteres wylm   waldend sealde.   1693
wuldres waldend,   weorðmynda dæl.   1752
for ðam me witan ne ðearf   waldend   2741
   fira
sigora waldend,   þæt he hyne   2875
   sylfne gewræc

WALDENDES (2)
wean ond wræcsið,   se ðe waldendes   2292
on ðæs waldendes   wære geþolian."   3109

WALDSWAÞUM ( I )
æfter waldswaþum   wide gesyne,   1403

WALU (2)*
wirum bewunden   walu utan heold,   1031
widcuþes wig,   ðonne walu feollon.   1042

WAN (3)*
Swa rixode   ond wið rihte wan,   144
gyddum geomore,   þætte Grendel wan   151
wan under wolcnum.   Werod eall   651
   aras.

WAND ( I )
Wand to wolcnum   wælfyra mæst,   1119

-WAND (3)
fyr ond fæstor   se þæm feonde   143
   ætwand.
fyrendædum fag,   on fleam gewand   1001
manna ængum   þara þe hit mid   1461
   mundum bewand,

WANG (2)
wlitebeorhtne wang,   swa wæter   93
   bebugeð,
Wedera leode   on wang stigon,   225

WANGE ( I )
wearð on ðam wange,   þær he worna   2003
   fela

WANIAN ( I )
wigbil wanian.   Þæt wæs wundra   1607
   sum,

WANIGEAN ( I )
sigeleasne sang,   sar wanigean   787

-WANOD ( I )
wigheap gewanod;   hie wyrd   477
   forsweop

WANODE ( I )
wanode ond wyrde.   He æt wige   1337
   gecrang

WANRE ( I )
weold wideferhð.   Com on wanre   702
   niht

-WARA ( I )
Hæfde landwara   lige befangen,   2321

WARAÐ ( I )
waráð wintrum frod,   ne byð him   2277
   wihte ðy sel.

-WARE (3)
þa ic Freaware   fletsittende   2022
Nealles Hetware   hremge þorfton   2363
þær hyne Hetware   hilde genægdon,   2916

WARIGEAÐ ( I )
warigeað,   wulfhleoþu,   windige   1358
   næssas,

WARODE (2)
siþðan goldsele   Grendel warode,   1253
westen warode.   Þanon woc fela   1265

WARODAS ( I )
wide waroðas.   Woruldcandel scan,   1965

WAROÐE ( I )
Gewat him þa to waroðe   wicge   234
   ridan

WAST ( I )
wesan, þæs ic wene.   Þu wast (gif   272
   hit is

WAT (5)
wælgæst wæfre;   ic ne wat hwæðer   1331
hæleþa to helpe.   Ic on Higelac   1830
   wat,
lac ond luftacen.   Ic þa leode wat   1863
gledegesa grim.   God wat on mec   2650
Wedra ðeodnes.   Ic wat geare   2656

-WAT (21)
Him ða Scyld gewat   to gescæphwile   26
Gewat ða neosian,   syþðan niht   115
   becom,
þritig þegna,   þanon eft gewat   123
Fyrst forð gewat.   Flota wæs on   210
   yðum,
Gewat þa ofer wægholm,   winde   217
   gefysed,
Gewat him þa to waroðe   wicge   234
   ridan
Ða him Hroþgar gewat   mid his   662
   hæleþa gedryht,
ond him Hroðgar gewat   to hofe   1236
   sinum,
fæderenmæge;   he þa fag gewat,   1263

gehnægde helle gast.  Þa he hean      1274
   gewat,
hwate Scyldingas;  gewat him ham       1601
   þonon
yrfelafe.  Gewat him on naca           1903
Gewat him ða se hearda  mid his        1963
   hondscole
ond him eft gewat  Ongenðioes          2387
   bearn
Gewat þa twelfa sum  torne             2401
   gebolgen
lond ond leodbyrig,  þa he of life     2471
   gewat.
Gewat ða byrnende  gebogen             2569
   scriðan,
æghwæs unrim,  þa he of ealdre         2624
   gewat,
hate heaðowylmas;  him of hreðre       2819
   gewat
Gewat him ða se goda  mid his          2949
   gædelingum,
nihtes hwilum,  nyðer eft gewat        3044

-WAÞE (1)
swylce geong manig  of gomenwaþe        854

WE (24)
Hwæt! We Gardena  in geardagum,           1
"We synt gumcynnes  Geata leode         260
We þurh holdne hige  hlaford            267
   þinne,
Habbað we to þæm mæran  micel           270
   ærende,
swa we soþlice  secgan hyrdon)          273
heard under helme:  "We synt            342
   Higelaces
þæt we hine swa godne  gretan           347
   moton."
ðe we ealle  ær ne meahton              941
"We þæt ellenweorc  estum miclum,       958
eaxlgestealla,  ðonne we on orlege     1326
"Hwæt!  we þe þas sælac,  sunu         1652
   Healfdenes,
"Nu we sæliðend  secgan wyllað,        1818
feorran cumene,  þæt we fundiaþ        1819
ðær we gesunde  sæl weardodon.         2075
ond we to symble  geseten hæfdon.      2104
Swa we þær inne  ondlangne dæg         2115
"Ic ðæt mæl geman,  þær we medu        2633
   þegun,
þonne we geheton  ussum hlaforde       2634
þæt we him ða guðgetawa  gyldan        2636
   woldon
Ne þynceð me gerysne  þæt we           2653
   rondas beren
eft to earde,  nemne we æror mægen     2654
þæt we þeodcyning  þær sceawian        3008
Ne meahton we gelæran  leofne          3079
   þeoden
ædre geæfned,  þonne we ut cymen,      3106

WEA (1)
wea widscofen  witena gehwylcum         936

WEAL (1)
rondas regnhearde,  wið þæs             326
   recedes weal,

-WEAL (1)
brecan ofer bordweal;  ða gebeah       2980
   cyning,

WEALAFE (2)
ne þa wealafe  wige forþringan         1084
þæt he þa wealafe  weotena dome        1098

-WEALC (1)
ofer yða gewealc,  Arscyldinga.         464

260

-WEALD (11)
se þe his wordes geweald  wide           79
   hæfde.
winærnes geweald,  ond þæt word         654
   acwæð:
fleon on fenhopu;  wiste his            764
   fingra geweald
on feonda geweald  feor siðian.         808
on feonda geweald  forð forlacen,       903
worolde wilna,  þe ic geweald           950
   hæbbe.
eodor Ingwina  onweald geteah,         1044
healle ond heahsetl,  þæt hie          1087
   healfre geweald
onwindeð wælrapas,  se geweald         1610
   hafað
on geweald gehwearf  woroldcyninga     1684
eard ond eorlscipe;  he ah ealra       1727
   geweald.

WEALDAN (6)
Wen ic þæt he wille,  gif he            442
   wealdan mot,
þenden hie ðam wæpnum  wealdan         2038
   moston,
Geatum wealdan.  Þæt wæs god           2390
   cyning!
wealdan moste  swa him wyrd ne         2574
   gescraf
wyrm wohbogen  wealdan ne moste,       2827
þæt hie wælstowe  wealdan moston.      2984

-WEALDAN (2)
"Ðisse ansyne  alwealdan þanc           928
wæpna gewealdan,  ac hine wundra       1509
   þæs fela

WEALDE (1)
wesan, þenden ic wealde  widan         1859
   rices,

WEALDEND (1)
wuldres wealdend,  woroldare             17
   forgeaf;

WEALDENDE (1)
wende se wisa  þæt he wealdende        2329

WEALDENDES (1)
ne ðæs wealdendes  wiht oncirran;      2857

-WEALDENE (1)
gedeð him swa gewealdene  worolde      1732
   dælas,

-WEALDUM (1)
Nealles mid gewealdum  wyrmhord        2221
   abræc

WEALHÞEO (4)
wolde wigfruma  Wealhþeo secan,        664
win of wunderfatum.  Þa cwom          1162
   Wealhþeo forð
Wealhðeo maþelode,  heo fore þæm       1215
   werede spræc:
wrætlicne wundurmaððum,  ðone þe       2173
   him Wealhðeo geaf,

WEALHÞEON (1)
wælreow wiga,  æt Wealhþeon,           629

WEALHÞEOW (1)
word wæron wynsume.  Eode              612
   Wealhþeow forð,

-WEALL (3)
eald under eorðweall.  Þa wæs æht      2957
   boden

inn under eorðweall.  Ic on ofoste     3090
    gefeng
scoc ofer scildweall,  sceft nytte     3118
    heold,

WEALLAS (2)
windige weallas.  Wyrd oft nereð        572
windgeard, weallas.  Wes þenden þu      1224
    lifige,

WEALLAÐ (I)
weallað wælniðas,  ond him             2065
    wiflufan

WEALLCLIF (I)
wyrm ofer weallclif,  leton weg        3132
    niman,

WEALLE (12)
þa of wealle geseah  weard              229
    Scildinga,
þara þe of wealle  wop gehyrdon,        785
wrætlicne wyrm,  þæt hit on wealle      891
    ætstod,
hwearf þa be wealle, wæpen             1573
    hafenade
wyrme on willan;  no on wealle         2307
    læg,
weorðan æt wealle,  swa unc wyrd       2526
    geteoð,
Geseah ða be wealle  se ðe worna       2542
    fela,
þæt he bi wealle  wishycgende          2716
wundur on wealle,  ond þæs wyrmes       2759
    denn,
wræte under wealle.  Weard ær          3060
    ofsloh
wundur under wealle;  ic eow           3103
    wisige,
wealle beworhton,  swa hyt             3161
    weorðlicost

-WEALLE (I)
selfa mid gesiðum  sæwealle neah.      1924

WEALLENDE (3)
wado weallende,  wedera cealdost,       546
Ðær wæs on blode  brim weallende,       847
weallende wæg.  Wihte ne meahte        2464

-WEALLENDE (I)
hatne for horde,  hioroweallende       2781

WEALLENDU (I)
wadu weallendu.  No ic wiht fram        581
    þe

WEALLES (I)
wiges ond wealles;  him seo wen        2323
    geleah.

WEAN (6)
wean onwendan;  wæs þæt gewin to        191
    swyð,
wræc Wedera nið  (wean ahsodon),        423
syþðan he for wlenco  wean ahsode,     1206
widcuðne wean  wihte gebettest,        1991
wean ond wræcsið,  se ðe waldendes     2292
wundum werge,  wean oft gehet          2937

WEANA (4)
wine Scyldinga,  weana gehwelcne,       148
weana ne wende  to widan feore          933
ætwiton weana dæl;  ne meahte          1150
    wæfre mod
weana gehwylces,  swa ic þe wene       1396
    to."

WEARD (13)

þa of wealle geseah  weard              229
    Scildinga,
Weard maþelode,  ðær on wicge sæt,      286
of brydbure,  beahhorda weard,          921
Aris, rices weard,  uton raþe          1390
    feran
weaxeð ond wridað.  þonne se weard     1741
    swefeð,
weard winegeomor,  wende þæs           2239
    ylcan,
wrætta ond wira.  Weard unhiore,       2413
frod folces weard,  fæhðe secan,       2513
bord ond byrnan.  Nelle ic beorges     2524
    weard
bysigum gebæded.  þa wæs beorges       2580
    weard
gif he wæccende  weard onfunde         2841
wræte under wealle.  Weard ær          3060
    ofsloh
Swa wæs Biowulfe,  þa he biorges       3066
    weard

-WEARD (20)
seleweard aseted;  sundornytte          667
    beheold
ymb aldor Dena,  eotonweard abead.      668
Eoten wæs utweard;  eorl furþur         761
    stop.
Ða wæs haten hreþe  Heort               991
    innanweard
eal inneweard  irenbendum fæst,         998
hordweard hæleþa,  heaþoræsas          1047
    geald
ecgum dyhttig  andweard scireð.        1287
eald eþelweard,  þæt ðes eorl          1702
    <u>wære</u>
hordweard hæleþa,  gyf þu healdan      1852
    wylt
locene leoðosyrcan.  Landweard         1890
    onfand
Hraþe wæs æt holme  hyðweard           1914
    geara,
feðegestum  flet innanweard.           1976
eald eþelweard),  oððæt an ongan       2210
hyldo gehealdeþ!  Hordweard sohte      2293
heahgestreona.  Hordweard onbad        2302
ealond utan,  eorðweard ðone           2334
Hete wæs onhrered,  hordweard          2554
    oncniow
Hyrte hyne hordweard  (hreðer æðme     2593
    weoll)
ænig yrfeweard  æfter wurde            2731
þæt he ne grette  goldweard þone,      3081

WEARDADE (I)
hwaþre him sio swiðre  swaðe           2098
    weardade

-WEARDAS (2)
reþe renweardas.  Reced hlynsode.       770
yrfeweardas,  þonne se an hafað        2453

WEARDE (I)
wið wrað werod  wearde healdan."        319

-WEARDE (7)
endesæta,  ægwearde heold,             241
fah ond fyrheard;  ferhwearde          305
    heold
ærest Eastdena  eþelwearde,            616
He þæm batwearde  bunden golde         1900
hwatum Heorowearde,  þeah he him       2161
    hold wære,
healdeð higemæðum  heafodwearde        2909
syððan orwearde  ænigne dæl            3127

WEARDIAN (I)
to lifwraþe  last weardian,            971

-WEARDNE (1)
ealne utanweardne,   ne ðær ænig      2297
    mon

WEARDODE (3)
wonsæli wer   weardode hwile,          105
rice to ræste.   Reced weardode       1237
lungre, gelice,   last weardode,      2164

WEARDODON (1)
ðær we gesunde   sæl weardodon.       2075

-WEARH (1)
heorowearh hetelic,   se æt Heorote   1267
    fand

WEARNE (1)
wordum wrixlan.   No ðu him wearne      366
    geteoh

-WEARNUM (1)
slæpendne rinc,   slat unwearnum,      741

WEARP (2)
Wearp ða wundenmæl   wrættum          1531
    gebunden
wearp wælfyre;   wide sprungon        2582

-WEARP (1)
oferwearp þa werigmod   wigena        1543
    strengest,

WEARÐ (42)
egsode eorlas.   Syððan ærest wearð      6
ædre mid yldum,   þæt hit wearð         77
    ealgearo,
sidra sorga.   Forðam secgum wearð,    149
ongunnen on geogoþe.   Me wearð        409
    Grendles þing
wearþ he Heaþolafe   to handbonan      460
grim on grape;   hwæþre me gyfeþe      555
    wearð
mundgripe maran.   He on mode wearð    753
Dryhtsele dynede;   Denum eallum       767
    wearð,
atol æglæca;   him on eaxle wearð      816
burston banlocan.   Beowulfe wearð     818
dogera dægrim.   Denum eallum wearð    823
eafoð ond ellen.   He mid Eotenum      902
    wearð
lemede to lange;   he his leodum       905
    wearð,
eðel Scyldinga.   He þær eallum        913
    wearð,
Eotena treowe;   unsynnum wearð       1072
geosceaft grimme,   swa hit agangen   1234
    wearð
Bencþelu beredon;   hit geondbræded    1239
    wearð
swylt æfter synnum.   Þæt gesyne       1255
    wearþ,
cealde streamas,   siþðan Cain        1261
    wearð
þær him aglæca   ætgræpe wearð;        1269
geond þæt sæld swæfun.   Þa ðær        1280
    sona wearð
Hream wearð in Heorote;   heo under    1302
    heolfre genam
Wearð him on Heorote   to handbanan    1330
Hraþe wearð on yðum   mid             1437
    eoferspreotum
feþecempa,   þæt he on fylle wearð.    1544
hæleðum to helpe.   Ne wearð          1709
    Heremod swa
gyrn æfter gomene,   seoþðan          1775
    Grendel wearð,
inwitniða,   syððan ærest wearð       1947

wearð on ðam wange,   þær he worna     2003
    fela
sinces brytta,   to hwan syððan       2071
    wearð
gyrded cempa;   him Grendel wearð,    2078
leodum on lande,   swa hyt lungre     2310
    wearð
estum mid are,   oððæt he yldra       2378
    wearð,
mærne þeoden.   Him þæt to mearce      2384
    wearð;
uferan dogrum,   Eadgilse wearð       2392
heardan ceape;   Hæðcynne wearð,      2482
Syððan ic for dugeðum   Dæghrefne     2501
    wearð
suna Ohteres.   Þam æt sæcce wearð,   2612
biteran banum;   he geblodegod        2692
    wearð
buon on beorge.   Biowulfe wearð      2842
þær wearð Ongenðiow   ecgum           2961
    sweorda,
ricone arærdon,   ða him gerymed      2983
    wearð

-WEARÐ (2)
mærne þeoden;   þa ðæs monige         1598
    gewearð
feara sumne;   þa sio fæhð gewearð    3061

WEASPELLE (1)
æftor weaspelle   wyrþe gefremman.    1315

WEAXAN (1)
weaxan wonna leg   wigena strengel,   3115

WEAXEÐ (1)
weaxeð ond wridað.   Þonne se weard   1741
    swefeð,

WEB (1)
web æfter wagum,   wundorsiona fela    995

-WEBBE (1)
þætte freoðuwebbe   feores onsæce     1942

WECCAN (1)
wigend weccan;   wudurec astah,       3144

WECCEAN (2)
wigbealu weccean,   ond þæt word      2046
    acwyð:
wigend weccean,   ac se wonna hrefn   3024

WEDDE (1)
hamweorðunge,   hyldo to wedde.       2998

WEDER (1)
wuldortorhtan weder.   Ða wæs         1136
    winter scacen,

WEDERA (10)
Wedera leode   on wang stigon,         225
wlanc Wedera leod,   word æfter        341
    spræc,
wræc Wedera nið   (wean ahsodon),      423
mid Wilfingum;   ða hine Wedera cyn    461
duguð unlytel   Dena ond Wedera        498
wado weallende,   wedera cealdost,     546
wigspeda gewiofu,   Wedera leodum,     697
cwæð þæt wilcuman   Wedera leodum     1894
drihten Wedera   gedon wolde;         2186
Wedera þioden,   wræce leornode.      2336

WEDERGEATA (3)
Æfter þæm wordum   Wedergeata leod    1492
Ne nom he in þæm wicum,               1612
    Wedergeata leod,
Wedergeata leod   word ut faran,      2551

262

WEDERGEATUM (1)
  Wedergeatum weold.  Hyne        2379
    wræcmæcgas

WEDERMEARCE (1)
  wudu wundenhals to Wedermearce,    298

WEDRA (8)
  wighete Wedra.  Wif unhyre      2120
  wongas ond wicstede.  Swa Wedra  2462
    helm
  Wedra ðeodnes.  Ic wat geare    2656
  forwrat Wedra helm  wyrm on    2705
    middan.
  in ðam wongstede  Wedra þeoden  2786
  "Nu is wilgeofa  Wedra leoda,   2900
  Wedra þeoden,  wundordeaðe swealt.  3037
  Geworhton ða  Wedra leode     3156

WEG (7)*
  Gebad wintra worn,  ær he on weg   264
    hwurfe,
  widre gewindan  ond on weg þanon   763
  hu he werigmod  on weg þanon,    844
  wundnum golde,  gyf þu on weg  1382
    cymest."
  wyrmas ond wildeor;  hie on weg  1430
    hruron,
  weorðode weorcum.  He on weg   2096
    losade,
  wyrm ofer weallclif,  leton weg  3132
    niman,

-WEG (2)
  ferhþum fægne,  foldweg mæton,  1633
  frod on forðweg.  Þa wæs forma sið  2625

WEGAN (1)
  æled þeccean,  nalles eorl wegan   3015

-WEGAN (1)
  þe he wið þam wyrme  gewegan    2400
    sceolde.

-WEGAS (3)
  geond widwegas  wundor sceawian,  840
  ðær him foldwegas  fægere þuhton,  866
  geond widwegas,  wine min Beowulf,  1704

WEGE (1)
  gesawon seledream.  Ic nah hwa   2252
    sweord wege

WEGFLOTAN (1)
  No þær wegflotan  wind ofer yðum  1907

-WEGUM (1)
  of feorwegum,  frætwa, gelæded;    37

WEHTE (1)
  wehte hyne wætre;  him wiht ne   2854
    speow.

-WEHTON (1)
  hu ða folc mid him  fæhðe       2948
    towehton.

WEL (11)
  wihte gewendan;  wel bið þæm þe   186
    mot
  worda ond worca,  se þe wel     289
    þenceð.
  Ðam wife þa word  wel licodon,    639
  wicga ond wæpna,  het hine wel  1045
    brucan.
  gamela Scylding.  Geat unigmetes  1792
    wel,
  willum bewenede;  þu us wel    1821
    dohtest.

wordum ond worcum,  þæt ic þe wel  1833
  herige
licað leng swa wel,  leofa       1854
  Beowulf.
to gescipe scyndan.  Scyld wel   2570
  gebearg
wiht onwendan þam ðe wel þenceð.  2601
Ne meahte he on eorðan,  ðeah he  2855
  uðe wel,

-WELAN (5)
  eaforum Ecgwelan,  Arscyldingum;  1710
  þeah ðe hordwelan  heolde lange.  2344
  Bio nu on ofoste,  þæt ic ærwelan,  2747
  æfter maððumwelan  min alætan   2750
  þenden he burhwelan  brucan moste.  3100

WELANDES (1)
  Welandes geweorc.  Gæð a wyrd swa  455
    hio scel."

WELHWYLC (2)
  witena welhwylc  wide geond     266
    eorþan.
  wordum wrixlan.  Welhwylc gecwæð  874

WELHWYLCRA (1)
  se þe eow welhwylcra  wilna dohte.  1344

WELIGNE (1)
  wicstede weligne  Wægmundinga,   2607

WELL (3)
  siðe gesohte;  ðær hio syððan well  1951
  breostgewædu.  Bruc ealles well!"  2162
  beah ond byrnan,  het hyne brucan  2812
    well:

WELÞUNGEN (1)
  wis,  welþungen,  þeah ðe wintra  1927
    lyt

WEN (9)
  Wen ic þæt ge for wlenco,  nalles  338
    for wræcsiðum,
  to Westdenum,  þæs ic wen hæbbe,  383
  Wen ic þæt he wille,  gif he    442
    wealdan mot,
  wistfylle wen.  Ne wæs þæt wyrd þa  734
    gen
  wis wordcwida.  Wen ic talige,   1845
  blondenfeaxum.  Him wæs bega wen,  1873
  wiges ond wealles;  him seo wen  2323
    geleah.
  leofes ond laðes.  Nu ys leodum  2910
    wen
  wælnið wera,  ðæs ðe ic wen hafo,  3000

-WENA (2)
  aldres orwena.  No þæt yðe byð   1002
  aldres orwena,  yrringa sloh,   1565

WENAN (2)
  ne þær nænig witena  wenan þorfte  157
  in fyres fæþm,  frofre ne wenan,  185

-WENDAN (4)
  wihte gewendan;  wel bið þæm þe   186
    mot
  wean onwendan;  wæs þæt gewin to  191
    swyð,
  gyf him edwendan  æfre scolde    280
  wiht onwendan þam ðe wel þenceð.  2601

WENDE (3)
  weana ne wende  to widan feore   933
  weard winegeomor,  wende þæs    2239
    ylcan,
  wende se wisa  þæt he wealdende  2329

-WENDE (1)
wicg gewende,  word æfter cwæð:  315

-WENDEN (2)
Hwæt, me þæs on eþle  edwenden  1774
cwom,
æðeling unfrom.  Edwenden cwom  2188

WENDED (1)
wendeð on willan  (he þæt wyrse ne  1739
con),

WENDLA (1)
Wulfgar maþelode  (þæt wæs Wendla  348
leod;

WENDON (5)
þæs ne wendon ær  witan Scyldinga  778
ðara þe ne wendon  þæt hie  937
wideferhð
þæt hig þæs æðelinges  eft ne  1596
wendon
wiston ond ne wendon  þæt hie  1604
heora winedrihten
swyðe wendon  þæt he sleac wære,  2187

WENE (6)
wesan, þæs ic wene.  þu wast (gif  272
hit is
Donne wene ic to þe  wyrsan  525
goþingea,
wene ic þæt he mid gode  gyldan  1184
wille
weana gehwylces,  swa ic þe wene  1396
to."
Ac ic ðær heaðufyres  hates wene,  2522
wihte ne wene,  ac wæs wide cuð  2923

WENEDE (1)
Hengestes heap  hringum wenede  1091

-WENEDE (2)
willum bewenede;  þu us wel  1821
dohtest.
dryhtbearn Dena,  duguða biwenede;  2035

WENEÞ (1)
swefeð ond sendeþ,  secce ne weneþ  600

WENUM (1)
bordhæbbende,  bega on wenum,  2895

WEOHSTAN (1)
wræccan wineleasum,  Weohstan bana  2613

WEOHSTANES (1)
Wiglaf maðelode,  Weohstanes sunu,  2862

WEOL (4)
glidon ofer garsecg;  geofon yþum  515
weol,
haton heolfre,  heorodreore weol.  849
hringedstefnan;  holm storme weol,  1131
Flod blode weol  (folc to sægon),  1422

WEOLD (7)
þenden wordum weold  wine  30
Scyldinga;
Da ic furþum weold  folce Deniga  465
weold wideferhð.  Com on wanre  702
niht
ond ðæs mannes mod.  Metod eallum  1057
weold
weold under wolcnum  ond hig wigge  1770
beleac
Wedergeatum weold.  Hyne  2379
wræcmæcgas
fyre befongen,  se ðe ær folce  2595
weold.

-WEOLD (2)
geweold wigsigor;  witig drihten,  1554
geweold his gewitte,  wællseaxe  2703
gebræd,

WEOLDON (1)
weoldon wælstowe,  syððan  2051
Wiðergyld læg,

WEOLL (8)
hildestrengo;  hreðer inne weoll,  2113
holm heolfre weoll,  ond ic heafde  2138
becearf
bitre gebulge.  Breost innan weoll  2331
Hyrte hyne hordweard  (hreðer æðme  2593
weoll)
ealdre burgan.  Hiora in anum  2599
weoll
sawuldriore,  swat yðum weoll.  2693
þæt him on breostum  bealoniðe  2714
weoll
weoll of gewitte.  Wergendra to  2882
lyt

WEORA (1)
wælræs weora  wide gesyne,  2947

WEORC (3)
Da ic wide gefrægn  weorc gebannan  74
wigge under wætere,  weorc geneþde  1656
þæt he þæs gewinnes  weorc  1721
þrowade,

-WEORC (14)
Welandes geweorc.  Gæð a wyrd swa  455
hio scel."
gif þu þæt ellenweorc  aldre  661
gedigest."
leoda landgeweorc  laþum beweredon  938
"We þæt ellenweorc  estum miclum,  958
þæt hit ellenweorc  æfnan scolde.  1464
god ond geatolic,  giganta  1562
geweorc.
enta ærgeweorc;  hit on æht  1679
gehwearf
wundorsmiþa geweorc,  ond þa þas  1681
worold ofgeaf
fira fyrngeweorc  forman siðe.  2286
þis ellenweorc  ana aðohte  2643
gesæt on sesse;  seah on enta  2717
geweorc,
eald enta geweorc,  anne mannan,  2774
Heht ða þæt heaðoweorc  to hagan  2892
biodan
eahtodan eorlscipe  ond his  3173
ellenweorc

-WEORCA (5)
guþgeweorca,  þonne Grendel hine;  678
niþgeweorca;  ac wit on niht  683
sculon
on gylpspræce  guðgeweorca,  981
guðgeweorca,  ic beo gearo sona.  1825
ellenweorca,  oð ðone anne dæg  2399

WEORCE (2)
winum Scyldinga,  weorce on mode  1418
Sweord wæs swatig,  secg weorce  1569
gefeh.

-WEORCE (2)
genered wið niðe;  nihtweorce  827
gefeh,
for ðæs hildfruman  hondgeweorce.  2835

WEORCES (1)
beaduwe weorces,  hwilum on beorh  2299
æthwearf,

-WEORCES (I)
worlde geweorces.     Da sio wund      2711
    ongon,

WEORCUM (2)
on þæm wælstenge    weorcum geferian   1638
weorðode weorcum.    He on weg          2096
    losade,

WEOROD (3)
Ic þæt gehyre,    þæt þis is hold        290
    weorod
Weorod wæs on wynne;    ne seah ic      2014
    widan feorh
wyrda ne worda.    Weorod eall aras;     3030

-WEOROD (I)
up ofer ecgclif,    þær þæt              2893
    eorlweorod

WEORODA (I)
in worold wocun,    weoroda ræswan,       60

WEORODE (2)
Ne gefrægen ic þa mægþe    maran        1011
    weorode
þæt he þone widflogan    weorode        2346
    gesohte,

WEORPAN (I)
wæteres weorpan,    oðþæt wordes ord     2791

WEORÐ (I)
wigend wæron;    eode weorð Denum       1814

WEORÞAD (I)
wigge weorþad;    unc sceal worn         1783
    fela

-WEORÐAD (2)
wæpnum geweorðad,    næfne him his        250
    wlite leoge,
secan sundgebland    since              1450
    geweorðad,

WEORÞAN (4)
freode, swa wit furðum spræcon.         1707
    Du scealt to frofre weorþan
weorðan æt wealle,    swa unc wyrd       2526
    geteoð,
þurh hwæt his worulde gedal             3068
    weorðan sceolde.
of lichaman    læded weorðan.           3177

-WEORÐAN (I)
lete Suðdene    sylfe geweorðan         1996

WEORÐAÐ (I)
æfter cearwælmum    colran weorðað.     2066

WEORÐE (I)
wyrsan wigfrecan,    weorðe gecypan.    2496

WEORÞEÐ (2)
under heofenes hador    beholen          414
    weorþeð.
wide weorðeð.    Wæs sio wroht          2913
    scepen

WEORÐFULLOST (I)
wigend weorðfullost    wide geond       3099
    eorðan,

WEORÐLICOST (I)
wealle beworhton,    swa hyt            3161
    weorðlicost

WEORÐMYND (2)
wiges weorðmynd,    þæt him his           65
    winemagas

wigena weorðmynd;    þæt wæs wæpna      1559
    cyst,

WEORÐMYNDA (I)
wuldres waldend,    weorðmynda dæl.     1752

WEORÐMYNDUM (I)
weox under wolcnum,    weorðmyndum         8
    þah,

-WEORÐOD (2)
wide geweorðod,    wisdome heold        1959
æfter beahðege    breost geweorðod.     2176

WEORÞODE (2)
dogra gehwylce    Dene weorþode,        1090
weorðode weorcum.    He on weg          2096
    losade,

WEORÞRA (I)
on meodubence    maþme þy weorþra,      1902

-WEORÞUNGA (I)
wigweorþunga,    wordum bædon            176

-WEORÞUNGE (4)
hordweorþunge    hnahran rince,          952
breostweorðunge,    bringan moste,      2504
hamweorðunge,    hyldo to wedde.        2998
habban on healse    hringweorðunge,     3017

-WEOTEDE (I)
se for andrysnum    ealle beweotede     1796

WEOTENA (I)
þæt he þa wealafe    weotena dome       1098

WEOTODE (I)
ac him wælbende    weotode tealde       1936

-WEOTODE (I)
se ðe on heaum hofe    hord             2212
    beweotode,

WEOX (I)
weox under wolcnum,    weorðmyndum         8
    þah,

-WEOX (2)
georne hyrdon,    oðð þæt seo geogoð      66
    geweox,
ne geweox he him to willan,    ac to    1711
    wælfealle

WEOXSTANES (I)
Wiglaf wæs haten    Weoxstanes sunu,    2602

WER (3)
wonsæli wer    weardode hwile,           105
wæccendne wer    wiges bidan.           1268
wordgyd wrecan    ond ymb wer           3172
    sprecan;

-WER (I)
ower feor oððe neah    findan           2870
    meahte,

WERA (4)
wonsceaft wera.    Wiht unhælo,          120
wera ond wifa,    þe þæt winreced,       993
to healdanne,    hleoburh wera,         1731
wælnið wera,    ðæs ðe ic wen hafo,     3000

WERAS (5)
weras on wilsið,    wudu bundenne.       216
ealne wideferhþ    weras ehtigað,       1222
druncon win weras.    Wyrd ne cuþon,    1233
wundorlic wægbora;    weras            1440
    sceawedon

WERAS (continued)

wliteseon wrætlic; weras on     1650
     sawon.

WERED (I)
scencte scir wered.  Scop hwilum     496
     sang

-WERED (I)
sunne sweglwered   suþan scineð."     606

WEREDE (5)
byrnum werede,   þe þus brontne     238
     ceol
wælreaf werede; hyne wyrd fornam,     1205
Woalhðeo maþelode,   heo fore þæm     1215
     werede spræc:
ac se hwita helm hafelan werede,     1448
Gebide ge on beorge   byrnum     2529
     werede,

WEREDON (I)
hafelan weredon,   þonne hniton     1327
     feþan,

-WEREDON (I)
leoda landgeweorc   laþum beweredon     938

WERES (I)
on weres wæstmum   wræclastas træd,     1352

WEREÐ (I)
beaduscruda betst,   þæt mine     453
     breost wereð,

-WERGAD (I)
wlitan on Wilaf.  He gewergad sæt,     2852

WERGAN (2)
wergan gastes;   wæs þæt gewin to     133

     strang,
wom wundorbebodum   wergan gastes;     1747

WERGE (I)
wundum werge,   wean oft gehet     2937

WERGENDRA (I)
weoll of gewitte.  Wergendra to     2882
     lyt

WERGUM (I)
sona him seleþegn   siðes wergum,     1794

WERHÐO (I)
werhðo dreogan,   þeah þin wit     589.
     duge.

WERIAN (I)
werian þohton.  No he wiht fram me     541

WERIG (I)
siþes werig.  Ða mec sæ oþbær,     579

WERIGMOD (2)
hu he werigmod   on weg þanon,     844
oferwearp þa werigmod   wigena     1543
     strengest,

-WERIGNE (3)
feond on frætewum   fylwerigne.     962
guðwerigne   Grendel licgan     1586
deaðwerigne,   Denia leode,     2125

WEROD (2)
wið wrað werod   wearde healdan."     319
wan under wolcnum.  Werod eall     651
     aras.

-WEROD (I)

færniða gefremed.  Is min     476
     fletwerod,

WERODES (I)
werodes wisa,   wordhord onleac:     259

WERÞEODE (I)
ofer werþeode,   wigendra hleo,     899

WERUDES (I)
wælfylla worn,   werudes egesan,     3154

WERUM (I)
widcuþ werum,   þætte wrecend þa     1256
     gyt

WES (5)
leodgebyrgean;   wes þu us larena     269
     god.
sinces brytta!  þu on sælum wes,     1170
cen þec mid cræfte   ond þyssum     1219
     cnyhtum wes
windgeard, weallas.  Wes þenden þu     1224
     lifige,
Wes þu mundbora   minum magoþegnum,     1480

WESAN (6)
wesan, þæs ic wene.  þu wast (gif     272
     hit is
eoferas cnysedan.  Swylc scolde     1328
     eorl wesan,
wesan, þenden ic wealde   widan     1859
     rices,
sibæðelingas.  Swylc sceolde secg     2708
     wesan,
leoda þearfe;   ne mæg ic her leng     2801
     wesan.
gamen ond gleodream.  Forðon     3021
     sceall gar wesan

-WESENDE (3)
ænne ofer yðe   umborwesende.     46
"Ic hine cuðe   cnihtwesende.     372
Wit þæt gecwædon   cnihtwesende     535

-WESENDUM (I)
umborwesendum ær   arna     1187
     gefremedon."

WESTDENUM (2)
to Westdenum,   þæs ic wen hæbbe,     383
ðara þe he geworhte   to Westdenum     1578

WESTEN (I)
westen warode.  Þanon woc fela     1265

WESTENNE (I)
on þære westenne;   hwæðre wiges     2298
     gefeh,

WESTNE (I)
winsele westne,   windge reste     2456

-WET (2)
fægre fricgcean   (hyne fyrwet     1985
     bræc,
frætwum gefyrðred; hyne fyrwet     2784
     bræc,

WIC (2)
secean wynleas wic;   wiste þe     821
     geornor
sceolde ofer willan   wic eardian     2589

-WIC (2)
hreawic heoldon.  Heal swege     1214
     onfeng.
dreame bedæled,   deaþwic seon,     1275

WICA (2)
mid þære wælfylle  wica neosan.          125
Gewiton him ða wigend  wica             1125
    neosian,

WICG (3)
wicg gewende,  word æfter cwæð:          315
wicg wundenfeax.  Wisa fengel           1400
ðeodnes dohtor,  þrio wicg somod        2174

WICGA (1)
wicga ond wæpna,  het hine wel          1045
    brucan.

WICGE (2)
Gewat him þa to waroðe  wicge           234
    ridan
Weard maþelode,  ðær on wicge sæt,      286

WICSTEDE (2)
wongas ond wicstede.  Swa Wedra         2462
    helm
wicstede weligne  Wægmundinga,          2607

WICUM (2)
Ne nom he in þæm wicum,                 1612
    Wedergeata leod,
wicum wunian  oð woruldende;            3083

WICUN (1)
geworden in wicun.  Ne wæs þæt          1304
    gewrixle til,

WID (1)
ofer wid wæter,  wroht gemæne,          2473

WIDAN (3)
weana ne wende  to widan feore          933
wesan, þenden ic wealde  widan         1859
    rices,
Weorod wæs on wynne;  ne seah ic        2014
    widan feorh

WIDCUÞ (1)
widcuþ werum,  þætte wrecend þa         1256
    gyt

WIDCUÞES (1)
widcuþes wig,  ðonne walu feollon.      1042

WIDCUÐNE (2)
wrætlic wægsweord,  widcuðne man        1489
widcuðne wean  wihte gebettest,         1991

WIDE (19)*
Beowulf wæs breme  (blæd wide            18
    sprang),
Ða ic wide gefrægn  weorc gebannan       74
se þe his wordes geweald  wide           79
    hæfde.
witena welhwylc  wide geond             266
    eorþan.
Wælsinges gewin,  wide siðas,           877
Se wæs wreccena  wide mærost            898
æfter waldswaþum  wide gesyne,          1403
hild æt Heorote.  Hra wide sprong,      1588
wide geweorðod,  wisdome heold          1959
wide waroðas.  Woruldcandel scan,       1965
Ic ða ðæs wælmes,  þe is wide cuð,      2135
æfter wigfruman  wide feran,            2261
Wæs þæs wyrmes wig  wide gesyne,        2316
wearp wælfyre;  wide sprungon           2582
wide weorðeð.  Wæs sio wroht            2913
    scepen
wihte ne wene,  ac wæs wide cuð         2923
wælræs weora  wide gesyne,              2947
wigend weorðfullost  wide geond         3099
    eorðan,
wægliðendum  wide gesyne,               3158

WIDEFERHÐ (3)
weold wideferhð.  Com on wanre          702
    niht
ðara þe ne wendon  þæt hie              937
    wideferhð
ealne wideferhþ  weras ehtigað,         1222

WIDFLOGA (1)
þæt se widfloga  wundum stille          2830

WIDFLOGAN (1)
þæt he þone widflogan  weorode          2346
    gesohte,

WIDRE (1)
widre gewindan  ond on weg þanon        763

-WIDRU (1)
lað gewidru,  oðþæt lyft drysmaþ,       1375

WIDSCOFEN (1)
wea widscofen  witena gehwylcum         936

WIDWEGAS (2)
geond widwegas  wundor sceawian,        840
geond widwegas,  wine min Beowulf,      1704

WIF (3)
ond þa freolic wif  ful gesealde        615
drihtlice wif  to Denum feredon,        1158
wighete Wedra.  Wif unhyre              2120

-WIF (2)
ides, aglæcwif,  yrmþe gemunde,         1259
merewif mihtig;  mægenræs forgeaf       1519

WIFA (1)
wera ond wifa,  þe þæt winreced,        993

WIFE (2)
ðam wife þa word  wel licodon,          639
þæt he mid ðy wife  wælfæhða dæl,       2028

WIFES (1)
wiggryre wifes,  be wæpnedmen,          1284

WIFLUFAN (1)
weallað wælniðas,  ond him             2065
    wiflufan

WIG (10)
wilgesiþas,  þonne wig cume,            23
wig ond wisdom):  "Ic þæs wine          350
    Deniga,
wig ofer wæpen,  ond siþðan witig       685
    god
widcuþes wig,  ðonne walu feollon.      1042
worolde wynne.  Wig ealle fornam        1080
wig Hengeste  wiht gefeohtan,           1083
þæt hie oft wæron  an wig gearwe,       1247
Wæs þæs wyrmes wig  wide gesyne,        2316
ne him þæs wyrmes wig  for wiht         2348
    dyde,
wraðe forwurpe,  ða hyne wig            2872
    beget.

WIGA (1)
wælreow wiga,  æt Wealhþeon,            629

-WIGA (6)
scearp scyldwiga  gescad witan,         288
rice randwiga,  þone ðe heo on          1298
    ræste abreat,
eald æscwiga,  se ðe eall geman,        2042
gomel guðwiga,  gioguðe cwiðan,         2112
leoflic lindwiga,  leod Scylfinga,      2603
þæt se byrnwiga  bugan sceolde,         2918

WIGAN (1)

267

WIGAN (continued)

hond ond heard sweord,   ymb hord   2509
  wigan."

-WIGAN (3)
rofne randwigan,   restan lyste;   1793
geongum garwigan   geoce gefremman,   2674
geongum garwigan,   goldfahne helm,   2811

WIGBEALU (I)
wigbealu weccean,   ond þæt word   2046
  acwyð:

WIGBIL (I)
wigbil wanian.  þæt wæs wundra   1607
  sum,

WIGBORD (I)
wigbord wrætlic;   wisse he gearwe   2339

WIGCRÆFT (I)
wlonces wigcræft,   wiðres ne   2953
  truwode,

WIGCRÆFTIGNE (I)
wigcræftigne,   nales wordum log   1811

WIGE (3)
ne þa wealafe   wige forþringan   1084
wanode ond wyrde.  He æt wige   1337
  gecrang
gowac æt wige;   þæl se wyrm   2629
  onfand,

WIGENA (3)
oferwearp þa werigmod   wigena   1543
  strengest,
wigena weorðmynd;   þæt wæs wæpna   1559
  cyst,
weaxan wonna leg   wigena strengel,   3115

WIGEND (5)
Gewiton him ða wigend   wica   1125
  neosian,
wigend wæron;   eode weorð Denum   1814
wigend weccean,   ac se wonna hrefn   3024
wigend weorðfullost   wide geond   3099
  eorðan,
wigend weccan;   wudurec astah,   3144

-WIGEND (I)
þe he usic garwigend   gode tealde,   2641

WIGENDRA (4)
þæt ðu me ne forwyrne,   wigendra   429
  hleo,
ofer werþeode,   wigendra hleo,   899
þæt ðær on worðig   wigendra hleo,   1972
Heht him þa gewyrcean   wigendra   2337
  hleo

WIGES (5)
wiges weorðmynd,   þæt him his   65
  winemagas
syþðan wiges heard   wyrm acwealde,   886
wæccendne wer   wiges bidan.   1268
on þære westenne;   hwæðre wiges   2298
  gefeh,
wiges ond wealles;   him seo wen   2323
  geleah.

-WIGES (I)
feðewiges,   þe him foran ongean   2364

WIGED (I)
leode Deniga,   ac he lust wigeð,   599

WIGFRECAN (2)
wyrsan wigfrecan   wæl reafedon   1212
wyrsan wigfrecan,   weorðe gecypan.   2496

WIGFRUMA (I)
wolde wigfruma   Wealhþeo secan,   664

WIGFRUMAN (I)
æfter wigfruman   wide feran,   2261

WIGGE (3)
wigge under wætere,   weorc geneþde   1656
weold under wolcnum   ond hig wigge   1770
  beleac
wigge weorþad;   unc sceal worn   1783
  fela

WIGGETAWUM (I)
Hy on wiggetawum   wyrðe þinceað   368

WIGGRYRE (I)
wiggryre wifes,   be wæpnedmen,   1284

WIGHEAFOLAN (I)
Wod þa þurh þone wælrec,   2661
  wigheafolan bær

WIGHEAP (I)
wigheap gewanod;   hie wyrd   477
  forsweop

WIGHETE (I)
wighete Wedra.  Wif unhyre   2120

WIGHRYRE (I)
wighryre wraðra,   wæter up   1619
  þurhdeaf.

WIGLAF (6)
Wiglaf wæs haten   Weoxstanes sunu,   2602
Wiglaf maðelode,   wordrihta fela   2631
Wiglaf leofa,   nu se wyrm ligeð,   2745
Wiglaf maðelode,   Weohstanes sunu,   2862
wunde gewyrcean.  Wiglaf siteð   2906
Wiglaf maðelode,   Wihstanes sunu:   3076

WIGSIGOR (I)
geweold wigsigor;   witig drihten,   1554

WIGSPEDA (I)
wigspeda gewiofu,   Wedera leodum,   697

WIGTIG (I)
"þe þa wordcwydas   wigtig drihten   1841

WIGUM (I)
wigum ond wæpnum;   he gewræc   2395
  syððan

WIGWEORÞUNGA (I)
wigweorþunga,   wordum bædon   176

WIHSTANES (5)
Ða ic snude gefrægn   sunu   2752
  Wihstanes
ofer Biowulfe,   byre Wihstanes,   2907
Wiglaf maðelode,   Wihstanes sunu:   3076
Het ða gebeodan   byre Wihstanes,   3110
Huru se snotra   sunu Wihstanes   3120

WIHT (12)
wonsceaft wera.  Wiht unhælo,   120
werian þohton.  No he wiht fram me   541
wadu weallendu.  No ic wiht fram   581
  þe
Ne hie huru winedrihten   wiht ne   862
  logon,
wig Hengeste   wiht gefeohtan,   1083
wiht gewyrcan,   þeah þæt wæpen   1660
  duge;
Wunað he on wiste;   no hine wiht   1735
  dweleð

ne him þæs wyrmes wig   for wiht   2348
  dyde,
wiht onwendan   þam ðe wel þenceð.   2601
wehte hyne wætre;   him wiht ne   2854
  speow.
ne ðæs wealdendes   wiht oncirran;   2857
Ær hi þær gesegan   syllicran wiht,   3038

-WIHTA (1)
ælwihta eard   ufan cunnode.   1500

WIHTE (8)
wihte gewendan;   wel bið þæm þe   186
  mot
þær him nænig wæter   wihte ne   1514
  scepede,
widcuðne wean   wihte gebettest,   1991
þæt ðu þone wælgæst   wihte ne   1995
  grette,
warað wintrum frod,   ne býð him   2277
  wihte ðy sel.
weallende wæg.   Wihte ne meahte   2464
wæpen wundrum heard;   næs him   2687
  wihte ðe sel.
wihte ne wene,   ac wæs wide cuð   2923

-WIHTE (2)
Gif ic þonne on eorþan   owihte mæg   1822
Næs ic him to life   laðra owihte,   2432

WILAF (1)
wlitan on Wilaf.   He gewergad sæt,   2852

WILCUMAN (3)
gesaga him eac wordum   þæt hie   388
  sint wilcuman
heardhicgende   hider wilcuman.   394
cwæð þæt wilcuman   Wedera leodum   1894

WILDEOR (1)
wyrmas ond wildeor;   hie on weg   1430
  hruron,

WILE (5)
aldre þinum,   gif he us geunnan   346
  wile
hafalan hydan,   ac he me habban   446
  wile
se þe secgan wile   soð æfter   1049
  rihte.
glædne Hroþulf,   þæt he þa geogoðe   1181
  wile
folces hyrde,   þæt he mec fremman   1832
  wile

WILFINGUM (1)
mid Wilfingum;   ða hine Wedera cyn   461

WILGEOFA (1)
"Nu is wilgeofa   Wedra leoda,   2900

WILGESIÞAS (1)
wilgesiþas,   þonne wig cume,   23

WILLA (2)
wisfæst wordum   þæs ðe hire se   626
  willa gelamp
æfter þam wælræse   willa gelumpen.   824

WILLAN (8)
willan geworhte   oþðe on wæl   635
  crunge,
hwæt wit to willan   ond to   1186
  worðmyndum
ne geweox he him to willan,   ac to   1711
  wælfealle
wendeð on willan   (he þæt wyrse ne   1739
  con),

wyrme on willan;   no on wealle   2307
  læg,
wong wisian.   He ofer willan giong   2409
sceolde ofer willan   wic eardian   2589
"Oft sceall eorl monig   anes   3077
  willan

WILLE (11)
siða gesunde.   Ic to sæ wille   318
Wille ic asecgan   sunu Healfdenes,   344
frean Scildinga,   frinan wille,   351
brego Beorhtdena,   biddan wille,   427
Wen ic þæt he wille,   gif he   442
  wealdan mot,
hu him scir metod   scrifan wille."   979
to befleonne,   fremme se þe wille,   1003
wene ic þæt he mid gode   gyldan   1184
  wille
hwæþer him alwalda   æfre wille   1314
aldor on ofre,   ær he in wille   1371
ne on gyfenes grund,   ga þær he   1394
  wille.

WILLUM (3)
willum bewenede;   þu us wel   1821
  dohtest.
sylfes willum,   se ðe him sare   2222
  gesceod,
to ðyssum siðfate   sylfes willum,   2639

WILNA (3)
waca wið wraþum.   Ne bið þe wilna   660
  gad,
worolde wilna,   þe ic geweald   950
  hæbbe.
se þe eow welhwylcra   wilna dohte.   1344

WILNIAN (1)
ond to fæder fæþmum   freoðo   188
  wilnian.

WILSIÐ (1)
weras on wilsið,   wudu bundenne.   216

WIN (2)
win of wunderfatum.   þa cwom   1162
  Wealhþeo forð
druncon win weras.   Wyrd ne cuþon,   1233

-WIN (6)
wergan gastes;   wæs þæt gewin to   133
  strang,
wean onwendan;   wæs þæt gewin to   191
  swyð,
Hie þæt ne wiston,   þa hie gewin   798
  drugon,
Wælsinges gewin,   wide siðas,   877
under yða gewin   aldre geneþan,   1469
ofer ealdgewin   eagum starige!   1781

-WINA (2)
eodor Ingwina   onweald geteah,   1044
frean Ingwina,   frægn gif him wære   1319

WINÆRNES (1)
winærnes geweald,   ond þæt word   654
  acwæð:

WIND (2)
won to wolcnum,   þonne wind   1374
  styreþ,
No þær wegflotan   wind ofer yðum   1907

-WIND (1)
nipende niht,   ond norþanwind   547

WINDAGUM (1)
on ðyssum windagum   worolde   1062
  bruceð.

WITAN (continued)

for ðam me witan ne ðearf waldend 2741
    fira

-WITAN (4)
on flodes æht feor gewitan.   42
þæs þe hie gewislicost gewitan 1350
    meahton,
frodan fyrnwitan, feorh uðgenge. 2123
landes ond locenra beaga (ne 2995
    ðorfte him ða lean oðwitan

-WITAÞ (1)
frean Scyldinga. Gewitaþ forð 291
    beran

WITE (1)
gumena bearna, þæt þone grund 1367
    wite;

WITENA (3)
ne þær nænig witena wenan þorfte 157
witena welhwylc wide geond 266
    eorþan.
wea widscofen witena gehwylcum 936

-WITENUM (1)
forðgewitenum on fæder stæle. 1479

-WITEÐ (2)
under næssa genipu niþer gewiteð, 1360
Gewiteð þonne on sealman, 2460
    sorhleoð gæleð

-WITIAÐ (1)
þa ðe syngales sele bewitiað, 1135

WITIG (3)
wig ofer wæpen, ond siþðan witig 685
    god
nefne him witig god wyrd forstode 1056
geweold wigsigor; witig drihten, 1554

-WITIGAÐ (1)
ða on undernmæl oft bewitigað 1428

-WITNAD (1)
wommum gewitnad, se ðone wong 3073
    strude,

-WITON (4)
Gewiton him þa feran. Flota 301
    stille bad,
þanon eft gewiton ealdgesiðas, 853
Gewiton him ða wigend wica 1125
    neosian,
ætwiton weana dæl; ne meahte 1150
    wæfre mod

-WITTE (2)
geweold his gewitte, wællseaxe 2703
    gebræd,
weoll of gewitte. Wergendra to 2882
    lyt

-WITTIG (1)
wis ond gewittig; worn eall 3094
    gespræc

WIÐ (59)
swylce gigantas, þa wið gode 113
    wunnon
Swa rixode ond wið rihte wan, 144
ana wið eallum, oðþæt idel stod 145
hwile wið Hroþgar, heteniðas wæg, 152
wið manna hwone mægenes Deniga, 155
wið færgryrum to gefremmanne. 174
wið þeodþreaum. Swylc wæs þeaw 178
    hyra,
sund wið sande; secgas bæron 213

wið feonda gehwone flotan 294
    eowerne,
wið wrað werod wearde healdan." 319
rondas regnhearde, wið þæs 326
    recedes weal,
þæt hie, þeoden min, wið þe moton 365
wið Grendles gryre. Ic þæm godan 384
    sceal
forgrand gramum, ond nu wið 424
    Grendel sceal,
wið þam aglæcan, ana gehegan 425
ðing wið þyrse. Ic þe nu ða, 426
fon wið feonde ond ymb feorh 439
    sacan,
lað wið laþum; ðær gelyfan sceal 440
"Eart þu se Beowulf, se þe wið 506
    Brecan wunne,
burh ond beagas. Beot eal wið þe 523
heard on handa; wit unc wið 540
    hronfixas
þær me wið laðum licsyrce min, 550
waca wið wraþum. Ne bið þe wilna 660
    gad,
lif wið lice, þa him alumpen wæs 733
inwitþancum ond wið earm gesæt. 749
fyrene gefremede (he wæs fag wið 811
    god),
genered wið niðe; nihtweorce 827
    gefeh,
wið Eotena bearn agan moston, 1088
won wið winde, winter yþe beleac 1132
Beo wið Geatas glæd, geofena 1173
    gemyndig,
wið ord ond wið ecge ingang 1549
    forstod.
þæt hire wið halse heard grapode, 1566
ge wið feond ge wið freond fæste 1864
    geworhte,
beorn wið blode. Him Beowulf 1880
    þanan
hiold heahlufan wið hæleþa brego, 1954
Gesæt þa wið sylfne se ða sæcce 1977
    genæs,
mæg wið mæge, syððan mandryhten 1978
guðe wið Grendel. Gode ic þanc 1997
    secge
wið his sylfes sunu setl getæhte. 2013
lind wið lige. Sceolde lændaga 2341
þæt he wið ælfylcum eþelstolas 2371
þe he wið þam wyrme gewegan 2400
    sceolde.
lif wið lice, no þon lange wæs 2423
wið ðam aglæcean elles meahte 2520
gylpe wið gripan, swa ic gio wið 2521
    Grendle dyde.
þæt ic wið þone guðflogan gylp 2528
    ofersitte.

þæt he wið aglæcean eofoðo dæle, 2534
wið ðam gryregieste, Geata 2560
    dryhten;
Stiðmod gestod wið steapne rond 2566
sefa wið sorgum; sibb æfre ne mæg 2600
Born bord wið rond, byrne ne 2673
    meahte
þæt he wið attorsceaðan oreðe 2839
    geræsde,
heard wið Hugas, syððan Higelac 2914
    cwom
Hæðcen Hreþling wið Hrefnawudu, 2925
wið hettendum hord ond rice 3004
þenden he wið wulf wæl reafode." 3027
omige, þurhetone, swa hie wið 3049
    eorðan fæðm

WIÐERGYLD (1)
weoldon wælstowe, syððan 2051
    Wiðergyld læg,

WIÐERRÆHTES (1)

wyrm on wonge   wiðerræhtes þær          3039

WIÐFENG (1)
ond him fæste wiðfeng;   fingras           760
   burston.

WIÐGRIPAN (1)
gylpe wiðgripan,   swa ic gio wið          2521
   Grendle dyde.

WIÐHÆFDE (1)
wiðhæfde heaþodeorum,   þæt he on          772
   hrusan ne feol,

WIÐRES (1)
wlonces wigcræft,   wiðres ne              2953
   truwode,

WLANC (2)
wlanc Wedera leod,   word æfter            341
   spræc,
atol æse wlanc   eftsiðas teah,            1332

-WLANC (1)
guðrinc goldwlanc,   græsmoldan            1881
   træd

WLAT (1)
rodores candel.   He æfter recede          1572
   wlat;

WLATODE (1)
fus æt faroðe   feor wlatode;              1916

WLENCE (1)
ðær git for wlence   wada cunnedon         508

WLENCO (2)
Wen ic þæt ge for wlenco,   nalles         338
   for wræcsiðum,
syþðan he for wlenco   wean ahsode,        1206

WLITAN (1)
wlitan on Wilaf.   He gewergad sæt,        2852

-WLITAN (2)
eorles andwlitan,   ond hine ymb           689
   monig
wræte giondwlitan.   Næs ðæs wyrmes        2771
   þær

WLITE (1)
wæpnum geweorðad,   næfne him his          250
   wlite leoge,

WLITEBEORHTNE (1)
wlitebeorhtne wang,   swa wæter            93
   bebugeð,

WLITESEON (1)
wliteseon wrætlic;   weras on              1650
   sawon.

WLITIG (1)
þæt ic on wage geseah   wlitig             1662
   hangian

WLITON (1)
þa ðe mid Hroðgare   on holm               1592
   wliton,

WLONC (2)
wæpnum gewurþad.   Þa ðær wlonc            331
   hæleð
middelnihtum,   maðmæhta wlonc             2833

WLONCES (1)
wlonces wigcræft,   wiðres ne              2953
   truwode,

WOC (2)
   westen warode.   Þanon woc fela          1265
   eðel sinne;   þonon Eomer woc            1960

-WOC (2)
   aldor of earde),   oþþæt him eft         56
      onwoc
   þa se wyrm onwoc,   wroht wæs            2287
      geniwad;

-WOCON (1)
   þanon untydras   ealle onwocon,         111

WOCUN (1)
   in worold wocun,   weoroda ræswan,      60

WOD (2)
   Wod under wolcnum   to þæs þe he         714
      winreced,
   Wod þa þurh þone wælrec,                 2661
      wigheafolan bær

-WOD (3)
   Hwæþre him gesælde   ðæt þæt swurd       890
      þurhwod
   freondum gefægra;   hine fyren           915
      onwod.
   banhringas bræc.   Bil eal ðurhwod       1567

WOHBOGEN (1)
   wyrm wohbogen   wealdan ne moste,       2827

WOLCNUM (7)
   weox under wolcnum,   weorðmyndum        8
      þah,
   wan under wolcnum.   Werod eall          651
      aras.
   Wod under wolcnum   to þæs þe he         714
      winreced,
   Wand to wolcnum   wælfyra mæst,          1119
   won to wolcnum,   þonne wind             1374
      styreþ,
   wæter under wolcnum,   wældreore         1631
      fag.
   weold under wolcnum   ond hig wigge      1770
      beleac

WOLDE (40)
   þæt healreced   hatan wolde,             68
   singale sæce,   sibbe ne wolde           154
   ofer swanrade   secean wolde,            200
   hraþor on holme,   no ic fram him        543
      wolde.
   sunu Healfdenes   secean wolde           645
   wolde wigfruma   Wealhþeo secan,         664
   under færgripum   gefaran wolde.         738
   Hyge wæs him hinfus,   wolde on          755
      heolster fleon,
   wolde freadrihtnes   feorh ealgian,      796
   þonne he swulces hwæt   secgan           880
      wolde,
   þæt him heardra nan   hrinan wolde       988
   blodge beadufolme   onberan wolde.       990
   wolde self cyning   symbel þicgan.       1010
   efnan wolde.   Næfre on ore læg          1041
   mane acwealde,   swa he hyra ma          1055
      wolde,
   on beorsele   byldan wolde.              1094
   Me man sægde   þæt þu ðe for sunu        1175
      wolde
   gifre ond galgmod,   gegan wolde         1277
   Heo wæs on ofste,   wolde ut þanon,      1292
   mihtig manscaða,   wolde hyre mæg        1339
      wrecan,
   bidan wolde;   brimwylm onfeng           1494
   brad ond brunecg,   wolde hire           1546
      bearn wrecan,
   hilderince,   ac he hraþe wolde          1576
   Wolde blondenfeax   beddes neosan,       1791

WOLDE (continued)

| | |
|---|---|
| fuse to farenne;  wolde feor þanon | 1805 |
| of ðam goldsele  gongan wolde, | 2083 |
| dior dædfruma,  gedon wolde | 2090 |
| no ðy ær suna sinum  syllan wolde, | 2160 |
| drihten Wedera  gedon wolde; | 2186 |
| georne æfter grunde,  wolde guman findan, | 2294 |
| wolde se laða  lige forgyldan | 2305 |
| bidan wolde,  ac mid bæle for, | 2308 |
| lað lyftfloga  læfan wolde. | 2315 |
| oððe þone cynedom  ciosan wolde; | 2376 |
| Symle ic him on feðan  beforan wolde, | 2497 |
| grundwong þone  ofgyfan wolde; | 2588 |
| "Nu ic suna minum  syllan wolde | 2729 |
| wolde dom godes  dædum rædan | 2858 |
| getan wolde,  sum on galgtreowum | 2940 |
| sigora soðcyning,  sealde þam ðe he wolde | 3055 |

WOLDON (4)

| | |
|---|---|
| þæt hie in beorsele  bidan woldon | 482 |
| frome, fyrdhwate,  freode ne woldon | 2476 |
| þæt we him ða guðgetawa  gyldan woldon | 2636 |
| woldon ceare cwiðan  ond kyning mænan, | 3171 |

WOLLENTEARE (1)

| | |
|---|---|
| wollenteare  wundur sceawian. | 3032 |

WOM (1)

| | |
|---|---|
| wom wundorbebodum  wergan gastes; | 1747 |

WOMMUM (1)

| | |
|---|---|
| wommum gewitnad,  se ðone wong strude, | 3073 |

WON (2)*

| | |
|---|---|
| won wið winde,  winter yþe beleac | 1132 |
| won to wolcnum,  þonne wind styreþ, | 1374 |

WONG (3)

| | |
|---|---|
| wisra monna  wong sceawian, | 1413 |
| wong wisian.  He ofer willan giong | 2409 |
| wommum gewitnad,  se ðone wong strude, | 3073 |

-WONG (5)

| | |
|---|---|
| ær he þone grundwong  ongytan mehte. | 1496 |
| sylf æfter sande  sæwong tredan, | 1964 |
| grundwong þone  ofgyfan wolde; | 2588 |
| þæt he þone grundwong  ongitan meahte, | 2770 |
| freoðowong þone  forð ofereodon, | 2959 |

WONGAS (1)

| | |
|---|---|
| wongas ond wicstede.  Swa Wedra helm | 2462 |

-WONGAS (1)

| | |
|---|---|
| modig on gemonge  meodowongas træd. | 1643 |

WONGE (2)

| | |
|---|---|
| wunode on wonge  wæteryðum neah, | 2242 |
| wyrm on wonge  wiðerræhtes þær | 3039 |

WONGSTEDE (1)

| | |
|---|---|
| in ðam wongstede  Wedra þeoden | 2786 |

WONHYDUM (1)

| | |
|---|---|
| for his wonhydum  wæpna ne recceð. | 434 |

WONNA (2)

| | |
|---|---|
| wigend weccean,  ac se wonna hrefn | 3024 |

| | |
|---|---|
| weaxan wonna leg  wigena strengel, | 3115 |

WONREDES (1)

| | |
|---|---|
| Ne meahte se snella  sunu Wonredes | 2971 |

WONREDING (1)

| | |
|---|---|
| Wulf Wonreding  wæpne geræhte, | 2965 |

WONSÆLI (1)

| | |
|---|---|
| wonsæli wer  weardode hwile, | 105 |

WONSCEAFT (1)

| | |
|---|---|
| wonsceaft wera.  Wiht unhælo, | 120 |

WOP (2)

| | |
|---|---|
| þa wæs æfter wiste  wop up ahafen, | 128 |
| þara þe of wealle  wop gehyrdon, | 785 |

WOPE (1)

| | |
|---|---|
| wope bewunden  (windblond gelæg), | 3146 |

WORCA (1)

| | |
|---|---|
| worda ond worca,  se þe wel þenceð. | 289 |

WORCUM (2)

| | |
|---|---|
| wordum ne worcum  wære ne bræce, | 1100 |
| wordum ond worcum,  þæt ic þe wel herige | 1833 |

WORD (10)

| | |
|---|---|
| wicg gewende,  word æfter cwæð: | 315 |
| wlanc Wedera leod,  word æfter spræc, | 341 |
| * * *  word inne abead: | 390 |
| word wæron wynsume.  Eode Wealhþeow forð, | 612 |
| Ðam wife þa word  wel licodon, | 639 |
| winærnes geweald,  ond þæt word acwæð: | 654 |
| worn gemunde,  word oþer fand | 870 |
| wigbealu weccean,  ond þæt word acwyð | 2046 |
| Wedergeata leod  word ut faran, | 2551 |
| Þæt wæs þam gomelan  gingæste word | 2817 |

-WORD (2)

| | |
|---|---|
| lindhæbbende;  ne ge leafnesword | 245 |
| þryðword sprecen,  ðeod on sælum, | 643 |

WORDA (5)

| | |
|---|---|
| worda ond worca,  se þe wel þenceð. | 289 |
| wudu, wælsceaftas,  worda geþinges." | 398 |
| fættan goldes,  fea worda cwæð: | 2246 |
| frean on fultum,  fea worda cwæð: | 2662 |
| wyrda ne worda.  Weorod eall aras; | 3030 |

-WORDA (1)

| | |
|---|---|
| Gespræc þa se goda  gylpworda sum, | 675 |

WORDCWIDA (1)

| | |
|---|---|
| wis wordcwida.  Wen ic talige, | 1845 |

WORDCWYDAS (1)

| | |
|---|---|
| "Þe þa wordcwydas  wigtig drihten | 1841 |

WORDCWYDUM (1)

| | |
|---|---|
| æfter wordcwydum  wundum dryhtne | 2753 |

WORDE (1)

| | |
|---|---|
| snotra fengel,  sume worde het | 2156 |

-WORDEN (3)

| | |
|---|---|
| geworden in wicun.  Ne wæs þæt gewrixle til, | 1304 |
| hafað þæs geworden  wine Scyldinga, | 2026 |

WRÆC (continued)

wræc adreogan,  swa us geworden        3078
   is.

-WRÆC (8)
   in Caines cynne.  þone cwealm          107
      gewræc
   ne gefeah he þære fæhðe,  ac he        109
      hine feor forwræc,
   awræc wintrum frod.  Wundor is to     1724
      secganne
   yrmðe to aldre.  Ic ðæt eall          2005
      gewræc,
   gomenwudu grette,  hwilum gyd         2108
      awræc
   hyre bearn gewræc,  beorn acwealde    2121
   wigum ond wæpnum;  he gewræc          2395
      syððan
   sigora waldend,  þæt he hyne          2875
      sylfne gewræc

-WRÆCAN (1)
   þæt mægwine  mine gewræcan,           2479

WRÆCCAN (1)
   wræccan wineleasum,  Weohstan bana    2613

WRÆCE (1)
   Wedera þioden,  wræce leornode.       2336

-WRÆCE (2)
   gist of geardum;  he to gyrnwræce     1138
   gearo gyrnwræce  Grendeles modor,     2118

WRÆCLASTAS (1)
   on weres wæstmum  wræclastas træd,    1352

WRÆCMÆCGAS (1)
   Wedergeatum weold.  Hyne              2379
      wræcmæcgas

WRÆCSIÐ (1)
   wean ond wræcsið,  se ðe waldendes    2292

WRÆCSIÐUM (1)
   Wen ic þæt ge for wlenco,  nalles      338
      for wræcsiðum,

WRÆTE (2)
   wræte giondwlitan.  Næs ðæs wyrmes    2771
      þær
   wræte under wealle.  Weard ær         3060
      ofsloh

WRÆTLIC (3)
   wrætlic wægsweord,  widcuðne man      1489
   wliteseon wrætlic;  weras on          1650
      sawon.
   wigbord wrætlic;  wisse he gearwe     2339

WRÆTLICNE (2)
   wrætlicne wyrm,  þæt hit on wealle     891
      ætstod,
   wrætlicne wundurmaððum,  ðone þe      2173
      him Wealhðeo geaf,

WRÆTTA (1)
   wrætta ond wira.  Weard unhiore,      2413

WRÆTTUM (1)
   Wearp ða wundenmæl  wrættum           1531
      gebunden

-WRASNUM (1)
   befongen freawrasnum,  swa hine       1451
      fyrndagum

-WRAT (1)
   forwrat Wedra helm  wyrm on           2705
      middan.

WRAÐ (1)
   wið wrað werod  wearde healdan."       319

WRAÐE (1)
   wraðe forwurpe,  ða hyne wig          2872
      beget.

-WRAÞE (2)
   to lifwraþe  last weardian,            971
   Ic him lifwraðe  lytle meahte         2877

WRAÐLICE (1)
   gewrecen wraðlice.  Wundur hwar       3062
      þonne

WRAÐRA (1)
   wighryre wraðra,  wæter up            1619
      þurhdeaf.

WRAÞUM (2)
   waca wið wraþum.  Ne bið þe wilna      660
      gad,
   ac he wæccende  wraþum on andan       708

WRECAN (5)
   ond on sped wrecan  spel gerade,       873
   sorhfulne sið,  sunu deað wrecan.     1278
   mihtig manscaða,  wolde hyre mæg      1339
      wrecan,
   brad ond brunecg,  wolde hire         1546
      bearn wrecan,
   wordgyd wrecan  ond ymb wer           3172
      sprecan;

-WRECAN (1)
   wudu wynsuman  forwrecan meahte.      1919

WRECCA (1)
   fæger foldan bearm.  Fundode          1137
      wrecca,

WRECCENA (1)
   Se wæs wreccena  wide mærost           898

WRECE (2)
   þæt he his freond wrece,  þonne he    1385
      fela murne.
   giong on galgan,  þonne he gyd        2446
      wrece,

WRECEN (2)
   gomenwudu greted,  gid oft wrecen,    1065
   blondenfexa,  on bid wrecen,          2962

-WRECEN (2)
   æðeling unwrecen  ealdres linnan.     2443
   gewrecen wraðlice.  Wundur hwar       3062
      þonne

WRECEND (1)
   widcuþ werum,  þætte wrecend þa       1256
      gyt

WREOÞENHILT (1)
   wreoþenhilt ond wyrmfah.  Ða se       1698
      wisa spræc

WRIDAÐ (1)
   weaxeð ond wridað.  þonne se weard    1741
      swefeð,

WRITEN (1)
   ealde lafe,  on ðæm wæs or writen     1688

WRIÞAN (1)
   on wælbedde  wriþan þohte,             964

-WRIÐAN (1)

276

bædde byre geonge;  oft hio    2018
   beahwriðan

**-WRIÞENE** (1)
handgewriþene;  hraþe seoþðan wæs    1937

**WRIÐON** (1)
Ða wæron monige  þe his mæg    2982
   wriðon,

**WRIXLAN** (2)
wordum wrixlan.  No ðu him wearne    366
   geteoh
wordum wrixlan.  Welhwylc gecwæð    874

**WRIXLE** (1)
wyrsan wrixle  wælhlem þone,    2969

**-WRIXLE** (1)
geworden in wicun.  Ne wæs þæt    1304
   gewrixle til,

**WROHT** (3)
Þa se wyrm onwoc,  wroht wæs    2287
   geniwad;
ofer wid wæter,  wroht gemæne,    2473
wide weorðeð.  Wæs sio wroht    2913
   scepen

**WUDU** (6)
weras on wilsið,  wudu bundenne.    216
wudu wundenhals  to Wedermearce,    298
wudu, wælsceaftas,  worda    398
   geþinges."
wudu wyrtum fæst  wæter    1364
   oferhelmað.
wynleasne wudu;  wæter under stod    1416
wudu wynsuman  forwrecan meahte.    1919

**-WUDU** (13)
sundwudu sohte;  secg wisade,    208
sæwudu sældon  (syrcan hrysedon,    226
mægenwudu mundum,  meþelwordum    236
   frægn:
gomenwudu greted,  gid oft wrecen,    1065
bordwudu beorhtan;  þær on bence    1243
   wæs
þrecwudu þrymlic.  Wæs þeaw hyra    1246
mid his handscale  (healwudu    1317
   dynede),
heorot hornum trum,  holtwudu    1369
   sece,
segl sale fæst;  sundwudu þunede.    1906
gomenwudu grette,  hwilum gyd    2108
   awræc
þæt him holtwudu  helpan ne    2340
   meahte,
Hæðcen Hreþling  wið Hrefnawudu,    2925
boldagendra,  þæt hie bælwudu    3112

**WUDUREC** (1)
wigend weccan;  wudurec astah,    3144

**-WULDOR** (1)
cwen to gebeddan.  Hæfde    665
   kyningwuldor

**WULDORTORHTAN** (1)
wuldortorhtan weder.  Ða wæs    1136
   winter scacen,

**WULDRES** (4)
wuldres wealdend,  woroldare    17
   forgeaf;
wuldres waldend.  Wa bið þæm ðe    183
   sceal
wunder æfter wundre,  wuldres    931
   hyrde.
wuldres waldend,  weorðmynda dæl.    1752

**WULDURCYNINGE** (1)
wuldurcyninge,  wordum secge,    2795

**WULF** (2)
Wulf Wonreding  wæpne geræhte,    2965
þenden he wið wulf  wæl reafode."    3027

**-WULF** (35)
Beowulf wæs breme  (blæd wide    18
   sprang),
Ða wæs on burgum  Beowulf    53
   Scyldinga,
beodgeneatas;  Beowulf is min    343
   nama.
Beowulf nemnað.  Hy benan synt    364
Beowulf maþelode  (on him byrne    405
   scan,
"For gewyrhtum þu,  wine min    457
   Beowulf,
"Eart þu se Beowulf,  se þe wið    506
   Brecan wunne,
Beowulf maþelode,  bearn    529
   Ecgþeowes:
Beowulf maþelode,  bearn    631
   Ecgþeowes:
Hroðgar Beowulf,  ond him hæl    653
   abead,
Beowulf Geata,  ær he on bed    676
   stige:
bearngebyrdo.  Nu ic, Beowulf,    946
   þec,
Beowulf maþelode,  bearn    957
   Ecgþeowes:
beforan beorn beran.  Beowulf    1024
   geþah
Beowulf Geata,  be þæm gebroðrum    1191
   twæm.
"Bruc ðisses beages,  Beowulf    1216
   leofa,
blædfæstne beorn.  Næs Beowulf    1299
   ðær,
Hraþe wæs to bure  Beowulf fetod,    1310
Beowulf maþelode,  bearn    1383
   Ecgþeowes:
gryrelicne gist.  Gyrede hine    1441
   Beowulf
Beowulf maþelode,  bearn    1473
   Ecgþeowes:
Beowulf maþelode,  bearn    1651
   Ecgþeowes:
geond widwegas,  wine min Beowulf,    1704
Bebeorh þe ðone bealonið,  Beowulf    1758
   leofa,
Beowulf maþelode,  bearn    1817
   Ecgþeowes:
licað leng swa wel,  leofa    1854
   Beowulf,
beorn wið blode.  Him Beowulf    1880
   þanan,
"Hu lomp eow on lade,  leofa    1987
   Biowulf,
Biowulf maþelode,  bearn Ecgðioes:    1999
bille gebeaten.  Þonan Biowulf com    2359
let ðone bregostol  Biowulf    2389
   healdan,
Biowulf maþelade,  bearn    2425
   Ecgðeowes:
Beowulf maðelode,  beotwordum    2510
   spræc
"Leofa Biowulf,  læst eall tela,    2663
Biowulf maþelode  (he ofer benne    2724
   spræc,

**WULFE** (1)
Iofore ond Wulfe  mid ofermaðmum,    2993

**-WULFE** (11)
brego Beorhtdena,  gehyrde on    609
   Beowulfe

**-WULFE (continued)**

| | |
|---|---|
| þæt hio Beowulfe, beaghroden cwen | 623 |
| burston banlocan. Beowulfe wearð | 818 |
| Forgeaf þa Beowulfe bearn Healfdenes | 1020 |
| Ond ða Beowulfe bega gehwæþres | 1043 |
| þara þe mid Beowulfe brimlade teah | 1051 |
| syððan Beowulfe brade rice | 2207 |
| þa wæs Biowulfe broga gecyðed | 2324 |
| buon on beorge. Biowulfe wearð | 2842 |
| ofer Biowulfe, byre Wihstanes, | 2907 |
| Swa wæs Biowulfe, þa he biorges weard | 3066 |

**-WULFES (8)**

| | |
|---|---|
| onband beadurune (wæs him Beowulfes sið, | 501 |
| eorl Beowulfes ealde lafe, | 795 |
| beornas on blancum. Ðær wæs Beowulfes | 856 |
| sið Beowulfes snyttrum styrian | 872 |
| sið Beowulfes snude gecyðed, | 1971 |
| þæt he on Biowulfes bearm alegde | 2194 |
| geswac æt sæcce sweord Biowulfes, | 2681 |
| Biowulfes biorh, ða ðe brentingas | 2807 |

**WULFGAR (2)**

| | |
|---|---|
| Wulfgar maþelode (þæt wæs Wendla leod; | 348 |
| Wulfgar maðelode to his winedrihtne: | 360 |

**WULFHLEOÞU (1)**

| | |
|---|---|
| warigeað, wulfhleoþu, windige næssas, | 1358 |

**WUNAÐ (4)**

| | |
|---|---|
| þreanyd þolað, þenden þær wunað | 284 |
| Wunað he on wiste; no hine wiht dweleð | 1735 |
| Higelac Hreþling, þær æt ham wunað | 1923 |
| wunað wælreste wyrmes dædum. | 2902 |

**WUND (3)\***

| | |
|---|---|
| worlde geweorces. Ða sio wund ongon, | 2711 |
| swefeð sare wund, since bereafod. | 2746 |
| ac he hyne gewyrpte, þeah ðe him wund hrine. | 2976 |

**WUNDE (5)\***

| | |
|---|---|
| ac on mergenne mecum wunde | 565 |
| gare wunde. Þæt wæs geomuru ides! | 1075 |
| æfter wælræse wunde gedygan | 2531 |
| wunde wælbleate; wisse he gearwe | 2725 |
| wunde gewyrcean. Wiglaf siteð | 2906 |

**-WUNDE (1)**

| | |
|---|---|
| he þær for feorme feorhwunde hleat | 2385 |

**WUNDEN (2)**

| | |
|---|---|
| wordum bewægned, ond wunden gold | 1193 |
| þa wæs wunden gold on wæn hladen, | 3134 |

**-WUNDEN (5)**

| | |
|---|---|
| wirum bewunden walu utan heold, | 1031 |
| feorh æþelinges flæsce bewunden. | 2424 |
| monig, morgenceald, mundum bewunden, | 3022 |
| iumonna gold galdre bewunden, | 3052 |
| wope bewunden (windblond gelæg), | 3146 |

**WUNDENFEAX (1)**

| | |
|---|---|
| wicg wundenfeax. Wisa fengel | 1400 |

**WUNDENHALS (1)**

| | |
|---|---|
| wudu wundenhals to Wedermearce, | 298 |

**WUNDENMÆL (1)**

| | |
|---|---|
| Wearp ða wundenmæl wrættum gebunden | 1531 |

**WUNDENSTEFNA (1)**

| | |
|---|---|
| wundenstefna gewaden hæfde | 220 |

**WUNDER (1)**

| | |
|---|---|
| wunder æfter wundre, wuldres hyrde. | 931 |

**WUNDERFATUM (1)**

| | |
|---|---|
| win of wunderfatum. Þa cwom Wealhþeo forð | 1162 |

**WUNDNUM (1)**

| | |
|---|---|
| wundnum golde, gyf þu on weg cymest." | 1382 |

**WUNDON (1)**

| | |
|---|---|
| on stefn stigon; streamas wundon, | 212 |

**WUNDOR (3)**

| | |
|---|---|
| þa wæs wundor micel þæt se winsele | 771 |
| geond widwegas wundor sceawian, | 840 |
| awræc wintrum frod. Wundor is to secganne | 1724 |

**-WUNDOR (2)**

| | |
|---|---|
| searowundor seon; swylce self cyning | 920 |
| þær mæg nihta gehwæm niðwundor seon, | 1365 |

**WUNDORBEBODUM (1)**

| | |
|---|---|
| wom wundorbebodum wergan gastes; | 1747 |

**WUNDORDEAÐE (1)**

| | |
|---|---|
| Wedra þeoden, wundordeaðe swealt. | 3037 |

**WUNDORLIC (1)**

| | |
|---|---|
| wundorlic wægbora; weras sceawedon | 1440 |

**WUNDORSIONA (1)**

| | |
|---|---|
| web æfter wagum, wundorsiona fela | 995 |

**WUNDORSMIÞA (1)**

| | |
|---|---|
| wundorsmiþa geweorc, ond þa þas worold ofgeaf | 1681 |

**WUNDRA (2)**

| | |
|---|---|
| wæpna gewealdan, ac hine wundra þæs fela | 1509 |
| wigbil wanian. Þæt wæs wundra sum, | 1607 |

**-WUNDRA (1)**

| | |
|---|---|
| heah ofer horde, hondwundra mæst, | 2768 |

**WUNDRE (1)**

| | |
|---|---|
| wunder æfter wundre, wuldres hyrde. | 931 |

**WUNDRUM (2)**

| | |
|---|---|
| worhte wæpna smið, wundrum teode, | 1452 |
| wæpen wundrum heard; næs him wihte ðe sel. | 2687 |

**WUNDUM (4)\***

| | |
|---|---|
| wundum awyrded; sume on wæle crungon, | 1113 |
| æfter wordcwydum wundum dryhtne | 2753 |
| þæt se widfloga wundum stille | 2830 |
| wundum werge, wean oft gehet | 2937 |

**WUNDUR (4)**

**279**

-WYNNE (3)
Ga nu to setle, symbelwynne dreoh          1782
hran æt heortan.  Hordwynne fond           2270
lang on legere, lyftwynne heold            3043

WYNNUM (2)
Ðeah þe hine mihtig god  mægenes           1716
    wynnum,
mægenes wynnum, se þe oft manegum          1887
    scod.

WYNSUMAN (1)
wudu wynsuman  forwrecan meahte.           1919

WYNSUME (1)
word wæron wynsume.  Eode                   612
    Wealhþeow forð,

WYRCAN (1)
grynna æt Grendle; a mæg god                930
    wyrcan

-WYRCAN (1)
wiht gewyrcan, þeah þæt wæpen              1660
    duge;

WYRCE (1)
worolde lifes; wyrce se þe mote            1387

-WYRCE (1)
dom gewyrce, oþðe mec deað                 1491
    nimeð."

-WYRCEAN (5)
Swa sceal geong guma  gode                   20
    gewyrcean,
medoærn micel, men gewyrcean                 69
Heht him þa gewyrcean  wigendra            2337
    hleo
Hatað heaðomære  hlæw gewyrcean           2802
wunde gewyrcean.  Wiglaf siteð            2906

WYRD (11)
Welandes geweorc.  Gæð a wyrd swa          455
    hio scel."
wigheap gewanod; hie wyrd                   477
    forsweop
windige weallas.  Wyrd oft nereð           572
wistfylle wen.  Ne wæs þæt wyrd þa          734
    gen
nefne him witig god  wyrd forstode        1056
wælreaf werede; hyne wyrd fornam,         1205
druncon win weras.  Wyrd ne cuþon,        1233
wæfre ond wælfus, wyrd ungemete           2420
    neah,
weorðan æt wealle, swa unc wyrd           2526
    geteoð,
wealdan moste swa him wyrd ne             2574
    gescraf
Wægmundinga.  Ealle wyrd forsweop         2814

WYRDA (1)
wyrda ne worda.  Weorod eall aras;        3030

WYRDE (1)
wanode ond wyrde.  He æt wige             1337
    gecrang

-WYRDED (1)
wundum awyrded; sume on wæle              1113
    crungon.

-WYRGENNE (1)
Ongeat þa se goda  grundwyrgenne,         1518

-WYRHT (1)
þæt næron ealdgewyrht, þæt he ana         2657
    scyle

-WYRHTUM (1)
"For gewyrhtum þu, wine min                457
    Beowulf,

WYRM (13)
syþðan wiges heard  wyrm acwealde,        886
wrætlicne wyrm, þæt hit on wealle         891
    ætstod,
Wælses eafera.  Wyrm hat gemealt.         897
þa se wyrm onwoc, wroht wæs               2287
    geniwad;
worulde lifes, ond se wyrm somod,         2343
winia bealdor, ða se wyrm gebeah          2567
gewac æt wige; þæt se wyrm                2629
    onfand,
Æfter ðam wordum  wyrm yrre cwom,         2669
forwrat Wedra helm  wyrm on              2705
    middan.
Wiglaf leofa, nu se wyrm ligeð,           2745
wyrm wohbogen  wealdan ne moste,          2827
wyrm on wonge  wiðerræhtes þær            3039
wyrm ofer weallclif, leton weg            3132
    niman,

WYRMAS (1)
wyrmas ond wildeor; hie on weg            1430
    hruron,

WYRMCYNNES (1)
Gesawon ða æfter wætere                   1425
    wyrmcynnes fela,

WYRME (3)
wyrme on willan; no on wealle             2307
    læg,
þe he wið þam wyrme  gewegan              2400
    sceolde.
wæpen to wyrme, gif ic wiste hu           2519

WYRMES (5)
Wæs þæs wyrmes wig  wide gesyne,          2316
ne him þæs wyrmes wig  for wiht           2348
    dyde,
wundur on wealle, ond þæs wyrmes          2759
    denn,
wræte giondwlitan.  Næs ðæs wyrmes        2771
    þær
wunað wælreste  wyrmes dædum.             2902

WYRMFAH (1)
wreoþenhilt ond wyrmfah.  Ða se           1698
    wisa spræc

WYRMHORD (1)
Nealles mid gewealdum  wyrmhord           2221
    abræc

-WYRNDE (1)
Swa he ne forwyrnde                       1142
    woroldrædenne,

-WYRNE (1)
þæt ðu me ne forwyrne, wigendra           429
    hleo,

WYRPE (1)
æfter weaspelle  wyrpe gefremman.         1315

-WYRPTE (1)
ac he hyne gewyrpte, þeah ðe him          2976
    wund hrine.

WYRSAN (4)
Ðonne wene ic to þe  wyrsan               525
    geþingea,
wyrsan wigfrecan  wæl reafedon            1212
wyrsan wigfrecan, weorðe gecypan.         2496
wyrsan wrixle  wælhlem þone,              2969

WYRSE (1)
wendeð on willan   (he þæt wyrse ne   1739
con),

WYRTUM (1)
wudu wyrtum fæst   wæter   1364
oferhelmað.

WYRÐE (1)
Hy on wiggetawum   wyrðe þinceað   368

-WYRÐE (1)
Gang ða æfter flore   fyrdwyrðe man   1316

WYRÐNE (1)
ne hyne on medobence   micles   2185
wyrðne

-WYRÐNE (1)
hringa hyrde   hordwyrðne dæl,   2245

WYRÐRA (1)
rondhæbbendra,   rices wyrðra.   861

WYRULDCYNINGA (1)
cwædon þæt he wære   wyruldcyninga   3180

-WYT (1)
fyrdsearu fuslicu;   hine fyrwyt   232
bræc

YFLA (1)
yfla gehwylces   ondlean forgeald;   2094

YLCAN (1)
weard winegeomor,   wende þæs   2239
ylcan,

YLDA (3)
ylda bearnum,   undyrne cuð,   150
ofer ylda bearn   oþres dogores,   605
ac me geuðe   ylda waldend   1661

YLDAN (1)
Ne þæt se aglæca   yldan þohte,   739

YLDE (1)
þæt hine on ylde   eft gewunigen   22

YLDESTA (1)
Him se yldesta   ondswarode,   258

YLDESTAN (2)
þone yldestan   oretmecgas   363
Wæs þam yldestan   ungedefelice   2435

YLDO (4)*
þonne yldo bearn   æfre gefrunon,   70
adl ne yldo,   ne him inwitsorh   1736
oððe atol yldo;   oððe eagena   1766
bearhtm
æghwæs orleahtre,   oþþæt hine yldo   1886
benam

YLDRA (3)
min yldra mæg   unlifigende,   468
Yrmenlafes   yldra broþor,   1324
estum mid are,   oððæt he yldra   2378
wearð,

YLDUM (3)
ædre mid yldum,   þæt hit wearð   77
ealgearo,
ealle buton anum.   Þæt wæs yldum   705
cuþ
oðer to yldum.   Þa wæs eft hraðe   2117

YLFE (1)
eotenas ond ylfe   ond orcneas,   112

YMB (19)
ac ymb ane niht   eft gefremede   135
oðþæt ymb antid   oþres dogores   219
þeoden mærne,   ymb þinne sið,   353
Aras þa se rica,   ymb hine rinc   399
manig,
fon wið feonde   ond ymb feorh   439
sacan,
mearcað morhopu;   no ðu ymb mines   450
ne þearft
on sidne sæ   ymb sund flite,   507
beore druncen   ymb Brecan spræce,   531
ymb brontne ford   brimliðende   568
ymb aldor Dena,   eotonweard abead.   668
eorles andwlitan,   ond hine ymb   689
monig
ymb þa gifhealle   guðrinc monig;   838
ymb hyra sincgyfan   sel gebæran.   1012
Ymb þæs helmes hrof   heafodbeorge   1030
longsumne lof,   na ymb his lif   1536
cearað.
gomele ymb godne,   ongeador   1595
spræcon
ofer heato healdan,   ac ymb   2477
Hreosnabeorh
hond ond heard sweord,   ymb hord   2509
wigan."
wordgyd wrecan   ond ymb wer   3172
sprecan;

YMBBEARH (1)
halan lice;   hring utan ymbbearh,   1503

YMBE (5)
gen ymbe Grendel,   þæt ðu geare   2070
cunne,
æðelinga bearn,   ymbe gestodon   2597
fyrdsearu fuslic,   no ymbe ða   2618
fæhðe spræc,
þrong ymbe þeoden,   þa hyne sio   2883
þrag becwom.
þa ymbe hlæw riodan   hildediore,   3169

YMBEFENG (1)
hat ond heaðogrim,   heals ealne   2691
ymbefeng

YMBEHWEARF (1)
hat ond hreohmod   hlæw oft   2296
ymbehwearf

YMBEODE (1)
Ymbeode þa   ides Helminga   620

YMBESITTENDRA (1)
ymbesittendra   ænig ðara,   2734

YMBSÆTON (1)
symbel ymbsæton   sægrunde neah;   564

YMBSITTEND (1)
þæt þec ymbsittend   egesan þywað,   1827

YMBSITTENDRA (1)
oðþæt him æghwylc   þara   9
ymbsittendra

YPPAN (1)
æþeling to yppan,   þær se oþer   1815
wæs,

YRFE (1)
þonne wæs þæt yrfe,   eacencræftig,   3051

YRFELAFE (2)
yrfelafe,   ond þone ænne heht   1053
yrfelafe.   Gewat him on naca   1903

YRFEWEARD (1)

ænig yrfeweard  æfter wurde              2731

YRFEWEARDAS (1)
yrfeweardas,  þonne se an hafað          2453

YRMENLAFES (1)
Yrmenlafes  yldra broþor,                1324

YRMÞE (2)
ides, aglæcwif,  yrmþe gemunde,          1259
yrmðe to aldre.  Ic ðæt eall             2005
    gewræc,

YRRE (7)*
Grendel gongan,  godes yrre bær;          711
eorlum ealuscerwen.  Yrre wæron           769
    begen,
yrre oretta,  þæt hit on eorðan          1532
    læg,
yrre ond anræd.  Næs seo ecg             1575
    fracod
glad ofer grundas,  gæst yrre            2073
    cwom,
syððan ic on yrre  uppriht astod.        2092
Æfter ðam wordum  wyrm yrre cwom,        2669

YRREMOD (1)
eode yrremod;  him of eagum stod          726

YRRINGA (2)
aldres orwena,  yrringa sloh,            1565
Eafores anne dom.  Hyne yrringa          2964

YS (4)
To lang ys to reccenne  hu ic ðam        2093
    leodsceaðan
leofes ond laðes.  Nu ys leodum          2910
    wen
þæt ys sio fæhðo  ond se                 2999
    feondscipe,
heold on heahgesceap.  Hord ys           3084
    gesceawod,

YÐA (6)
ofer yða gewealc,  Arscyldinga.           464
heaðogrim ondhwearf;  hreo wæron          548
    yþa.
atol yða geswing  eal gemenged            848
eorclanstanas  ofer yða ful,             1208
under yða gewin  aldre geneþan,          1469
oncerbendum fæst,  þy læs hym yþa         1918
    ðrym

YÐDE (1)
yðde eotena cyn  ond on yðum slog         421

YÐE (5)*
ænne ofer yðe  umborwesende.               46
aldres orwena.  No þæt yðe byð           1002
won wið winde,  winter yþe beleac        1132
fleat famigheals  forð ofer yðe,         1909
eald under eorðan.  Næs þæt yðe          2415
    ceap

YÐELICE (1)
yðelice,  syþðan he eft astod.           1556

YÐGEBLAND (1)
Wæron yðgebland  eal gefælsod,           1620

YÐGEBLOND (2)
þonon yðgeblond  up astigeð              1373
þæt wæs yðgeblond  eal gemenged,         1593

YÞGESENE (1)
ofer æþelinge  yþgesene                  1244

YÐGEWINNE (1)
yðgewinne;  se wæs innan full            2412

YÐGEWINNES (1)
yðgewinnes,  þæt him on aldre stod       1434

YÞLADE (1)
þæs þe him yþlade  eaðe wurdon.           228

YÐLAFE (1)
be yðlafe  uppe lægon,                    566

YÐLIDAN (1)
æþele ond eacen.  Het him yðlidan         198

YÐUM (7)
Fyrst forð gewat.  Flota wæs on           210
    yðum,
yðe eotena cyn  ond on yðum slog          421
glidon ofer garsecg;  geofon yþum         515
    weol,
earfeþo on yþum,  ðonne ænig oþer         534
    man.
Hræþe wearð on yðum  mid                 1437
    eoferspreotum
No þær wegflotan  wind ofer yðum         1907
sawuldriore,  swat yðum weoll.           2693

-YÞUM (3)
flodyþum feor  fleotan meahte,            542
wunode on wonge  wæteryðum neah,         2242
laðra manna;  ligyðum for.               2672

-YWAN (1)
estum geywan.  Gen is eall æt ðe         2149

YWDE (1)
ansyn ywde,  ac he eorðan gefeoll        2834

282

# A Sample
# Key-Word-in-Context (KWIC)
# Concordance

1599 ða ðæs monige gewearð ðæt hine seo brimwylf abroten hæfde. Ða com non dæges. Næs ofgeafon hwate
2707 (ferh ellen wræc), ond hi hyne ða begen abroten hæfdon, sibæðelingas. Swylc sceolde secg wesan,

187 ne wenan, wihte gewendan: wel bið ðæm ðe mot æfter deaðdæge drihten secean ond to fæder fæðmum
885 cynnes sweordum gesæged. Sigemunde gesprong æfter deaðdæge dom unlytel, syððan wiges heard wyrm

2052 weoldon wælstowe, syððan Wiðergyld læg, æfter hæleða hryre, hwate Scyldungas? Nu her ðara
3005 ðe ær geheold wið hettendum hord ond rice æfter hæleða hryre, hwate Scildingas, folcred fremede

1301 Beowulf ðær, ac wæs oðer in ær geteohhod æfter maððumgife mærum Geate. Hream wearð in Heorote:
2750 swegle searogimmas, ðæt ic ðy seft mæge æfter maððumwelan min alætan lif ond leodscipe, ðone ic

1049 swa hy næfre man lyhð, se ðe secgan wile soð æfter rihte. Ða gyt æghwylcum eorla drihten ðara ðe mid
2110 soð ond sarlic, hwilum syllic spell rehte æfter rihte rumheort cyning. Hwilum eft ongan, eldo

824 gegongen, dogera dægrim. Denum eallum wearð æfter ðam wælræse willa gelumpen. Hæfde ða gefælsod
2669 mægene feorh ealgian: ic ðe fullæstu." Æfter ðam wordum wyrm yrre cwom, atol inwitgæst, oðre

2624 ærfæder: geaf him ða mid Geatum guðgewæda, æghwæs unrim, ða he of ealdre gewat, frod on forðweg.
3135 hyrde. Ða wæs wunden gold on wæn hladen, æghwæs unrim, æðeling boren, har hilderinc to

802 heawan ðohton, sawle secan, ðone synscaðan ænig ofer eorðan irenna cyst, guðbilla nan, gretan nolde,
2007 swa begylpan ne ðearf Grendeles maga ænig ofer eorðan uhthlem ðone, se ðe lengest leofað laðan

503 micel æfðunca, forðon ðe he ne uðe ðæt ænig oðer man æfre mærða ðon ma middangeardes gehedde
534 maran ahte, earfeðo on yðum, ðonne ænig oðer man. Wit ðæt gecwædon cnihtwesende ond

791 ðæm dæge ðysses lifes. Nolde eorla hleo ænige ðinga ðone cwealmcuman cwicne forlætan, ne his
2374 feasceafte findan meahton æt ðam æðelinge ænige ðinga, ðæt he Heardrede hlaford wære oððe ðone
2905 seoc: sweorde ne meahte on ðam aglæcean ænige ðinga wunde gewyrcean. Wiglaf siteð ofer Biowulfe,

1496 onfeng hilderince. Ða wæs hwil dæges ær he ðone grundwong ongytan mehte. Sona ðæt onfunde se
2466 on ðam feorhbonan fæghðe gebetan: no ðy ær he ðone heaðorinc hatian ne meahte laðum dædum, ðeah

6 meodosetla ofteah, egsode eorlas. Syððan ærest wearð feasceaft funden, he ðæs frofre gebad, weox
1947 leodbealewa læs gefremede, inwitniða, syððan ærest wearð gyfen goldhroden geongum cempan, æðelum

907 to aldorceare: swylce oft bemearn ærran mælum swiðferhðes sið snotor ceorl monig, se ðe him
2237 gehydde, deore maðmas. Ealle hie deað fornam ærran mælum, ond se an ða genleoda duguðe, se ðær
3035 hlimbed healdan ðone ðe him hringas geat ærran mælum: ða wæs endedæg godum gegongen, ðæt se

500 Unferð maðelode, Ecglafes bearn, ðe æt fotum sæt frean Scyldinga, onband beadurune (wæs
1166 oðrum trywe. Swylce ðær Unferð ðyle æt fotum sæt frean Scyldinga: gehwylc hiora his ferhðe

1267 ðæra Grendel sum, heorowearh hetelic, se æt Heorote fand wæccendne wer wiges bidan. ðær him
1588 licgan aldorleasne, swa him ær gescod hild æt Heorote. Hra wide sprong, syððan he æfter deaðe

387 ofeste, hat in gan seon sibbegedriht samod ætgædere: gesaga him eac wordum ðæt hie sint wilcuman
1190 ond Hroðmund, ond hæleða bearn, giogoð ætgædere: ðær se goda sæt, Beowulf Geata, þe ðæm

329 gumena: garas stodon, sæmanna searo, samod ætgædere, æscholt ufan græg: wæs se irenðreat wæpnum
729 rinca manige, swefan sibbegedriht samod ætgædere, magorinca heap. ða his mod ahlog: mynte ðæt
1164 suhtergefæderan: ða gyt wæs hiera sib ætgædere: æghwylc oðrum trywe. Swylce ðær Unferð ðyle

130 up ahafen, micel morgensweg. Mære ðeoden, unbliðe sæt, ðolode ðryðswyð, ðegnsorge
1329 eoferas cnysedan. Swylc scolde eorl wesan, æðeling ærgod, swylc Æschere wæs! Weard him on
2342 ne meahte, lind wið lige. Sceolde lændaga æðeling ærgod ende gebidan, worulde lifes, ond se wyrm

1408 ðe mid Hroðgare ham eahtode. Ofereode ða æðelinga bearn steap stanhliðo, stige nearwe, enge
2597 weold. Nealles him on heape handgesteallan, æðelinga bearn, ymbe gestodon hildecystum, ac hy on holt
3170 æror wæs. ða ymbe hlæw riodan hildediore, æðelinga bearn, ealra twelfe, woldon ceare cwiðan ond

118 beorðege gebun hæfdon. Fand ða ðær inne æðelinga gedriht swefan æfter symble: sorge ne cuðon,
1920 wynsuman forwrecan meahte. Het ða up beran æðelinga gestreon, frætwe ond fætgold: næs him feor

3 geardagum, ðeodcyninga, ðrym gefrunon, hu ða æðelingas ellen fremedon. Oft Scyld Scefing sceaðena
982 Eclafes, on gylpspræce guðgeweorca, siððan æðelingas eorles cræfte ofer heanne hrof hand sceawedon,
1804 beorht scacan * * * scaðan onetton, wæron æðelingas eft to leodum fuse to farenne: wolde feor ðanon

1596 ymb godne, ongeador spræcon ðæt hig ðæs æðelinges eft ne wendon ðæt he sigehreðig secean come
2424 lif wið lice, no ðon lange wæs feorh æðelinges flæsce bewunden. Biowulf maðelade, bearn

2520 wæpen to wyrme, gif ic wiste hu wið ðam aglæcean elles meahte gylpe wiðgripan, swa ic gio wið
2534 ne gemet mannes, nefne min anes, ðæt he wið aglæcean eofoðo dæle, eorlscype efne. Ic mid elne

1002 se aglæca, fyrendædum fag, on fleam gewand, aldres orwena, No ðæt yðe byð to befleonne, fremme se ðe
1565 hreoh ond heorogrim hringmæl gebrægd, aldres orwena, yrringa sloh, ðæt hire wið halse heard

510 wada cunnedon ond for dolgilpe on deop wæter aldrum neðdon? Ne Inc ænig mon, ne leof ne lað, belean
538 ða git on geogoðfeore) ðæt wit on garsecg ut aldrum neðdon, ond ðæt geæfndon swa. Hæfdon swurd

375 haten, ðæm to ham forgeaf Hreðel Geata angan dohtor: is his eafora nu heard her cumen, sohte
2997 ða mærða geslogon, ond ða lofore forgeaf angan dohtor, hamweorðunge, hyldo to wedde. ðæt ys sio

```
gedælde, ærðon dæg cwome, atol aglæca,      anra gehwylces lif wið lice, ða him alumpen wæs wistfylle    732
niwe geneahhe: Norðdenum stod atelic egesa,  anra gehwylcum ðara ðe of wealle wop gehyrdon, gryreleoð      784

mundgripe headðrof hæbbe. Hine halig god for arstafum us onsende, to Westdenum, ðæs ic wen hæbbe,          382
gewyrhtum ðu, wine min Beowulf, ond for      arstafum usic sohtest. Gesloh ðin fæder fæhðe mæste:         458

flotan eowerne, niwtyrwydne nacan on sande   arum healdan, oððæt eft byreð ofer lagustreamas leofne        296
can glædne Hroðulf, ðæt he ða geogoðe wile   arum healdan, gyf ðu ær ðonne he, wine Scildinga, worold     1182

næfre Grendel swa fela gryra gefremede,      atol æglæca, ealdre ðinum, hynðo on Heorote, gif ðin          592
gehwæðer oðrum lifigende lað. Licsar gebad   atol æglæca: him on eaxle wearð syndolh sweotol, seonowe      816

mæned: monig oft gecwæð ðætte suð ne norð    be sæm tweonum ofer eormengrund oðer nænig under swegles     858
Hroðgare hæleða leofost on gesiðes had       be sæm tweonum, rice randwiga, ðone ðe heo on ræste         1297
geweald gehwearf woroldcyninga ðæm selestan  be sæm tweonum ðara ðe on Scedenigge sceattas dælde.        1685

æðelinges fær. Aledon ða leofne ðeoden,      beaga bryttan, on bearm scipes, mærne be mæste. Ðær           35
wine Deniga, frean Scildinga, frinan wille,  beaga bryttan, swa ðu bena eart, ðeoden mærne, ymb ðinne     352
sinc stara, ðæt ic gumcystum godne funde    beaga bryttan, breac ðonne moste. Ond ðu Unferð læt         1487

ussum hlaforde in biorsele, ðe us ðas        beagas geaf, ðæt we him ða guðgetawa gyldan woldon gif him   2635
ðær sceawian ond ðone gebringan, ðe us       beagas geaf, on adfære. Ne scel anes hwæt meltan mid ðam     3009

leodum: ðær him Hygd gebead hord ond rice,   beagas ond bregostol, bearne ne truwode ðæt he wið          2370
ic eow wisige, ðæt ge genoge neon sceawiað   beagas ond brad gold. Sie sio bær gearo, ædre geæfned,      3105

Aledon ða leofne ðeoden, beaga bryttan, on   bearm scipes, mærne be mæste. Ðær wæs madma fela of           35
moste selfes dome: sæbat gehleod, bær on     bearm scipes beorhte frætwa, Wælses eafera. Wyrm hat         896

fyrst nean bidan." Beowulf maðelode,         bearn Ecgðeowes: "Hwæt! ðu worn fela, wine min Unferð,       529
ða gyddode guðe gefysed: Beowulf maðelode,   bearn Ecgðeowes: "Ic ðæt hogode, ða ic on holm gestah,       631
swa he nu gyt dyde!" Beowulf maðelode,       bearn Ecgðeowes: "We ðæt ellenweorc estum miclum,            957
gyf ðu on weg cymest." Beowulf maðelode,     bearn Ecgðeowes: "Ne sorga, snotor guma: selre bið          1383
to guðe gegyred hæfde. Beowulf maðelode,     bearn Ecgðeowes: "Geðenc nu, se mæra maga Healfdenes,        1473
wrætlic: weras on sawon. Beowulf maðelode,   bearn Ecgðeowes: "Hwæt! we ðe ðas sælac, sunu               1651
hildedeor Hroðgar grette. Beowulf maðelode,  bearn Ecgðeowes: "Nu we sæliðend secgan wyllað, feorran      1817
beahðege breost geweorðod. Swa bealdode      bearn Ecgðeowes, guma guðum cuð, godum dædum, dreah          2177
flæsce bewunden. Biowulf maðelade,           bearn Ecgðeowes: "Fela ic on giogoðe guðræsa genæs,         2425

Heregar dead, min yldra mæg unlifigende,     bearn Healfdenes: se wæs betera ðonne ic. Siððan ða          469
ðenden fremedon. Forgeaf ða Beowulfe         bearn Healfdenes segen gyldenne sigores to leane: hroden    1020
```

287

| | |
|---|---|
| 343 | heard under helme: "We synt Higelaces beodgeneatas: Beowulf is min nama. Wille ic asecgan sunu |
| 1713 | deaðcwalum Deniga leodum: breat bolgenmod beodgeneatas, eaxlgesteallan, oððæt he ana hwearf, mære |
| 2524 | ic me on hafu bord ond byrnan. Nelle ic beorges weard forfleon fotes trem, ac unc furður sceal |
| 2580 | ðearfe hæfde, bysigum gebæded. Ða wæs beorges weard æfter heaðuswenge on hreoum mode, wearp |
| 427 | gehegan ðing wið ðyrse. Ic ðe nu ða, brego Beorhtdena, biddan wille, eodor Scyldinga, anre bene, |
| 609 | gamolfeax ond guðrof: geoce gelyfde brego Beorhtdena, gehyrde on Beowulfe folces hyrde fæstrædne |
| 214 | sund wið sande: secgas bæron on bearm nacan beorhte frætwe, guðsearo geatolic: guman ut scufon, weras |
| 896 | dome: sæbat gehleod, bær on bearm scipes beorhte frætwa, Wælses eafera. Wyrm hat gemealt. Se |
| 1216 | ðæm werede spræc: "Bruc ðisses beages, Beowulf leofa, hyse, mid hæle, ond ðisses hrægles neot, |
| 1758 | egesan ne gymeð. Bebeorh ðe ðone bealonið, Beowulf leofa, secg betsta, ond ðe ðæt selre geceos, ece |
| 405 | heard under helme, ðæt he on heoðe gestod. Beowulf maðelode (on him byrne scan, searonet seowed |
| 529 | dearst nihtlongne fyrst nean bidan." Beowulf maðelode, bearn Ecgðeowes: "Hwæt! ðu worn fela, |
| 631 | æt Wealhðeon, ond ða gyddode guðe gefysed: Beowulf maðelode, bearn Ecgðeowes: "Ic ðæt hogode, ða |
| 957 | ðec gode forgylde, swa he nu gyt dyde!" Beowulf maðelode, bearn Ecgðeowes: "We ðæt ellenweorc |
| 1383 | wundnum golde, gyf ðu on weg cymest. Beowulf maðelode, bearn Ecgðeowes: "Ne sorga, snotor |
| 1473 | swa, syððan he hine to guðe gegyred hæfde. Beowulf maðelode, bearn Ecgðeowes: "Geðenc nu, se mæra |
| 1651 | mid, wliteseon wrætlic: weras on sawon. Beowulf maðelode, bearn Ecgðeowes: "Hwæt! we ðe ðas |
| 1817 | oðer wæs, hæle hildedeor Hroðgar grette. Beowulf maðelode, bearn Ecgðeowes: "Nu we sæliðend |
| 2510 | hond ond heard sweord, ymb hord wigan." Beowulf maðelode, beotwordum spræc niehstan siðe: "Ic |
| 676 | bearn, Gespræc ða se goda gylpworda sum, Beowulf Geata, ær he on bed stige: "No ic me an |
| 1191 | giogoð ætgædere: ðær se goda sæt, Beowulf Geata, be ðæm gebroðrum twæm. Him wæs ful |
| 1020 | Deodscyldingas ðenden fremedon. Forgeaf ða Beowulfe bearn Healfdenes segen gyldenne sigores to |
| 1043 | widcuðes wig, ðonne walu feollon. Ond ða Beowulfe bega gehwæðres eodor Ingwina onweald geteah, |
| 1051 | Ða gyt æghwylcum eorla drihten ðara ðe mid Beowulfe brimlade teah on ðære medubence maððum gesealde, |
| 2207 | niða genægdan nefan Hererices, syððan Beowulfe brade rice on hand gehwearf: he geheold tela |
| 872 | oðer fand soðe gebunden: secg eft ongan sið Beowulfes snyttrum styrian ond on sped wrecan spel gerade, |
| 1971 | gefrunon hringas dælan. Higelace wæs sið Beowulfes snude gecyðed, ðæt ðær on worðig wigendra |
| 1999 | ðæs ðe ic ðe gesundne geseon moste." Biowulf maðelode, bearn Ecgðioes: "Ðæt is undyrne, |
| 2425 | wæs feorh æðelinges flæsce bewunden. Biowulf maðelode, bearn Ecgðeowes: "Fela ic on giogoðe |
| 2724 | hilde sædne, ond his helm onspeon. Biowulf maðelode (he ofer benne spræc, wunde wælbleate: |

|  |  |
|---|---|
| 183 | helm herian ne cuðon, wuldres waldend.    Wa bið ðæm ðe sceal ðurh sliðne nið    sawle bescufan in fyres |
| 186 | fæðm, frofre ne wenan, wihte gewendan:    wel bið ðæm ðe mot æfter deaðdæge    drihten secean ond to |
| 1762 | is ðines mægnes blæd ane hwile.    Eft sona bið    ðæt ðec adl oððe ecg    eafoðes getwæfeð, oððe fyres |
| 1767 | bearhtm forsiteð ond forsworceð;    semninga bið    ðæt ðec, dryhtguma,    deað oferswyðeð. Swa ic |
| 709 | bregdan; ac he wæccende    wraðum on andan bad    beadwa geðinges.    Ða com of more under |
| 1713 | ond to deaðcwalum    Deniga leodum;    breat    beodgeneatas, eaxlgesteallan,    oððæt he ana |
| 427 | ana gehegan ðing wið ðyrse.    Ic ðe nu ða,    brego Beorhtdena,    biddan wille, eodor Scyldinga, anre |
| 609 | brytta, gamolfeax ond guðrof:    geoce gelyfde    brego Beorhtdena,    gehyrde on Beowulfe folces hyrde |
| 1211 | Gehwearf ða in Francna fæðm feorh cyninges,    breostgewædu ond se beah somod: wyrsan wigfrecan wæl |
| 2162 | hwatum Heorowearde, ðeah he him hold wære,    breostgewædu.    Bruc ealles well!" Hyrde ic ðæt ðam |
| 894 | aglæca elne gegongen ðæt he beahhordes    brucan moste selfes dome:    sæbat gehleod, bær on bearm |
| 2241 | ðæs ylcan, ðæt he lytel fæc longestreona    brucan moste.    Beorh eallgearo wunode on wonge wæteryðum |
| 3100 | wide geond eorðan, ðenden he burhwelan    brucan moste.    Uton nu efstan oðre siðe, seon ond secean |
| 2918 | geeodon mid ofermægene, ðæt se byrnwiga    bugan sceolde, feoll on feðan,    nalles frætwe geaf ealdor |
| 2974 | on heafde helm ær gescer ðæt he blode fah    bugan sceolde, feoll on foldan:    næs he fæge ða git, ac he |
| 327 | rondas regnhearde, wið ðæs recedes weal,    bugon ða to bence.    Byrnan hringdon, guðsearo gumena: |
| 1013 | weorode ymb hyra sincgyfan sel gebæran.    Bugon ða to bence    blædagande, fylle gefægon:    fægere |
| 1968 | to ðæs ðe eorla hleo, bonan Ongenðeoes    burgum in innan, geongne guðcyning    godne gefrunon hringas |
| 2452 | ellorsið; oðres ne gymeð to gebicanne    burgum in innan yrfeweardas,    ðonne se an hafað ðurh deaðes |
| 2907 | gewyrcean. Wiglaf siteð ofer Biowulfe,    byre Wihstanes, eorl ofer oðrum    unlifigendum, healdeð |
| 3110 | waldendes wære geðolian." Het ða gebeodan    byre Wihstanes, hæle hildedior,    hæleða monegum, |
| 327 | wið ðæs recedes weal, bugon ða to bence.    Byrnan hringdon, guðsearo gumena:    garas stodon, sæmanna |
| 2260 | bite irena, brosnað æfter beorne. Ne mæg    byrnan hring æfter wigfruman    wide feran, hæleðum be |
| 238 | frægn: "Hwæt syndon ge searohæbbendra,    byrnum werede,    ðe ðus brontne ceol ofer lagustræte lædan |
| 2529 | gylp ofersitte. Gebide ge on beorge    byrnum werede,    secgas on searwum,    hwæðer sel mæge æfter |
| 372 | maðelode, helm Scyldinga: "Ic hine cuðe    cnihtwesende.    Wæs his ealdfæder Ecgðeo haten, ðæm to |
| 535 | ðonne ænig oðer man. Wit ðæt gecwædon    cnihtwesende ond gebeotedon    (wæron begen ða git on |
| 867 | fægere ðuhton, cystum cuðe. Hwilum cyninges ðegn,    guma gilphlæden, gidda gemyndig, se ðe |
| 3121 | se snotra sunu Wihstanes acigde of corðre    cyninges ðegnas syfone tosomne,    ða selestan, eode eahta sum |

heaðolace, ne gehwæðer incer, swa deorlice dæd gefremede fagum sweordum (no ic ðæs fela gylpe), ðeah  585
scinnum. Nu scealc hafað ðurh drihtnes miht dæd gefremede ðe we ealle ær ne meahton snyttrum

se wæs moncynnes mægenes strengest on ðæm dæge ðysses lifes, æðele ond eacen. Het him yðlidan  197
se ðe manna wæs mægene strengest on ðæm dæge ðysses lifes. Nolde eorla hleo ænige ðinga ðone  790
gehwylcre. Scolde his aldorgedal on ðæm dæge ðysses lifes earmlic wurðan, ond se ellorgast on  806

ðær gelyfan sceal dryhtnes dome se ðe hine deað nimeð. Wen ic ðæt he wille, gif he wealdan mot, in  441
ac he me habban wile dreore fahne, gif mec deað nimeð. Byreð blodig wæl, byrgean ðenceð, eteð  447

wihte gewendan: wel bið ðæm ðe mot æfter deaðdæge drihten secean ond to fæder fæðmum freoðo  187
sweordum gesæged. Sigemunde gesprong æfter deaðdæge dom unlytel, syððan wiges heard wyrm acwealde,  885

Habbað we to ðæm mæran micel ærende, Deniga frean: ne sceal ðær dyrne sum wesan, ðæs ic wene.  271
eode ellenrof, ðæt he for eaxlum gestod Deniga frean: cuðe he duguðe ðeaw. Wulfgar maðelode to  359

gesaga him eac wordum ðæt hie sint wilcuman Deniga leodum." **** **** **** **** word inne abead: "Eow  389
willan, ac to wælfealle ond to deaðcwalum Deniga leodum: breat bolgenmod beodgeneatas,  1712

fela micles in ðæm winsele wældeað fornam, Denigea leode. Ac him dryhten forgeaf wigspeda gewiofu,  696
"Ne frin ðu æfter sælum! Sorh is geniwod Denigea leodum. Dead is Æschere, Yrmenlafes yldra  1323

to Heorute ateah. Dryhtsele dynede. Denum eallum wearð, ceasterbuendum, cenra gehwylcum, eorlum  767
aldres wæs ende gegongen, dogera dægrim. Denum eallum wearð æfter ðam wælræse willa gelumpen.  823
wæter under stod dreorig ond gedrefed. Denum eallum wæs, winum Scyldinga, weorce on mode to  1417

sceaðona ic nat hwylc, deogol dædhata, deorcum nihtum eaweð ðurh egsan uncuðne nið hynðu ond  275
frod cyning, eald eðelweard), oððæt an ongan deorcum nihtum draca ricsian, se ðe on heaum hofe hord  2211

sceolde. Gewat ða twelfa sum torne gebolgen dryhten Geata dracan sceawian. Hæfde ða gefrunen hwanan  2402
ofer ealle: "Nu is wilgeofa Wedra leoda, dryhten Geata, deaðbedde fæst, wunað wælreste wyrmes  2901

sið ðæt se hearmscaða to Heorute ateah. Dryhtsele dynede: Denum eallum wearð, ceasterbuendum,  767
leode hatode ond hynde: hord eft gesceat, dryhtsele dynne, ær dæges hwile. Hæfde landwara lige  2320

ac se æglæca ehtende wæs, deorc deaðscua, duguðe ond geogoðe, seomade ond syrede, sinnihte heold  160
sigerof kyning. Ymbeode ða ides Helminga duguðe ond geogoðe dæl æghwylcne, sincfato sealde,  621

hund wintra heold on hrusan hordærna sum, eacencræftig, oððæt hyne an abealch mon on mode:  2280
wintra ðær eardodon. Ðonne wæs ðæt yrfe, eacencræftig, iumonna gold galdre bewunden, ðæt ðam  3051

602   weneð to Gardenum. Ac ic him Geata sceal   eafoð ond ellen   ungeara nu, guðe gebeodan. Gæð eft se ðe
902   ær onðah), siððan Heremodes hild sweðrode,   eafoð ond ellen.   He mid Eotenum wearð on feonda geweald
2349  ondred, ne him ðæs wyrmes wig for wiht dyde,   eafoð ond ellen,   forðon he ær fela nearo neðende niða

848   on blode brim weallende, atol yða geswing   eal gemenged   haton heolfre, heorodreore weol. Deaðfæge
1593  Hroðgare on holm wilton, ðæt wæs yðgeblond   eal gemenged,   brim blode fah. Blondenfeaxe, gomele ymb

1558  astod. Geseah ða on searwum sigeeadig bil,   eald sweord eotenisc,   ecgum ðyhtig, wigena weorðmynd: ðæt
1663  waldend ðæt ic on wage geseah wlitig hangian   eald sweord eacen   (oftost wisode winigea leasum), ðæt ic
2616  magum ætbær brunfagne helm, hringde byrnan,   eald sweord etonisc:   ðæt him Onela forgeaf, his gadelinges
2979  ðegn bradne mece, ða his broðor læg,   eald sweord etonisc,   entiscne helm brecan ofer bordweal:

2415  unhiore, gearo guðfreca, goldmaðmas heold,   eald under eorðan.   Næs ðæt yðe ceap to gegangenne
2957  forstandan, bearn ond bryde: beah eft ðonan   eald under eorðweall.   Ða wæs æht boden Sweona leodum,

795   tealde. Ðær genehost brægd eorl Beowulfes   ealde lafe,   wolde freadrihtnes feorh ealgian, mæres
1488  breac ðonne moste. Ond ðu Unferð læt   ealde lafe,   wrætlic wægsword, widcuðne man heardecg
1688  dælde. Hroðgar maðelode, hylt sceawode,   ealde lafe,   on ðæm wæs or writen fyrngewinnes, syððan

1381  gif ðu dyrre. Ic ðe ða fæhðe feo leanige,   ealdgestreonum,   swa ic ær dyde, wundnum golde, gyf ðu on
1458  hæftmece Hrunting nama. Ðæt wæs an foran   ealdgestreona:   ecg wæs iren, atertanum fah, ahyrded

1338  mine wenode ond wyrde. He æt wige gecrang   ealdres scyldig,   ond nu oðer cwom mihtig manscaða, wolde
2061  dædum æfter billes bite blodfag swefeð,   ealdres scyldig:   him se oðer ðonan losað lifigende, con

767   to Heorute ateah. Dryhtsele dynede:   Denum eallum wearð,   ceasterbuendum, cenra gehwylcum, eorlum
823   wæs ende gegongen, dogera dægrim.   Denum eallum wearð   æfter ðam wælræse willa gelumpen. Hæfde
913   hæleða rice, eðel Scyldinga.   He ðær eallum wearð,   mæg Higelaces, manna cynne, freondum

1636  men from ðæm holmclife hafelan bæron   earfoðlice   heora æghwæðrum, felamodigra: feower scoldon
2303  gefandod, heahgestreona. Hordweard onbad   earfoðlice   oððæt æfen cwom: wæs ða gebolgen beorges

835   tacen sweotol, syððan hildedeor hond alegde,   earm ond eaxle   (ðær wæs eal geador Grendles grape)
972   his folme forlet to lifwraðe last weardian,   earm ond eaxle.   No ðær ænige swa ðeah feasceaft guma

1351  gewitan meahton, idese onlicnæs:   oðer earmsceapen   on weres wæstmum wræclastas træd, næfne he
2228  ðæt ðær gyste gryrebroga stod: hwæðre   earmsceapen ******   ****** sceapen ****** , ða hyne se

1326  yldra broðor, min runwita ond min rædbora,   eaxlgestealla,   ðonne we on orlege hafelan weredon, ðonne
1714  Deniga leodum: breat bolgenmod beodgeneatas,   eaxlgesteallan,   oððæt he ana hwearf, mære ðeoden,

```
1692   cyn (frecne geferdon):    Ðæt wæs fremde ðeod    ecean dryhtne:    him ðæs endelean þurh wæteres wylm
1779   wæg modceare micle.    Ðæs sig metode ðanc,    ecean dryhtne,    ðæs ðe ic on aldre gebad ðæt ic on ðone
2330   se wisa ðæt he wealdende ofer ealde riht,    ecean dryhtne,    bitre gebulge. Breost innan weoll ðeostrum

1459   nama. Ðæt wæs an foran ealdgestreona:    ecg wæs iren,    atertanum fah, ahyrded heaðoswate:    næfre
2778   genom, beacna beorhtost. Bill ær gescod    (ecg wæs iren)    ealdhlafordes ðam ðara maðma mundbora wæs

529    nean bidan."    Beowulf maðelode,    bearn Ecgðeowes:    "Hwæt! ðu worn fela, wine min Unferð,    beore
631    guðe gefysed:    Beowulf maðelode,    bearn Ecgðeowes:    "Ic ðæt hogode, ða ic on holm gestah,    sæbat
957    on weg cymest."    Beowulf maðelode,    bearn Ecgðeowes:    "We ðæt ellenweorc estum miclum, feohtan
1383   gegyred hæfde.    Beowulf maðelode,    bearn Ecgðeowes:    "Ne sorga, snotor guma: selre bið æghwæm
1473   weras on sawon.    Beowulf maðelode,    bearn Ecgðeowes:    "Geðenc nu, se mæra maga Healfdenes, snottra
1651   Hroðgar grette.    Beowulf maðelode,    bearn Ecgðeowes:    "Hwæt! we ðe ðas sælac, sunu Healfdenes,
1817   flæsce bewunden.    Biowulf maðelade,    bearn Ecgðeowes:    "Nu we sæliðend secgan wyllað, feorran
2425                      bearn Ecgðeowes:    "Fela ic on giogoðe guðræsa genæs, orleghwila,

1774   gesacan ne tealde. Hwæt, me ðæs on eðle    edwenden cwom,    gyrn æfter gomene,    seoððan Grendel wearð,
2188   wendon ðæt he sleac wære, æðeling unfrom.    Edwenden cwom    tireadigum menn torna gehwylces. Het ða

943    snyttrum besyrwan. Hwæt, ðæt secgan mæg    efne swa hwylc mægða swa    ðone magan cende æfter
3057   he wolde (he is manna gehyld) hord openian,    efne swa hwylcum manna swa    him gemet ðuhte. Ða wæs

642    folccwen to hire frean sittan.    Ða wæs eft swa ær    inne on healle ðryðword sprecen, ðeod on
1787   setles neosan, swa se snottra heht.    Ða wæs eft swa ær    ellenrofum fletsittendum fægere gereorded

1804   * * * scaðan onetton, wæron æðelingas    eft to leodum fuse to farenne:    wolde feor ðanon cuma
2368   sioleða bigong sunu Ecgðeowes, earm anhaga,    eft to leodum:    ðær him Hygd gebead hord ond rice, beagas

828    genered wið niðe: nihtweorce gefeh,    ellenmærðum.    Hæfde Eastdenum Geatmecga leod gilp
1471   drihtscype dreogan: ðær he dome forleas,    ellenmærðum.    Ne wæs ðæm oðrum swa, syððan he hine to

661    wið wraðum. Ne bið ðe wilna gad, gif ðu ðæt    ellenweorc    aldre gedigest." Ða him Hroðgar gewat mid
958    maðelode, bearn Ecgðeowes: "We ðæt    ellenweorc    estum miclum, feohtan fremedon, frecne geneðdon
1464   folcstede fara: næs ðæt forma sið ðæt hit    ellenweorc    æfnan scolde. Huru ne gemunde mago Ecglafes,
2643   hwate helmberend, ðeah ðe hlaford us ðis    ellenweorc    ana aðohte to gefremmanne, folces hyrde, for

1967   scan, sigel suðan fus. Hi sið drugon,    elne geeodon,    to ðæs ðe eorla hleo, bonan Ongenðeoes
2917   land, ðær hyne Hetware hilde genægdon,    elne geeodon    mid ofermægene, ðæt se byrnwiga bugan

1386   Ðonne he fela murne. Ure æghwylc sceal    ende gebidan    worolde lifes:    wyrce se ðe mote domes ær
2342   wið lige. Sceolde lændaga æðeling ærgod    ende gebidan,    worulde lifes,    ond se wyrm somod, ðeah ðe
```

2717  wealle wishycgende gesæt on sesse: seah on enta geweorc,  hu đa stanbogan stapulum fæste ece eorđreced
2774  Đa ic on hlæwe gefrægn hord reafian, eald enta geweorc,  anne mannan, him on bearm hladon bunan ond

791   strengest on đæm dæge đysses lifes. Nolde eorla hleo  ænige đinga đone cwealmcuman cwicne forlætan,
1035  ongean gramum gangan scolde. Heht đa eorla hleo  eahta mearas fætedhleore on flet teon, in
1866  æghwæs untæle ealde wisan." Đa git on eorla hleo  inne gesealde, mago Healfdenes, mađmas twelfe:
2142  feorh ođferede. Næs ic fæge đa gyt, ac me eorla hleo  eft gesealde mađma menigeo, maga Healfdenes,
2190  tireadigum menn torna gehwylces. Het đa eorla hleo  in gefetian, heađorof cyning, Hređles lafe

1238  sinum, rice to ræste. Reced weardode unrim eorla,  swa hie oft ær dydon. Bencđelu beredon: hit
1891  locene leođosyrcan. Landweard onfand eftsiđ eorla,  swa he ær dyde: no he mid hearme of hliđes nosan

2133  healsode hreohmod, đæt ic on holma geđring eorlscipe efnde,  ealdre geneđe, mærđo fremede: he me
2622  bill ond byrnan, ođđæt his byre mihte eorlscipe efnan  swa his ærfæder: geaf him đa mid Geatum
3007  Scildingas, folcred fremede ođđe furđur gen eorlscipe efnde.  Nu is ofost betost đæt we đeodcyning

1730  modgeđonc mæran cynnes, seleđ him on eđle eorđan wynne to healdanne,  hleoburh wera, gedeđ him swa
2727  he gearwe đæt he dæghwila gedrogen hæfde, eorđan wynne:  đa wæs eall sceacen dogorgerimes, deađ

2957  bearn ond bryde: beah eft đonan eald under eorđweall.  Đa wæs æht boden Sweona leodum, segn
3090  wæs, nealles swæslice siđ alyfed inn under eorđweall.  Ic on ofoste gefeng micle mid mundum

1088  ond heahsetl, đæt hie healfre geweald wiđ Eotena bearn agan moston,  ond æt feohgyftum Folcwaldan
1141  gif he torngemot đurhteon mihte đæt he Eotena bearn inne gemunde.  Swa he ne forwyrnde

470   Healfdenes: se wæs betera đonne ic. Siđđan đa fæhđe feo đingode:  sende ic Wylfingum ofer wæteres
1380  felasinnigne secg: sec gif đu dyrre. Ic đe đa fæhđe feo leanige,  ealdgestreonum, swa ic ær dyde,

137   gefremede morđbeala mare ond no mearn fore, fæhđe ond fyrena:  wæs to fæst on đam. Đa wæs eađfynde
879   siđas, đara đe gumena bearn gearwe ne wiston, fæhđe ond fyrena,  buton Fitela mid hine, đonne he swulces
2480  gefremedon. Đæt mægwine mine gewræcan, fæhđe ond fyrene,  swa hyt gefræge wæs, đeah đe ođer his

2253  Ic nah hwa sweord wege ođđe feormie fæted wæge,  dryncfæt deore: duguđ ellor sceoc. Sceal se
2282  hyne an abealch mon on mode: mandryhtne bær fæted wæge,  friođowære bæd hlaford sinne. Đa wæs

1093  hringum wenede efne swa swiđe sincgestreonum fættan goldes,  swa hie Fresena cyn on beorsele byldan
2102  gefeoll. Me đone wælræs wine Scildunga fættan golde  fela leanode, manegum mađmum, syđđan mergen
2246  eorlgestreona hringa hyrde hordwyrđne dæl, fættan goldes,  fea worda cwæđ: "Heald đu nu, hruse, nu

2246  hringa hyrde hordwyrđne dæl, fættan goldes, fea worda cwæđ:  "Heald đu nu, hruse, nu hæleđ ne
2662  wælrec, wigheafolan bær frean on fultum, fea worda cwæđ:  "Leofa Biowulf, læst eall tela, swa đu

| 2285 | hord rasod, onboren beaga hord, bene getiðad | feasceaftum | men. Frea sceawode fira fyrngeweorc forman |
| 2393 | lean gemunde uferan dogrum, Eadgilse wearð | feasceaftum | freond, folce gestepte ofer sæ side sunu |
| 153 | Hroðgar, heteniðas wæg, fyrene ond fæhðe | fela missera, | singale sæce, sibbe ne wolde wið manna hwone |
| 2620 | broðor bearn abredwade. He frætwe geheold | fela missera, | bill ond byrnan, oððæt his byre mihte |
| 808 | lifes earmlic wurðan, ond se ellorgast on | feonda geweald | feor siðian. Ða ðæt onfunde se ðe fela |
| 903 | eafoð ond ellen. He mid Eotenum wearð on | feonda geweald | forð forlacen, snude forsended. Hine |
| 796 | Beowulfes ealde lafe, wolde freadrihtnes | feorh ealgian, | mæres ðeodnes, ðær hie meahton swa. Hie |
| 2655 | earde, nemne we æror mægen fane gefyllan, | feorh ealgian | Wedra ðeodnes, Ic wat geare ðæt næron |
| 2668 | dædum rof, æðeling anhydig, ealle mægene | feorh ealgian: | ic ðe fullæstu." Æfter ðam wordum wyrm |
| 156 | ne wolde wið manna hwone mægenes Deniga, | feorhbealo feorran, | fea ðingian, ne ðær nænig witena |
| 2250 | hyt ær on ðe gode begeaton. Guðdeað fornam, | feorhbealo frecne, | fyra gehwylcne leoda minra, ðara ðe ðis |
| 2077 | weardodon. Ðær wæs Hondscio hild onsæge, | feorhbealu fægum: | he fyrmest læg, gyrded cempa: him |
| 2537 | elne sceall gold gegangan, oððe guð nimeð, | feorhbealu frecne, | frean eowerne!" Aras ða bi ronde rof |
| 969 | getwæman, no ic him ðæs georne ætfealh, | feorhgeniðlan: | wæs to foremihtig feond on feðe. Hwæðere |
| 1540 | brægd ða beadwe heard, ða he gebolgen wæs, | feorhgeniðlan, | ðæt heo on flet gebeah. Heo him eft hraðe |
| 2933 | Onelan modor ond Ohtheres, ond ða folgode | feorhgeniðlan, | oððæt hi oðeodon earfoðlice in Hrefnesholt |
| 430 | wigendra hleo, freowine folca, nu ic ðus | feorran com, | ðæt ic mote ana ond minra eorla gedryht, ðes |
| 825 | gelumpen. Hæfde ða gefælsod se ðe ær | feorran com, | snotor ond swyðferhð, sele Hroðgares, genered |
| 361 | to his winedrihtne: "Her syndon geferede, | feorran cumene | ofer geofenes begang Geata leode: ðone |
| 1819 | Ecgðeowes: "Nu we sæliðend secgan wyllað, | feorran cumene, | ðæt we fundiað Higelac secan. Wæron |
| 1544 | feng: oferwearp ða werigmod wigena strengest, | feðecempa, | ðæt he on fylle wearð. Ofsæt ða ðone selegyst |
| 2853 | læg, wlitan on Wilaf. He gewergad sæt, | feðecempa, | frean eaxlum neah, wehte hyne wætre: him wiht |
| 2209 | brade rice on hand gehwearf: he geheold tela | fiftig wintra | (wæs ða frod cyning, eald eðelweard), |
| 2733 | wurde lice gelenge. Ic ðas leode heold | fiftig wintra: | næs se folccyning, ymbesittendra ænig |
| 1156 | eorðcyninges, swylce hie æt Finnes ham | findan meahton | sigla, searogimma. Hie on sælade drihtlice |
| 2373 | ða wæs Hygelac dead. No ðy ær feasceafte | findan meahton | æt ðam æðelinge ænige ðinga, ðæt he |
| 2870 | swylce he ðrydlicost ower feor oððe neah | findan meahte, | ðæt he genunga guðgewædu wraðe forwurpe, |
| 1433 | ongeaton, guðhorn galan. Sumne Geata leod of | flanbogan | feores getwæfde, yðgewinnes, ðæt him on aldre |
| 1744 | bisgum gebunden, bona swiðe neah, se ðe of | flanbogan | fyrenum scoteð. Ðonne bið on hreðre under helm |

610 gelyfde brego Beorhtdena, gehyrde on Beowulfe folces hyrde fæstrædne geðoht. Ðær wæs hæleða
1832 wat, Geata dryhten, ðeah ðe he geong sy, folces hyrde, ðæt he mec freman wile wordum ond worcum,
1849 Hreðles eaferan, adl oððe iren ealdor ðinne, folces hyrde, ond ðu ðin feorh hafast, ðæt ðe Sægeatas
2644 us ðis ellenweorc ana aðohte to gefremmanne, folces hyrde, for ðam he manna mæst mærða gefremede,
2981 helm brecan ofer bordweal: ða gebeah cyning, folces hyrde, wæs in feorh dropen. Ða wæron monige ðe

382 mundgripe heaðorof hæbbe. Hine halig god for arstafum us onsende, to Westdenum, ðæs ic wen
458 "For gewyrhtum ðu, wine min Beowulf, ond for arstafum usic sohtest. Gesloh ðin fæder fæhðe

716 gearwost wisse, fættum fahne. Ne wæs ðæt forma sið ðæt he Hroðgares ham gesohte: næfre he on
1463 gegan dorste, folcstede fara: næs ðæt forma sið ðæt hit ellenweorc æfnan scolde. Huru ne

236 ðrymmum cwehte mægenwudu mundum, meðelwordum frægn: "Hwæt syndon ge searohæbbendra, byrnum werede,
332 ðær wlonc hæleð oretmecgas æfter æðelum frægn: "Hwanon ferigeað ge fætte scyldas, græge syrcan

3002 to Sweona leoda, syððan hie gefricgeað frean Scyldinga. ðone ðe ær geheold wið
3107 ðonne we ut cymen, ond ðonne geferian frean Scyldinga, ðær he longe sceal on ðæs

291 ic ðæt gehyre, ðæt ðis is hold weorod frean Scyldinga. Gewitað forð beran wæpen ond gewædu:
500 maðelode, Ecglafes bearn, ðe æt fotum sæt frean Scyldinga: onband beadurune (wæs him Beowulfes
1166 Swylce ðær Unferð ðyle æt fotum sæt frean Scyldinga: gehwylc hiora his ferhðe treowde, ðæt he

2357 sloh, syððan Geata cyning guðe ræsum, freawine folca Hreðles eafora
2429 ic wæs syfanwintre, ða mec sinca baldor, freawine folca, æt minum fæder genam: heold mec ond

3 ðrym gefrunon, hu ða æðelingas ellen fremedon. Oft Scyld Scefing sceaðena ðreatum, monegum
1019 nalles facenstafas Deodscyldingas ðenden fremedon. Forgeaf ða Beowulfe bearn Healfdenes segen

1306 bicgan scoldon freonda feorum. Ða wæs frod cyning, har hilderinc, on hreon mode, syððan he
2209 he geheold tela fiftig wintra (wæs ða frod cyning, eald eðelweard), oððæt an ongan deorcum

698 wigspeda gewiofu, Wedera leodum, frofor ond fultum, ðæt hie feond heora ðurh anes cræft ealle
1835 herige ond ðe to geoce garholt bere, mægenes fultum, ðær ðe bið manna ðearf. Gif him ðonne Hreðric

1014 sel gebæran. Bugon ða to bence blædagande, fylle gefægon: fægere geðægon medoful manig magas ðara
1333 ne wat hwæder atol æse wlanc eftsiðas teah, fylle gefægnod. Heo ða fæhðe wræc ðe ðu gystran niht

1985 in sele ðam hean fægre fricgcean (hyne fyrwet bræc, hwylce Sægeata siðas wæron): "Hu lomp
2784 eftsiðes georn, frætwum gefyrðred: hyne fyrwet bræc, hwæðer collenferð cwicne gemette in ðam

246 ne ge leafnesword guðfremmendra gearwe ne wisson, maga gemedu. Næfre ic maran geseah
878 gewin, wide siðas, ðara ðe gumena bearn gearwe ne wiston, buton Fitela mid

A concordance of Beowulf (keyword in context), arranged with line references.

| | | | |
|---|---|---|---|
| ofer benne spræc, wunde wælbleate: | wisse he gearwe | ðæt he dæghwila gedrogen hæfde, eorðan wynne: ða | ðonne he on ðæt sinc | 2725 |
| eorla dryhten, wigbord wrætlic: | wisse he gearwe | ðæt him holtwudu helpan ne meahte, lind wið lige. | ðæt he | 2339 |
| onsend. Mæg ðonne on ðæm golde ongitan | Geata dryhten, | geseon sunu Hrædles, | | 1484 |
| hæleða to helpe. Ic on Higelac wat, | Geata dryhten, | ðeah ðe he geong sy, folces hyrde, | | 1831 |
| beorge bordrand onswaf wið ðam gryregieste, | Geata dryhten: | ða wæs hringbogan heorte gefysed | sæcce to | 2560 |
| ne gescraf hreð æt hilde. Hond up abræd | Geata dryhten, | gryrefahne sloh incgelafe, | ðæt sio ecg | 2576 |
| ond gelæste swa: geald ðone guðræs | Geata dryhten, | Hreðles eafora, ða he to ham becom, | lofore | 2991 |
| wisa, wordhord onleac: "We synt gumcynnes | Geata leode ond Higelaces | heorðgeneatas. Wæs min fæder | | 260 |
| nið nean ond feorran, hu se guðsceaða | Geata leode hatode ond hynde: | hord eft gesceat, dryhtsele | | 2318 |
| Hrefnawudu, ða for onmedlan ærest gesohton | Geata leode Guðscilfingas. | Sona him se froda fæder | | 2927 |
| hilderinc to Hronesnæsse. Him ða gegiredan | Geata leode ad on eorðan | unwaclice, helmum behongen, | | 3137 |
| lichaman læded weorðan. Swa begnornodon | Geata leode hlafordes hryre, | heorðgeneatas, cwædon ðæt he | | 3178 |
| Hafast ðu gefered ðæt ðam folcum sceal, | Geata leodum ond Gardenum, | sib gemæne, ond sacu restan, | | 1856 |
| næs hio hnah swa ðeah, ne to gneað gifa | Geata leodum, maðmgestreona. | Mod Þryðo wæg, fremu folces | | 1930 |
| oðer to beadulace ætberan meahte, god ond | geatolic, | giganta geweorc. He gefeng ða fetelhilt, freca | | 1562 |
| headosteapne helm, hare byrnan, guðsweord | geatolic, | gyd æfter wræc: "Me ðis hildesceorp Hroðgar | | 2154 |
| ðonne his ðiodcyning ðearfe hæfde, bysigum | gebæded. | Ða wæs beorges weard æfter heaðuswenge on | | 2580 |
| egeslic eorðdraca ealdre bereafod, bealwe | gebæded. | Beahhordum leng wyrm wohbogen wealdan ne moste, | | 2826 |
| ðone dolsceaðan dæda getwæfan. Ful oft | gebeotedon | beore druncne ofer ealowæge oretmecgas ðæt | | 480 |
| man. Wit ðæt gecwædon cnihtwesende ond | gebeotedon | (wæron begen ða git on geogoðfeore) ðæt wit | | 536 |
| folmum æthran: onbræd ða bealohydig, | ða he gebolgen wæs, | recedes muðan. Raðe æfter ðon on fagne | | 723 |
| modor: brægd ða beadwe heard, | ða he gebolgen wæs, | feorhgeniðlan. ðæt heo on flet gebeah. Heo | | 1539 |
| ðæt sie ðiod onfand, bufolc beorna, | ðæt he gebolgen wæs. | Nealles mid gewealdum wyrmhord abræc | | 2220 |
| for dracan lege. Let ða of breostum, | ða he gebolgen wæs. | Wedergeata leod word ut faran, stearcheort | | 2550 |
| wæs Beowulfes mærðo mæned: | monig oft gecwæð | ðætte suð ne norð be sæm tweonum ofer eormengrund | | 857 |
| spel gerade, wordum wrixlan. | Welhwylc gecwæð | ðæt he fram Sigemundes secgan hyrde ellendædum, | | 874 |
| hilderinces, egl, unheoru. | Æghwylc gecwæð | ðæt him heardra nan hrinan wolde iren ærgod, | | 987 |
| Ic him ðenode deoran sweorde, | swa hit gedefe wæs. | Næs hie ðære fylle gefean hæfdon, | | 561 |
| fyrendæda wræc, deaðcwealm Denigea, | swa hit gedefe wæs. | Ic hit ðe ðonne gehate, ðæt ðu on Heorote | | 1670 |
| ellen, forðon he ær fela nearo neðende | niða gedigde, hildehlemma, | syððan he Hroðgares, sigoreadig | | 2350 |
| wealle se ðe worna fela, guncystum god, | guða gedigde, hildehlemma, | ðonne hnitan feðan, stondan | | 2543 |

```
lara liðe: ic ðe ðæs lean geman.  Hafast ðu gefered    ðæt ðe feor ond neah ealne wideferhð weras       1221
leng swa wel, leofa Beowulf.  Hafast ðu gefered        ðæt ðam folcum sceal, Geata leodum ond Gardenum  1855

fyrena feond mancynnes, atol angengea,         oft gefremede,    heardra hynða.  Heorot eardode, sincfage sel        165
Geata cempa, nemne him heaðobyrne helpe gefremede,     herenet hearde, ond halig god geweold wigsigor:               1552

alwalda æfre wille æfter weaspelle    wyrpe gefremman,   ða æfter flore fyrdwyrðe man mid his              1315
he him helpe ne mæg, eald ond infrod, ænige gefremman.  Symble bið gemyndgad morna gehwylce eaforan       2449

wan under wolcnum.  Werod eall aras.         Gegrette ða    guma oðerne, Hroðgar Beowulf, ond him hæl          652
mec se mansceaða of eorðsele ut geseceð."    Gegrette ða    gumena gehwylcne, hwate helmberend, hindeman     2516

modega mæg Hygelaces hæfde be honda:  wæs gehwæðer oðrum    lifigende lað.  Licsar gebad atol æglæca:        814
wæs, niða heardum, nefa swyðe hold,   ond gehwæðer oðrum    hroðra gemyndig.  Hyrde ic ðæt he ðone          2171

leomum ond leafum, lif eac gesceop cynna gehwylcum    ðara ðe cwice hwyrfað.  Swa ða drihtguman              98
web æfter wagum, wundorsiona fela secga gehwylcum     ðara ðe on swylc staræð.  Wæs ðæt beorhte bold       996
domleasan dæd.  Deað bið sella eorla gehwylcum        ðonne edwitlif!"  Heht ða ðæt heaðoweorc to         2891

geneahhe: Norðdenum stod atelic egesa, anra gehwylcum    ðara ðe of wealle wop gehyrdon, gryreleoð galan     784
heorodreorig stod, wea widscofen witena gehwylcum        ðara ðe ne wendon ðæt hie wideferð leoda          936

ðurhteon mihte ðæt he Eotena bearn inne gemunde.  Swa he ne forwyrnde woroldrædenne, ðonne him     1141
hreðer inne weoll, ðonne he wintrum frod gemunde.  Swa we ðær inne ondlangne dæg niode naman,      2114

wigweorðunga, wordum bædon ðæt him gastbona    geoce gefremede    wið ðeodðreaum.  Swylc wæs ðeaw hyra,         177
wið rond, byrne ne meahte geongum garwigan     geoce gefremman,   ac se maga geonga under his mæges scyld    2674

leton holm beran, geafon on garsecg: him wæs    geomor sefa,    murnende mod.  Men ne cunnon secgan to soðe,     49
heorðgeneatum, goldwine Geata.  Him wæs          geomor sefa,    wæfre ond wælfus, wyrd ungemete neah, se       2419

hine gearwe geman witena welhwylc wide    geond eorðan.  We ðurh holdne hige hlaford ðinne, sunu         266
swa he manna wæs wigend weorðfullost wide geond eorðan, ðenden he burhwelan brucan moste.  Uton nu    3099

monig: ferdon folctogan feorran ond nean    geond widwegas    wundor sceawian, laðes lastas.  No his          840
eorl wære geboren betera!  Blæd is aræred    geond widwegas,   wine min Beowulf, ðin ofer ðeoda gehwylce.    1704

syððan ærest wearð gyfen goldhroden          geongum cempan,    æðelum diore, syððan hio Offan flet ofer      1948
(him bið grim sefa), onginneð geomormod      geongum cempan     ðurh hreðra gehygd higes cunnian, wigbealu    2044

for.  Born bord wið rond, byrne ne meahte    geongum garwigan    geoce gefremman, ac se maga geonga under     2674
gyldenne ðioden ðristhydig, ðegne gesealde,  geongum garwigan,   goldfahne helm, beah ond byrnan, het        2811
```

eorl,   ðonne his ellen deah. Hwæðere me gesælde   ðæt ic mid sweorde ofsloh niceras nigene. No ic
dæde,   ne wæs him Fitela mid. Hwæðre him gesælde   ðæt ðæt swurd ðurhwod wrætlicne wyrm, ðæt hit

uncuðes. Uðe swiðor ðæt ðu hine selfne   geseon moste, feond on frætewum fylwerigne. Ic hine
Gode ic ðanc secge ðæs ðe ic ðe gesundne   geseon moste." Biowulf maðelode, bearn Ecgðioes:

ðeodnes gefegon, ðæs ðe hi hyne gesundne   geseon moston. Ða wæs of ðæm hroran helm ond byrne
infrodum, oðres swiðor, ðæt hie seoððan no   geseon moston, modige on meðle. Wæs him se man to ðon

ðegna heap, ðeodnes gefegon, ðæs ðe hi hyne   gesundne   geseon moston.   Ða wæs of ðæm hroran helm ond
Grendel. Gode ic ðanc secge ðæs ðe ic ðe   gesundne   geseon moste."   Biowulf maðelode, bearn

bræc modgehygdum, hwæt ða men wæron.   Gewat him ða to waroðe wicge ridan ðegn Hroðgares,
mæg, nefa Garmundes,   niða cræftig.   Gewat him ða se hearda mid his hondscole sylf æfter sande
gesyne, hu ða folc mid him   fæhðe towehton.   Gewat him ða se goda mid his gædelingum, frod, felageomor,

bið ðæt ðone hilderæs hal gedigeð."   Gewiton him ða feran.   Flota stille bad, seomode on sale
fornam bega folces: wæs hira blæd scacen.   Gewiton him ða wigend   wica neosian, freondum befeallen,

feorme leng sorgian. Onsend Higelace,   gif mec hild nime, beaduscruda betst,   ðæt mine breost
ðu mundbora minum magoðegnum, hondgesellum,   gif mec hild nime: swylce ðu ða maðmas   ðe ðu me sealdest,

Ne hie huru winedrihten wiht ne logon,   glædne Hroðgar,   ac ðæt wæs god cyning.   Hwilum
ðu forð scyle metodsceaft seon. Ic minne can   glædne Hroðulf,   ðæt he ða geogoðe wile arum healdan,

mæges scyld elne geeode,   ða his agen wæs gledum forgrunden.   Ða gen guðcyning marða gemunde,
leoda fæsten, ealond utan,   eorðweard ðone gledum forgrunden:   him ðæs guðkyning, Wedera ðioden,

selfes mihtum. Soð is gecyðed ðæt mihtig god   manna cynnes weold wideferhð.   Com on wanre niht
frod. Wundor is to secganne hu mihtig god   manna cynne ðurh sidne sefan   synttru bryttað, eard ond

hyran scolde, gomban gyldan.   Ðæt wæs god cyning!   Ðæm eafera wæs æfter cenned, geong in
Biowulf healdan, Geatum wealdan.   Ðæt wæs god cyning!   Se ðæs leodhyres lean gemunde uferan

eall gedælan geongum ond ealdum,   swylc him god sealde,   buton folcscare ond feorum gumena. Ða ic wide
mægenes strenge, gimfæste gife   ðe him god sealde,   ond him to anwaldan are gelyfde, frofre ond
forgyteð ond forgymeð,   ðæs ðe him ær god sealde,   wuldres waldend, weorðmynda dæl. Hit on
mæste cræfte ginfæstan gife,   ðe him god sealde,   heold hildedeor. Hean wæs lange, swa hyne

medoful ætbær: grette Geata leod,   gode ðancode wisfæst wordum   ðæs ðe hire se willa gelamp
swa ic ðe wene to." Ahleop ða se gomela,   gode ðancode, mihtigan drihtne,   ðæs se man gespræc. Ða

574
890

961
1998

1628
1875

1628
1998

234
1963
2949

301
1125

452
1481

863
1181

2677
2335

701
1725

11
2390

72
1271
1751
2182

625
1397

298

```
786   ðe of wealle wop gehyrdon, gryreleoð galan   godes ondsacan,   sigeleasne sang,   sar wanigean helle
1682  ond ða ðas worold ofgeaf gromheort guma,     godes ondsaca,    morðres scyldig,   ond his modor eac, on

614   forð, cwen Hroðgares, cynna gemyndig, grette      goldhroden   guman on healle, ond ða freolic wif ful
1948  inwitniða, syððan ærest wearð gyfen               goldhroden   geongum cempan, æðelum diore, syððan hio

1253  æfenræste, swa him ful oft gelamp, siððan     goldsele   Grendel warode, unriht æfnde,   oðæt ende
1639  on ðæm wælstenge weorcum geferian to ðæm      goldsele   Grendles heafod, oðæt semninga to sele comon

1171  min, sinces brytta! Đu on sælum wes,          goldwine gumena,   ond to Geatum spræc mildum wordum, swa
1476  snottra fengel, nu ic eom siðes fus,          goldwine gumena,   hwæt wit geo spræcon, gif ic æt ðearfe
1602  hwate Scyldingas: gewat him ham ðonon         goldwine gumena.   Gistas setan modes seoce ond on mere

2419  cyning, ðenden hælo abead heorðgeneatum,      goldwine Geata.   Him wæs geomor sefa, wæfre ond wælfus,
2584  sprungon hildeleoman. Hreðsigora ne gealp     goldwine Geata:   guðbill geswac, nacod æt niðe,   swa hyt

2105  geseten hæfdon. Đær wæs gidd ond gleo.        Gomela Scilding,   felafricgende,   feorran rehte: hwilum
2968  forð under fexe. Næs he forht swa ðeh,        gomela Scilfing,   ac forgeald hraðe wyrsan wrixle   wælhlem

1065  samod ætgædere fore Healfdenes hildewisan,    gomenwudu greted,   gid oft wrecen, ðonne healgamen
2108  rehte: hwilum hildedeor hearpan wynne,        gomenwudu grette,   hwilum gyd awræc soð ond sarlic,   hwilum

1775  edwenden cwom, gyrn æfter gomene, seoððan     Grendel wearð,   ealdgewinna, ingenga min:   ic ðære socne
2078  fægum: he fyrmest læg, gyrded cempa: him      Grendel wearð,   mearum maguðegne to muðbonan, leofes mannes

2006  Ic ðæt eall gewræc, swa begylpan ne ðearf     Grendeles maga   ænig ofer eorðan uhthlem ðone, se ðe
2353  secg, sele fælsode ond æt guðe forgrap        Grendeles mægum   laðan cynnes.   No ðæt læsest wæs

384   onsende, to Westdenum, ðæs ic wen hæbbe, wið   Grendles gryre.   Ic ðæm godan sceal for his modðræce
478   wigheap gewanod: hie wyrd forsweop on          Grendles gryre.   God eaðe mæg ðone dolsceaðan dæda

127   wica neosan. Đa wæs on uhtan mid ærdæge        Grendles guðcræft   gumum undyrne: ða wæs æfter wiste wop
483   oretmecgas ðæt hie in beorsele bidan woldon    Grendles guðe      mid gryrum ecga. Đonne wæs ðeos medoheal

1639  wælstenge weorcum geferian to ðæm goldsele     Grendles heafod,   oðæt semninga to sele comon frome
1648  gretan. Đa wæs be feaxe on flet boren          Grendles heafod,   ðær guman druncon, egeslic for eorlum

1258  æfter laðum, lange ðrage, æfter guðceare.      Grendles modor,   ides, aglæcwif,   yrmðe gemunde, se ðe
1282  wearð edhwyrft eorlum, siððan inne fealh       Grendles modor:   Wæs se gryre læssa efne swa micle swa
1538  (nalas for fæhðe mearn) Guðgeata leod          Grendles modor:   brægd ða beadwe heard, ða he gebolgen
2118  yldum. Đa wæs eft hraðe gearo gyrnwræce        Grendles modor,   siðode sorhfull: sunu deað fornam, wighete
```

299

121  sorge ne cuðon, wonsceaft wera.  Wiht unhælo,  grim ond grædig,  gearo sona wæs, reoc ond reðe,  ond on
1499  floda begong heorogifre beheold  hund missera,  grim ond grædig,  ðæt ðær gumena sum ælwihta eard  ufan

1496  hilderince.  Ða wæs hwil dæges ær he ðone  grundwong  ongytan mehte. Sona ðæt onfunde  se ðe floda
2770  leoðocræftum:  of ðam leoma stod, ðæt he ðone  grundwong  ongitan meahte, wræte giondwlitan.  Næs ðæs

2416  eorðan.  Næs ðæt yðe ceap to gegagenne  gumena ænigum!  Gesæt ða on næsse  niðheard cyning,
3054  bewunden, ðæt ðam hringsele hrinan ne moste  gumena ænig,  nefne god sylfa, sigora soðcyning,  sealde

 878  fela, Wælsinges gewin, wide siðas, ðara ðe  gumena bearn  gearwe ne wiston, fæhðe ond fyrena,  buton
1367  seon, fyr on flode.  No ðæs frod leofað  gumena bearna,  ðæt ðone grund wite: ðeah ðe  hæðstapa

2516  of eorðsele ut gesceð."  Gegrette ða  gumena gehwylcne,  hwate helmberend, hindeman siðe,  swæse
2859  wiht oncirran: wolde dom godes dædum rædan  gumena gehwylcum,  swa he nu gen deð.  Ða wæs æt ðam

2617  ðæt him Onela forgeaf, his gædelinges  guðgewædu,  fyrdsearo fuslic, no ymbe ða fæhðe spræc,
2730  neah): "Nu ic suna minum syllan wolde  guðgewædu,  ðær me gifeðe swa ænig yrfeweard æfter
2851  ðearfe, ac hy scamiende scyldas bæran,  guðgewædu,  ðær se gomela læg, wlitan on Wilaf.  He

 678  "No ic me an herewæsmun hnagran talige,  guðgeweorca,  ðonne Grendel hine: forðan ic hine sweorde
 981  swigra secg, sunu Eclafes, on gylpspræce  guðgeweorca,  siððan æðelingas eorles cræfte ofer heanne
1825  tilian, gumena dryhten, ðonne ic gyt dyde,  guðgeweorca,  ic beo gearo sona.  Gif ic ðæt gefricge ofer

 825  wearð æfter ðam wælræse willa gelumpen.  Hæfde ða gefælsod  se ðe ær feorran com, snotor ond
2403  gebolgen dryhten Geata dracan sceawian.  Hæfde ða gefrunen  hwanan sio fæhð aras, bealonið biorna:

1646  ealdor ðegna, dædcene mon dome gewurðad,  hæle hildedeor,  Hroðgar gretan.  Ða wæs be feaxe on
1816  Denum æðeling to yppan, ðær se oðer wæs,  hæle hildedeor,  Hroðgar grette. Beowulf maðelode, bearn
3111  geðolian."  Het ða gebeodan byre Wihstanes,  hæle hildedior,  hæleða monegum, boldagendra, ðæt hie

1189  hyre byre wæron, Hreðric ond Hroðmund, ond  hæleða bearn,  giogoð ætgædere: ðær se goda sæt,
2224  gesceod, ac for ðreanedlan ðeow nathwylces  hæleða bearna  heteswengeas fleah, ærnes ðearfa,  ond ðær

2052  wælstowe, syððan Wiðergyld læg, æfter  hæleða hryre,  hwate Scyldungas? Nu her ðara banena byre
3005  geheold wið hettendum hord ond rice æfter  hæleða hryre,  hwate Scildingas, folcred fremede oððe

1709  frofre weorðan eal langtwidig, leodum ðinum,  hæleðum to helpe.  Ne wearð Heremod swa eaforum Ecgwelan
1961  wisdome heold eðel sinne: ðonon Eomer woc  hæleðum to helpe,  Hemminges mæg, nefa Garmundes, niða
1983  Hæreðes dohtor, lufode ða leode, liðwæge bær  hæleðum to handa.  Higelac ongan sinne geseldan in sele

1929  wintra lyt under burhlocan gebiden hæbbe,  Hæreðes dohtor:  næs hio hnah swa ðeah, ne to gneað gifa
1981  Meoduscencum hwearf geond ðæt healreced  Hæreðes dohtor,  lufode ða leode, liðwæge bær hæleðum to

300

| 1221 | wes lara liðe:  ic ðe ðæs lean geman.  Hafast þu gefered  þæt ðe feor ond neah ealne wideferhð |
| 1855 | modsefa licað leng swa wel,  leofa Beowulf.  Hafast þu gefered  þæt ðam folcum sceal, Geata leodum ond |
| 939 | beweredon scuccum ond scinnum.  Nu scealc hafað þurh drihtnes miht  dæd gefremede þe we ealle ær ne |
| 2453 | burgum in innan yrfeweardas,  ðonne se an hafað þurh deaðes nyd  dæda gefondad. Gesyhð sorhcearig |
| 1327 | rædbora, eaxlgestealla,  ðonne we on orlege hafelan weredon,  ðonne hniton feðan, eoferas cnysedan. |
| 1448 | inwitfeng,  aldre gesceððan: ac se hwita helm hafelan werede, se ðe meregrundas mengan scolde, secan |
| 2366 | bæron:  lyt eft becwom fram ðam hildfrecan  hames niosan. Oferswam ða sioleða bigong  sunu Ecgðeowes, |
| 2388 | Hygelaces,  ond him eft gewat Ongenðioes bearn  hames niosan,  syððan Heardred læg, let ðone bregostol |
| 1307 | scoldon freonda feorum.  ða wæs frod cyning,  har hilderinc,  on hreon mode,  syððan he aldorðegn |
| 3136 | wæn hlæden,  æghwæs unrim,  har hilderinc  to Hronesnæsse.  Him ða gegiredan Geata |
| 887 | heard  wyrm acwealde, hordes hyrde.  He under harne stan,  æðelinges bearn,  ana geneðde frecne dæde,  ne |
| 2744 | Nu ðu lungre geong hord sceawian  under harne stan, Wiglaf leofa,  nu se wyrm ligeð,  swefeð sare |
| 2339 | eorla dryhten, wigbord wrætlic:  wisse he gearwe þæt him holtwudu  helpan ne meahte,  lind wið |
| 2725 | ofer benne spræc, wunde wælbleate:  wisse he gearwe þæt he dæghwila  gedrogen hæfde, eorðan wynne: |
| 723 | folmum æthran: onbræd ða bealohydig,  ða he gebolgen wæs,  recedes muðan.  Raðe æfter ðon on fagne |
| 1539 | Grendles modor: brægd ða beadwe heard,  þa he gebolgen wæs,  feorhgeniðlan.  þæt heo on flet gebeah. |
| 2220 | þæt sie ðiod onfand, bufolc beorna,  ðæt he gebolgen wæs.  Nealles mid gewealdum wyrmhord abræc |
| 2550 | for dracan lege. Let ða of breostum,  ða he gebolgen wæs,  Wedergeata leod word ut faran, |
| 684 | ac wit on niht sculon secge ofersittan, gif  he gesecean  dear wig ofer wæpen,  ond siððan witig god on |
| 2275 | befangen: hyne foldbuend swiðe ondrædað.  He gesecean  sceall hord on hrusan,  ðær he hæðen gold |
| 463 | cyn for herebrogan habban ne mihte. Ðanon he gesohte  Suðdena folc ofer yða gewealc,  Arscyldinga. |
| 520 | morgentid on Heaðoræmas holm up ætbær: ðonon he gesohte  swæsne eðel,  leof his leodum,  lond Brondinga, |
| 114 | gigantas, ða wið gode wunnon lange ðrage:  he him ðæs lean forgeald.  Gewat ða neosian,  syððan niht |
| 1584 | ond oðer swylc ut offerede, laðlicu lac.  He him ðæs lean forgeald,  reðe cempa,  to ðæs ðe he on |
| 2822 | gegongen guman unfrodum earfoðlice,  þæt  he on eorðan geseah ðone leofestan  lifes æt ende bleate |
| 2855 | hyne wætre: him wiht ne speow. Ne meahte  he on eorðan,  ðeah he uðe wel,  on ðam frumgare feorh |
| 1207 | for wlenco wean ahsode, fæhðe to Frysum.  He ða frætwe wæg,  eorclanstanas ofer yða ful, rice |
| 2503 | wearð to handbonan, Huga cempan: nalles he ða frætwe  Frescyninge, breostweorðunge, bringan |

meahte laðum dædum,    ðeah him leof ne wæs.    He ða mid ðære sorhge,    ðe him swa sar belamp,    gumdream    2468

ðeoden ellensíocne,    ðær he hine ær forlet.    He ða mid ðam maðmum    mærne ðioden,    dryhten sinne,    2788

hwilum on beorh æthwearf,    sincfæt sohte.    He ðæt sona onfand    ðæt hæfde gumena sum    goldes gefandod,    2300

eorðdraca ær geworhte,    swelan ond swellan:    he ðæt sona onfand,    ðæt him on breostum    bealoniðe weoll.    2713

onfeng hilderince.    Ða wæs hwil dæges ær    he ðone grundwong    ongytan mehte.    Sona ðæt onfunde    se ðe    1496

leoðocræftum:    of ðam leoma stod,    ðæt    he ðone grundwong    ongitan meahte,    wræte giondwlitan.    2770

nolde, se scynscaða    under sceadu bregdan: ac he    wæccende    wraðum on andan    bad bolgenmod    beadwa    708

geræsde, oððe hringsele    hondum styrede,    gif he    wæccende    weard onfunde    buon on beorge.    Biowulfe wearð    2841

fættum fahne.    Ne wæs ðæt forma sið,    ðonne he Hroðgares    ham gesohte:    næfre he on aldordagum    ær ne    717

oftor micle    ðonne on ænne sið,    ðonne he Hroðgares    heorðgeneatas sloh on sweofote,    slæpende    1580

neðende niða gedigde,    hildehlemma,    syððan he Hroðgares,    sigoreadig secg,    sele fælsode ond æt guðe    2351

ðrowade, heorosweng heardne,    ond hine ða heafde becearf.    Sona ðæt gesawon snottre ceorlas,    ða ðe    1590

hand gemæne,    holm heolfre weoll,    ond ic heafde becearf    in ðam guðsele    Grendeles modor eacnum    2138

geseah weard Scildinga,    se ðe holmclifu healdan scolde,    beran ofer bolcan    beorhte randas,    fyrdsearu    230

Sceotend swæfon,    ða ðæt hornreced healdan scoldon,    ealle buton anum.    Ðæt wæs yldum cuð    704

sælum, sigefolca sweg,    oððæt semninga sunu    secean wolde æfenræste:    wiste ðæm ahlæcan    645

wæs sang ond sweg    samod ætgædere fore    Healfdenes    hildewisan,    gomenwudu greted,    gid oft wrecen,    1064

ond wyrmfáh.    Ða se wisa spræc sunu    Healfdenes    (swigedon ealle):    "Ðæt, la,    mæg secgan se    1699

freoðo wilnian.    Swa ða mælceare    maga    Healfdenes    singala seað,    ne mihte snotor hæleð wean    189

Ða wæs sæl ond mæl    ðæt to healle gang    Healfdenes    sunu: wolde self cyning    symbel ðicgan. Ne    1009

fremedon.    Forgeaf ða Beowulfe    bearn    Healfdenes    segen gyldenne    sigores to leane: hroden    1020

We ðurh holdne hige    hlaford ðinne,    sunu    Healfdenes,    secean cwomon,    leodgebyrgean:    wes ðu us larena    268

Beowulf is min nama.    Wille ic asecgan    sunu    Healfdenes,    mærum ðeodne,    min ærende,    aldre ðinum,    gif    344

Ecgðeowes:    "Geðenc nu,    se mæra    maga    Healfdenes,    snottra fengel,    nu ic eom siðes fus,    goldwine    1474

Ecgðeowes:    "Hwæt!    we ðe ðas sælac,    sunu    Healfdenes,    leod Scyldinga,    lustum brohton    tires to tacne,    1652

Ða git him eorla hleo    inne gesealde,    mago    Healfdenes,    maðmas twelfe:    het hine mid ðæm lacum    leode    1867

Hroðgar gretan:    sona me se mæra    mago    Healfdenes,    syððan he modsefan    minne cuðe,    wið his sylfes    2011

floda genipu    feorran drifað."    Dyde him of healse    hring gyldenne    ðioden ðristhydig,    ðegne gesealde,    2809

maððum to gemyndum,    ne mægð scyne    haban on healse    hringweorðunge,    ac sceal geomormod    golde bereafod,    3017

| Line | Text |
|---|---|
| 2509 | gebræc. Nu sceall billes ecg, hond ond heard sweord,  ymb hord wigan." Beowulf maðelode, |
| 2638 | gif him ðyslicu ðearf gelumpe, helmas ond heard sweord.  Ðe he usic on herge geceas to ðyssum siðfate |
| 342 | wlanc Wedera leod, word æfter spræc,  heard under helme:  "We synt Higelaces beodgeneatas: |
| 404 | ða secg wisode, under Heorotes hrof ***  heard under helme,  Ðæt he on heoðe gestod. Beowulf |
| 2539 | eowerne!" Aras ða bi ronde rof oretta,  heard under helme,  hiorosercean bær under stancleofu, |
| 394 | æðelu can, ond ge him syndon ofer sæwylmas  heardhicgende hider wilcuman.  Nu ge moton gangan in eowrum |
| 799 | Hie ðæt ne wiston, ða hie gewin drugon,  heardhicgende  hildemecgas, ond on healfa gehwone heawan |
| 2202 | hildehlæmmum, syððan Hygelac læg ond  Heardrede  hildemeceas under bordhreoðan to bonan wurdon, |
| 2375 | æt ðam æðelinge ænige ðinga, ðæt he  Heardrede  hlaford wære oððe ðone cynedom ciosan wolde: |
| 89 | dream gehyrde hludne in healle:  ðær wæs hearpan sweg, swutol sang scopes.  Sægde se ðe cuðe |
| 2458 | Ridend swefað, hæleð in hoðman:  nis ðær hearpan sweg, gomen in geardum,  swylce ðær iu wæron. |
| 3023 | mundum bewunden, hæfen on handa,  nalles hearpan sweg wigend weccean,  ac se wonna hrefn fus ofer |
| 2032 | bryd duge! Mæg ðæs ðonne ofðyncan ðeodne  Heaðobeardna  ond ðegna gehwam ðara leoda, ðonne he mid |
| 2067 | æfter cearwælmum colran weorðað. Ðy ic  Heaðobeardna  hyldo ne telge, dryhtsibbe ðæl Denum |
| 63 | til: hyrde ic ðæt *** wæs Onelan cwen,  Heaðoscilfingas,  healsgebedda.  Ða wæs Hroðgare heresped |
| 2205 | gesohtan on sigeðeode hearde hildefrecan,  Heaðoscilfingas,  niða genægdan nefan Hererices, syððan |
| 1022 | sigores to leane: hroden hildecumbor,  helm ond byrnan,  mære maððumsweord manige gesawon beforan |
| 1629 | geseon moston. Ða wæs of ðæm hroran  helm ond byrne lungre alysed.  Lagu drusade, wæter under |
| 2868 | he on ealubence oft gesealde healsittendum  helm ond byrnan, ðeoden his ðegnum,  swylce he ðrydlicost |
| 371 | hider wisade."  Hroðgar maðelode,  helm Scyldinga:  "Ic hine cuðe cnihtwesende. Wæs his |
| 456 | a wyrd swa hio scel."  Hroðgar maðelode,  helm Scyldinga:  "For gewyrhtum ðu, wine min Beowulf, |
| 1321 | neodlaðum niht getæse.  Hroðgar maðelode,  helm Scyldinga:  "Ne frin ðu æfter sælum! Sorh is |
| 1245 | wæs ofer æðelinge yðgesene heaðosteapa  helm,  hringed byrne, ðrecwudu ðrymlic. Wæs ðeaw hyra |
| 2615 | meces ecgum, ond his magum ætbær brunfagne  helm,  hringde byrnan, eald sweord etonisc: ðæt him Onela |
| 2517 | Gegrette ða gumena gehwylcne, hwate  helmberend,  hindeman siðe, swæse gesiðas: "Nolde ic |
| 2642 | geaf, ðe he usic garwigend gode tealde, hwate  helmberend,  ðeah ðe hlaford us ðis ellenweorc ana aðohte |
| 551 | me wið laðum licsyrce min, heard, hondlocen,  helpe gefremede, beadohrægl broden  on breostum læg golde |
| 1552 | grund, Geata cempa, nemne him heaðobyrne  helpe gefremede, herenet hearde,  ond halig god geweold |
| 1944 | leofne mannan. Huru ðæt onhohsnode  Hemminges mæg:  ealodrincende oðer sædan, ðæt hio |
| 1961 | sinne: ðonon Eomer woc hæleðum to helpe,  Hemminges mæg,  nefa Garmundes, niða cræftig. Gewat him |

```
 1540   ða he gebolgen wæs, feorhgeniðlan, ðæt heo on flet gebeah. Heo him eft hraðe andlean forgeald
 1568   bræc. Bil eal ðurhwod fægne flæschoman:  heo on flet gecrong. Sword wæs swatig, secg weorce

  576   niceras nigene. No ic on niht gefrægn under heofones hwealf heardran feohtan, ne on egstreamum earmran
 2015   wæs on wynne: ne seah ic widan feorh under heofones hwealf healsittendra medudream maran. Hwilum

  935   bote gebidan, ðonne blode fah husa selest heorodreorig stod, wea widscofen witena gehwylcum ðara ðe
 1780   ðe ic on aldre gebad ðæt ic on ðone hafelan heorodreorigne ofer ealdgewin eagum starige! Ga nu to
 2720   eorðreced innan healde. Hyne ða mid handa heorodreorigne, ðeoden mærne, ðegn ungemete till

  261   synt gumcynnes Geata leode ond Higelaces heorðgeneatas. Wæs min fæder folcum gecyðed, æðele
 1580   ðonne on ænne sið, ðonne he Hroðgares heorðgeneatas sloh on sweofote, slæpende fræt folces
 2180   dreah æfter dome, nealles druncne slog heorðgeneatas: næs him hreoh sefa, ac he mancynnes mæste
 3179   begnornodon Geata leode hlafordes hyre, heorðgeneatas, cwædon ðæt he wære wyruldcyninga manna

  396   ge moton gangan in eowrum guðgeatawum under heregriman Hroðgar geseon: lætað hildebord her onbidan,
 2049   ðone ðin fæder to gefeohte bær under heregriman hindeman siðe, dyre iren, ðær hyne Dene
 2605   mæg Ælfheres: geseah his mondryhten under heregriman hat ðrowian. Gemunde ða ða are ðe he him ær

   15   sende folce to frofre: fyrenðearfe ongeat ðe hie ær drugon aldorlease lange hwile. Him ðæs liffrea
  831   swylce oncyððe ealle gebette, inwidsorge, ðe hie ær drugon ond for ðreanydum ðolian scoldon, torn
 1858   sib gemæne, ond sacu restan, inwitniðas, ðe hie ær drugon, wesan, ðenden ic wealde widan rices, maðmas

  261   onleac: "We synt gumcynnes Geata leode ond Higelaces heorðgeneatas. Wæs min fæder folcum gecyðed,
 2952   secean, eorl Ongenðio, ufor oncirde: hæfde Higelaces getrunen, wlonces wigcræft, wiðres ne

  194   nihtbealwa mæst. Ðæt fram ham gefrægn Higelaces ðegn, god mid Geatum, Grendles dæda: se wæs
 1574   be wealle, wæpen hafenade heard be hiltum Higelaces ðegn, yrre ond anræd. Næs seo ecg fracod
 2977   ðeah ðe him wund hrine. Let se hearda Higelaces ðegn, bradne mece, ða his broðor læg, eald sword

  737   ðicgean ofer ða niht. Ðryðswyð beheold mæg Higelaces, hu se manscaða under færgripum gefaran wolde.
  914   eðel Scyldinga. He ðær eallum wearð, mæg Higelaces, manna cynne, freondum gefægra: hine fyren

 1520   merewif mihtig: mægenræs forgeaf hildebille, hond sweng ne ofteah, ðæt hire on hafelan
 2679   guðcyning mærða gemunde, mægenstrengo sloh hildebille, ðæt hyt on heafolan stod niðe genyded:

  312   bad: lixte se leoma ofer landa fela. Him ða hildedeor hof modigra torht getæhte, ðæt hie him to
  834   unlytel. Ðæt wæs tacen sweotol, syððan hildedeor hond alegde, earm ond eaxle (ðær wæs eal
 2107   felafricgende, feorran rehte: hwilum hildedeor hearpan wynne, gomenwudu grette, hwilum gyd

 1446   seo ðe bancofan beorgan cuðe, ðæt him hildegrap hreðre ne mihte, eorres inwitfeng, aldre
 2507   æðeling on elne: ne wæs ecg bona, ac him hildegrap heortan wylmas, banhus gebræc. Nu sceall
```

304

2351   he ær fela nearo neðende   niða gedigde,   syððan he Hroðgares,   sigoreadig secg,   sele
2544   ðe worna fela,   gumcystum god,   guða gedigde,   ðonne hnitan feðan,   stondan stanbogan,   stream

1678   Ða wæs gylden hilt   gamelum rince,   harum hildfruman,   on hand gyfen,   enta ærgeweorc:   hit on æht
2649   godra guðrinca:   wutun gongan to,   helpan hildfruman,   ðenden hyt sy,   gledegesa grim.   God wat on mec

72   eall gedælan   geongum ond ealdum,   swylc him god sealde,   buton folcscare   ond feorum gumena.   Ða ic
1271   gemunde mægenes strenge,   gimfæste gife,   ðe him god sealde,   ond him to anwaldan   are gelyfde,   frofre ond
2182   mancynnes mæste cræfte   ginfæstan gife,   ðe him god sealde,   heold hildedeor.   Hean wæs lange,   swa hyne

1446   cunnian, seo ðe bancofan   beorgan cuðe,   ðæt him hildegrap   hreðre ne mihte,   eorres inwitfeng,   aldre
2507   hyrde, æðeling on elne:   ne wæs ecg bona,   ac him hildegrap   heortan wylmas,   banhus gebræc.   Nu sceall

40   ond heaðowædum,   billum ond byrnum:   him on bearme læg   madma mænigo,   ða him mid scoldon on
2775   hord reafian,   eald enta geweorc,   anne mannan,   him on bearm hladon   bunan ond discas   sylfes dome:   segn eac

816   lifigende lað.   Licsar gebad   atol æglæca:   him on eaxle wearð   syndolh sweotol,   seonowe onsprungon,
1547   wolde hire bearn wrecan,   angan eaferan.   Him on eaxle læg   breostnet broden:   ðæt gebearh feore,   wið

1542   hraðe andlean forgeald   grimman grapum   ond him togeanes feng:   oferwearp ða werigmod   wigena strengest,
1893   hearme of hliðes nosan   gæstas grette.   ac him togeanes   rad, cwæð ðæt wilcuman   Wedera leodum scaðan

114   gigantas,   ða wið gode wunnon   lange ðrage:   he him ðæs lean forgeald.   Gewat ða neosian,   syððan niht
1584   ond oðer swylc   ut offerede,   laðlicu lac.   He him ðæs lean forgeald,   reðe cempa,   to ðæs ðe he on ræste
1809   heht his sweord niman,   leoflic iren:   sægde him ðæs leanes ðanc,   cwæð, he ðone guðwine   godne tealde,

49   heafod,   leton holm beran,   geafon on garsecg:   him wæs geomor sefa,   murnende mod.   Men ne cunnon secgan
2419   hælo abead heorðgeneatum,   goldwine Geata.   Him wæs geomor sefa,   wæfre ond wælfus,   wyrd ungemete neah,

501   frean Scyldinga,   onband beadurune   (wæs him Beowulfes sið,   modges merefaran,   micel æfðunca,
1880   deorum men   dyrne langað   beorn wið blode.   Him Beowulf ðanan,   guðrinc goldwlanc,   græsmoldan træd

662   gif ðu ðæt ellenweorc   aldre gedigest."   Ða him Hroðgar gewat   mid his hæleða gedryht,   eodur Scyldinga,
1236   wearð eorla manegum,   syððan æfen cwom ond   Hroðgar gewat   to hofe sinum,   rice to ræste.   Reced

2049   ðin fæder to gefeohte   bær under heregriman   hindeman siðe,   dyre iren,   ðær hyne Dene slogon,   weoldon
2517   ða gumena gehwylcne,   hwate helmberend,   hindeman siðe,   swæse gesiðas:   "Nolde ic sweord beran,

2617   eald sweord etonisc:   ðæt him Onela forgeaf,   his gædelinges   guðgewædu,   fyrdsearo fuslic,   no ymbe ða
2949   fæhðe towehton.   Gewat him ða se goda   mid ða gædelingum,   frod, felageomor,   fæsten secean,   eorl

ðearle. Ic him ðenode deoran sweorde,   swa hit gedefe wæs. Næs hie ðære fylle   gefean hæfdon,
fyrenðæda wræc, deaðcwealm Denigea,   swa hit gedefe wæs. Ic hit ðe ðonne   gehate, ðæt ðu on

syððan æfen cwom ond him Hroðgar gewat   to hofe sinum, rice to ræste. Reced   weardode unrim eorla,
ða heo to botme com, hringa ðengel   to hofe sinum, swa he ne mihte,   no he ðæs modig wæs, wæpna

oncyð eorla gehwæm, syððan Æscheres on ðæm   holmclife   hafelan metton. Flod blode weol (folc to
cuðe stræte. Cyningbalde men from ðæm   holmclife   hafelan bæron earfoðlice heora æghwæðrum,

ecg geswac ðeodne æt ðearfe: ðolode ær fela   hondgemota,   helm oft gescær, fæges fyrdhrægl: ða wæs
mægum laðan cynnes. No ðæt læsest wæs   hondgemota,   ðær mon Hygelac sloh, syððan Geata cyning

wisode gumum ætgædere. Guðbyrne scan heard   hondlocen,   hringiren scir song in searwum, ða hie to sele
ðær me wið laðum licsyrce min, heard,   hondlocen,   helpe gefremede, beadohrægl broden on breostum

anhaga, eft to leodum: ðær him Hygd gebead   hord ond rice,   beagas ond bregostol, bearne ne truwode ðæt
ðone ðe ær geheold wið hettendum   hord ond rice   after hæleða hryre, hwate Scildingas,

giong niða nathwylc, se ðe neh gefeng hæðnum   horde,   hond * * *, since fahne. He ðæt syððan * * *,
he siomian geseah segn eallgylden heah ofer   horde,   hondwundra mæst, gelocen leoðocræftum: of ðæm

ond maðmum: mæst hlifade ofer Hroðgares   hordgestreonum.   He ðæm batwearde bunden golde swurd
ofoste gefeng micle mid mundum mægenbyrðenne   hordgestreona,   hider ut ætbær cyninge minum. Cwico wæs

hine wel brucan. Swa manlice mære ðeoden,   heaðoræsas geald mearum ond maðmum,
selran næbben to geceosenne cyning ænigne,   hordweard hæleða,   gyf ðu healdan wylt maga rice. Me ðin

gumena sum goldes gefandod, heahgestreona.   Hordweard onbad earfoðlice oððæt æfen cwom: wæs ða gebolgen
under harne stan. Hete wæs onhrered,   hordweard oncniow mannes reorde: næs ðær mara fyrst

guðe ræsum, freawine folca Freslondum on,   Hreðles eafora,   hiorodryncum swealt, bille gebeaten. Ðonan
swa: geald ðone guðræs Geata dryhten,   Hreðles eafora,   ða he to ham becom, lofore ond Wulfe mid

leof landfruma lange ahte. Ðær æt hyðe stod   hringedstefna,   isig ond utfus, æðelinges fær. Aledon ða
gemunde, ðeah ðe he ne meahte on mere drifan   hringedstefnan:   holm storme weol, won wið winde, winter
wæs on sande sægeap naca hladen herewædum,   hringedstefna,   mearum ond maðmum: mæst hlifade ofer

ðæt he wið attorsceaðan oreðe geræsde, oððe   hringsele   hondum styrede, gif he wæccende weard onfunde
iumonna gold galdre bewunden, ðæt ðam   hringsele   hrinan ne moste gumena ænig, nefne god sylfa,

to gemyndum minum leodum heah hlifian on   Hronesnæsse,   ðæt hit sæliðend syððan hatan Biowulfes biorh,
unrim, æðeling boren, har hilderinc to   Hronesnæsse.   Him ða gegiredan Geata leode ad on eorðan

561
1670

1236
1507

1421
1635

1526
2355

322
551

2369
3004

2216
2768

1899
3092

1047
1852

2302
2554

2358
2992

32
1131
1897

2840
3053

2805
3136

ðæt ellenweorc aldre gedigest." Ða him   Hroðgar gewat   mid his hæleða gedryht, eodur Scyldinga,   662
eorla manegum, syððan æfen cwom ond him   Hroðgar gewat   to hofe sinum, rice to ræste. Reced   1236

dædcene mon dome gewurðad, hæle hildedeor,   Hroðgar gretan.   Ða wæs be feaxe on flet boren Grendles   1646
yppan, ðær se oðer wæs, hæle hildedeor,   Hroðgar grette.   Beowulf maðelode, bearn Ecgðeowes: "Nu   1816
Ic ðær furðum cwom to ðam hringsele   Hroðgar gretan:   sona me se mæra mago Healfdenes, syððan   2010

deah, se ðæm heaðorincum hider wisade."   Hroðgar maðelode,   helm Scyldinga: "Ic hine cuðe   371
geweorc. Gæð a wyrd swa hio scel."   Hroðgar maðelode,   helm Scyldinga: "For gewyrhtum ðu,   456
cwen mid him medostigge mæt mægða hose.   Hroðgar maðelode,   (he to healle geong, stod on stapole,   925
him wære æfter neodlaðum niht getæse.   Hroðgar maðelode,   helm Scyldinga: "Ne frin ðu æfter   1321
ðara ðe on Scedenigge sceattas dælde.   Hroðgar maðelode,   hylt sceawode, ealde lafe, on ðæm wæs   1687
selran gesohte ðæm ðe him selfa deah."   Hroðgar maðelode   him on ondsware: "Ðe ða wordcwydas   1840

befangen, ða heo to fenne gang. Se wæs   Hroðgare   hæleða leofost on gesiðes had be sæm tweonum,   1296
ðær ðone selestan sawolleasne ðara ðe mid   Hroðgare   ham eahtode. Ofereode ða æðelinga bearn steap   1407

fættum fahne. Ne wæs ðæt forma sið ðæt he   Hroðgares   ham gesohte: næfre he on aldordagum ær ne   717
oftor micle ðonne on ænne sið, ðonne he   Hroðgares   heorðgeneatas sloh on sweofote, slæpende fræt   1580
mearum ond maðmum: mæst hilfade ofer   Hroðgares   hordgestreonum. He ðæm batwearde bunden golde   1899

Gewat him ða to waroðe wicge ridan ðegn   Hroðgares,   ðrymmum cwehte mægenwudu mundum, meðelwordum   235
wæron wynsume. Eode Wealhðeow forð, cwen   Hroðgares,   cynna gemyndig, grette goldhroden guman on   613

Swa se ðeodsceaða ðreo hund wintra heold on hrusan   hordærna sum, eacencræftig, oððæt hyne an abealch   2279
lafe, ðæt se widfloga wundum stille hreas on hrusan   hordærne neah. Nalles æfter lyfte lacende hwearf   2831

wælstowe, syððan Wiðergyld læg, æfter hæleða hryre,   hwate Scyldungas? Nu her ðara banena byre,   2052
wið hettendum hord ond rice æfter hæleða hryre,   hwate Scildingas, folcred fremede oððe furður gen   3005

se ðe floda begong heorogifre beheold   hund missera, grim ond grædig, ðæt ðær gumena sum   1498
deað oferswyðeð. Swa ic Hringdena   hund missera weold under wolcnum ond hig wigge beleac   1769

onsæce æfter ligetorne leofne mannan.   Huru ðæt onhohsnode Hemminges mæg: ealodrincende oðer   1944
gefeoll for ðæs hildfruman hondeweorce.   Huru ðæt on lande lyt manna ðah, mægenagendra, mine   2836

rihte wan, ana wið eallum, oððæt idel stod   husa selest. Wæs seo hwil micel: twelf wintra tid torn   146
ðolað, ðenden ðær wunað on heahstede   husa selest." Weard maðelode, ðær on wicge sæt, ombeht   285

cempa self mid gesiðum ðær se snotera bad,   hwæðer him alwalda æfre wille æfter weaspelle wyrpe   1314
nemdon foldbuende. No hie fæder cunnon,   hwæðer him ænig wæs ær acenned dyrnra gasta. Hie   1356

307

| Line | | |
|---|---|---|
| 890 | frecne dæde, ne wæs him Fitela mid. | Hwæðre him gesælde ðæt ðæt swurd ðurhwod wrætlicne |
| 2098 | on weg losade, lytle hwile lifwynna breac; | hwæðre him sio swiðre swaðe weardade hand on Hiorte, ond |
| 2874 | folccyning fyrdgesteallum gylpan ðorfte: | hwæðre him god uðe, sigora waldend, ðæt he hyne sylfne |
| 2517 | ut geseceð." Gegrette ða gumena gehwylce, | hwate helmberend,   hindeman siðe, swæse gesiðas: "Nolde |
| 2642 | geaf, ðe he usic garwigend gode tealde, | hwate helmberend,   ðeah ðe hlaford us ðis ellenweorc ana |
| 1601 | hæfde. Ða com non dæges. Næs ofgeafon | hwate Scyldingas:   gewat him ham ðonon goldwine gumena. |
| 2052 | syððan Wiðergyld læg, æfter hæleða hryre, | hwate Scyldungas? Nu her ðara banena byre nathwylces |
| 1985 | geseldan in sele ðam hean fægre fricgcean | hyne fyrwet bræc,   hwylce Sægeata siðas wæron): "Hu lomp eow |
| 2784 | ofoste, eftsiðes georn, frætwum gefyrðred: | hyne fyrwet bræc,   hwæðer collenferð cwicne gemette in ðam |
| 475 | minum gumena ængum hwæt me Grendel hafað | hynðo on Heorote   mid his heteðancum, færniða gefremed. |
| 593 | gryra gefremede, atol æglæca, ealdre ðinum, | hynðo on Heorote,   gif ðin hige wære, sefa swa searogrim, |
| 62 | Heorogar ond Hroðgar ond Halga til: | * * * *   wæs Onelan cwen, Heaðoscilfingas |
| 2163 | wære, breostgewædu. Bruc ealles well!" | hyrde ic ðæt * * *   ðam frætwum feower mearas lungre, gelice, |
| 2172 | hold, ond gehwæðer oðrum hroðra gemyndig. | Hyrde ic ðæt   he ðone healsbeah Hygde gesealde, wrætlicne |
| 750 | wið earm gesæt. Sona ðæt onfunde fyrena | hyrde ðæt he ne mette middangeardes, eorðan sceata, on |
| 1346 | londbuend, leode mine, seleræedende, | hyrde ðæt hie gesawon swylce twegen micle mearcstapan |
| 1849 | eaferan, adl oððe iren ealdor ðinne, folces hyrde, | hyrde,   ond ðu ðin feorh hafast, ðæt ðe Sægeatas selran |
| 2027 | hafað ðæs geworden wine Scyldinga, rices hyrde, | hyrde,   ond ðæt ræd talað, ðæt he mid ðy wife wælfæhða |
| 1477 | goldwine gumena, hwæt wit geo spræcon, | gif ic æt ðearfe ðinre scolde aldre linnan, ðæt ðu me a wære |
| 2694 | wearð sawuldriore, swat yðum weoll. | Ða ic æt ðearfe gefrægn ðeodcyninges andlongne eorl ellen |
| 292 | Gewitað forð beran wæpen ond gewædu: | ic eow wisige. Swylce ic maguðegnas mine hate wið feonda |
| 3103 | searogimma geðræc, wundur under wealle: | ic eow wisige, ðæt ge genoge neon sceawiað beagas ond brad |
| 437 | sie, min mondrihten, modes bliðe), ðæt "Nolde | ic sweord bere   oððe sidne scyld, geolorand to guðe, ac ic |
| 2518 | hindeman siðe, swæse gesiðas: | ic sweord beran, wæpen to wyrme, gif ic wiste hu wið ðam |
| 2005 | sorge gefremede, yrmðe to aldre. | ic ðæt eall gewræc,   swa begylpan ne ðearf Grendeles maga |
| 2427 | ic on giogoðe guðræsa genæs, orleghwila: | ic ðæt eall gemon.   Ic wæs syfanwintre, ða mec sinca |
| 13 | Ðæm eafera wæs æfter cenned, geong in geardum, | ðone god sende folce to frofre: fyrenðearfe |
| 2459 | in hoðman: nis ðær hearpan sweg, gomen in geardum, | swylce ðær iu wæron. Gewiteð ðonne on sealman, |

| 713 | se manscaða manna cynnes sumne besyrwan | in sele ðam hean. Wod under wolcnum to ðæs ðe he |
| 1984 | to handa. Higelac ongan sinne geseldan | in sele ðam hean hean fægre fricgcean (hyne fyrwet bræc, |

| 2383 | Scylfinga, ðone selestan sæcyninga ðara ðe | in Swiorice sinc brytnade, mærne ðeoden. Him ðæt to |
| 2495 | ðæt he to Gifðum oððe to Gardenum oððe | in Swiorice secean ðurfe wyrsan wigtrecan, weorðe |

| 673 | helm of hafelan, sealde his hyrsted sweord, | Irena cyst, ombihtðegne, ond gehealdan het hildegeatwe. |
| 1697 | geseted ond gesæd hwam ðæt sweord geworht, | Irena cyst, ærest wære, wreoðenhilt ond wyrmfah. Ða se |

| 1700 | sunu Healfdenes (swigedon ealle): "ðæt, la, mæg secgan | se ðe soð ond riht fremeð on folce, feor |
| 2864 | sec, sarigferð (seah on unleofe): "ðæt, la, mæg secgan | se ðe wyle soð specan ðæt se mondryhten |

| 134 | wergan gastes: wæs ðæt gewin to strang, lað ond longsum. | Næs hit lengra fyrst, ac ymb ane niht |
| 192 | wean onwendan: wæs ðæt gewin to swyð, lað ond longsum, | ðe on ða leode becom, nydwracu niðgrim, |

| 2008 | eorðan uhthlem ðone, se ðe lengest leofað | laðan cynnes, facne bifongen. Ic ðær furðum cwom to ðam |
| 2354 | fælsode ond æt guðe forgrap Grendeles mægum | laðan cynnes. No ðæt læsest wæs hondgemota, ðær mon |

| 114 | ða wið gode wunnon lange ðrage: | he him ðæs lean forgeald. Gewat ða neosian, syððan niht becom, hean |
| 1584 | swylc ut offerede, laðlicu lac. | He him ðæs lean forgeald, reðe cempa, to ðæs ðe he on ræste geseah |

| 1987 | Sægeata siðas wæron): "Hu lomp eow on lade, | leofa Biowulf, ða ðu færinga feorr gehogodest sæcce |
| 2663 | ðær frean on fultum, fea worda cwæð: | "Leofa Biowulf, læst eall tela, swa ðu on geoguðfeore |

| 1994 | modceare sorhwylmum seað, siðe ne truwode | leofes mannes: ic ðe lange bæd ðæt ðu ðone wælgæst |
| 2080 | Grendel wearð, mærum maguðegne to muðbonan, | leofes mannes lic eall forswealg. No ðy ær ut ða gen |

| 1061 | selest, ferhðes foreðanc. Fela sceal gebidan | leofes ond laðes se ðe longe her on ðyssum windagum |
| 2910 | unlifigendum, healdeð higemæðum heafodwearde | leofes ond laðes. Nu ys leodum wen orleghwile, syððan |

| 297 | healdan, oððæt eft byreð ofer lagustreamas | leofne mannan wudu wundenhals to Wedermearce, |
| 1943 | freoðuwebbe feores onsæce æfter ligetorne | leofne mannan. Huru ðæt onhohsnode Hemminges mæg: |
| 2127 | leode, bronde forbærnan, ne on bæl hladan | leofne mannan: hio ðæt lic ætbær feondes fæðmum under |
| 3108 | we ut cymen, ond ðonne geferian frean userne, | leofne mannan, ðær he longe sceal on ðæs waldendes wære |

| 34 | isig ond utfus, æðelinges fær. Aledon ða | leofne ðeoden, beaga bryttan, on bearm scipes, mærne be |
| 3079 | swa us geworden is. Ne meahton we gelæran | leofne ðeoden, rices hyrde, ræd ænigne, ðæt he ne grette |

| 812 | gefremede (he wæs fag wið god), ðæt him se lichoma | læstan nolde, ac hine se modega mæg Hygelaces |
| 1754 | dæl. Hit on endestæf eft gelimpeð ðæt se lichoma | læne gedreoseð, fæge gefealleð; fehð oðer to, se |

```
129   wiste wop up ahafen, micel morgensweg.         Mære ðeoden,      æðeling ærgod, unbliðe sæt, ðolode ðryðswyð,
1046  wæpna, het hine wel brucan. Swa manlice         mære ðeoden,      hordweard hæleða, heaðoræsas geald mearum
1715  eaxlgesteallan, oððæt he ana hwearf,            mære ðeoden,      mondreamum from. Ðeah ðe hine mihtig god

201   he guðcyning ofer swanrade secean wolde,        mærne ðeoden,     ða him wæs manna ðearf. Ðone siðfæt him
1598  eft ne wendon ðæt he sigehreðig secean come     mærne ðeoden:     ða ðæs monige gewearð ðæt hine seo
2384  sæcyninga ðara ðe in Swiorice sinc brytnade,    mærne ðeoden:     Him ðæt to mearce wearð: he ðær for
3141  swa he bena wæs: alegdon ða tomiddes            mærne ðeoden      hæleð hiofende, hlaford leofne. Ongunnon ða

345   min nama. Wille ic asecgan sunu Healfdenes      mærum ðeodne,     min ærende, aldre ðinum, gif he us geunnan
1992  ðu Hroðgare widcuðne wean wihte gebettest,      mærum ðeodne?     Ic ðæs modceare sorhwylmum seað, siðe ne
2572  wel gebearg life ond lice læssan hwile          mærum ðeodne      ðonne his myne sohte, ðær he ðy fyrste,

189   faðmum freoðo wilnian. Swa ða mælceare          maga Healfdenes   singala seað, ne mihte snotor hæleð wean
1474  bearn Ecgðeowes: "Geðenc nu, se mæra            maga Healfdenes,  snottra fengel, nu ic eom siðes fus,
2143  ac me eorla hleo eft gesealde maðma menigeo,    maga Healfdenes.  Swa se ðeodkyning ðeawum lyfde. Nealles

1867  Ða git him eorla hleo inne gesealde,            mago Healfdenes,  maðmas twelfe: het hine mid ðam lacum
2011  hringsele Hroðgar gretan: sona me se mæra       mago Healfdenes,  syððan he modsefan minne cuðe, wið his

810   ðæt onfunde se ðe fela æror modes myrðe         manna cynne,      fyrene gefremede (he wæs fag wið god), ðæt
914   He ðær eallum wearð, mæg Higelaces,             manna cynne,      freondum gefægra: hine fyren onwod. Hwilum

701   selfes mihtum. Soð is gecyðed ðæt mihtig god    manna cynnes      weold wideferhð. Com on wanre niht scriðan
712   gongan, godes yrre bær: mynte se manscaða       manna cynnes      sumne besyrwan in sele ðam hean. Wod under
735   Ne wæs ðæt wyrd ða gen ðæt he ma moste          manna cynnes      ðicgean ofer ða niht. Dryðswyð beheold mæg

201   secean wolde, mærne ðeoden,          ða him wæs manna ðearf.      Ðone siðfæt him snotere ceorlas lythwon
1835  garholt bere, mægenes fultum,        ðær ðe bið manna ðearf.      Gif him ðonne Hreðric to hofum Geata

925   him medostigge mæt mægða hose.                  Hroðgar maðelode  (he to healle geong, stod on stapole, geseah
2724  hilde sædne, ond his helm onspen.               Biowulf maðelode  (he ofer benne spræc, wunde wælbleate: wisse he

529   nihtlongne fyrst nean bidan."                   Beowulf maðelode, bearn Ecgðeowes: "Hwæt! ðu worn fela, wine
631   ond ða gyddode guðe gefysed:                    Beowulf maðelode, bearn Ecgðeowes: "Ic ðæt hogode, ða ic on holm
957   forgylde, swa he nu gyt dyde!"                  Beowulf maðelode, bearn Ecgðeowes: "We ðæt ellenweorc estum
1383  golde, gyf ðu on weg cymest."                   Beowulf maðelode, bearn Ecgðeowes: "Ne sorga, snotor guma:
1473  he hine to guðe gegyred hæfde.                  Beowulf maðelode, bearn Ecgðeowes: "Geðenc nu, se mæra maga
1651  wliteseon wrætlic: weras on sawon.              Beowulf maðelode, bearn Ecgðeowes: "Hwæt! we ðe ðas sælac,
1817  hæle hildedeor Hroðgar grette,                  Beowulf maðelode, bearn Ecgðeowes: "Nu we sæliðend secgan
1999  ðe ic ðe gesundne geseon moste."                Biowulf maðelode, bearn Ecgðeowes: "Ðæt is undyrne, dryhten
2510  ond heard sweord, ymb hord wigan.               Beowulf maðelode  beotwordum spræc niehstan siðe: "Ic geneðde
```

se ðæm heaðorincum hider wisade." Hroðgar maðelode, helm Scyldinga: "Ic hine cuðe cnihtwesende. 371

Gæð a wyrd swa hio scel." Hroðgar maðelode, helm Scyldinga: "For gewyrhtum ðu, wine min 456

heoldon. Heal swege onfeng. Wealhðeo maðelode, heo fore ðæm werede spræc: "Bruc ðisses 1215

æfter neodlaðum niht getæse. Hroðgar maðelode, helm Scyldinga: "Ne frin ðu æfter sælum! 1321

ðe on Scedenigge sceattas dælde. Hroðgar maðelode, hylt sceawode, ealde lafe, on ðæm wæs or writen 1687

duguð unlytel Dena ond Wedera. Unferð maðelode, Ecglafes bearn, ðe æt fotum sæt frean Scyldinga 499

eðbegete ðam ðe ær his elne forleas. Wiglaf maðelode, Weohstanes sunu, sec, sarigferð (seah on 2862

hæfde agendes est ær gesceawod. Wiglaf maðelode, Wihstanes sunu: "Oft sceall eorl monig anes 3076

forloren hæfde, mægnes mede, ac he me maðmas geaf, sunu Healfdenes, on minne sylfes dom: ða ic 2146

willum, onmunde usic mærða, ond me ðas maðmas geaf, ðe he usic garwigend gode tealde, hwate 2640

wyle soð specan ðæt se mondryhten se eow ða maðmas geaf, eoredgeatwe, ðe ge ðær on standað, ðonne he 2865

heortan sorge weallende wæg. Wihte ne meahte on ðam feorhbonan fæghðe gebetan: no ðy ær he ðone 2464

ealdorgewinna sexbennum seoc: sweorde ne meahte on ðam aglæcean ænige ðinga wunde gewyrcean. 2904

ðeoden, hordweard hæleða, heaðoræsas geald mearum ond madmum, swa hy næfre man lyhð, se ðe secgan 1048

naca hladen herewædum, hringedstefna, mearum ond maðmum: mæst hlifade ofer Hroðgares 1898

ac he me habban wile dreore fahne, gif mec deað nimeð. Byreð blodig wæl, byrgean ðenceð, eteð 447

ic me mid Hruntinge dom gewyrce, oððe mec deað nimeð." Æfter ðæm wordum Wedergeata leod 1491

feorme leng sorgian. Onsend Higelace, gif mec hild nime, beaduscruda betst, ðæt mine breost wereð, 452

mundbora minum magoðegnum, hondgesellum, gif mec hild nime: swylce ðu ða madmas ðe ðu me sealdest, 1481

ðonne healgamen Hroðgares scop æfter medobence mænan scolde be Finnes eaferum, ða hie se fær 1067

Geata bearn godne ne tealdon, ne hyne on medobence micles wyrðne drihten Wedera gedon wolde: swyðe 2185

him wæs geomor sefa, murnende mod. Men ne cunnon secgan to soðe, selerædende, hæleð under 50

ond syrede, sinnihte heold mistige moras: men ne cunnon hwyder helrunan hwyrftum scriðað. Swa fela 162

ðegon, symbel ymbsæton sægrunde neah: ac on mergenne mecum wunde be yðlafe uppe lægon, sweordum 565

earmre teohhe ondlonge niht, cwæð, he on mergenne meces ecgum getan wolde, sum on galgtreowum 2939

Ðæt wæs yldum cuð ðæt hie ne moste, ða metod nolde, se scynscaða under sceadu bregdan: ac he 706

butan his lic swice. Ic hine ne mihte, ða metod nolde, ganges getwæman, no ic him ðæs georne 967

ærdæge eode eorla sum, æðele cempa self mid gesiðum ðær se snotera bad, hwæðer him alwalda æfre 1313

Higelac Hreðling, ðær æt ham wunað selfa mid gesiðum sæwealle neah. Bold wæs betlic, bregorof 1924

```
fet ond folma. Forð near ætstop, nam ða mid handa  higeðihtigne rinc on ræste, ræhte ongean feond
fæste ece eorðreced innan healde. Hyne ða mid handa  heorodreorigne, ðeoden mærne, ðegn ungemete

hild sweðrode, eafoð ond ellen. He mid Eotenum wearð on feonda geweald forð forlacen, snude
billa selest, on bearm dyde, ðæs wæron mid Eotenum ecge cuðe. Swylce ferhðfrecan Fin eft

cyning, Hreðles lafe gold gegyrede:  næs mid Geatum ða sincmaððum selra on sweordes had: ðæt he on
efnan swa his ærfæder: geaf him ða mid Geatum guðgewæda, æghwæs unrim, ða he of ealdre

bær ðone selestan sawolleasne ðara ðe mid Hroðgare  ham eahtode. Ofereode ða æðelinga bearn
Sona ðæt gesawon snottre ceorlas, ða ðe mid Hroðgare  on holm wliton, ðæt wæs yðgeblond eal

widcuðne man heardecg habban:  ic me mid Hruntinge dom gewyrce,  oððe mec deað nimeð." Æfter
nymðe mec god scylde. Ne meahte ic æt hilde  mid Hruntinge wiht gewyrcan,  ðeah ðæt wæpen duge: ac me

weorc gebannan manigre mægðe  geond ðisne middangeard,  folcstede frætwan.  Him on fyrste gelomp,
hig wigge beleac manigum mægða  geond ðysne middangeard,  æscum ond ecgum,  ðæt ic me ænigne under

ne uðe ðæt ænig oðer man æfre mærða ðon ma  middangeardes gehedde under heofenum  ðonne he sylfa);
ðæt onfunde fyrena hyrde ðæt he ne mette  middangeardes, eorðan sceata,  on elran men mundgripe maran.
beaga (ne ðorfte him ða lean oðwitan mon on middangearde)  syððan hie ða mærða geslogon, ond ða

wæg hatne for horde,  hioroweallende middelnihtum,  oððæt he morðre swealt. Ar wæs on ofoste,
neah. Nalles æfter lyfte  lacende hwearf middelnihtum,  maðmæhta wlonc ansyn ywde,  ac he eorðan

ofercomon, selfes mihtum. Soð is gecyðed ðæt mihtig god  manna cynnes weold wideferhð. Com on wanre
mære ðeoden, mondreamum from. Ðeah ðe hine mihtig god  mægenes wynnum, eafeðum stepte,  ofer ealle men
wintrum frod. Wundor is to secganne hu mihtig god  manna cynne ðurh sidne sefan snyttru bryttað,

helm Scyldinga: "For gewyrhtum ðu,  wine min Beowulf,  ond for arstafum usic sohtest. Gesloh ðin
Blæd is aræred geond widwegas,  wine min Beowulf,  ðin ofer ðeoda gehwylce. Eal ðu hit geðyldum

Ðær fram sylle abeag medubenc monig,  mine gefræge, golde geregnad,  ðær ða graman wunnon. Ðæs
under geapne hrof.  Ða wæs on morgen  mine gefræge ymb ða gifhealle  guðrinc monig: ferdon
wið hæleða brego, ealles moncynnes  mine gefræge ðone selestan bi sæm tweonum, eormencynnes.
wæs sio hond to strong, se ðe meca gehwane,  mine gefræge, swenge ofersohte,  ðonne he to sæcce bær
ðæt on lande lyt manna ðah, mægengendra,  mine gefræge, ðeah ðe he dæda gehwæs dyrstig wære, ðæt

ðe ic her on starie,  ðæs ðe ic moste  minum leodum ær swyltdæge  swylc gestrynan. Nu ic on
bæle æt brimes nosan: se scel to gemyndum  minum leodum heah hlifian on Hronesnæsse, ðæt hit sæliðend
```

```
 746
2720

 902
1145

2192
2623

1407
1592

1490
1659

  75
1771

 504
 751
2996

2782
2833

 701
1716
1725

 457
1704

 776
 837
1955
2685
2837

2797
2804
```

196 god mid Geatum, Grendles dæda: se wæs moncynnes  mægenes strengest on ðæm dæge ðysses lifes,
1955 hiold heahlufan wið hæleða brego, ealles moncynnes  mine gefræge ðone selestan bi sæm tweonum,

171 wræc micel wine Scyldinga, modes brecða.  Monig oft gesæt rice to rune: ræd eahtedon hwæt
857 on blancum Ðær wæs Beowulfes mærðo mæned:  monig oft gecwæð ðætte suð ne norð be sæm tweonum ofer

604 Gæð eft se ðe mot to medo modig,  siððan morgenleoht ofer ylda bearn oðres dogores, sunne sweglwered
917 fealwe stræte mearum mæton.  Ða wæs morgenleoht scofen ond scynded. Eode scealc monig

1079 morgen com, ða heo under swegle geseon meahte morðorbealo maga,  ðær heo ær mæste heold worolde wynne.
2742 for ðam me witan ne ðearf waldend fira morðorbealo maga,  ðonne min sceaceð lif of lice. Nu ðu

892 hit on wealle ætstod, dryhtlic iren: draca morðre swealt. Hæfde aglæca elne gegongen ðæt he
2782 hioroweallende middelnihtum, oððæt he morðre swealt.  Ar wæs on ofoste, eftsiðes georn,

965 clammum on wælbedde wriðan ðohte, ðæt he for mundgripe  minum scolde licgean lifbysig, butan his lic
1938 handgewriðene: hraðe seoððan wæs æfter mundgripe  mece geðinged, ðæt hit sceadenmæl scyran

753 middangeardes, eorðan sceata, on elran men mundgripe maran.  He on mode wearð forht on ferhðe: no ðy
1534 læg, stið ond stylecg: strenge getruwode, mundgripe mægenes.  Swa sceal man don, ðonne he æt guðe

1940 sceadenmæl scyran moste, cwealmbealu cyðan.  Ne bið swylc cwenlic ðeaw idese to efnanne, ðeah ðe hio
2541 stancleofu, strengo getruwode anes mannes.  Ne bið swylc earges sið! Geseah ða be wealle se ðe worna

182 dæda demend, ne wiston hie drihten god,  ne hie huru heofena helm herian ne cuðon, wuldres waldend.
862 selra nære rondhæbbendra, rices wyrðra.  Ne hie huru winedrihten wiht ne logon, glæde Hroðgar,

38 madma fela of feorwegum, frætwa, gelæded:  ne hyrde ic cymlicor ceol gegyrwan hildewæpnum ond
1842 ða wordcwydas wigtig drihten on sefan sende:  ne hyrde ic snotorlicor on swa geongum feore guman ðinglan.

2464 heortan sorge weallende wæg. Wihte ne meahte on ðam feorhbonan fæghðe gebetan: no ðy ær he
2904 ligeð ealdorgewinna sexbennum seoc:  sweorde ne meahte on ðam aglæcean ænige ðinga wunde gewyrcean.

941 drihtnes miht dæd gefremede ðe we ealle ær  ne meahton snyttrum besyrwan. Hwæt, ðæt secgan mæg efne
1032 walu utan heold, ðæt him fela laf frecne  ne meahton scurheard sceððan, ðonne scyldfreca ongean

716 gumena, gearwost wisse, fættum fahne.  Ne wæs ðæt forma sið ðæt he Hroðgares ham gesohte:
734 lice, ða him alumpen wæs wistfylle wen.  Ne wæs ðæt wyrd ða gen ðæt he ma moste manna cynnes
1304 cearu wæs geniwod, geworden in wicun.  Ne wæs ðæt gewrixle til, ðæt hie on ba healfa bicgan
2586 æt niðe, swa hyt no scolde, iren ærgod.  Ne wæs ðæt eðe sið, ðæt se mæra maga Ecgðeowes grundwong
2682 Biowulfes, gomol ond grægmæl. Him ðæt gifeðe ne wæs ðæt him irenna ecge mihton helpan æt hilde: wæs

937   stod, wea widscofen   witena gehwylcum   ðara ðe ne wendon   ðæt hie wideferhð   leoda landgeworc laðum
1604  modes seoce   ond on mere staredon,   wiston ond ne wendon   ðæt hie heora winedrihten   selfne gesawon. Ða

1174  Beo wið Geatas glæd,   geofena gemyndig,   nean ond feorran   ðu nu hafast. Me man sægde ðæt ðu ðe
2317  ðæs wyrmes wig   wide gesyne,   nearofages nið,   hu se guðsceaða   Geata leode hatode ond

1433  ongeaton, guðhorn galan.   Sumne Geata leod   of flanbogan   feores getwæfde,   yðgewinnes,   ðæt him on
1744  bisgum gebunden,   bona swiðe neah,   se ðe of flanbogan   fyrenum sceoteð.   Ðonne bið on hreðre under

265   wintra worn,   ær he on weg hwurfe,   gamol of geardum:   hine gearwe geman   witena welhwylc   wide geond
1138  fæger foldan bearm.   Fundode wrecca,   gist of geardum:   he to gyrnwræce   swiðor ðohte ðonne to

248   maga gemedu.   Næfre ic maran geseah eorla ofer eorðan   ðonne is eower sum,   secg on searwum:   nis ðæt
802   ðohton, sawle secan,   ðone synscaðan   ænig ofer eorðan   irenna cyst,   guðbilla nan,   gretan nolde,   ac he
2007  swa begylpan ne ðearf   Grendeles maga   ænig ofer eorðan   uhthlem ðone,   se ðe lengest leofað laðan

1404  wæron æfter waldswaðum   wide gesyne,   gang ofer grundas,   ðær heo gegnum for   ofer myrcan mor,
2073  hondræs hæleða.   Syððan heofones gim   glad ofer grundas,   gæst yrre cwom,   eatol,   æfengrom,   user

239   byrnum werede,   ðe ðus brontne ceol   ofer lagustræte   lædan cwomon,   hider ofer holmas?   * * *
297   nacan on sande   arum healdan,   oððæt eft byreð   ofer lagustreamas   leofne mannan   wudu wundenhals   to

2409  sceolde hean ðonon   wong wisian. He   ofer willan giong   to ðæs ðe he eorðsele   anne wisse,   hlæw
2589  grundwong ðone   ofgyfan wolde:   sceolde ofer willan   wic eardian   elles hwergen,   swa sceal æghwylc

165   fela fyrena   feond mancynnes,   atol angengea,   oft gefremede,   heardra hynða.   Heorot eardode,   sincfage sel
2478  ac ymb Hreosnabeorh   eatolne inwitscear   oft gefremedon.   Ðæt mægwine   mine gewræcan,   fæhðe ond

35    Aledon ða   leofne ðeoden,   beaga bryttan,   on bearm scipes,   mærne be mæste.   Ðær wæs madma fela of
896   moste selfes dome:   sæbat gehleod,   bær on bearm scipes   beorhte frætwa,   Wælses eafera. Wyrm

2529  wið ðone guðflogan   gylp ofersitte.   Gebide ge on beorge   byrnum werede,   secgas on searwum,   hwæðer sel
3143  hæleð hiofende,   hlaford leofne.   Ongunnon ða on beorge   bælfyra mæst   wigend weccan:   wudurec astah,

492   hwette." Ða wæs Geatmæcgum   geador ætsomne   on beorsele   benc gerymed:   ðær swiðferhðe   sittan eodon,
1094  fættan goldes,   swa he Fresena cyn   on beorsele   byldan wolde.   Ða hie getruwedon on twa

552   helpe gefremede,   beadohrægl broden   on breostum   læg golde gegyrwed.   Me to grunde teah fah
2714  ond swellan:   he ðæt sona onfand,   ðæt him   on breostum   bealoniðe weoll   attor on innan.   Ða se

808   ðysses lifes   earmlic wurðan,   ond se ellorgast   on feonda geweald   feor siðian.   Ða ðæt onfunde   se ðe fela
903   eafoð ond ellen.   He mid Eotenum wearð   on feonda geweald   forð forlacen,   snude forsended.   Hine

| | |
|---|---|
| 754 | men mundgripe maran. He on mode wearð forht on ferhðe:     no ðy ær fram meahte. Hyge wæs him hinfus, |
| 948 | ðec, secg betsta, me for sunu wylle freogan on ferhðe:     heald forð tela niwe sibbe. Ne bið ðe nænigra |
| 1354 | he wæs mara ðonne ænig man oðer: ðone on geardagum     Grendel nemdon foldbuende.    No hie fæder |
| 2233 | fela in ðam eorðhuse ærgestreona, swa hy on geardagum     gumena nathwylc, eormenlafe     æðelan cynnes, |
| 495 | ðryðum dealle.    Ðegn nytte beheold, se ðe on handa bær     hroden ealowæge, scencte scir wered.    Scop |
| 3124 | eahta sum under inwithrof.hilderinca:    sum on handa bær     æledleoman, se ðe on orde geong.Næs ða on |
| 2279 | Swa se ðeodsceaða ðreo hund wintra heold on hrusan     hordærna sum, eacencræftig,    oððæt hyne an |
| 2831 | lafe, ðæt se widfloga wundum stille hreas on hrusan     hordærne neah. Nalles æfter lyfte    lacende |
| 242 | *  *  *   wæs endesæta, ægwearde heold, ðe on land Dena     laðra nænig mid scipherge sceððan ne meahte. |
| 253 | witan, ær ge fyr heonan, leassceaweras,     on land Dena     furður feran. Nu ge feorbuend, mereliðende, |
| 565 | me ðegon, symbel ymbsæton sægrunde neah: ac on mergenne     mecum wunde be yðlafe uppe lægon, sweordum |
| 2939 | gehet earmre teohhe ondlonge niht, cwæð, he on mergenne     meces ecgum getan wolde,    sum on galgtreowum |
| 484 | mid gryrum ecga.    Ðonne wæs ðeos medoheal     on morgentid, drihtsele dreorfah,    ðonne dæg lixte, eal |
| 518 | sunde oferflat, hæfde mare mægen.    Ða hine     on morgentid on Heaðoræmas holm up ætbær: ðonon he gesohte |
| 2747 | swefeð sare wund,    since bereafod.    Bio nu on ofoste,     ðæt ic ærwelan, goldæht ongite, gearo sceawige |
| 2783 | middelnihtum,    oððæt he morðre swealt. Ar wæs on ofoste,     eftsiðes georn, frætwum gefyrðred: hyne fyrwet |
| 122 | grædig, gearo sona wæs, reoc ond reðe, ond on     ræste genam ðritig ðegna,    ðanon eft gewat huðe hremig |
| 1585 | ðæs lean forgeald, reðe cempa,    to ðæs ðe he on     ræste geseah guðwerigne, Grendel licgan aldorleasne, |
| 1896 | scaðan scirhame to scipe foron.    Ða wæs on sande     sægeap naca hladen herewædum,    hringedstefna, |
| 3033 | wollenteare wundur sceawian. Fundon ða on sande     sawulleasne hlimbed healdan ðone ðe him hringas |
| 2530 | Gebide ge on beorge byrnum werede, secgas on searwum,     hwæðer sel mæge æfter wælræse    wunde gedygan |
| 2700 | ðæt he ðone niðgast nioðor hwene sloh, secg on searwum,     ðæt ðæt sweord gedeaf, fah ond fæted,    ðæt |
| 512 | ne lað, belean mihte sorhfullne sið,    ða git on sund reon.     Ðær git eagorstream earmum ðehton, mæton |
| 539 | geæfndon swa. Hæfdon swurd nacod,    ða wit on sund reon,     heard on handa: wit unc wið hronfixas werian |
| 197 | dæda: se wæs moncynnes mægenes strengest on ðæm dæge     ðysses lifes,    æðele ond eacen.    Het him |
| 790 | fæste se ðe manna wæs mægene strengest on ðæm dæge     ðysses lifes.    Nolde eorla hleo ænige |
| 806 | ecga gehwylcre. Scolde his aldorgedal on ðæm dæge     ðysses lifes earmlic wurðan,    ond se ellorgast |
| 763 | ðær he meahte swa, widre gewindan ond on weg ðanon fleon on fenhopu:    wiste his fingra geweald on |
| 844 | ðe tirleases trode sceawode, hu he werigmod on weg ðanon, niða ofercumen,    on nicera mere fæge ond |

475  gumena ængum hwæt me Grendel hafað hynðo on Heorote mid his heteðancum, færniða gefremed. Is min
1330  æðeling ærgod, swylc Æschere wæs! Wearð him on Heorote to handbanan wælgæst wæfre: ic ne wat hwæder
1671  gedefe wæs. Ic hit ðe ðonne gehate, ðæt ðu on Heorote most sorhleas swefan mid ðinra secga gedryht

2196  alegde ond him gesealde seofan ðusendo, bold ond bregostol. Him wæs ham samod on ðam leodscipe lond
2370  ðær him Hygd gebead hord ond rice, beagas ond bregostol, bearne ne truwode ðæt he wið ælfylcum

1022  sigores to leane: hroden hildecumbor, helm ond byrnan, mære maðður msweord manige gesawon beforan beorn
2621  He frætwe geheold fela missera, bill ond byrnan, oððæt his byre mihte eorlscipe efnan swa his
2812  geongum garwigan, goldfahne helm, beah ond byrnan, het hyne brucan well: "Ðu eart endelaf usses
2868  on ealubence oft gesealde healsittendum helm ond byrnan, ðeoden his ðegnum, swylce he ðrydlicost ower

121  ne cuðon, wonsceaft wera. Wiht unhælo, grim ond grædig, gearo sona wæs, reoc ond reðe, ond on ræste
1499  begong heorogifre beheold hund missera, grim ond grædig, ðæt ðær gumena sum ælwihta eard ufan cunnode.

2509  banhus gebræc. Nu sceall billes ecg, hond ond heard sweord, ymb hord wigan." Beowulf maðelode,
2638  woldon gif him ðyslicu ðearf gelumpe, helmas ond heard sweord. Ðe he usic on herge geceas to ðyssum

2723  on Ongenðio irenbyrnan, heard swyrd hilted ond his helm onspeon. Biowulf maðelode (he ofer benne
2987  his wætere gelafede, hilde sædne, ond his helm somod, hares hyrste Higelace bær. He ðam

1276  bedæled, deaðwic seon, mancynnes feond, ond his modor ða gyt, gifre ond galgmod, gegan wolde
1683  guma, godes ondsaca, morðres scyldig, ond his modor eac, on geweald gehwearf woroldcyninga ðæm

654  ond him hæl abead, winærnes geweald, ond ðæt word acwæð: "Næfre ic ænegum men ær alyfde,
2046  gehygd higes cunnian, wigbealu weccean, ond ðæt word acwyð: 'Meaht ðu, min wine, mece gecnawan

1673  most sorhleas swefan mid ðinra secga gedryht ond ðegna gehwylc ðinra leoda, duguðe ond iogoðe, ðæt ðu
2033  ðæs ðonne ofðyncan ðeodne Heaðobeardna ond ðegna gehwam ðara leoda, ðonne he mid fæmnan on flett

1522  hringmæl agol grædig guðleoð. Ða se gist onfand ðæt se beadoleoma bitan nolde, aldre sceððan, ac
2300  æðwearf, sincfæt sohte. He ðæt sona onfand ðæt hæfde gumena sum goldes gefandod, heahgestreona.

52  hæleð under heofenum, hwa ðæm hlæste onfeng. Ða wæs on burgum Beowulf Scyldinga, leof leodcyning
852  feorh alegde, hæðene sawle: ðær him hel onfeng. Ðanon eft gewiton ealdgesiðas, swylce geong manig

809  on feonda geweald feor siðian. Ða ðæt onfunde se ðe fela æror modes myrðe manna cynne, fyrene
1497  he ðone grundwong ongytan mehte. Sona ðæt onfunde se ðe floda begong heorogifre beheold hund missera

1911  ofer brimstreamas, ðæt hie Geata clifu ongitan meahton, cuðe næssas. Ceol up geðrang lyftgeswenced,
2770  of ðam leoma stod, ðæt he ðone grundwong ongitan meahte, wræte giondwlitan. Næs ðæs wyrmes ðær

219 famiheals fugle gelicost, oððæt ymb antid    oðres dogores wundenstefna gewaden hæfde ðæt ða liðende
605 modig, siððan morgenleoht ofer ylda bearn    oðres dogores, sunne sweglwered suðan scineð." Ða wæs

100 Swa ða drihtguman dreamum lifdon eadiglice,    oððæt an ongan fyrene freman feond on helle. Wæs se
2210 wintra (wæs ða frod cyning, eald eðelweard),    oððæt an ongan deorcum nihtum draca ricsian, se ðe on

622 geogoðe dæl æghwylcne, sincfato sealde,    oððæt sæl alamp ðæt hio Beowulfe, beaghroden cwen mode
2058 swa ond myndgað mæla gehwylce sarum wordum,    oððæt sæl cymeð ðæt se fæmnan ðegn fore fæder dædum

644 sprecen, ðeod on sælum, sigefolca sweg,    oððæt semninga sunu Healfdenes secean wolde æfenræste:
1640 geferian to ðæm goldsele Grendles heafod,    oððæt semninga to sele comon frome fyrdhwate feowertyne

720 heardran hæle, healðegnas fand. Com ða to recede    rinc siðian, dreamum bedæled. Duru sona onarn,
728 ligge gelicost leoht unfæger. Geseah he in recede    rinca manige, swefan sibbegedriht samod ætgædere,

2027 Frodan: hafað ðæs geworden wine Scyldinga,    ond ðæt ræd talað, ðæt he mid ðy wife
3080 is. Ne meahton we gelæran leofne ðeoden,    ræd ænigne, ðæt he ne grette goldweard

1818 Beowulf maðelode, bearn Ecgðeowes: "Nu we sæliðend    secgan wyllað, feorran cumene, ðæt we fundiað
2806 leodum heah hlifian on Hronesnæsse, ðæt his sæliðend    syððan hatan Biowulfes biorh, ða ðe brentingas

858 monig oft gecwæð ðætte suð ne norð be    sæm tweonum ofer eormengrund oðer nænig under swegles
1297 Hroðgare hæleða leofost on gesiðes had    sæm tweonum, rice randwiga, ðone ðe heo on ræste abreat,
1685 gehwearf woroldcyninga ðæm selestan be    sæm tweonum ðara ðe on Scedenigge sceattas dælde.
1956 moncynnes mine gefræge ðone selestan bi    sæm tweonum, eormencynnes. Forðam Offa wæs geofum ond

329 gumena: garas stodon, sæmanna searo,    samod ætgædere, æscholt ufan græg: wæs se Irenðreat
387 ðu on ofeste, hat in gan seon sibbegedriht    samod ætgædere: gesaga him eac wordum ðæt hie sint
729 in recede rinca manige, swefan sibbegedriht    samod ætgædere, magorinca heap. Ða his mod ahlog: mynte
1063 worolde bruceð. Ðær wæs sang ond sweg    samod ætgædere fore Healfdenes hildewisan, gomenwudu

1172 ond to Geatum spræc mildum wordum,    swa sceal man don. Beo wið Geatas glæd, geofena gemyndig,
1534 strenge getruwode, mundgripe mægenes.    Swa sceal man don, ðonne he æt guðe gegan ðenceð longsumne

2918 mid ofermægene, ðæt se byrnwiga    bugan sceolde, feoll on feðan, nalles frætwe geaf ealdor dugoðe.
2974 helm ær gescer ðæt he blode fah    bugan sceolde, feoll on foldan: næs he fæge ða git, ac he hyne

351 ond wisdom): "Ic ðæs wine Deniga, frean Scildinga,    frinan wille, beaga bryttan, swa ðu bena eart,
1183 wile arum healdan, gyf ðu ær ðonne he, wine Scildinga,    worold oflætest: wene ic ðæt he mid gode

1338 wanode ond wyrde. He æt wige gecrang ealdres scyldig,    ond nu oðer cwom mihtig manscaða, wolde hyre mæg
1683 ofgeaf gromheort guma, godes ondsaca, morðres scyldig,    ond his modor eac, on geweald gehwearf

| Line | Text |
|---|---|
| 291 | Þæt gehyre, þæt ðis is hold weorod frean Scyldinga. Gewitað forð beran wæpen ond gewædu: ic eow |
| 913 | hord ond hleoburh, hæleða rice, eðel Scyldinga. He ðær eallum wearð, mæg Higelaces, manna |
| | |
| 148 | micel: twelf wintra tid torn geþolode wine Scyldinga, weana gehwelcne, sidra sorga. Forðam secum |
| 428 | ða, brego Beorhtdena, biddan wille, eodor Scyldinga, anre bene, þæt ðu me ne forwyrne, wigendra |
| 663 | Hroðgar gewat mid his hæleða gedryht, eodur Scyldinga, ut of healle: wolde wigfruma Wealhðeo secan, |
| 1418 | ond gedrefed. Denum eallum wæs, winum Scyldinga, weorce on mode to geðolianne, ðegne monegum, |
| 1653 | we ðe ðas sælac, sunu Healfdenes, leod Scyldinga, lustum brohton tires to tacne, ðe ðu her to |
| 1675 | ðæt ðu him ondrædan ne ðearft, ðeoden Scyldinga, on ða healfe, aldorbealu eorlum, swa ðu ær |
| 1871 | Gecyste ða cyning æðelum god, ðeoden Scyldinga, ðegn betstan ond be healse genam: hruron him |
| | |
| 371 | hider wisade." Hroðgar maðelode, helm Scyldinga: "Ic hine cuðe cnihtwesende. Wæs his ealdfæder |
| 456 | swa hio scel." Hroðgar maðelode, helm Scyldinga: "For gewyrhtum ðu, wine min Beowulf, ond for |
| 1168 | arfæst æt ecga gelacum. Spræc ða ides Scyldinga: "Onfoh ðissum fulle, freodrihten min, sinces |
| 1321 | niht getæse. Hroðgar maðelode, helm Scyldinga: "Ne frin ðu æfter sælum! Sorh is geniwod |
| | |
| 159 | ðorfte beorhtre bote to banan folmum, ac se æglæca ehtende wæs, deorc deaðscua, duguðe ond |
| 433 | Heorot fælsian. Hæbbe ic eac geahsod ðæt se æglæca for his wonhydum wæpna ne recceð. Ic ðæt |
| | |
| 807 | ðæm dæge ðysses lifes earmlic wurðan, ond se ellorgast on feonda geweald feor siðian. Ða ðæt |
| 1621 | yðgebland eal gefælsod, eacne eardas, ða se ellorgast oflet lifdagas ond ðas lænan gesceaft. Com |
| | |
| 1068 | mænan scolde be Finnes eaferum, ða hie se fær begeat, hæleð Healfdena, Hnæf Scyldinga, in |
| 2230 | * * * *, sc(e)apen * * * *, ða hyne se fær begeat. Sinc(f)æt * * * * : ðær wæs swylcra fela in |
| | |
| 1807 | cuma collenferhð ceoles neosan. Heht ða se hearda Hrunting beran sunu Ecglafes, heht his sweord |
| 2977 | hyne gewyrpte, ðeah ðe him wund hrine. Let se hearda Higelaces ðegn bradne mece, ða his broðor læg, |
| | |
| 812 | gefremede (he wæs fag wið god), ðæt him se lichoma læstan nolde, ac hine se modega mæg Hygelaces |
| 1754 | dæl. Hit on endestæf eft gelimpeð ðæt se lichoma læne gedreoseð, fæge gefealleð: fehð oðer to, |
| | |
| 1474 | maðelode, bearn Ecgðeowes: "Geðenc nu, mæra maga Healfdenes, snottra fengel, nu ic eom siðes |
| 2011 | to ðam hringsele Hroðgar gretan: sona me se mæra maga Healfdenes, syððan he modsefan minne cuðe, |
| 2587 | sceolde, iren ærgod. Ne wæs ðæt eðe sið, ðæt se mæra maga Ecgðeowes grundwong ðone ofgyfan wolde: |
| | |
| 712 | Grendel gongan, godes yrre bær: mynte se manscaða manna cynnes sumne besyrwan in sele ðam hean. |
| 737 | niht. Þryðswyð beheold mæg Higelaces, hu se manscaða under færgripum gefaran wolde. Ne ðæt se |
| | |
| 323 | scan heard hondlocen, hringiren scir song in searwum, ða hie to sele furðum in hyra gryregeatwum gangan |
| 2700 | he ðone niðgæst nioðor hwene sloh, secg on searwum, ðæt ðæt sweord gedeaf, fah ond fæted, ðæt |

319

200  gegyrwan, cwæð, he guðcyning ofer swanrade    secean wolde, mærne ðeoden,    ða him wæs manna ðearf. Ðone
645  sweg, oððæt semninga sunu Healfdenes    secean wolde æfenræste:    wiste ðæm ahlæcan to ðæm heahsele

947  este wære bearngebyrdo. Nu ic, Beowulf, ðec,    secg betsta,    me for sunu wylle freogan on ferhðe:    heald
1759 Bebeorh ðe ðone bealonið, Beowulf leofa,    secg betsta,    ond ðe ðæt selre geceos, ece rædas:

249  geseah eorla ofer eorðan    ðonne is eower sum,    secg on searwum:    nis ðæt seldguma, wæpnum geweorðad,
2700 ðæt he ðone niðgæst    nioðor hwene sloh,    secg on searwum,    ðæt ðæt sweord gedeaf, fah ond fæted,

1700 Healfdenes (swigedon ealle): "Ðæt, la,    mæg secgan    se ðe soð ond riht fremeð on folce,    feor eal gemon,
2864 sarigferð (seah on unleofe): "Ðæt, la,    mæg secgan    se ðe wyle soð specan ðæt se mondryhten    se eow ða

582  No ic wiht fram ðe swylcra searoniða    secgan hyrde, billa brogan.    Breca næfre git æt heaðolace,
875  Welhwylc gecwæð ðæt he fram Sigemundes    secgan hyrde ellendædum, uncuðes fela,    Wælsinges gewin,
1346 ðæt londbuend, leode mine, selerædende,    secgan hyrde ðæt hie gesawon swylce twegen micle mearcstapan

713  se manscaða manna cynnes sumne besyrwan    in sele ðam hean.    Wod under wolcnum    to ðæs ðe he winreced,
1984 to handa.  Higelac ongan sinne geseldan    in sele ðam hean fægre fricgcean    (hyne fyrwet bræc, hwylce

919  scynded.  Eode scealc monig swiðhicgende    to sele ðam hean searowundor seon:    swylce self cyning of
1016 medoful manig magas ðara swiðhicgende    on sele ðam hean, Hroðgar ond Hroðulf.    Heorot innan wæs

51   murnende mod.  Men ne cunnon secgan to soðe,    seleræedende,    hæleð under heofenum,    hwa ðæm hlæste onfeng.
1346 wilna dohte. Ic ðæt londbuend, leode mine,    seleræedende,    secgan hyrde ðæt hie gesawon    swylce twegen

1406 for ofer myrcan mor, magoðegna bær ðone    selestan    sawolleasne ðara ðe mid Hroðgare ham eahtode.
2382 hæfdon hy forhealden, helm Scylfinga, ðone    selestan    sæcyninga ðara ðe in Swiorice sinc brytnade,

920  to sele ðam hean searowundor seon:    swylce self cyning of brydbure,    beahhorda weard,    tryddode tirfæst
1010 ðæt to healle gang Healfdenes sunu: wolde    self cyning    symbel ðicgan. Ne gefrægen ic    ða mægðe maran

1506 locene leoðosyrcan laðan fingrum. Bær ða    seo brimwylf,    ða heo to botme com,    hringa ðengel    to hofe
1599 ðeoden:    ða ðæs monige gewearð ðæt hine    seo brimwylf    abroten hæfde. Ða com non dæges.    Næs ofgeafon

387  beodan. Beo ðu on ofeste,    hat in gan seon    sibbegedriht    samod ætgædere:    gesaga him eac wordum ðæt
729  Geseah he in recede rinca manige, swefan    sibbegedriht    samod ætgædere,    magorinca heap.    Ða his mod

94   wang,    swa wæter bebugeð, gesette sigehreðig    sunnan ond monan leoman to leohte    landbuendum
1597 hig ðæs æðelinges eft ne wendon ðæt he    sigehreðig    secean come mærne ðeoden:    ða ðæs monige gewearð

597  atole ecgðræce eower leode swiðe onsittan,    Sigescyldinga:    nymeð nydbade,    nænegum ara ð leode Deniga,
2004 wearð on ðam wange,    ðær he worna fela    Sigescyldingum    sorge gefremede,    yrmðe to aldre.    Ic ðæt

wisse. Hraðe wæs to bure Beowulf fetod,    sigoreadig secg.    Samod ærdæge eode eorla sum, æðele
gedigde, hildehlemma,    syððan he Hroðgares,    sigoreadig secg,    sele fælsode ond æt guðe forgrap    1311 / 2352

sweglwered suðan scineð."    Ða wæs on salum    sinces brytta,    gamolfeax ond guðrof:    geoce gelyfde brego
          "Onfoh ðissum fulle,    freodrihten min,    sinces brytta;    ðu on sælum wes,    goldwine gumena,    ond to
fætgold:    næs him feor ðanon to gesecanne    sinces brytta,    Higelac Hreðling,    ðær æt ham wunað
sprecan gen ymbe Grendel,    ðæt ðu geare cunne,    sinces brytta,    to hwan syððan wearð hondræs hæleða.    607 / 1170 / 1922 / 2071

Hengestes heap hringum wenede    efne swa swiðe    singestreonum    fættan goldes,    swa he Fresena cyn on
ðu lifige, æðeling, eadig.    Ic ðe an tela    sincgestreona.    Beo ðu suna minum dædum gedefe,    1092 / 1226

word oðer fand soðe gebunden:    secg eft ongan    sið Beowulfes    snyttrum styrian ond on sped wrecan spel
godne gefrunon hringas dælan.    Higelace wæs    sið Beowulfes    snude gecyðed,    ðæt ðær on worðig wigendra    872 / 1971

gebeodan.    Gæð eft se ðe mot    to medo modig,    siððan morgenleoht    ofer ylda bearn    oðres dogores, sunne
weorðad:    unc sceal worn fela    maðma gemænra,    siððan morgen bið."    Geat wæs glædmod,    geong sona to    604 / 1784

Ða him wæs manna ðearf.    Ðone siðfæt him    snotere ceorlas    lythwon logon,    ðeah he him leof wære:
me ðæt gelærdon leode mine ða selestan,    snotere ceorlas,    ðeoden Hroðgar,    ðæt ic ðe sohte, forðan    202 / 416

hraðe inwitðancum    ond wið earm gesæt.    Sona ðæt onfunde    fyrena hyrde    ðæt he ne mette
dæges ær he ðone grundwong    ongytan mehte.    Sona ðæt onfunde    se ðe floda begong    heorogifre beheold    750 / 1497

modor ða gyt,    gifre ond galgmod,    gegan wolde    sorhfulne sið,    sunu deað wrecan.    Com ða to Heorote,
nicras licgean,    ða on undernmæl    oft bewitigað    sorhfulne sið    on seglrade,    wyrmas ond wildeor:    hie on weg    1278 / 1429

wroht wæs geniwad:    stonc ða æfter stane,    stearcheort onfand    feondes fotlast:    he to forð gestop
gebolgen wæs,    Wedergeata leod    word ut faran,    stearcheort styrmde:    stefn in becom    heaðotorht hlynnan    2288 / 2552

Grendles dæda:    se wæs moncynnes    mægenes strengest    on ðæm dæge    ðysses lifes,    æðele ond eacen.
Heold hine fæste    se ðe manna wæs    mægene strengest    on ðæm dæge    ðysses lifes.    Nolde eorla hleo    196 / 789

weold.    Hyne wræcmæcgas    ofer sæ sohtan,    suna Ohteres:    hæfdon hy forhealden    helm Scylfinga,    ðone
geteah,    ðæt wæs mid eldum    Eanmundes laf,    suna Ohteres,    ðam æt sæcce wearð,    wræccan wineleasum,    2380 / 2612

wætere wyrmcynnes fela,    sellice sædracan,    sund cunnian,    swylce on næshleoðum    nicras licgean,    ða on
herebyrne    hondum gebroden,    sid ond searofah,    sund cunnian,    seo ðe bancofan    beorgan cuðe,    ðæt him    1426 / 1444

ðeah ðin wit duge.    Secge ic ðe to soðe,    sunu Ecglafes,    ðæt næfre Grendel    swa fela gryra gefremede
neosan.    Heht ða se hearda    Hrunting beran    sunu Ecglafes,    heht his sweord niman,    leoflic iren:    590 / 1808

321

```
1550   wið ecge ingang forstod. Hæfde ða forsiðod    sunu Ecgðeowes    under gynne grund, Geata cempa, nemne him
2367   hames niosan. Oferswam ða sioleða bigong      sunu Ecgðeowes,   earm anhaga, eft to leodum: ðær him Hygd

 268   eorðan. We ðurh holdne hige hlaford ðinne,    sunu Healfdenes,  secean cwomon, leodgebyrgean: wes ðu us
 344   Beowulf is min nama. Wille ic asecgan         sunu Healfdenes,  mærum ðeodne, min ærende, aldre ðinum,
 645   on sælum, sigefolca sweg, oððæt semninga      sunu Healfdenes,  secean wolde æfenræste: wiste ðæm ahlæcan
1040   hildesetl heahcyninges, ðonne sweorda gelac   sunu Healfdenes   efnan wolde. Næfre on ore læg widcuðes
1652   bearn Ecgðeowes: "Hwæt! we ðe ðas sælac,      sunu Healfdenes,  leod Scyldinga, lustum brohton tires to
1699   wreoðenhilt ond wyrmfah. Ða se wisa spræc     sunu Healfdenes,  (swigedon ealle): "Ðæt, la, mæg secgan
2147   hæfde, mægnes mede, ac he me maðmas geaf,     sunu Healfdenes,  on minne sylfes dom: ða ic ðe, beorncyning

2752   ðone ic longe heold." Ða ic snude gefrægn     sunu Wihstanes    æfter wordcwydum wundum dryhtne hyran
3120   fus flane fulleode." Huru se snotra           sunu Wihstanes    acigde of corðre cyninges ðegnas syfone

 687   hwæðere hond, halig dryhten, mærðo deme,      swa him gemet ðince." Hylde hine ða heaðodeor, hleorbolster
3057   gehyld) hord openian, efne swa hwylcum manna  swa him gemet ðuhte.  Ða wæs gesyne ðæt se sið ne ðah

 561   ðearle. Ic him ðenode deoran sweorde,         swa hit gedefe wæs.  Næs hie ðære fylle gefean hæfdon,
1670   fyrendæda wræc, deaðcwealm Denigea,           swa hit ðe ðonne gehate,  ðæt ðu on
3174   eorlscipe ond his ellenweorc duguðum demdon,  swa hit gedefe bið  ðæt mon his winedryhten wordum herge,

1172   gumena, ond to Geatum spræc mildum wordum,    swa sceal man don.  Beo wið Geatas glæd, geofena gemyndig,
1534   strenge getruwode, mundgripe mægenes.         Swa sceal man don,  ðonne he æt guðe gegan ðenceð longsumne
2166   he him est geteah meara ond maðma.            Swa sceal mæg don,  nealles inwitnet oðrum bregdon dyrnum

1471   dome forleas, ellenmærðum. Ne wæs ðæm oðrum swa,  syððan he hine to guðe gegyred hæfde. Beowulf
2091   gedon wolde manigra sumne: hyt ne mihte       swa, syððan ic on yrre upp riht astod. To lang ys to

  29   Hi hyne ða ætbæron to brimes faroðe,          swæse gesiðas,    swa he selfa bæd, ðenden wordum weold
2040   oððæt hie forlæddan to ðam lindplegan         swæse gesiðas     ond hyra sylfra feorh. Ðonne cwið æt beore
2518   gehwylcne, hwate helmberend, hindeman siðe,   swæse gesiðas:    "Nolde ic sweord beran, wæpen to wyrme,

 860   tweonum ofer eormengrund oðer nænig under     swegles begong    selra nære rondhæbbendra, rices wyrðra.
1773   æscum ond ecgum, ðæt ic me ænigne under       swegles begong    gesacan ne tealde. Hwæt, me ðæs on eðle

2472   ða he of life gewat. Ða wæs synn ond sacu     Sweona ond Geata ofer wid wæter, wroht gemæne, herenið
2946   dugoðe on last faran. Wæs sio swatswaðu       Sweona ond Geata, wælræs weora wide gesyne, hu ða folc

1615   ðone hafelan ond ða hilt somod since fage.    Sweord ær gemealt, forbarn brodenmæl: wæs ðæt blod to ðæs
2562   heorte gefysed sæcce to seceanne.             Sweord ær gebræd god guðcyning, gomele lafe, ecgum unslaw
```

323

1709 weorðan eal langtwidig leodum ðinum, hæleðum to helpe. Ne wearð Heremod swa eaforum Ecgwelan,
1830 dydon, ic ðe ðusenda ðegna bringe, hæleða to helpe. Ic on Higelac wat, Geata dryhten, ðeah ðe he

1236 syððan æfen cwom ond him Hroðgar gewat to hofe sinum, rice to ræste. Reced weardode unrim eorla,
1507 brimwylf, ða heo to botme com, hringa ðengel to hofe sinum, swa he ne mihte, no he ðæs modig wæs,

473 ealde madnas: he me aðas swor. Sorh is me to secganne on sefan minum gumena ængum hwæt me Grendel
1724 ðis gid be ðe awræc wintrum frod. Wundor is to secganne hu mihtig god manna cynne ðurh sidne sefan

714 besyrwan in sele ðam hean. Wod under wolcnum to ðæs ðe he winreced, goldsele gumena, gearwost wisse,
1585 lac. He him ðæs lean forgeald, reðe cempa, to ðæs ðe he on ræste geseah guðwerigne Grendel licgan
2410 hean ðonon wong wisian. He ofer willan giong to ðæs ðe he eorðsele anne wisse, hlæw under hrusan

2591 æghwylc mon alætan lændagas. Næs ða long to ðon ðæt ða aglæcean hy eft gemetton. Hyrte hyne
2845 ende gefered lænan lifes. Næs ða lang to ðon ðæt ða hildlatan holt ofgefan, tydre treowlogan

601 lust wigeð, swefeð ond sendeð, secce ne weneð to Gardenum. Ac ic him Geata sceal eafoð ond ellen
2494 Næs him ænig ðearf ðæt he to Gifðum oððe to Gardenum oððe in Swiorice secean ðurfe wyrsan wigfrecan

383 Hine halig god for arstafum us onsende, to Westdenum, ðæs ic wen hæbbe, wið Grendles gryre.
1578 forgyldan guðræsa fela ðara ðe he geworhte to Westdenum oftor micle ðonne on ænne sið, ðonne he

1501 sum ælwihta eard ufan cunnode. Grap ða togeanes, guðrinc gefeng atolan clommum. No ðy ær in
1626 ðara ðe he him mid hæfde. Eodon him ða togeanes, gode ðancodon, ðryðlic ðegna heap, ðeodnes

1573 rodores candel. He æfter recede wlat: hwearf ða be wealle, wæpen hafenade heard be hiltum Higelaces
2542 mannes. Ne bið swylc earges sið! Geseah ða be wealle se ðe worna fela, gumcystum god, guða

1035 scyldfreca ongean gramum gangan scolde. Heht ða eorla hleo eahta mearas fætedhleore on flet teon, in
2190 cwom tireadigum menn torna gehwylces. Het ða eorla hleo in gefetian, heaðorof cyning, Hreðles lafe

470 Healfdenes: se wæs betera ðonne ic. Siððan ða fæhðe feo ðingode: sende ic Wylfingum ofer wæteres
1380 felasinnigne secg: sec gif ðu dyrre. Ic ðe ða fæhðe feo leanige, ealdgestreonum, swa ic ær dyde,

83 bad, laðan liges: ne wæs hit lenge ða gen ðæt se ecghete aðumsweorum æfter wælniðe wæcnan
734 alumpen wæs wistfylle wen. Ne wæs ðæt wyrd ða gen ðæt he ma moste manna cynnes ðicgean ofer ða niht.

723 hire folmum æthran: onbræd ða bealohydig, ða he gebolgen wæs, recedes muðan. Raðe æfter ðon on
1539 Grendles modor: brægd ða beadwe heard, ða he gebolgen wæs, feorhgeniðlan, ðæt heo on flet gebeah
2550 for dracan lege. Let ða of breostum, ða he gebolgen wæs, Wedergeata leod word ut faran,

201 ofer swanrade secean wolde, mærne ðeoden, ða him wæs manna ðearf. Ðone siðfæt him snotere ceorlas
2876 ðæt he hyne sylfne gewræc ana mid ecge, ða him wæs elnes ðearf. Ic him lifwraðe lytle meahte

| | | |
|---|---|---|
| anum. Þæt wæs yldum cuð þæt hie ne moste, | þa metod nolde, | se scynscaða under sceadu bregdan: ac he | 706 |
| butan his lic swice. Ic hine ne mihte, | ða metod nolde, | ganges getwæman, no ic him ðæs georne | 967 |
| fet ond folma. Forð near ætstop, nam | ða mid handa | higeðihtigne rinc on ræste, ræhte ongean | 746 |
| fæste ece eorðreced innan healde. Hyne | ða mid handa | heorodreorigne, ðeoden mærne, ðegn ungemete | 2720 |
| ond gehealdan het hildegeatwe. Gespræc | ða se goda | gylpworda sum, Beowulf Geata, ær he on bed | 675 |
| swylce he on ealderdagum ær gemette. Gemunde | ða se goda, | mæg Higelaces, æfenspræce, uplang astod ond him | 758 |
| ða blacne leoman, beorhte scinan. Ongeat | ða se goda | grundwyrgenne, merewif mihtig: mægenræs | 1518 |
| ða folc mid him fæhðe towehton. Gewat him | ða se goda | mid his gædelingum, frod, felageomor, fæsten | 2949 |
| ðanon cuma collenferhð ceoles neosan. Heht | ða se hearda | Hrunting beran sunu Ecglafes, heht his | 1807 |
| nefa Garmundes, niða cræftig. Gewat him | ða se hearda | mid his hondscole sylf æfter sande sæwong | 1963 |
| weorðeð. Ða me ðæt gelærdon leode mine | ða selestan, | snotere ceorlas, ðeoden Hroðgar, ðæt ic ðe | 416 |
| of corðre cyninges ðegnas syfone tosomne, | ða selestan, | eode eahta sum under inwithrof hilderinca: | 3122 |
| gumena sum ælwihta eard ufan cunnode. Grap | ða togeanes, | guðrinc gefeng atolan clommum. No ðy ær in | 1501 |
| ðara ðe he him mid hæfde. Eodon him | ða togeanes, | gode ðancodon, ðryðlic ðegna heap, ðeodnes | 1626 |
| freolicu folccwen to hire frean sittan. | Ða wæs eft swa ær | inne on healle ðryðword sprecen, ðeod | 642 |
| sona to setles neosan, swa se snottra heht. | Ða wæs eft swa ær | ellenrofum fletsittendum fægere, ðeod | 1787 |
| naman, oððæt niht becwom oðer to yldum. | Ða wæs eft hraðe | gearo gyrnwræce Grendeles modor, siðode | 2117 |
| helm oft gescær, fæges fyrdhrægl: | ða wæs forma sið | deorum madme, ðæt his dom alæg. Eft | 1527 |
| ða he of ealdre gewat, frod on forðweg. | Ða wæs forma sið | geongan cempan, ðæt he guðe ræs mid his | 2625 |
| dogores, sunne sweglwered suðan scineð. | Ða wæs on salum | sinces brytta, gamolfeax ond guðrof: | 607 |
| leodum scaðan scirhame to scipe foron. | Ða wæs on sande | sægeap naca hladen herewædum, | 1896 |
| begen, reðe renweardas. Reced hlynsode. | Ða wæs wundor micel | ðæt se winsele wiðhæfde heaðodeorum, | 771 |
| weg niman, flod fæðmian frætwa hyrde. | Ða wæs wunden gold | on wæn hladen, æghwæs unrim, æðeling | 3134 |
| cwen, Heaðoscilfingas healsgebedda. | Ða wæs Hroðgare | heresped gyfen, wiges weorðmynd, ðæt | 64 |
| mihtigan drihtne, ðæs se man gespræc. | Ða wæs Hroðgare | hors gebæted, wicg wundenfeax. Wisa | 1399 |
| meðelstede wig Hengeste wiht gefeohtan, ne | ða wealafe | wige forðringan ðeodnes ðegna: ac hig him | 1084 |
| Hengeste elne, unflitme aðum benemde ðæt he | ða wealafe | weotena dome arum heolde, ðæt ðær ænig mon | 1098 |
| Ðeodscyldingas ðenden fremedon. Forgeat | ða Beowulfe | bearn Healfdenes segen gyldenne sigores to | 1020 |
| læg widcuðes wig, ðonne walu feollon. Ond | ða Beowulfe | bega gehwæðres eodor Ingwina onweald | 1043 |

```
 197  dæda:  se wæs moncynnes  mægenes strengest on  þæm dæge  þysses lifes, æþele ond eacen.  Het him yðlidan
 790  fæste se ðe manna wæs  mægene strengest on  þæm dæge  þysses lifes.  Nolde eorla hleo ænige þinga
 806  ecga gehwylcre.  Scolde his aldorgedal on  þæm dæge  þysses lifes earmlic wurðan, ond se ellorgast

1099  he ða wealafe weotena dome arum heolde,  þæt  ænig mon wordum ne worcum  wære ne bræce, ne þurh
2297  hlæw oft ymbehwearf ealne utanweardne, ne  ðær  ænig mon on ðære westenne:  hwæðre wiges gefeh,

3082  ne grette goldweard ðone, lete hyne licgean  þær  he longe wæs, wicum wunian oð woruldende: heold on
3108  ðonne geferian frean userne, leofne mannan,  þær  he longe sceal on ðæs waldendes  wære geðolian."

2115  ðonne he wintrum frod  worn gemunde. Swa we  þær  inne  ondlangne dæg niode naman,  oððæt niht becwom
3087  ðe ðone ðeodcyning  ðyder ontyhte. Ic wæs  þær  inne  ond þæt eall geondseh, recedes geatwa,  þa me

  71  gewyrcean ðonne yldo bearn æfre gefrunon, ond  þær on innan  eall gedælan geongum ond ealdum,  swylc him
2089  deofles cræftum ond dracan fellum. He mec  þær on innan  unsynnigne, dior dædfruma,  gedon wolde
2214  steapne: stig under læg, eldum uncuð.  Þær on innan  giong niða nathwylc, se ðe neh gefeng hæðnum
2244  neah, niwe be næsse, nearocræftum fæst.  Þær on innan  bær eorlgestreona hringa hyrde hordwyrðne

 497  wered.  Scop hwilum sang hador on Heorote.  Þær wæs hæleða dream, duguð unlytel  Dena ond Wedera.
 611  Beowulfe folces hyrde fæstrædne geðoht.  Þær wæs hæleða hleahtor, hlyn swynsode,  word wæron

  89  gehwam dream gehyrde hludne in healle:  þær wæs hearpan sweg, swutol sang scopes.  Sægde se ðe
2762  fatu feormendlease, hyrstum behrorene:  þær wæs helm monig eald ond omig,  earmbeaga fela searwum

 114  ða wið gode wunnon lange ðrage:  he him  þæs  lean forgeald.  Gewat ða neosian,  syððan niht becom,
1584  oðer swylc ut offerede, laðlicu lac.  He him  þæs  lean forgeald, reðe cempa,  to ðæs ðe he on ræste

 228  (syrcan hrysedon, guðgewædo),  gode ðancedon  þæs ðe him yðlade eaðe wurdon.  Þa of wealle geseah
1751  ond he þa forðgesceaft forgyteð ond forgymeð,  þæs ðe him ær god sealde, wuldres waldend,  weorðmynda

2316  aht cwices lað lyftfloga læfan wolde. Wæs  þæs wyrmes wig  wide gesyne,  nearofages nið  nean ond
2348  herge: no he him ða sæcce ondred, ne him  þæs wyrmes wig  for wiht dyde,  eafoð ond ellen,  forðon he
2759  grunde getenge, wundur on wealle,  ond  þæs wyrmes  denn, ealdes uhtflogan, orcas stondan,
2771  ongitan meahte, wræte giondwlitan.  Næs  þæs wyrmes  ðær onsyn ænig, ac hyne ecg fornam. Þa ic on

2005  sorge gefremede, yrmðe to aldre.  Ic  þæt  eall gewræc,  swa begylpan ne ðearf  Grendeles maga
2427  on giogoðe guðræsa genæs, orleghwila:  Ic  þæt  gemon.  Ic wæs syfanwintre,  þa mec sinca baldor,
3087  ðyder ontyhte. Ic wæs þær inne  ond  þæt  eall geondseh, recedes geatwa,  þa me gerymed wæs,

 661  waca wið wraðum. Ne bið ðe wilna gad, gif ðu  þæt  ellenweorc  aldre gedigest."  Ða him Hroðgar gewat
 958  Beowulf maðelode,  bearn Ecgðeowes: "We  þæt  ellenweorc  estum miclum, feohtan fremedon, frecne
```

716  gearwost wisse, fættum fahne. Ne wæs  þæt forma sið  þæt he Hroðgares ham gesohte: næfre he on
1463 gryresiðas gegan dorste, folcstede fara:  næs þæt forma sið  þæt hit ellenweorc æfnan scolde. Huru ne

133  laðan last sceawedon, wergan gastes:  wæs þæt gewin to strang, lað ond longsum. Næs hit lengra
191  ne mihte snotor hæleð wean onwendan:  wæs þæt gewin to swyð, lað ond longsum, ðe on ða leode becom,

2682 sweord Biowulfes, gomol ond grægmæl.  Him ðæt gifeðe ne wæs  ðæt him irenna ecge mihton helpan æt
3085 Hord ys gesceawod, grimme gegongen:  gifeðe to swið ðe ðone ðeodcyning ðyder ontyhte. Ic

358  anhar mid his eorla gedriht: eode ellenrof,  þæt he for eaxlum gestod Deniga frean:  cuðe he duguðe
965  heardan clammum on wælbedde wriðan ðohte,  þæt he for mundgripe minum scolde licgean lifbysig, butan

1385 "Ne sorga, snotor guma:  selre bið æghwæm  þæt he his freond wrece, ðonne he fela murne. Ure
1733 swa gewealdene worolde dælas, side rice,  þæt he his selfa ne mæg for his unsnyttrum ende geðencean.

1184 wine Scildinga, worold oflætest: wene ic  þæt he mid gode gyldan wille uncran eaferan, gif he ðæt
2028 Scyldinga, rices hyrde, ond ræd talað,  þæt he mid ðy wife wælfæhða dæl, sæcca gesette. Oft

751  earm gesæt. Sona ðæt onfunde fyrena hyrde  þæt he ne mette  middangeardes, eorðan sceata, on elran
1082 ealle fornam Finnes ðegnas nemne feaum anum,  þæt he ne mehte  on ðæm meðelstede wig Hengeste wiht

404  Heorotes hrof * * * heard under helme,  þæt he on heoðe gestod. Beowulf maðelode  (on him byrne
772  micel þæt se winsele wiðhæfde heaðodeorum,  þæt he on hrusan ne feol, fæger foldbold:  ac he ðæs

1318 man mid his handscale  (healwudu dynede),  ðæt he ðone wisan wordum nægde frean Ingwina, frægn
1877 modige on meðle. Wæs him se man to ðon leof  ðæt he ðone breostwylm forberan ne mehte, ac him on hreðre

2172 gehwæðer oðrum hroðra gemyndig. Hyrde ic  ðæt he ðone healsbeah Hygde gesealde, wrætlicne
2346 heolde lange. Oferhogode ða hringa fengel  ðæt he ðone widflogan  weorode gesohte, sidan herge: no he

2699 modiges mannes, ðær he his mæges healp,  ðæt he ðone niðgæst nioðor hwene sloh, secg on searwum,
2770 gelocen leoðocræftum:  of ðam leoma stod,  ðæt he ðone grundwong ongitan meahte, wræte giondwlitan.

2371 rice, beagas ond bregostol, bearne ne truwode  ðæt he wið ælfylcum eðelstolas healdan cuðe, ða wæs
2534 eower sið ne gemet mannes, nefne min anes,  ðæt he wið aglæcean eofoðo dæle, eorlscype efne. Ic
2839 ðeah ðe he dæda gehwæs dyrstig wære,  ðæt he wið attorsceaðan oreðe geræsde, oððe hringsele

68   geweox, magodriht micel. Him on mod bearn  ðæt healreced hatan wolde, medoærn micel, men gewyrcean
1981 meaglum wordum. Meoduscencum hwearf geond  ðæt healreced Hæreðes dohtor, lufode ða leode, liðwæge

627  wisfæst wordum ðæs hire se willa gelamp  ðæt heo on ænigne eorl gelyfde fyrena frofre. He ðæt
1540 heard, ða he gebolgen wæs, feorhgeniðlan,  ðæt heo on flet gebeah. Heo him eft hraðe andlean forgeald

327

| Line | | | |
|---|---|---|---|
| 313 | Đa hildedeor hof modigra torht getæhte, | hie him to mihton gegnum gangan: | guđbeorna sum wicg |
| 1086 | đeodnes đegna: ac hig him geđingo budon, | hie him ođer flet eal gerymdon, | healle ond heahsetl, |
| 1434 | of flanbogan feores getwæfde, yđgewinnes, | đæt him on aldre stod herestræl hearda: | he on holme wæs |
| 1456 | meahton. Næs đæt đonne mætost mægenfultuma | đæt him on đearfe lah đyle Hrođgares: | wæs đæm hæftmece |
| 2714 | swelan ond swellan: he đæt sona onfand: | đæt him on breostum bealoniđe weoll | attor on innan. Đa |
| 891 | đæt đæt swurd đurhwod wrætlicne wyrm, | đæt hit on wealle ætstod, dryhtlic iren: | draca morđre |
| 1532 | đa wundenmæl wrættum gebunden yrre oretta, | đæt hit on eorđan læg, stiđ ond stylecg: | strenge |
| 750 | hrađe inwitđancum ond wiđ earm gesæt. Sona | đæt onfunde fyrena hyrde đæt he ne mette | middangeardes, |
| 809 | ellorgast on feonda geweald feor siđian. Đa | đæt onfunde se đe fela æror modes myrđe | manna cynne, |
| 1497 | ær he đone grundwong ongytan mehte. Sona | đæt onfunde se đe floda begong | heorogifre beheold hund |
| 2300 | on beorh æthwearf, sincfæt sohte. | He đæt sona onfand đæt hæfde gumena sum | goldes gefandod, |
| 2713 | ær geworhte, swelan ond swellan: | he đæt sona onfand đæt him on breostum | bealoniđe weoll |
| 1605 | hie heora winedrihten selfne gesawon. | Đa đæt sweord ongan æfter headoswate | hildegicelum, wigbil |
| 1696 | rihte gemearcod, geseted ond gesæd hwam | đæt sweord geworht, irena cyst, ærest ware, | wreođenhilt |
| 2700 | niđđor hwene sloh, secg on searwum, | đæt đæt sweord gedeaf, fah ond fæted, | đæt đæt fyr ongon |
| 567 | be yđlafe uppe lægon, sweordum aswefede, | đæt syđđan na ymb brontne ford | brimliđende lade ne letton. |
| 2217 | horde, hond ***, since fahne. He | syđđan *** , đeah đe he slæpende | besyred wurde |
| 890 | ne wæs him Fitela mid. Hwæđre him gesælde | đæt đæt swurd đurhwod wrætlicne wyrm, | đæt hit on wealle |
| 2700 | niđgæst niđđor hwene sloh, secg on searwum, | đæt đæt sweord gedeaf, fah ond fæted, | đæt đæt fyr ongon |
| 1458 | Hrođgares: wæs đæm hæftmece Hrunting nama. | Đæt wæs an foran ealdgestreona: ecg wæs iren, | atertanum |
| 1885 | wæs on gange gifu Hrođgares oft geæhted: | Đæt wæs an cyning, æghwæs orleahtre, | ođđæt hine yldo |
| 765 | wiste his fingra geweald on grames grapum. | Đæt wæs geocor siđ đæt se hearmscađa | to Heorute ateah. |
| 1075 | brođrum: hie on gebyrd hruron, gare wunde. | Đæt wæs geomuru ides! Nalles holinga | Hoces dohtor |
| 11 | ofer hronrade hyran scolde, gomban gyldan. | Đæt wæs god cyning! Đæm eafera wæs æfter cenned, | geong in |
| 863 | wiht ne logon, glædne Hrođgar, ac | Đæt wæs god cyning: Hwilum heađorofe | hleapan leton, on |
| 2390 | bregostol Biowulf healdan, Geatum wealdan. | Đæt wæs god cyning. Se đæs leodhryres | lean gemunde |
| 654 | ond him hæl abead, winærnes geweald, | ond đæt word acwæđ: "Næfre ic ænegum men | ær alyfde, siđđan ic |
| 2046 | gehygd higes cunnian, wigbealu weccean, | ond đæt word acwyđ: 'Meaht đu, min wine, | mece gecnawan đone |

| | |
|---|---|
| 1700 | spræc sunu Healfdenes (swigedon ealle): "Ðæt, la, mæg secgan  se ðe soð ond riht fremeð on folce, |
| 2864 | sunu, sec, sarigferð (seah on unleofe): "Ðæt, la, mæg secgan  se ðe wyle soð specan ðæt se |
| 2520 | beran, wæpen to wyrme, gif ic wiste hu wið ðam aglæcean  elles meahte gylpe wiðgripan, swa ic gio wið |
| 2905 | sexbennum seoc: sweorde ne meahte on ðam aglæcean  ænige ðinga wunde gewyrcean. Wiglaf siteð |
| 2163 | breostgewædu. Bruc ealles well!" Hyrde ic ðæt ðam frætwum  feower mearas lungre, gelice, last weardode, |
| 2989 | helm somod, hares hyrste Higelace bær. He ðam frætwum  feng ond him fægre gehet leana mid leodum, |
| 2010 | facne bifongen. Ic ðær furðum cwom to ðam hringsele  Hroðgar gretan: sona me se mæra mago |
| 3053 | iumonna gold galdre bewunden, ðæt ðam hringsele  hrinan ne moste gumena ænig, nefne god |
| 1073 | treowe: unsynnum wearð beloren leofum æt ðam lindplegan,  bearnum ond broðrum: hie on gebyrd hruron, |
| 2039 | wealdan moston, oððæt hie forlæddan to ðam lindplegan  swæse gesiðas ond hyra sylfra feorh. Ðonna |
| 123 | ond reðe, ond on ræste genam ðritig ðegna,  ðanon eft gewat huðe hremig to ham faran, mid ðære |
| 853 | alegde, haðene sawle: ðær him hel onfeng.  Ðanon eft gewiton ealdgesiðas, swylce geong manig of |
| 1051 | rihte. Ða gyt æghwylcum eorla drihten ðara ðe mid Beowulfe  brimlade teah on ðære medubence |
| 1407 | magoðegna bær ðone selestan sawolleasne ðara ðe mid Hroðgar  ham eahtode. Ofereode ða æðelinga |
| 15 | god sende folce to frofre: fyrenðearfe ongeat  ðe hie ær drugon aldorlease lange hwile. Him ðæs |
| 831 | swylce oncyððe ealle gebette, inwidsorge,  ðe hie ær drugon ond for ðreanydum ðolian scoldon, torn |
| 1858 | sib gemæne, ond sacu restan, inwitniðas,  ðe hie ær drugon, wesan, ðenden ic wealde widan rices, |
| 1271 | he gemunde mægenes strenge, gimfæste gife  ðe him god sealde, ond him to anwaldan are gelyfde, frofre |
| 2182 | he mancynnes mæste cræfte ginfæstan gife;  ðe him god sealde, heold hildedeor. Hean wæs lange, swa |
| 1407 | magoðegna bær ðone selestan sawolleasne ðara  ðe mid Hroðgare ham eahtode. Ofereode ða æðelinga bearn |
| 1592 | Sona ðæt gesawon snottre ceorlas, ða  ðe mid Hroðgare on holm wliton, ðæt wæs yðgeblond eal |
| 289 | scyldwiga gescad witan, worda ond worca, se  ðe wel ðenceð. Ic ðæt gehyre, ðæt ðis is hold weorod |
| 2601 | sorgum: sibb æfre ne mæg wiht onwendan ðam  ðe wel ðenceð. Wiglaf wæs haten Weoxstanes sunu, |
| 203 | siððæt him snotere ceorlas lythwon logon,  ðeah he him leof wære: hwetton higerofne, hæl sceawedon. |
| 2161 | sinum syllan wolde, hwatum Heorowearde,  ðeah ðe he him hold wære, breostgewædu. Bruc ealles well!" |
| 1167 | his ferhðe treowde, ðæt he hæfde mod micel,  ðeah ðe he his magum nære arfæst æt ecga gelacum. |
| 2619 | fyrdsearo fuslic, no ymbe ða fæhðe spræc,  ðeah ðe he his broðor bearn abredwade. He frætwe geheold |
| 1341 | hafað fæhðe gestæled (ðæs ðe ðincean mæg  ðegne monegum, se ðe æfter sincgyfan on sefan greoteð), |
| 1419 | Scyldinga, weorce on mode to geðolianne,  ðegne monegum, oncyð eorla gehwæm, syððan Æscheres on |

sweorda, blondenfexa, on bid wrecen, Ðæt se Ðeodcyning Ðaftan sceolde Eafores anne dom. Hyne yrringa 2963
hraðe wyrsan wrixle wælhlem ðone, syððan Ðeodcyning Ðyder oncirde. Ne meahte se snella sunu 2970
gegongen: wæs ðæt gifeðe to swið ðe ðone Ðeodcyning Ðyder ontyhte. Ic wæs ðær inne ond ðæt eall 3086

wille, beaga bryttan, swa ðu bena eart, Ðeoden mærne, ymb ðinne sið, ond ðe ða ondsware ædre 353
healde. Hyne ða mid handa heorodreorigne, Ðeoden mærne, ðegn ungemete till winedryhten his wætere 2721

Beowulf nemnað. Hy benan synt hie, Ðeoden min, wið ðe moton wordum wrixlan. No ðu him wearne 365
yfla gehwylces ondlean forgeald: ðær ic, Ðeoden min, ðine leode weorðode weorcum. He on weg losade, 2095

ond iogoðe, ðæt ðu him ondrædan ne ðearft, Ðeoden Scyldinga, on ða healfe, aldorbealu eorlum, swa ðu 1675
eft cuman. Gecyste ða cyning æðelum god, Ðeoden Scyldinga, ðegn betstan ond be healse genam: hruron 1871

guðcyning ofer swanrade secean wolde, mærne Ðeoden, ða him wæs manna ðearf. Ðone siðfæt him snotere 201
of gewitte. Wergendra to lyt ðrong ymbe ðeoden, ða hyne sio ðrag becwom. Nu sceal sincðego ond 2883

gewitan. Nalæs hi hine læssan lacum teodan, Ðeodgestreonum, ðon ða dydon ðe hine æt frumsceafte forð 44
hyse, mid hæle, ond ðisses hrægles neot, Ðeodgestreona, ond geðeoh tela, cen ðec mid cræfte ond 1218

se ðe him bealwa to bote gelyfde, ðæt ðæt Ðeodnes bearn geðeon scolde, fæderæðelum onfon; folc 910
him ðonne Hreðric to hofum Geata geðingeð, Ðeodnes bearn, he mæg ðær fela freonda findan; feorcyððe 1837

frod, ne byð him wihte ðy sel. Swa se Ðeodsceaða ðreo hund wintra heold on hrusan hordærna sum, 2278
wundrum heard: næs him wihte ðe sel. Ða wæs Ðeodsceaða ðriddan siðe, frecne fyrdraca, fæhða gemyndig, 2688

ond for arstafum usic sohtest. Gesloh ðin fæder fæhðe mæste: wearð he Heaðolafe to handbonan 459
'Meaht ðu, min wine, mece gecnawan ðone ðin fæder to gefeohte bær under heregriman hindeman 2048

æghwylc mon alætan lændagas. Næs ða long to ðon ðæt ða aglæcean hy eft gemetton. Hyrte hyne hordweard 2591
ende gefered lænan lifes. Næs ða lang to ðon ðæt ða hildlatan holt ofgefan, tydre treowlogan tyne 2845

onfeng hilderince. Ða wæs hwil dæges ær he ðone grundwong ongytan mehte. Sona ðæt onfunde se ðe 1496
leoðocræftum: of ðam leoma stod, ðæt he ðone grundwong ongitan meahte, wræte giondwlitan. Næs 2770

maðmæhta ma, ðeh he ðær monige geseah, buton ðone hafelan ond ða hilt somod since fage. Sweord ær 1614
dryhtne, ðæs ðe ic on aldre gebad ðæt ic on ðone hafelan heorodreorigne ofer ealdgewin eagum starige! 1780

gegnum for ofer myrcan mor, magoðegna bær ðone selestan sawolleasne ðara ðe mid Hroðgare ham 1406
hæleða brego, ealles moncynnes mine gefræge ðone selestan bi sæm tweonum, eormencynnes. Forðam Offa 1956
hæfdon hy forhealden helm Scylfinga, ðone selestan sæcyninga ðara ðe in Swiorice sinc 2382

Hygde gesealde, wrætlicne wundurmaðum,  Đone ðe him Wealhðeo geaf, ðeodnes dohtor, ðrio wicg somod  2173
georne æfter grunde, wolde guman findan,  Đone ðe him on sweofote sare geteode, hat ond hreohmod  2295
ða on sande sawulleasne hlimbed healdan  Đone ðe him on hringas geaf ærran mælum: ða wæs endedæg  3034

ic merestrengo maran ahte, earfeðo on yðum,  Đonne ænig oðer man. Wit ðæt gecwædon cnihtwesende ond  534
wæstmum wræclastas træd, næfne he wæs mara  Đonne ænig man oðer: ðone on geardagum Grendel nemdon  1353
ðæt wæs wæpna cyst, buton hit wæs mare  Đonne ænig mon oðer to beadulace ætberan meahte, god ond  1560

Geata dryhten, geseon sunu Hræðles,  Đonne he on ðæt sinc starað, ðæt ic gumcystum godne funde  1485
geaf, eoredgeatwe, ðe ge ðær on standað,  Đonne he on ealubence oft gesealde healsittendum helm ond  2867

bidan woldon Grendles guðe mid gryrum ecga.  Đonne wæs ðeos medoheal on morgentid, drihtsele dreorfah,  484
eorðan fæðm ðusend wintra ðær eardodon.  Đonne wæs ðæt yrfe, eacencræftig, iumonna gold galdre  3051

Aras ða se rica, ymb hine rinc manig,  Đryðlic ðegna heap: sume ðær bidon, heaðoreaf heoldon,  400
Eodon him ða togeanes, gode ðancodon,  Đryðlic ðegna heap, ðeodnes gefegon, ðæs ðe hi hyne  1627

wes lara liðe: ic ðe ðæs lean geman. Hafast  Đu gefered ðæt ðe feor ond neah ealne wideferhð weras  1221
licað leng swa wel, leofa Beowulf. Hafast  Đu gefered ðæt ðam folcum sceal, Geata leodum ond  1855

moncynnes mægenes strengest on ðæm dæge  Đysses lifes, æðele ond eacen. Het him yðlidan godne  197
manna wæs mægene strengest on ðæm dæge  Đysses lifes. Nolde eorla hleo ænige ðinga ðone  790
Scolde his aldorgedal on ðæm dæge  Đysses lifes earmlic wurðan, ond se ellorgast on feonda  806

Fyrst forð gewat. Flota wæs on yðum, ðæt  under beorge. Beornas gearwe on stefn stigon: streamas  211
stane, hat hildeswat. Hruse dynede. Biorn  under beorge bordrand onswaf wið ðam gryregieste, Geata  2559
hringnet beran, brogdne beadusercean  under beorges hrof. Geseah ða sigehreðig, ða he bi sesse  2755

bearn ond bryde: beah eft ðonan eald  under eorðweall. Đa wæs æht boden Sweona leodum, segn  2957
gerymed wæs, nealles swæslice sið alyfed inn  under eorðweall. Ic on ofoste gefeng micle mid mundum  3090

wiges heard wyrm acwealde, hordes hyrde. He  under harne stan, æðelinges bearn, ana geneðde frecne  887
styrmde: stefn in becom heaðotorht hlynnan  under harne stan. Hete wæs onhrered, hordweard oncniow  2553
of lice. Nu ðu lungre geong hord sceawian  under harne stan, Wiglaf leofa, nu se wyrm ligeð, swefeð  2744

wisode, under Heorotes hrof * * * * heard  under helme, ðæt he on heoðe gestod. Beowulf maðelode  404
Aras ða bi ronde rof oretta, heard  under helme, hiorosercean bær under stancleofu, strengo  2539

cunnon secgan to soðe, selerædende, hæleð  under heofenum, hwa ðæm hlæste onfeng. Đa wæs on burgum  52
gehwylcum idel ond unnyt, siððan æfenleoht  under heofenes hador beholen worðeð. Đa me ðæt gelærdon  414
man æfre mærða ðon ma middangeardes gehedde  under heofenum ðonne he sylfa): "Eart ðu se Beowulf, se  505

ofsloh niceras nigene. No ic on niht gefrægn under heofones hwealf heardran feohtan, ne on egstreamum

Weorod wæs on wynne: ne seah ic widan feorh under heofones hwealf healsittendra medudream maran.

Nu ge moton gangan in eowrum guðgeatawum under heregriman Hroðgar geseon: lætað hildebord her

gecnawan ðone ðin fæder to gefeohte bær under heregriman hindeman siðe, dyre iren, ðær hyne Dene

mæg Ælfheres: geseah his mondryhten under heregriman hat ðrowian. Gemunde ða ða are ðe he him

be sæm tweonum ofer eormengrund oðer nænig under swegles begong selra nære rondhæbbendra, rices

bemearn, syððan morgen com, ða heo under swegle geseon meahte morðorbealo maga, ðær heo ær

ic on foldan gefrægen hæbbe. Nænigne ic under swegle selran hyrde hordmaððum hæleða, syððan Hama

æscum ond ecgum, ðæt ic me ænigne under swegles begong gesacan ne tealde. Hwæt, me ðæs on

sið ne ðah ðam ðe unrihte inne gehydde wræte under wealle. Weard ær ofsloh feara sumne: ða sio fæhð

seon ond secan searogimma geðræc, wundur under wealle: ic eow wisige, ðæt ge genoge neon sceawiað

feasceaft funden, he ðæs frofre gebad, weox under wolcnum, weorðmyndum ðah, oðð æt him æghwylc ðara

scaduhelma gesceapu scriðan cwoman, wan under wolcnum. Werod eall aras. Gegrette ða guma oðerne,

cynnes sumne besyrwan in sele ðam hean. Wod under wolcnum to ðæs ðe he winreced, goldsele gumena,

byrne lungre alysed. Lagu drusade, wæter under wolcnum, wældreore fag. Ferdon forð ðonon feðelastum

Swa ic Hringdena hund missera weold under wolcnum ond hig wigge beleac manigum mægða geond

Him wæs geomor sefa, wæfre ond wælfus, wyrd ungemete neah, se ðone gomelan gretan sceolde, secean sawle

ða wæs eall sceacen dogorgerimes, deað ungemete neah): "Nu ic suna minum syllan wolde guðgewædu,

se scynscaða under sceadu bregdan: ac he wæccende wraðum on andan bad bolgenmod beadwa geðinges.

oððe hringsele hondum styrede, gif he wæccende weard onfunde buon on beorge. Biowulfe wearð

are ðe he him ær forgeaf, wicstede weligne Wægmundinga, folcrihta gehwylc, swa his fæder ahte. Ne

brucan well: "Ðu eart endelaf usses cynnes, Wægmundinga. Ealle wyrd forsweop mine magas to

dogora dægrim. Denum eallum wearð æfter ðam wælræse willa gelumpen. Hæfde ða gefælsod se ðe ær

secgas on searwum, hwæðer sel mæge æfter wælræse wunde gedygan uncer twega. Nis ðæt eower sið

ðæt gecwædon cnihtwesende ond gebeotedon (wæron begen ða git on geogoðfeore) ðæt wit on garsecg ut

cenra gehwylcum, eorlum ealuscerwen. Yrre wæron begen, reðe renweardas. Reced hlynsode. Ða wæs

hine fyrwyt bræc modgehygdum, hwæt ða men wæron. Gewat him ða to waroðe wicge ridan ðegn Hroðgares,

hearpan sweg, gomen in geardum, swylce ðær iu wæron. Gewiteð ðonne on sealman, sorhleoð gæleð an

ærdæge Grendles guðcræft gumum undyrne: ða wæs æfter wiste wop up ahafen, micel morgensweg. Mære

weotode tealde handgewriðene: hraðe seoððan wæs æfter mundgripe mece geðinged, ðæt hit sceadenmæl

somod swancor ond sadolbeorht: hyre syððan wæs æfter beahðege breost geweorðod. Swa bealdode

576
2015

396
2049
2605

860
1078
1197
1773

3060
3103

8
651
714
1631
1770

2420
2728

708
2841

2607
2814

824
2531

536
769

233
2459

128
1937
2175

freolicu folccwen  to hire frean sittan.  Ða wæs eft swa ær  inne on healle ðryðword sprecen, ðeod on  **642**
to setles neosan,  swa se snottra heht.  Ða wæs eft swa ær  ellenrof fletsittendum fægere gereorded  **1787**

helm oft gescær,  fæges fyrdhrægl:  Ða wæs forma sið  deorum madme,  ðæt his dom alæg. Eft wæs  **1527**
ða he of ealdre gewat,  frod on forðweg.  Ða wæs forma sið  geongan cempan,  ðæt he guðe ræs mid his  **2625**

leton holm beran, geafon on garsecg:  him wæs geomor sefa,  murnende mod. Men ne cunnon secgan to  **49**
abead heorðgeneatum,  goldwine Geata.  Him wæs geomor sefa,  wæfre ond wælfus,  wyrd ungemete neah,  **2419**

hronrade hyran scolde,  gomban gyldan.  Ðæt wæs god cyning!  Ðæm eafera wæs æfter cenned, geong in  **11**
wiht ne logon,  glædne Hroðgar, ac  ðæt wæs god cyning!  Hwilum heaðorofe hleapan leton, on  **863**
Biowulf healdan,  Geatum wealdan.  Ðæt wæs god cyning!  Se ðæs leodhryres lean gemunde uferan  **2390**

Scop hwilum sang  hador on Heorote.  Ðær wæs hæleða dream, duguð unlytel Dena ond Wedera.  **497**
Beowulfe folces hyrde  fæstrædne geðoht.  Ðær wæs hæleða hleahtor, hlyn swynsode, word wæron wynsume.  **611**

Ðæs laðan last sceawedon,  wergan gastes:  wæs ðæt gewin to strang, lað ond longsum. Næs hit  **133**
seað, ne mihte snotor hæleð  wean onwendan:  wæs ðæt gewin to swyð, lað ond longsum, ðe on ða leode  **191**
cearu wæs geniwod,  geworden in wicun. Ne  ðæt gewrixle til,  ðæt hie on ba healfa bicgan  **1304**

geoce gefremede wið ðeodðreaum. Swylc  wæs ðeaw hyra, hæðenra hyht:  helle gemundon in modsefan,  **178**
helm, hringed byrne, ðrecwudu ðrymlic.  Wæs ðeaw hyra  ðæt hie oft wæron an wig gearwe, ge æt  **1246**

wiges ond wealles:  him seo wen geleah.  Ða wæs Biowulfe  broga gecyðed snude to soðe,  ðæt his  **2324**
ne mæg mon mid his magum meduseld buan. Swa  Biowulfe,  ða he biorges weard sohte, searoniðas:  **3066**

cwen, Heaðoscilfingas healsgebedda.  Ða wæs  heresped gyfen, wiges weorðmynd,  ðæt him  **64**
fæste befangen,  ða heo to fenne gang.  Se wæs Hroðgare  hæleða leofost on gesiðes had be sæm  **1296**
mihtigan drihtne,  ðæs se man gespræc.  Ða wæs Hroðgare  hors gebæted, wicg wundenfeax. Wisa  **1399**
feondes fæðmum  under firgenstream.  Ðæt wæs Hroðgare  hreowa tornost ðara ðe leodfruman lange  **2129**

harne stan hleonian funde, wynleasne wudu:  wæter under stod  dreorig ond gedrefed. Denum eallum wæs,  **1416**
helm ond byrne lungre alysed. Lagu drusade,  wæter under  wolcnum, wældreore fag. Ferdon forð ðonon  **1631**

Heaðabeardna gestreon ðenden hie ðam wæpnum  wealdan moston, oððæt hie forlæddan  to ðam lindplegan  **2038**
myne sohte, ðær he ðy fyrste, forman dogore  wealdan moste  swa him wyrd ne gescraf hreð æt hilde.  **2574**
ða him gerymed wearð ðæt hie wælstowe  wealdan moston.  Ðenden reafode rinc oðerne, nam on  **2984**

ðæt ic sænæssas geseon mihte, windige weallas.  Wyrd oft nereð unfægne eorl,  ðonne his ellen  **572**
efne swa side swa sæ bebugeð, windgeard, weallas.  Wes ðenden ðu lifige, æðeling, eadig. Ic ðe an  **1224**

ofteah, egsode eorlas. Syððan ærest wearð feasceaft funden, he ðæs frofre gebad, weox under  6
lean gemunde uferan dogrum, Eadgilse wearð feasceaftum freond, folce gestepte ofer sæ side  2392

Ac him dryhten forgeaf wigspeda gewiofu, Wedera leodum, frofor ond fultum, ðæt hie feond heora ðurh  697
ac him togeanes rad, cwæð ðæt wilcuman Wedera leodum scaðan scirhame to scipe foron. Ða wæs on  1894

oððe mec deað nimeð." Æfter ðæm wordum Wedergeata leod efste mid elne, nalas ondsware bidan wolde:  1492
ðæt is soð metod. Ne nom he in ðæm wicum, Wedergeata leod, maðmæhta ma, ðeh he ðær monige geseah,  1612
Let ða of breostum, ða he gebolgen wæs, Wedergeata leod word ut faran, stearcheort styrmde: stefn  2551

collenferð cwicne gemette in ðam wongstede Wedra ðeoden ellensiocne, ðær he hine ær forlet. He ða  2786
endedæg godum gegongen, ðæt se guðcyning, Wedra ðeoden, wundordeaðe swealt. Ær hi ðær gesegan  3037

gescad witan, worda ond worca, se ðe wel ðenceð. Ic ðæt gehyre, ðæt ðis is hold weorod frean  289
sibb æfre ne mæg wiht onwendan ðam ðe wel ðenceð. Wiglaf wæs haten Weoxstanes sunu, leoflic  2601

ic elðeodige ðus manige men modiglicran. Wen ic ðæt ge for wlenco, nalles for wræcsiðum, ac for  338
sceal dryhtnes dome se ðe hine deað nimeð. Wen ic ðæt he wille, gif he wealdan mot, in ðæm guðsele  442

wea widscofen witena gehwylcum ðara ðe ne wendon ðæt hie wideferhð leoda landgeweorc laðum  937
seoce ond on mere staredon, wiston ond ne wendon ðæt hie heora winedrihten selfne gesawon. Ða ðæt  1604
wyrðne drihten Wedera gedon wolde: swyðe wendon ðæt he sleac wære, æðeling unfrom. Edwenden  2187

dreah, syððan hie ðæs laðan last sceawedon, wergan gastes: wæs ðæt gewin to strang, lað ond longsum.  133
(him bebeorgan ne con), wom wundorbebodum wergan gastes: ðinceð him to lytel ðæt he lange heold,  1747

geardum: hine gearwe geman witena welhwylc wide geond eorðan. We ðurh holdne hige hlaford ðinne, sunu  266
swa he manna wæs wigend weorðfullost wide geond eorðan, ðenden he burhwelan brucan moste. Uton  3099

lindhæbbendra. Lastas wæron æfter waldswaðum wide gesyne, gang ofer grundas, ðær heo gegnum for ofer  1403
læfan wolde. Wæs ðæs wyrmes wig wide gesyne, nearofages nið nean ond feorran, hu se  2316
swatswaðu Sweona ond Geata, wælræs weora wide gesyne, hu ða folc mid him fæhðe towehton. Gewat him  2947
on hoe, se wæs heah ond brad, wægliðendum wide gesyne, ond betimbredon on tyn dagum beadurofes becn,  3158

ond him togeanes feng: oferwearp ða werigmod wigena strengest, feðecempa, ðæt he on fylle wearð.  1543
"Nu sceal gled fretan, weaxan wonna leg wigena strengel, ðone ðe oft gebad isernscure, ðonne  3115

Scyldinga, anre bene, ðæt ðu me ne forwyrne, wigendra hleo, freowine folca, nu ic ðus feorran com, ðæt  429
wæs wreccena wide mærost ofer werðeode, wigendra hleo, ellendædum (he ðæs ær onðah), siððan  899
Beowulfes snude gecyðed, ðæt ðær on worðig wigendra hleo, lindgestealla, lifigende cwom, heaðolaces  1972
wræce leornode. Heht him ða gewyrcean wigendra hleo eallirenne, eorla dryhten, wigbord wrætlic:  2337

onfand, syððan hie togædre gegan hæfdon.   Wiglaf maðelode,   wordrihta fela sægde gesiðum (him wæs   **2631**

eðbegete ðam ðe ær his elne forleas.   Wiglaf maðelode,   Weohstanes sunu, sec, sarigferð (seah on   **2862**

gearwor hæfde agendes est ær gesceawod.   Wiglaf maðelode,   Wihstanes sunu: "Oft sceall eorl monig   **3076**

helm Scyldinga: "For gewyrhtum ðu,   wine min Beowulf,   ond for arstafum usic sohtest. Gesloh   **457**

betera! Blæd is aræred geond widwegas,   wine min Beowulf,   ðin ofer ðeoda gehwylce. Eal ðu hit   **1704**

swa he selfa bæd, ðenden wordum weold   wine Scyldinga:   leof landfruma lange ahte.   **30**

hwil micel: twelf wintra tid torn geðolode   wine Scyldinga,   weana gehwelcne, sidra sorga.   **148**

ne his myne wisse: ðæt wæs wræc micel   wine Scyldinga,   modes brecða. Monig oft gesæt   **170**

gladum suna Frodan: hafað ðæs geworden   wine Scyldinga,   rices hyrde, ond ðæt ræd talað, ðæt he   **2026**

rondhæbbendra, rices wyrðra. Ne hie huru   winedrihten   wiht ne logon, glædne Hroðgar, ac ðæt wæs   **862**

staredon, wiston ond ne wendon ðæt hie heora   winedrihten   selfne gesawon. Ða ðæt sweord ongan æfter   **1604**

ðeoden mærne, ðegn ungemete till   winedryhten   his wætere gelafede, hilde sædne, ond his   **2722**

demdon, swa hit gedefe bið ðæt mon his   winedryhten   wordum herge, ferhðum freoge, ðonne he forð   **3175**

ðon, gumcyste ongit: ic ðis gid be ðe awræc   wintrum frod.   Wundor is to secganne hu mihtig god manna   **1724**

hildestrengo: hreðer inne weoll,   wintrum frod,   ðonne he worn gemunde. Swa we ðær inne ondlangne   **2114**

hord on hrusan,   wintrum frod,   ðær he hæðen gold waraþ ne byð him wihte ðy sel. Swa se ðeodsceaða   **2277**

eallirenne, eorla dryhten, wigbord wrætlic:   wisse he gearwe   ðæt him holtwudu helpan ne meahte, lind   **2339**

(he ofer benne spræc, wunde wælbleate:   wisse he gearwe   ðæt he dæghwila gedrogen hæfde, eorðan   **2725**

forgrand gramum, ond nu wið Grendel sceal,   wið ðam aglæcan,   ana gehegan ðing wið ðyrse. Ic ðe nu   **425**

beran, wæpen to wyrme, gif ic wiste hu   wið ðam aglæcan   elles meahte gylpe wiðgripan, swa ic gio   **2520**

nið (wean ahsodon), forgrand gramum, ond nu   wið Grendel sceal,   ana gehegan ðing wið   **424**

ne grette, lete Suððene sylfe geweorðan guðe   wið Grendel.   Gode ic ðanc secge ðæs ðe ic ðe gesundne   **1997**

onsende, to Westdenum, ðæs ic wen hæbbe,   Ic ðæm godan sceal for his modðræce   **384**

elles meahte gylpe wiðgripan, swa ic gio   Ac ic ðær heaðufyres hates wene,   **2521**

ðæt ðæs ahlæcan blodge beadufolme onberan wolde.   Ða wæs haten hreðe Heort innanweard folmum   **990**

swa he Fresena cyn on beorsele byldan wolde.   Ða hie getruwedon on twa healfa fæste frioðuwære.   **1094**

gegnum gangan: guðbeorna sum wicg gewende,   word æfter cwæð:   "Mæl is me to feran: fæder alwalda   **315**

ða ellenrof andswarode, wlanc Wedera leod,   word æfter spræc   heard under helme: "We synt Higelaces   **341**

hyrde hordwyrðne dæl, fættan goldes,   fea worda cwæð:   "Heald ðu nu, hruse, nu hæleð ne moston,   **2246**

wigheafolan bær frean on fultum,   fea worda cwæð:   "Leofa Biowulf, læst eall tela, swa ðu on   **2662**

366  benan synt ðæt hie, ðeoden min,   wið ðe moton wordum wrixlan.   No ðu him wearne geteoh ðinra gegncwida,
874  styrian ond on sped wrecan   spel gerade,   wordum wrixlan.   Welhwylc gecwæð ðæt he fram Sigemundes,

870  gidda gemyndig, se ðe ealfela   ealdgesegena   worn gemunde,   word oðer fand soðe gebunden:   secg eft ongan
2114  hreðer inne weoll,   ðonne he wintrum frod   worn gemunde.   Swa we ðær inne   ondlangne dæg niode naman,

1650  for eorlum ond ðære idese mid,   wliteseon wrætlic:   weras on sawon.   Beowulf maðelode,   bearn
2339  hleo eallirenne,   eorla dryhten,   wigbord wrætlic:   wisse he gearwe   ðæt him holtwudu   helpan ne

891  Hwæðre him gesælde   ðæt ðæt swurd ðurhwod   wrætlicne wyrm,   ðæt hit on wealle ætstod,   dryhtlic iren:
2173  ic ðæt he ðone healsbeah Hygde gesealde,   wrætlicne wundurmaððum,   ðone ðe him Wealhðeo geaf, ðeodnes

183  ne hie huru heofena helm   herian ne cuðon,   wuldres waldend,   Wa bið ðæm ðe sceal   ðurh sliðne nið
1752  ond forgymeð,   ðæs ðe him ær god sealde,   wuldres waldend,   weorðmynda dæl. Hit on endestæf eft

348  wile ðæt we hine swa godne   gretan moton."   Wulfgar maðelode   (ðæt wæs Wendla leod:   wæs his modsefa
360  gestod Deniga frean:   cuðe he duguðe ðeaw.   Wulfgar maðelode   to his winedrihtne: "Her syndon geferede,

1193  boren ond freondlaðu wordum bewægned,   ond wunden gold   estum geeawed,   earmreade twa,   hrægl ond
3134  niman,   flod fæðmian   frætwa hyrde.   Ða wæs wunden gold   on wæn hladen,   æghwæs unrim,   æðeling boren

477  Is min fletwerod,   wigheap gewanod:   hie wyrd forsweop   on Grendles gryre.   God eaðe mæg ðone
2814  endelaf usses cynnes,   Wægmundinga.   Ealle wyrd forsweop   mine magas   to metodsceafte,   eorlas on elne:

2316  cwices lað lyftfloga   læfan wolde.   Wæs ðæs wyrmes wig   wide gesyne,   nearofages nið   nean ond feorran,
2348  herge:   no he him ða sæcce ondred,   ne him ðæs wyrmes wig   for wiht dyde,   eafoð ond ellen,   forðon he ær

1212  cyninges,   breostgewædu   ond se beah somod:   wyrsan wigfrecan   wæl reafedon æfter guðsceare,   Geata
2496  to Gardenum oððe in Swiorice   secean ðurfe   wyrsan wigfrecan,   weorðe gecypan. Symle ic him on feðan

# APPENDIX II

# Headwords in
# Order of Frequency

831
GE-

311
OND

284
HE

249
WÆS

246
ON (*prep with dat*)

216
ÞÆT (*conj*)

211
ÐA (*adv*)

201
HIM

180
IC

175
SE

160
TO (*prep*)

153
ÞE (*rel particle*)

140
NE (*adv*)

125
ÞÆT (*dem pron*)

121
ON (*prep with acc*)

101
-GE-

81
HIS
ÞÆR (*dem adv*)

77
SWA (*conj*)

72
MID

71
ÆFTER

70
OFER

69
ÞÆS

65
ÞONE

64
ÆR

63
ÐA (*pron*)
ÞU

61
ÆT

60
AC
UNDER

59
HIE
WIÐ

57
IN
SYÐÐAN

53
ÞAM

52
ÞONNE (*conj*)

49
SWA (*adv*)
ÐA (*conj*)

47
ME

46
NU

44
FOR
HINE
ÞE (*pers pron*)

42
ÐÆR (*rel*)
WEARÐ

40
FELA
NE (*conj*)
WOLDE

39
GEATA
NO

38
ÐÆM

37
EFT
-LIC
MÆG

36
HÆFDE
OF

35
-WULF

33
BEARN
SCEAL

32
OÐÞÆT
SUNU
-ÞÆT

31
-GAR
GOD
IS

30
HIT
HYNE
ÞEAH

28
BEOWULF
HELM
NÆS
ÞARA

27
OFT

26
OÐÐE
-SELE

25
HROÐGAR
HYRDE
-LICE
MAÞELODE
MIN

24
LEODE
SWYLCE
WE

23
GIF
HEOLD
MEAHTE
SCYLDINGA

9
BAD
BEAGAS
BERAN
CWÆÐ
DÆL
DOM
ECGUM
EODE
FLET
FOLCES
FORGEAF
FRECNE
GEARWE
GEBAD
GEOND
GESEALDE
GODA
HAFAÐ
HAT
HEALLE
HEOROTE
HI
HURU
HWÆÞRE
HWEARF
HYT
-LÆCA
LAFE
-MÆL
MÆRE
MÆRNE
MÆST
MINNE
MINUM
NIÐA
-RINC
-SÆT
-SEALDE
SOHTE
-STEDE
-STREONA
SYLFES
ÞEARF
ÐEARFE
ÞIN
WEN

8
ÆGHWYLC
ATOL
-BURH
CWEN
DÆG

-DENA
DENIGA
DOME
DUGUÞE
EALLUM
EFNE
ELLEN
FÆSTE
-FAH
FINDAN
FRÆGN-
FUL
-GARE
-GEALD
GEFRÆGN
GEHWYLCUM
GRETAN
GUMAN
HAND
HANDA
HEARDA
HIGELAC
HIRE
HREÞRE
-HWEARF
HYRA
IREN
-LACE
-LAFE
LEOFNE
MAÞMAS
METOD
MOD
MODE
MODOR
NÆFRE
NEALLES
ONGAN
-ROF
SÆT
-SAWON
SEFA
SPRÆC
-STANES
-STOD
-SYNE
-TEAH
ÞEC
ÞEGNA
ÞON
WEDRA
WEOLL
WIHTE
WILLAN

-WRÆC
-WULFES

7
A
ÆFRE
ÆREST
ÆTGÆDERE
-BEAD
-BEALO
BEARM
-BENDUM
BEOWULFE
-BIDAN
BIOWULF
BLODE
BYRE
CRÆFTE
-DAGUM
DENA
DENUM
-DENUM
DOHTOR
DRIHTEN
-DRYHTEN
EARD
-FÆT
-FAND
FLOD
FOLC
-FRÆGE
FROFRE
-GÆDERE
-GEAT
GEFENG
GEFRÆGE
GEMYNDIG
GESÆT
GESAWON
GODNE
GRETTE
-GRIPE
GUMA
HABBAN
HÆBBE
HÆLEÐ
HEAH
HEAP
HEHT
-HEOLD
HROF
HROÐGARE
HYRE
LAND

LAÐ
LEOF
LEOFA
-LICOST
LIF
LIFES
LYT
MÆRÐA
MANNES
MICLE
MODES
MOSTON
-MYNDIG
NOLDE
ONFAND
-RÆS
SÆ
SÆL
SCEALL
SIDE
SINC
-SIÞAS
-SOHTE
-SOMNE
SOÐ
SUNA
SUND
SWIÐE
TELA
ÞEODNES
ÞONAN
-WÆDU
WÆG
-WEARDE
WEG
WEOLD
WINTRA
WOLCNUM
WORN
WRÆC
YRRE
YÐUM

6
ÆNIGE
ÆÞELINGA
ANUM
ARAS
-BÆR
-BENCE
BEORGE
-BOGAN
-BOLGEN
BUTON

-CEARE
CUÐ
-CYÞED
DÆDA
-DÆGE
-DRACA
-DRIHT
DRYHTNE
EALDE
EARFOÐLICE
EAXLE
EOW
FEORE
FERAN
-FERÐ
FOLCE
FOLDAN
FRÆTWE
-FRECAN
FROM
FUS
-GÆST
GEARO
GEBOLGEN
GECYÞED
GEOGOÞE
GEONGUM
GESOHTE
GESYNE
GODES
GOMELA
GRIM
GYF
HEARDE
HELPE
-HEORT
HILD
HILDEDEOR
HOLM
HORDE
HORDWEARD
-HRODEN
-HWÆS
-HWYLCES
-LAFES
LEAN
-LEAS
-LEASNE
LENG
LICE
LONGE
MANIG
MARAN
MAÞMA

MIHTIG
NÆNIG
-NEATAS
-NET
-NIÐAS
ONFENG
RÆD
RÆSTE
-RAS
-RECED
SAMOD
SANDE
-SCAÐA
SCEAWIAN
SCOLDON
SECAN
SEFAN
SELESTAN
SEON
SINCE
SLOH
SNUDE
SOMOD
SWEALT
SWEG
SWEORDE
ÞAS
ÞEODNE
ÞIS
ÐONON
UNC
WÆPEN
WALDEND
WEALDAN
WEAN
WENE
WESAN
-WIGA
WIGLAF
-WIN
WISSE
WISTE
WUDU
WYNNE
YÐA

5
ÆNIGNE
ÆRGOD
ÆTBÆR
ÆTSOMNE
AGLÆCA
AGLÆCEAN
AHTE

ALDOR
ANES
ANNE
BÆD
BEAGA
-BEAH
-BEALU
BEORGES
BEORHTE
BEORN
BEOWULFES
BEWUNDEN
BI
BIDAN
BRÆC
-BRÆD
BRUCAN
BYRNE
CEMPA
CEMPAN
CUÐAN
-CWOM
CYNNE
CYST
DÆGES
-DEFE
DENIGEA
DRACAN
-DREAM
-DRIHTEN
DRUGON
DYDON
EAC
EALLES
ECGE
ELLENWEORC
EORLSCIPE
EORLUM
EOTENA
EOWER
FÆGE
FÆÞM
FAND
FARAN
-FERHÐ
FORGEALD
FREMMAN
-FRUMAN
-FUNDE
FYR
FYRENE
FYRST
GANG
-GEANES

-GEATA
GEATOLIC
GEATUM
GEBIDAN
GEGONGEN
GEMÆNE
-GENGA
GEWEORC
GEWIN
GEWRÆC
GEWYRCEAN
GIFEÞE
-GOD
GOLDWINE
GONGAN
-GRIM
GUÐCYNING
-GYFAN
HÆLE
HÆLEÐUM
HAFAST
HATEN
HEARPAN
HELLE
HEOROT
HLAFORD
HRUSAN
-HWÆÞER
HWATE
HWYLC
HYGELAC
IDES
-LÆCAN
-LÆCEAN
-LAMP
LAÐAN
LAÞUM
LEOFES
LEOHT
-LICNE
-LICOR
-LICU
LOND
LUNGRE
-LYFDE
MADMAS
MÆGES
MÆGÞA
-MÆNE
MÆRUM
MÆSTE
-MAN
-MANNA
MANNAN

| | | | |
|---|---|---|---|
| MERE | WUNDE | DON | GEBUNDEN |
| MODIG | -WUNDEN | DORSTE | GEDEFE |
| MONEGUM | -WYRCEAN | DREAH | GEDIGDE |
| MUNDGRIPE | WYRMES | DYRE | GEFREMMAN |
| MUNDUM | YMBE | -DYRNE | GEFYSED |
| NEFNE | YÐE | EAFERAN | GEGAN |
| NEOSAN | | EAFOÐ | GEHWÆÞER |
| NIS | 4 | EALDRES | GEHWEARF |
| ONFUNDE | ABEAD | EARM | GEHWYLC |
| OÞERNE | ÆGHWÆS | EART | GEHWYLCE |
| RICES | ÆGLÆCA | EAÐE | GEHWYLCES |
| RIHTE | ÆHT | -ECG | GELICOST |
| RING | ÆÞELINGAS | ECGA | GELYFDE |
| SÆGDE | ÆÞELINGES | ECGLAFES | GEMAN |
| SANG | ALEGDE | EGESAN | GEMEALT |
| SARE | ANGAN | ELDUM | GEMET |
| -SCEAÐA | BÆL | -EODE | GENAM |
| SCYLD | BÆRON | -EODON | GENEÐDE |
| SECGE | BEAH | EOM | GEOCE |
| SEL | BEARNA | ESTUM | GEOMOR |
| SELF | BECOM | FÆGERE | GEORNE |
| SELFA | BECWOM | FAG | GERYMED |
| -SIÐUM | BEGA | FAHNE | GESPRÆC |
| -SLOH | BEHEOLD | FENG | GETEAH |
| SOÐE | BENCE | FENGEL | GEWORHTE |
| -STOL | BEO | FEONDA | GIONG |
| SWEFEÐ | -BERAN | FEOWER | GLEDUM |
| SYMLE | BIOWULFE | -FEREDE | GODUM |
| SUNDON | BLÆD | FERHÐE | GOLDES |
| TEALDE | BLOD | FEÞAN | GOLDHRODEN |
| TOGEANES | -BOHTE | FIRA | GOLDSELE |
| ÞÆTTE | BONA | FLEON | -GONG |
| ÞANC | -BONAN | FOLCA | GRENDELES |
| ÞENCEÐ | -BORA | -FONGEN | GRENDLE |
| -ÞEO | -BRÆC | FORE | -GRIMAN |
| ÞINUM | BRECAN | FORMA | GRUNDE |
| -ÞON | BROÞOR | FORÞAN | GUÐ |
| ÞORFTE | BRYTTAN | FORÞON | GUÐGEWÆDU |
| WÆPNA | -BUNDEN | FRÆTWA | GUÐRINC |
| WAT | BURGUM | FRÆTWUM | GYD |
| -WELAN | BYRNUM | -FREMMAN | HARNE |
| WENDON | -COM | -FRUMA | HEAFDE |
| -WEORCA | CRÆFT | FULTUM | -HEARD |
| WERAS | -CUMAN | FURÐUM | HELME |
| WEREDE | -CWÆÐ | FURÞUR | HELPAN |
| WES | CYN | FYLLE | HEOFONES |
| WIGEND | -CYNINGA | FYRENA | HEOLFRE |
| WIGES | CYNINGES | -FYSED | HEORA |
| WIHSTANES | -DÆDUM | GÆST | HEORÐGE- |
| WILE | -DAGAS | GÆÐ | NEATAS |
| -WONG | DEAÞE | GANGAN | -HERES |
| WORDA | -DENE | -GEAN | HERGE |
| WOROLDE | DEÐ | GEARDUM | -HICGENDE |
| WRECAN | -DIGDE | GEBEAH | HIDER |

4

HIGELACE
HILT
HLÆW
HOFE
HOLD
HOLME
-HOLT
-HORD
HREÞLES
HRING
HRYRE
HUND
HUSA
HWÆÞER
HWÆÞERE
-HWYLCE
-HYDIG
HYLDO
-LADE
LAF
LANDE
LAST
LAÞES
LAÐRA
-LEAN
-LEASE
-LEGDE
-LEOHT
-LEOÐ
LICGEAN
LIFE
LIFIGENDE
-LIÐENDE
-LUFAN
MA
MÆGE
MÆGEN
MÆGNES
MÆRA
MÆRÞO
MAGUM
MANEGUM
MAÞÐUM
-MEALT
MEARN
MEARUM
MECES
-MECGAS
MEHTE
-MET
-METE
MIHTON
MISSERA
MOT
-MYNDUM
-NÆS
NEAN
-NEÐDE
NIHTES
NIMEÐ
NIÐ
-NIÐ
-NIÐLAN
OFGEAF
OFSLOH
ONGEAN
OÞRES
-RADE
RECED
-RIHT
-RIM
-RINCA
ROF
ROND
-RYMED
SÆM
SAWLE
-SCEAFTA
SCEAWEDON
SCEAWODE
SEAH
-SEARO
SECGA
SELRAN
SIBBE
SIE
SINCES
SINNE
-SIÐ
SIÞES
SNOTOR
SORGE
-SPRÆC
-STAH
STAN
-STEALLAN
-STEFNA
-STREON
-STREONUM
SUMNE
SWÆSE
SWEONA
-SWEORD
SWIÞOR
SYMBEL
TRUWODE
TWEONUM
-ÞAN
ÞE (*dem pron*)
ÞEAW
-ÐEGN
ÐEOD
ÞEODCYNING
ÞOHTE
ÞRAGE
UNDYRNE
UNFERÐ
USIC
UTAN
UÞE
-WÆGE
WÆL
WÆPNUM
WÆTERES
WEALHÞEO
WEANA
-WENDAN
WEOL
WEORÞAN
-WEORÞUNGE
WERA
WIGENDRA
WISA
WISTON
WITAN
-WITAN
-WITON
WOLDON
-WORHTE
WOROLD
WULDRES
WUNAÐ
WUNDUM
WUNDUR
WYLLE
-WYLMAS
WYRSAN
YLDO
YS

3

ACWEALDE
ADL
ÆDRE
ÆNNE
ÆRDÆGE
ÆROR
ÆRRAN
ÆSCHERE
ÆÞELE
ÆÞELUM
AGLÆCAN
ALDRES
ALWALDA
ARE
ARSTAFUM
ARUM
ASTAH
ASTOD
-BÆDED
BÆLE
BANAN
-BARN
BAT
-BEARDNA
BEARME
-BEDDE
BEFANGEN
BEFONGEN
BEFORAN
BEGEAT
BEGEN
BEGONG
BEORE
BEORH
-BEORH
BEORHT
BEORSELE
BEREAFOD
-BILLE
BILLES
BIOWULFES
-BLIÐE
-BLOND
BOLD
BONAN
BOREN
BOTE
BRAD
BREAC
BREGO
BREGOSTOL
BREOST
BREOSTUM
BRINGAN
BROGA
BRUC
BRYTTA
-BUEND
-BUENDUM
BUGON
BURSTON
BYREÐ
-BYRNE
-CEAS
CEOL

3

-WURÞAD
WYLM
-WYLMUM
-WYNNE
WYRME
YLDA
YLDRA
YLDUM
-YÞUM

2
ABROTEN
AD
ADE
ÆFEN
ÆFENRÆSTE
-ÆFNED
ÆGHWÆÞRUM
-ÆHTA
ÆNEGUM
ÆNGUM
ÆNIGUM
ÆRENDE
-ÆRN
-ÆRNA
ÆÞELINGE
AGEALD
-AGENDRA
AHLÆCAN
ALÆTAN
ALDRUM
ANCRE
ANDAN
ANE
ANRA
ANRÆD
ANSYN
AR
-ARN
AWRÆC
BA
-BÆRAN
BÆRNAN
BAM
-BANAN
-BAND
BANHUS
BANLOCAN
-BAT
-BE
-BEAG
-BEAGA
BEALONIÐ
-BEARH

BEARHTM
BEARNUM
BEBEAD
BEBUGEÐ
BECEARF
BED
-BED
BEDÆLED
BEFEALLEN
BEGANG
BELEAC
BEMEARN
BENA
BENCÞELU
BENE
-BENNUM
-BEODAN
BEODGE-
   NEATAS
BEORGAN
BEORHTDENA
BEORNAS
BEORÞEGE
BEOT
-BEOTEDON
BERE
-BEREND
BEROFENE
BESYRWAN
BETERA
BETLIC
BETST
BETSTA
-BIDANNE
BIL
-BIL
BILL
BILLA
BITAN
BITE
BITERAN
-BLAND
-BOGEN
BOLGENMOD
BORD
-BORD
-BOREN
BRÆGD
BREOSTGE-
   WÆDU
BREOSTHORD
BRIM
BRIMES
BRIMWYLF

-BROCEN
BRODEN
BROND
BRONDE
BRONTNE
-BROTEN
BROÐRUM
BRYD
BUGAN
-BUGEÐ
BUNAN
BUNDEN
BURE
-BYRNAN
BYRNENDE
-BYRÞENNE
-BYSIG
BYÐ
CAN
-CEARF
-CEARIG
-CEMPA
-CENE
CEORLE
-CIRDE
CLAMMUM
-CLIF
-CLIFE
-CLIFU
CNIGHT-
   WESENDE
COLRAN
CORÞRE
CRÆFTIG
-CRÆFTUM
-CRONG
CUMEN
CUMENE
CWEALM
CWICNE
-CWIDA
CWIÐAN
-CYNDE
-CYNINGE
CYNNA
-CYNNE
-CYSTE
CYSTUM
CYÐAN
-CYÞÐE
-DÆG
-DÆLAN
DÆLDE
-DÆLED

-DEAF
-DEAÐ
DEAÐDÆGE
DEAÐES
DENE
DEOFLA
DEORC
DEORCUM
DEORE
DEORUM
DISCAS
DOGORE
DOGORES
DOGRUM
DOHTE
-DOM
-DON
DRACA
DREAM
DREAMUM
DREOGAN
-DREORIGNE
DRIHTGUMAN
-DRIHTNE
DRUNCEN
DRUNCON
-DRYHTNES
DRYHTSELE
DUGOÐE
-DYGAN
DYRNE
EACEN
EACEN-
   CRÆFTIG
EADIG
EAFERUM
EAFOÞES
EAHTA
EALFELA
EALGEARO
EALOWÆGE
EALRA
EARMSCEAPEN
EASTDENA
EAXLUM
ECGHETE
EDWENDEN
EFNAN
EFNDE
-EGESAN
ELLENDÆDUM
ELLENMÆR-
   ÞUM
ELLOR

GRIPE
-GRUND
GRUNDAS
-GRUNDEN
GRYRELICNE
-GUMA
GUMCYNNES
GUMCYSTUM
GUMUM
-GUNNON
GUÐA
GUÐRÆSA
GUÐSEARO
GUÐSELE
GUÐUM
-GYD
GYFEÞE
-GYLDEN
GYLDENNE
GYLP
GYLPE
GYMEÐ
-GYREDE
GYRNWRÆCE
-GYRWAN
-GYRWED
-HABBAN
HADOR
-HÆBBENDE
HÆL
HÆREÞES
HÆÐCYN
HAFA
HAFO
HAGAN
-HAMAN
HAMES
HANDBONAN
HAR
HATE
-HATE
HEAFOLAN
HEAL
HEALD
HEALDEÞ
-HEALLE
HEALRECED
-HEALS
HEARDAN
HEARDECG
HEARD-
HICGENDE
HEARDRA
HEARDRAN

HEARDREDE
HEARDUM
HEAÐO-
BEARDNA
HEAÐOGRIM
HEAÞOROF
HEAÐOSCIL-
FINGAS
HEAÞOSWATE
-HELM
HELMBEREND
HEMMINGES
HENGESTE
HEOFENUM
HEOLDE
HEOLDON
HEORODREO-
RIGNE
HEORT
HEORU
HERIAN
HETE
-HETON
HETWARE
HIGE
HILDEBURH
HILDEGRAP
HILDEHLEMMA
HILDELEOMAN
HILDERINC
HILDERINCE
HINDEMAN
HLADEN
HLEAHTOR
-HLEM
-HLEMMA
HLEOBURH
-HLEOÐU
-HLEOÞUM
HLIFADE
HOLMCLIFE
HOLT
HOLTWUDU
HONDGEMOTA
HONDLOCEN
HONDUM
-HOPU
HORN
HRÆDLICE
-HRÆGL
HREAS
HREFN
HREOH
HREOHMOD

-HRERED
-HREÐ
HREÐER
HREÞLING
HREÐRIC
HRINGDENE
HRINGED-
STEFNA
HRINGNET
HRODEN
HRONESNÆSSE
HROÞULF
HRUNTING
HRUNTINGE
HRUSE
-HRYRE
-HUS
HUSES
HWÆR
-HWÆÞRES
HWANAN
-HWANE
-HWATE
HWEALF
HWIL
-HWILE
-HYCGENDE
HYDAN
-HYDDE
HYGD
-HYGDUM
HYRAN
HYRDON
-HYRE
HYRSTED
INGWINA
INNANWEARD
IOFORE
IRENBENDUM
KYNING
-KYNING
LA
LAC
LACUM
-LAD
LADE
-LÆG
LÆNAN
LÆNE
-LÆRAN
LÆT
-LAND
-LANG
LASTAS

-LASTAS
LEG
-LEGE
LENGEST
LEODSCIPE
LEOFLIC
-LEOMA
LEOMAN
LEOÐOSYRCAN
LETE
LICES
LICGAN
LICHAMAN
-LICRAN
LIFDAGAS
LIFDE
LIFGESCEAFTA
LIFWRAÞE
LIGES
LINDE
LINDPLEGAN
LINNAN
-LIÐENDUM
LOCENE
LOGON
-LOREN
LOSAÞ
-LUMPEN
LUST
LYFAÐ
LYTEL
MADMA
MÆGEN-
BYRÞENNE
MÆGENE
MÆGÞE
MÆNAN
MÆNDON
MÆRAN
-MÆRÞUM
MAGAN
MAGAS
MAGOÐEGN
MANDRYHTEN
MANDRYHTNE
MANIGRA
MARA
MAÐMÆHTA
-MEARCES
-MEARCOD
-MEARN
MEDE
MEDO
MEDOBENCE

-BANNAN
BANUM
BATWEARDE
BEACEN
BEACNA
-BEACNOD
BEADOGRIMAN
BEADOHRÆGL
BEADOLEOMA
BEADOMECAS
BEADORINCA
BEADUFOLME
BEADULACE
BEADUROFES
BEADURUNE
BEADUSCEARP
BEADUSCRUD
BEADUSCRUDA
BEADUSERCEAN
BEADUWE
BEADWA
BEADWE
BEAG
BEAGE
BEAGES
BEAGGYFAN
BEAGHRODEN
BEAHHORDA
BEAHHORDES
BEAHHORDUM
BEAHSELE
BEAHÐEGE
BEAHWRIÐAN
-BEALA
-BEALCH
-BEALD
-BEALDE
BEALDODE
BEALDOR
BEALEWA
-BEALEWA
BEALOCWEALM
BEALOHYC-
 GENDRA
BEALOHYDIG
BEALONIÐE
BEALUWA
BEALWA
-BEALWA
BEALWE
-BEAMAS
-BEAMES
BEANSTANES
-BEARG

-BEARN
BEARNE
BEARNGE-
 BYRDO
BEARWAS
-BEATEN
BEATEÐ
BEBEORGAN
BEBEORH
BEBOHTE
BECN
-BEDDA
-BEDDAN
BEDDES
BEDDUM
BEFÆSTAN
BEFLEONNE
BEG
BEGEATE
BEGEATON
BEGET
BEGNORNODON
BEGYLPAN
BEHOFAÐ
BEHOLEN
BEHONGEN
BEHRORENE
BELAMP
BELEAN
BELOREN
BENAM
BENAN
BENC
-BENC
BENCSWEG
BEND
-BENDE
BENDUM
BENEMDE
BENEMDON
BENEOTAN
BENGEATO
BENNE
BEODAN
BEORG
-BEORGAN
BEORGAS
-BEORGE
-BEORHT
BEORHTA
BEORHTAN
BEORHTNE
-BEORHTNE
BEORHTODE

BEORHTOST
BEORHTRE
BEORHTUM
BEORNA
-BEORNA
BEORNCYNING
BEORNE
BEORSCEALCA
BEOTWORDUM
BEOÐ
BEREDON
BEREN
-BERENDRA
BESÆT
BESCUFAN
BESETTE
BESMIÞOD
BESNYÐEDE
BESTYMED
BESWÆLED
BESYRED
-BETAN
BETIMBREDON
BETOST
BETSTAN
-BETTE
-BETTEST
BEWÆGNED
BEWAND
BEWENEDE
BEWEOTEDE
BEWEOTODE
BEWEREDON
BEWITIAÐ
BEWITIGAÐ
BEWORHTON
BICGAN
BID
BIDDAN
BIDDE
-BIDE
-BIDEN
BIDON
BIFONGEN
BIG
BIGONG
-BILL
-BILLA
BILLE
BILLUM
-BINDE
BINEAT
BIO
BIODAN

BIORGAS
BIORGES
BIORH
BIORN
BIORNA
BIORSELE
BIOÐ
BISGUM
BISIGU
-BITE
BITER
BITERE
BITRE
BIWENEDE
-BLAC
BLACA
BLACNE
BLÆDAGANDE
BLÆDFÆSTNE
BLANCUM
BLEATE
-BLEATE
BLICAN
BLIÐE
BLIÐHEORT
BLIÐNE
-BLODEGOD
BLODFAG
BLODGE
BLODIG
BLODIGAN
BLODIGTOÐ
BLODREOW
BLONDENFEAX
BLONDEN-
 FEAXE
BLONDEN-
 FEAXUM
BLONDENFEXA
BODEN
BODODE
-BODUM
BOLCAN
-BOLD
BOLDA
BOLDAGENDRA
-BOLGNE
-BOLSTER
BOLSTRUM
-BONA
BONGAR
BORDA
BORDHÆB-
 BENDE

BORDHREOÐAN
BORDRAND
-BORDUM
BORDWEAL
BORDWUDU
BORN
BOT
BOTME
BRADE
BRADNE
BRÆCE
-BRÆDED
-BRÆGD
BREAT
-BREAT
BRECA
-BRECAN
BRECÐA
-BREDWADE
BREGDAN
BREGDON
BREGOROF
BREME
BRENTINGAS
BREOSTGEHYG-
    DUM
BREOSTNET
BREOSTWEOR-
    ÐUNGE
BREOSTWYLM
-BREOT
BREÞER
BRIMCLIFU
BRIMLADE
BRIMLIÐENDE
BRIMSTREA-
    MAS
BRIMU
BRIMWISAN
BRIMWYLM
-BRINGAN
BRINGE
-BROCENE
-BRODEN
BRODENMÆL
-BROGA
BROGAN
-BROGAN
BROGDENMÆL
BROGDNE
BROHTON
BRONDA
BRONDINGA
BROSINGA

BROSNAÐ
-BROÐRUM
BRUCEÐ
BRUGDON
BRUN
BRUNECG
BRUNFAGNE
BRYDBURE
BRYDE
BRYNELEOMA
BRYNEWYL-
    MUM
BRYTNADE
BRYTTAÐ
BUAN
BUDON
-BUENDE
-BUENDRA
BUFOLC
BUGEÐ
-BULGE
-BUN
BUNDEN-
    HEORDE
BUNDENNE
BUNDEN-
    STEFNA
BUON
-BURE
BURGAN
-BURGE
BURH
BURHLOCAN
BURHSTEDE
BURHWELAN
BURNAN
BURUM
BUTAN
BYLDAN
BYMAN
-BYRD
-BYRDO
BYRELAS
BYRGEAN
-BYRGEAN
BYRHTAN
BYRIG
-BYRIG
-BYRNENDE
BYRNWIGA
BYSIGUM
BYWAN
CAIN
CAINES

CANDEL
-CANDEL
-CEALD
CEALDE
CEALDOST
CEALDUM
CEAP
CEAPE
-CEAPOD
CEARAÐ
CEARE
CEARSIÐUM
CEARU
CEARWÆLMUM
CEARWYLMAS
CEASTERBUEN-
    DUM
CEN
-CEN
CENDE
CENNED
-CENNED
CENOSTE
CENRA
CENÐU
CEOLES
CEORL
-CEOS
-CEOSENNE
-CIGDE
CIOSAN
-CIRRAN
-CLEOFU
CLIFU
CLOMMUM
-CNAWAN
-CNIOW
CNYHTUM
CNYSEDAN
-COFAN
COLLENFERHÐ
COLLENFERÐ
COME
COMON
-COMON
COMPE
CONST
-CORONE
COSTODE
-CRÆFTIGNE
CRÆFTUM
-CRANC
-CRANG
CRUNGE

CRUNGON
CUMA
CUMBLES
-CUMBOR
CUME
-CUMEN
-CUNDUM
CUNNE
CUNNEDON
CUNNODE
CURE
CUÐLICOR
-CWÆDE
CWÆDON
-CWÆDON
-CWALUM
CWEALDEST
CWEALMBEALU
CWEALM-
    CUMAN
CWEHTE
-CWEN
CWENLIC
CWICE
CWICES
CWICO
-CWIDE
CWIÐ
CWOMAN
CWOME
-CWYDAS
-CWYDE
-CWYDUM
-CWYÐ
CYME
CYMEN
-CYMES
CYMEST
CYMEÐ
CYMLICOR
CYNEDOM
CYNINGBALDE
CYNINGE
-CYNNA
-CYNNUM
-CYPAN
CYÐ
-CYÐ
-CYÐAN
-CYÐANNE
-DÆDA
DÆDCENE
DÆDE
DÆDFRUMA

| | | | |
|---|---|---|---|
| ECGCLIF | EODERAS | FACNE | -FATUM |
| EGÞEO | EODUR | FÆC | -FEALDNE |
| ECGÞEOW | EOFER | -FÆCNE | -FEALH |
| ECGÐIOES | EOFERAS | FÆDDE | FEALLAN |
| ECGÐIOWES | EOFERSPREO- | FÆDERÆÞE- | -FEALLE |
| ECGÞRÆCE | TUM | LUM | -FEALLEÐ |
| ECGWELAN | EOFORES | -FÆDERAN | FEALO |
| ECLAFES | EOFORLIC | FÆDEREN- | FEALONE |
| ECNE | EOFOÐO | MÆGE | -FEALUWE |
| ECUM | EOLETES | -FÆGER | FEASCEAFTE |
| EDHWYRFT | EOMER | FÆGES | FEAUM |
| EDRUM | EORCLANSTA- | FÆGHÐE | FEAXE |
| EDWENDAN | NAS | -FÆGNE | -FEAXE |
| EDWITLIF | EOREDGEATWE | -FÆGNOD | -FEAXUM |
| EFN | EORLGE- | -FÆGON | -FEDED |
| EFNANNE | STREONA | -FÆGRA | -FEGON |
| EFSTAN | EORLGEWÆ- | FÆHÐA | FEHÐ |
| EFSTE | DUM | -FÆHÐA | FELAFRIC- |
| EFTCYMES | EORLIC | FÆLSIAN | GENDE |
| EFTSIÐ | EORLSCYPE | FÆLSODE | FELAGEOMOR |
| EFTSIÐAS | EORLWEOROD | -FÆRE | FELAHROR |
| EFTSIÐES | EORMENCYN- | FÆRGRIPE | FELASINNIGNE |
| EGESA | NES | FÆRGRIPUM | FELLUM |
| -EGESA | EORMEN- | FÆRGRYRUM | FEN |
| EGESFULL | GRUND | FÆRNIÐA | FENFREOÐO |
| EGL | EORMENLAFE | -FÆSTE | FENGELAD |
| EGSAN | EORMENRICES | FÆSTNE | FENHLEOÐU |
| EGSODE | EORRES | -FÆSTNE | FENHOPU |
| EGSTREAMUM | EORÐCYNINGES | FÆSTOR | FENNE |
| EHTENDE | EORÐHUSE | -FÆSTRA | FEOHGIFTUM |
| EHTIGAÐ | EORÐRECED | FÆSTRÆDNE | FEOHGYFTE |
| EHTON | EORÐSCRAFA | FÆTEDHLEORE | FEOHGYFTUM |
| ELDO | EORÐWEARD | FÆTGOLD | FEOHLEAS |
| ELLAND | EOTEN | FÆTTE | -FEOHT |
| -ELLEN | EOTENAS | FÆTTUM | -FEOHTAN |
| ELLENGÆST | EOTENISC | FÆTUM | -FEOHTE |
| ELLENLICE | EOTONISC | -FÆÞME | FEOL |
| ELLENROFUM | EOTONWEARD | -FÆÞMED | FEOLLON |
| ELLENSIOCNE | EOWEÐ | FÆÐMIAN | FEONDGRAPUM |
| ELLENWEORCA | EOWRA | FÆÐMIE | FEONDSCAÐA |
| ELLORGÆST | EOWRE | FAGE | FEONDSCIPE |
| ELLORGÆSTAS | ESTE | -FAGE | FEORBUEND |
| ELLORSIÐ | ETAN | -FAGES | FEORCYÞÐE |
| ELRAN | ETEÐ | FAGNE | FEORHBENNUM |
| ELÞEODIGE | -ETONE | FAGUM | FEORHBONAN |
| -ENDE | ETONISC | FAMIGHEALS | FEORHCYNNA |
| ENDEDOGORES | EÐBEGETE | FAMIHEALS | FEORHLASTAS |
| ENDELAF | EÐE | -FANDOD | FEORHLEGE |
| ENDELEAN | EÐELRIHT | FANE | FEORHSEOC |
| ENDESÆTA | EÞELSTOLAS | FARENNE | FEORHSWENG |
| ENDESTÆF | EÞELTYRF | -FATE | FEORHWUNDE |
| -ENDOD | EÞELWEARDE | -FATO | FEORMEND- |
| ENGE | EÞGESYNE | FATU | LEASE |
| ENTISCNE | FACENSTAFAS | -FATU | FEORMIE |

-FEORMOD
FEORMYND
FEORR
FEORRANCUN-
  DUM
FEORWEGUM
FEOWERTYNE
-FERDON
-FERE
-FEREDON
FERH
-FERHÞE
FERHÐES
-FERHÞES
FERHÐFRECAN
FERHÐGENIÐ-
  LAN
-FERHÐUM
FERHWEARDE
FERIGEAÐ
FET
FETEL
-FETIAN
FETOD
FEÞA
-FEÞA
FEÞE
FEÐEGESTUM
FEÞELASTUM
FEÐDERGEAR-
  WUM
FEÐEWIGES `
-FEXA
FEXE
FIF
FIFE
FIFELCYNNES
FIFTIGES
FIFTYNA
FINGRA
FINGRUM
FINNA
FINNE
FIONDA
FIREN
FIRGENSTREAM
-FIXA
-FIXAS
FLÆSCE
FLÆSCHOMAN
-FLAT
FLEAT
FLEOGEÐ
-FLEON

-FLEONNE
FLEOTAN
FLETRÆSTE
FLETSITTENDE
FLETSITTEN-
  DUM
FLETT
FLETTE
FLETWEROD
FLIHT
-FLIT
FLITE
FLITENDE
-FLITME
FLODYÞUM
FLOR
FLORE
FLOTAN
-FLOTAN
FLOTHERGE
-FOH
-FOLC
-FOLCA
FOLCAGENDE
FOLCCWEN
FOLCRED
FOLCRIHTA
FOLCSCARE
FOLCTOGAN
FOLCWALDAN
FOLDBOLD
FOLDBUEND
FOLDBUENDE
FOLDBUEN-
  DUM
FOLDWEG
FOLDWEGAS
FOLGEDON
FOLGODE
-FOLM
FOLMA
-FOLME
FON
-FONDAD
-FOR
FORBÆRNAN
FORBÆRST
FORBERAN
FORD
FOREMÆROST
FOREMIHTIG
FORESNOTRE
FOREÞANC
FORFLEON

FORGOLDEN
FORGRAND
FORGRAP
FORGYLDE
FORGYMEÐ
FORGYTEÐ
FORHEALDEN
FORHICGE
-FORHT
-FORHTE
FORLACEN
FORLÆDDAN
FORLÆTAN
FORLETON
FORLOREN
FORNAMON
FORON
FORSCRIFEN
FORSENDED
FORSITEÐ
FORSIÐOD
FORSTANDAN
FORSTES
FORSTOD
FORSTODE
FORSWORCEÐ
FORSWOREN
FORÐGESCEAFT
FORÐGEWITE-
  NUM
FORÞRINGAN
FORÐWEG
FORWRÆC
FORWRAT
FORWRECAN
FORWURPE
FORWYRNDE
FORWYRNE
FOTES
FOTGEMEAR-
  CES
FOTLAST
FRACOD
FRÆT
FRÆTEWUM
-FRÆTWADE
FRÆTWAN
-FRÆTWOD
FRANCNA
FREA
FREADRIHTNES
-FREAN
FREAWARE
FREAWRASNUM

FRECA
FRECNAN
FREMDE
FREMEÐ
FREMMAÐ
FREMME
FREMU
FREOBURH
FREODRIHTEN
FREODRYHTNE
FREOGAN
FREOGE
FREOLIC
FREOLICU
FREONDLARUM
FREONDLAÞU
FREONDLICOR
FREONDSCIPE
FREOÐO
-FREOÐO
FREOÐOBURH
FREOÐOWONG
FREOÐUWEBBE
FREOWINE
FRESCYNINGE
FRESENA
FRESLONDUM
FRESNA
FRESWÆLE
FRICGCEAN
-FRICGE
-FRICGEAN
-FRICGEAÐ
-FRICGENDE
FRICLAN
FRIN
FRINAN
FRIOÐOWÆRE
FRIOÐUWÆRE
FRIÐUSIBB
-FROD
FRODA
FRODE
-FROM
-FROME
FROMUM
FRONCUM
FRUMA
FRUMCYN
FRUMGARE
FRUMSCEAFT
FRUMSCEAFTE
-FRUNGON
FRYSLAND

FRYSNA
FUGLE
FUGLUM
FULL
FULLÆSTU
FULLE
FULLEODE
-FULLNE
-FULLOST
-FULTUMA
FUNDEN
FUNDIAÞ
FUNDODE
FUNDON
FUSE
FUSLICU
FYFTYNE
-FYL
-FYLCUM
-FYLDAN
FYLL
-FYLLA
-FYLLAN
-FYLLED
FYLWERIGNE
-FYNDE
FYRA
FYRBENDUM
FYRDGE-
  STEALLUM
FYRDHOM
FYRDHRÆGL
FYRDLEOÐ
FYRDRACA
FYRDSEARO
FYRDSEARU
FYRDWYRÐE
-FYRE
FYREDON
FYREN
FYRENDÆDA
FYRENDÆDUM
FYRENÐEARFE
-FYRES
FYRGEN-
  BEAMAS
FYRGENHOLT
FYRGEN-
  STREAM
FYRHEARD
FYRLEOHT
FYRMEST
FYRNDAGUM
FYRNGEWEORC

FYRNGEWIN-
  NES
FYRNMANNA
FYRNWITAN
-FYRÐRED
-FYRUM
FYRWYLMUM
FYRWYT
GÆDELINGES
GÆDELINGUM
-GÆDRE
GÆLEÐ
GÆSTA
GÆSTAS
-GÆSTAS
-GALA
GALDRE
-GALE
GALGAN
GALGMOD
GALGTREO-
  WUM
GAMELA
GAMELUM
-GAMEN
GAMENE
GAMOLFEAX
-GANGAN
GANGE
-GANGEN
-GANGENNE
GANGES
-GANGEÐ
GANOTES
GARAS
GARCENE
GARCWEALM
GARDENA
GARES
GARHOLT
GARMUNDES
GARWIGEND
GAST
GASTA
-GASTA
GASTBONA
-GEADOR
GEÆFNDON
GEÆHTED
GEÆHTLAN
GEAFON
-GEAFON
GEAHSOD
GEALDOR

GEALP
GEAP
GEAPNE
GEAR
GEARDAS
-GEARDE
GEAROFOLM
GEARU
GEARWOR
GEARWOST
-GEARWUM
GEATAS
-GEATAS
-GEATAWUM
GEATE
-GEATE
GEATES
GEATES
GEATISC
GEATMÆCGUM
GEATMECGA
-GEATO
-GEATUM
GEATWA
-GEATWA
-GEATWUM
GEBÆTED
GEBAND
GEBANNAN
GEBARN
GEBEACNOD
GEBEAD
GEBEAG
GEBEARG
GEBEARH
GEBEATEN
GEBEDDAN
GEBETAN
GEBETTE
GEBETTEST
GEBIDE
GEBIDEN
GEBLODEGOD
GEBOGEN
GEBOLGNE
GEBOREN
GEBRÆGD
GEBRINGAN
GEBROCEN
GEBRODEN
GEBROÐRUM
GEBULGE
GEBUN
GEBYRD

GECEAPOD
GECEOS
GECEOSENNE
GECNAWAN
GECORONE
GECRANC
GECRANG
GECWÆDE
GECWÆDON
GECYPAN
GECYSTE
GECYÐAN
GECYÐANNE
GEDÆLDE
GEDAL
GEDEAF
GEDEÐ
GEDIGAN
GEDIGEST
GEDIGEÐ
GEDRÆG
GEDREFED
GEDREOSAN
GEDREOSEÐ
GEDROGEN
GEEAWED
GEENDOD
GEEODE
GEFÆGNOD
GEFÆGON
GEFÆGRA
-GEFAN
GEFANDOD
GEFARAN
GEFEALLEÐ
GEFEGON
GEFEOHT
GEFEOHTAN
GEFEOHTE
GEFEORMOD
GEFERDON
GEFERE
GEFEREDE
GEFEREDON
GEFETIAN
GEFLIT
GEFONDAD
GEFRÆTWADE
GEFRÆTWOD
GEFRICGE
GEFRICGEAN
GEFRICGEAÐ
GEFRUNGON
GEFYLDAN

GEÞUREN
GEÞWÆRE
GEÞYLD
GEÞYLDUM
GEÞYWE
GEUNNAN
GEUÐE
GEWADEN
GEWÆDU
GEWAND
GEWANOD
GEWEALC
GEWEALDAN
GEWEALDENE
GEWEALDUM
GEWEGAN
GEWENDAN
GEWENDE
GEWEORCES
GEWEORÐAN
GEWERGAD
GEWIDRU
GEWINDAN
GEWINNES
GEWIOFU
GEWISLICOST
GEWITAÞ
GEWITNAD
GEWITTIG
GEWORHT
GEWRÆCAN
GEWRECEN
GEWRIXLE
GEWUNIGEN
GEWYRCAN
GEWYRCE
GEWYRHTUM
GEWYRPTE
GEYWAN
-GICELUM
GIDD
GIDDA
GIDDUM
-GIESTE
GIFA
-GIFE
GIFEN
GIFHEALLE
GIFRE
-GIFRE
GIFROST
GIFSCEATTAS
-GIFTUM
GIFÐUM

GIFU
-GIFU
GIGANTAS
GILP
GILPCWIDE
-GILPE
GILPHLÆDEN
-GILSE
GIM
GIMFÆSTE
-GIMMAS
GINFÆSTAN
GINGÆSTE
GINNE
-GINNEÐ
GIO
GIOFAN
GIOGOÐ
GIOGOÐE
GIOGUÐE
GIOHÐE
GIOHÐO
GIOMORGYD
GIOMORMOD
GIONDWLI-
    TAN
-GIREDAN
GISTAS
-GITE
GLAD
-GLAD
GLADIAÐ
GLADUM
GLÆD
GLÆDE
GLÆDMAN
GLÆDMOD
GLEDEGESA
GLEO
GLEOBEAMES
GLEODREAM
GLEOMANNES
GLIDON
GLITINIAN
GLOF
GNEAÐ
GNORN
GNORNODE
-GNORNODON
GODFREM-
    MENDRA
GODRA
-GOLD
GOLDÆHT

-GOLDEN
GOLDFAG
GOLDFAHNE
GOLDGYFAN
GOLDHWÆTE
GOLDMAÐMAS
GOLDWEARD
GOLDWLANC
GOMBAN
GOMELRA
GOMELUM
GOMENE
GOMENWAÞE
GRÆG
GRÆGE
GRÆGMÆL
-GRÆPE
GRÆSMOL-
    DAN
GRAMAN
GRAMES
-GRAND
GRAP
-GRAPUM
GREOTE
GREOTEÞ
GREOW
-GRETAN
GRETED
GRIMHELMAS
GRIMLIC
GRIMMA
GRIMMAN
-GRIMME
GRIMMON
GRIMRE
-GRIPAN
-GRIPUM
-GROM
GROMHEORT
GROMHYDIG
-GRUNDAS
GRUNDBUEN-
    DRA
-GRUNDE
GRUNDHYRDE
GRUNDWYR-
    GENNE
GRYNNA
GRYRA
-GRYRE
GRYREBROGA
GRYREFAH
GRYREFAHNE

GRYREGEAT-
    WUM
GRYREGIESTE
GRYRELEOÐ
GRYRESIÐAS
GRYRUM
-GRYRUM
GUMCYNNUM
GUMCYSTE
GUMDREAM
GUMDRYHTEN
GUMFEÞA
GUMMANNA
GUMSTOLE
-GUMUM
-GUNNEN
GUÐBEORNA
GUÐBILL
GUÐBILLA
GUÐBYRNE
GUÐCEARE
GUÐCRÆFT
GUÐDEAÐ
GUÐFLOGAN
GUÐFRECA
GUÐFREMMEN-
    DRA
GUÐGEATA
GUÐGEATA-
    WUM
GUÐGETAWA
GUÐGEWÆDA
GUÐGEWÆDO
GUÐHELM
GUÐHORN
GUÐHREÐ
GUÐKYNING
GUÐLAF
GUÐLEOÐ
GUÐMOD
GUÞMOD
GUÐRÆS
GUÐREOUW
GUÐRINCA
GUÐROF
GUÐSCEARE
GUÐSCEAÐA
GUÐSCILFIN-
    GAS
GUÐSWEORD
GUÐWERIGNE
GUÐWIGA
GUÐWINE
GUÐWINUM

| | | | |
|---|---|---|---|
| GYDDODE | HAFOC | HEAHSELE | HEAÞORÆS |
| GYDDUM | HAFU | HEAHSETL | HEAÐORÆSA |
| GYFENES | -HAGA | HEAHSTEDE | HEAÞORÆSAS |
| -GYFEÐE | HALAN | -HEAL | HEAÐOREAF |
| -GYFTE | HALGA | HEALÆRNA | HEAÐORINC |
| -GYFTUM | -HALS | -HEALD | HEAÐORINCUM |
| -GYLD | HALSE | HEALDANNE | HEAÞOROFE |
| -GYLDE | HAMA | HEALDE | HEAÐOSCEAR- |
| GYLDEN | HAMAS | -HEALDE | DE |
| GYLDNUM | -HAME | -HEALDEN | HEAÐOSIOCUM |
| GYLPAN | HAMERE | -HEALDENDE | HEAÞOSTEAPA |
| -GYLPAN | HAMWEOR- | HEALDEST | HEAÐO- |
| GYLPEÐ | ÐUNGE | HEALFDENA | STEAPNE |
| GYLPSPRÆCE | HANDBANAN | HEALFDENE | HEAÞOSWATA |
| GYLPWORDA | HANDGE- | HEALFRE | HEAÐOTORHT |
| GYM | STEALLAN | HEALGAMEN | HEAÐOWÆDUM |
| -GYMEÐ | HANDGE- | HEALL | HEAÐOWEORC |
| GYNNE | WRIÞENE | HEALP | HEAÐOWYLMA |
| GYRDED | HANDSCALE | HEALS | HEAÐOWYLMAS |
| -GYRED | HANDSPORU | HEALSBEAGA | HEAÐUFYRES |
| GYREDE | HANGAÐ | HEALSBEAH | HEAÐUSWENGE |
| GYREDON | HANGIAN | HEALSGEBED- | HEAUM |
| GYRN | HANGODE | DA | HEAWAN |
| -GYST | -HAR | HEALSITTEN- | -HEAWE |
| GYSTE | HARE | DRA | HEBBAN |
| GYSTRAN | HARES | HEALSITTEN- | HEDDE |
| -GYTAN | HARUM | DUM | -HEDDE |
| -GYTEÐ | -HATA | HEALSODE | -HEDIGE |
| -GYTON | HATAÐ | HEALÐEGNAS | HEFENE |
| GYTSAÐ | -HATEN | HEALÐEGNES | -HEGAN |
| HABBAÐ | HATES | HEALWUDU | HEL |
| HADRE | HATIAN | HEANNE | HELLBENDUM |
| -HÆFDE | HATNE | -HEAP | -HELMA |
| HÆFEN | HATODE | HEAPE | HELMAS |
| HÆFT | HATON | -HEARDE | -HELMAS |
| HÆFTMECE | HATOST | HEARDNE | -HELMAÐ |
| HÆFTNYD | HEABURH | HEARDRED | HELMES |
| HÆFTON | HEAFDON | HEARME | HELMINGA |
| HÆGSTEALDRA | HEAFO | HEARMSCAÞA | HELMUM |
| HÆLO | -HEAFOD | HEAÐABEARD- | HELRUNAN |
| -HÆLO | HEAFODBEOR- | NA | -HENDE |
| HÆRGTRAFUM | GE | -HEAÐEROD | HENGEST |
| HÆSTNE | HEAFODMÆ- | HEAÐOBYRNE | HENGESTES |
| HÆÐCEN | GUM | HEAÞODEOR | HEOFENA |
| HÆÐCYNNE | HEAFODMAGA | HEAÞODEORUM | HEOFENES |
| HÆÐEN | HEAFODWEAR- | HEAÐOFYRUM | HEOFON |
| HÆÞENE | DE | HEAÐOLACE | HEOFUNG- |
| HÆÞENES | -HEAFOLAN | HEAÐOLACES | DAGAS |
| HÆÞENRA | HEAFU | HEAÞOLAFE | HEOLSTER |
| HÆÐNUM | HEAHCYNINGES | HEAÞOLIÐENDE | HEONAN |
| HÆÐSTAPA | HEAHGESCEAP | HEAÐOLIÐEN- | HEONON |
| HAFALAN | HEAHGE- | DUM | -HEORDE |
| HAFEN | STREONA | HEAÐOMÆRE | HEORODREORE |
| HAFENADE | HEAHLUFAN | HEAÞORÆMAS | HEORODREORIG |

1

HEOROGAR
HEOROGIFRE
HEOROGRIM
HEOROHOCYH-
 TUM
HEOROSWENG
HEOROTES
HEOROWEARDE
HEOROWEARH
HEORRAS
HEORTE
HEORÐGENEA-
 TUM
-HEORU
HEORUDREORE
HEORUGRIMME
HEORUTE
HEOÐE
HEREBEALD
HEREBEALDE
HEREBROGAN
HEREBYRNE
HEREGAR
HEREMOD
HEREMODES
HERENET
HERENIÐ
HEREPAD
HERERICES
HERERINC
HERESCEAFTA
HERESCYL-
 DINGA
HERESPED
HERESTRÆL
HERESYRCAN
HEREWÆDUM
HEREWÆSMUN
HEREWISA
HERGUM
HERIGE
HETELIC
HETENDE
HETENIÐAS
-HETES
HETESWEN-
 GEAS
HETEÞANCUM
HETTENDUM
-HICGE
HIERA
HIGEMÆÐUM
HIGEROFNE
HIGES

HIGEÞIHTIGNE
HIGEÞRYMMUM
-HIGIAN
HIGUM
HILDEBIL
HILDEBLAC
HILDEBORD
HILDEBORDUM
HILDECUMBOR
HILDECYSTUM
HILDEDIOR
HILDEDIORE
HILDEFRECAN
HILDEGEATWA
HILDEGEATWE
HILDEGICELUM
HILDEHLÆM-
 MUM
HILDEMECEAS
HILDEMECGAS
HILDERÆS
HILDERANDAS
HILDERINCA
HILDERINCES
HILDESCEORP
HILDESETL
HILDESTRENGO
HILDESWAT
HILDETUXUM
HILDEWÆPNUM
HILDEWISAN
HILDFRECAN
HILDLATAN
-HILT
HILTED
HILTUM
HINFUS
HIOFENDE
HIOLD
-HIORE
HIORODRYN-
 CUM
HIOROGAR
HIOROSERCEAN
HIOROTE
HIOROWEAL-
 LENDE
HIORTE
HLADAN
HLADON
-HLÆDEN
-HLÆMMUM
HLÆSTE
HLÆWE

HLAFORDE
HLAFORDES
-HLAFORDES
HLAFORDLEASE
HLAWE
HLEAPAN
HLEAT
-HLEOD
HLEONIAN
-HLEOP
HLEORBERAN
HLEORBOLSTER
-HLEORE
HLEOÐOR-
 CWYDE
-HLIDENE
HLIFIAN
HLIMBED
-HLITME
HLIÐES
-HLIÐO
HLIUADE
-HLOG
HLUDNE
HLYN
HLYNNAN
HLYNODE
HLYNSODE
HLYTME
HNÆF
HNÆFES
-HNÆGDE
HNAGRAN
HNAH
HNAHRAN
HNITAN
HNITON
HOCES
-HOCYHTUM
HOE
HOF
-HOFAÐ
HOFU
HOFUM
HOGODE
-HOGODE
-HOGODEST
-HOHSNODE
HOLDRA
-HOLEN
HOLINGA
-HOLM
HOLMA
HOLMAS

HOLMCLIFU
HOLMWYLME
-HOM
-HOMAN
HOMERA
HONDA
HONDGESEL-
 LUM
HONDGE-
 STEALLAN
HONDGE-
 WEORCE
HONDRÆS
HONDSCIO
HONDSCOLE
HONDWUNDRA
-HONGEN
HONGIAÐ
-HORDA
HORDÆRNA
HORDÆRNE
HORDBURH
HORDES
-HORDES
HORDGE-
 STREONA
HORDGE-
 STREONUM
HORDMAÐÐUM
-HORDUM
HORDWELAN
HORDWEOR-
 ÞUNGE
HORDWYNNE
HORDWYRÐNE
-HORN
HORNBOGAN
HORNGEAP
HORNRECED
HORNUM
HORS
HOSE
HOÐMAN
HRA
HRÆDLAN
HRÆDLES
HRÆGL
HRÆGLA
-HRÆGLA
HRÆGLES
HRÆÞE
HRAFYL
HRAN
-HRAN

HRAÞOR
HREAM
HREAWIC
-HREDDE
HREFNAWUDU
HREFNE
-HREFNE
HREFNESHOLT
HREMGE
HREO
HREON
HREOSNA-
BEORH
-HREOÐAN
HREOUM
HREOW
HREOWA
HREÐ
HREÞE
HREÞERBEALO
HREÐLINGAS
HREÐMANNA
HREÐRA
HREÐSIGORA
HRINDE
HRINE
-HRINGAS
HRINGBOGAN
HRINGDE
HRINGDENA
HRINGDON
HRINGED
HRINGED-
STEFNAN
HRINGIREN
HRINGNACA
HRINGUM
HRINGWEOR-
ÐUNGE
-HROF
HROFSELE
HRONFIXAS
HRONRADE
-HROR
HRORAN
-HRORENE
HROÐMUND
HROÞRA
HROÐRE
HRYCG
-HRYRES
HRYSEDON
HUGA
HUGAS

HUNDUM
HUNLAFING
-HUSA
-HUSE
HUÐE
HWÆDER
-HWÆRE
-HWÆTE
HWAM
HWAN
HWANON
HWAR
HWATA
HWATUM
HWAÞERE
-HWELCNE
HWENE
HWEORFAN
HWERGEN
HWETTE
HWETTON
-HWIL
HWITA
-HWON
HWONE
HWORFAN
HWURFE
HWYDER
HWYLCE
-HWYLCRA
-HWYLCRE
HWYLCUM
HWYRFAÞ
-HWYRFT
HWYRFTUM
-HYCGENDRA
-HYDA
HYDE
-HYDUM
-HYGD
-HYGDA
HYGDE
HYGE
HYGEBENDUM
HYGEGIOMOR
HYGELACE
HYGEMEÐE
HYGESORGA
HYHT
HYLACES
-HYLD
HYLDE
HYLT
HYM

HYNDE
HYNÐA
HYNÐU
-HYRAÐ
HYRDAS
-HYRDED
-HYRDON
HYRSTA
HYRSTE
HYRSTUM
HYRTE
HYSE
HYÐE
HYÐWEARD
ICGE
IDELHENDE
-IG
-IGGE
INC
INCER
INCGELAFE
INFROD
INFRODUM
INGANG
INGELDE
INGENGA
INGESTEALD
INN
INNEWEARD
INWIDSORGE
INWITFENG
INWITGÆST
INWITHROF
INWITNET
INWITNIÐA
INWITNIÞAS
INWITSCEAR
INWITSEARO
INWITSORH
INWITÞANCUM
-IODE
IOGOÞE
IOMEOWLAN
-IREN
IRENBYRNAN
IRENHEARD
-IRENNE
IRENÞREAT
ISE
ISERNBYRNAN
ISERNSCURE
ISGEBINDE
ISIG
IU

IUMONNA
KYNINGWUL-
DOR
LACAN
-LACEN
LACENDE
-LACUM
-LÆC
LÆDAN
-LÆDDAN
LÆDDON
LÆDED
-LÆDED
LÆF
LÆFAN
LÆFDE
LÆGON
LÆNDAGA
LÆNDAGAS
LÆR
-LÆRDON
LÆSEST
LÆSSA
LÆST
LÆSTAN
-LÆSTAN
-LÆSTED
-LÆSTEN
-LÆSTU
LÆTAÐ
-LÆTE
-LÆTEST
LÆTEÐ
-LÆTEÐ
-LAFEDE
-LAFING
LAGON
LAGU
LAGUCRÆFTIG
LAGUSTRÆTE
LAGUSTREA-
MAS
LAH
-LAH
LANDA
LANDBUEN-
DUM
LANDES
LANDFRUMA
LANDGEMYRCU
LANDGEWEORC
-LANDUM
LANDWARA
LANDWEARD

LANGAÐ
-LANGNE
LANGTWIDIG
LARA
LARE
LARENA
-LARUM
-LAST
-LASTUM
-LATAN
LAÐA
LAÐBITE
LAÐGETEONA
LAÐGETEO-
 NAN
LAÐLICU
LAÐNE
-LAÞU
-LAÐUM
LEAFNESWORD
LEAFUM
LEAG
-LEAH
-LEAHTRE
LEANA
LEANE
LEANES
LEANIGE
LEANODE
LEANUM
LEAS
-LEASAN
-LEASES
LEASSCEAWE-
 RAS
LEASUM
-LEASUM
-LEDON
-LEGDON
LEGDRACA
LEGE
LEGERBEDDE
LEGERE
-LEGES
-LEH
LEMEDE
LENGE
-LENGE
LENGRA
LEODBEALEWA
LEODBEALO
LEODBYRIG
LEODCYNING
LEODFRUMAN

LEODGEBYR-
 GEAN
LEODHRYRE
LEODHRYRES
LEODSCEA-
 ÐAN
-LEOFE
LEOFESTAN
LEOFOST
LEOFRA
LEOFRE
LEOFUM
LEOGE
LEOHTAN
LEOHTE
LEOMUM
LEORNODE
LEOÐ
LEOÐOCRÆF-
 TUM
-LETON
LETTON
LICAÐ
-LICGEAN
-LICNÆS
LICODON
-LICRA
LICSAR
LICSYRCE
-LICUM
-LIDAN
LIDEN
LIDMANNA
-LIF
LIFAÐ
LIFBYSIG
LIFDON
LIFFREA
LIFGEDAL
-LIFGENDUM
LIFIGE
-LIFIGENDE
LIFIGENDUM
-LIFIGENDUM
LIFWYNNA
LIG
LIGDRACA
LIGEGESAN
LIGETORNE
LIGGE
LIGYÐUM
-LIMPE
-LIMPEÐ
LIND

LINDGE-
 STEALLA
LINDHÆBBEN-
 DE
LINDHÆBBEN-
 DRA
LINDWIGA
LISSA
LISTUM
LIÐE
LIÐENDE
LIÐOST
LIÐWÆGE
LOCAST
LOCENRA
LOF
LOFDÆDUM
LOFGEORNOST
LOG
-LOGAN
-LOME
LOMP
-LOMP
-LOND
LONDBUEND
LONDRIHTES
-LONDUM
LONG
-LONG
-LONGE
LONGGE-
 STREONA
LONGSUMNE
LOSADE
-LUCAN
LUFAN
LUFEN
LUFODE
LUFTACEN
-LUMPE
LUSTUM
-LYFAN
LYFDE
-LYFED
-LYFIGENDES
-LYFIGENDNE
LYFT
LYFTE
LYFTFLOGA
LYFTGESWEN-
 CED
LYFTWYNNE
LYHÐ
-LYSED

LYSTE
LYTHWON
MADME
MADMUM
-MÆCGAS
-MÆCGUM
MÆGBURGE
-MÆGE
MÆGENAGEN-
 DRA
MÆGENCRÆFT
-MÆGENE
MÆGENELLEN
MÆGENFUL-
 TUMA
MÆGENRÆS
MÆGEN-
 STRENGO
MÆGENWUDU
MÆGÐ
MÆGÞUM
MÆGUM
-MÆGUM
MÆGWINE
MÆLCEARE
MÆLGE-
 SCEAFTA
MÆNDE
-MÆNDEN
MÆNED
MÆNIGO
-MÆNRA
-MÆRE
MÆRES
MÆROST
-MÆROST
MÆRÐU
MÆRU
MÆT
MÆTOST
-MÆÐUM
-MAGA
-MAGAS
MAGODRIHT
MAGORINCA
MAGOÞEGNA
MAGOÞEGNUM
MAGUÞEGNAS
MAGUÞEGNE
MANAÐ
MANCYNNE
MANDREAM
MANDRIHTNE
MANDRYHTNES

MANFORDÆD-
LAN
MANIGRE
MANIGUM
MANLICE
-MANNES
MANNON
-MANNUM
MANSCEAÐA
MAÞELADE
-MAÐMA
-MAÐMAS
MAÞME
MAÞMGE-
STREONA
-MAÐMUM
MAÐÞUMFÆT
MAÞÐUMGIFE
MAÐÐUMSIGLA
MAÐÞUM-
SWEORD
MAÐÐUM-
WELAN
MEAGLUM
MEAHT
MEALT
MEARA
MEARCAÐ
MEARCE
-MEARCE
MEARCSTAPA
MEARCSTAPAN
MEARH
MECA
-MECAS
-MECE
-MECEAS
-MECGA
MECUM
-MEDLAN
MEDOÆRN
MEDOHEAL
MEDOSTIGGE
MEDU
-MEDU
MEDUBENC
MEDUBENCE
MEDUDREAM
MEDUSELD
MELDAN
MELTAN
-MEN
MENE
MENGAN

MENIGEO
MENN
MEODOSETLA
MEODOWON-
GAS
MEODUBENCE
MEODUHEALLE
MEODUSCEN-
CUM
MEOTO
MEOTOD-
SCEAFT
-MEOWLAN
MEOWLE
-MER
MERCELSES
MEREDEOR
MEREFARAN
MEREFIXA
MEREGRUND
MEREHRÆGLA
MERELIÐENDE
MERESTRÆTA
MERESTRENGO
MEREWIF
MEREWIOIN-
GAS
-METES
-METING
-METOD
METODES
METODSCEAFT
METODSCEAF-
TE
METTE
METTON
-METTON
MEÐELSTEDE
MEÞELWOR-
DUM
MEÞLE
MICELNE
MICLUM
MIDDAN
MIDDAN-
GEARDE
-MIDDES
-MIHTIG
-MIHTIGA
MIHTIGAN
MIHTUM
MILDE
MILDUM
MILDUST

MILGEMEAR-
CES
MILTS
MINES
MINRE
MISTE
MISTHLEOÐUM
MISTIGE
MODEGA
-MODES
MODGAN
MODGE
MODGEHYG-
DUM
MODGES
MODGEÞONC
MODGIOMOR
MODIGAN
MODIGE
MODIGES
MODIGLICRAN
MODIGRA
MODLUFAN
MODÞRÆCE
-MODUM
-MOLDAN
MONAN
MONDREAMUM
MONDRIHTEN
MONDRYHTNES
-MONGE
-MONNA
MONÐWÆRUST
MOR
MORE
MORGENCEALD
MORGEN-
LONGNE
MORGENSWEG
MORGNE
MORHOPU
MORNA
MORÐBEALA
MORÞORBED
MORÞORHETES
MOST
-MOT
MULTON
-MUND
-MUNDON
MURNE
MURNENDE
MUÞAN
MUÐBONAN

-MYNDA
-MYNGGAD
MYNDGAÐ
MYNDGIEND
-MYNE
MYRCAN
-MYRCU
MYRÐE
-NACA
NÆBBEN
-NÆGDAN
NÆGDE
-NÆGDON
-NÆGED
NÆGLA
NÆGLED
NÆGLING
NÆNEGUM
NÆNIGNE
NÆNIGRA
NÆRON
NÆSHLEOÐUM
NÆSSA
NAH
NALÆS
NALES
-NAMON
NATHWYLCUM
NEAR
NEAROCRÆF-
TUM
NEAROFAGES
NEAROÞEARFE
-NEARWOD
-NEAS
-NEAT
-NEATUM
-NEDLAN
-NEHOST
-NEMDE
NEMDON
-NEMDON
NEMNAN
NEMNAÐ
NEODLAÐUM
NEON
NEOT
-NEOTAN
NEOWLE
-NERED
NEREÐ
-NESEN
-NEÐDON
NEÐENDE

365

| | | | |
|---|---|---|---|
| NICERA | OFEREODON | ONDRÆDAN | OREÐE |
| NICORHUSA | OFERFLAT | ONDRÆDAÐ | OREÐES |
| NICRAS | OFERHELMAÐ | ONDRED | ORLEAHTRE |
| NIEHSTAN | OFERHIGIAN | ONDREDE | ORLEGE |
| NIGENE | OFERHOGODE | ONDRYSNE | ORLEGES |
| NIHTBEALWA | OFERHYDA | ONDSACA | ORLEGHWIL |
| -NIHTE | OFERHYGDA | ONDSACAN | ORLEGHWILA |
| NIHTHELM | OFERMÆGENE | ONDSWARODE | ORLEGHWILE |
| NIHTLONGNE | OFERMAÐMUM | ONDSWARU | ORÞANCUM |
| NIHTWEORCE | OFERSAWON | ONELA | ORÐONCUM |
| NIODE | OFERSITTAN | ONFOH | ORUÐ |
| NIOSAÐ | OFERSITTE | ONFON | ORWEARDE |
| NIOÐOR | OFERSOHTE | ONGEADOR | OSLAF |
| NIOWAN | OFERSWAM | ONGENÞEOES | OÞBÆR |
| NIÐDRACA | OFERWEARP | ONGENÞEOW | OÐEODON |
| NIÞER | OFESTE | ONGENÞEOWES | OÐFEREDE |
| NIÐGÆST | OFFA | ONGENÐIOES | OÐÐ |
| NIÞGEWEORCA | OFFAN | ONGENÐIOW | OÐWITAN |
| NIÞGRIM | OFFEREDE | ONGINNEÐ | OWER |
| NIÐHEARD | OFGEAFON | ONGIT | -PAD |
| NIÐHEDIGE | OFGEFAN | ONGITE | -PAÐAS |
| NIÐSELE | OFGYFAN | ONGUNNEN | -RAD |
| NIÞÐA | OFLÆTEST | ONGYTAN | RÆDAS |
| NIÐWUNDOR | OFLET | ONGYTON | RÆDBORA |
| -NIWAD | OFOSTLICE | ONHOHSNODE | RÆDEND |
| NIWAN | OFRE | ONLÆTEÐ | -RÆDENNE |
| NIWRA | OFSÆT | ONLAH | -RÆDNE |
| NIWTYRWYDNE | OFSCET | ONLEAC | RÆHTE |
| NOM | OFSTE | ONLICNÆS | -RÆHTES |
| -NOM | OFTOR | ONMEDLAN | -RÆMAS |
| NON | OFTOST | ONMUNDE | -RÆRDON |
| NORÐ | OFÞYNCAN | ONSACAN | -RÆRED |
| NORÞANWIND | OHWÆR | ONSÆCE | RÆS |
| NORÐDENUM | OMBEHT | ONSÆL | -RÆSAS |
| NOÐER | OMBIHT | ONSENDE | RÆSDE |
| NUMEN | OMBIHTÞEGNE | ONSENDED | -RÆSDE |
| -NUMEN | OMIG | ONSENDON | RÆSUM |
| NYD | OMIGE | ONSITTAN | RÆSWAN |
| NYDBADE | ONARN | ONSPEON | RAND |
| -NYDDE | ONBAD | ONSPRUNGON | RANDAS |
| NYDE | ONBAND | ONSTEALDE | -RANDAS |
| -NYDED | ONBERAN | ONSWAF | RANDE |
| NYDGESTEAL- | ONBIDAN | ONSYN | RANDWIGA |
| LAN | ONBOREN | ONTYHTE | RANDWIGAN |
| NYDGRIPE | ONBRÆD | ONÐAH | -RAPAS |
| -NYDUM | ONCERBENDUM | ONWEALD | RASOD |
| NYDWRACU | ONCIRRAN | ONWINDEÐ | -READE |
| NYHSTAN | ONCNIOW | ONWOCON | REAFEDON |
| -NYTTOD | ONCYÐ | ONWOD | REAFIAN |
| NYÐER | ONCYÞÐE | OPENE | RECCAN |
| OFERCOMON | ONDHWEARF | OPENIAN | RECCENNE |
| OFERCUMEN | ONDLANGNE | ORCNEAS | RECCEÐ |
| OFERCWOM | ONDLEAN | ORDFRUMA | RECE |
| OFEREODE | ONDLONGE | ORE | RECEDA |

-REDES
-REDING
-REGNAD
REGNHEARDE
RENIAN
RENWEARDAS
REOC
REORDE
-REORDED
REORDIAN
REOTAÐ
REOTE
-REOUW
RICONE
RICSIAN
RIDE
RIDEND
-RIHTES
-RIME
-RIMED
-RIMES
-RINCES
-RINCUM
RIODAN
-RIS
RIXODE
RODEN
RODERA
RODERAS
RODERUM
RODORES
ROFAN
-ROFE
-ROFES
ROFNE
-ROFNE
-ROFUM
RONDE
RONDHÆBBEN-
  DRA
-ROTE
-RUM
RUMNE
-RUNAN
RUNE
-RUNE
RUNSTAFAS
RUNWITA
RYHT
-RYMDON
-RYSNE
-RYSNUM
-SACA
SACAN

-SACU
SADOL
SADOLBEORHT
SÆCCA
SÆCE
-SÆCE
SÆCYNINGA
-SÆD
SÆDAN
SÆDEOR
SÆDNE
SÆDRACAN
-SÆGD
-SÆGDE
SÆGDEST
SÆGDON
SÆGEAP
SÆGEATA
SÆGEATAS
-SÆGED
SÆGON
SÆGRUNDE
-SÆL
SÆLA
SÆLAC
SÆLACE
SÆLD
SÆLDE
SÆLDON
-SÆLED
-SÆLI
SÆLIÞENDE
SÆMANNA
SÆMANNUM
SÆMEÞE
SÆMRA
SÆMRAN
SÆNRA
SÆRINC
SÆSIÐE
-SÆTA
SÆTON
-SÆTON
SÆWEALLE
SÆWONG
SÆWUDU
SÆWYLMAS
-SAGA
SALUM
-SAR
SARIGFERÐ
SARIGMODUM
SARIGNE
SARUM

SAWELE
SAWLBEREN-
  DRA
SAWOL
SAWOLLEASNE
SAWON
SAWULDRIORE
SAWULLEASNE
SCACAN
-SCAD
SCADUHELMA
-SCÆP
-SCÆR
-SCALE
SCAMIENDE
SCAMIGAN
-SCARE
-SCAÐAN
SCEACEÐ
SCEADENMÆL
SCEADU
SCEADUGENGA
-SCEAFTAS
-SCEALCA
-SCEAP
SCEAPEN
-SCEAPU
-SCEAR
-SCEARDE
-SCEARE
SCEARP
-SCEARP
-SCEAT
SCEATA
SCEATAS
SCEATTAS
-SCEATTAS
SCEAÞENA
SCEAÐONA
-SCEAWERAS
SCEAWIAÐ
SCEAWIGAN
SCEAWIGE
-SCED
SCEDELANDUM
SCEDENIGGE
SCEFING
SCEFT
SCENCTE
-SCENCUM
SCENNUM
SCEOC
-SCEOD
SCEOLDEST

SCEOLDON
-SCEOP
-SCEORP
SCEOTENDUM
SCEOTEÐ
SCEPEN
-SCER
-SCERWEN
-SCET
SCEÞEDE
-SCEÞÐAN
SCILDIG
SCILDING
SCILDINGAS
SCILDUNGA
SCILDWEALL
SCILE
SCILFING
SCINAN
SCINNUM
SCINON
-SCIO
SCIONON
SCIPE
SCIPHERGE
SCIRAN
SCIREÐ
SCIRHAME
SCOC
SCOD
SCOFEN
-SCOFEN
-SCOLE
SCOPES
-SCRAF
-SCRAFA
SCRIFAN
-SCRIFEN
SCRIÞAÐ
-SCRUD
-SCRUDA
-SCUA
SCUCCUM
-SCUFAN
SCUFON
SCUFUN
SCULON
-SCURE
SCURHEARD
SCYLDE
SCYLDES
SCYLDFRECA
SCYLDING
-SCYLDINGAS

SCYLDINGUM
SCYLDUNGA
SCYLDUNGAS
SCYLDWIGA
SCYLFING
SCYNDAN
SCYNDED
SCYNE
SCYNSCAÞA
SCYPON
SCYPPEND
SCYRAN
SEALDEST
SEALDON
SEALMAN
SEALT
SEARO
SEAROBENDUM
SEAROFAH
SEAROGIMMAS
SEAROGRIM
SEAROHÆB-
  BENDRA
SEARONET
SEARONIÐA
SEAROÞONCUM
SEAROWUNDOR
-SEARU
SEAX
-SEAXE
-SECAN
-SECANNE
SECCE
SECE
SECEANNE
SECEAÐ
SECEÐ
-SECEÐ
-SECGAN
SECGAÐ
SECGENDE
SEFT
-SEGAN
-SEGENA
SEGL
SEGLRADE
-SEGN
SEGNE
-SEGON
-SEH
-SELD
SELDAN
-SELDAN
SELDGUMA

SELEDREAM
SELEFUL
SELEGYST
SELERESTE
SELESTA
SELEÞEGN
SELEWEARD
SELFE
SELFRE
SELLA
-SELLAN
SELLICE
-SELLUM
-SENDE
SENDEÞ
-SENDON
-SENE
-SEOC
SEOCE
SEOFAN
SEOFON
SEOLFA
SEOMADE
SEOMODE
SEONOWE
SEOWED
SETAN
-SETEN
SETL
-SETLA
SETLES
SETLUM
-SETTON
SEÐAN
SEXBENNUM
SIBÆÐELINGAS
SIBB
-SIBB
-SIBBE
SIDAN
SIDFÆÞME
SIDFÆÞMED
SIDRA
SIDRAND
SIG
-SIGAN
SIGEDRIHTEN
SIGEEADIG
SIGEFOLCA
SIGEHREÐ
SIGEHWILA
SIGEL
SIGELEASNE
SIGEMUNDE

SIGEMUNDES
SIGEROF
SIGESCYLDIN-
  GA
SIGESCYLDIN-
  GUM
SIGEÞEODE
SIGEWÆPNUM
SIGLA
-SIGLA
SIGLE
SIGLU
-SIGOR
-SIGORA
SIGORES
SINCA
SINCFAGE
SINCFATO
SINCGE-
  STREONA
SINCGE-
  STREONUM
SINCGIFAN
SINCMAÐÞUM
SINCÞEGO
SINFREA
SINGALA
SINGALE
SINGALES
SINHERGE
-SINNIGNE
SINNIHTE
SINT
-SIOCNE
-SIOCUM
SIOLEÐA
SIOMIAN
-SIONA
SITE
SITEÐ
-SITEÐ
-SITTE
-SITTEND
-SITTENDE
SIÐA
-SIÐA
SIÐAST
-SIÐE
SIÐESTAN
SIÐFÆT
SIÐFATE
SIÐFROME
-SIÐOD
SIÐODE

SLÆGEN
SLÆP
SLÆPE
SLÆPENDNE
SLAT
-SLAW
SLEA
SLEAC
SLIÐEN
SLIÐNE
SLIÐRA
SLOGON
-SLOGON
-SLYHTA
SMIÐ
-SMIÞA
SMIÞES
-SMIÞOD
-SNÆDUM
SNELLA
SNELLIC
SNOTERA
SNOTORLICOR
-SNOTRE
SNOTTRE
SNYREDON
SNYTTRU
-SNYTTRUM
-SNYÐEDE
SOCNE
SOHTAN
-SOHTAN
SOHTEST
SOHTON
-SOHTON
-SORGA
SORGCEARIG
SORGIAN
SORGUM
-SORH
SORHCEARIG
SORHFULL
SORHFULLNE
SORHGE
SORHLEAS
SORHLEOÐ
SORHWYLMAS
SORHWYLMUM
SOÐCYNING
SOÐFÆSTRA
SPECAN
SPED
-SPED
-SPEDA

SPEL
SPELL
-SPELLE
-SPEON
SPIWAN
-SPORU
-SPRANC
SPRANG
-SPRANG
SPRECEN
-SPREOTUM
-SPRONG
SPRUNGON
-SPRUNGON
-STÆF
STÆLAN
STÆLE
-STÆLED
-STAG
-STAN
-STANAS
STANBEORH
STANCLEOFU
STANDAN
-STANDAN
STANDAÐ
STANDE
STANDEÐ
STANFAH
STANHLIÐO
-STAPAN
STAPOLE
STAPULUM
STAREDE
STAREDON
STARIE
STARIGE
-STEALD
-STEALDE
-STEALDRA
-STEALLUM
STEAP
-STEAPA
STEAPE
-STEAPNE
-STEFNAN
-STENGE
STEPTE
-STEPTE
-STIGEÐ
-STIGGE
STIÐ
STIÐMOD
STIÐRA

STODAN
-STODE
STODON
-STODON
-STOLAS
-STOLE
STONC
STORM
STORME
STOW
-STRÆL
STRÆLA
STRÆLE
STRÆT
-STRÆTA
-STRÆTE
STREAM
-STREAMUM
STRED
STRENGEL
STRENGO
STRENGUM
STRONG
-STRYNAN
STUNDUM
STYLE
STYLECG
-STYMED
STYREDE
STYREÞ
STYRIAN
STYRMDE
SUHTERGE-
    FÆDERAN
-SUMAN
-SUME
-SUMNE
-SUND
SUNDES
SUNDGEBLAND
SUNDNYTTE
SUNDORNYTTE
SUNDUR
-SUNGEN
SUNNE
SUÐ
SUÐDENA
SUÐDENE
SWAC
SWÆF
SWÆFON
SWÆFUN
-SWÆLED
SWÆSLICE

SWÆSNE
SWÆSRA
-SWAF
-SWAM
SWANCOR
SWANRADE
-SWARU
-SWAT
-SWATA
SWATE
SWATFAH
SWATIG
SWATSWAÐU
SWAÐE
SWAÞREDON
-SWAÐU
SWAÞULE
-SWAÞUM
SWEALG
SWEALH
-SWEARC
SWEART
SWEARTUM
SWEBBAN
-SWEFEDE
SWEGE
SWEGLWERED
SWELAN
SWELLAN
SWENCTE
-SWENCTE
SWENG
-SWENGE
-SWENGEAS
SWENGUM
SWEOLOÐE
SWEORCEÐ
SWEORDBEALO
SWEORD-
    FRECAN
-SWEORUM
SWEOTOLAN
SWEOÐEODE
SWERTINGES
SWEÐRIAN
SWEÐRODE
SWICE
SWIFTA
SWIGEDON
SWIGODE
SWIGRA
SWILCE
SWIN
-SWING

SWINGEÐ
SWINLICUM
SWIOÐOLE
SWIÐ
SWIÐFERHÞE
SWIÐFERHÞES
SWIÐFERHÐUM
SWIÐMOD
SWIÐRE
SWOGENDE
-SWORCEÐ
-SWOREN
SWULCES
SWULGE
SWUNCON
SWUTOL
SWYLCUM
SWYLTDÆGE
SWYMMAN
SWYN
SWYNSODE
SWYRDGIFU
SWYÐ
SWYÐFERHÐ
SYFANWINTRE
SYFONE
SYLFE
SYLFRA
SYLLE
SYLLICRAN
SYMBELWYNNE
SYMBLA
SYNBYSIG
SYNDOLH
-SYNGAD
SYNGALES
SYNN
-SYNNIGNE
-SYNNUM
SYNSCAÐAN
SYNSNÆDUM
-SYNTUM
SYRCE
-SYRCE
-SYRED
SYREDE
TACEN
-TACEN
-TÆLE
-TÆSE
TALAST
TALAÐ
-TANUM
-TAWUM

1

TEALDON
TEARAS
-TEARE
TELGE
-TENGE
TEODAN
TEODE
-TEODE
-TEOH
TEOHHE
-TEOHHOD
TEOHHODE
TEON
-TEON
-TEONA
-TEONAN
-TEOÐ
-TEOÐA
TILIAN
TILL
TILU
TIMBRED
-TIMBREDON
TIREADIGUM
TIRES
TIRFÆST
TIRLEASES
-TIÐAD
TOBRECAN
TOBROCEN
TODRAF
TOGÆDRE
-TOGAN
TOGENES
TOGLAD
TOHLIDENE
TOLUCAN
TOMIDDES
TORHT
-TORHT
-TORHTAN
TORNA
TORNE
-TORNE
TORNGEMOT
TORNOST
-TOÐ
TOWEHTON
-TRAFUM
TREDDODE
TREM
TREOWDE
TREOWLOGAN
-TREOWUM
TRODE
TRUM
-TRUME
-TRUWEDON
TRYDDODE
TRYWE
-TRYWE
-TUXUM
-TWÆFAN
-TWÆFED
-TWÆFEÐ
TWÆM
-TWÆMAN
TWEGA
TWELF
TWELFA
-TWIDIG
-TYDRAS
TYDRE
-TYHTE
TYN
-TYNA
TYNE
-TYRF
-TYRWYDNE
-ÞÆGON
ÐAFIAN
-ÞANC
ÞANCE
ÞANCEDON
ÞANCHYCGENDE
ÞANCODON
ÞEARFA
-ÞEARFOD
ÞEARLE
ÞEAWUM
ÞECCEAN
-ÞEGNA
ÞEGNES
-ÐEGNES
ÞEGNSORGE
ÞEGNUM
-ÞEGNUM
-ÞEGO
ÞEGON
ÞEGUN
ÞEHTON
-ÞENC
-ÞENCEAN
ÞENGEL
ÞENODE
ÞEODA
ÞEODCYNINGA
ÞEODCYNINGES
ÐEODENLEASE
ÞEODGESTREONA
ÞEODGESTREONUM
-ÞEODIGE
ÐEODKYNING
ÞEODNAS
ÞEODSCYLDINGAS
ÞEODÞREAUM
-ÞEOES
ÞEOFES
ÞEOH
ÐEON
ÞEOS
ÞEOSTRUM
ÞEOW
ÞICGAN
ÐICGEAN
-ÞIHTIGNE
ÞINCE
ÞINCEAN
ÞINCEAÐ
ÞINCEÐ
ÞINES
-ÞINGEA
-ÞINGEÐ
-ÞINGO
ÞINGODE
ÐIOD
ÐIODCYNING
-ÐIOW
-ÐIOWES
ÞISNE
ÞISSUM
-ÐOHTE
ÞOLIAN
-ÞOLIAN
-ÞOLIANNE
-ÞONC
ÞORFTON
-ÞRÆC
ÞRAG
-ÞRAGE
-ÞRANG
ÞREANEDLAN
ÞREANYD
ÞREANYDUM
-ÞREAT
ÐREATE
ÞREATEDON
ÞREATUM
-ÞREAUM
ÞRECWUDU
ÞREO
ÞREOTTEOÐA
ÞRIDDAN
-ÞRING
-ÞRINGAN
ÞRIO
ÞRISTHYDIG
ÞRITIGES
ÞRONG
ÐROWODE
ÞRUNGON
ÞRYDLICOST
ÞRYMLIC
ÞRYMMUM
-ÞRYMMUM
ÐRYÞÆRN
ÞRYÐO
ÞRYÐUM
ÞRYÐWORD
ÞUHTON
-ÞUNCA
ÞUNEDE
-ÞUREN
ÞURFE
ÞURHBRÆC
ÞURHDEAF
ÞURHETONE
ÐURHFON
ÞURHTEON
ÞUSEND
ÞUSENDO
-ÞWÆRE
-ÐWÆRUST
ÞYHTIG
-ÞYLD
-ÞYLDUM
-ÞYNCAN
ÞYNCEÐ
ÞYRSE
ÐYS
ÞYSLICU
ÞYSNE
ÞYSTRUM
ÞYWAÐ
-ÞYWE
UFARAN
UFERAN
UFOR
UHTAN
UHTFLOGAN
UHTHLEM
UHTSCEAÐA

UMBOR-
  WESENDE
UMBOR-
  WESENDUM
UNBYRNENDE
UNCRAN
UNCUÐNE
UNDERNE
UNDERNMÆL
UNFÆCNE
UNFÆGE
UNFÆGER
UNFÆGNE
UNFLITME
UNFORHT
UNFORHTE
UNFRODUM
UNFROM
UNGEDEFELICE
UNGYFEÐE
UNHÆLO
UNHEORU
UNHIORE
UNHLITME
UNHYRE
UNIGMETES
UNLEOFE
UNLIFGENDUM
UNLIFIGENDE
UNLIFIGEN-
  DUM
UNLYFIGENDES
UNLYFI-
  GENDNE
-UNNAN
UNRIHTE
UNRIME
UNROTE
UNSLAW
UNSNYTTRUM
UNSYNNIGNE
UNSYNNUM
UNTÆLE
UNTYDRAS
UNWACLICNE
UNWEARNUM
UNWRECEN
UPLANG
UPPE
UPPRIHT
URUM
USER
USSES
USSUM

UTANWEARDNE
UTFUS
UTWEARD
-UÐE
UÐGENGE
WA
WACA
WADA
-WADEN
WADO
WADU
WÆCCENDNE
WÆCNAN
-WÆDA
-WÆDO
-WÆG
WÆGBORA
WÆGHOLM
WÆGLIÐEN-
  DUM
-WÆGNED
WÆGSWEORD
WÆLBEDDE
WÆLBENDE
WÆLBLEATE
WÆLDEAÐ
WÆLDREORE
WÆLE
-WÆLE
WÆLFÆHÐA
WÆLFAGNE
WÆLFEALLE
WÆLFUS
WÆLFYLLA
WÆLFYLLE
WÆLFYRA
WÆLFYRE
WÆLHLEM
WÆLLSEAXE
WÆLM
WÆLMES
-WÆLMUM
WÆLNIÐ
WÆLNIÐAS
WÆLNIÐE
WÆLRAPAS
WÆLREAF
WÆLREC
WÆLREOW
WÆLRESTE
WÆLSCEAFTAS
WÆLSES
WÆLSINGES
WÆLSTENGE

WÆN
WÆPNEDMEN
WÆPNES
WÆRAN
-WÆSMUN
WÆSTMUM
WÆTEREGESAN
WÆTERYÐUM
WÆTRE
WAGE
WAGUM
WALDSWAÞUM
WAND
WANGE
WANIAN
WANIGEAN
-WANOD
WANODE
WANRE
-WARA
WARAÐ
WARIGEAÐ
WAROÐAS
WAROÐE
WAST
-WAÞE
WEA
WEAL
-WEAL
-WEALC
WEALDE
WEALDEND
WEALDENDE
WEALDENDES
-WEALDENE
-WEALDUM
WEALHÞEON
WEALHÞEOW
WEALLAÐ
WEALLCLIF
-WEALLE
-WEALLENDE
WEALLENDU
WEALLES
WEARDADE
WEARDE
WEARDIAN
-WEARDNE
WEARDODON
-WEARH
WEARNE
-WEARNUM
-WEARP
WEASPELLE

WEAXAN
WEAXEÐ
WEB
-WEBBE
WECCAN
WEDDE
WEDER
WEDERGEA-
  TUM
WEDERMEARCE
WEGAN
-WEGAN
WEGE
WEGFLOTAN
-WEGUM
WEHTE
-WEHTON
WELANDES
WELHWYLCRA
WELIGNE
WELÞUNGEN
-WENDE
WENDEÐ
WENDLA
WENEDE
WENEÞ
WENUM
WEOHSTAN
WEOHSTANES
WEOLDON
WEORA
WEORCES
-WEORCES
-WEOROD
WEORODA
WEORPAN
WEORÐ
WEORÞAD
-WEORÐAN
WEORÐAÐ
WEORÐE
WEORÐFUL-
  LOST
WEORÐLICOST
WEORÐMYNDA
WEORÐMYN-
  DUM
WEORÞRA
-WEORÞUNGA
-WEOTEDE
WEOTENA
WEOTODE
-WEOTODE
WEOX

| | | | |
|---|---|---|---|
| WEOXSTANES | WIGHETE | -WITENUM | WORÐIG |
| -WER | WIGHRYRE | -WITIAÐ | WORÐMYNDUM |
| WERED | WIGSIGOR | -WITIGAÐ | WORULD- |
| -WERED | WIGSPEDA | WITNAD | CANDEL |
| WEREDON | WIGTIG | -WITTIG | WORULDENDE |
| -WEREDON | WIGUM | WIÐERGYLD | -WRACU |
| WERES | WIGWEOR- | WIÐERRÆHTES | -WRÆCAN |
| WEREÐ | ÞUNGA | WIÐFENG | WRÆCCAN |
| -WERGAD | -WIHTA | WIÐGRIPAN | WRÆCE |
| WERGE | WILAF | WIÐHÆFDE | WRÆCLASTAS |
| WERGENDRA | WILDEOR | WIÐRES | WRÆCMÆCG- |
| WERGUM | WILFINGUM | -WLANC | AS |
| WERHÐO | WILGEOFA | WLAT | WRÆCSIÐ |
| WERIAN | WILGESIÞAS | WLATODE | WRÆCSIÐUM |
| WERIG | WILNIAN | WLENCE | WRÆTTA |
| -WEROD | WILSIÐ | WLITAN | WRÆTTUM |
| WERODES | WINÆRNES | WLITE | -WRASNUM |
| WERÞEODE | -WIND | WLITE- | -WRAT |
| WERUDES | WINDAGUM | BEORHTNE | WRAÐ |
| WERUM | -WINDAN | WLITESEON | WRAÐE |
| -WESENDUM | WINDBLOND | WLITIG | WRAÐLICE |
| WESTEN | -WINDEÐ | WLITON | WRAÐRA |
| WESTENNE | WINDGE | WLONCES | -WRECAN |
| WESTNE | WINDGEARD | -WOCON | WRECCA |
| WICGA | WINEDRIHTNE | WOCUN | WRECCENA |
| WICUN | WINEGEOMOR | WOHBOGEN | WRECEND |
| WID | WINELEASUM | WOLLENTEARE | WREOÞENHILT |
| WIDCUÞ | WINEMAGAS | WOM | WRIDAÐ |
| WIDCUÞES | WINES | WOMMUM | WRITEN |
| WIDFLOGA | WINIA | WONGAS | WRIÞAN |
| WIDFLOGAN | WINIGEA | -WONGAS | -WRIÐAN |
| WIDRE | -WINNE | WONGSTEDE | -WRIÞENE |
| -WIDRU | -WINTRE | WONHYDUM | WRIÐON |
| WIDSCOFEN | WINTRYS | WONREDES | WRIXLE |
| WIFA | WINUM | WONREDING | -WRIXLE |
| WIFES | -WINUM | WONSÆLI | WUDUREC |
| WIFLUFAN | -WIOFU | WONSCEAFT | -WULDOR |
| WIGA | -WIOINGAS | WOPE | WULDOR- |
| WIGAN | WIRA | WORCA | TORHTAN |
| WIGBEALU | WIRUM | -WORDA | WULDURCY- |
| WIGBIL | -WIS | WORDCWIDA | NINGE |
| WIGBORD | -WISA | WORDCWYDAS | WULFE |
| WIGCRÆFT | WISDOM | WORDCWYDUM | WULFHLEOÞU |
| WIGCRÆF- | WISDOME | WORDE | -WUNDE |
| TIGNE | WISFÆST | WORDGYD | WUNDENFEAX |
| -WIGEND | WISHYCGENDE | WORDHORD | WUNDENHALS |
| -WIGES | WISIAN | WORDRIHTA | WUNDENMÆL |
| WIGEÐ | WISRA | -WORHT | WUNDEN- |
| WIGFRUMA | WISSON | WORLDE | STEFNA |
| WIGFRUMAN | WISTFYLLE | WOROLDARE | WUNDER |
| WIGGETAWUM | -WIT | WOROLDCY- | WUNDER- |
| WIGGRYRE | -WITA | NINGA | FATUM |
| WIGHEAFOLAN | -WITAÞ | WOROLDRÆ- | WUNDNUM |
| WIGHEAP | WITE | DENNE | WUNDON |

WUNDOR-
   BEBODUM
WUNDOR-
   DEAÐE
WUNDORLIC
WUNDORSIONA
WUNDORSMIÞA
-WUNDRA
WUNDRE
WUNDURMAÐ-
   ÐUM
-WUNIGEN
WUNNE
-WURPE
WURÐAN
WURÐAÞ
WUTUN
WYLE
WYLFINGUM
WYLLAÐ
-WYLMA
WYLMAS
-WYLME

WYLMUM
WYLT
WYN
WYNLEAS
WYNLEASNE
-WYNNA
WYNSUMAN
WYNSUME
WYRCAN
-WYRCAN
WYRCE
-WYRCE
WYRDA
WYRDE
-WYRDED
-WYRGENNE
-WYRHT
-WYRHTUM
WYRMAS
WYRMCYNNES
WYRMFAH
WYRMHORD
-WYRNDE

-WYRNE
WYRPE
-WYRPTE
WYRSE
WYRTUM
WYRÐE
-WYRÐE
WYRÐNE
-WYRÐNE
WYRÐRA
WYRULDCY-
   NINGA
-WYT
YFLA
YLCAN
YLDAN
YLDE
YLDESTA
YLFE
YMBBEARH
YMBEFENG
YMBEHWEARF
YMBEODE

YMBESITTEN-
   DRA
YMBSÆTON
YMBSITTEND
YMBSITTEN-
   DRA
YPPAN
YRFE
YRFEWEARD
YRFEWEARDAS
YRMENLAFES
YRREMOD
YÐDE
YÐELICE
YÐGEBLAND
YÞGESENE
YÐGEWINNE
YÐGEWINNES
YÞLADE
YÐLAFE
YÐLIDAN
-YWAN
YWDE